Springers Kurzlehrbücher der Rechtswissenschaft

Gerhard Kette

Rechtspsychologie

Springer-Verlag
Wien New York

Univ.-Ass. Dr. GERHARD KETTE
Institut für Pädagogik und Psychologie
Abt. Sozial- und Wirtschaftspsychologie
Johannes-Kepler-Universität Linz

Mit 4 Abbildungen

Das Werk ist urheberrechtlich geschützt.
Die dadurch begründeten Rechte, insbesondere die der Übersetzung, des Nachdruckes, der Entnahme von Abbildungen, der Funksendung, der Wiedergabe auf photomechanischem oder ähnlichem Wege und der Speicherung in Datenverarbeitungsanlagen, bleiben, auch bei nur auszugsweiser Verwertung, vorbehalten.

© 1987 by Springer-Verlag/Wien
Printed in Austria

CIP-Kurztitelaufnahme der Deutschen Bibliothek
Kette, Gerhard:
Rechtspsychologie / Gerhard Kette. — Wien ; New York : Springer, 1987
(Springers Kurzlehrbücher der Rechtswissenschaft)
ISBN 3-211-81949-5 (Wien)
ISBN 0-387-81949-5 (New York)

ISSN 0723-5097
ISBN 3-211-81949-5 Springer-Verlag Wien — New York
ISBN 0-387-81949-5 Springer-Verlag New York — Wien

Für Michaela

Vorwort

Jedes Gesetz und jede rechtliche Einrichtung beruht auf Theorien über die menschliche Natur und über die Bestimmungsfaktoren menschlichen Verhaltens. Dem Lehrtext liegt die Annahme zugrunde, daß uns die wissenschaftliche Psychologie helfen kann, das Rechtssystem besser zu verstehen und weiterzuentwickeln. Die vorliegende Arbeit soll diese Annahme überprüfen. Die straf- und zivilrechtlichen Institutionen werden aus der Sicht des Psychologen analysiert. Die Analyse soll zeigen, daß Erklärungen menschlichen Verhaltens, die sich in Feld- und Laboruntersuchungen bewährt haben, auch zu einem besseren Verständnis des Entscheidungsverhaltens im Gerichtssaal und in anderen Rechtseinrichtungen beitragen können, und daß sich daraus auch Reformvorschläge für den Strafrechtsprozeß ergeben.

In der letzten Studienplanreform für das rechtswissenschaftliche Studium (1981) wurde das Fach Psychologie erstmals in den Ausbildungsplan aufgenommen. Die vorliegende Einführung in das neue interdisziplinäre Forschungsgebiet der Rechtspsychologie ist der erste deutschsprachige Lehrtext. Folgende Problembereiche werden im Überblick behandelt:

- Am Beginn steht eine Darstellung und Analyse der dem Recht zugrundeliegenden psychologischen Annahmen.

- Die Arbeitsweisen, Denkprozesse, Werte und typischen Annahmen der beiden Disziplinen werden gegenübergestellt, sowie trennende Verschiedenheiten unter Berücksichtigung der wissenschaftlichen Methoden, der politischen und moralischen Ideale unseres Rechtssystems aufgezeigt.

- Der Vergleich und die kritische Analyse der wissenschaftlichen Verfahren und Regeln der Beweisführung beider Disziplinen werden mittels anschaulicher Illustrationen erläutert.

- Neue Bereiche, in denen Juristen und Sozialpsychologen aufeinander Einfluß nehmen können, werden vorgeschlagen. Besonders berücksichtigt wird die Darstellung der Forschungsergebnisse zu den Entscheidungsprozessen der verschiedenen am Rechtssystem beteiligten Personengruppen, wie z.B. Täter, Opfer, Polizei und Zeugen. Auch Forschungsergebnisse zu anderen Problembereichen, wie Kompetenz der Geschworen, Urteilsdisparität bei Richtern, Effizienz des Strafvollzugs, werden diskutiert.

- Die Analysen schließen auch psychologische Aspekte des Zivil- und Strafrechts ein (z.B. Hauptverhandlung, Aktivitäten nach dem Urteilsspruch und außerhalb der Verhandlung).

Weiters sollte der Leser lernen, gut gesichertes Wissen von Scheinwissen, das auf Volksglauben und Vulgärpsychologie beruht, zu unterscheiden. Die Natur und die Grenzen psychologischen Wissens über menschliches Verhalten werden erläutert und existierende Fiktionen und Fehlannahmen aufgezeigt. Das dabei entstehende Mißtrauen sollte sich gegen alle unbelegten und daher nur scheinbar gültigen Aussagen von "Experten" richten. Wissenschaftliche Erkenntnisse sind nicht absolut im Sinne von etablierten Fakten oder "ultimativen Wahrheiten". Sie sind fehlbar, vorläufig und in ständiger Entwicklung.

Die vordringlichste Aufgabe der wissenschaftlichen Psychologie ist die Bereitstellung von prüfbaren Theorien über menschliches Verhalten. Die Rechtspsychologie sollte sich ebenfalls in Richtung planmäßiger und systematischer Erforschung rechtlich relevanten Verhaltens, das zu bewährten und testbaren Theorien führt, entwickeln. Erst wenn dies gelungen ist, wird psychologisches Wissen auf rechtliche Probleme sinnvoll anwendbar sein.

Interdisziplinäres Arbeiten erlebt derzeit einen Aufschwung. Die Grenzen der Disziplinen können dabei aber nur schwer überschritten werden. Die akademische Ausbildung und wissenschaftliche Produktion erfolgt immer im Kontext der eigenen Diziplin. Die Sozialisierung innerhalb der eigenen Berufsgruppe fördert auch Einstellungen, die eine interdisziplinäre Annäherung hemmen. Die Sozialwissenschaftler sind in der Anwendung wissenschaftlicher Methoden, in der Theorieentwicklung und Theorieprüfung ausgebildet, Juristen in der dialektischen Methode. Mit Hilfe bestimmter Verfahren und Prinzipien sind Juristen in der Lage, an Hand von Präzedenzfällen und Analogien autoritative Lösungen von Konflikten zu erreichen. Sie sind anwendungsorientiert tätige Sozialwissenschaftler. Auf dem gemeinsamen Boden des umfangreichen Wissens über menschliches Verhalten versucht der Psychologe zu verstehen und der Jurist zu beeinflussen. Daraus ergibt sich die Tendenz, Probleme mit jenen Methoden und Konzepten zu lösen, mit denen man vertraut ist. Eine angelernte Unfähigkeit, die Dinge durch die Brille der anderen Disziplin zu sehen, ist unvermeidlich. Das Vereinigen der Konzepte und "Werkzeuge" der Rechtswissenschaft und der wissenschaftlichen Psychologie stellt eine faszinierende Herausforderung dar, diese Kluft zu überbrücken.

Die Trennung zwischen psychologischen Fakten (die der wissenschaftlich tätige Psychologe systematisch sammelt) und sozialem Urteilen (dem Arbeitsgebiet des Juristen) soll dabei aufgehoben werden. Entscheidungen, die moralische Wertungen enthalten, brauchen als Grundlage selbstverständlich keine Faktenprüfung. Dies bedeutet aber nicht, daß Daten keinen indirekten Einfluß auf rechtliche Entscheidungen haben. Auch normative Schlußfolgerungen werden im Bewußtsein der Fakten entwickelt: sozialwissenschaftliche Forschung kann die faktischen Aussagen von Entscheidungsprozessen beleuchten und schärfen.

Das Recht definiert anfänglich die Fakten, die für die Entscheidung relevant sind. Neu aufgedeckte Fakten können jedoch auch zur Entstehung neuer Gesetze beitragen. Diese wechselseitige Beziehung zwischen Fakten und Recht erlaubt die Anwendung von sozialwissenschaftlicher Forschung im rechtlichen Kontext. Dabei soll auch versucht werden, die Möglichkeiten empirischer Forschung im Recht fundiert einzuschätzen.

Der Student der Rechts- und der Sozialwissenschaften wird zusätzlich angeleitet, sozialpsychologische Forschungsergebnisse in der Rechtspflege richtig anzuwenden. Dieser Lehrtext ist keine Einführung in sozialpsychologische Forschung für Rechtsstudenten; er soll den Studenten aber zum intellektuellen Konsumenten der Arbeit des Sozialwissenschaftlers machen.

Die Darstellung der Methode der Sozialpsychologie und des rechtswissenschaftlichen Denkens ist ein wichtiges Nebenprodukt einer Arbeit über rechtswissenschaftliche Anwendungen von Sozialforschung. Es werden aber keine Kenntnisse aus der psychologischen Forschung vorausgesetzt. Ich habe versucht, die notwendigen methodologischen, insbesondere statistischen Darstellungen spärlich und einfach zu halten. Der Leser wird nicht mit Zahlen und Tabellen überhäuft, sondern angeleitet, das Denken dahinter zu bewerten. Das Kapitel "Methoden der Rechtspsychologie" gibt eine Einführung in größtenteils sozialwissenschaftliche Forschungsmethoden für Leser ohne Methodenkenntnisse.

Bei der Auswahl und Bewertung der diskutierten empirischen Arbeiten ließ ich mich mehr oder weniger konsequent von der sehr strengen wissenschaftstheoretischen Orientierung des kritischen Rationalismus, wie er etwa durch Sir Karl Popper oder Hans Albert vertreten wird, leiten. So betrachtet mögen manche Ergebnisse der Rechtspsychologie ungesichert und fragwürdig erscheinen. Es wäre jedoch falsch, daraus zu schließen, daß die Rechtspsychologie noch keine für die Praxis brauchbaren Ergebnisse anzubieten hat. Die Skepsis in manchen Abschnitten ist vielmehr Ausdruck der hohen wissenschaftlichen Ansprüche und des damit verbundenen Verantwortungsbewußtseins.

Die empirische Rechtspsychologie befindet sich derzeit in einer noch nie dagewesenen Ausdehnung. Es gibt eine Fülle von Forschungsergebnissen, aber es mangelt an vereinheitlichenden theoretischen Konzepten. Hauptaugenmerk wurde auf einen Bericht der einschlägigen Forschungsarbeiten zu relevanten Streitfragen gelegt. Wenn es für viele Phänomene auch noch keine Theorie gibt, sind korrekt gesammelte Daten dennoch wert, als Ansatzpunkt zu einer Theorieentwicklung dargestellt zu werden.

Da im deutschsprachigen Raum eine empirische Rechtspsychologie nur in Ansätzen existiert und der Großteil der Forschungstätigkeit im angloamerikanischen Bereich stattfindet, war es notwendig, die wichtigsten amerikanischen Arbeiten aufzunehmen. Verallgemeinerungen der in anderen Rechtssystemen gewonnenen Theorien und Ergebnisse in bezug auf den rechtlichen Kontext in Österreich und der Bundesrepublik Deutschland wurden sorgfältig geprüft und nur jene Untersuchungen aufgenommen, deren Ergebnisse übertragbar erscheinen. Die an manchen Stellen zitierten Gesetzestexte sind zumeist dem österreichischen StGB entnommen.

Der Großteil der Arbeit entstand während eines Forschungsaufenthaltes an der University of California, San Diego, den der Österreichische Fonds zur Förderung der wissenschaftlichen Forschung finanzierte. Meinen dortigen Kollegen, Prof. E. Ebbesen und Prof. V. Konecni bin ich für die freundschaftliche Aufnahme und Hilfe bei der Planung des Buches dankbar. Mein besonderer Dank gilt Prof. H. Brandstätter für die kreative, effiziente, geduldige und uneigennützige Förderung meiner Arbeit am Institut für Pädagogik und Psychologie der Universität Linz. Verschiedene Kapitel der Arbeit wurden von Juristen und Psychologen gelesen und mit kritischen Anmerkungen versehen, die ich in die vorliegende Fassung aufgenommen habe. Für diese freundliche Unterstützung danke ich Mag. I. Beck, Prof. H. Brandstätter, Dr. A. Dearing, Dr. E. Kirchler, Dr. N. Minkendorfer, Prof. R. Rebhahn, Dr. E. Steininger, Dr. W. Wagner und Doz. H. Wegscheider. Mein Dank gilt auch zahlreichen Studenten der Vorlesung zur Rechtspsychologie, die die Verständlichkeit des Textes getestet und durch kritische Kommentare verbessert haben.

Linz, im August 1987　　　　　　　　　　　　　　　　　　　　**Gerhard Kette**

Inhaltsverzeichnis

		Seite
1.	Gegenstand und Methoden der Rechtspsychologie	1
1.1	**Psychologie und Recht im Überblick**	1
1.11	Die Verbindung: Psychologische Annahmen im Recht	1
1.12	Definition und terminologische Abgrenzung	7
1.13	Psychologische Theorien	10
1.2	**Kurze Problemgeschichte der Rechtspsychologie**	11
1.21	Die Entwicklung aus Gerichtsmedizin und Kriminalistik	11
1.22	Die Psychologie der Aussage	13
1.23	Forschungen zur Tatbestandsdiagnostik	16
1.24	Die Entwicklung von 1930 bis 1970	17
1.25	Die Entwicklung in den 70er und 80er Jahren	19
1.3	**Forschungsmethoden in der Rechtspsychologie**	21
1.31	Das Experiment und andere Forschungsmethoden	25
1.311	Quasi-experimentelle Versuchspläne und In-situ-Forschung	30
1.312	Umfrage und Archivanalyse	34
1.313	Simulationen	35
1.32	Klinische und statistische Verhaltensprognosen	37
1.33	Psychiatrie und klinische Psychologie	38
1.34	Psychologen im Bereich des Rechts	39
1.35	Forschungen im Rechtssystem	40
1.351	Der Gebrauch und die Grenzen der Wahrscheinlichkeitsstatistik als Entscheidungshilfe	40
1.36	Rechtswissenschaftliche Forschung	43
1.37	Forschungsethik	49
2.	**Das Strafrechtssystem - eine psychologische Analyse**	51
2.1	**Einleitung**	51
2.2	**Theoretische Ansätze bei der Erforschung des Rechtssystems**	54
2.21	Der entscheidungstheoretische Ansatz	55
2.211	Entscheidungsknoten oder Mengen von Entscheidungsträgern	56

		Seite
2.212	Verbindungen zwischen den Entscheidungsknoten	57
2.213	Die Vorhersage der Funktionsweise des Strafrechtsapparates	57
2.214	Der zeitliche Ablauf der Fallbearbeitung	58
2.215	Analyseeinheiten	59
2.216	Entscheidungsstrategien	59
2.217	Entscheidungsdisparität: Individuelle Unterschiede innerhalb eines Entscheidungsknotens	61
2.22	Der sozialpsychologische Ansatz	62
2.221	Die Attributionstheorie	63
2.2211	Die "naive Psychologie" Heiders	64
2.2212	Kelleys drei Prinzipien der Attribution	65
2.2213	Weiners Attributionsmodell	67
2.2214	Attributionsverzerrungen	69
2.222	Soziale Austauschtheorie	70
2.2221	Die Bewertung von Auszahlungen	72
2.2222	Normen und sozialer Austausch	73
2.223	Kritik am sozialpsychologischen Ansatz	76
2.224	Das Gerechtigkeitsideal	78
2.3	**Die Psychologie kriminellen Verhaltens**	**81**
2.31	Psychologische Kriminologie	81
2.32	Definition von Kriminalität	83
2.33	Typologie kriminellen Verhaltens	85
2.34	Der Wert von Kriminalstatistiken	86
2.35	Physiologische Einflüsse auf Kriminalität	89
2.351	Zwillings- und Adoptivuntersuchungen	90
2.352	Eysencks Theorie der Kriminalität	92
2.36	Psychosoziale Determinanten kriminellen Verhaltens	95
2.361	Kognitiv-soziale Lerntheorie	96
2.362	Lernen durch Beobachtung	96
2.363	Reziproker Determinismus	98
2.37	Abschreckung und die Bewertung von Gelegenheiten zu Straftaten	100
2.371	Der Beitrag der Ökonomie und Soziologie	101
2.372	Der Beitrag der Sozialpsychologie	105
2.3721	Schlußfolgerungen für die Abschreckungshypothese	107
2.3722	Stand der Modellentwicklung zur Tatentscheidung	107
2.38	Kognitive Theorien moralischen Urteilens	110
2.381	Kognitive Perspektiven	110
2.382	Kognitiv-soziale Perspektiven	116
2.39	Prognose kriminellen Verhaltens	117
2.4	**Die Entscheidung zur Anzeige**	**123**
2.41	Die Anzeige durch das Opfer	124
2.411	In-situ-Forschung	124

		Seite
2.412	Opferbefragung	125
2.4121	Nachteile der Befragungsmethode	129
2.413	Der experimentelle Ansatz	132
2.42	Die Anzeige durch den Beobachter	135
2.421	Die Entdeckung des Ereignisses	135
2.422	Die Bewertung des Ereignisses	137
2.4221	Attributionsprozesse	137
2.423	Die Entscheidung zu handeln	139
2.5	**Die Polizei**	**143**
2.51	Kurze Geschichte der Polizei	144
2.52	Rechtliche Beschränkungen polizeilichen Handelns	145
2.53	"Ermessensspielräume" der Polizei	146
2.54	Herkunft und Persönlichkeitseigenschaften von Polizeibeamten	148
2.541	Persönlichkeitseigenschaften	148
2.55	Psychologische Determinanten selektiver Sanktionsentscheidungen in der Polizei	151
2.551	Der "halbautonome" Polizeibeamte und die Befehlshierarchie	152
2.552	"Spindkultur"	154
2.553	Selbstvertrauen	155
2.554	Die Beziehung zu Zivilisten	156
2.56	Die Bedeutung von Forschung, Evaluation und Information	158
2.57	Psychologischer Streß im Gesetzesvollzug	159
2.571	Berufsbezogene Stressoren im Gesetzesvollzug	162
2.58	Wenn die Anpassung mißlingt	164
2.6	**Psychologie des Beweises**	**172**
2.61	Gedächtnis und Wahrnehmung	173
2.62	Stadien im Gedächtnisprozeß	175
2.621	Das Einprägen	175
2.6211	Situative Bestimmungsfaktoren der Leistung des Augenzeugen	176
2.6212	Persönliche Charakteristika und die Leistung des Augenzeugen	182
2.622	Das Behalten	186
2.6221	Zeitlicher Abstand zwischen Lernen und Wiedergabe	186
2.6222	Überlagerung gespeicherter Information	187
2.623	Die Wiedergabe	189
2.6231	Befragungsatmosphäre	189
2.6232	Frageform	189
2.6233	Die Suggestivfrage	190
2.6234	Wiedererkennen	193
2.6235	Unbewußte Übertragung	194
2.6236	Mehrmaliges Wiedergeben	195
2.63	Lügendetektion	197
2.631	Assoziationsversuche und verwandte verbale Reaktionsmethoden	197
2.632	Die Erfassung körperlicher Begleiterscheinungen in der Lügendetektion	199

Seite

2.633	Die polygraphische Methode	201
2.634	Intuitive Ausdrucksdeutung	206
2.635	Stimmanalyse	210
2.636	Hypnose	211
2.64	Freie Presse - gerechter Prozeß?	213
2.7	**Der Richter**	**217**
2.71	Die Rolle des Richters	217
2.72	Strafzumessung	218
2.73	Rechtliche und außerrechtliche Einflüsse auf die Strafzumessungsentscheidung	221
2.731	Die Schwere des Delikts	221
2.732	Charakteristika des Opfers	222
2.733	Vorstrafen des Angeklagten	224
2.734	Die Stellung des Angeklagten vor und während der Verhandlung	225
2.735	Attraktivität des Angeklagten	226
2.736	Geschlecht des Angeklagten	230
2.737	Das Alter des Angeklagten	230
2.738	Charakteristika des Richters	231
2.7381	Persönlichkeit	231
2.7382	Sozialisierungsprozeß, Einstellungen und Rollenwahrnehmung	233
2.7383	Kausale Attributionen und Strafzumessung	236
2.739	Die Bedeutung der verwendeten Forschungsmethode	237
2.74	Reformvorschläge zur Reduktion der Urteilsdisparität von Strafrichtern	240
2.741	Psychologische Trainingsprogramme	242
2.8	**Die Psychologie der Freiheitsstrafe und Resozialisierung**	**247**
2.81	Kurze Geschichte der Freiheitsstrafe	247
2.82	Resozialisierung	249
2.821	Straffunktionen	249
2.822	Die Verwirklichung der Resozialisierung	250
2.823	Die Bewertung der Behandlungsexperimente	251
2.824	Resozialisierung, Behandlung und das Strafvollzugssystem	252
2.8241	Zwang	252
2.8242	Motivation	253
2.8243	Anstaltsmilieu	254
2.8244	Das Strafvollzugssystem	255
2.825	Abschreckung und Resozialisierung	255
2.8251	Generalprävention	255
2.8252	Stellvertretende Bestrafung	256
2.8253	Strafandrohung	258
2.8254	Spezialprävention	259
2.83	Psychologische Effekte der Haft	262
2.831	Die totale Institution	262
2.832	Einzelhaft	266

		Seite
2.833	Überfüllung und Mangel an Privatheit	266
2.834	Prisonisierung	267
2.8341	Determinanten und Folgen der Prisonisierung	268
2.835	Psychologische Effekte der Strafphase	271
2.836	Anpassungsstrategien an die Belastungen des Anstaltslebens	272
2.84	Alternativen zur Haft	277

Literaturverzeichnis 279
Namenverzeichnis 299
Sachverzeichnis 307

1. Gegenstand und Methoden der Rechtspsychologie

1.1 Psychologie und Recht im Überblick

1.11 Die Verbindung: Psychologische Annahmen im Recht

Zwischen rechtlichen und wissenschaftlichen Institutionen gibt es eine interessante Parallele. Beide existieren, um Entscheidungen über Vorgänge in der realen Welt zu treffen. Beide Systeme wenden elaborierte "Regeln der Beweisführung" an, die genau bestimmen, welche Fakten verwendet und wie diese dargeboten werden dürfen. Beide Systeme arbeiten mit traditionellen und sehr vorsichtigen Strategien zur Entscheidungsfindung. Beide Systeme dokumentieren vergangene "Fälle" und wenden diese auf gegenwärtige Entscheidungen an. Es gibt aber auch eine Reihe von Unterschieden: rechtliche Systeme sind so konzipiert, daß sie ein ordnungsgemäßes Verfahren und eine "wahre" Entscheidung garantieren. Nach den Regeln der Beweisführung im juristischen System können viele unzusammenhängende Fälle behandelt werden. Daher unterscheiden sie sich von jenen der wissenschaftlichen Beweisführung, die z.B. Wiederholbarkeit der Experimente oder Reliabilität (Meßgenauigkeit) verlangen.

Richter und Anwälte sind die Protagonisten des modernen Gerichtsverfahrens. Sie stehen in starkem Kontrast zum typischen Forscherteam des psychologischen Laboratoriums. Schwurgerichtsverfahren, Rechtsbelehrung, Entscheidungsregeln und die Gewichtungsstrategien der Beweise sind sehr verschieden von den statistischen Entscheidungskriterien, die die wissenschaftliche Beweisführung steuern.

Juristische und wissenschaftliche Entscheidungsträger könnten von mehr Zusammenarbeit viel profitieren. Juristen würden ihre Kompetenzen erweitern, wenn sie z.B. Kenntnisse aus den Bereichen der Gedächtnis-, Einstellungs- oder Persönlichkeitspsychologie und deren Anwendung auf die Bewertung von Zeugenaussagen bzw. auf die Verhandlungsführung besitzen würden. Viele psychologische Erkenntnisse sind in der Gerichtssaalpraxis direkt anwendbar. Dem Lehrtext liegt u.a. die Annahme zugrunde, daß es ein vermehrtes Angebot an Wissensinhalten der theoretischen und der angewandten Psychologie (insbesondere der Rechtspsychologie) für die im Rechtssystem tätigen Personen geben soll und daß ein wissenschaftlich gut informiertes Gericht seine Aufgaben effizienter und fairer erfüllen könnte. Der Leser soll auch davon überzeugt werden, daß die wissenschaftliche, experimentelle Methode für die Bewertung der juristischen Praxis brauchbar ist.

Interdisziplinäre Forschung und Anwendung der Ergebnisse sind Prozesse gegenseitiger Bereicherung. Auch die Verbindung zwischen Recht und Psychologie ist keine Einbahn. Obwohl sich die Rechtspsychologie hauptsächlich auf die Beiträge der Psychologie zum Rechtssystem beschränkt, muß man annehmen, daß die Psychologie und die Sozialwissenschaften insgesamt von dieser Verbindung profitieren. Derzeit arbeitet eine immer größer werdende Anzahl von Psychologen, Psychiatern und Soziologen im Bereich der Rechtsprechung. Es gibt eine schon sehr alte Tradition der psychiatrischen und psychologischen Sachverständigen, insbesondere zur Frage der geistigen Zurechnungsfähigkeit von Straftätern. In verschiedenen europäischen und amerikanischen Rechtssystemen werden Psychologen auch immer häufiger für die Bewertung der Glaubwürdigkeit von Zeugen herangezogen.

Dieser Lehrtext gibt auch einen Überblick über jene Forschungen, die Psychologen im Gerichtssaal oder in sogenannten "simulierten Gerichtsverfahren" durchgeführt haben. Erst die problemorientierte Forschung - nicht die Laborforschung, sondern jene in der realen Welt - entscheidet letztlich über die Brauchbarkeit psychologischer Theorien. Problemorientierte Forschung bedeutet eine ständige Herausforderung und Überprüfung vorhandener Theorien, die dann mit besserer Begründung generalisiert und zur Lösung realer Probleme herangezogen werden können. Dieses Vorgehen unterstützt die brauchbaren (richtigen) Theorien. Von besonderem Interesse sind die Ergebnisse eines solchen Forschungsprozesses dann, wenn sie im Widerspruch zu vulgärpsychologischen Aussagen und Alltagsmeinungen stehen und dennoch nicht trivial oder selbstverständlich sind.

Rechtliche Verfahren und Entscheidungen beruhen sehr oft auf *psychologischen Annahmen*. Rechtsvorschriften sind eine Sammlung von Handlungsnormen, zu denen sich Personen verpflichtet haben und eine Einrichtung zur Lösung von Konflikten im Fall der Verletzung dieser Handlungsnormen. Die Vereinbarung besteht darin, daß man seine Freiheit bewahrt, wenn man die vom Gesetz bestimmten Handlungsgrenzen nicht verletzt. Überschreitet man diese Grenzen, dann ist die eigene Freiheit in Gefahr. Dieses Abkommen ist ein Bestandteil unserer Zivilisation.

Das Recht impliziert *Vorhersage und Kontrolle* menschlichen Verhaltens, wobei die Betonung auf Kontrolle liegt. Um Verhalten zu kontrollieren, d.h. in die erwünschte Richtung zu bringen, ist es notwendig, die für das Erreichen dieses Ziels grundlegenden Funktionszusammenhänge zu kennen. Obwohl das Recht selten angibt, welche psychologischen Annahmen in den Verhaltensvorschriften enthalten sind, ist das Identifizieren dieser Annahmen nicht schwer. So nimmt das Strafrecht z.B. an, daß Kriminalität durch *Abschreckung* mittels strenger Strafen (Generalprävention) reduziert werden kann. Je schwerer das Delikt, desto strenger die Strafe. Schnelle und sichere Bestrafung krimineller Handlungen wird als wirksame Abschreckung angesehen. Dies ist offensichtlich eine psychologische Annahme, die populärpsychologisch plausibel erscheinen mag, aber der wissenschaftlichen Begründung bedarf. So konnte bis heute noch nicht geklärt werden, ob für das schwerste Delikt (Mord) die Todesstrafe eine Abschreckungsfunktion besitzt.

Wenn man eine so grundlegende Annahme über menschliches Verhalten in Frage stellt, wie steht es dann mit den anderen, dem Recht innewohnenden Annahmen über Kontrolle und Vorhersage menschlichen Verhaltens? Gesetze werden von und für denkfähige Personen geschaffen. Das Recht nimmt an, daß handelnde Personen für ihre Handlungen *verantwortlich* sind. Was ist aber mit jenen, die dafür nicht verantwortlich sind, und daher im moralischen und rechtlichen Sinne nicht strafbar sind? Viele Strafrechtsprozesse dokumentieren, daß das Recht eine Reihe von Definitionen und Verfahren anwendet, um rechtswidrig handelnde, aber zurechnungsunfähige Personen zu identifizieren. Im allgemeinen ist Zurechnungsunfähigkeit dann gegeben, wenn die Person "unfähig ist, das Unrecht ihrer Tat einzusehen oder nach dieser Einsicht zu handeln..." (§11 StGB). Damit wird die Frage der Zurechnungsunfähigkeit aber zu einer psychologischen und rechtlichen Streitfrage.

Bei der Beurteilung des Problems der Zurechnungsunfähigkeit muß man auch den sozialen Druck, dem der Gesetzgeber beim Entwickeln neuer Regelungen ausgesetzt ist, beachten. In der Öffentlichkeit mag angesichts bestimmter Gerichtsurteile der Eindruck entstehen, daß die derzeitige Definition und rechtliche Behandlung der Zurechnungsunfähigkeit nicht immer zu gerechten Entscheidungen führt. So kann ein als zurechnungsunfähig diagnostizierter Täter in eine psychiatrische Anstalt eingewiesen werden, wo er bis zur erfolgreichen Behandlung der Symptome angehalten wird, d.h. solange, bis von einem neuerlichen Gutachten die Ungefährlichkeit bescheinigt wird. Eine neue Regelung brachte die "Maßnahme 21" bzw. "Maßnahme 23" (§§21, 23 StGB), wonach eine Person, die wohl rechtswidrig gehandelt hat, aber zurechnungsunfähig ist, in eine Sonderanstalt für geistig abnorme Rechtsbrecher einzuweisen sei. Die Praxis dieser Regelung zeigt jedoch, daß es Fälle gibt, in denen ein wegen Diebstahls zu zwei Jahren verurteilter Wiederholungstäter ein Vielfaches dieser Zeit absitzen muß, weil sich kein psychiatrischer Gutachter bereiterklärt, die Ungefährlichkeit zu bestätigen. Alle Versuche, die Frage der Zurechnungsunfähigkeit neu zu überdenken, scheitern nicht so sehr an den Schwierigkeiten der Aufgabe, die Zurechnungsunfähigkeit zu bestimmen, sondern am gesellschaftspolitischen Druck, unter dem der Gesetzgeber steht.

Die Streitfrage der Zurechnungsunfähigkeit ist einer der sichtbarsten Berührungspunkte zwischen Recht und Psychologie. Die ihr innewohnenden Aspekte liegen aber teilweise noch im dunkeln. Eine Ursache dafür liegt darin, daß die wissenschaftliche Psychologie, die mit dem Recht das Interesse teilt, Verhalten vorherzusagen und zu kontrollieren, auch über eine empirische und experimentelle Methodologie verfügt, die in rechtlichen Untersuchungen nicht üblich ist. Die Psychologie kann durch diese Methoden zur Klärung vieler dem Recht innewohnenden Annahmen über menschliches Verhalten beitragen. Die Diagnose der Zurechnungsunfähigkeit wird aber von vielen Psychologen mit Besorgnis betrachtet, da die empirischen und quantifizierenden Methoden der Psychologie keine Aussage über den Geisteszustand einer Person zu einem bestimmten Zeitpunkt mit einer "an Sicherheit grenzenden Wahrscheinlichkeit" erlauben.

Andere rechtliche Fragen bereiten in diesem Punkt weniger Schwierigkeiten. Ein wichtiges - und oft den Ausgang der Verhandlung bestimmendes - Beweismittel in vielen Strafrechtsprozessen ist die *Aussage des Augenzeugen*. Wie genau sind Augenzeugenberichte? Welche Bestimmungsfaktoren der Situation und der Person beeinflussen die Genauigkeit solcher Aussagen? Beeinflußt die Befragungssituation im Gerichtssaal die Genauigkeit der Aussage? All diese Fragen sind für den empirischen Ansatz offen und können mit annehmbarer Sicherheit vom Psychologen beantwortet werden. Annehmbare Sicherheit heißt, daß zur untersuchten Frage mehrere, von kompetenter Seite durchgeführte, zusammenhängende Forschungsarbeiten vorliegen müssen, deren Ergebnisse miteinander verträglich (widerspruchsfrei) sind.

Eine weitere Annahme, zu deren Klärung das Zusammenwirken von Psychologie und Rechtswissenschaft erforderlich ist, ist die, daß *Laienrichter* (Geschworne und Schöffen) die vom Richter dargebotenen Instruktionen (die Rechtsbelehrung) und die gestellte Aufgabe der Schuldfindung vollständig verstehen. Diese Annahme haben Psychologen empirisch getestet und als nicht garantiert befunden (Elwork et al., 1982). Die Instruktionen sind für den durchschnittlichen Laienrichter sprachlich oft schwer verständlich. In einigen westlichen Rechtssystemen arbeiten in letzter Zeit Psychologen und Juristen zusammen, um diese Instruktionen in eine verständlichere Form zu bringen.

Neben der Klärung von spezifischen Annahmen über menschliches Verhalten, die dem Recht zugrundeliegen, können Sozialpsychologen (und Soziologen) auch das Verständnis für das Recht vertiefen, wenn sie aufzeigen, daß das gesamte Rechtssystem in einem *sozialen Umfeld* operiert. Besonders im Strafrecht wird deutlich, wie stark dieses in ein soziales Umfeld eingebettet ist. Wenn ein Fall das System durchläuft - von der Entscheidung, die kriminelle Handlung auszuführen, bis zur Bestrafung und Rehabilitation - ist eine Vielzahl von sozialen und psychologischen Faktoren am Werk. Wird kriminelles Verhalten durch Merkmale der Persönlichkeit verursacht, oder wird es gänzlich oder teilweise durch Umwelteinflüsse bestimmt? Die Antworten, die die Gesellschaft auf solche Fragen hat, beeinflussen auch die Definition, Wahrnehmung und Behandlung von Gesetzesbrechern.

Wenn ein Polizeibeamter einen Verdächtigen anhält, dann ist dies eine soziale Handlung. Der Beamte reagiert auf soziale Merkmale: Wie ist der Verdächtige gekleidet? Wie benimmt er sich? Aus welcher sozioökonomischen Klasse stammt er? Diese und noch viele andere Faktoren bestimmen die Entscheidung des Beamten darüber, ob die betreffende Person allem Anschein nach die Tat begangen hat oder nicht. Die Interaktionen des Angeklagten mit Richtern, Anwälten, Schöffen, Strafvollzugspersonal usw. sind alle sozialer Natur und bestimmen das Ergebnis der Strafrechtsverhandlung und die Behandlung, die der Verurteilte im Vollzug erlebt. Die Interaktionen zwischen Richtern und Anwälten, Anwälten und Anwälten, zwischen den Schöffen untereinander sind alle sozialpsychologischer Natur. Die Dynamik des Rechtssystems hat, wie auch jene anderer sozialer Systeme (z.B. der Universität), wichtige sozialpsychologische Charakteristika.

Das *Hauptinteresse der Rechtspsychologie* ist die Verwendung der wissenschaftlichen Psychologie für ein besseres Verständnis des Rechtswesens. Damit können wir die grundlegenden Annahmen, die das Recht über menschliches Verhalten macht, überprüfen. Die Psychologie kann auch den gesamten sozialen Kontext, in dem das Rechtssystem funktioniert, beleuchten und die Zusammenhänge klären. In den folgenden Kapiteln wollen wir einige der grundlegenden Annahmen und Verfahrensweisen des Rechtssystems aus der Perspektive der empirischen psychologischen Wissenschaft analysieren. Der Gegenstand aller Analysen ist das soziale Verhalten der Menschen im Rechtssystem, und die Analysemethode ist die der empirischen, insbesondere experimentellen sozialpsychologischen Forschung. Ein Akzent liegt dabei auf der Anwendung von psychologischer Forschung im Rechtswesen.

Nach Haney (1980; auch Haisch, 1983a) kann die Psychologie auf drei Arten mit dem Recht in Beziehung stehen, die sich als Psychologie im Recht, Psychologie und Recht, und schließlich als Psychologie des Rechts umschreiben lassen. Diese fundamentale Unterscheidung ist für die Definition der Rechtspsychologie und für das zukünftige Zusammenwirken von Recht und Psychologie von Bedeutung.

Psychologie im Recht

Diese Beziehung ist die häufigste Anwendung der Psychologie im Rechtswesen. Dabei brauchen Juristen für bestimmte Fälle Psychologen und ihr Wissen, z.B. als Sachverständige bei der Beurteilung der Eignung einer Person zum Lenken eines Kraftfahrzeuges. Nachdem der Psychologe seine Aussage gemacht und das relevante psychologische Wissen abgeliefert hat, wird er wieder entlassen und die Beziehung ist unterbrochen. In diesem Kontext wirkt die Psychologie innerhalb der Beschränkungen standardisierter rechtlicher Kategorien und innerhalb der traditionellen rechtlichen Verfahren. Das Recht stellt spezifische, eng formulierte Fragen, die Psychologen innerhalb des rechtlichen Rahmens beantworten müssen. Das Recht kontrolliert den Inhalt der Frage und interpretiert die Bedeutung der Antwort für seine Zwecke. Der Psychologe übt dabei nur sehr geringen Einfluß auf das Recht und seine Verhaltensannahmen aus. "Wir holen den Psychologen, wenn wir ihn brauchen"; damit ist diese Art der Beziehung definiert. In dieser Hilfsfunktion befindet sich die klinische und die traditionelle forensische Psychologie.

Psychologie und Recht

In der zweiten Beziehung, Psychologie und Recht, dominiert keine der beiden Disziplinen. Die Psychologie versteht sich darin als eine eigene Disziplin, die Komponenten des Rechtssystems aus der Sicht des wissenschaftlichen Psychologen mit eigenständiger Forschung und Theorieentwicklung analysiert. Mittels gut geplanter Untersuchungen und der Formulierung von Theorien, die die Untersuchungsergebnisse integrieren, kann die Psychologie ein für das

Rechtssystem sehr relevantes Wissen entwickeln. Sind z.B. die dem Recht innewohnenden Annahmen über menschliches Verhalten empirisch bestätigt und demnach aufrechtzuerhalten? Kann die von Juristen implizit angewandte "Gerichtssaalpsychologie" durch psychologische Prinzipien, die aus sorgfältiger und systematischer Forschung stammen, unterstützt werden? Wie verläßlich sind Wahrnehmung und Gedächtnis von Augenzeugen, deren Aussagen in unserem Schuldfindungsverfahren so schwerwiegende Beweise darstellen? In der Beziehung Psychologie und Recht versucht die Psychologie, diese Fragen zu beantworten. Wenn die Ergebnisse negativ sind, von seiten des Rechts aber keine Änderungen in Richtung der Forschungsergebnisse angestrebt werden, so kann von öffentlicher und über die Ergebnisse informierter Seite immer noch eine Änderung verlangt werden. Daher kann die Psychologie auf dieser Ebene zur Änderung von Grundsätzen und Anwendungsweisen des Rechts beitragen. Reformvorschläge, auch solche, die auf gut bestätigten psychologischen Theorien aufbauen, setzen sich nur schwer durch. Die Prinzipien des Rechts sind auf traditionsreichen und festgefügten Fundamenten aufgebaut und resistent gegenüber Innovationen. Dieses Beharrungsvermögen der Rechtswissenschaft wird im allgemeinen damit verteidigt, daß sich das Recht vorsichtig fortbewegen müsse, da es um Entscheidungen gehe, die tief in das Leben der Menschen eingreifen. Die Rechtswissenschaft betrachtet die Psychologie vielfach mit Argwohn und Skepsis, überzeugt davon, daß die Psychologie ihren Wert zuerst in "bedeutungsvollen" Anwendungen beweisen muß, bevor man sich auf sie verlassen kann. Trotzdem ist es gerade diese gegenseitig unabhängige Recht-Psychologie-Beziehung, die ihr Versprechen auf Weiterentwicklung in beiden Disziplinen hält.

Psychologie des Rechts

Diese Beziehung betrifft das Recht als Bestimmungsfaktor des menschlichen Verhaltens selbst. Wie beeinflußt das Recht die Gesellschaft und wie beeinflußt die Gesellschaft ihr Recht? Wie erfolgreich können Gesetze und ihre Konsequenzen im Falle einer Gesetzesverletzung Verhalten kontrollieren? Warum werden manche Gesetze eher befolgt als andere? Welche Faktoren beeinflussen Ermessensentscheidungen in der Gesetzesanwendung? Diese Fragen werden von der Psychologie des Rechts formuliert und beantwortet. Sie untersucht auch gesellschaftliche Phänomene wie die Frage, warum die Gesellschaft das Wuchern rechtlicher Fiktionen erlaubt, oder warum fehlerhaft angewandte Verfahren weiterbestehen können.

Die Psychologie des Rechts kann auch Hinweise auf die effektivste Strategie für rechtliche Reformen anbieten. Daß sie bis heute in diesem Punkt noch unwirksam geblieben ist, liegt einerseits in ihrem abstrakten und zum Teil nicht empirischen Ansatz und andererseits in der Tatsache, daß sie erst seit den 70er Jahren existiert.

1.12 Definition und terminologische Abgrenzung

Die **Rechtspsychologie** befaßt sich mit der systematischen Erfassung von Verhaltensgesetzmäßigkeiten der am Rechtssystem beteiligten Personen (Sporer, 1983b). Sie stellt ein Teilgebiet der angewandten Psychologie dar und nimmt Bezug auf Theorien, Methoden und Ergebnisse aus den Grundlagenfächern der wissenschaftlichen Psychologie: Allgemeine Psychologie (Wahrnehmung, Lernen, Gedächtnis), Sozialpsychologie (Entscheidungsfindung, Einstellungsänderung, Personenwahrnehmung), Entwicklungs- und Persönlichkeitspsychologie. Für die Rechtspsychologie von Bedeutung sind auch andere Teildisziplinen der angewandten Psychologie, nämlich klinische, diagnostische und pädagogische Psychologie (Liebel und Uslar, 1975, S. 29).

Es besteht derzeit keine Einhelligkeit über eine Abgrenzung der Rechtspsychologie gegenüber der Kriminalpsychologie und der traditionellen forensischen Psychologie. Durch die Fülle von neuen Forschungsfragen der empirischen Rechtspsychologie ist der Rahmen der forensischen und der Kriminalpsychologie weit überschritten. Es liegt daher nahe, die Kriminal- und die forensische Psychologie als Teildisziplinen dem Begriff der Rechtspsychologie unterzuordnen. Die Identitätskrise einer eigenständigen Rechtspsychologie wäre mit der Definition eines weitgesteckten Arbeitsfeldes beendet, in dem Kriminalpsychologie, traditionelle forensische Psychologie, Richterpsychologie, Gerichtssaalpsychologie und Strafvollzugspsychologie eingeschlossen sind. Dies gestaltet sich aber schwierig, da einerseits keine allgemein akzeptierte Definition der forensischen Psychologie und noch viel weniger der Kriminalpsychologie vorliegt (Lösel, 1983, S. 9).

Die wesentlichen Fragen der **Kriminalpsychologie** zielen nach Schneider (1971, S. 417) auf "die Psychologie des Täters und der Tätergruppe, des Opfers und der Kriminalitätsursachen in der Gesellschaft," auf die "Psychologie der strafenden Gesellschaft und deren Repräsentanten in der Strafgesetzgebung und Strafrechtspraxis". Die Rechtspsychologie dagegen beinhaltet alles das, was zur systematischen Entwicklung von Verhaltensgesetzmäßigkeiten von am Rechtssystem beteiligten Personen bedeutsam ist: psychologische Aspekte von straf-, zivil-, sozial- oder verwaltungsrechtlichen Entscheidungsprozessen, experimentelle Psychologie der Zeugenaussage, psychologische Determinanten der Entstehung und Befolgung von Gesetzen etc.

Mitbedingt durch den interdisziplinären Charakter der **Kriminologie** gibt es auch in bezug auf deren Definition in der Literatur keine Einhelligkeit. Fest steht, daß sich die Kriminologie als empirische Wissenschaft versteht, deren Gegenstand das Verbrechen und der Rechtsbrecher ist, und daß sie sich mit Sanktionen, Behandlung und Prognose befaßt (Kaiser, 1973a, S. 1). Nach Göppinger (1973, S. 1) befaßt sich die wissenschaftliche Kriminologie "mit den im menschlichen und gesellschaftlichen Bereich liegenden Umständen, die mit dem Zustandekommen, der Begehung und der Verhütung von Verbrechen sowie mit der Behandlung von Rechtsbrechern zusammenhängen. Mit interdisziplinärem, multifaktoriellem Ansatz richtet sie dabei ihre Forschungen im Erfahrungsbereich auf alles, was sowohl mit den Rechtsnormen als auch mit der Persönlichkeit des Rechtsbrechers und ihren Verhältnissen in Verbindung steht und mit dem von der Rechtsordnung bzw. Sozialordnung mißbilligten Verhalten zusammenhängt". Der interdisziplinäre Ansatz legt auch die Aufnahme von psychologischem Wissen nahe.

Das gemeinsame Arbeitsfeld von Psychologie und Kriminologie liegt in jenem Bereich, den die Kriminalpsychologie abdeckt. Gemeinsames Interesse beider Disziplinen ist die Beobachtung, Beschreibung und Analyse von Verhaltensweisen, Einstellungen und Motiven von Personen oder Personengruppen, die mit dem Gesetz in Konflikt geraten sind. Nach Schneider (1971, S. 416) stellt die Kriminalpsychologie innerhalb der Kriminologie eine Grundwissenschaft dar und besitzt daher eine Schlüsselposition.

Die **traditionelle forensische Psychologie** zeigt im europäischen Raum eine auffallende Tendenz, sich den Bedürfnissen der juristischen Praxis anzupassen. Das umfassendste deutschsprachige forensisch-psychologische Sammelwerk, der 11. Band des "Handbuchs der Psychologie" (Undeutsch, 1967), zeigt den Pragmatismus und die Fremdbestimmung der Disziplin. Der gesamten europäischen forensischen Literatur fehlt ein theoretisches Grundkonzept. Das Fehlen dieses Grundkonzeptes wird aber nicht kritisiert. So schreibt Undeutsch (1967, Vorwort), es sei die Absicht bei der Planung und Konzipierung des Handbuchs gewesen, einen möglichst umfassenden Überblick über das stark verzweigte Gebiet der forensischen Psychologie zu geben. "Entsprechend dem Charakter der forensischen Psychologie als einer Disziplin der angewandten Psychologie ist auf die Bedürfnisse der gerichtlichen Praxis in größtmöglichem Umfang Rücksicht genommen worden. Damit ist schon gesagt, daß für den Aufbau des Bandes mehr das derzeitige Arbeitsfeld der forensischen Psychologie als ein theoretischer Gesichtspunkt maßgebend war. Die einzelnen Teilgebiete der forensischen Psychologie sind etwa entsprechend ihrer Bedeutung für den gerichtlichen Alltag und für die berufliche Praxis der auf diesem Gebiet tätigen Psychologen behandelt worden" (zit. nach Uslar, S. 25). Gegen die darin enthaltene Theorieabstinenz richtet sich Wallers (1970, S. 42) Kritik, der "das damit implizierte Selbstverständnis der Psychologie" bloßstellt und "sie aus wissenschaftstheoretischen Gründen" ablehnt. Denn "die Selbstdarstellung einer angewandten Disziplin darf sich nicht darin erschöpfen, ihr 'Arbeitsfeld' auszubreiten und Handlungsanweisungen für die Bewältigung praktischer Fragestellungen zu geben ... Eine angewandte Disziplin, die einen Standort ausschließlich nach ihrer instrumentellen Funktion und ohne Besinnung auf die Zielbestimmungen ihres Auftrags definiert, degradiert sich zu einer bloßen Technologie und setzt sich damit dem Verdacht aus, für beliebige Ziele einsetzbar zu sein."

Der Psychologe vor Gericht nimmt gegenwärtig im deutschen Sprachraum eine "Gehilfen"-Position ein. Waller (1970) erklärt auch die Theorieabstinenz auf forensisch-psychologischem Gebiet als Ausdruck des Selbstverständnisses der Gehilfenrolle: dahinter steht eine Haltung, die "eher derjenigen eines mit seinen (ihm angewiesenen) Aufgaben präokkupierten 'Gehilfen' entspricht ... als der eines kompetenten Experten" (Waller, 1970, S. 42). Dieses Sachverständigenmodell bringt den Sachverständigen in eine Prozeßrolle, die aus der Sicht der modernen Rechtspsychologie als verunglückt beurteilt werden muß, "denn alle vorhandenen reformatorischen Absichten und Überzeugungen müsse der Sachverständige bei der Erledigung seines Gutachterauftrages außer acht lassen" (Kaiser, 1973b, S. 200).

Die traditionelle forensische Psychologie befaßt sich in der Regel mit Personen, die in Konflikt mit gesetzlichen Normen geraten sind. Der Psychologe befaßt sich dabei mit Probanden, die - aus rechtlicher Sicht - einer von der Norm abweichenden Population angehören. In diesen Beurteilungsprozeß ist der Psychologe nicht involviert, er hat die Feststellung der "Abnormität" als von außen vorgegeben hinzunehmen (Uslar, 1979, S. 30). "Damit aber ist der engere Aufgabenkreis der forensischen Psychologie im traditionellen Sinn deutlich vorgezeichnet: generell hat sie eine Hilfsfunktion für die ihr übergeordneten Wissenschaften vom Recht und die staatlichen Instanzen der Rechtsprechung" (Leisner, 1974, S. 232). Uslar (1979, S. 31) bemerkt "die schon historisch gewordene, spezifische Implikation des forensischen Psychologen in die des Rechts reduziert daher seine Möglichkeit, als autonomer Experte tätig zu sein, der die soziale Funktion und die seiner Wissenschaft eigenverantwortlich wahrnimmt, auf die Rolle eines (Erfüllungs-) Gehilfen des Richters."

Durch die historische Entwicklung der traditionellen forensischen Psychologie erweist sich auch ihre Nachbarschaft zu einer anderen forensischen Hilfswissenschaft - der Gerichtsmedizin - als wichtig. In ihrem Bemühen um Anerkennung als Sachverständige vor Gericht gerieten die Psychologen in ein Konkurrenzverhältnis zur forensischen Psychiatrie. So bemerkt Kaiser (1973b, S. 204; zit. nach Uslar, 1979, S. 31), daß die Psychologie in der Sachverständigenfrage noch ganz "im Bann der Rivalität mit der gerichtlichen Psychiatrie steht", und daß es den Psychologen trotz großer Anstrengungen noch nicht gelungen sei, die Monopolstellung der Psychiatrie, z.B. in der wichtigsten Klassifikationsfrage der Zurechnungsunfähigkeit bzw. -fähigkeit, aufzuheben.

So fordert Waller (1970, S. 42) eine Standortreflexion der forensischen Psychologie gegen unreflektierten Pragmatismus, und zwar umso mehr, "als Psychologie und Jurisprudenz menschliches Verhalten, . . . unter differenzierendem, theoretischem Bezugsrahmen betrachten - d.h. auf dem Hintergrund unterschiedlicher Vorstellungen über die Struktur und Dynamik der Persönlichkeit bzw. über die Determination menschlichen Verhaltens, kurz: auf dem Hintergrund konkurrierender Verhaltensmodelle - abgesehen von der inkompatiblen wissenschaftstheoretischen Orientierung beider Disziplinen."

Im folgenden Abschnitt werden grundlegende Unterschiede zwischen Recht und Psychologie, die konkurrierenden Verhaltens- und Persönlichkeitsmodelle, sowie die unterschiedlichen wissenschaftstheoretischen Ausrichtungen diskutiert.

1.13 Psychologische Theorien

Die größte Unzulänglichkeit der derzeitigen psychologischen Forschung ist der Mangel an Theorien. So gibt es in einem gegebenen Gebiet oft ein Sammelsurium von Forschungsarbeiten ohne einheitliches Konzept. Das vordringlichste Ziel der psychologischen Forschung ist nach wie vor die Theorieentwicklung, nicht aber das unsystematische Ansammeln von Fakten. Thomas Kuhn (1970) betont, daß die Wissenschaftsgeschichte die Behauptung, daß wissenschaftliche Forschung ohne Verpflichtung zur Theoriebildung geschehen kann, nicht stützt. Die Entwicklung einer wissenschaftlichen Disziplin ist von (mindestens) einem Gefüge von miteinander verwobenen, theoretischen und methodologischen Grundsätzen abhängig, die Auswahl, Bewertung und Kritik erlauben (Kuhn, 1970, S. 16f).

Eine Theorie ist eine Menge von zusammenhängenden Konstruktionen, Definitionen und Lehrsätzen, die eine systematische Betrachtung des untersuchten Phänomens zeigt, wobei Beziehungen zwischen Variablen mit erklärenden und prognostischen Absichten spezifiziert sein müssen (Kuhn, 1970, S. 9). Eine psychologische Theorie erklärt menschliches Verhalten und sagt dieses vorher. Sie liefert eine allgemeine Erklärung, die viele verschiedene Verhaltensweisen systematisch verbindet und umgibt.

Als wissenschaftliche Erklärung von Verhalten muß eine psychologische Theorie *falsifizierbar* (widerlegbar) sein (Sir Karl Popper, 1962, S. 36). Die Begriffe jeder wissenschaftlichen Theorie müssen größtmögliche Präzision zeigen; ihre Bedeutung und Verwendung muß klar und eindeutig sein. Vage Theorien sind im allgemeinen nicht falsifizierbar und können nicht getestet werden. Der Vorteil unpräziser Theorien besteht in ihrer langen Lebensdauer, da sie nicht dem Risiko der Prüfung unterliegen. Gute Beispiele dafür sind die Theorie Sigmund Freuds (und die Theorien der Neofreudianer). Diese Theorien erfreuen sich der Unanfechtbarkeit durch empirische Daten, da sie wissenschaftlichen Methoden gegenüber "immun" sind. Testbare Theorien andererseits unterliegen genauer empirischer Untersuchung und kritischer Kommentare; viele scheitern und alle erfahren (ausgedehnte) Revisionen.

Die Entwicklung wissenschaftlicher Theorien ist heute auch das wichtigste Anliegen der Rechtspsychologie. Solche brauchbaren und heuristischen Theorien, die Erklärungen und Vorhersagen von Verhaltensphänomenen liefern, befinden sich in einem ständigen Revisions- und Rekonstruktionsprozeß. Für Laien erscheinen sie oft fragmentarisch und kompliziert, sie vermitteln ein Provisorium und übertriebene Vorsicht. Unprüfbare (wissenschaftlich also unbrauchbare) Theorien liefern andererseits kräftige Verallgemeinerungen. Ihre Antworten auf menschliche Nöte sind aber nicht viel mehr als Gedankenspielereien.

1.2 Kurze Problemgeschichte der Rechtspsychologie

In den 70er Jahren setzte eine Welle von sozialpsychologischen Untersuchungen rechtlicher Verfahren ein, die bis heute anhält. Am Beginn der 80er Jahre zeigte die Entstehung von verschiedenen Institutionen das "Erwachsenwerden" der neuen Disziplin. Dies führte zu einer Flut von Veröffentlichungen. Es sind in den letzten Jahren mehr Arbeiten publiziert worden als im vorangegangenen Dreivierteljahrhundert (einen Literaturüberblick gibt Sporer, 1983a). Diese Entwicklung wird auch unterstrichen durch die Neugründung von Fachzeitschriften (z.B. Law and Human Behavior, Law and Psychology Review), die Einrichtung interdisziplinärer Ausbildungsprogramme und die Gründung von Berufsverbänden (z.B. Sektion Rechtspsychologie der Deutschen Gesellschaft für Psychologie oder die Gründung der Division 41 der American Psychological Association); eine ähnliche Entwicklung gibt es auch in Kanada und Großbritannien.

Ungeachtet der langen Tradition und der gegenwärtigen Weiterentwicklung gibt es nur wenige historische Analysen (Sporer, 1982a) oder theoretische Bewertungen des Gebiets als Ganzes (Monahan und Loftus, 1982). Die rechtspsychologische Literatur stellt sich derzeit als ein Sammelsurium von empirischen Studien ohne theoretische Integration dar.

Die folgende Darstellung gliedert sich in zwei Abschnitte. Der erste gibt, aus der Sicht beider Disziplinen, einen kurzen Überblick über die Entwicklung der Rechtspsychologie. Im zweiten folgt eine kritische Zusammenfassung der beiden wichtigsten Forschungsschwerpunkte: Zuverlässigkeit von Zeugenaussagen und Psychologie des Strafrechtsverfahrens. Von der Brücke zwischen beiden Disziplinen aus wollen wir zwei Fragen behandeln: Welchen Einfluß hatte die rechtspsychologische Forschung auf die Rechtsprechung in der Vergangenheit? und: Was kann in der Zukunft getan werden, um diesen Einfluß zu verstärken?

1.21 Die Entwicklung aus Gerichtsmedizin und Kriminalistik

Der Beginn der Kriminalpsychologie und der forensischen Psychologie (zur terminologischen Abgrenzung der beiden Begriffe siehe Abschnitt 1.12) liegt in der forensischen Medizin und in der Kriminalistik bzw. Kriminologie. Eine medizinische Tätigkeit im Gerichtswesen wurde in der Constitutio Criminalis Carolina (1532) festgelegt. Erstmals werden "Wundärzte" und "Sachverständige" eingeführt. Bei einer Kindstötung soll eine Hebamme beigezogen und bei einem Totschlag ein Wundarzt angehört werden.

Als Begründer der gerichtlichen Medizin gilt allgemein der päpstliche Leibarzt Paolo Zacchia (1584-1659). Von seinen Questiones medico-legales befassen sich mehrere mit psychischen Auffälligkeiten. Ungeachtet dieser langen Tradition forensisch-psychiatrischer Wissenschaft führt Friedrich (1852) in seinem "System der gerichtlichen Psychologie" Stellungnahmen verschiedener forensischer Fachleute (Mediziner und Juristen) an, die behaupten, daß eine psychische Krankheit nach dem gesunden Menschenverstand beurteilt werden könne.

Heinroth (1825; 1833), ein Vertreter der somatisch orientierten Gerichtspsychiatrie, meint, daß der Mensch es sich selbst zuschreiben muß, wenn er geisteskrank wird. Durch eigene Schuld hat der, der als seelisch Kranker eine Straftat begeht, "die Diathesis zur Seelenzerstörung erworben - und wiederum durch seine Schuld hat er das Prinzip der Seelenstörung, die Vernunftberaubtheit und mit ihr die Unfreiheit herbeigerufen ... er sollte entschuldiget, er sollte freigesprochen werden, weil er in Verstandesverwirrung und Willensgebundenheit gehandelt? Nein! Beide, diese Verwirrung und diese Gebundenheit, sind sein Werk, seine Schöpfung, die Frucht seiner Taten, seines Lebens, die Krone seiner Schuld. Und so möge er sich denn immerhin strafunfähig gemacht haben, aber straf-los ist er nicht" (Heinroth, 1833, S.198; zit. nach Uslar, 1979). Uslar (1979) meint, daß diese Lehrmeinung zwar im Verlauf des letzten Jahrhunderts aufgegeben wurde, daß sie sich aber als eine Art "Populärpsychopathologie" im gerichtlichen Raum, zumindest in den Annahmen über die sogenannten Psychopathie gehalten hat - und hier nicht nur bei psychiatrischen Laien! Eine weitere historische Schulmeinung, die besonders in juristischen Argumentationen immer wieder auftaucht, kann als fester Bestandteil einer Vulgärpsychologie gewertet werden: "Je 'unnatürlicher', 'gemeiner', 'tierischer' ein Verbrechen, umso geneigter sind viele Autoren, die sich hier besonders auf Grohmann (1818, 1819) stützen, eine Aufhebung der moralischen Freiheit und damit Zurechnungsfähigkeit anzunehmen" (Janzarik, 1972, S. 606).

Der Kriminalist Eckartshausen betont schon 1791 "die Notwendigkeit, psychologische Kenntnisse bei der Beurteilung der Verbrechen" zu verwenden. In dieser Zeit, in der die Psychologie als eigenständige Wissenschaft noch nicht existierte, konnte die aufkommende Kriminalpsychologie eher als eine psychologische Betrachtung des Verbrechens vom Standpunkt des Juristen (Kaiser, 1973b, S.196) angesehen werden. In diesem Zusammenhang ist auch auf den Philosophen und Kriminalisten Feuerbach zu verweisen, der mit seiner Sammlung "Merkwürdiger Criminalrechtsfälle" (1808) psychologische Gesichtspunkte in die juristische Gedankenwelt brachte.

Die Entstehung einer forensisch-psychologischen Disziplin wurde durch die Entwicklung der wissenschaftlichen Kriminologie begünstigt. Den Auftakt dazu gaben der Psychiater Cesare Lombroso mit seiner kriminalanthropologischen Lehre vom geborenen Verbrecher (1876) und Enrico Ferri mit seiner Schrift "Das Verbrechen als soziale Erscheinung" (1896). Die damit entstandene Anlage-Umwelt-Kontroverse über die Ursachen krimineller Verhaltensweisen fand einen vorläufigen Abschluß in der Vereinigungstheorie von Liszt (1905), nach der das Verbrechen ein Produkt der Eigenart des Täters und der ihn umgebenden äußeren Verhältnisse ist.

Mit der Jahrhundertwende begann auch die forensisch-psychologische Gutachtertätigkeit. Der Berliner Psychologe William Stern (1903) war der erste forensisch-psychologische Sachverständige vor Gericht. Obwohl in größeren Zeitabständen immer wieder Psychologen als Sachverständige gehört wurden, blieb diese Tätigkeit bis heute eine Seltenheit.

1.22 Die Psychologie der Aussage

Die Aussagepsychologie stellt einen der frühesten Bereiche der angewandten Psychologie dar. Schon Ende des 19. Jahrhunderts begann das Interesse der forensischen Psychologie am Zeugen. In erster Linie waren es die Probleme der Zeugenaussage von Kindern und Jugendlichen und die Glaubwürdigkeit von Zeugen und Beschuldigten, die für die nächsten Jahrzehnte das Hauptarbeitsfeld der deutschsprachigen forensischen Psychologie ausmachen sollten. Zu den Pionieren dieses Forschungsbereiches zählt William Stern (1903), der nicht nur selbst Untersuchungen anstellte, sondern auch eine Zeitschrift zu diesem Thema, die "Beiträge zur Psychologie der Aussage", herausgab. Lipmann (1905) veröffentlichte Reformvorschläge zur Zeugenvernehmung, und der Intelligenzforscher Binet (1905) schrieb über die Wissenschaft der Zeugenaussage ("science du témoignage"). Weitere wichtige Vertreter der älteren Aussagepsychologie waren Münsterberg (1908), Marbe (1913) und Döring (1924).

Wenn für Strafrechtler der Zeugenbeweis einen klar definierten Stellenwert besaß, so stellten die empirisch orientierten Kriminalwissenschaftler und auch Psychiater die Zuverlässigkeit der Zeugenaussage in Frage. In seiner "Lehre vom Beweise im deutschen Strafprozeß" (1834) hebt dann auch der Rechtswissenschaftler Mittermaier hervor, daß eine Aussage über einen bestimmten Sachverhalt nur in seltenen Ausnahmefällen objektiv erfolgen könne, da Mängel der Wahrnehmung und des Gedächtnisses sowie die Phantasie einen verfälschenden Einfluß auf die Aussage ausüben. Das intensive Bemühen der Forschung, Probleme der Aussage auf wissenschaftlich-experimenteller Basis zu lösen, fand ihren Ausdruck in ersten, spektakulären Ergebnissen und zudem in Betrachtung und Anerkennung der forensischen Wissenschaftler auf internationaler Ebene. Die durch die Anfangserfolge bedingten hohen Erwartungen konnten allerdings im weiteren Verlauf nicht erfüllt werden, und so ließ das Interesse an der experimentellen Aussageforschung bereits in den 20er Jahren erheblich nach. Für mehr als zwanzig Jahre verschwanden aussagepsychologische Fragestellungen aus dem Interessensbereich der Psychologie.

Die ersten experimentellen Untersuchungen zur Aussagepsychologie waren *Laborexperimente*. Es wurden Wahrnehmungs- und Gedächtnisleistungen, das Problem der Suggestion und Suggestibilität, die differenzierten Leistungen von Männern und Frauen, sowie der Einfluß von Aufmerksamkeit, Ermüdung und Interesse untersucht. Die Ergebnisse der Laboruntersuchungen ließen sich jedoch für die Gerichtspraxis nicht nutzbar machen. Aus dem Bemühen, mehr Realitätsnähe zu erreichen, ging man zu sogenannten *"Wirklichkeitsversuchen"* (Aussagetests) über. Dabei wird eine einstudierte Szene einer Gruppe von Versuchspersonen als ein tatsächliches, plötzlich eintretendes Ereignis vorgespielt.

Die experimentelle Aussageforschung konnte eindrucksvoll demonstrieren, daß fehlerfreie Aussagen weder bei den Laborexperimenten noch bei den Wirklichkeitsversuchen erreichbar waren. Damit konnte eine Vielzahl von Faktoren nachgewiesen werden, die die Wahrnehmung und die Speicherung von Ereignissen beeinflussen. Manche Experten vertraten sogar die Meinung, die Zeugenvernehmung und -aussage aus dem Gerichtssaal auszuschließen (Mönkemöller, 1930, S. 28). Dies galt besonders für die Aussage von Kindern und pubertierenden Mädchen. Auch die Fallsammlungen von psychologischen Sachverständigen (Döring, 1924; Stern, 1926; Plaut, 1929) lieferten eine negative Stellungnahme zur Zuverlässigkeit der Zeugenaussage.

Die Auswirkungen, die die aussagepsychologische Forschung und Tätigkeit der 20er und 30er Jahre auf die damalige forensische Praxis hatte, faßt Undeutsch (1967, S. 36) zusammen: "Während man der Forderung, Sachverständige zur Begutachtung der Glaubwürdigkeit von Zeugen zuzuziehen, nur zögernd, ja widerstrebend und nur in geringem Umfang nachkam, fanden die aus der aussagepsychologischen Forschung gewonnenen Überzeugungen verhältnismäßig schnell und auf breiter Front Eingang in die Rechtspflege. Es ist selbstverständlich, daß die von psychologischer Seite gehegte Skepsis gegenüber den belastenden Angaben von Kindern und Jugendlichen ein offenes Ohr in der Rechtsanwaltschaft fand. Die Strafverteidiger machten in weitem Umfang von den Ergebnissen der Aussagepsychologie Gebrauch und schlachteten sie weidlich zugunsten ihrer Mandanten aus. Aber auch das Gros der medizinischen Sachverständigen übernahm die von der Psychologie erarbeiteten Gesichtspunkte in Bausch und Bogen, machte sie sich zu eigen und operierte fortan mit ihnen. Auch in den Kreisen der Strafrichter fanden schließlich die neuen Gedanken Eingang und führten zu großer Zurückhaltung in der Bewertung von Aussagen nichterwachsener Zeugen." (zit. n. Uslar, 1979).

Es lassen sich mehrere Gründe anführen, warum aus heutiger Sicht die damalige Aussagepsychologie nicht den realen Verhältnissen der Strafrechtspflege gerecht wurde, und warum sie die Zeugenaussage völlig negativ bewertete. Bei dem Versuch, mit den Laborergebnissen im Gerichtssaal zu operieren, wurde übersehen, daß die künstlichen Untersuchungsbedingungen oft nicht der Realität entsprachen; ihre Generalisierbarkeit erschien zweifelhaft. Weiters fehlte den Gutachten die theoretische Grundlage, insbesondere jenen, die Stellungnahmen zu geschlechtsspezifischen und altersbedingten Determinanten der Aussage enthielten. Sie beruhten auf persönlichen Eindrücken und Einzelbeobachtungen. Auch die Einschätzung des Einflusses von situativen Variablen auf die Motivlage gelang nicht, da die Motivationspsychologie noch in ihren populärpsychologischen Anfängen steckte (siehe dazu auch Undeutsch, 1967, S. 38ff).

Trotz der verbesserten Methoden, fundierteren Theorien und der praktischen Erfahrung in den 20er Jahren ließ plötzlich das juristische Interesse an der Aussageforschung nach. Erst nach dem Zweiten Weltkrieg wurden Psychologen wieder als Gutachter vor Gericht gehört. War die erste Phase durch eine einhellig negative Stellungnahme zur Glaubwürdigkeit von Aussagen gekennzeichnet, so setzte jetzt eine *Umkehr* der von den psychologischen Pionieren vertretenen Auffassung ein. Man konnte nun in den psychologischen Gutachten lesen, daß die Aussagen minderjähriger Zeugen in der Mehrzahl der Fälle der Wahrheit zu entsprechen scheinen (vgl. dazu Arntzen, 1970; Trankell, 1971). Der Wiedereinzug der Psychologen in den Gerichtssaal war aber auch begünstigt von einer Neuordnung des Polizei- und Gerichtswesens (Undeutsch, 1967, S. 43ff).

Die Entwicklung der Aussagepsychologie im *angloamerikanischen Raum* verläuft im wesentlichen parallel, setzt mit den Arbeiten Hugo Münsterbergs (1908) ein und erfährt in jüngster Zeit eine noch nie dagewesene Ausdehnung und Anerkennung. Daß die Bewertung der Zeugenaussage in den meisten kontinentaleuropäischen Rechtssystemen mehr Aufmerksamkeit erhielt, ist möglicherweise durch die Verfahrensunterschiede erklärbar: Im inquisitorischen (europäischen) System lädt und befragt der Richter die Zeugen, wohingegen im adversarialen (angloamerikanischen) System diese Aufgabe den Parteien überlassen wird. Daher ist der Richter im europäischen System auch eher bereit, psychologische Experten zur Beurteilung der Glaubwürdigkeit von Zeugen heranzuziehen. Die ersten amerikanischen Arbeiten zur Aussagepsychologie bestehen zum Großteil aus Beschreibungen und Replikationen der europäischen Untersuchungen. Das erste Buch in englischer Sprache, das Psychologen und Juristen über die Entwicklungen in Europa informierte, wurde 1908 von Hugo Münsterberg veröffentlicht. Er gibt eine Zusammenfassung der experimentellen Literatur über die Unzuverlässigkeit der Wahrnehmung und des Gedächtnisses und schlägt die Verwendung von Assoziationstests als Hilfe in der Bestimmung der Schuld des Angeklagten im Strafrechtsverfahren vor. Weiters vertritt er die Auffassung, daß die psychologischen Methoden den rechtlichen überlegen sind; das adversariale System der richterlichen Entscheidungsfindung betrachtete er als ein Museum irrationaler Verfahren. Mit missionarischem Eifer rügt Münsterberg die Juristen für ihr Zögern bei der Aufnahme der neuen Wissenschaft: "The time for Applied Psychology is surely near.... The lawyer alone is obdurate. The lawyer and the judge and the juryman are sure that their legal instinct and their common sense supplies them with all that is needed and somewhat more." (Münsterberg, 1908, S.9).

Dieser Standpunkt wurde allerdings von juristischer Seite nicht geteilt. Die Verwendung psychologischer Experimente im Strafverfahren wurde abgelehnt und die Verallgemeinerungen aus den europäischen Arbeiten als voreilig betrachtet (Wigmore, 1909). Die Kritik richtete sich auch gegen die Aussageexperimente selbst, deren Ergebnisse über die Genauigkeit von Zeugenaussagen auf Gruppendurchschnittswerten beruhten. In einem Gerichtssaal handle es sich aber um die Genauigkeit eines spezifischen Zeugen, und daher könne dieser neue Ansatz den individuellen Zeugen nicht bewerten. Ein weiterer Mangel dieser Experimente lag darin, daß sie die wesentlichen rechtlichen Aspekte außer acht ließen. Es gibt auch keine Untersuchungen über den Einfluß der Genauigkeit der Zeugenaussagen auf die Richtigkeit des Urteils. Die zentrale Frage wäre nicht die Häufigkeit der Fehler von Zeugen bei Aussagen, sondern deren Einfluß auf das Ergebnis der Verhandlung. Nach dieser ablehnenden Kritik folgte, wie in Europa, eine Periode des Schweigens und der Inaktivität, die bis in die 30er Jahre anhielt.

1.23 Forschungen zur Tatbestandsdiagnostik

Die psychologische und rechtliche Bewertung von Aussagen setzt die Aussagewilligkeit des Zeugen und Täters voraus. Sperrt sich der Befragte bewußt gegen die Aufklärung, bieten sich Methoden der psychologischen Tatbestandsdiagnostik an, die die relevanten Fragen beantworten. Dieses Interesse wird im Strafprozeß durch die geltende "Inquisitionsmaxime", in der das Gericht angehalten ist, die materielle Wahrheit zu erkunden, stärker sein als im Zivilprozeß, in dem die "Verhandlungsmaxime" gilt.

Schon seit der Jahrhundertwende sind, von diesem praktischen Erfordernis ausgehend, psychologische Experimente durchgeführt worden, die zur Überführung des Täters beitragen sollen. Wertheimer (1906) und Wertheimer und Klein (1904) befaßten sich als erste mit diesem kriminalpsychologischen Problem und führten die Bezeichnung "Tatbestandsdiagnostik" ein. Auch Mitarbeiter E. Bleulers, vor allem C. G. Jung (1905), beschäftigten sich zur gleichen Zeit damit. Bis zum Ersten Weltkrieg entstand eine umfangreiche Literatur, an der sich neben Psychologen auch Mediziner, Juristen und Kriminologen beteiligten.

Der Ausgangspunkt der Tatbestandsdiagnostik war die standardisierte projektive *Methode des Assoziationsversuchs* (siehe dazu auch Abschnitt 2.631). Dabei werden dem Probanden in zufälliger Folge unverfängliche und neutrale, gemischt mit jeweils auf die Person und den fraglichen Tatbestand bezogenen Reizworten zugerufen, auf die er möglichst rasch mit dem ersten Wort, das ihm in den Sinn kommt, antworten soll. Aus der verlängerten Reaktionszeit auf kritische (d.h. tatbestandsbezogene) Reizworte (im Gegensatz zur Reaktionszeit auf irrelevante Reizworte), aus bestimmten Verhaltensbeobachtungen und den sogenannten "Versagern" des Befragten wird auf seine Beteiligung an der in Frage stehenden Tat geschlossen. Diese Verfahren stellen den Versuch dar, einen Teilbereich der gerichtlichen Wahrheitsfindung durch empirische Methoden der Verhaltenswissenschaft zu verbessern (Tent, 1967, S. 186).

Die theoretische Grundlage aller Verfahren der Tatbestandsdiagnostik stellt die Hypothese dar, daß sich das einmal Erlebte in späteren Verhaltensreaktionen manifestiert. "Das einmal Erlebte hinterläßt gleichsam Spuren..., dies umso mehr, je eindringlicher, intensiver oder stärker affektbehaftet das Erlebnis war". Wird der Proband mit diesem Erlebnis konfrontiert, "so müßte die mit Furcht vor Entdeckung verknüpfte Motivation zu einer verstärkten Störung der normalen physiologischen, motorischen und verbalen Abläufe führen" (Tent, 1967, S.

186; zit. n. Uslar, 1979). Das gleiche Prinzip liegt auch dem Polygraphen oder "Lügendetektor" zugrunde, bei dem der Proband befragt wird, während er an eine Apparatur angeschlossen ist, die je nach Bauart verschiedene physiologische Meßdaten liefert. Auch hier kommt es auf eine Abweichung von den "normalen" physiologischen Reaktionen bei Vorgabe einer kritischen Frage an (siehe Abschnitt 2.631).

Der Wunsch Wertheimers (1906), "die Seele eines Menschen auf allgemeine psychische Folgen eines Tatbestands hin zu durchforschen" (zit. nach Uslar, 1979, S. 18) und zu diesem Zweck entsprechende Methoden zu entwickeln, ist - nach Dorsch (1963) - mittlerweile (zumindest partiell) realisiert worden: "Die Auslösung besonderer Bewußtseinszustände wurde vervollkommnet und hat seither viel von sich reden gemacht. Pharmaka der verschiedensten Art sind ausprobiert worden. Man lernte eine Art 'Persönlichkeitsumbau' durch Mischen von brutalem Verhör und Drogen technisch zu beherrschen. Die Begriffe 'Gehirnwäsche' und 'Lügendetektor' sind heute bekannt genug. Doch solche Methoden lagen gewiß nicht in der Erwartung des Jahrhundertbeginns. Sie belegen vielmehr die Gefährlichkeit, die der Ausbau der Tatbestandsdiagnostik bisher gebracht hat" (Dorsch, 1963, S. 172).

1.24 Die Entwicklung von 1930 bis 1970

Auch nach dem Einsetzen der zweiten Welle rechtspsychologischer Tätigkeit (etwa ab 1930 - Einteilung nach Undeutsch, 1967) verlief die Entwicklung der psychologischen Sachverständigentätigkeit unregelmäßig. Dennoch hat die Rechtspsychologie ihren Platz im forensischen Bereich bis heute ständig erweitert. Die Erklärung dafür liegt vor allem in den gleichgerichteten Intentionen beider Disziplinen (siehe Abschnitt 1.11). So bemühen sich Psychologie und Recht um die Erklärung, Kontrolle und Prognose menschlichen Verhaltens. Diese Ähnlichkeiten können aber über die unterschiedlichen Denkweisen und Methodologien und die daraus resultierende konfliktbelastete Begegnung nicht hinwegtäuschen. Nach wie vor steht in europäischen Rechtssystemen die Relevanz der Rechtspsychologie für die Jurisprudenz noch immer im Schatten der gerichtlichen Medizin und Psychiatrie. Die Beiträge, die die Tiefenpsychologie der Kriminalpsychologie zugedacht hat (vgl. dazu Reik, 1925; Alexander und Staub, 1929; Reiwald, 1948; Moser, 1971; Herren, 1973; Ostermeyer, 1975), werden in ihrer Bedeutsamkeit für das Recht von juristischer Seite angezweifelt, sodaß sie bisher mehr Konfrontation als Kooperation von Psychologie und Recht ausgelöst haben (Uslar, 1979, S. 19).

Die 30er Jahre brachten auch der amerikanischen Rechtspsychologie einen neuen Aufschwung. Das Interesse kam diesmal von juristischer Seite und zeigte sich in zwei Richtungen: in der *Anwendung der Psychologie* für ausgewählte Fragen der Rechtsprechung und in der *radikalen Kritik* an Rechtsgrundsätzen und Entscheidungsverfahren der Berufungsgerichte. So glaubten einige Rechtswissenschaftler und Psychologen, die grundlegenden Rechtstheorien und ihre Methodologien mit Hilfe der Psychologie erneuern zu können. Einer der prominentesten Vertreter, E. Robinson (1935), trat für den Versuch ein, die Jurisprudenz mit Hilfe der behavioristischen Psychologie von ihren überholten Konzepten zu befreien.

"It will be a fundamental principle of fundamental law, that every legal problem is at bottom a psychological problem and that everyone of the many traditions about human nature which are to be found in legal learning needs to be gone over from the standpoint of modern psychological knowledge" (Robinson, 1935, S. 51). Er wollte rechtliche Konzepte wie Vorsätzlichkeit, Rechtsprechung aufgrund von Präzedenzfällen oder das Konzept der Zurechnungsunfähigkeit durch eindeutige psychologische Fakten ersetzen.

Wie Münsterberg wurde auch Robinson mit der Kritik konfrontiert, daß seine Aussagen auf unbestätigten Theorien und ungerechtfertigten Verallgemeinerungen beruhen. Der wesentliche Beitrag dieser neuerlichen Berührung zwischen Recht und Psychologie liegt nicht so sehr darin, psychologische Ergebnisse auf die Rechtsprechung anzuwenden, sondern in dem *Versuch, beide Disziplinen zu integrieren*. Die Verfechter der neuen Rechtspsychologie vertraten auch die Ansicht, daß es von beiden Seiten (Psychologen und Juristen) ein naiver Versuch wäre, das Vorhandensein von Ergebnissen anzunehmen, die auf rechtliche Fragen unmittelbar anwendbar sind (Slesinger und Pilpel, 1929).

Obwohl dieser Gedanke erst in jüngster Zeit wieder aufgegriffen wurde, liegt die Konzeption einer Rechtspsychologie, die beide Disziplinen integriert, in dieser Zeit: "The first step in the development of legal psychology should be a logical and psychological analysis of legal institutions . . . The preliminary analysis is the job of the lawyer and the logician, and the result will not be scientific facts, but hypotheses, which, when scientifically tested, may become facts. When the analysis is made the student of behavior may step in, and not, as in the past, to coordinate the results of his study with that of the legal student, but to advise methods of investigating the behavioral hypotheses elaborated in a different field." (Slesinger und Pilpel, 1929, S. 677).

Die Ausgangspunkte für die Anwendung der Psychologie sollen zentrale Probleme des Rechts sein und nicht das bereits vorhandene psychologische Wissen. Die anfängliche Frage lautet nicht: Welche psychologischen Theorien können auf rechtliche Verfahren angewendet werden? sondern: Welche neue Forschung kann, nach der Analyse der rechtlichen Dimensionen, von der Psychologie durchgeführt werden, um die tatsächlichen Rechtsprobleme zu beleuchten? Aus dieser Sicht besteht die Annäherung der beiden Disziplinen nicht in der Koordination vorhandener psychologischer Ergebnisse mit rechtlichen Fragen, sondern in der Durchführung einer neubeginnenden Forschung, die speziell auf die ungelösten rechtlichen Probleme zugeschnitten ist. Dieser Schritt von der "Koordination von Ergebnissen und Problemen" zum "experimentellen Angriff" wurde erst von einer späteren Generation von Rechtspsychologen vollzogen (Loh, 1984, S. 612).

Bis in die 50er Jahre blieb die Rechtspsychologie nur auf dem Papier ein angewandtes Unternehmen und hatte daher keinen direkten Einfluß auf die Rechtsprechung und rechtliche Entscheidungsfindung. Während in Europa psychologische Sachverständige schon seit der Jahrhundertwende herangezogen wurden, setzte diese Entwicklung in den USA erst in den 50er Jahren ein und unterschied sich auch in der Art der Sachverständigentätigkeit. Der Schwerpunkt der Tätigkeit der amerikanischen psychologischen Experten war nicht die Beurteilung von Zeugen, sondern Fragen der Zurechnungsunfähigkeit, des Einflusses von Pressemeldungen vor der Verhandlung auf deren Ergebnis sowie Zivilrechtsfragen.

Obwohl die interdisziplinäre Arbeit zwischen Rechts- und Sozialwissenschaften in anderen Bereichen (z.B. mit Soziologen und Politologen) aufblühte, blieb die Zusammenarbeit mit Psychologen auf periphere Fragen beschränkt. Erst Ende der 50er Jahre begannen Sozialpsychologen mit systematischen Untersuchungen rechtlicher Entscheidungsprozesse (insbesondere Entscheidungen der Geschwornen, rechtliche Sozialisation und rechtliche Bedeutung der Zurechnungsunfähigkeit). Erstmals kamen Theorien und Methoden der Sozialpsychologie im rechtlichen Umfeld zum Einsatz. Dennoch ist der Versuch einer breiten empirischen Rechtspsychologie der 30er Jahre bis in die Gegenwart nur ein Konzept geblieben.

1.25 Die Entwicklung in den 70er und 80er Jahren

Seit Beginn der 70er Jahre gibt es mehr Psychologen, die empirische Forschung über rechtliche Problemstellungen durchführen, als in allen vorangegangenen Jahren zusammen. War bis zur Mitte unseres Jahrhunderts der Schwerpunkt der Forschung bei den europäischen Psychologen, so hat sich in der zweiten Hälfte der Schwerpunkt in den angloamerikanischen Raum verlagert. Spätestens ab den 80er Jahren kann man von einer eigenständigen rechtspsychologischen Disziplin mit eigener Methodologie und Theorieentwicklung sprechen. Diese Entwicklung geht vor allem auf die sozialpolitischen Aktivitäten der 60er Jahre zurück. Getragen wurde dieses Interesse von einer neuen Generation von Sozialwissenschaftlern, die eine Rechtfertigung ihrer Forschungsarbeit insbesondere in der "sozialen Relevanz" der untersuchten Fragen sahen. Auch *Rechtsreformen* im Zivil- und Strafrechtsbereich haben dazu beigetragen, daß die Gerichte wieder ein *Feld angewandter Forschung* geworden sind. Erst 80 Jahre nach den Arbeiten W. Sterns und H. Münsterbergs kann man davon sprechen, daß die Rechtspsychologie als selbständige theoretische und angewandte Disziplin existiert.

Der Gegenstand der empirischen Arbeiten geht weit über die traditionellen Fragen der Aussagepsychologie und Tatbestandsdiagnostik hinaus und deckt Problembereiche ab, die bisher unangetastet blieben. Der Großteil der gegenwärtigen Forschung befaßt sich eher mit dem Strafrecht als mit dem Zivilrecht, mehr mit dem gerichtlichen und weniger mit dem legislativen und administrativen Teil des Rechtssystems, eher mit Verfahrensfragen als mit dem materiellen Recht. Der wesentliche Schwerpunkt ist der Strafprozeß (z.B. Saks und Hastie, 1978; Cohn und Udolf, 1979; Toch, 1979; Ellison und Buckhout, 1981; Greenberg und Ruback, 1982). Die rechtspsychologische Forschung ist - wie Tapp (1976) bemerkt - "überkriminalisiert".

Der Hauptanteil der Forschungsarbeiten war in den vergangenen 20 Jahren den *Laienrichtern* gewidmet. Penrod (1979) stellte fest, daß 90% aller Untersuchungen der laienrichterlichen Tätigkeit in einem Zeitraum von 15 Jahren liegen. Dieser Schwerpunkt erscheint auf den ersten Blick nicht gerechtfertigt, wenn man bedenkt, daß Laienrichter nur einen sehr geringen Prozentsatz der Strafrechtsfälle (in Österreich ca. 5%) entscheiden. Die Verwendung von Laien zur rechtlichen Entscheidungsfindung, das damit verbundene Einschalten der öffentlichen Meinung in die Rechtsprechung und das Legitimieren von offiziellen Handlungen mittels Geschworner ist nach wie vor sehr umstritten.

Ein Großteil des Verfahrensrechtes kann aber nur im Kontext mit der Laiengerichtsbarkeit verstanden werden. Einerseits betrachtet man Geschworne und Schöffen als zentralen Bestandteil im Beweisverfahren und andererseits gibt es ein schon geschichtliches Mißtrauen gegen Urteile von Laien, die weder die relevante Rechtslage kennen, noch Erfahrungen in der Bewertung der Beweise besitzen. Daher entwickelte sich auch ein ganzer Komplex von Verfahrensregeln (Beweismittelrecht), der die Geschwornen in jeder Phase des Beweisverfahrens vor außerrechtlichen und die Entscheidung verzerrenden Einflüssen schützen soll.

Gegenwärtig befaßt sich die rechtspsychologische Forschung hauptsächlich mit zwei unterscheidbaren Phasen des Strafrechtsverfahrens: mit der Voruntersuchung (Leistungen des Augenzeugen) und mit der Verhandlung selbst (Entscheidungsfindung bei Laienrichtern, Beweisdarbietung an die Geschwornen). Eine detaillierte Darstellung der Forschungsansätze und -ergebnisse bringt der zweite Teil dieser Arbeit.

1.3 Forschungsmethoden in der Rechtspsychologie

Das Verhältnis von Psychologen und Juristen wird nicht nur von Unterschieden im Selbstverständnis von Rechtswissenschaft und Psychologie und durch die Unterschiedlichkeit ihrer anthropologischen Konzepte bestimmt; von nicht zu unterschätzender Bedeutung sind auch methodologische Divergenzen. Der folgende Abschnitt gibt eine kurze Einführung in die empirischen Methoden der Psychologie sowie in die juristischen Forschungsmethoden.

Bevor wir die wissenschaftlichen Methoden zur Erkenntnisgewinnung beschreiben, wollen wir fragen, wie Wissen über menschliches Verhalten erworben wird. Nach Charles Peirce gibt es vier Wege, Wissen und Glaubenssätze über die Welt zu sammeln (Tedeschi und Lindskold, 1976, S. 35). Diese sollen für weitere Überlegungen in diesem Abschnitt als grober erkenntnistheoretischer Bezugsrahmen dienen. Die erste ist die **Methode der Beharrlichkeit**. Dabei wird hartnäckig an Meinungen und Glaubenssätzen über andere Personen, Institutionen, Nationen und Ereignisse festgehalten. Diese Annahmen sind "wahr", weil "man immer schon geglaubt bzw. gewußt hat, daß sie wahr sind". Diese Meinungen bleiben auch gegenüber gegenteiligen Beweismaterialien hartnäckig bestehen.

Die zweite Art des Wissenserwerbs und der Entstehung von Meinungen ist die **Autoritätsgläubigkeit**. Etwas wird als wahr akzeptiert, weil glaubwürdige Personen oder Institutionen dies behaupten. Wenn die Gerichtshöfe es im Laufe der Jahre so gesagt haben, dann ist es so. Wenn ein anerkannter Wissenschaftler eine Aussage zugunsten eines Lehrsatzes bzw. dagegen macht, wird der Name des Wissenschaftlers als autoritatives Beweismittel für dessen Richtigkeit oder Unrichtigkeit zitiert.

Die Erziehung ist teilweise auf die Autorität von Lehrern und Vorbildern aufgebaut. Schüler zitieren die Autorität ihrer Lehrer als unbestreitbare Belege zur Unterstützung ihrer Argumente; Studenten berufen sich oft auf den Inhalt von Lehrbüchern. Dabei lassen sich zwei allgemeine Typen von Autoritäten unterscheiden: die dogmatische und die Experten-Autorität. Die dogmatische Autorität bringt für ihre Behauptungen keine empirischen Beweise vor. Es gibt auch keine Möglichkeiten, ihre Aussagen zu überprüfen. Expertenautorität beruht auf Fakten, die jeder überprüfen kann, der die Möglichkeiten dazu hat.

Auch die Arbeit der vertrauenswürdigsten, glaubwürdigsten und anerkanntesten Experten sollte zumindest fallweise überprüft werden. Ihre Informationsquellen könnten überholt sein, persönliche oder politische Gründe könnten die Objektivität ihrer Aussagen beeinflussen.

Die **A-priori-Methode** ist die dritte Art, Wissen zu erwerben. Beweise werden als wahr akzeptiert, weil diese "einleuchtend und logisch" sind; Erfahrungen haben damit wenig zu tun. Diese Methode setzt voraus, daß man durch freie Kommunikation und Gedankenaustausch automatisch die Wahrheit findet, weil es eine natürliche Neigung zur Wahrheit gibt. Die Rechtsgeschichte zeigt, daß in einem frühen Stadium der Rechtsentwicklung angenommen wurde, daß das Wissen oder die Glaubenssätze von Juristen und Richtern nicht die Gesetze produziert haben, sondern daß diese in erster Linie das bereits bestehende Naturrecht entdeckten. Demnach kommt man durch logisches Denken und Schlußfolgern ultimativ bei der universellen "Wahrheit des Naturrechts" an. Diese Methode, die mittels Intuition, Schlußfolgerung und gesundem Hausverstand Wissen erwirbt, wird auch heute in den Rechtswissenschaften häufig verwendet, obwohl Juristen nicht gerne zugeben, ihre Erkenntnisse aus dem Naturrecht zu schöpfen.

Die vierte Art der Wissensgewinnung ist die **wissenschaftliche Methode**, die in der Überprüfung einer Aussage oder einer Menge von Aussagen durch Beobachtung und systematisches Experimentieren besteht. Mittels empirischer Tests werden Aussagen über die Natur oder Ereignisse in der Natur bestätigt, revidiert, reorganisiert oder aufgegeben. Die Wissenschaft ist ein System von Wissensinhalten, die nicht unveränderbar sind, sondern sich in ständigem Wechsel, in Modifikation und Ausdehnung befinden. Die Wissenschaft lehrt uns, daß es in der Natur wenig sichere Tatsachen gibt, und daß wir unsere Entscheidungen und Erwartungen zu jeder Zeit nur nach dem jeweiligen "besten Wissen" treffen können.

Der **Zirkel der wissenschaftlichen Methode**. Eine **Hypothese** ist eine Behauptung, die die Beziehungen zwischen den Fakten erklärt. Den Vorgang der Entstehung einer Hypothese nennt man **Induktion**. Diese beruht in erster Linie auf Intuition. Eine Hypothese muß strengen empirischen Tests unterworfen werden, was auf verschiedene Arten geschehen kann. **Deduktion** ist der Vorgang spezifischer Vorhersagen aus einer Hypothese. Beobachtungen, Induktion, Hypothesen, Deduktion, Vorhersagen, Verifikation und wieder Beobachtungen stellen den Zirkel der wissenschaftlichen Methode dar (siehe Abb. 1). Aus Abb. 1 ist ersichtlich, daß Beobachtungen die Grundlage der wissenschaftlichen Methode sind, weil der Zirkel mit direkten Wahrnehmungen des Wissenschaftlers beginnt und endet.

Ein Beispiel aus der sozialpsychologischen Forschung soll die zyklische Natur der wissenschaftlichen Methode illustrieren. Was ist Freundschaft? Keiner mag jeden. Jede Person ist beim Aussuchen ihrer Freunde wählerisch. Eine mögliche, mittels Intuition gebildete Hypothese wäre die, daß sich Personen, die ähnliche Einstellungen und Werte besitzen, auch mögen. Damit wird eine Beziehung zwischen zwei möglichen Beobachtungen, der Existenz von Sympathie und der Ähnlichkeit von Einstellungen, vorgeschlagen.

Welche Vorhersagen können wir aus dieser Hypothese ableiten? Wir könnten z.B. vorhersagen, daß Freunde ähnliche Meinungen über Politik besitzen. Das Testen dieser Vorhersage erfordert das Sammeln bestimmter Fakten. So können wir Daten über die Präferenz bestimmter politischer Parteien von Personen sammeln, die befreundet sind, und von solchen, wo dies nicht der Fall ist. Bestätigt sich die Vorhersage in den Daten, wird auch unser Vertrauen in die Hypothese gestärkt. Nachdem wir nur eine von vielen möglichen Vorhersagen aus unserer Hypothese getestet haben, können wir allerdings noch nicht annehmen, daß sie sich dadurch bestätigt hat.

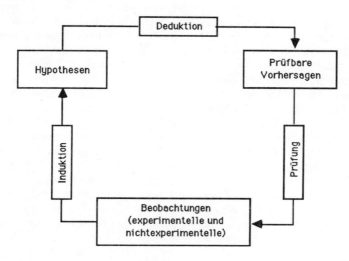

Abb.1. Der Zirkel der wissenschaftlichen Methode

Sorgfältig konstruierte Theorien erlauben im allgemeinen die Ableitung einer großen Anzahl spezifischer Hypothesen. So können wir durch Deduktion aus unserer Theorie über Einstellungsähnlichkeit und Sympathie eine weitere Hypothese ableiten: Die Sympathie für eine andere Person wird größer sein, wenn diese die positive Selbsteinschätzung teilt. Das heißt, daß jemand nur dann auf eine positive Bewertung seiner Person mit Sympathie reagiert, wenn er sich selbst mag. Mag er sich nicht, ist ihm jemand sympathischer, der ihn ablehnt. Weiters können wir die Vorhersage ableiten, daß Personen, die zur selben sozioökonomischen Klasse gehören, sich sympathisch finden. Je mehr empirisch prüfbare (und bestätigte) Hypothesen eine Theorie enthält, desto größer wird unsere *Sicherheit*, daß die Theorie richtig ist. Einzelne unbestätigte Hypothesen müssen die Theorie noch nicht ernstlich beeinträchtigen. Die Prüfung der Hypothese könnte unter ungünstigen Umständen durchgeführt worden sein, oder das Experiment selbst war für den Versuch der Verifikation ungeeignet. Eine Theorie wird erst dann verworfen, wenn der Versuch, die abgeleiteten Hypothesen und ihre speziellen Vorhersagen zu bestätigen, wiederholt mißlingt.

Die wissenschaftliche Methode liefert allerdings niemals sicheres Wissen. Die empirischen Daten können immer nur zu einer größeren oder geringeren Sicherheit der Hypothese beitragen. Die Methode der Autoritätsgläubigkeit und die A-priori-Methode produziert zwar "sicheres" Wissen, bietet aber nicht, wie der wissenschaftliche Zirkel, die Möglichkeit der Fehlerkorrektur. Für wissenschaftliches Arbeiten ist eine Hypothese, die nicht bestätigt oder verworfen werden kann, bedeutungslos.

Da wissenschaftliches Wissen auf Beobachtungen, systematischem Experimentieren und testbaren Hypothesen aufbaut, existiert es unter ständigem *Risiko*. Es muß laufend auf den letzten Stand gebracht werden, um neuen Beobachtungen und experimentellen Befunden standzuhalten. Es versucht auch Vorhersagen zu machen, die über unsere Erfahrung hinausgehen. Die wissenschaftliche Methode ist ein sich selbst korrigierender Ansatz der Erkenntnisgewinnung; er liefert uns die brauchbarste Quelle zum Aufdecken der Gesetzmäßigkeiten menschlichen Verhaltens.

Diese vier Methoden der Wissensgewinnung geben einen groben erkenntnistheoretischen Rahmen für weitere Überlegungen. Sie begründen auch, warum die Psychologie wissenschaftlich vorgehen muß. Mit Ausnahme der Methode der Beharrlichkeit hat jede ihre Berechtigung. Zur Entwicklung von Annahmen über Wirkungszusammenhänge (Hypothesen) können wir autoritative Quellen, logisches Denken und den gesunden Hausverstand verwenden. Die wissenschaftliche Methode liefert uns dann Informationen über die Zuverlässigkeit (Sicherheit) dieser Annahmen und fördert kritisches und vorsichtiges Denken.

Die Kenntnis der Methoden der wissenschaftlichen Psychologie führt auch zu einer *besseren Einschätzung der psychologischen Forschungsergebnisse,* insbesondere der psychologischen Beiträge zum Rechtswesen. Der Leser soll auch einen Spürsinn für brauchbare Experimente entwickeln, um zu entscheiden, ob der Autor einer Arbeit gerechtfertigte Schlußfolgerungen aus seinen Daten zieht. Weiters soll auch bei jeder Arbeit gefragt werden, ob es Übereinstimmungen mit Ergebnissen anderer Arbeiten mit ähnlicher Fragestellung gibt, bzw. ob Replikationen vorliegen. Fehlt diese Fertigkeit oder Information, wird der Leser in der Hauptsache auf Autoritätswissen oder A-priori-Wissen angewiesen sein. Eine starke Abhängigkeit davon führt beim Studium des menschlichen Verhaltens oft zu widersprüchlichen Aussagen und mehrdeutigen Schlußfolgerungen und insgesamt zu einer pessimistischen Einschätzung der psychologischen Beiträge zum Recht.

Studenten klagen oft über die Mühseligkeit, sich wissenschaftliche Methodologien und Konzepte anzueignen. Sie erwarten in erster Linie Antworten auf interessante Fragen und Tatsachen über die menschliche Psyche. Wie gezeigt wurde, führt die Abhängigkeit von Autoritäts- und A-priori-Wissen zu Konfusion und Widerspruch, insbesondere wenn es um menschliches Verhalten geht. Das heißt aber noch nicht, daß empirische Forschung niemals verwirrend und widersprüchlich ist. Die Wissenschaft ist weder ein permanent fortschreitender Prozeß in Richtung Wahrheit noch eine ständige Kumulation von Daten in Richtung einer vereinheitlichenden Theorie. Am Beginn der Erforschung eines neuen Phänomens wird die wissenschaftliche Methode ebenso unklare und widersprüchliche Ergebnisse liefern wie die Methode der Autoritätsgläubigkeit und die A-priori-Methode. Die wissenschaftliche Wissensakkumulation wählt immer solche theoretischen Aussagen, die am besten zu den Ergebnissen und Beobachtungen passen. Daher führt dieser Ansatz zwangsweise zu einem immer klarer und konsistenter werdenden *Verständnis der untersuchten Phänomene*.

Wenn in den späteren Kapiteln wissenschaftliche Theorien vorgestellt werden, die die ausgewählten Phänomenbereiche beschreiben und erklären, soll nicht nur das Wissen über die rechtspsychologische Forschung erweitert, sondern gleichzeitig auch Kritikfähigkeit und ein wissenschaftlicher Skeptizismus gefördert werden.

1.31 Das Experiment und andere Forschungsmethoden

Viele Psychologen sind überzeugt, daß menschliches Verhalten am besten mit der experimentellen Methode erforscht werden kann, die eine sorgfältige Kontrolle und Messung des untersuchten Phänomens erlaubt. Oft bringt der Forscher die Untersuchung des Phänomens ins psychologische Labor, wo er mit Hilfe geeigneter Austattungen und Verfahren Bedingungen präzise manipulieren und dadurch mögliche Störfaktoren minimieren oder gänzlich aussschalten kann.

Veranschaulichen wir uns den Aufbau eines Experiments an einem Beispiel: Wir wollen die Effekte unterschiedlicher Gruppengrößen bei Geschworenen untersuchen. Der Versuchsleiter schafft zwei oder mehrere Bedingungen, die die Abstufungen der **unabhängigen Variablen** darstellen. Er manipuliert oder variiert die Ausprägung dieser Variablen, z.B. indem er Geschworenengruppen zu acht und zwölf Personen bildet. Die **abhängige Variable** sind Messungen oder Beobachtungen, von denen angenommen werden kann, daß sie die Leistung der Geschworenengruppe gut beschreiben, d.h. den zu untersuchenden Effekt. Als Maß für die Gruppenleistung wollen wir das Urteil jeder Geschworenengruppe und die Dauer der Beratung heranziehen. Unsere Frage lautet: Gibt es einen Zusammenhang zwischen Gruppenleistung (gemessen als Urteil "schuldig/nicht schuldig" und als Beratungsdauer bis zum Erreichen des Urteils) und der Größe der Geschworenengruppe?

In unserem Experiment manipuliert der Versuchsleiter die unabhängige Variable durch die Zuordnung von "Versuchspersonen" zu Gruppen unterschiedlicher Größe und beobachtet die abhängige Variable durch Aufzeichnen des Urteils und der Beratungszeit. Eine Versuchsanordnung wäre in unserem Fall ideal, wenn der Versuchsleiter aus den Geschwornenlisten eines Gerichts eine Zufallsauswahl (Stichprobe) von echten Geschwornen ziehen könnte. Den ausgewählten Personen werden dann Filmausschnitte einer echten Verhandlung gezeigt, und nach der standardisierten Rechtsbelehrung durch den Richter - sofern möglich - den unterschiedlichen Gruppen Beratungsräume im Gericht zur Verfügung gestellt. Das wesentliche Merkmal dieses Verfahrens, das unsere Untersuchung erst zu einem Experiment im wissenschaftlichen Sinn macht, ist die **zufällige Zuordnung** der einzelnen Versuchspersonen (Geschwornen) zu den experimentellen Bedingungen (Versuchsgruppen), d.h. zu den Acht- und Zwölfpersonengruppen. Durch diese Zufallszuordnung verhindert der Versuchsleiter die systematische Beeinflussung der unabhängigen Variablen durch andere

Variablen (Störvariablen). Die untersuchte Abhängigkeit zwischen Gruppengröße und Gruppenleistung könnte ja durch eine Vielzahl von Variablen verzerrt werden. Ist die Zuordnung zufällig erfolgt (z.B. mittels Münzwurf), gibt es keine anderen kausalen Variablen (neben der Gruppengröße), die systematisch mit der Gruppengröße variieren können. Das heißt, daß die am Ende des Experiments nachgewiesenen Unterschiede in der Gruppenleistung ausschließlich auf die unterschiedliche Gruppengröße zurückgehen. Man kann dann mit an Sicherheit grenzender Wahrscheinlichkeit daraus schließen, daß nur die Gruppengröße die Leistung der Gruppe beeinflußt hat. Wenn andererseits kein Unterschied nachweisbar ist, kann mit Sicherheit geschlossen werden, daß zumindest keine verzerrenden Variablen die Effekte der Gruppengröße verdeckt (maskiert) haben.

Die vom Experiment vorgeschriebene Zufallszuordnung der Versuchspersonen zu den Experimentalgruppen erleichtert die *Interpretation der Ergebnisse* im Vergleich zu alternativen Vorgangsweisen. Wir können die Arbeitsweise von Geschworenen in Acht- und Zwölfpersonengruppen auch in bestehenden Rechtssystemen untersuchen. Wir können eine bestimmte Anzahl von Geschworenenberatungen im österreichischen Strafverfahren (Achtpersonengruppen) mit jenen in Großbritannien (Zwölfpersonengruppen) vergleichen. Diese in der realen Welt vorgefundene Situation ist unserem ursprünglichen experimentellen Versuchsplan sehr ähnlich, in dem wir Acht- und Zwölfpersonengruppen über sehr ähnliche Fälle urteilen ließen. Angenommen, die Achtergruppen mit österreichischen Geschworenen fällen häufiger einen Schuldspruch als die Zwölfergruppen mit britischen Geschworenen. Kann man aus dieser Beobachtung mit Sicherheit schließen, daß die unabhängige Variable, die Gruppengröße, diesen Unterschied bewirkt? Natürlich nicht, denn viele andere Faktoren variieren systematisch mit der Gruppengröße; z.B. kann es der Fall sein, daß in Österreich die Geschworenen in bezug auf Merkmale wie Alter, Ausbildung, Geschlecht etc. anders zusammengesetzt sind als in Großbritannien. Auch die Staatsanwaltschaften beider Rechtssysteme können andere Falltypen vor Gericht bringen. Der Versuchsleiter kann nicht mehr sicher sein - und das ist der gravierende Nachteil - daß die Effekte von der unabhängigen Variablen (Gruppengröße) stammen. Wenn er zuläßt, daß alternative, ursächliche und wichtige Variablen mit der abhängigen Variable systematisch variieren (kovariieren), können auch diese die beobachteten Effekte bewirken. Dies ist auch das Hauptargument dafür, daß die experimentelle Methode der sicherste Weg zur Untersuchung von Kausalbeziehungen ist.

Wir haben bisher zwei wichtige Merkmale des Experiments vorgestellt. Erstens die Unterscheidung zwischen unabhängigen Variablen, die der Versuchsleiter "manipuliert" und denen er, nach dem Zufallsprinzip, Versuchspersonen zuordnet, und die abhängigen Variablen, die er beobachtet. In unserem Beispiel ist jede Geschworenengruppe eine experimentelle Einheit, die zufällig entweder aus acht oder zwölf Personen besteht. Das Urteil und die Beratungsdauer jeder Geschworenengruppe wird als Maß für die Leistung festgehalten. Wenn es einen systematischen Unterschied in den Urteilen oder in der Beratungsdauer zwischen den zwei Gruppengrößen gibt, schließen wir, daß die unabhängigen Variablen diesen Unterschied verursacht haben.

Sozialwissenschaftler benützen moderne *statistische Modelle und Verfahren,* um die gesammelten Daten zusammenzufassen und die Zufallswahrscheinlichkeit der Befunde abzuschätzen. In unserem Beispiel ziehen wir einen statistischen Test zur Prüfung der Unterschiede zwischen den beiden Gruppengrößen (in bezug auf ihren Urteilsspruch und ihre durchschnittliche Beratungsdauer) heran. Wir prüfen, ob diese Unterschiede signifikant sind. Der Begriff "signifikant" ist hier ein terminus technicus und bedeutet ein "glaubwürdiger" oder "bedeutsamer" Unterschied. Ein **signifikanter Unterschied** ist ein Unterschied, für den die Wahrscheinlichkeit sehr gering ist, daß er zufällig zustandegekommen ist.

Das zweite wesentliche Merkmal des Experiments ist die **Kontrolle,** die der Versuchsleiter über die unabhängige Variable und die (zufällige) Zuordnung der Versuchspersonen zu den Versuchsgruppen hat. Das Experiment stellt daher das geeignetste (und meistens auch billigste) Verfahren für die Aufklärung von Ursache-Wirkungs-Zusammenhängen dar.

Da aber nicht alle Phänomene im Labor untersucht werden können, gibt es auch die nichtexperimentellen (oder Korrelations-) Methoden (siehe weiter unten), die keine Zufallszuordnung erfordern. Es ist auch aus anderen Gründen nicht wünschenswert, daß nur im Labor geforscht wird.

Wenn man ein Laborexperiment durchführt, muß man zwei grundlegende Fragen über dessen **Validität** (Gültigkeit) stellen. Die erste Frage ist die Frage nach der **internalen Validität**: Wie effektiv ist die Manipulation? In unserem Beispiel war die Manipulation der Gruppengröße, einem Strukturmerkmal, sehr einfach. Untersuchen wir aber beispielsweise die Effekte von Angst auf die Gedächtnisleistung von Zeugen, müssen wir die unabhängige Variable - Angst - in mindestens zwei Ausprägungen manipulieren. Im einfachsten Fall bilden wir zwei Gruppen (geringe und hohe Angstbedingung) und ordnen die Versuchspersonen diesen zu. Die abhängige Variable wäre die Anzahl richtiger Antworten in einem Gedächtnistest über einen Film, den alle Versuchspersonen einige Zeit vorher gesehen haben. Große Angst könnte durch die Mitteilung erzeugt werden, daß dem Test eine Befragung folgt, in der die Versuchspersonen bei falschen Antworten leichte E-Schocks erhalten; geringe Angst durch die Mitteilung, daß lediglich eine Befragung stattfinden wird. Sind keine Unterschiede in beiden Gruppen nachweisbar, so kann es sein, daß Angst tatsächlich keinen Einfluß auf die Gedächtnisleistung hat, oder aber, daß die Manipulation (hohe und geringe Angst) nicht gelungen ist. Das interne Validitätskriterium würde verlangen, daß in einer Versuchsgruppe tatsächlich Angst erzeugt werden konnte. In der Regel wird der Versuchsleiter mittels Befragung oder durch physiologische Messung der Begleiterscheinungen von Angst (z.B. erhöhte Pulsrate oder Schweißabsonderung an den Handflächen) die Stärke der Manipulation messen. Ist die Manipulation nicht in der gewünschten Stärke gelungen, ist das Experiment unbrauchbar. Im Vergleich zu nichtexperimentellen Methoden besitzt das Experiment aber die höchste internale Validität.

Die Frage der **externalen Validität** bezieht sich auf die **Generalisierbarkeit** der experimentellen Ergebnisse auf jede für das betreffende Verhalten relevante andere Situation außerhalb des Labors. Nehmen wir an, ein Forscher untersucht die Effekte der äußeren Erscheinung eines Angeklagten auf das Ergebnis einer Verhandlung. Er manipuliert die Attraktivität (unabhängige Variable) durch die Vorlage von Fotos mit attraktiv und unattraktiv aussehenden Angeklagten und läßt die zwei Gruppen von Versuchspersonen schätzen, mit welcher Wahrscheinlichkeit die abgebildeten Angeklagten die Tat begangen haben (abhängige Variable). Es ist offensichtlich, daß dieses Experiment nur geringe externale Validität besitzt. In einer tatsächlichen Gerichtsverhandlung ist die Attraktivität des Angeklagten nur eine von vielen Variablen, die den Urteilsprozeß beeinflussen kann, und sie ist eingebettet in ein ganzes Netzwerk von Faktoren, von denen der wichtigste wahrscheinlich die Beweislast sein wird. Dieses Experiment kann wegen der Künstlichkeit der Laborsituation und dem begrenzten zeitlichen Rahmen die Realität nicht widerspiegeln.

Ein Laborexperiment gibt uns keine Aufschlüsse darüber, ob eine unabhängige Variable, die im Labor einen Effekt zeigte, diesen (qualitativ und quantitativ) auch außerhalb des Labors zeigen wird. Dies ist auch nicht die Absicht solcher Experimente. Die Antwort auf diese Frage kommt von einer anderen Art von Forschung. Ein Laborexperiment ist ein auf die wesentlichen und untersuchten Merkmale reduziertes *Abbild der Realität*. Es gibt dem Forscher die Möglichkeit zu beobachten, welche Variablen in welcher Kombination einen wichtigen Effekt ausüben. Wenn wir an der Funktionsweise eines Gerichtsverfahrens interessiert sind, wäre die Beobachtung einiger realer Verhandlungen für Schlußfolgerungen zu wenig. Sehr viele Faktoren sind gleichzeitig wirksam: das Verhalten von Richtern, Anwälten, Angeklagten, Opfern und Geschworenen, die Art der Beweise, die Innenausstattung des Gerichtssaals usw. Wir bekommen einen brauchbaren Einblick in die Funktionsweise der Verhandlung, wenn wir eine oder zwei Variablen herausgreifen und deren Wirkungsweise im Experiment untersuchen, während wir alle anderen konstant halten. Unser Experiment bleibt aber eine Abstraktion der reichhaltigen und komplexen Umstände des Gerichtsverfahrens und kann die reale Welt daher nur teilweise wiedergeben.

Wie kann diese Kluft zwischen der realen Welt und deren abstrakter Kopie im Labor überbrückt werden? Man kann einerseits die abstrahierte soziale Situation im Labor so stark wie nur möglich mit Merkmalen der realen Welt anreichern oder noch weiter gehen und die tatsächliche Situation in der realen Welt selbst untersuchen. Der erste Ansatz wäre ein Versuch, die *reale Situation zu simulieren,* d.h. der Forscher wird einzelne Variablen nicht isolieren, sondern zusätzlich das ganze ökologische Umfeld, in das diese eingebettet sind, in die Untersuchung aufnehmen. Er könnte etwa seine Untersuchung der Funktionsweise von Gerichtsverhandlungen in einen echten Gerichtssaal verlegen. Der zweite Ansatz, die In-situ-Forschung, verlangt vom Forscher, daß er sein Labor verläßt und das zu untersuchende Phänomen im echten sozialen Umfeld beobachtet. Entscheidungsprozesse des Richters bei der Strafzumessung müßten dann beispielsweise in realen Gerichtsverhandlungen untersucht werden. Die

1.31 Das Experiment und andere Forschungsmethoden

nächsten beiden Abschnitte geben eine kurze Darstellung einiger Alternativen zum Laborexperiment.

Die Frage der Validität wird dann besonders wichtig, wenn es um die Lösung praktischer Probleme geht. Wir haben festgestellt, daß die experimentellen Methoden gegenüber den korrelativen eine bessere interne Inferenzlogik (internale Validität) zur Analyse von Kausalbeziehungen aufweisen. Angenommen, wir durchforsten die psychologische Literatur nach Untersuchungen, die unsere empirische Frage nach dem Einfluß der Gruppengröße auf die Leistung von Geschworenengruppen beantworten, und finden ein gut geplantes Simulationsexperiment, in dem Studenten den Sechs- und Zwölfpersonengruppen zugeordnet wurden. Diese simulierten Geschworen hören eine gekürzte Tonbandaufzeichnung eines Falls und beraten anschließend so lange, bis sie ein Urteil (schuldig/nicht schuldig) fällen können. Die Ergebnisse dieser Untersuchung würden zeigen, daß Sechspersonengruppen eher geneigt sind, Schuldig-Urteile abzugeben, als Zwölfpersonengruppen (eine ähnliche Untersuchung wurde von Valenti und Downing, 1975, durchgeführt).

Tabelle 1 zeigt einige Vergleichsdimensionen, die für die Frage der externalen Validität von Bedeutung sind. Es gibt in den Sozialwissenschaften noch keinen allumfassenden Ansatz zur Lösung des Generalisierungsproblems (Meehl, 1971). Wir wissen zwar, daß eine Reihe von Dimensionen (Art der Versuchspersonen, spezielle Bedingungen in der Versuchssituation, Materialien, Aufgabenstellung etc.) eine Rolle spielt, haben aber weder eine Regel, die uns eine Einschätzung der Sicherheit erlaubt, mit der generalisiert wird, noch gibt es Hinweise auf die Wichtigkeit der einzelnen Dimensionen.

Tabelle 1. *Zusammenfassender Vergleich eines Simulationsexperimentes im Labor mit den tatsächlichen Bedingungen, auf die die Forschungsergebnisse generalisiert werden sollen*

	Experiment	reale Welt
Versuchspersonen:	meist Studenten aus der oberen Mittelschicht	meist Erwachsene aus der Unter- oder Mittelschicht
Umgebung:	Hörsaal	Gerichtssaal
Materialien:	Tonbandaufzeichnung eines Falls oder Verhandlungsprotokolle (Darbietungsdauer ca. 10 min.)	verschiedene tatsächliche Rechtsfälle (Darbietungsdauer durchschnittlich 1 Tag)
Aufgabe:	Beratung bis zum Urteil (durchschnittliche Dauer ca. 20 min.)	Beratung bis zum Urteil (durchschnittliche Dauer ca. 120 min.)

Es gibt drei Lösungen dieses Problems: Erstens beurteilen wir rein intuitiv die Generalisierbarkeit der Ergebnisse. Der Intuition kann man noch durch die genaue Spezifikation der Bedingungen im Labor und in der realen Welt (wie beispielsweise in Tabelle 1) nachhelfen. Zweitens findet man fallweise weitere Experimente oder Korrelationsstudien, die den fraglichen Phänomenbereich bereits untersucht haben. Sind die Ergebnisse dieser Studien trotz verschiedener Umgebungsbedingungen konsistent, kann man annehmen, daß auch eine Umgebung außerhalb des Labors zu ähnlichen Beobachtungen führen wird. So könnten wir verschiedene einschlägige Experimente und Korrelationsstudien zu unserer eingangs gestellten Frage nach den Effekten der Gruppengröße in bezug auf die Ähnlichkeit der verwendeten Versuchspersonen, die Umgebung, Materialien usw. vergleichen. Drittens ist die Generalisierbarkeit von Laborergebnissen erleichtert, wenn für den untersuchten Phänomenbereich, von dem generalisiert werden soll, eine gut fundierte Theorie vorliegt. In diesem Fall unterstützen einschlägige Forschungsergebnisse eine spezifische Theorie, die einen indirekten Indikator für die Generalisierbarkeit der Forschungsergebnisse darstellt. Wenn die Ergebnisse unseres Geschwornenexperiments mit den Vorhersagen einer allgemeinen Theorie zur Gruppenleistung übereinstimmen, und diese Theorie bereits für eine Vielzahl von Umständen (vielleicht auch für einige nichtexperimentelle Gruppen) brauchbar war, können wir zunehmendes Vertrauen in die Allgemeingültigkeit unserer Ergebnisse setzen.

In den meisten Fällen besitzt die experimentelle Forschung höhere internale, die Korrelationsforschung höhere externale Validität. Das Experiment liefert präzisere Antworten auf Kausalitätsfragen, die Korrelationsforschung (durch ihre enge Beziehung zu den natürlichen Problemen) besitzt wiederum höheren Realitätsgehalt, da sie meistens außerhalb des Labors - "im Felde" - durchgeführt wird. Es gibt aber eine zunehmende Anwendung der experimentellen Methode auf Verfahrensfragen (Fairley und Mosteller, 1977), und es kann gehofft werden, daß dieses Buch einen Beitrag zur Schaffung einer "experimentierenden Rechtspsychologie" liefert.

1.311 Quasi-experimentelle Versuchspläne und In-situ-Forschung

Quasi-experimentelle Versuchspläne sind dann anwendbar, wenn der Forscher nicht die strikte Kontrolle über die Variablen oder das soziale Umfeld, in dem sie auftreten, haben muß (Cook und Campbell, 1979); d.h. er kann nicht - wie im Experiment - die unabhängige Variable kontrollieren und manipulieren. Dies ist z.B. bei Forschungsfragen aus dem Rechtsbereich der Fall: Hat die Herabsetzung des Mindestalters für den Führerschein oder der Genuß bestimmter Alkoholmengen einen Einfluß auf das Fahrverhalten und damit auf die Unfallstatistik? Weiters auch, wenn man die Auswirkungen neuer Gesetze untersuchen will, z.B. die Effekte der Gurtenpflicht auf die Anzahl von Verkehrsunfällen mit tödlichem Ausgang.

Kehren wir zu unserer fiktiven Untersuchung der Auswirkungen der Größe einer Geschwornengruppe auf deren Leistung zurück. Bei nichtexperimentellen Versuchsplänen verwendet man zur Feststellung von Zusammenhängen in erster Linie Korrelationsmethoden. So könnte man z.B. Daten über Verurteilungsraten und Beratungsdauer aus mehreren europäischen Rechtssystemen sammeln, wobei eine natürliche Variation der Größe der Geschwornengruppen vorhanden sein muß. Die Ergebnisse der Datenerhebung können wir in einer graphischen Darstellung zusammenfassen, die die Beziehung zwischen Gruppengröße und Wahrscheinlichkeit einer Verurteilung zeigt (Abb. 2).

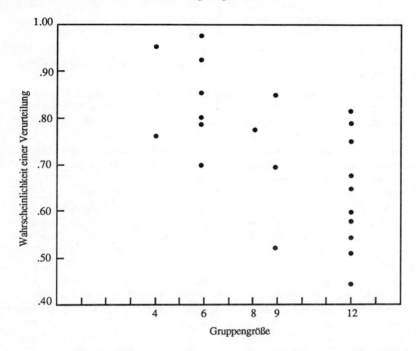

Abb. 2. Die Abbildung zeigt eine fiktive Beziehung zwischen Gruppengröße und Wahrscheinlichkeit der Verurteilung in Geschwornenprozessen in 19 verschiedenen Ländern. Jeder Punkt repräsentiert die Beziehung zwischen Gruppengröße (waagrechte Achse) und Verurteilungswahrscheinlichkeit (senkrechte Achse). Die dargestellte Beziehung zeigt, daß große Geschwornengruppen im Vergleich zu kleineren weniger geneigt sind, schuldig zu urteilen

Man sieht, daß es ein bestimmtes Muster gibt: kleinere Geschwornengruppen sind eher bereit, einen Schuldspruch zu fällen, als größere. Bei der Interpretation der Ergebnisse gibt es aber Schwierigkeiten, da dieser Ansatz alternative Kausalerklärungen des Zusammenhangs von Gruppengröße und Verurteilungsrate zuläßt. Möglicherweise haben nord- und mitteleuropäische Staaten größere Geschwornengruppen als ost- und südeuropäische, und die beobachteten unterschiedlichen Verurteilungsraten sind durch ein möglicherweise unterschiedliches "Rechtsklima" in den untersuchten Ländern bedingt. Selbstverständlich kann man noch viele andere plausible Ursachen für die Erklärung der gefundenen Unterschiede heranziehen.

Mit verfeinerten Techniken der *Korrelationsmethode* ist es aber möglich, einige der alternativen Ursachen, die für den Unterschied verantwortlich sind, zu eliminieren. Nehmen wir z.B. an, daß die Berufungsgerichte in manchen

Rechtssystemen größere Geschwornengruppen verwenden als Gerichte niederer Instanz. So kann man, wenn man Daten über Falltypen von großen und kleinen Geschwornengruppen hat, die Beziehung zwischen Falltyp und Verurteilungsrate prüfen. Es ist sogar möglich, noch einen Schritt weiter zu gehen und den relativen Zusammenhang zwischen verschiedenen verursachenden Variablen und unserer abhängigen Variable zu analysieren (Crano und Brewer, 1973). Unabhängig davon, welche Korrelationsmethode wir verwenden, die Schlußfolgerungen über "was verursacht was" werden nicht so sicher sein wie nach einem echten Experiment.

Zusammenfassend können wir sagen, daß zur Untersuchung von Kausalbeziehungen das Experiment aus zwei Gründen allen anderen Methoden vorzuziehen ist. Erstens ist durch die zeitliche Abfolge (Manipulation der unabhängigen und Messung der abhängigen Variablen), die eine *grundlegende Voraussetzung* der Analyse von Ursache-Wirkungs-Zusammenhängen erfüllt. Zweitens "bereinigt" die Zufallszuordnung von Versuchspersonen zu den Versuchsgruppen die untersuchte Kausalbeziehung von einer Vielzahl von Störvariablen.

Ein weiteres, klassisches Beispiel dieses Forschungsansatzes ist die Untersuchung von Campbell (Campbell and Ross, 1968; Ross und Campbell, 1968). In einem nordamerikanischen Bundesstaat wurden die Effekte eines neuen Gesetzes auf die Häufigkeit von tödlichen Autobahnunfällen während eines Beobachtungszeitraums von einem Jahr untersucht. Das Gesetz, das die Medien in einer intensiven Kampagne ankündigten, sah eine drastische Erhöhung der Strafen für Geschwindigkeitsübertretungen vor. Es wurde auch angekündigt, daß die Exekutive strenge Anweisungen hätte, sämtliche Übertretungen zu ahnden. Als Höchststrafen für Geschwindigkeitsübertretungen sah das neue Gesetz auch den vorübergehenden oder permanenten Entzug des Führerscheins vor. Die Polizei berichtete, daß die Kampagne zu einer starken Reduktion der Unfallhäufigkeit führte (Fisher, 1982).

Campbell und Ross analysierten die Unfallstatistik tödlicher Autobahnunfälle der fünf Jahre, die der Kampagne vorangingen. Sie verwendeten dafür einen quasi-experimentellen Versuchsplan. Sie verglichen die Anzahl der Unfalltoten in den fünf vorangegangenen Jahren mit jener nach der Medienkampagne. Auffällig war eine große Variabilität der Häufigkeiten von einem Jahr zum anderen. Einige Jahre zeigten ohne ersichtliche Regelmäßigkeit eine starke Zunahme, andere wiederum eine Abnahme der tödlichen Unfälle. In dem Jahr vor Inkrafttreten des neuen Gesetzes gab es eine starke Zunahme, nach diesem Zeitpunkt eine starke Abnahme tödlicher Unfälle, die allerdings immer noch über dem mehrjährigen Durchschnitt lag. Das Jahr vor dem Stichtag zeigte die höchsten Werte, jenes danach die zweithöchsten.

Das Absinken nach der Einführung des neuen Gesetzes könnte auch durch die zufälligen Fluktuationen und die Instabilität der Unfallstatistik der vergangenen fünf Jahre zustande gekommen sein. Die Autoren schließen, daß das strenge Bestrafen aller registrierten Übertretungen durch die Exekutive wahrscheinlich nicht für die Abnahme der Unfälle verantwortlich war; d.h. die Werte haben sich im Beobachtungszeitraum nur zufällig zum Mittelwert hin bewegt.

Bei Zufallsschwankungen dieser Art tendieren die Fluktuationen manchmal über und manchmal unter den Mittelwert.

In-situ-Forschung. Eine weitere Alternative zum Laborexperiment ist die Untersuchung des ausgewählten Phänomens in der tatsächlichen (realen Welt-) Situation. Konecni und Ebbesen (1982) betonen, daß für die Analyse des Rechtssystems die In-situ-Forschung den adäquatesten Ansatz darstellt, da die aus der Laborforschung abgeleiteten Modelle des Rechtssystems die Komplexität und die subtilen Mechanismen, die in der Realität am Werk sind, nicht vollständig wiedergeben. Konecni und Ebbesen untersuchten z.B. Entscheidungsprozesse von Richtern beim Festsetzen der Höhe der Kaution. Im ersten Teil der Untersuchung mußten Richter im Labor an Hand von Fallgeschichten verurteilter Krimineller Entscheidungen fällen. Nach den Ergebnissen berücksichtigten die Richter bei ihren Entscheidungen den Hintergrund des Täters, seine Bindungen zur Gesellschaft, die Empfehlung des Staatsanwalts und andere Materialien, die für das Verhalten des Angeklagten relevant waren. Im zweiten Teil der Untersuchung analysierten trainierte Beobachter das tatsächliche Verhalten der Richter bei Entscheidungen in echten Verhandlungen. In der Realität spielte allerdings nur die Empfehlung des Staatsanwalts eine Rolle. Die unter Laborbedingungen beobachteten Gesetzmäßigkeiten waren für die Beschreibung von Entscheidungen in echten Situationen nicht brauchbar. Hätten Konecni und Ebbesen ihre Laborergebnisse nicht an der Realität überprüft, hätten sie offensichtlich nur ein sehr ungenaues Modell richterlicher Entscheidungsfindung entworfen.

Betrachten wir ein weiteres Beispiel von In-situ-Forschung. Ein wesentlicher Grund für die Bevorzugung von Laborexperimenten oder Simulationen ist die Schwierigkeit, das tatsächliche Verhalten "im Felde" zu untersuchen. So kann man die Arbeitsweise einer Gruppe von Laienrichtern nicht in der Realität beobachten. In enger Zusammenarbeit mit Gerichten gibt es aber die Möglichkeit, das Geschworenverhalten in realen Situationen zu simulieren.

Zeisel und Diamond (1976) untersuchten die Effektivität von Auswahlstrategien, die Anwälte bei der Zusammensetzung einer Geschworenengruppe anwenden (im angloamerikanischen Strafrechtsverfahren haben die Anwälte die Möglichkeit die Zusammensetzung der Geschworenengruppe zu beeinflussen, im österreichischen nur in sehr geringem Ausmaß). Die Studie wurde während einer echten Gerichtsverhandlung mit Unterstützung des Gerichts an drei Geschworenengruppen durchgeführt. Die Autoren verglichen die Urteile von den echten Geschworenen, die beide Anwälte zusammenstellten, einer Geschworenengruppe, die die Verteidigung ablehnte, weil sie eine für ihre Position nachteilige Entscheidung befürchtete, und einer Gruppe, die der Staatsanwalt aus analogen Überlegungen ablehnte. Alle drei Gruppen verfolgten die Verhandlung, erhielten die gleiche Rechtsbelehrung durch den Richter und mußten im Anschluß an das Beweisverfahren über die Schuld des Angeklagten urteilen. Die Ergebnisse bestätigten die Vorhersagen: die abgelehnten Geschworenen entschieden jeweils in der erwarteten Richtung. Personen, die die Verteidigung ablehnte, stimmten für schuldig; jene, die die Staatsanwaltschaft ablehnte, für unschuldig.

Diese Untersuchung zeigt auch die Probleme der In-situ-Forschung. Da keine Zufallszuordnung erfolgte, waren die Personen in den drei Gruppen nicht gleichwertig. Die unabhängige Variable war auch nicht äquivalent für alle Gruppen. Die echten Geschworen wußten, daß ihr Urteil den Ausgang der Verhandlung bestimmen würde; das Urteil der abgelehnten Gruppen hatte keinen Einfluß auf das Verhandlungsergebnis. Wir wissen nicht, wie diese in der Rolle der echten Geschworen gestimmt hätten. Ein weiterer Nachteil dieser Versuchsanordnung ist die geringe Anzahl von Versuchspersonen. Trotzdem kann man annehmen, daß die Schlußfolgerungen aus einer derartigen Untersuchung für die relevante Frage sicherer sind als aus einem Laborexperiment (Horowitz, 1980). Alle Versuchspersonen hatten bis auf den Beratungsprozeß die gleichen Bedingungen. Es ist anzunehmen, daß es den abgelehnten Geschworen - im Vergleich zu simulierten Geschworen in einem psychologischen Laboratorium - immer noch leichter fiel, die Rolle von Geschworen zu spielen.

1.312 Umfrage und Archivanalyse

Ein weiterer Ansatz zur Untersuchung rechtlich relevanter Fragen ist die Umfrage und die Archivanalyse. Eine klassische Umfrageuntersuchung ist die Arbeit von Kalven und Zeisel (1966) über Laienrichter. Die Autoren befragten Richter über nicht weniger als 3576 Schwurgerichtsfälle. Sie waren an der Frage interessiert, welche Umstände zu Urteilsübereinstimmung zwischen Richtern und Geschworen führen und welche nicht. Bei der Datenanalyse traten interessante Beobachtungen auf. So waren die Richter der Meinung, daß Geschworne in jenen Fällen, in denen die Beweislast nicht eindeutig für oder gegen den Angeklagten sprach, stark von ihren Gefühlen abhängig waren. Die Geschworen waren dadurch gewissermaßen von der Beweislast "befreit" und konnten den Fall nach persönlichem Empfinden entscheiden. Die - obwohl nicht immer richtigen - Beobachtungen von Kalven und Zeisel hatten für empirisch orientierte Sozialpsychologen einen sehr wünschenswerten heuristischen Wert. Umfragen sind jedoch nichtexperimentelle Forschungen; die daraus gezogenen Schlüsse für Ursache-Wirkungs-Zusammenhänge können nicht die Präzision der experimentellen Forschung erreichen.

Die Forschungen von Carroll (Carroll und Payne, 1977b; Payne et al., 1978) über Entscheidungsprozesse der Kommission zur vorzeitigen Haftentlassung sind ein gutes Beispiel für eine archivarische Analyse wie auch für praktische Konsequenzen, die Rechtsanwender daraus gezogen haben. Die Autoren sammelten Daten von über 1000 Fällen, um jene Faktoren (Prädiktoren) zu isolieren, die Vorhersagekraft für die Entscheidung besitzen. Sie verglichen diese Ergebnisse auch mit jenen aus experimentellen Untersuchungen, um die Validität ihrer Modelle zu testen (Carroll und Coates, 1980).

Carroll und seine Kollegen legten den Mitgliedern der Kommission einen Fragebogen vor, den diese während ihrer Entscheidungsfindung in den 1000 echten Fällen bearbeiten sollten. Die Ergebnisse wurden analysiert und mit jenen aus früheren Experimenten verglichen. Die Autoren versuchten auch, die dabei auftretenden Widersprüche adäquat zu erklären. Die Untersuchung ergab, daß die Mitglieder der Kommission, neben anderen Faktoren, das Verhalten des Insassen während der Haft als wichtigste Entscheidungsdeterminante verwendeten. Die Autoren betonen, daß die untersuchte Institution in der Lage war, die Forschungsergebnisse zur Verbesserung ihrer Entscheidungsrichtlinien zu verwenden.

1.313 Simulationen

In einer Simulation versucht der Forscher - im Vergleich zum Laborexperiment -, das Umfeld der untersuchten Parameter reichhaltiger zu gestalten. Mit Simulationstechniken kann man z.B. Aspekte der Strafrechtsverhandlung in laborähnlicher Umgebung studieren. Durch die größere Korrespondenz zwischen den Elementen der realen Welt und jenen der Untersuchungssituation versucht man einerseits, die Kontrolle über unabhängige Variablen beizubehalten, und andererseits, eine brauchbare Generalisierung der Realität zu erzielen. Eine Simulation ist der Versuch, Elemente realer Lebenssituationen zu abstrahieren und diese im Labor zu reproduzieren. In einer Simulation sollte man größte Mühe aufwenden, um sicherzustellen, daß die wesentlichen Elemente der realen Welt in der Simulation enthalten sind.

Größtmögliche Realitätsnähe ist auch das Grundprinzip der Simulationstechnik bei der Analyse der Gerichtsverhandlung. Je näher die Simulation in Struktur und Funktion an die Realität herankommt, desto valider wird die Verallgemeinerung der Ergebnisse sein. Bei der Simulation einer Schwurgerichtsverhandlung müssen alle wesentlichen Verfahrenselemente gut repräsentiert sein. Weiten und Diamond (1979) meinen, daß eine solche Simulation u.a. folgende Elemente enthalten muß: Die simulierten Geschwornen sollen aus der gleichen Grundgesamtheit stammen, aus der sich normalerweise Geschworne rekrutieren. Alle Verfahrensschritte und Variationen einer tatsächlichen Verhandlung sollen enthalten sein; so solle man die simulierten Geschwornen vor der Verhandlung dem gleichen Verfahren unterziehen wie die echten. Sie sollen auch die Rechtsbelehrung durch den Richter erhalten und mit sämtlichen Beweismaterialien in der üblichen Reichhaltigkeit und Komplexität konfrontiert werden. Es muß auch für die Beratung des Urteils (das entweder schuldig oder nicht schuldig lauten soll) genügend Zeit zur Verfügung stehen.

Die in späteren Kapiteln beschriebenen Forschungsergebnisse über Entscheidungsprozesse in Geschwornengruppen beruhen hauptsächlich auf Simulationen. Die *Qualität einer Simulation* kann man mit Hilfe der von Weiten und Diamond vorgeschlagenen Kriterien beurteilen. Obwohl man bei allen Simulationen um größtmögliche Realitätsnähe bemüht ist, variieren diese dennoch in verschiedenen Verfahrensaspekten. Nach Bray und Kerr (1979) unterscheiden sich verschiedene Simulationen unglücklicherweise in folgenden Aspekten: Grundgesamtheit (aus der die Versuchspersonen stammen), Forschungsumgebung, Art der Präsentation der Materialien, Elemente des Gerichtsverfahrens, verwendete abhängige Variablen und Konsequenzen der Entscheidung. In den meisten Simulationen verwendet man schriftliche Materialien (54%), studentische Versuchspersonen, zu kurze Beratungszeiten und fallweise (43%) auch abhängige Variablen, die kein dichotomes Urteil "schuldig/nicht schuldig" ermöglichen.

Auch bei komplexeren Simulationen des Rechtsapparates ist die Frage der externalen Validität genauso bedeutsam wie bei Laborexperimenten. Wird die Eleganz und Leistungsfähigkeit der Laboruntersuchungen mit einem zu hohen Preis erkauft? Verlieren wir bei der Anwendung der Simulation - anstelle der "Feldforschung" - zu viel Realitätsgehalt? Wie hoch ist die externale Validität der Simulation?

Es ist offensichtlich viel leichter, diese Fragen zu stellen und die vorhandenen Forschungsmethoden zu kritisieren, als praktikable Lösungen anzubieten. Fassen wir die fundamentale Kritik am Laboransatz bei der Erforschung des Rechtssystems zusammen:

(1) Die Laboratmosphäre ist künstlich und vereinfacht das Umfeld, in dem die untersuchten Phänomene eingebettet sind sehr stark.

(2) Das Experiment berücksichtigt die rechtliche Realität nicht immer vollständig (Vidmar, 1979).

(3) Die unabhängige Variable erhält im Experiment mehr Gewicht als in der realen Welt.

(4) Eine angewandte Forschungsdisziplin wie die Rechtspsychologie verlangt angewandte Forschungsverfahren, die die Untersuchung der Phänomene in der Realität ermöglichen, und macht Laborforschungen im wesentlichen irrelevant (Bray und Kerr, 1979).

Wir müssen zwar zugeben, daß die gegenwärtige Simulationstechnik wenig externale Validität besitzt, können aber auch sicher sein, daß keine der besprochenen Forschungsstrategien den anderen überlegen ist. Im Idealfall wird man zur Untersuchung eines Phänomenenbereichs eine Kombination mehrerer Methoden anwenden, um größtmögliche Realitätsnähe zu erzielen.

Bei der Verwendung der Simulationstechnik für rechtspsychologische Fragestellungen stellen sich zwei Fragen: Erstens, wie gut ist die Übereinstimmung zwischen den Merkmalen der Simulation (physische Umgebung, Darbietung des Reizmaterials, Meßtechnik der abhängigen Variablen) mit den Merkmalen des tatsächlichen Phänomens? Zweitens, wie weit spiegeln die Ergebnisse der Simulation die Ergebnisse der psychischen Prozesse in der Realität wider?

Diese Fragen verlangen vom Forscher, daß er sich bemüht, sowohl die Funktion als auch die Struktur des aktuellen realen Umfeldes zu simulieren. Das vordringlichste Ziel liegt in der Schaffung eines Handlungsrahmens für die untersuchten Personen, der sowohl physisch wie psychisch die Möglichkeit bietet, die Reaktionen von Personen in der realen Welt nachzuspielen. Die Simulationstechnik ist bei korrekter Rekonstruktion der Realität und bei rechtlich korrekter und relevanter Fragestellung der kostengünstigste Weg zur Untersuchung der Funktionsweise des Rechtssystems. Eine Simulation sollte aber nur ein Schritt im Erkenntnisprozeß sein. Zuerst muß das zu untersuchende Phänomen "im Felde" beobachtet werden (Entscheidungsverhalten des Richters bei der Strafzumessung, Urteilsbildung bei Geschworenen, Entscheidung des Staatsanwalts zur Anklage). Meistens entstehen dabei Fragen, die empirisch (mittels

Simulationen im Labor) zu beantworten sind. Im nächsten Schritt verifiziert man die Laborbeobachtungen, indem man wieder "ins Feld" geht und die Phänomene in ihrer realen Umgebung neuerlich analysiert. Auf diese Weise kann man Verallgemeinerungen mit hoher Validität erreichen.

1.32 Klinische und statistische Verhaltensprognosen

Die Trennungslinie zwischen intuitiver und wissenschaftlicher Beweisführung ist oft unscharf. Alltagswissen beruht auf persönlichen Beobachtungen, Bewertungen, Interpretationen, auf Logik und gesundem Hausverstand; wissenschaftliche Erkenntnis ist das Ergebnis sorgfältig geplanter und kontrollierter Forschung. Am besten läßt sich diese Unterscheidung durch die schon lange bestehende Debatte über die Vorhersagequalität klinischer Urteile im Vergleich zu statistischen Verfahren illustrieren. *Klinische Verhaltensvorhersagen* beruhen auf lebensgeschichtlichen Daten, Daten aus Interviews und anderem persönlichen Kontakt, Äußerungen und Empfehlungen dritter Personen und auf Daten aus unterschiedlichen psychologischen Tests. Der Kliniker verwendet dieses Informationsmaterial zur Beschreibung und Vorhersage von Verhalten.

Die *statistische Methode* verwendet statistische Daten von Hintergrund- und Verhaltensmerkmale einer Person, von denen eine nachweisbare Beziehung zum vorhergesagten Verhalten besteht. Solche Merkmale (z.B. Alter und Geschlecht einer Person, meßbare Verhaltensmuster aus der Vergangenheit, Testergebnisse, berufliche Stellung usw.) sind solange relevant, solange eine Beziehung zum vorhergesagten Verhalten sicher ist. Stehen diese Merkmale (oder Prädiktoren) einmal fest, kann man die Auftrittswahrscheinlichkeit bestimmter Verhaltensmuster in der Zukunft errechnen. Dieses Vorgehen ist von der Person des Beurteilers, der "klinischen" Intuition und eventuellen Verzerrungen unabhängig. Mit diesem Verfahren kann z.B. eine Vorhersage über die Rückfälligkeit entlassener Straftäter auf der Grundlage von Indikatoren (Verhalten und Lebensumstände des Täters) erfolgen. Auf diese Weise können wir z.B. für das Ausführen einer neuerlichen kriminellen Handlung innerhalb der ersten beiden Jahre nach der Haftentlassung eine statistische Wahrscheinlichkeit von 75% errechnen. Wenn die Entlassungskommission in einem speziellen Fall als objektives Kriterium eine Rückfallswahrscheinlichkeit von 60% festlegt, ist die (statistische) Entscheidung leicht. Die Vorteile dieses Verfahrens liegen in der Objektivität der Sammlung und Analyse von Daten wie auch in der Anwendung der Ergebnisse.

Oft ist die *Trennungslinie* zwischen klinischen und statistischen Prognoseverfahren *unklar*. Die Sammlung der Daten kann z.B. objektiv sein und auf experimenteller Forschung beruhen, die Vorhersagen jedoch, die ein Kliniker trifft, könnten auch auf klinischen Erfahrungen und subjektiven Eindrücken beruhen. Ein psychologischer Test kann sorgfältig konstruiert und durch ausgedehnte Forschungen abgesichert, mit Normentabellen und genauen Rückfallswahrscheinlichkeiten versehen sein. Auch wenn dem klinischen Beurteiler objektive Daten zur Verfügung stehen, bleiben seine Entscheidungen oft auf dem

Niveau von Ahnungen und Mutmaßungen. Umgekehrt kann die Datensammlung klinischer Natur sein (etwa Ergebnisse eines projektiven Tests), und der Beurteiler kann objektive Vorhersagekriterien verwenden. So könnte ein Kliniker einen Probanden aufgrund seiner Deutungen von Tintenklecksen (im Rorschachtest) als impulsiven Neurotiker und daher als extrem rückfallgefährdet einstufen.

Die Kontroverse zwischen statistischen und klinischen Prognosen existiert schon seit den 20er Jahren (Sawyer, 1966). Die Debatte wurde wieder in den Vordergrund gestellt, nachdem Meehl (1965) zwei Dutzend Vergleichsuntersuchungen klinischer und statistischer Vorhersagen analysiert hatte und zu dem Ergebnis kam, daß die statistischen Methoden den klinischen klar überlegen sind. Auch Goldberg (1968, 1970) stellte in seinen Untersuchungen fest, daß das klinische Einsichtsvermögen für prognostische und diagnostische Entscheidungen wesentlich fehlbarer ist als die objektiven Methoden.

Auch andere Autoren (Kahneman und Tversky, 1973; Nisbett et al., 1976) weisen darauf hin, daß nicht nur Laien statistische Daten bei Urteilsprozessen über andere Personen mißachten und stattdessen Intuition, fallspezifische Informationen, Vorahnungen usw. heranziehen. John Carroll (1980) betont, daß sich die Mitglieder der Kommission zur vorzeitigen Haftentlassung, die er untersuchte, eher auf subjektive Eindrucksbildung und fallspezifische Informationen bei ihrem Urteil verlassen haben als auf Statistiken der vorangegangenen 50 Jahre.

Das klinische Verfahren ist natürlich in allen Situationen, für die keine statistischen Daten von ausreichender prognostischer Gültigkeit zur Verfügung stehen, notwendig. Außerdem kann man vermuten, daß rechtliche Entscheidungen - auch solche über die vorzeitige Haftentlassung - durch eine umfassende Einschätzung des individuellen Falles (also "klinisch") und nicht allein mit statistischen (induktiven) Wahrscheinlichkeiten begründet werden müssen.

Bevor wir uns den rechtswissenschaftlichen Forschungsmethoden zuwenden, wollen wir den grundsätzlichen Unterschied zwischen Psychologen und Psychiatern klarstellen und die klinische und experimentelle Psychologie voneinander abgrenzen. Der folgende Abschnitt ist eine skizzenhafte (und in allen Punkten oberflächliche) Darstellung der beiden Ansätze zur Analyse menschlichen Verhaltens.

1.33 Psychiatrie und klinische Psychologie

Beide Disziplinen bieten Personen, die mit sich selbst und ihrer sozialen Umwelt Probleme haben, fachliche Hilfe an; daher werden im Alltagsverständnis klinische Psychologen oft mit Psychiatern verwechselt. Die beiden Disziplinen unterscheiden sich aber deutlich in ihren Ansätzen bei der Erklärung und Behandlung von Problemen.

Psychiater sind Mediziner (Dr. med.), die sich auf Verhaltensprobleme und psychische oder neurologische Erkrankungen spezialisiert haben. Der Psychiater hat die medizinischen Rigorosen absolviert und nach der universitären

Ausbildung eine sechsjährige Facharztausbildung für den Umgang mit psychiatrischen Patienten durchlaufen. Diese Ausbildung betont die medikamentöse Behandlung und den medizinischen Modellansatz zur Diagnose und Behandlung. Das medizinische Modell definiert, klassifiziert und behandelt psychische Abnormität analog zur physischen Krankheit. Die meisten Psychiater folgen diesem Ansatz und akzeptieren Krankheitskategorien, mittels derer das Verhalten als Symptom einer Geisteskrankheit (meist mit Psychopharmaka) behandelt wird. Seit einiger Zeit ist allerdings bei einem Teil der Psychiater ein vermehrtes Interesse an den Forschungsergebnissen und Behandlungstechniken der klinischen Psychologie zu erkennen.

Der **klinische Psychologe** ist im allgemeinen ein Mag. oder Dr. phil. Dieser akademische Titel verlangt ein vier- bis sechsjähriges Vollzeitstudium, wobei Ausbildungsschwerpunkte im Bereich wissenschaftlicher Forschungsmethoden, psychologischer Theorien, sowie diagnostischer und therapeutischer Techniken liegen. Der klinische Psychologe muß die universitäre Ausbildung noch durch eine etwa einjährige spezielle klinische Ausbildung ergänzen, die die Anwendung der theoretischen und methodischen Kenntnisse auf menschliche Verhaltensprobleme betont. Meist fällt in diese Zeit auch das Erlernen spezieller psychotherapeutischer Techniken. Psychiater nehmen im allgemeinen an, daß die Diagnose und Behandlung eine klinische Kunstfertigkeit sei, die man durch eine bestimmte theoretische Orientierung und durch direkte Erfahrung erwirbt; diese involviert auch viele Aspekte des medizinischen Modells. Psychologen dagegen betonen, daß sich ihr Expertentum und damit auch ihre Diagnose- und Behandlungsmethoden auf eine wissenschaftliche Basis, auf psychologische Theorien und Forschungsergebnisse stützen.

1.34 Psychologen im Bereich des Rechts

Psychologische Praktiker und experimentelle Psychologen unterscheiden sich in Inhalt, Methode und Zielsetzung ihrer Tätigkeit. Experimentelle Psychologen sind im allgemeinen als Wissenschaftler an Universitäten, verschiedenen Forschungsinstitutionen und Laboratorien tätig. Praktisch tätige Psychologen sind hauptsächlich in psychiatrischen und sozialen Institutionen (z.B. Krankenhäusern, Gefängnissen), aber auch im Bereich der Industrie zur Auslese und Beratung von Personal und zur Organisationsberatung beschäftigt, sowie als selbständig tätige Berater. Im Rechtsbereich werden Psychologen mit unterschiedlicher Ausbildung und unterschiedlichen Arbeitsschwerpunkten eingesetzt.

Auf Rechtsfragen spezialisierte klinische Psychologen bezeichnen sich selbst oft als Rechtspsychologen oder forensische Psychologen. Diese Bezeichnung wird auch von wissenschaftlichen Psychologen, die sich mit Rechtsfragen beschäftigen, in Anspruch genommen. Die im Rechtssystem tätigen Psychologen haben jedoch in der Mehrzahl eine Ausbildung in klinischer Psychologie.

Der praktisch tätige forensische Psychologe bearbeitet meist ein konkretes und klar definiertes Problem. Psychologen im Bereich der Exekutive befassen sich z.B. mit der Entwicklung von Auslesekriterien für Polizeirekruten; in der

Rechtsanwendung fungieren sie als Sachverständige im Zivil- und Strafrechtsbereich (etwa in der Arbeitsgerichtsbarkeit oder zur Beurteilung der Glaubwürdigkeit von Zeugen); im Strafvollzug als Berater von Strafgefangenen oder als Berater bei der Gestaltung von Haftbedingungen und sonstigen organisatorischen Maßnahmen.

Der experimentelle Rechtspsychologe, der sich auf die Erforschung unterschiedlicher Bereiche des Rechtssystems spezialisiert hat, verfolgt ein (allen Wissenschaften gemeinsames) allgemeineres Ziel. Er versucht, die ausgewählten Phänomene zu beschreiben, zu erklären und mit einer weit über dem Zufall liegenden Genauigkeit vorherzusagen. Der Experimentator, der Aggressionen im Labor untersucht, versucht deren Ursachen und Wirkungen soweit zu verstehen, daß er ihr Auftreten genau vorhersagen kann. Im Idealfall verwenden Kliniker die Ergebnisse der experimentellen Forschung und fügen diese - teilweise ebenfalls für Vorhersagezwecke - zu ihren eigenen intuitiven Erkenntnisprozessen hinzu.

1.35 Forschungen im Rechtssystem

Das Angebot der experimentellen und klinischen Psychologie an das Rechtssystem ist sehr vielseitig; es ist aber nur brauchbar, wenn die Wissensinhalte gut gesichert sind, und wenn sie die Komplexität menschlichen Verhaltens berücksichtigen. Der Begriff "Rechtssystem" bezieht sich hier auf alle Geschehnisse im Gerichtssaal und den gesamten rechtlichen Prozeßverlauf, auf die Rechtsentstehung und -anwendung, Strafvollzug, Bewährungshilfe und Berufungsentscheidungen. Dieser Ansatz berührt auch Randgebiete, wie etwa Persönlichkeitsstruktur der im Rechtssystem tätigen Personen, Streß, Ursachen und Verhütung von Kriminalität sowie Behandlung und Rehabilitation kriminellen Verhaltens. Angemerkt sei, daß - obwohl das Rechtssystem in einem organisierten, sequentiellen und koordinierten Funktionszusammenhang zwischen Gesetzesvollstreckung, Gerichtssaal, Strafvollzug und Bewährungshilfe steht - es in all seinen Abschnitten Widersprüchlichkeiten, Desorganisation, Konflikte und Vorurteile gibt, die oft zu Enttäuschungen der beteiligten Personen führen. Der hier verwendete Begriff "System" deckt somit verschiedene Facetten ab; er impliziert nicht die Existenz eines harmonischen Funktionszusammenhangs, der von Kontinuität und logischen Prozessen geprägt ist.

1.351 Der Gebrauch und die Grenzen der Wahrscheinlichkeitsstatistik als Entscheidungshilfe

Welchen Stellenwert besitzt die Wahrscheinlichkeitsstatistik als Entscheidungshilfe bei rechtlichen Entscheidungen? Es wurde vorgeschlagen, statistische Verfahren zur Verminderung der Unsicherheit bei Gerichtsentscheidungen zu verwenden (Saks und Kidd, 1981; Lindley, 1977). Juristen sehen sich selbst jedoch eher als Rhetoriker und nicht als Statistiker. Diese Einstellung wird im folgenden Abschnitt diskutiert.

1.351 Der Gebrauch und die Grenzen der Wahrscheinlichkeitsstatistik

Die Kontroverse über den Gebrauch der Statistik als Entscheidungshilfe im Rechtsbereich konzentriert sich auf folgende Punkte: Das wichtigste Argument der Befürworter der Wahrscheinlichkeitsstatistik ist die geringe Kapazität des menschlichen Entscheidungsträgers, Informationen zu verarbeiten. Dabei wird betont, daß die Literatur zum Entscheidungsverhalten (Urteilsheuristik) ein eher deprimierendes Bild zeigt (Hogarth, 1981). Der menschliche Entscheidungsträger vernachlässigt in der Regel grundlegende Informationen, urteilt mit übertriebener und unbestätigter Sicherheit, kommt oft erst nach der Entscheidung zur richtigen Einsicht, ändert seine Meinungen nicht schnell genug, um sie neuen Informationen anzupassen, und fällt oft Entscheidungen, die in bezug auf gängige Standards verzerrt sind (Hogarth, 1981).

Andere Forscher beobachten, daß rechtliche Entscheidungen und Vorhersagen oft ohne empirische Unterstützung und mit anmaßender Sicherheit getroffen werden. Sperlich (1980) meint, daß sich Gerichte eher auf Vulgärpsychologie, Volksglauben und "gesunden" Hausverstand verlassen als auf valide wissenschaftliche Ergebnisse.

Die Gegner statistischer Entscheidungshilfen stützen ihre Hauptargumente auf die Leistungsfähigkeit der Intuition der Rechtsexperten, auf die unzulänglichkeit statistischer Daten und auf die hohen Kosten der Beschaffung und Verwendung statistischer Daten.

Tribe (1971) bringt noch zwei weitverbreitete Einwände vor: Die Verwendung der Mathematik zur Quantifizierung von Beweismitteln dehumanisiere das Gerichtsverfahren; und statistische Daten der Auftrittswahrscheinlichkeit bestimmter Ereignisse seien für einen spezifischen Fall einer Verhandlung unbrauchbar. Er schlägt vor, daß Geschworne, die mit eindeutigen und zwingenden statistischen Daten konfrontiert werden, diese dennoch ablehnen und den Fall auf eine "menschliche" Art lösen sollen. Tribe meint auch, daß sich der Gebrauch der Statistik im Gerichtssaal als ein unbefriedigender Ansatz erwiesen hat, da schon mehrmals im Verlauf der Rechtsgeschichte vergeblich versucht worden ist, die Mathematik ins Verfahren zu integrieren.

Die Gegner der Statistik weisen auch auf die Schwierigkeit der Gewichtung psychologischer Faktoren und die Berechnung der Wahrscheinlichkeit hin. Wie sollte z.B. Vorsätzlichkeit oder eine bewußt falsche Zeugenaussage gewichtet werden? Die Gegner geben vor, daß die Verwendung statistischer Verfahren ein idealisiertes Entscheidungsmodell vorraussetzt, das auf die tatsächlich viel komplexere Realität nicht paßt.

Ein Beispiel (aus Horowitz und Willging, 1984, S. 89) soll die Anwendung der Statistik als Entscheidungshilfe im Gerichtssaal illustrieren. Lindley (1977), ein bekannter britischer Statistiker, schlägt vor, daß die Funktion einer Gerichtsverhandlung darin besteht, die Beweise als Wahrscheinlichkeiten zu sehen, um bei gegebener gesamter Beweislast die finale Entscheidung über die Schuld zu treffen. Jede andere Vorgangsweise wäre nicht widerspruchsfrei. Tversky und Kahneman (1981) geben folgendes Beispiel: Nach einem Verkehrsunfall flüchtete der Lenker eines Taxis. Ein Augenzeuge berichtet, daß das Taxi des flüchtigen Lenkers blau ist. Die Firma der blauen Taxis wird angeklagt. Die gerichtliche Untersuchung ergibt, daß 15% der Taxis in der Stadt blau sind (P(B) =.15) die übrigen grün; weiters, daß die Fähigkeit des Zeugen für eine richtige Identifikation des Taxis 80% sei (P(Z/B) =.80). Dann ist die Wahrscheinlichkeit dafür, daß das in den Unfall verwickelte Taxi tatsächlich blau war, 41%.

Die Lösung der Aufgabe kann man (mit Hilfe des Bayes-Theorems) leicht ermitteln. Bei gegebenem Verhältnis der Wahrscheinlichkeiten, daß das Taxi tatsächlich blau ist, wenn der Zeuge sagt, es sei blau (P(B/Z) und der Wahrscheinlichkeit, daß das Taxi tatsächlich grün ist, wenn der Zeuge sagt, es sei blau (P(G/Z), ist die Lösung wie folgt:

$$\frac{P(B/Z)}{P(G/Z)} = \frac{P(Z/B)P(B)}{P(Z/G)P(G)} = \frac{(.8)(.15)}{(.2)(.85)} = \frac{.12}{.17}$$

$$P(B/Z) = \frac{.12}{.12+.17} = .41$$

Dieses Beispiel zeigt die oft beobachtete allgemeine Unempfindlichkeit von Beurteilern gegenüber Wahrscheinlichkeitsdaten (Saks und Kidd, 1981). In dem Beispiel von Tversky und Kahnemann können die menschlichen Beurteiler offensichtlich nicht beide Wahrscheinlichkeitsdaten (die Wahrscheinlichkeit, daß das Taxi blau war, und die Beurteilung der Genauigkeit des Zeugen) integrieren. Die Beurteiler treffen ihre Entscheidung nur aufgrund der Genauigkeit des Zeugen, die mit 80% bestimmt worden war, und ignorieren den Rest der dargebotenen Informationen im Gerichtssaal (Saks und Kidd, 1981). Dies ist ein Beispiel, mit dem die Befürworter der Statistik die Diskrepanz zwischen menschlichem Entscheiden (mittels Intuition) und empirischen oder explizit mathematischen Mitteln zeigen. Diese Beobachtung bleibt natürlich nicht nur auf rechtliche Fragen beschränkt. In anderen Bereichen, wie Ökonomie, Medizin, Versicherungswesen usw., kann ebenfalls leicht bewiesen werden, daß die Mathematik genauere Vorhersagen macht als der menschliche Beurteiler, wenn die Voraussetzungen für die Anwendung mathematisch-statistischer Modelle gegeben sind.

Das Rechtssystem hat seit jeher Zahlen mißtraut. Es könnte auch der Fall sein, daß aus rechtspolitischen Gründen einige Aspekte des Rechtsprozesses besser nicht quantifiziert werden. Die weiter oben vorgestellte Laborforschung zeigt zwar, daß die menschliche Fähigkeit zur Informationsverarbeitung sehr begrenzt ist. Wir wissen aber nicht, wo die Grenzen der menschlichen Informationsverarbeitung außerhalb der Laborsituation liegen. Wir wissen leider auch nicht, ob die im Labor ermittelten Modelle der menschlichen Informationsverarbeitung in der realen Welt gültig sind. Deshalb darf die mit Experimentalbefunden belegte Forderung, intuitives Abschätzen und Gewichten der Daten durch statistisch begründetes Schlußfolgern zu ersetzen, nicht unkritisch befolgt werden. Immerhin sind sowohl die wissenschaftlichen Regeln zur Entscheidungsfindung (oder Informationsverarbeitung) wie auch die rechtlichen Entscheidungsregeln in hohem Maße rational. Jede Menge von Entscheidungsregeln hat aber verschiedene Zielsetzungen. Je nach Aufgabe und Betrachtungsperspektive unterscheiden sich auch die verwendeten Entscheidungsregeln. So nehmen Personen, die selbst handeln, die Ursachen der Handlungen anders wahr als Personen, die Handlungen bei anderen beobachten (siehe Abschnitt 2.2214).

Wenn Richter und Geschworne in manchen Fällen nicht übereinstimmen, muß das nicht an den verschiedenen Rationalitätsstandards liegen, sondern kann seine Ursache einfach in verschiedenen Entscheidungskriterien und -regeln haben. Richter können nach streng rechtlichen Grundsätzen, die auf eine Bestrafung des Täters abzielen, urteilen; Geschworne können durch die unterschiedliche Wahrnehmung ihrer Aufgabe andere Kriterien und Regeln anwenden. Geschworne fühlen sich als Laien. Sie repräsentieren die Öffentlichkeit und lassen in ihre Entscheidungen gesellschaftliche Werte einfließen. Diese schließen Sympathiegefühle, Bedürfnis nach Fairness und verschiedene Vorurteile, die gesellschaftliche Bedürfnisse reflektieren, nicht aus.

Wahrnehmungsfehler entstehen auch durch das Bemühen, die Umgebung zu strukturieren. Die verwendeten Entscheidungsstrategien sind effektiv und vernünftig, spiegeln aber immer die Art der Aufgabe und die (subjektive) Perspektive des Beobachters wider.

1.36 Rechtswissenschaftliche Forschung

Als Sozialwissenschaften werden im allgemeinen alle Wissenschaften bezeichnet, die die Erforschung gesellschaftlicher Phänomene zum Gegenstand haben. Nach Adamovich und Funk (1984) gehört die Rechtswissenschaft zu den Sozialwissenschaften, da ihr Gegenstand - das Recht - ein gesellschaftliches Phänomen darstellt. Die Autoren vertreten die Auffassung, daß Gegenstand, Ziel und Methode der Rechtswissenschaft das positive Recht ist. "Ihr Ziel ist demnach die deskriptive Behandlung dieses Gegenstandes im Hinblick auf seine normative Dimension, also die dogmatische Betrachtung des positiven Rechts" (Adamovich und Funk, 1984, S. 50).

Positives Recht tritt in schriftlicher Form in Erscheinung. Seine Normen äußern sich in Normsätzen (Normtexten). Als sprachliches Gebilde besitzt das Recht selten Eindeutigkeit. Diese Mehrdeutigkeit ist vom Normgeber zum Teil unbeabsichtigt, zum Teil aber beabsichtigt. Die so entstandenen Freiräume müssen selbständig durch Rechtskonkretisierung ausgefüllt werden. Die Rechtswissenschaft hat somit zwei verschiedene Aufgaben: die **dogmatische Aufgabenstellung**, in der der vorgegebene Bedeutungsrahmen festgestellt wird, und die **Gestaltungsaufgabe**, in der Vorschläge zum Ausfüllen der Lücken erarbeitet werden.

Bei der dogmatischen Aufgabenstellung ermittelt man mit Hilfe der Auslegung (Interpretation) die sprachliche Bedeutung der Normsätze. Die Vorgangsweise ist folgende: wenn wir die Bedeutung eines Normtextes ermitteln, so bilden wir zuerst eine erste Vorstellung von dessen *möglicher* Bedeutung. Es handelt sich dabei um eine Hypothese (erste Normhypothese), die im weiteren bestätigt, modifiziert oder verworfen werden kann. Zur Überprüfung der ersten

Normhypothese brauchen wir weitere Informationen über die sogenannten Rechtstatsachen (Entstehungsgeschichte, zugehörige soziale, technische und ökonomische Voraussetzungen, Literatur, Judikatur usw.). Der Normtext und die zusätzlichen Informationen bilden die Basisdaten für die Überprüfung und Präzisierung der ersten Normhypothese. Sie werden aber auch zum Generieren und Testen neuer Normhypothesen verwendet. Die stufenweise Konkretisierung bzw. Erweiterung der Normhypothese erfolgt durch die "Auslegungsmethoden". Diese sind jedoch keine selbständigen Regeln, sondern spezifische Betrachtungsweisen und Hilfsmittel für die Entwicklung und Überprüfung von Bedeutungsvarianten (Normhypothesen). Man unterscheidet zwischen Bedeutung nach Wortlaut, nach systematischer Stellung im übrigen Normengefüge, nach Entstehungsgeschichte und nach Zielsetzungen der betreffenden Vorschriften. Alle mit Hilfe der grammatikalischen, systematischen, historischen und teleologischen Interpretation feststellbaren Bedeutungsvarianten können aus der Perspektive des Gesetzgebers (subjektive Interpretation) oder aus dem objektiven sprachlichen Sinngehalt (objektive Interpretation) ermittelt werden.

Für die Entwicklung, Spezifizierung und Prüfung der Normhypothesen stehen also zwei Arten von Daten zur Verfügung. Das wichtigste Material ist der *Normtext* selbst, die übrigen Materialien (Informationen über Entstehungsgeschichte, soziale, ökonomische und technische Rechtstatsachen, Literatur, Judikatur, Wirkungszusammenhänge) bilden wichtige Anhaltspunkte.

Die *dogmatische Textbearbeitung* führt zu Annahmen darüber, was aufgrund bestimmter Vorschriften juristisch geboten ist. Schwierigkeiten entstehen, wenn verschiedene, konkurrierende Normhypothesen auf derselben Grundnorm beruhen. Die dogmatische Normanalyse reicht häufig nicht aus, das rechtlich Vorgeschriebene widerspruchsfrei zu ermitteln. Die Ursachen liegen teils in der mangelhaften Sprache, deren Begriffe oft unscharf sind, teils im hohen Abstraktionsgrad der Norm, deren Text möglichst viele Sachverhalte erfassen soll. Manchmal verwendet der Normgeber auch unpassende oder falsche Begriffe. Wie sieht die Vorgangsweise bei mehreren möglichen Bedeutungen aus?

Wenn der Gesetzgeber ein Gesetz mittels Hilfsnormen oder Ausführungsgesetzen (authentische Interpretation) selbst nicht erklärt, muß man zunächst nach dem Vorhandensein von *Auslegungsregeln* (Interpretationsregeln) fragen. Der Rechtsanwender darf dabei dem Gesetz keine andere Bedeutung geben als jene, die erstens aus der Bedeutung der Worte, zweitens aus ihrem Zusammenhang und drittens aus der klaren Absicht des Gesetzgebers hervorgeht (§ 6 ABGB).

Die Anwendung von Auslegungsregeln kann, muß aber nicht zu einem eindeutigen Ergebnis, d.h. zur Eingrenzung einer bestimmten Normhypothese und zur Aussonderung aller übrigen Möglichkeiten, führen. Manchmal besteht die Unklarheit gerade in der Frage der Anwendbarkeit der Auslegungsregel selbst: ob Wortlaut, Systemzusammenhang oder Absicht des Gesetzgebers eindeutig sind, kann strittig bleiben. Aber selbst wenn die Anwendung einer Interpretationsregel feststeht, muß sie nicht immer zu eindeutigen Ergebnissen führen.

Auch nach Abschluß der dogmatischen Analyse der Norm muß man mit dem Fortbestand von alternativen Normhypothesen rechnen. Wie erfolgt nun die weitere Ausfüllung des Bedeutungsrahmens? Bisher wurden Bedeutungen durch das Hypothesenprüfverfahren festgestellt. Verläßt man die dogmatische Dimension der Rechtsbetrachtung, so müssen die verbleibenden Lücken durch "produktive Interpretation" ausgefüllt werden. Dieser nächste Schritt der Entscheidung für ein bestimmtes Ergebnis ist nicht mehr beschreibende Diagnose, sondern er zeigt gestaltende - und somit eine von bestimmten Wertungen abhängige - Lösungssuche (Adamovich und Funk, 1980, S. 54). Diese Lösungen sind vom Interpreten vorgeschlagene Ergebnisse.

Für das *Ausfüllen der Freiräume,* die durch das Auftreten mehrerer Ergebnisse nach der dogmatischen Analyse übrigbleiben, gibt es wiederum verschiedene Argumentationsmuster, so z.B. die Berufung auf den Willen des Gesetzgebers, auf die herrschende Lehre, Rechtsprechung, Zweckmäßigkeit, Vernünftigkeit oder andere Grundwerte der Rechtsordnung. In all diesen Fällen trifft der Interpret eine Auswahl unter mehreren möglichen Lösungsprämissen, die jeweils zu verschiedenen Ergebnissen führen können.

Zusammenfassend können wir sagen, daß die Behandlung des positiven Rechts dessen dogmatische Durchdringung einerseits und die gestaltende, wertungsbedingte Ausfüllung von Freiräumen andererseits umfaßt. Die Bewältigung jeder der beiden Aufgaben erfordert Kenntnisse und Erwägungen über Entstehungsgeschichte, Rechtstatsachen, Literatur, Rechtsprechung und Folgewirkungen der zu interpretierenden Vorschriften. Die Auswahl unter alternativen Normhypothesen wird nicht zuletzt auch von den jeweils zu erwartenden praktischen Auswirkungen der verschiedenen in Betracht kommenden Lösungsvarianten bestimmt.

Die in diesem Ansatz enthaltene wissenschaftstheoretische Orientierung ist, analog zum Ansatz in den sozialwissenschaftlichen Methoden, der kritische Rationalismus, wie er durch K. Popper oder H. Albert vertreten wird, und die analytische Wissenschaftstheorie, vertreten etwa durch W. Stegmüller. Dabei werden aufgrund von Beobachtungen verifizierbare bzw. falsifizierbare Hypothesen aufgestellt. Der Zirkel der wissenschaftlichen Methode läßt sich auf die Ermittlung sprachlicher Sinngehalte übertragen. Wenn man einen Text verstehen will, bildet man ein "Vorverständnis" (Bedeutungshypothesen). Mit Hilfe weiterer Informationen kann man diese vorläufigen Annahmen überprüfen, modifizieren oder durch neue Annahmen ersetzen.

Die **Hermeneutik** (die Wissenschaft des Textverstehens) nimmt an, daß jede Textinterpretation dem "hermeneutischen Zirkel" folgt: Am Beginn der Interpretation steht das mitgebrachte Vorverständnis. Eine Textinterpretation ist dabei nur die Beschreibung der vorgegebenen Bedeutungsgehalte, aber kein Bedeutunggeben. Nach Adamovich und Funk (1984, S. 56) unterscheidet sich das Modell des kritischen Rationalismus von der hermeneutischen Auffassung, die eine Zerlegung in eine Beschreibungs- und eine Gestaltungsebene für undurchführbar hält. "Rechtsauslegung im besonderen ist daher niemals bloße Wiedergabe von etwas Vorgegebenem, sondern konstituiert stets eigene Sinngebung.

Sie ist abhängig vom Vorverständnis des Interpreten über die Rechtsidee. Dieses Vorverständnis setzt sich im ganzen Interpretationsgeschehen fort und kann, ja soll auch gar nicht eliminiert werden."

Wir wollen die Tätigkeit des Rechtsanwenders, die in der Vermittlung zwischen Fall und Rechtssatz besteht, an einem Beispiel zeigen. Daraus wird auch ersichtlich, daß die Methoden der praktischen Rechtsanwendung in vielen Aspekten der sozialwissenschaftlichen ähnelt. Man kann die rechtswissenschaftliche Forschung am besten beschreiben, wenn man einen Fall wie ein "Forschungsprojekt" betrachtet.

A, 19 Jahre alt, fährt mit seinem Fahrrad am rechten Rand einer Vorrangstraße und hört dabei (über Kopfhörer) Musik. Er genießt die Aussicht und sieht erst im letzten Moment das aus einer Nachrangstraße einbiegende Auto des B. Durch den Zusammenstoß wird A an der Wirbelsäule, am Bein und am Kopf schwer verletzt. Nach einem zweimonatigen Spitalsaufenthalt erholt sich A soweit, daß er wieder gehen kann, hat aber zeitweise Kopfschmerzen und ist seit dem Unfall arbeitsunfähig (er arbeitete als Fahrradmechaniker mit einem Stundenlohn von 60 S). Die Sozialversicherung des A hat die Krankenhaus- und Behandlungskosten bezahlt, stellt jedoch eine Regreßforderung an (den schuldhaft handelnden) B (bzw. an seine Haftpflichtversicherung). A fordert weiters von B Schmerzensgeld und einen Ersatz für den zweimonatigen Verdienstentgang. Nach seiner Entlassung aus dem Krankenhaus konsultiert A einen Anwalt. Wie würde der Anwalt diesen Fall bearbeiten?

Die *Fallösung* wird in zwei Stufen erfolgen. Vereinfachend können wir sagen, daß eine Aufgabe in der Ermittlung des Sachverhalts liegt, eine zweite in der rechtlichen Beurteilung des Sachverhalts. Die erste Stufe wird allgemein als *Sachverhaltsfeststellung* bezeichnet, die zweite als *Subsumtion*. Bei der Sachverhaltsfeststellung geht es um Beweisaufnahme und Beweiswürdigung, Stoffsammlung und Beweislast. Im ersten Untersuchungsschritt wird der Anwalt den Fall derart analysieren, daß eine Klärung des Sachverhalts wie auch der Rechtslage möglich wird. Der Rechtsanwender wird den Sachverhalt so kategorisieren, daß eine spezifische und ökonomische Faktensammlung und gleichzeitig die spezielle Rechtsanalyse beginnen kann. In unserem Beispiel wären folgende (auch für den Anfänger unmittelbar ersichtliche) Tatbestände betroffen: Aufgrund der Verletzungen wird der Fall höchstwahrscheinlich Gegenstand des Schadenersatzrechts sein. Die Handlung des Angeklagten scheint weiters eine Fahrlässigkeit zu sein, weniger eine vorsätzliche Tat. A berichtet, daß B ein Stoppschild übersah und dadurch den Vorrang mißachtete.

Aus dem vorliegenden Sachverhalt entwickelt der Anwalt Hypothesen, die er einerseits gegen die dem Gericht präsentierbaren Beweise und andererseits gegen die relevanten Rechtssätze testen kann. Seine Annahmen werden vorläufig und jederzeit modifizierbar sein, je nach neuauftauchenden Fakten und Normhypothesen. Eine zentrale Annahme wäre die, daß B durch das Nichtbeachten des Stoppschildes fahrlässig handelte. Er unterließ die gebotene Sorgfalt, beim Einbiegen in den Kreuzungsbereich nach links und rechts zu schauen. Eine weitere Hypothese, die der Anwalt aus seinen Kenntnissen des Schadenersatzrechts ableitet, betrifft die Mitschuld von A. B könnte unter Umständen von Schadenersatzleistungen teilweise befreit werden, da die Nachlässigkeit des A den Unfall mitverursacht hatte. Dabei kann angenommen werden, daß das Radiohören mittels Kopfhörer und das Betrachten der Umgebung rechtliche Relevanz besitzen.

Dieser Vorgang der Rechtsanwendung ist die Subsumtion: ein konkreter Sachverhalt wird den abstrakten Tatbeständen der einschlägigen Rechtssätze untergeordnet mit der Wirkung, daß für den Sachverhalt konkret jene Rechtsfolge eintritt, die im Rechtssatz an den abstrakten Tatbestand geknüpft ist. Wer jemanden an seinem Körper verletzt, muß ihm die Heilungskosten und den Verdienstentgang ersetzen, überdies ein angemessenes Schmerzensgeld leisten (§§ 1295, 1325 ABGB); verhindert die Mißhandlung das bessere Fortkommen des Verletzten, so ist darauf Rücksicht zu nehmen (§ 1326 ABGB). Mitverschulden des Verletzten bewirkt Schadensteilung (§ 1304 ABGB).

Bei der **Beweisaufnahme** wird der Anwalt soviel wie möglich auf die Sachverhaltserhebung stützen. All Feststellungen können einen Beitrag zur Rekonstruktion des Unfallherganges leisten. Der Anwalt kann auch einige dieser Untersuchungen an einen Sachverständigen (etwa einen Kfz-Sachverständigen), der die Beschädigungen an den Fahrzeugen untersucht, weiterleiten.

Er kann Augenzeugen des Unfalls befragen, wobei die Aussage des Klienten das größte Gewicht erhält. Der Klient ist die primäre Quelle der anfänglichen Hypothesen über den Fall. Um einen unvorhersehbaren Verlauf der Verhandlung und um im allgemeinen Unsicherheiten zu reduzieren, wird der Anwalt von A auch den Gegner B befragen, um möglicherweise neue Informationen zu entdecken und um *seine* Version des Unfalls zu kennen.

In unserem Beispiel benötigt der Anwalt mindestens zwei Sachverständigengutachten: ein medizinisches über Ursachen, Behandlung und Prognose der Verletzungen und über die Kosten der Behandlung, sowie ein Gutachten zur Schätzung des Ausmaßes des künftigen Verdienstentganges, der mit der Verletzung im Zusammenhang steht.

Der *Schwerpunkt der Untersuchung* wird der Hergang des Unfalls selbst sein. Die wichtigsten Fragen für den Anwalt sind erstens: Was passierte? und zweitens: Wie kann der Schaden auf seiten des Mandanten durch eine effiziente Vertretung seiner Interessen minimiert werden? Wenn zu speziellen Fragen keine spezifischen Beweismittel vorliegen, besteht die Praxis darin, sich an der allgemeinen Lebenserfahrung (am üblichen Verhalten in vergleichbaren Situationen) zu orientieren. A hält gewöhnlich Ausschau nach herankommenden Fahrzeugen, wenn er sich einer Kreuzung nähert.

Im Vergleich zum Sozialwissenschaftler hat der Jurist weniger klare Kriterien für die Genauigkeit (Sicherheit) der Datenprüfung. Solange Daten (Beweise) formal zugelassen sind und Beweiskraft besitzen, d.h. ein Auftreten von Fakten wahrscheinlicher machen, muß sie der Rechtsanwender einbringen. Ein bestimmtes Sicherheitsniveau (Signifikanzniveau) ist dabei nicht erforderlich. Ist der Richter Rechtsanwender, werden von den Parteien Tatsachenbehauptungen vorgetragen, deren Wahrheit er prüfen muß. Das geschieht durch Beweisaufnahme in einem geregelten Verfahren (z.B. Zivilprozeß, Verwaltungsverfahren).

Die fraglichen Ereignisse liegen meist in der Vergangenheit, daher kann sie der Rechtsanwender nicht mehr persönlich wahrnehmen. Er muß sich vielmehr der vorhandenen Beweismittel bedienen. Das sind Personen und Gegenstände, die ihn von der Wahrheit oder Unwahrheit der Tatsachenbehauptung überzeugen sollen: Urkunden, Zeugen, Sachverständige, persönlicher Augenschein, Parteienvernehmung.

Die bisweilen schwierige *Wahrheitsfindung* bildet das Kernstück der erstinstanzlichen Verhandlung. Aufgabe des Rechtsanwenders ist es, die Ergebnisse der Beweisaufnahme zu würdigen und aus diesen auf den Sachverhalt zu schließen. Es herrscht freie Beweiswürdigung nach bestem Wissen und Gewissen (§ 272 ZPO, § 258/2 StPO).

Welche **Hilfsmittel** stehen dem Anwalt bei der Fallbearbeitung zur Verfügung? Bisweilen weisen Parteien, insbesondere Parteienvertreter, in ihrem Sachverhaltsvorbringen auf Gesetzesstellen und Vorentscheidungen hin. Solche Rechtsausführungen erleichtern die Rechtsfindung, binden aber den Rechtsanwender nicht. Er hat vielmehr den ihm vorgetragenen Sachverhalt nach allen rechtlichen Gesichtspunkten zu prüfen.

Die *Suche nach dem rechtlichen Ergebnis* setzt nicht nur Gesetzeskenntnis einerseits und die Kenntnis des Sachverhalts andererseits voraus, sondern auch Subsumtionstechnik. Der Rechtsanwender muß in der Lage sein, den Sachverhalt in das Normenmaterial einzuordnen. Diese Fertigkeit macht den guten Juristen aus und ist ein wesentlicher Teil seiner Ausbildung.

Im nächsten Schritt könnte unser Anwalt bereits ergangene einschlägige Urteile, insbesondere des Obersten Gerichtshofs suchen. Findet er in den verfügbaren Fallsammlungen keine Entscheidung in einem gleichgearteten Fall, so kann er auch ähnliche Fälle heranziehen; z.B. einen Fall, in dem der Fahrradfahrer wegen einer Hörschwäche ein Hörgerät tragen muß, dieses aber zum kritischen Zeitpunkt nicht benutzte.

Derartige Fallsammlungen (und insbesondere Kommentare) stehen dem Rechtsanwender für verschiedene Rechtsbereiche zur Verfügung. Ausgewählte Fälle werden entweder chronologisch, nach Sachgebieten oder nach speziellen Schlagworten abgelegt. Als ein Beispiel, das in verschiedenen Ländern an Bedeutung gewinnt, sei auf das 1985 entstandene *EDV-unterstützte Rechtsdokumentationssystem* (REDOK) verwiesen. Dieses System trägt den besonderen Anforderungen der Anwälte an eine praxisbezogene Entscheidungssammlung Rechnung. Der Zugriff erfolgt über Gesetzesstellen, Schlagworte, Fundstellen, Gericht/Datum/Aktenzahl und Zitate. Die Suchbegriffe können nahezu beliebig miteinander verknüpft werden. Gespeichert sind die Entscheidungen der drei Höchstgerichte und die wesentlichen Entscheidungen der Oberlandesgerichte und Landesgerichte.

Mit diesen Untersuchungen kann der Anwalt einen überzeugenden Präzedenzfall finden, der dem Gericht als Entscheidungshilfe dienen kann. Ein explizites "Case-Law" existiert in unserem Rechtssystem nicht. Eine Präzedenzgerichtsbarkeit ist in den Verfassungen der meisten westeuropäischen Länder nicht verankert. Eine Ausnahme bildet das englische Rechtssystem, das sich - wie das angloamerikanische - stärker am Case-Law orientiert. Für unseren Anwalt stellt eine Entscheidung vom Obersten Gerichtshof über einen Fall mit maximaler Ähnlichkeit zum vorliegenden eine wertvolle Hilfe insbesondere dann, wenn diese aus jüngster Zeit stammt.

Neben diesen qualitativen Untersuchungen kann der Anwalt auch quantitativ vorgehen und Daten über eine größere Anzahl von Fällen sammeln, um Hinweise auf die Judikatur zu erhalten. Dabei kann er z.B. feststellen, daß in ähnlichen Fällen die Mehrzahl der Urteile zugunsten des Klägers entschieden wurden. Solche Daten über den "nationalen Kontext" in ähnlichen Fällen bilden oft die Entscheidungsgrundlage von Gerichten höherer Instanz.

Das *Akten- und Literaturstudium* bietet nicht nur wertvolle Hinweise für die Beweisführung und Vertretungsstrategie, sondern auch die Grundlage für die Einschätzung der Erfolgswahrscheinlichkeit (Urteil zugunsten des Klienten, Schadenersatzhöhe).

1.37 Forschungsethik

Die theoretische und angewandte sozialpsychologische Forschung im Strafrechtsbereich hat auch ethische Probleme aufgeworfen (Monahan, 1980). Ein grundlegendes Poblem, dem sich die Forscher bei der Planung von Untersuchungen gegenübersehen, ist die Frage, wie man den theoretischen und praktischen Wert der Forschungen maximieren und gleichzeitig die Kosten und Risiken für die Teilnehmer minimieren kann.

Unter den vielen ethischen Fragen sind das **Problem der Täuschung** (Vortäuschung falscher Tatsachen in einer Untersuchung, um die spontane Reaktion der Versuchsperson zu gewährleisten) und das **Problem der Geheimhaltung der Daten** die dringlichsten. Es gibt dafür auch keine einfache Lösung. Die Teilnehmer in einer Untersuchung haben das Recht zu wissen, was sie in der Untersuchung erwartet, obwohl dieses Wissen es ihnen oft nicht mehr ermöglicht, den Versuchsleiter mit zuverlässigen Informationen zu versorgen. Betrachten wir die Probleme, denen sich ein Forscher gegenübersieht, der ein Experiment zur Entscheidungsfindung bei Beobachtern einer kriminellen Handlung durchführt. Um zu untersuchen, warum Beobachter die Polizei rufen, könnte der Forscher nichtsahnenden Personen eine kriminelle Handlung vorspielen. Wenn diese Versuchspersonen im vorhinein wissen, daß sie eine gespielte kriminelle Handlung beobachten, wird ihre Reaktion wahrscheinlich nicht mehr aufschlußreich sein.

Die Amerikanische Psychologische Vereinigung (1973, S. 37), deren Richtlinien auch von europäischen Psychologievereinigungen teilweise übernommen worden sind, setzt fest, daß Täuschung in experimentellen Forschungen nur akzeptabel ist, wenn a) die Forschungsfrage sehr wichtig ist; b) gezeigt werden kann, daß die Forschungsziele ohne Täuschung nicht realisierbar sind; c) es ausreichend Gründe für die Täuschung der Versuchsperson gibt, so daß bei

2. Das Strafrechtssystem - eine psychologische Analyse

2.1 Einleitung

Der Auswahl der Inhalte des zweiten Teils liegt die Annahme zugrunde, daß wir unser Verständnis für die Funktionsweise des Rechtssystems durch den Einsatz psychologischer Theorien und Forschungsmethoden verbessern können. Die Sozialpsychologie spielt dabei eine wichtige Rolle, weil sie sich u.a. um die Entwicklung neuer Forschungsmethoden und um die Sicherung der externen Gültigkeit der Ergebnisse bemüht, sowie Theorien bereitstellt, die zur wirksamen Lösung von Problemen der Rechtspraxis beitragen. Es gilt, eine aus rechtlicher Sicht sehr bedeutsame Frage zu beantworten: Wie funktioniert das Rechtssystem und was können sozialpsychologische Theorien und Methoden zur Erklärung und Verbesserung der Funktionsweise beitragen?

Zur Analyse des Rechtssystems gibt es verschiedene Ansätze. Die Betonung in diesem Abschnitt liegt auf empirischen und quantitativen Analysen der Entscheidungen, die von den verschiedenen Entscheidungsträgern im Strafrechtssystem (Täter, Opfer, Zeugen, Polizei, Staatsanwalt, Berufs- und Laienrichter, der Kommission zur vorzeitigen Haftentlassung etc.) an den einzelnen Schlüsselstellen im Ablauf eines Kriminalfalls getroffen werden. Nach einer einleitenden Darstellung des sozialpsychologischen Ansatzes folgen Kapitel, die empirische Forschungsergebnisse darstellen. Jeder Abschnitt behandelt eine Schlüsselstelle, die ein Fall im System durchläuft. Die Reihenfolge der Kapitel folgt der vom Verfahren vorgeschriebenen zeitlichen Sequenz der Stationen eines typischen Falls.

Die Kapitel zeichnen den Weg eines Falls von der Entscheidung des Täters, eine Straftat auszuführen, bis zur Entscheidung über die vorzeitige Haftentlassung nach. Zwischen diesen beiden Entscheidungsknoten liegt die Entscheidung des Opfers, die kriminelle Handlung den Behörden mitzuteilen, die Entscheidung des Polizeibeamten, eine Person festzunehmen bzw. anzuzeigen, die Entscheidung zur Anklage durch den Staatsanwalt und die Entscheidung des Berufs- oder Laienrichters über Schuld und Strafe. Zum Entscheidungsverhalten des Staatsanwalts liegen für unseren Rechtsbereich noch keine Forschungsarbeiten vor; die amerikanischen Arbeiten sind zumeist auch nicht auf unsere Rechtslage übertragbar. Dieser Entscheidträger bleibt daher vorläufig unberücksichtigt.

Wir wollen in erster Linie die empirischen Forschungsergebnisse darstellen und diskutieren. Dabei behandeln wir Theorien der Sozial-, Entwicklungs- und Persönlichkeitspsychologie, der klinischen und der allgemeinen Psychologie. Dennoch hat der zweite Teil als Ganzes aus mehreren Gründen eine hauptsächlich sozialpsychologische Grundlage. Zum einen beschäftigen wir uns mit der Analyse eines sozialen Systems von Entscheidungsträgern, andererseits beeinflussen die Entscheidungen bestimmter Teilnehmer im System die Entscheidungen anderer. In diesem Sinn sind die Beziehungen der einzelnen Akteure im Rechtssystem zueinander ein gutes Beispiel für soziale Einflußprozesse. Rechtspsychologie kann im wesentlichen als eine auf den sozialen Wirkungsbereich des Rechts hin konkretisierte Sozialpsychologie aufgefaßt werden. Nicht zuletzt betrachtet sich ja auch die Mehrzahl der empirischen Rechtspsychologen als Sozialpsychologen.

Der *entscheidungstheoretische Ansatz* bei der Analyse der aufeinanderfolgenden Schlüsselstellen des Rechtssystems ist nicht neu. Nach den Pionierarbeiten von Wilkins (1962) und Hogarth (1971) haben insbesondere Ebbesen und Konecni (1982) und Greenberg und Ruback (1982) diesen Ansatz theoretisch weiterentwickelt und empirisch abgesichert. Die vorliegenden Analysen orientieren sich an den theoretischen Arbeiten der genannten Autoren und übertragen modifizierte Modelle und Konzepte auf unser Rechtssystem.

Entscheidungen im Strafrechtssystem. Gegenstand unserer Untersuchungen ist das Verhalten der Entscheidungsträger, nicht die gesetzlichen Rahmenbedingungen. Wir wollen das Verständnis für die Handlungen der am Rechtssystem Beteiligten vertiefen, nicht aber Verhaltensregeln vorgeben. Es ist noch ziemlich ungeklärt, inwieweit Gesetze und inwieweit subjektives Ermessen die Entscheidungen determinieren. Unerläßliches Wissen über das Verhalten der Beteiligten können uns nur empirische Untersuchungen liefern. Deshalb muß eine angemessene theoretische Analyse des Strafrechtssystems die empirischen Bestimmungsfaktoren des Verhaltens einbeziehen - unabhängig davon, wie weit diese Einflüsse von den Rechtsvorschriften abweichen.

Rechtsvorschriften versus Ermessensentscheidungen. Strafrechtslehrbücher zeigen, daß das Verhalten der Entscheidungsträger im System stark durch Gesetze, durch das ordnungsgemäße Verfahren bestimmt wird. Jede Handlung scheint durch eine Vielzahl solcher Vorschriften determiniert zu sein. Damit verfolgt der Gesetzgeber die Absicht, das ordnungsgemäße Verfahren zu garantieren, eine Atmosphäre der Unparteilichkeit und Gerechtigkeit zu schaffen, das Risiko der Verurteilung eines Unschuldigen und den persönlichen Mißbrauch der Sanktionsmöglichkeiten zu verhindern. Von diesen gesetzlichen Regelungen erwartet man auch, daß sie bestimmte Handlungsweisen unterbinden (ein Richter darf den Geschworenen die Entscheidung über die Schuld des Angeklagten nicht in den Mund legen, ein Polizeibeamter darf einen Verdächtigen nicht zu einem Geständnis zwingen) und andere wiederum fördern (ein Richter muß beim Verhängen der Untersuchungshaft den Verdächtigen informieren, was gegen ihn vorliegt und welche Rechte er als Häftling hat).

Man nimmt nun an, daß in strenger Übereinstimmung mit vorhandenen Gesetzen und Richtlinien gehandelt wird; bei regelwidrigem Verhalten wird angenommen, daß diese Verfahrensfehler in der Fallbearbeitung ein Nichtigkeitsbeschwerde (und unter Umständen die Aufhebung des Urteils) nach sich ziehen können. Diese Sichtweise billigt den Entscheidungsträgern allerdings an verschiedenen Stellen im System Ermessensspielräume zu; von der Mehrzahl der Handlungen nimmt man aber an, daß sie stark reglementiert sind.

Eine Folge dieser Auffassung ist der Glaube, daß ein vollständiges Verstehen der Arbeitsweise des Systems in erster Linie durch das Studium der Gesetze, insbesondere der komplexen Verfahrensgesetze der verschiedenen Rechtsbereiche (z.B. ZPO, StPO, AVG, EGVG usw.), möglich ist. Sind die Handlungen der Entscheidungsträger durch Normen bestimmt, so braucht man, um ihre Handlungen zu verstehen, nur diese Normen zu kennen.

In jüngster Zeit neigt man mehr zur Auffassung, daß die rechtliche Regelung einen sehr *weiten Handlungsspielraum* bietet. So lassen die Verfahrensregelung dem Richter bei der Durchführung des Verfahrens und bei der Entscheidung über strafprozeßuale Zwangsmaßnahmen (Verhaftung, Hausdurchsuchung, Beschlagnahme usw.) weite Ermessensspielräume. Auch das StGB räumt ihm bei der Entscheidung über die Sanktion ein weites Strafzumessungsermessen ein. Dem Richter steht aber mehrere Bestrafungsmöglichkeiten, die sich nach Art und Höhe unterscheiden, zur Verfügung. Die Regeln spezifizieren auch nicht im Detail, wie der Richter Faktoren wie kriminelle Vorgeschichte des Angeklagten, seine Sozialgeschichte, Ausbildung, Arbeits- und Rehabilitationsmöglichkeiten, Reue usw. gewichten soll. Daher kann der Fall eintreten, daß Straftäter für identische Delikte unter identischen Umständen verschiedene Strafen erhalten - sei es von einem Gerichtsbezirk zum anderen, innerhalb ein und desselben Gerichts oder sogar vom selben Richter (Hogarth, 1971; Burgstaller, 1983; Burgstaller und Császár, 1985a, 1985b; Mikinovic und Stangl, 1977).

Ermessensspielräume gibt es für verschiedene Entscheidungsträger im gesamten Strafrechtssystem. Auch Polizeiorgane haben bei ihrer Entscheidung, einen Verdächtigen festzunehmen (oder anzuzeigen), weite Spielräume (Brusten, 1971; Grant et al., 1982). Der Staatsanwalt kann das Verfahren völlig oder hinsichtlich einzelner Fakten einstellen.

Nach dieser Auffassung kann die Funktionsweise des Strafrechtssystems nicht nur durch die Kenntnis und Analyse der Verfahrensgesetze verstanden werden. Das tatsächliche Funktionieren des Systems beruht auf einer Vielzahl von Verhaltensweisen der einzelnen Entscheidungsträger. In vielen Fällen sind diese Verhaltensweisen durch große Ermessensspielräume charakterisiert und nur lose durch Gesetze bestimmt.

2.2 Theoretische Ansätze bei der Erforschung des Rechtssystems

Der folgende Abschnitt gibt einen Überblick über die wichtigsten psychologischen Forschungsansätze bei der Untersuchung des Rechtssystems. Zur Erklärung des Entscheidungsverhaltens der unterschiedlichen Entscheidungsträger im Rechtssystem wurden verschiedene Konzepte herangezogen. Ein in der Sozialpsychologie verbreiteter Ansatz verwendet **simulierte Verfahrensausschnitte** (s.a. Abschnitt 1.413). Man versucht dabei, (sozial)psychologische Theorien an Hand verschiedener Materialien und Verfahren der Rechtsprechung zu prüfen (z.B. Davis et al., 1975). Man "borgt" sich gewissermaßen die Theorien aus und testet sie dann unter isolierten (und leider oft unrealistischen) Bedingungen - z.B. in einem simulierten Gerichtssaal eines psychologischen Labors. Oft vernachlässigt man auch die Rolle, die die untersuchte Entscheidung im Rechtssystem spielt. Unseren Analysen und der Auswahl der empirischen Forschungsarbeiten liegen dagegen folgende Annahmen zugrunde:

(1) Zur Erklärung des Verhaltens der meisten Entscheidungsträger reichen wenige Theorien aus. Wir wollen uns hauptsächlich auf zwei sozialpsychologische Theorien, die Attributionstheorie und die Austauschtheorie, beschränken. Diese stellen uns auch den theoretischen Rahmen für die meisten Analysen bereit.

(2) Untersuchungen, die nur die Simulationsmethode verwenden, sind für die Analyse des Rechtssystems nicht angemessen.

(3) Grundlegend ist das Bemühen, verschiedene "Entscheidungsknoten" vor einem einheitlichen theoretischen Hintergrund darzustellen. Dabei findet die Tatsache, daß die unterschiedlichen Entscheidungsträger in größere Systeme eingebettet sind, besondere Beachtung. Weiters sind nur solche Forschungsarbeiten ausgewählt worden, deren Methoden und experimentelle Verfahren eine Untersuchung der Teilnehmer am Rechtssystem mit größtmöglicher externer Validität erlauben.

Der **differentialpsychologische Ansatz** versucht ebenfalls, das Entscheidungsverhalten im Rechtsapparat zu erklären, postuliert aber die Existenz grundlegender Faktoren, nach denen sich Personen unterscheiden (Nagel, 1963). Solche Faktoren sind etwa: Einstellung gegenüber der öffentlichen Ordnung und Sicherheit, Überzeugungen bezüglich der Funktion von Strafe, Liberalismus/Konservatismus, ökonomischer Hintergrund, finanzielle Interessen, Geschlecht, Alter, Zugehörigkeit zu Minoritäten, Gesetzeskenntnisse usw. Diese differentiellen Faktoren wurden in den vergangenen Jahren eingehend untersucht, allerdings häufig unter Vernachlässigung der Tatsache, daß sich individuelle Merkmale der Entscheidungsträger situationsspezifisch, d.h. je nach Art des Falles und Rolle der entscheidenden Person verschieden auswirken. Wenn sich z.B. herausstellt, daß eine individuell unterschiedliche Strafzumessung (Urteilsdisparität) in sehr ähnlichen Fällen durch bestimmte Fallmerkmale aufgeklärt werden kann, wird ein Erklärungsversuch, der sich nur auf Persönlichkeitsmerkmale der Richter stützt, für das Verhalten aller Entscheidungsträger unzureichend bleiben. Mit anderen Worten: der Versuch, die Funktion des Rechtsapparates mittels Persönlichkeitsfaktoren und Einstellungen des Entscheidungsträgers zu erklären, ohne dabei andere wesentliche Kausalfaktoren zu berücksichtigen, bleibt unzureichend. Umfassender ist der entscheidungstheoretische Forschungsansatz, der auch der Konzeption der einzelnen Kapitel dieses Abschnitts zugrundeliegt. Wir wollen ihn daher ausführlicher darstellen.

2.21 Der entscheidungstheoretische Ansatz

Wesentliches Merkmal dieses Ansatzes ist die Betrachtung des Strafrechtssystems als eines zusammenhängenden Gefüges von Entscheidungsträgern. Durch welche Umstände wird bestimmt, welche Alternativen von den Entscheidungsträgern gewählt werden? Welche Kausalfaktoren erklären diese Entscheidungen, und zwar innerhalb einer Person (z.B. eines Richters) oder innerhalb einer Menge von Personen (Richterkollegien)? Welche Kausalbeziehungen zwischen den Handlungen der unterschiedlichen Entscheidungsträger - an verschiedenen Stellen des Systems - gibt es? (So könnte z.B. der Fall eintreten, daß eine Aufhebung der Untersuchungshaft einen Effekt auf die Strafzumessung nach der Hauptverhandlung hat).

Die Normen und Richtlinien des Strafrechts liefern nicht nur einen allgemeinen Rahmen für das Spektrum der Entscheidungsalternativen, die den einzelnen Teilnehmern zur Verfügung stehen, sondern auch den Rahmen für die zeitliche Abfolge der einzelnen Entscheidungen in einem Fall. Weiters ist auch die Anzahl der Personen, die die Entscheidung treffen (z.B. acht Geschworne), festgelegt. Allgemeine Verfahrensregeln gibt es auch für die Sammlung, Auswahl und Weitergabe rechtlich relevanter Informationen (die Polizei übermittelt dem Staatsanwalt bestimmte Fakten, der dann die Anklage formuliert).

Weniger genau spezifiziert ist die Art der Informationen, die die Entscheidungsträger bei ihren Entscheidungen berücksichtigen müssen (z.B. inwieweit die Tatsache, daß der Angeklagte zwei Vorstrafen für Schwerverbrechen hat, bei der Strafzumessung mitberücksichtigt werden sollte). Innerhalb der einzelnen Kategorien rechtlich relevanter Informationen gibt es keine Hinweise auf die Gewichtung der Informationen (hat z.B. die Bedrohung mit einer ungeladenen Pistole mehr Einfluß auf die Rechtsfolgen als die Bedrohung mit einem Küchenmesser?). Auch auf die relative Wichtigkeit der einzelnen Informationskategorien gibt es keine Hinweise (erhält z.B. die kriminelle Vorgeschichte gegenüber der Schwere der Bedrohung mehr Gewicht?). Auch Integrationsregeln für die einzelnen Informationen fehlen (sollten z.B. verschiedene Tatsachen additiv oder multiplikativ kombiniert werden?). Auch die Bedeutung, die bestimmte soziale Einflüsse bei einer zu treffenden Entscheidung erhalten sollen, ist nicht genau festgelegt (welches Gewicht soll z.B. der Bericht der sozialen Gerichtshilfe bei der Verhängung der Untersuchungshaft erhalten).

2.211 Entscheidungsknoten oder Mengen von Entscheidungsträgern

Die Tatsache, daß im Strafrechtssystem relative Entscheidungsfreiheit besteht, der zeitliche Ablauf der Entscheidung aber genau reglementiert ist, legt den Entwurf eines Modells nahe, das das gesamte Strafrechtssystem als *zusammenhängendes Netzwerk von "Entscheidungsknoten"* betrachtet (Konecni und Ebbesen, 1982, S. 9). Ein bestimmter Entscheidungsknoten besteht aus einer Menge von Entscheidungsträgern, wobei durch Verfahrensgesetze von jedem Teilnehmer bestimmte Entscheidungen verlangt werden. Den Elementen einer definierten Menge von Entscheidungsträgern ist gemeinsam, daß sie zum gleichen Zeitpunkt in der gleichen Sequenz das gleiche Spektrum von Entscheidungsalternativen zur Verfügung haben. Ein Geschworenengericht, das nach dem Wahrspruch der Geschworenen über die Strafe berät, bildet einen solchen Knoten. Nur jene Entscheidungen sind als Schlüsselstellen definiert, die das Fortschreiten der Fallbearbeitung im System beeinflussen. So wäre z.B. die Entscheidung eines Untersuchungsrichters über den Zeitpunkt einer Voruntersuchung noch kein Entscheidungsknoten. Andererseits muß ein Fall auch nicht alle Entscheidungsknoten durchlaufen. An einigen Schnittstellen sind die den Entscheidungen vorausgehenden Aktivitäten öffentlich (z.B. das Verlesen der in der Anklage aufgelisteten Beschuldigungen); an anderen Stellen sind sie der öffentlichen Beobachtung nicht zugänglich und auch nicht in spezielle Richtlinien eingekleidet (z.B. verschiedene Stadien in der Voruntersuchung).

Trotz der relativen Entscheidungsfreiheit, die durch das Fehlen spezieller Regeln entsteht, ist es möglich, bestimmte Gesetzmäßigkeiten des Entscheidungsprozesses aus den empirischen Daten abzuleiten; d.h. es wird angenommen, daß die Entscheidungsträger innerhalb ihres Ermessensspielraums nicht nach dem Zufall, sondern in Übereinstimmung mit *psychologischen Gesetzmäßigkeiten* handeln. Auch wenn die behandelten Fälle sehr unterschiedlich sind, gibt es im Entscheidungsverhalten genügend Ähnlichkeiten, um *generalisierbare Regeln* zu eruieren.

Dieser Ansatz verlangt aber nicht, daß verschiedene Gruppen von Entscheidungsträgern bei identischen Informationen (z.B. bei sehr ähnlichen Fällen) zu identischen Entscheidungen kommen. Verschiedene Einflüsse können bei unterschiedlichen Gruppen von Entscheidungsträgern zur Verwendung *unterschiedlicher Entscheidungsstrategien* führen. Ereignisse und Informationen, die bei Sicherheitsorganen bestimmte Entscheidungsprozesse auslösen, können beim Staatsanwalt völlig andere Entscheidungsprozesse bewirken. Der Polizeibeamte, der entscheiden muß, einen Verdächtigen festzunehmen, könnte der Meinung seines Vorgesetzten großes Gewicht beimessen. Bei der Anklage durch den Staatsanwalt spielt wiederum die Anzahl der Verurteilungen eine (ausschlaggebende) Rolle. Die unterschiedlichen Entscheidungsträger können daher bei identischen Informationen unterschiedliche Entscheidungsstrategien anwenden: der Polizeibeamte, der entscheiden muß, welche Anschuldigungen er in die Anzeige aufnimmt, und der Staatsanwalt, der entscheidet, welche Anschuldigungen in die Anklageschrift kommen.

Ein lohnendes Forschungsvorhaben wäre die *Suche nach den differenzierenden Faktoren*, die die verschiedenen Entscheidungsträger zur Verwendung unterschiedlicher Entscheidungsstrategien veranlassen. Derzeit ist noch sehr wenig über diese Entscheidungsstrategien bekannt. Die Entscheidungsträger können in der Wahl bestimmter Alternativen übereinstimmen, aber völlig unterschiedliche Strategien verwenden (Einhorn, 1974). Die Strategien können sich auch in einer Vielzahl von Aspekten unterscheiden (Auswahl und Klassifikation von Informationen, subjektive Bewertung, Gewichtung und Kombination etc.). Bevor aber die Bestimmungsfaktoren der Entscheidungsunterschiede nicht bekannt sind, bleiben abstrakte Erklärungsversuche unbrauchbar. Das in diesem Abschnitt beschriebene Analysemodell stellt einen Versuch dar, die für die Entscheidungsunterschiede verantwortlichen Faktoren zu isolieren.

2.212 Verbindungen zwischen den Entscheidungsknoten

Die Verbindungen zwischen den Entscheidungsknoten stellen kausale Zusammenhänge dar, die vom sozialen Kontext, in dem das gesamte System eingebettet ist, beeinflußt werden. Eine Verbindung zwischen zwei Knoten existiert dann, wenn die Ereignisse in einem Knoten die Entscheidungen im anderen mitbestimmen. Der kausale Einfluß von einem Entscheidungsknoten zum nächsten kann direkt sein (wenn der Staatsanwalt den Richter mittels Argumenten bei der Festsetzung der Strafe beeinflußt) oder indirekt (die Entscheidung des Untersuchungsrichters, den Angeklagten aus der Untersuchungshaft zu entlassen, kann die oft Monate später erfolgende Strafzumessungsentscheidung beeinflussen). Auch eine wechselseitige Beeinflussung (z.B. zwischen Staatsanwalt und Verteidiger) ist denkbar.

2.213 Die Vorhersage der Funktionsweise des Strafrechtsapparates

Um eine vollständige und für Vorhersagen brauchbare Darstellung der Funktionsweise des Strafrechtssystems zu erhalten, benötigt man:

(1) die Definition der Gruppen von Entscheidungsträgern aufgrund der Art der Entscheidungen, die sie treffen;

(2) die genaue Bestimmung der Entscheidungsalternativen der einzelnen Gruppen von Entscheidungsträgern;

(3) die genaue Bestimmung der Information, die in jeder Gruppe von Entscheidungsträgern verwendet wird;

(4) Schätzungen über die subjektive Wertigkeit und Gewichtung der einzelnen Informationsklassen;

(5) die Auswahl von Modellen, die die Informationsintegration an jedem Punkt beschreiben;

(6) die kausalen Beeinflussungskanäle, die die verschiedenen Gruppen von Entscheidungsträgern verwenden.

Wären alle diese Komponenten bestimmbar, könnte man eine genaue Theorie der Funktionsweise des Rechtsapparates entwickeln, die auch genaue Vorhersagen ermöglicht. Wenn einer der Schritte (Entscheidungsknoten) übergangen wird, oder wenn die empirisch abgeleiteten Lösungen zu einem bestimmten Zeitpunkt fehlerhaft sind, würde die Theorie natürlich ungenaue Vorhersagen über das Verhalten der Beteiligten liefern. Dies wäre z.B. dann der Fall, wenn man einen wichtigen Einflußkanal übersieht oder wenn man bestimmte Informationsmengen in einem Entscheidungsknoten falsch bewertet.

2.214 Der zeitliche Ablauf der Fallbearbeitung

Der erste Schritt einer Theoriebildung über die Funktionsweise des Strafrechtssystems ist in diesem Ansatz die *Definition von Teilnehmergruppen* und den Entscheidungen, die sie treffen müssen, und zwar in der richtigen *zeitlichen Abfolge*. Abbildung 3 zeigt ein derartiges Modell.

Die relativ geringe Zahl von Geschworenenverhandlungen unterstreicht die in diesem Ansatz vertretene Ansicht, daß das intensive Forschungsinteresse an der Geschworenengruppe nicht zu rechtfertigen ist. Der Großteil der (angloamerikanischen) sozialpsychologischen Forschung, die sich mit Rechtsfragen beschäftigt, konzentrierte sich auf die Urteilsbildung in Geschworenengruppen (Tapp, 1976). Der geringe Prozentsatz von Geschworenenprozessen steht in keinem sinnvollen Verhältnis zu den eingesetzten Forschungskapazitäten, da die gefundenen Gesetzmäßigkeiten für den verbleibenden Teil des Systems wenig Vorhersagekraft besitzen. Wenn das Ziel die Aufklärung der Funktionsweise des Strafrechtssystems ist, wäre es sinnvoller, die Forschungsmöglichkeiten auf andere Entscheidungsknoten im System zu lenken, z.B. auf die Entscheidung, eine kriminelle Handlung zu begehen, auf die Entscheidung anzuzeigen, auf die Entscheidung des Sicherheitsbeamten, einen Verdächtigen festzunehmen, oder auf die Entscheidung des Staatsanwalts anzuklagen.

Die ersten drei Entscheidungsknoten bestimmen weitgehend, welche Informationen in den verbleibenden Entscheidungsstufen Verwendung finden. Ob eine bestimmte Handlung als kriminell bezeichnet wird, hängt hauptsächlich von den Entscheidungen in diesen drei Stufen ab. Ob z.B. ein sexueller Kontakt als Vergewaltigung oder als normaler Geschlechtsverkehr, eine aggressive Auseinandersetzung als Streit oder als Körperverletzung, die Aneignung fremden Eigentums als Diebstahl oder als "Ausleihen" betrachtet wird, hängt oft von den Formulierungen ab, die das "Opfer" beim Bericht verwendet. Wenn sich das Opfer nicht als Opfer sieht, ist es unwahrscheinlich, daß die kritischen Handlungen den Behörden bekannt werden. Obwohl die Dienstvorschriften für Sicherheitsbeamte verlangen, daß alle Gesetzesübertretungen ohne Ausnahme geahndet werden müssen, geben sie den Beamten dennoch große Entscheidungsfreiheit, wer wann und wo beobachtet, festgenommen und sanktioniert werden soll, oder welche Informationen der Staatsanwalt erhalten soll. Außerdem sind viele Gesetze so allgemein formuliert, daß Polizeibeamte oft gezwungen sind, eigene Interpretationen vorzunehmen.

Die Tatsache, daß ein großer Teil der polizeilichen Festnahmen nicht durch Anzeigen von Opfer oder Zeugen zustandekommt, ist aus dem Modell (Abb. 3) nicht ersichtlich. Sicherheitsorgane nehmen bei routinemäßigen Kontrollen oft tatverdächtige Personen fest. Daher führen viele Polizeireviere eigene Arrestkarteien, die wiederum Informationen für die Entscheidung enthalten, was in den Anzeigenbericht für die Staatsanwaltschaft aufgenommen wird. Dieser Entscheidungsknoten ist im Modell nicht dargestellt.

2.215 Analyseeinheiten

Der erste Schritt diente zur Definition einiger Entscheidungsknoten, die in einer bestimmten zeitlichen Abfolge stehen. Im zweiten Schritt muß man Analyseeinheiten auswählen, für die dann Entscheidungsregeln in den verschiedenen Entscheidungsknoten entwickelt werden. Dieser Ansatz unterscheidet sich von anderen auch dadurch, daß der einzelne Fall (z.B. eine bestimmte Person, die eine kriminelle Handlung begangen hat) die Analyseeinheit darstellt, nicht jedoch die Art des Delikts, der Gerichtsbezirk oder das jeweilige Strafrechtssystem. Dadurch benötigen wir zur Entwicklung von Modellen für das Entscheidungsverhalten nicht den Vergleich einzelner Gerichte oder Gerichtsbezirke oder von Entscheidungen zu verschiedenen Zeitpunkten innerhalb eines Bezirks. Für unser Ziel, bestimmte Entscheidungen über einen Fall, der das System durchläuft, vorherzusagen, eignen sich empirische Analysen auf Fallniveau am besten.

Die Art der fallrelevanten Informationen, die als Bestimmungsfaktoren für die Entscheidungen dienen sollen, und die Regeln, die für die Festlegung von Entscheidungsalternativen gebraucht werden, sind in diesem Ansatz klar definiert. Weiters verwendet der Ansatz eine Terminologie, die sich mehr ans Strafrecht als an die verwendeten sozialpsychologischen Theorien anlehnt. So werden kriminelle Handlungen z.B. nach den im Strafrecht üblichen Bezeichnungen klassifiziert und nicht, wie dies bei sozialpsychologischen Untersuchungen üblich ist, nach den Ausprägungen auf einer Skala, die die "Schwere" der Rechtsverletzung bezeichnet. Es sollen auch keine Informationskategorien zusammengezogen werden (z.B. ob der Angeklagte vor der Tat Alkohol oder andere Drogen konsumiert hat), auch dann nicht, wenn es aus der Sicht der Attributionstheorie sinnvoll erscheint, bei Alkoholkonsum die gleichen Schlußfolgerungen über die Zurechnungsunfähigkeit anzustellen wie bei der Einnahme anderer Drogen.

2.216 Entscheidungsstrategien

Der dritte Schritt der Modellentwicklung ist die Ableitung von Entscheidungsstrategien, die für alle Ebenen des Systems gültig sind. Das Ziel dieses Analyseschritts ist die Auswahl jener Faktoren, die die größte Erklärungskraft (neben den bereits bekannten Faktoren oder Faktorkombinationen) für die

---

Abb. 3. Modell der wichtigsten Entscheidungsknoten und des zeitlichen Ablaufs des Entscheidungsflusses. Jedes Kästchen repräsentiert eine Entscheidung, die den möglichen Verlauf des Falls mitbestimmt. Die Pfeile beschreiben den Ablauf der Fallbearbeitung im Entscheidungsnetzwerk

Das Strafrecht als Filtersystem

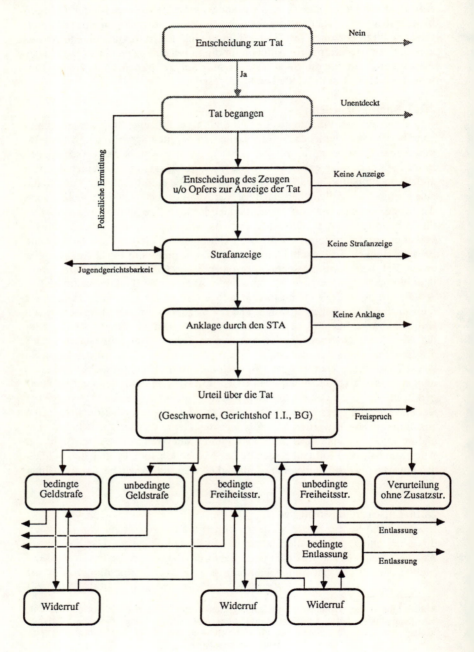

untersuchten Entscheidungen besitzen, z.B. Attributions- und soziale Austauschprozesse. Auch kausale Beziehungen zu anderen Entscheidungsknoten, die auch Einflüsse von vorangegangenen Ereignissen miteinschließen, sollen als mögliche Bestimmungsfaktoren der untersuchten Entscheidungen geprüft werden. Die Struktur des untersuchten Entscheidungsknotens bestimmt, welche quantitativen Techniken und speziellen Verfahren der Modellentwicklung angewendet werden.

Diese empirisch abgeleiteten Entscheidungsstrategien müssen nicht unbedingt jenen ähnlich sein, die die Entscheidungsträger vorgeben zu benützen. Hier sollen jene Faktoren (und Faktorkombinationen) aufgedeckt werden, die die größte Erklärungskraft und den größtmöglichen Vorhersagewert für künftige Entscheidungen besitzen. Wenn die Entscheidungsträger behaupten, daß bestimmte Faktoren ihre Entscheidungen beeinflussen, so können bei den Analysen dennoch andere auftauchen, die die Entscheidungen besser erklären. Die Beteiligten können natürlich brauchbare Selbstberichte geben; eine derartige Vorgangsweise muß aber nicht unbedingt das brauchbarste Modell für Entscheidungsprozesse liefern. Das vom vorliegenden Ansatz vorgeschlagene Modell soll nicht die Auskünfte der Entscheidungsträger über ihre Vorgangsweise ausschließen; es soll ein Verfahren zur Erklärung und Vorhersage verschiedener Entscheidungsprozesse bereitstellen.

2.217 Entscheidungsdisparität: Individuelle Unterschiede innerhalb eines Entscheidungsknotens

Wir können mit diesen Analysen auch Verhaltensunterschiede unter den Teilnehmern innerhalb eines Knotens bestimmen. Dieses Vorgehen stimmt gleichzeitig mit den Verhaltenserklärungen des Entscheidungsknotens als Einheit überein und verwendet auch dieselben Konzepte. So kann man ein und dasselbe Entscheidungskonzept (Art der verfügbaren Informationen, deren subjektive Bewertung und relative Gewichtung, Kombinationsregeln) für die Erklärung der Richterentscheidung bei der Strafzumessung insgesamt wie auch für die Erklärung der individuellen Unterschiede zwischen den verschiedenen Richtern innerhalb des Entscheidungsknotens heranziehen. Der Ansatz ermöglicht auch die Untersuchung eines Entscheidungsknotens im Kontext eines anderen; und zwar derart, daß eine Trennung der tatsächlichen und durch äußere Einflüsse vermittelten, individuellen Entscheidungsunterschiede der Teilnehmer eines Entscheidungsknotens möglich ist (Ebbesen und Konecni, 1981).

Mit anderen Worten: individuelle Häufigkeitsunterschiede bei der Wahl bestimmter Entscheidungsalternativen (z.B. Richter, die vermehrt Strafen auf Bewährung verhängen) können einerseits systematische, fallspezifische Unterschiede, andererseits auch individuelle Präferenzen widerspiegeln. So kann der Fall eintreten, daß Entscheidungsträger in anderen Entscheidungsknoten als Kriterium für die Zuteilung eines Falls zu bestimmten Bearbeitern spezielle Fallcharakteristika heranziehen. Auf diese Weise könnten bestimmten Richtern ähnliche Fälle zugeteilt werden (wenn es eine deliktspezifische Geschäftsverteilung gäbe). Solche Faktoren können zu Fehlschlüssen bezüglich individueller Unterschiede führen, sie können aber auch als Erklärung für Ergebnisse aus anderen differentialpsychologischen Untersuchungen dienen. Ein bestimmter Richter könnte z.B. in dem Ruf stehen, bei Vergewaltigungsdelikten sehr milde zu urteilen. Angenommen, diesem Richter werden nun mehr solche Fälle übertragen. Das Verhalten dieses Richters bei der Wahl bestimmter Entscheidungsoptionen unterscheidet sich von dem anderer Richter (z.B. könnte er mehr Bewährungsstrafen aussprechen). Diese Unterschiede bei der Strafbemessung halten dann das Image des "milden Richters" aufrecht. Die Tatsache, daß individuelle Unterschiede im Entscheidungsverhalten aufgrund von Persönlichkeits- und Einstellungsvariablen vorhergesagt werden können, sagt noch nichts darüber aus, daß Persönlichkeitsfaktoren tasächlich diese Unterschiede bewirken. Bevor man gültige Aussagen über das Vorhandensein individueller Urteilsunterschiede macht, muß man die exakte Bedeutung der sozialen Einflußkanäle untersuchen (Nagel und Neef, 1977).

2.22 Der sozialpsychologische Ansatz

Die Sozialpsychologie untersucht, wie Gedanken, Gefühle und Verhalten einer Person durch tatsächliche oder vorgestellte Verhaltensweisen und/oder Charakteristika anderer beeinflußt werden. Diese Definition berücksichtigt die Tatsache, daß "soziales" Verhalten nicht unbedingt die physische Gegenwart anderer erfordert. Die Entscheidung eines Staatsanwalts, in einem bestimmten Fall anzuklagen, ist daher ein soziales Ereignis; auch dann, wenn er die Entscheidung allein in seinem Dienstzimmer trifft. Er bezieht ja die Reaktionen anderer Personen (die des Opfers, Verteidigers oder der Geschworenen) in seine Handlungen mit ein. Die von uns gewählte Definition der Sozialpsychologie ist sehr weitgefaßt. Sie erlaubt die Untersuchung einer Vielzahl sozialer Situationen, vom gerade erwähnten Staatsanwalt bis hin zu streitenden Parteien, die sich im Gerichtssaal gegenübersitzen und gegenseitig aktiv beeinflussen.

Wir müssen den sozialpsychologischen Ansatz jedoch deutlich vom *soziologischen* abgrenzen. Beide versuchen, soziale Phänomene zu erklären, jedoch auf unterschiedlichen Analyseebenen. Während Soziologen soziales Verhalten mit (für das Individuum) externen Faktoren (wie soziale Klasse, Sozialstruktur, soziale Organisation) erklären, bevorzugen Sozialpsychologen Erklärungen, die auf intraindividuellen Prozessen beruhen (wie Wahrnehmung, Motivation und Lernen). Weiters unterscheiden sich die beiden Disziplinen auch hinsichtlich der für die Untersuchung ausgewählten *Analyseeinheit*. Die Soziologen untersuchen gewöhnlich Gruppen von Individuen, wie Kollektive oder Klassen, die Sozialpsychologen konzentrieren sich auf das Individuum. Bei der Kleingruppe wird diese Trennung allerdings schwierig.

Im Lauf der Jahre haben Sozialpsychologen zu verschiedenen Problembereichen Forschungen durchgeführt: Entstehung und Änderung von Einstellungen, Konformität, Aggression, Personenwahrnehmung, soziale Einflüsse, Gehorsam, interpersonelle Anziehung, Führungsverhalten etc. Seit einiger Zeit werden die sozialpsychologischen Theorien und Methoden auf eine Vielzahl wichtiger sozialer Fragen angewendet: Pädagogik, Gesundheitswesen, geschlechtsspezifisches Rollenverhalten, Drogenmißbrauch, Liebe, Befinden, Effekte der sozialen Isolation, der sozialen Überfüllung usw. Gegenwärtig interessieren sich immer mehr Sozialpsychologen für das Rechtssystem (Tapp, 1976, 1980). Die Sozialpsychologen beginnen verstärkt, die sozialen Prozesse, die in den unterschiedlichen Teilen des Strafrechtssystems wirksam sind, zu untersuchen. So gibt es sozialpsychologische Untersuchungen zur Zeugenaussage, zur Vernehmungstechnik, zur Entscheidungsfindung des Opfers oder der Zeugen beim Anzeigen, zur Entscheidungsfindung der Laien- und Berufsrichter usw. Auch eine breite Palette von Methoden wird eingesetzt.

Wesentliches Merkmal des sozialpsychologischen Ansatzes ist der Versuch, einen theoretischen Rahmen, in den die unterschiedlichen Forschungsergebnisse integrierbar sind, bereitzustellen. Der am besten ausgearbeitete Versuch, sozialpsychologische Theorien auf das Strafrechtssystem anzuwenden, stammt von Greenberg und Ruback (1982). Dieser Ansatz zeigt gleichzeitig die Stärken und Schwächen der Anwendung sozialpsychologischer Konzepte auf die Analyse rechtlicher Entscheidungsprozesse. Die Autoren meinen, daß die Tatsache der ungleichen Behandlung vor dem Gesetz nur durch die Analyse der alltäglichen Umstände, in denen das System arbeitet, aufgeklärt werden kann. Die Analyse der gesetzlichen Prinzipien, die den Entscheidungen zugrundeliegen, sind zur Untersuchung der tatsächlichen Geschehnisse kein brauchbares Verfahren. Dies ist übrigens eine Kritik, die von vielen Psychologen unterstrichen wird.

Manche Autoren (z.B. Balbus, 1973; Hogarth, 1971) suchen die Ursachen der *Divergenz zwischen Ideal und Realität des Strafrechtssystems* in politischen Faktoren verschiedener Teile des Rechtsapparates, in Persönlichkeitsmerkmalen des einzelnen Sicherheitsbeamten, Richters oder Staatsanwalts oder in der sozialen Situation, in der die Entscheidungsträger ihre Rolle erfüllen. Da wir diesen Ansatz noch mehrmals für unsere Analysen von Entscheidungsprozessen verwenden werden, wollen wir ihn ausführlicher darstellen. Grundlegend in diesem Ansatz ist die Annahme, daß rechtlichen Entscheidungsprozessen *soziale Prozesse* zugrundeliegen. Genauer: rechtliche Entscheidungen durchlaufen *zwei Stadien*. Im ersten gewinnt der Entscheidungsträger einen bestimmten Eindruck von der Person, über die er urteilt, z.B. von einem Verdächtigen, einem Häftling oder einem Angeklagten im Gerichtssaal. Im zweiten Stadium bewertet der Entscheidungsträger die verschiedenen Alternativen hinsichtlich ihrer möglichen Kosten und "Belohnungen". Da wir uns bei der Analyse von Entscheidungen an verschiedenen Stellen im Rechtssystem noch mehrmals mit der Attributionstheorie und der sozialen Austauschtheorie beschäftigen werden, wollen wir deren Grundgedanken darstellen.

2.221 Die Attributionstheorie

Was ist eine Attribution? "Eine Attribution ist eine Schlußfolgerung darüber, warum ein Ereignis eintrat bzw. darüber, welche Eigenschaften eine Person besitzt." (Harvey und Weary, 1981, S. 6). Wir wollen diesen Gedanken an einem Beispiel überlegen. Betrachten wir einen Detektiv eines großen Kaufhauses, der eine junge Frau anhält und des Ladendiebstahls bezichtigt. Die Entscheidung, die Verdächtige anzuhalten, verlangt, daß der Detektiv Beweise (oder zumindest einen konkreten Verdacht) für die Ausführung der Tat besitzt. Er könnte die Handlung selbst beobachtet oder einen Bericht eines Angestellten darüber erhalten haben. Hat niemand die Handlung beobachtet, wird der Attributionsprozeß nicht eingeleitet. Nehmen wir an, die Handlung wurde beobachtet. Der Detektiv muß nun entscheiden, ob die Tat *absichtlich oder fahrlässig* begangen wurde. Hat die Verdächtige das gesetzeswidrige Verhalten aus eigenem Entschluß gesetzt oder wurde sie von einem Komplizen angestiftet? Wenn der Detektiv feststellt, daß die Handlung fahrlässig oder von anderen erzwungen war, wird er Ursachen außerhalb der Person annehmen und keine weiteren Attributionen vornehmen. In diesem Fall ist seine Frage nach den Ursachen der Handlung beantwortet. Stellt der Detektiv fest, daß es eine freiwillige (absichtliche, nicht von anderen erzwungene) Handlung war, wird er versuchen, die Motive der Handlung zu bestimmen. Die Zuschreibung von Motiven oder Dispositionen auf die Person beendet den Attributionsprozeß, weil sie eine Erklärung für die Handlung (Tat) liefert. Die Attributionstheoretiker nehmen an, daß die Art der Motive, die der Detektiv der Frau zuschreibt, eine wichtige Rolle für seine Reaktion spielt. Diese kann von einer Verwarnung bis hin zur polizeilichen Anzeige reichen.

2.2211 Die "naive Psychologie" Heiders

Der Psychologe Fritz Heider (1944, 1958) ist der Begründer der Attributionstheorie. Er bezeichnete seinen Ansatz als "naive Psychologie" und beschrieb, wie sich eine durchschnittliche Person ("der Mann von der Straße") das Verhalten anderer Personen erklärt. Heider meint, daß man das Verhalten anderer Personen besser vorhersagen und verstehen kann, wenn man Dispositionsmerkmale (Motive, Charakterzüge, Fähigkeiten), die relativ stabil sind, annimmt. Wenn eine Person diese relativ stabilen dispositionalen Merkmale identifiziert, kann sie sowohl das Verhalten einer anderen Person (mit einer bestimmten Sicherheit) vorhersagen als auch ihr eigenes Handeln planen. Heider meint weiters, daß Personen nicht auf das offensichtliche Verhalten von anderen Personen reagieren, sondern immer auf die dem Verhalten zugrundeliegenden Motive oder Dispositionen. Betrachten wir das folgende Beispiel: Sie verlassen mit Einkaufstaschen ein Lebensmittelgeschäft. Im Gedränge beim Ausgang stoßen Sie mit einer anderen Person zusammen; dabei fällt Ihnen eine Einkaufstasche aus der Hand. Wie würden Sie reagieren? Ihre Reaktion hängt wahrscheinlich von Ihrer *Erklärung der Handlung* der anderen Person ab. War der Zusammenstoß absichtlich (um Sie zu schädigen), oder war er zufällig und daher unabsichtlich? Interpretieren Sie die Handlung als zufällig, werden Sie den Vorfall wahrscheinlich sofort vergessen. Wenn Sie die Handlung auf ein Motiv zurückführen - etwa auf die Absicht, Sie zu schädigen - wird ihre Reaktion anders sein. Wichtig bei dieser Überlegung ist die Tatsache, daß die sichtbare Handlung in beiden Fällen die gleiche ist; nur die Attributionsprozesse unterscheiden sich. Im ersten Fall war es ein Unfall, im zweiten eine motivierte Handlung mit Schädigungsabsicht.

Nach Heider unterscheiden Personen bei der Analyse der Verhaltensergebnisse anderer Personen zwischen jenen Ursachen, die *in der Umwelt* liegen, und jenen, die *in der Person* selbst liegen. In einer gegebenen Situation können zwei Kräfte, die in die gleiche Richtung wirken, wahrgenommen werden. Stellen wir uns z.B. einen Fußballspieler vor, der unter zwei verschiedenen Bedingungen einen Fernschuß in ein Tor verwandelt: im einen Fall bei starkem Rückenwind, im anderen bei starkem Gegenwind. Im ersten Fall hat der Beobachter Schwierigkeiten, die Ursachen für das Ergebnis (Tor) zu eruieren, da er nicht sicher sein kann, ob das Tor auf die Fähigkeiten (persönliche Kräfte) des Spielers, auf den Rückenwind (Umgebungsfaktoren) oder auf eine Kombination von beiden zurückzuführen ist. Im zweiten Fall ist der Beitrag der persönlichen Kräfte stärker, weil der Ball auch ungeachtet des starken Gegenwindes sein Ziel erreicht.

An persönlichen Eigenschaften werden Fähigkeiten und Motive (z.B. Anstrengung) unterschieden. Zusammen ergeben sie die Stärke der persönlichen Kräfte. Eine Person kann aus Mangel an den erforderlichen Fähigkeiten oder aus Faulheit versagen. Die Bestimmung der Ursachen legt nun die Reaktionen des Beobachters fest. Man tadelt eine Person für einen Mißerfolg gewöhnlich weniger, wenn die Ursachen in mangelnden Fähigkeiten liegen, mehr jedoch, wenn die Ursachen in einem Mangel an Anstrengung (Fleiß) liegen.

Ein anderes Beispiel illustriert die Nützlichkeit dieser Analysen für die Arbeitsweise des Strafrechtssystems. Nehmen wir an, die Polizei wird gerade zur Untersuchung eines Mordfalls in eine Wohnung gerufen. Nach ersten Ermittlungen stellen die Beamten der Mordkommission fest, daß es zwei Hauptverdächtige gibt: die Frau des Ermordeten und dessen Geschäftspartner. Die Frau ist Hauptverdächtige, weil sie zur Tatzeit beim Opfer war. Sie hatte daher die Möglichkeiten (Fähigkeit), ihren Mann zu ermorden, aber es liegt kein identifizierbares Motiv für die Tat vor. Die Polizei muß sie daher als Verdächtige aufgeben. Die Polizei erfährt, daß der Verstorbene mit seinem Geschäftspartner seit längerer Zeit verfeindet war; diese Tatsache könnte das Motiv sein. Der Geschäftspartner kann allerdings beweisen, daß er zur Tatzeit mit Kollegen bei einem Geschäftsessen war, und daß er die Tat daher nicht ausgeführt haben kann (d.h. er hatte keine Möglichkeit). Im ersten Fall liegt kein Motiv vor, im zweiten gibt es keine Möglichkeit zur Tatausführung. Die Polizei muß auch den zweiten Verdächtigen aufgeben. Der Verdächtige muß nach Ansicht der Polizei sowohl das Motiv als auch die Gelegenheit (Fähigkeit) zur Ausführung der Tat gehabt haben.

Die Ideen Heiders haben eine Vielzahl von theoretischen und empirischen Arbeiten über den Attributionsprozeß angeregt. Andere Autoren haben Heiders Analysen fortgesetzt und die Theorie in eine testbare Form gebracht, so daß sie eine umfassende Prüfung des Attributionsprozesses erlaubt. Eine dieser Weiterentwicklungen stammt von Harold Kelley.

2.2212 Kelleys drei Prinzipien der Attribution

Die Brauchbarkeit von Kelleys Theorie der Attribution (1972a) ist in der Reduktion des Attributionsprozesses auf drei Prinzipien begründet. Obwohl es mehrere theoretische Fassungen des Attributionsvorgangs gibt (Jones und Davis, 1965; Jones und McGillis, 1976; Kelley, 1967), wollen wir uns hier nur mit der Konzeption von Kelley befassen, da sie sehr einfach ist und weitreichende Analysen ermöglicht. Wesentlich für das Verständnis der drei Prinzipien ist die Unterscheidung von *erleichternden und hemmenden Ursachen*. Erleichternde Ursachen sind jene, von denen der Beobachter annimmt, daß sie die Wahrscheinlichkeit eines bestimmten Verhaltens oder Verhaltenseffektes erhöhen; hemmende Ursachen sind solche, die diese Wahrscheinlichkeit verringern. Diese Unterscheidung kann man durch das Beispiel des Fußballspielers illustrieren. Eine erleichternde Ursache für die Handlung (den Torschuß) ist die Qualität des Spielers - dies ist eine interne erleichternde Ursache. Eine weitere erleichternde Ursache ist der starke Rückenwind, der den Flug des Balls unterstützt hat. Dies ist ein externer erleichternder Faktor. Ein interner hemmender Faktor wäre etwa die geschwächte körperliche Verfassung des Spielers nach einer Feier, die bis in den Morgen des Spieltages gedauert hat. Eine externe hemmende Ursache könnte z.B. der "tiefe Boden" sein, der eine präzise Ballführung und -plazierung erschwert. Aus diesen Überlegungen formuliert Kelley sein *Kovariationsprinzip*, das besagt, daß "ein Effekt auf eine seiner möglichen (erleichternden) Ursachen attribuiert wird, mit dem es über die Zeit hinweg kovariiert." (Kelley, 1967). Wenn der Spieler immer nur bei günstigem Rückenwind ein Tor schießt, wird der Beobachter den Effekt der Handlung auf die Windverhältnisse attribuieren.

Das zweite Prinzip ist das *Abschwächungsprinzip*. Wenn mehrere plausible Ursachen für ein Ereignis vorhanden sind, dann versucht der naive Beobachter meistens festzustellen, welche Ursache in erster Linie wirksam war (Kelley, 1972a). Das hat zur Folge, daß die anderen Ursachen für schwächer gehalten werden, als wenn sie allein vorhanden wären. Diese Suche nach der "eigentlichen Ursache" nennt Kelley das Abschwächungsprinzip: "Die Rolle einer gegebenen Ursache bei der Hervorbringung eines gegebenen Effektes wird abgeschwächt, wenn andere plausible Ursachen ebenfalls vorhanden sind" (Kelley, 1972a). Der Beobachter wird also weniger sicher sein, ob die wahrgenommene Ursache auch die richtige ist, oder wenn sie die richtige ist, daß sie auch praktische Bedeutung besitzt. Wenn ein schlechter Spieler bei einer bestimmten Windlage ein Tor schießt, ist der Beobachter unsicher, ob er das Tor auf die Fähigkeiten des Spielers zurückführen kann. Da das Tor durch einen schlechten Spieler aber bei günstigem Wind zustande kam, tendiert der Beobachter dazu, die Rolle der Spielerfähigkeit als Ursache für das Tor herabzusetzen. So kann es vorkommen, daß die Aussage eines Zeugen während einer Gerichtsverhandlung als unglaubwürdig wahrgenommen wird, wenn dieser für die Aussage eine Strafmilderung erwarten kann. Seine Aussage wäre dann durch den Wunsch nach einer milderen Strafe motiviert.

Das dritte Prinzip nennt Kelley das *Verstärkungsprinzip*. Wenn eine Handlung bei gleichzeitiger Wirksamkeit von hemmenden Ursachen auftritt, ist der Beobachter geneigt, die existierenden erleichternden Ursachen als bedeutsamer und von größerer Stärke anzusehen als die hemmenden. Die zentrale Idee ist die, daß die erleichternden Ursachen eine bestimmte Stärke haben müssen, um den Widerstand der hemmenden zu überwinden. Wenn ein Spieler aus großer Entfernung vom Tor, ungeachtet seiner schlechten Tagesverfassung und der schlechten Bodenverhältnisse, ein Tor schießt, muß er ein guter Schütze sein. Analog dazu, wenn man aufdeckt, daß der Zeuge eine Aussage ungeachtet der damit verbundenen Gefahr für sein Leben und ohne Gegenleistung (etwa Strafmilderung) tätigt, sind Geschworne eher geneigt, Wahrheitstreue anzunehmen (eine interne erleichternde Ursache). Die Geschwornen fragen sich natürlich, welche anderen plausiblen Gründe der Zeuge für die Aussage unter diesen Bedingungen haben könnte.

Kelley (1972a) betont, daß sein Modell Attributionsprozesse unter verschiedenen Bedingungen beschreibt. Sehr häufig sind aber "vollständige" Kausalanalysen aus Zeit- oder Informationsmangel nicht möglich. In zahlreichen Fällen ist die Information nur teilweise oder gar nicht zugänglich, oder es fehlt die Zeit (bzw. die Motivation) zu ihrer Verarbeitung. In solchen Fällen greift man zur Abkürzung des Attributionsprozesses auf *kausale Schemata* zurück, das sind gelernte Annahmen über mögliche Ursachen eines bestimmten Ereignisses. Man kann zwei Arten von kausalen Schemata unterscheiden: solche, die zur Ergänzung unvollständiger Informationen dienen - *Ergänzungsschemata* -, und solche, die explizite und direkte Annahmen über die Kausalbeziehung bestimmter Ereignisse zu bestimmten Ursachen enthalten (Kelley, 1972b). Allzuoft befinden sich Entscheidungsträger im Strafrechtssystem in Situationen, in denen sie rasch Entscheidungen auf der Grundlage unvollständiger Informationen treffen müssen. So sind Polizisten, die entscheiden müssen, ob sie jemanden festnehmen, oder Richter, die in kurzer Zeit die geeignete Strafhöhe bestimmen müssen, auf vergangene Erfahrungen angewiesen.

2.2213 Weiners Attributionsmodell

Attributionstheoretiker wie Heider und Kelley nehmen an, daß Attributionen als Vermittler zwischen dem Verhalten anderer und unseren Reaktionen wirken. Der Attributionstheoretiker Bernard Weiner hat speziell den Einfluß von Attributionen auf nachfolgende Reaktionen untersucht. Heiders Gedanken folgend schlägt Weiner die Einteilung der Attributionen für Erfolg und Mißerfolg anderer Personen nach zwei Kategorien vor: einer "Locus-of-control"-Dimension (intern versus extern) und einer Stabilitätsdimension (stabil versus instabil). Die *Locus-of-control*-Dimension unterscheidet zwischen Ursachen, die innerhalb der Person (Fähigkeiten, Persönlichkeitsmerkmale und Motivation) liegen, und solchen außerhalb der Person (das sind Ursachen, die aus der Umgebung stammen, wie Aufgabenschwierigkeit, Glück oder Unglück der Person).

Die Stabilitätsdimension unterscheidet zwischen Ursachen, die über die Zeit relativ stabil sind (Fähigkeiten, Persönlichkeitsmerkmale, Aufgabenschwierigkeit), und solchen, die instabil sind (Motivation, emotionale Zustände, Glück oder Unglück einer Person). Eine Person attribuiert ein gegebenes Verhalten auf stabile interne Ursachen, wenn dieses Verhalten mit dem vergangenen Verhalten der betreffenden Person übereinstimmt. Wenn eine Person eine lange kriminelle

Vorgeschichte hat, nimmt man an, daß diese Person eine stabile kriminelle Neigung (Disposition) hat.

Tabelle 2. *Klassifikation der Kausalattributionen für das Verhalten von Verdächtigen in Übereinstimmung mit der Locus-of-control- und der Stabilitätsdimension*

	Locus-of-Control	
Stabilität	Intern	Extern
Stabil	Kriminelle Neigung - z.B. "Gefährlichkeit", "Psychopathie"	Schlechte Nachbarschaft - z.B. abweichende soziale Normen
Instabil	Zustand der Gefühle - z.B. "frustriert", "verärgert"	Pech - "am falschen Ort zur falschen Zeit"

Um Attributionen auf stabile externe Ursachen machen zu können, werden Beobachter das Verhalten der betreffenden Person mit dem Verhalten von anderen Personen in der gleichen Situation vergleichen. Wenn daher ein großer Prozentsatz von Jugendlichen in einer bestimmten Wohngegend kriminell ist, nimmt der Beobachter wahrscheinlich an, daß die Ursachen der Kriminalität in der Umgebung liegen, etwa in den abweichenden Normen der Subkultur in diesem Wohnbezirk. Man attribuiert auf instabile interne Ursachen, wenn einige interne Zustände angenommen werden können, die instabil sind (z.B. Ärger) und wenn diese einen Zusammenhang mit dem Verhalten zeigen. Weiters wird eine Attribution auf instabile externe Ursachen gemacht (etwa auf Glück), wenn das Verhalten der Person ein sehr variables Muster zeigt und zufällig ist (Weiner et al., 1972).

Bei der Vorhersage zukünftiger Leistungen einer Person verwendet man die *Stabilitätsdimension*. Die affektiven Reaktionen (wie etwa Ärger, Sympathie) werden durch die "Locus-of-control"-Dimension bestimmt. Obwohl Weiner und seine Mitarbeiter (1972) ihr Modell in erster Linie auf die Analyse des Leistungsverhaltens bezogen, kann man dieses auch zur Analyse von Entscheidungsprozessen im Strafrechtssystem verwenden. Wenn z.B. ein Mitglied der Kommission zur vorzeitigen Haftentlassung das kriminelle Verhalten eines Häftlings auf eine kriminelle Disposition attribuiert oder auf die kriminelle Nachbarschaft, in der der Täter lebte, als er die Straftat ausführte (beides sind sehr stabile Ursachen), wird diese Person auch annehmen, daß der Insasse nach der Freilassung auf Bewährung in seine alte Nachbarschaft zurückkehrt, und die Ursachen des kriminellen Verhaltens daher nicht beseitigt sind. Daher wird der Entlassene seine kriminellen Aktivitäten wahrscheinlich wieder aufnehmen. Derartige Schlußfolgerungen werden eine Ablehnung des Ansuchens auf vorzeitige Haftentlassung nahelegen. Wenn die Kommission hingegen das kriminelle Verhalten des Antragstellers auf instabile Ursachen attribuiert (z.B. Frustrationen oder unglückliche Umstände), werden die Chancen, nach der vorzeitigen

Entlassung nicht rückfällig zu werden, günstiger eingeschätzt. In diesem Fall wird angenommen, daß die Ursachen des kriminellen Verhaltens instabil und daher kurzlebig sind, und daß nach der Entlassung eine Rückkehr in die kriminelle Laufbahn nicht mehr wahrscheinlich ist.

Welche Gefühle hat der Entscheidungsträger in dieser Situation? Gegenüber einem Insassen, dessen kriminelle Handlungen auf interne Ursachen zurückgehen (z.B. kriminelle Disposition), wird er negativere Gefühle hegen als gegenüber einem Insassen, bei dem externe Ursachen vorherrschend sind. Weiner (1972) bemerkt, daß Attributionen auf instabile interne Ursachen mehr negative Gefühle entstehen lassen als Attributionen auf stabile externe Ursachen; wahrscheinlich deshalb, weil Personen für instabile interne Ursachen (wie etwa Mangel an Motivation) als mehr verantwortlich wahrgenommen werden. Bei stabilen internen Ursachen (Mangel an Talent) verhält es sich umgekehrt.

2.2214 Attributionsverzerrungen

Attributionsfehler können entstehen, weil das Informationsmaterial, das im Attributionsprozeß verwendet wird, falsch oder unvollständig ist, oder weil verzerrende Motivationseinflüsse am Werk sind. Mit dem ungenauen Ausdruck "Motivationseinflüsse" sind verschiedene Einflußfaktoren (wie wunschhaftes Denken, das Bedürfnis nach Steigerung oder Erhaltung des Selbstwerts und dergleichen) gemeint. Attributionstheoretiker beschäftigen sich schon seit langem mit Wahrnehmungsverzerrungen, die ebenfalls Ursachen von falschen Attributionen sind. Personen befinden sich selten in Situationen, die sie mit der Objektivität eines Wissenschaftlers beurteilen können. Häufig sind sie durch die Umgebung, durch ihre eigenen Bedürfnisse und kognitiven Orientierungen beeinflußt und - gemessen an Objektivitätsstandards - sogar fehlgeleitet.

Die *Quelle vieler Verzerrungen* ist nach Kelley (1972a) das Bedürfnis, die Ergebnisse eigener Handlungen vorherzusagen und zu kontrollieren. So beschreiben z.B. Jones und Nisbett (1972) die Neigung des Beobachters, das Verhalten anderer Personen auf interne Ursachen zurückzuführen, wobei diese anderen Personen dazu neigen, ihr eigenes Verhalten externen Ursachen zuzuschreiben. Nur wenn man die Verhaltensursachen einer Person auf stabile internale Ursachen zurückführt, kann man das künftige Verhalten dieser Person vorhersagen (bzw. eine Art Vorhersagbarkeit wahrnehmen).

Die Forschungen zu diesen theoretischen Überlegungen zeigen auch die Neigung, andere nicht nur für ihr Verhalten und dessen Ergebnisse verantwortlich zu machen, sondern, im Fall negativer Ergebnisse, diese noch zu *übertreiben*. Lerner und Miller (1978) nennen die Neigungen des naiven Beobachters, das Opfer für sein Schicksal verantwortlich zu machen, das *"Bedürfnis nach einer gerechten Welt"*. Wenn der Beobachter die Verantwortung dem Opfer zuschiebt, kann er sich als vom Opfer unterschiedlich wahrnehmen und sicherstellen, daß ihm nicht das gleiche Schicksal widerfahren wird. Dadurch ist es dem Beobachter eher möglich, seinen Glauben an die Gerechtigkeit aufrechtzuerhalten und die Welt besser vorherzusagen.

Trotz der Vielfältigkeit und Komplexität der Verhaltensursachen zögert man gewöhnlich nicht, kausale Attributionen anzustellen. Das *Bedürfnis nach Kontrolle und Vorhersage* der Ergebnisse ist die stärkste Kraft für den Attributionsprozeß. Versteht man die Verhaltensursachen anderer Personen, ist man auch eher in der Lage, die Reaktionen anderer vorwegzunehmen und effiziente Strategien für eigene Reaktionen zu entwickeln. Die dargestellten Beispiele zeigen auch, daß viele der kritischen Entscheidungen in verschiedenen Entscheidungsknoten des Strafrechtssystems auf Attributionsprozessen beruhen.

Die Entscheidung eines Opfers oder eines Beobachters, eine kriminelle Handlung den Behörden mitzuteilen, die Entscheidung der Polizei, einen Verdächtigen festzunehmen, die Entscheidung des Staatsanwalts anzuklagen, die Schuldfindung durch die Laienrichter, die Strafzumessung durch den Richter und die Entscheidung über eine vorzeitige Entlassung aus der Haft beinhalten Attributionen: Inwieweit wurde die Handlung von der Umgebung erzwungen? Was motivierte den Angeklagten, die Handlung auszuführen? Liegt der kriminellen Handlung eine kriminelle Disposition zugrunde, und inwieweit führt diese Disposition zu einer Fortsetzung krimineller Aktivität in der Zukunft? Kann die kriminelle Neigung am besten durch eine Geldstrafe, eine Freiheitsstrafe oder eine bedingte Strafe vermindert werden? Solche Fragen kann man mit Gesetzmäßigkeiten, die von der Attributionsforschung untersucht werden, beantworten.

2.222 Soziale Austauschtheorie

Die Entscheidungsträger im Strafrechtssystem müssen neben solchen Fragen auch die Wirkung berücksichtigen, die ihre Entscheidungen für den Angeklagten, für andere Entscheidungsträger im System und für die Gesellschaft haben. Ein effizientes Funktionieren des Systems ist nur durch die gegenseitigen Abhängigkeiten der unterschiedlichen Entscheidungsträger untereinander und durch deren Abhängigkeiten von Kräften außerhalb des Systems möglich. So ist die Polizei bei ihrer Arbeit von der Mithilfe der Bevölkerung abhängig. Der Staatsanwalt kann einen Fall nur effizient bearbeiten, wenn er die Hilfe der Polizei oder die von Zeugen besitzt, und der Richter ist bei der Strafzumessung von der Meinung der Laienrichter und Beisitzer abhängig. Die Abhängigkeiten sind oft gegenseitig. Die Polizei ist nicht nur von der Mithilfe der Bevölkerung abhängig, die Bevölkerung braucht auch den Schutz durch die Polizei. Bei einer Analyse des Strafrechtssystems muß man also auch das soziale Austauschsystem, in dem die verschiedenen Parteien und sozialen Gruppen "soziale Gebrauchsartikel" tauschen, miteinbeziehen. Das zweite von Greenberg und Ruback postulierte Stadium der Entscheidung sind soziale Austauschprozesse, deren Grundannahmen wir kurz erläutern wollen.

Die für unsere rechtspsychologischen Analysen verwendete Austauschtheorie beruht auf der Annahme, daß Personen hedonistisch orientiert sind, d.h., daß sie maximale Annehmlichkeit bzw. minimales Leiden anstreben, und daß sie - um dieses Ziel zu erreichen - andere Personen brauchen. Der Austausch (oder Handel) mit anderen Personen dient auch dazu, Auszahlungen (Belohnungen) oder Gebrauchsartikel zu einem günstigeren Preis zu erlangen, als man normalerweise (oder bei der "Eigenproduktion" dieser Artikel) zahlen müßte. Ein sozialer Austausch würde demnach nicht stattfinden, wenn Personen Gebrauchsartikel selbst billiger produzieren könnten, als sie sie durch den Austausch mit anderen bekommen. Weil wir aber zur Befriedigung vieler Bedürfnisse von anderen abhängig sind, finden solche Austauschprozesse statt.

Bei der Definition von sozialen "Austauschgütern" übernehmen die Austauschtheoretiker Begriffe und Prinzipien aus ökonomischen Theorien. Die Palette der Austauschgüter reicht von sozialer Anerkennung, Respekt, Hilfestellung, Zuneigung bis hin zu greifbaren Gebrauchsartikeln wie Geld oder anderen Gütern. Die am häufigsten zitierten Konzepte des sozialen Austausches sind jene von George Homans (1961, 1974) und John Thibaut und Harold Kelley (1959). Beide Konzepte sind so ähnlich, daß man für beide den Begriff "Austauschtheorien" verwenden kann. Beide nehmen an, daß die sozialen Austauschgüter quantifizierbar sind. Thibaut und Kelley beziehen sich mehr auf die Auszahlungen (die Ergebnisse, die man von einem sozialen Austausch erhält). Homans verwendet dafür den Begriff "Profit".

Die Nettoauszahlung einer Person in einem sozialen Austausch ist die Differenz zwischen Kosten und der erhaltenen Belohnung. Eine Belohnung bezeichnet das Vergnügen, die Befriedigung oder die Genugtuung, die durch den Austausch erlangt wird. Die Kosten bezeichnen alle jene Faktoren, die hemmend wirken, wie etwa physische oder geistige Anstrengung, Langeweile, Strapazen, physische Beeinträchtigungen oder Angst. Kosten bezeichnen aber auch Belohnungen, auf die man durch das Aufrechterhalten einer Austauschbeziehung mit einer bestimmen Person verzichtet; d.h. beim sozialen Austausch mit Person A verbaut man sich die Gelegenheit, Belohnungen von Person B zu erhalten.

Weiters wird angenommen, daß die Auszahlungen, die eine Person erhält, nicht über die Zeit stabil bleiben, wie z.B. in Beziehungen zu Arbeitskollegen. Nehmen wir etwa an, daß zwei Personen eine profitable Beziehung eingegangen sind, derart, daß einer (der Helfer) Hilfe gibt und der andere (der Empfänger) mit Äußerungen der Zufriedenheit, Anerkennung und Respekt reagiert, Bei fortdauernder Beziehung kann die permanente Anerkennung allmählich langweilen. Was ursprünglich als Belohnung erlebt wurde, verliert seine Wirksamkeit. Die Sprache der Lerntheorie bezeichnet dieses Phänomen als "Sättigung" mit Anerkennung und Respekt. Um die bisher geleistete Hilfeleistung weiterhin zu sichern und die soziale Austauschbeziehung aufrechtzuerhalten, wird der Empfänger seine Belohnungen für den Helfer erhöhen müssen. Neben Anerkennung und Respekt wird er zusätzliche Belohnungen bereitstellen müssen. Der Preis, den der Empfänger für die geleistete Hilfe bezahlen muß, erhöht sich also. Wenn eine andere Person den Helfer um Unterstützung bittet, wird der bisherige Empfänger noch größere Belohnungen offerieren müssen, um den Gegner abzuwehren und die Beziehung aufrechtzuerhalten.

Dieses Beispiel zeigt, wie sozialer Austausch zu einer Asymmetrie in den Machtverhältnissen führen kann. In der Austauschtheorie bezeichnet Macht die Fähigkeit einer Person, die Qualität der Ergebnisse für andere Personen zu beeinflussen. Eine Person hat Macht über andere, wenn (1) die Person etwas besitzt, was die anderen begehren, (2) die anderen diese Ressourcen von niemand anderem bekommen können, (3) die anderen die Person nicht zwingen können, die Belohnung zu geben, und (4) die anderen auf die Belohnung nicht verzichten können (Blau, 1964; Emerson, 1962). Wir können annehmen, daß z.B. ein Richter große Macht über den Angeklagten besitzt, weil er das begehrte Gut "Freiheit" kontrolliert.

2.2221 Die Bewertung von Auszahlungen

Die Tatsache, daß man soziale Interaktionen als Austausch von Belohnung und Kosten betrachtet, sagt noch nichts über die mit den spezifischen Auszahlungen verbundene Zufriedenheit aus, die die Personen erleben; bzw. darüber, ob sie die Beziehung aufrechterhalten wollen oder nicht. Um dies zu entscheiden, muß man die erhaltenen Ergebnisse mit bestimmten Kriterien oder Standards vergleichen. Thibaut und Kelley (1959) beschreiben zwei dieser Vergleichskriterien. Das erste nennen sie das *Vergleichsniveau der Alternativen*. Dieses verwendet man bei der Entscheidung, in einer bestehende Beziehung zu verbleiben oder diese abzubrechen. Eine Person wird in einer Beziehung bleiben, wenn sie glaubt, daß ihre Auszahlungen besser (d.h. höher) sind, als sie es in anderen Alternativen wären.

Verbleibt eine Person in einer Austauschbeziehung, impliziert das noch nicht, daß sie in dieser Beziehung zufrieden ist. Zur Ermittlung des Zufriedenheitsgrades schlagen Thibaut und Kelley das zweite Kriterium vor, das *Vergleichsniveau*. Aus den früher erlebten positiven oder negativen Erfahrungen wird eine Art Mittelwert gebildet, wobei die jüngste Vergangenheit besonders berücksichtigt wird. Dieser Mittelwert ist das Vergleichsniveau, ein Standard, an dem gemessen wird, wie gut oder schlecht momentane Ergebnisse sind. Je größer die relative Häufigkeit positiver Erlebnisse war, desto höher ist das Vergleichsniveau (der subjektive Wertnullpunkt) und desto anspruchsvoller wird man. Hat man viele negative Konsequenzen erlebt, so gewöhnt man sich daran, sie werden dann selbstverständlich, und bereits objektiv mäßig positive Erfahrungen werden als extrem wertvoll erlebt.

Wenn die Auszahlungen einer Person über dem Vergleichsniveau liegen, wird die Person die Beziehung attraktiv finden. Wenn sie darunter liegen, ist die Beziehung unattraktiv. Die Unterscheidung zwischen dem, wie sich eine Person in einer Beziehung fühlt, und dem, was sie tatsächlich unternimmt, ist für die Analyse von Beziehungen sehr nützlich. Betrachten wir folgende vier Möglichkeiten.

Stellen wir uns vor, daß die Auszahlungen einer Person in einer bestimmten Beziehung höher sind als das, was sie in einer anderen erhalten könnte und erhalten will. In dieser Situation wird die Person in der Beziehung verbleiben und zufrieden sein. Wenn die Auszahlungen dagegen niedriger sind als das Vergleichsniveau und niedriger als die in alternativen Beziehungen, ist die Person unzufrieden und wird versuchen, die Beziehung zu beenden. Die zwei verbleibenden Möglichkeiten sind noch spannender. Betrachten wir eine Person, deren Auszahlungniveau über dem Vergleichsniveau, aber unter dem der möglichen Alternativen liegt. Diese Person wird sich mit ihren Auszahlungen zufrieden geben, aber dennoch die Beziehung beenden, da bessere Alternativen woanders verfügbar sind. So könnte z.B. ein Angestellter mit den Arbeitsbedingungen in einer Firma sehr zufrieden sein, aber dennoch die Firma wechseln, da eine andere Firma noch bessere Bedingungen bietet. Die vierte Möglichkeit ist die "unfreiwillige Beziehung". Man befindet sich in einer unfreiwilligen Beziehung, wenn die eigenen Auszahlungen unter dem Vergleichsniveau, aber über dem der Alternativen liegen. Die Person ist in der Beziehung unzufrieden, muß aber darin verbleiben, weil sie immer noch bessere Auszahlungen erhält als in verfügbaren Alternativen. Die Situation eines Häftlings ist dafür eine gute Illustration.

In dem Bemühen, maximale Auszahlungen zu erlangen, müssen sich Individuen gesetzeskonform verhalten. Die sozialen Gebilde schaffen diese Normen und erhalten sie aufrecht. Übertretungen des erwarteten normgerechten Verhaltens führen zu Kosten in Form von sozialer Zurückweisung und Ablehnung einer künftigen Austauschbeziehung mit dem "Gesetzesbrecher". Welche Bedeutung hat nun die Erwartung normgerechten Verhaltens für den sozialen Austausch?

2.2222 Normen und sozialer Austausch

Nach Thibaut und Kelley (1959, S. 129) ist eine Norm eine Verhaltensregel, die von beiden Mitgliedern einer Dyade (Zweipersonengruppe) akzeptiert wird. Dabei ist keine vollständige Akzeptanz erforderlich. Auch in großen Gruppen ist die Annahme der Norm nicht durch alle Mitglieder erforderlich. Meist genügt eine einfache Mehrheit. Normen tragen gewöhnlich den Charakter einer moralischen Verpflichtung. Personen bekennen sich zu einer Norm, weil sie oft "der einzig richtige Weg" ist, und weil sie fürchten, daß sie von anderen Personen in einer sozialen Austauschbeziehung wegen eines Normbruchs zurückgewiesen werden. Normen tragen daher zur *Stabilisierung der persönlichen Macht* bei. Wenn man jemanden überredet, ein bestimmtes Verhalten aus moralischen Gründen zu zeigen, aber gleichzeitig den Wert dieses Verhaltens herabsetzt, wird die betreffende Person weniger Widerstand leisten als bei direkter Ausübung persönlicher Macht. Durch diesen depersonalisierten sozialen Einfluß reduzieren Normen auch die interpersonalen Kosten von Individuen, die mit Macht konfrontiert werden, und glätten daher die sozialen Interaktionen.

Normen reduzieren die Kosten in einer sozialen Austauschbeziehung aber noch auf eine andere Art. Normen sind Verhaltensregeln; sie tragen so zu einer höheren *Regelmäßigkeit und Vorhersagbarkeit* sozialer Austauschprozesse bei. Dadurch geben sie jedem Teilnehmer die Möglichkeit, das Verhalten anderer Personen in einer Beziehung vorherzusagen, gleichzeitig liefern sie einen Rahmen für die eigenen Handlungen. Thibaut und Kelley meinen, daß dieses Wissen routinemäßiges und automatisches Handeln erleichtert. So verringern sich auch die Kosten, die oft mit der Unsicherheit, die durch plötzliche Entscheidungen entsteht, verbunden sind. Für Austauschprozesse sind besonders zwei Normen, die Gerechtigkeitsnorm und die Norm der Reziprozität von Bedeutung.

Die Grundidee der *Gerechtigkeitsnorm* (George Homans, 1961, 1974) ist die Annahme, daß die Beteiligten an einer sozialen Austauschbeziehung faire Auszahlungen erwarten dürfen. In Anlehnung an Aristoteles definiert er die distributive Gerechtigkeit (Verteilungsgerechtigkeit) als eine Situation, in der Personen, die sich in einer sozialen Austauschbeziehung befinden, wahrnehmen, daß ihr Verhältnis von Profit und *Investition* gleich dem ihres Austauschpartners ist: der Profit der Person A dividiert durch ihre Investitionen muß gleich dem *Profit* der Person B dividiert durch deren Investitionen sein. Eine Investition bezeichnet den Beitrag, den eine Person in eine Beziehung einbringt, und der es ihr ermöglicht, einen bestimmten Profit oder eine Auszahlung zu erlangen. Investitionen können Fähigkeiten einer Person sein, ihre Erziehung, ein höheres Dienstalter, Anstrengung usw. Wenn eine Person ein ungleiches Auszahlungsverhältnis wahrnimmt, tritt der Zustand der *distributiven Ungerechtigkeit* ein. Die Person mit dem weniger günstigen Auszahlungsverhältnis fühlt sich demnach verärgert und enttäuscht, während die Person mit dem günstigeren Verhältnis Schuldgefühle entwickelt. Die Wahrnehmung von Ungerechtigkeit ist unangenehm und schafft Kosten in der Austauschbeziehung. Homans bemerkt, daß Personen mit dem günstigeren Verhältnis gegenüber Ungerechtigkeiten möglicherweise weniger sensitiv sind als Personen, die benachteiligt sind. Die Kosten für die Ungerechtigkeit (die Schuldgefühle) sind wegen der reichlichen Belohnung, die man aus der Beziehung erhält, leichter zu ertragen.

Homans Ideen führten zu einer regen (insbesondere soziologischen) Forschungstätigkeit. Eine andere Gerechtigkeitstheorie, die *Equity-Theorie* (Adams, 1965; Walster et al., 1978) erlangte hingegen noch größere Aufmerksamkeit. Bei den folgenden Ausführungen wollen wir uns auf die Equity-Norm beschränken. Die Theorie wurde erstmals von Adams (1963) aufgestellt und dann von Walster et al. (1973) neu formuliert. Die meisten derzeitigen Versionen der Theorie sind dem Konzept von Homans sehr ähnlich. Homans verwendet die Begriffe "Profit" und "Investition", die Equity-Theoretiker "Auszahlung" und "Beiträge". Beiträge sind definiert als alles, was die Teilnehmer zum sozialen Austausch in die Beziehung einbringen und was entweder Belohnung oder Kosten verursacht (Walster et al., 1976).

Die Theorie beruht auf *vier Annahmen:* (1) Jede Person versucht, ihre Auszahlungen in den Interaktionen mit anderen Personen (d.h. Belohnung minus Kosten) zu maximieren. (2) Gruppen besitzen im allgemeinen die Wertvorstellung der "gerechten Behandlung" und belohnen daher jene Mitglieder, die sich "gerecht" verhalten, und bestrafen die "Ungerechten". (3) Wenn sich Personen in einer ungerechten (inequitablen) Beziehung befinden, fühlen sie sich unbehaglich. Je größer die in der Beziehung auftretende Ungerechtigkeit ist, desto größer wird auch das Unbehagen sein (Walster et al., 1976). (4) Zunehmende Ungerechtigkeit führt zu zunehmendem Unbehagen. Je größer das Unbehagen einer Person in einer ungerechten Beziehung ist, desto größer ist ihr Verlangen, Gerechtigkeit wiederherzustellen.

Die *Wiederherstellung der Gerechtigkeit* oder "Ausgewogenheit" in einer Beziehung kann auf zwei Wegen erfolgen. Einmal kann man *tatsächliche Ausgewogenheit* wiederherstellen, indem man die eigenen Auszahlungen und Beiträge bzw. jene der anderen Person ändert. Daher kann es vorkommen, daß ein Sicherheitsbeamter einen ungeduldigen oder renitenten Verdächtigen festhält und einen freundlichen mit einer Verwarnung laufen läßt. Der Beamte stellt durch die Auszahlungen für den Verdächtigen "Gerechtigkeit" wieder her. So können freche Äußerungen eines Verkehrssünders (das ist sein Beitrag) ihn ein Strafmandat "verdienen" lassen (d.h. Verringerung der Auszahlung). Das Gegenteil tritt bei einem freundlichen Verkehrssünder ein. Die Entscheidungen verschiedener Entscheidungsträger im Strafrechtssystem können als Versuche betrachtet werden, durch Veränderung der Auszahlungen die tatsächliche Ausgewogenheit wiederherzustellen.

In einer ungerechten Beziehung kann Ausgewogenheit neben der tatsächlichen Wiederherstellung auch noch *durch eine Umdeutung der Tatsachen* erreicht werden. Ein unbeteiligter Beobachter einer kriminellen Handlung, der es verabsäumt hat, dem Opfer zu helfen, kann Ausgewogenheit wiederherstellen, wenn er die Beiträge des Opfers verzerrt (z.B. negativ macht: "Sie hat ihn durch ihre aufreizenden Kleider zur Tat herausgefordert!"). Der Beobachter kann auch seinen Eindruck von den Auszahlungen für das Opfer verändern ("Sie war ja gar nicht so schwer verletzt, nur eine gebrochene Rippe!").

Neben der Norm der Equity bestimmt auch die *Norm der Reziprozität* die sozialen Austauschprozesse. Nach Gouldner (1960) verlangt das Gesetz der Reziprozität, daß eine Person jenen helfen (bzw. jene nicht schädigen) soll, die ihr geholfen haben. Greenberg (1968, 1980) hat dieses Gesetz in seiner Theorie der "Verschuldung" neu formuliert. Verschuldung ist ein Zustand der Verpflichtung, eine erhaltene Wohltat zurückzuzahlen. Wie das Erlebnis von Ungerechtigkeit kann auch der Zustand des Verschuldetseins zu einem Unbehagen führen, das umso größer ist, je größer die Schuld des Rezipienten ist. Mit zunehmendem Unbehagen steigt auch das Bedürfnis, die Schuld zu vermindern. Das Gesetz der Reziprozität ist besonders bei Entscheidungsträgern im Strafrechtssystem wirksam und wird in den alltäglichen Entscheidungspraktiken angewendet. So ist z.B. bekannt, daß die Polizei zum Teil illegale Prostitution zuläßt, um die Betroffenen in bestimmten Ermittlungsverfahren als Informanten zu verwenden. Den Entscheidungsträgern im Strafrechtssystem ist es auch nicht gestattet, Geschenke (Bestechung, "Schmiergelder") von jenen zu akzeptieren, deren Fälle sie bearbeiten.

Einige Austauschtheoretiker behaupten, daß noch ein weiteres "Gerechtigkeitsmodell" in Austauschbeziehungen existiert (Deutsch, 1975; Lerner, 1975; Leventhal, 1976). Die Autoren vertreten die Ansicht, daß die Equity-Theorie auf einer *"Verteilungsregel"* beruht (das, was jemand verdient, ist von dem abhängig, was er beiträgt). Dies ist nur eine von vielen Regeln für die Bestimmung des Zustandes der Gerechtigkeit in sozialen Austauschbeziehungen. Leventhal (1976) schlägt in seinem "Modell der Gerechtigkeitsbeurteilung" zwei zusätzliche Regeln vor: eine *"Bedürfnisregel"*, die verlangt, daß Personen mit größeren Bedürfnissen auch größere Auszahlungen erhalten sollten, und eine *"Gleichheits-Regel"*, die verlangt, daß alle - unabhängig von ihren Beiträgen oder Bedürfnissen - die gleichen Auszahlungen erhalten sollten. Die relative Bedeutung dieser Regeln ist jedoch situationsabhängig; so wie überhaupt die Gültigkeit jeder Verteilungsregel von der sozialen Situation und der Rolle, die das Individuum in dieser Situation einnimmt, abhängt. In Situationen, in denen Produktivität als zentrale Aufgabe eine Bedeutung hat, mißt man üblicherweise der Equity-Regel (oder Beitragsregel) größere Bedeutung zu. In Situationen, wo das Wohlbehagen der anderen ein wichtiges Merkmal darstellt, legt man auf die Bedürfnisregel mehr Gewicht.

In Situationen, in denen eine gute interpersonelle Beziehung und eine Gruppensolidarität wesentlich sind, neigen Personen im allgemeinen eher zur Gleichheits-Regel. Der wesentliche Vorteil dieses Modells liegt darin, daß man die Gerechtigkeit in sozialen Austauschbeziehungen nach wechselnden Kriterien beurteilt. Weiters zeigt das Modell deutlich, daß Gerechtigkeitsregeln auch einander widersprechende Implikationen in einer gegebenen Situation haben können. Stellen wir uns einen Polizeibeamten in Zivil vor, der außer Dienst eine junge Mutter in einem Supermarkt beobachtet, die Nahrungsmittel für ihr Kind stiehlt. Wenn er die Verteilungsregel anwendet, müßte er eine Festnahme (bzw. Anzeige) fordern. Die Beiträge der Diebin verlangen in dieser Situation nach einer Anzeige. Andererseits verlangt die Bedürfnisregel eine tolerantere Reaktion. So weisen Verteidiger oft in ihren Plädoyers auf die Bedeutung der Bedürfnisregel hin, der Staatsanwalt dagegen versucht, die Verteilungsregel hervorzuheben.

Greenberg und Ruback (1982) kombinieren die Attributions- und die Austauschtheorie zum *Attributions-Austausch-Modell,* das zur Analyse von Entscheidungen in jedem der aufeinanderfolgenden Entscheidungsknoten im Strafrechtssystem dienen kann. Bei einigen Gruppen von Entscheidungsträgern werden wir in späteren Kapiteln auf diesen Ansatz zurückkommen.

In den verschiedenen Teilen des Systems haben die Entscheidungsträger unterschiedliche Informationen für Attributionen über den Verdächtigen zur Verfügung. Es gibt aber bestimmte Faktoren, die die Attributionsprozesse der meisten Beteiligten beeinflussen. Das sind die Schwere des Delikts, die Anzahl der Vorstrafen und die Beurteilungen, die von anderen Entscheidungsträgern vorliegen. Auch die Art der sozialen Austauschprozesse ist in den unterschiedlichen Entscheidungsknoten im System verschieden. Es gibt weiters bestimmte Austauschbeziehungen, die alle Entscheidungsträger beeinflussen. Das sind die Beziehungen zu dem Verdächtigen, zu Berufskollegen, zu anderen Gruppen von Entscheidungsträgern im System, zum Opfer und zur Gesellschaft.

2.223 Kritik am sozialpsychologischen Ansatz

Der Anspruch dieses Modells (und des sozialpsychologischen Ansatzes insgesamt) als umfassendes Erklärungs- und Vorhersagemodell für strafrechtliche Entscheidungen ist nicht unangefochten. King (1986, S. 48) meint, daß der Zugang zum Verständnis des Strafrechtssystems mittels spezifischer sozialpsychologischer Theorien unbefriedigend bleiben muß, solange man sich nur auf jene Faktoren des Rechtssystems konzentriert, die für die Theorie relevant sind. Man reduziert gewissermaßen die Komplexität und Reichhaltigkeit rechtlicher Entscheidungsprozesse auf eine enggefaßte Theorie und schließt dadurch wichtige und rechtlich relevante Aspekte aus. Weiters ist anzunehmen, daß es beträchtliche individuelle und kulturelle Unterschiede bei der Bestimmung stabiler und instabiler Verhaltensursachen und damit auch der Verantworlichkeit gibt.

Als isolierte Theorie kann die Attributionstheorie für die Vorhersage oder Erklärung bestimmter Entscheidungen nur eingeschränkte Bedeutung haben. Die strafrechtliche Zuschreibung der Verantwortlichkeit und die Ursachenermittlung bestimmter Handlungen ist so komplex und subjektiv, daß die Attributionstheorie nur ein allgemeines und unspezifisches Prinzip darstellt.

Analoges gilt auch für die soziale Austauschtheorie. Ihre Vorhersagen gehen oft nicht über das Alltagswissen der im Gerichtssaal tätigen Personen hinaus. Jeder Richter weiß aus Erfahrung, welchen Nutzen und welche Kosten die verhandelten Ressourcen beinhalten, und welche Beweise und Argumente bei der Schuldfindung gewichtigen Einfluß haben - auch ohne die unterschiedlichen Gerechtigkeitsnormen sozialer Austauschtheorien zu kennen. Das Problem besteht darin, daß der sozialpsychologische Ansatz oft nicht weit über das schon Bekannte hinausgeht.

Unbestritten bleibt jedoch der Nutzen des Attributions-Austausch-Modells für die systematische Darstellung und Integration verschiedener Untersuchungsergebnisse vor einem einheitlichen Hintergrund. Das Modell von Greenberg und Ruback stellt dabei den bisher vollständigsten sozialpsychologischen Versuch einer Analyse des Strafrechtssystems dar.

Zusammenfassend können wir sagen, daß der sozialpsychologische Ansatz Entscheidungsprozesse der verschiedenen Gruppen von Entscheidungsträgern analysiert. Ausgangspunkt ist die Widersprüchlichkeit zwischen dem Soll- und dem Istzustand der Funktionsweise des Strafrechts. Personen und Personengruppen werden - durch die Ausübung von Ermessensentscheidungen - von den Entscheidungsträgern im Strafrechtssystem nicht immer gleich behandelt.

Die Sozialpsychologie prüft die Bedeutung der sozialen Einflüsse auf die Entscheidungsprozesse. Innerhalb der Psychologie ist die Sozialpsychologie jener Bereich, der den Einfluß von tatsächlichen oder vorgestellten Verhaltensweisen anderer Personen oder von Charakteristika anderer Personen auf Gedanken, Gefühle und Verhalten untersucht. Es gibt eine immer größer werdende Berührungsfläche zwischen Sozialpsychologie und Strafrecht. Das Attributions-Austausch-Modell von Greenberg und Ruback verwendet als theoretischen Rahmen eine Verbindung der beiden Komponenten (der Attributionskomponente und der sozialen Austauschkomponente). Die erste konzentriert sich auf den Prozeß, durch den Personen Schlußfolgerungen auf die Ursachen ihres eigenen Verhaltens und das der anderen ziehen. Dieses Modell nimmt an, daß unsere Attributionen von Ursachen des Verhaltens anderer Personen unsere eigenen Reaktionen bestimmen.

Die soziale Austauschkomponente basiert auf der Annahme, daß Entscheidungen im sozialen Kontext eine Art von Austausch darstellen, in dem die Entscheidungsträger ihre Auszahlungen gewichten (definiert als Belohnung minus Kosten). Die Auszahlungen, die wir von anderen erhalten oder erwarten, gewichten wir mit Hilfe von bestimmten Kriterien. Soziale Austauschprozesse unterliegen verschiedenen Regeln oder Normen, wie etwa der Gerechtigkeits-Norm oder der Norm der Reziprozität. Diese Normen können aber unter dem allgemeinen Konzept der distributiven Gerechtigkeit subsumiert werden. Danach verwenden wir bei der Feststellung, ob ein gegebener Austausch gerecht ist, eine Vielzahl von Regeln. Welche Regeln man dafür auswählt, hängt von der jeweiligen Situation und der Rolle ab, die man in dieser Situation spielt.

2.224 Das Gerechtigkeitsideal

Die theoretischen Ansätze bei rechtspsychologischen Analysen des Strafrechtssystems beinhalten keine sozialen oder politischen Wertvorstellungen über den Sollzustand. Diese Konzepte enthalten weder Hinweise darauf, wie man Ungerechtigkeit beseitigt, noch behandeln sie die Frage, ob Strafe dem Delikt oder dem Täter angemessen sein soll, oder ob bestimmte Verfahrensweisen ungerecht sind. Das Ziel der Analysen ist eine für Vorhersagen brauchbare Beschreibung des Strafrechtssystems.

Solange man die genaue Funktionsweise des Strafrechtssystems nicht kennt, sind Angriffe auf das gegenwärtige System bezüglich seiner Übereinstimmung mit den gestellten Anforderungen bezüglich Gerechtigkeit nicht gerechtfertigt. So könnte jemand sagen, daß es in Österreich bei der Strafzumessung ein "Ost-Westgefälle" gibt, d.h. daß Richter in Wien andere (härtere) Strafen verhängen als Richter in den westlichen Bundesländern. Dies würde dem Grundsatz der Gleichheit vor dem Gesetz widersprechen. Ein derartiger Angriff gegen das Strafrechtssystem könnte sich als unberechtigt erweisen, wenn eine genaue Beschreibung der Funktionsweise des Systems vorhanden wäre. Eine unterschiedliche durchschnittliche Haftdauer - im Vergleich zwischen Ost- und Westösterreich - kann auch von Faktoren abhängen, die mit der geographischen Lage zusammenhängen. So treten in Ostösterreich bestimmte Delikte, die zu Freiheitsstrafen führen, häufiger auf. Gewalttätigkeit wird in urbanen Subkulturen eher akzeptiert werden als in ländlichen, und diese Subkulturen könnten z.B. in Wien ausgeprägter sein als etwa in Salzburg oder Innsbruck. Die Bandendelinquenz bei Jugendlichen, die gewaltsame Kriminaltaten akzeptiert oder sogar fördert, tritt häufiger in dicht besiedelten Gebieten auf, und diese Gebiete könnten auch eine überproportional große Anzahl von Jugendlichen enthalten. Wenn man die sozialen Bedingungen ändert (z.B. die Arbeitslosenraten in diesen Gruppen oder die soziale Akzeptanz von Drogenkonsum), dann könnte dies auch die relative Anzahl von Verhaftungen und Verurteilungen in diesen Gruppen beeinflussen. Wenn einerseits eine Bedingung der Bewährungshilfe die ist, daß die Personen ständig in einen Arbeitsprozeß integriert sind, andererseits Arbeitslosigkeit in städtischen Gebieten höher ist, könnte die Wahrscheinlichkeit einer Strafe auf Bewährung auch von der geographischen Lage abhängen. Daher können Charakteristika des Angeklagten, seine Zugehörigkeit zu gesellschaftlichen Randgruppen, sein Alter und Geschlecht oder andere Aspekte des Falls die Entscheidungsträger beeinflussen.

Wenn uns einmal die Entscheidungsstrategien bekannt sind, kann sich jedoch genausogut herausstellen, daß die Streitfrage nicht in der unterschiedlichen Strafzumessung je nach Wohngebiet, Zugehörigkeit zu bestimmten gesellschaftlichen Gruppen, Geschlecht, Alter usw. liegt, sondern daß die spezifische Natur der kriminellen Handlung den wesentlichen Bestimmungsfaktor bei der Strafzumessung ausmacht.

Der entscheidungstheoretische Ansatz erlaubt uns auch die Beurteilung, ob bestimmte, rechtlich relevante Faktoren von den Entscheidungsträgern im System ausreichend berücksichtigt werden. So kann sich herausstellen, daß die Schwere der kriminellen Handlung nicht ausreichend in die Strafzumessung einfließt. Einen Beweis dafür kann die Untersuchung der kausalen Beziehungen zwischen den Schlüsselstellen liefern. Die Schwere des Delikts könnte zeitlich vorangegangene Entscheidungen stärker beeinflussen - etwa die Entscheidung des Staatsanwalts, die Anklage zu erheben oder fallen zu lassen - als spätere Entscheidungen. Der geringe Zusammenhang zwischen Deliktschwere und Strafausmaß läge dann im Einfluß der Deliktschwere auf Entscheidungen, die der richterlichen Strafzumessung vorangehen, und die gewissermaßen als Filter wirken.

Eine (derzeit noch nicht vorhandene) Theorie der Funktionsweise des Systems kann auch mit den *persönlichen Bewertungen* durch die Entscheidungsträger (den persönlichen Meinungen darüber, wie das System funktioniert und funktionieren sollte) verglichen werden. Diskrepanzen können dann sowohl brauchbare Informationen über mögliche Änderungen liefern als auch Hinweise auf die Qualität der Beobachtungen und der Schlußfolgerungen der Entscheidungsträger geben. Die Informationen, die ein Entscheidungsträger über das Verhalten der anderen Entscheidungsträger hat, stammen oft "vom Hörensagen" oder können auf Hinweisen beruhen, die für das alltägliche Funktionieren des Systems irrelevant sind. Dies ist z.B. der Fall, wenn Verteidiger und Staatsanwälte meinen, daß Richter ihre Entscheidungen aufgrund der von ihnen (in der Verhandlung) eingebrachten Fallaspekte treffen. Die tatsächlichen Bestimmungsfaktoren der Richterentscheidung könnten aber ganz andere sein. Auch Richter könnten als Bestimmungsfaktoren ihrer Entscheidungen jene angeben, von denen sie glauben, daß sie die Öffentlichkeit als wesentlich betrachtet; auch die mittels Selbstbeobachtung gewonnen Kennzeichen des eigenen Entscheidungsprozesses müssen mit den tatsächlichen (als Mittelwert aus vielen Fällen errechneten) Bestimmungsfaktoren der Entscheidung nichts zu tun haben.

Der Gleichheitsgrundsatz würde in letzter Konsequenz verlangen, daß verschiedene Entscheidungsträger (z.B. Richter bei der Strafzumessung) bei identischen Informationen über einen Fall auch identische Entscheidungen treffen. Eine massive Kritik am Strafrecht trifft genau diesen Punkt. Die *Validität solcher Kritik* hängt von der Forderung ab, daß die verschiedenen Entscheidungsträger innerhalb eines Entscheidungsknotens die gleichen Informationen erhalten, oder daß zumindest die Informationsteile in jeder relevanten Hinsicht identisch sind.

Solange aber die in einer Entscheidung verwendeten Informationen nicht eindeutig spezifiziert sind, kann die Urteilsdisparität immer durch die Behauptung gerechtfertigt werden, daß sich die Fälle in mehr oder weniger bekannten Dimensionen unterscheiden. Von diesen Dimensionen wird (von juristischer Seite) meist angenommen, daß sie von allen Entscheidungsträgern auf die gleiche Art berücksichtigt werden. Da es aber wenig Einhelligkeit über die Art und Menge von Informationen gibt, die in den verschiedenen Entscheidungsknoten zu beachten bzw. nicht zu beachten sind, ist das Problem der Urteilsdisparität innerhalb eines Entscheidungsknotens schwer lösbar.

2.3 Die Psychologie kriminellen Verhaltens

Gesetze, soziale Normen und Definitionen krimineller Handlungen variieren stark mit historischen und kulturellen Gegebenheiten. Ungeachtet der Gesetze, die menschliches Verhalten zu einer bestimmten Zeit in einer bestimmten Kultur bestimmen, hat es offensichtlich immer Individuen gegeben, die bereit waren, diese Gesetze zu brechen. Das Strafrechtssystem in der gegenwärtigen Form ist das institutionalisierte Bemühen, abweichendes Verhalten zu regulieren. In diesem Kapitel wollen wir die unterschiedlichen Forschungsansätze, die zur Aufklärung des Phänomens "Kriminalität" beitragen, diskutieren. Die Entscheidung des Täters zur Straftat ist meist auch sein Eintritt in das Strafrechtssystem. Die Bemühungen der restlichen Entscheidungsträger im System (von Polizeibeamten über Geschworne bis zum Strafrichter) können als der mehr oder weniger gemeinsame Versuch angesehen werden, die Täterentscheidung zu einer negativen zu machen.

Ein unversperrtes Moped vor einem Gasthaus, volle Regale in einem belebten Supermarkt, eine ländliche Bankfiliale, die nur mit einem Beamten besetzt ist, eine volle Kasse an einem Zeitungsständer am Sonntagnachmittag, Zollkontrolle bei einem Grenzübertritt, bei dem man Waren mitführt. Dies sind Momente, in denen eine Person sich entscheidet, legal oder illegal zu handeln; ein bestimmtes Ziel, einen passenden Zeitpunkt und eine geeignete Strategie für die Handlung zu wählen. Es ist dies die allererste Handlung, die eine direkte Bedeutung für den Rechtsapparat hat: die Entscheidung, die Tat zu begehen. Opfer, Polizeibeamte, Staatsanwalt, Richter, Geschworne und Berufungsgerichte beraten später über die Tat; es ist aber die Entscheidung des Täters, die den ganzen Apparat in Bewegung setzt.

2.31 Psychologische Kriminologie

Die Kriminologie ist die Lehre von den Ursachen der Kriminalität. Sie vereinigt psychologische, soziologische, anthropologische, politische, ökonomische und psychiatrische Ansätze. Ihre Grundlagen sind multidisziplinär, obwohl sie Jahre hindurch von der Soziologie dominiert wurde. Der *soziologische Ansatz* erklärt kriminelles Verhalten mit sozialer Beeinflussung und demographischen Faktoren wie Alter, Geschlecht, ethnische Zugehörigkeit, soziale Klasse und interpersonelle Beziehungen. So weist die soziologische Kriminologie auf den Zusammenhang von unterschiedlichen Tätergruppen mit den genannten Variablen hin. Dieser Ansatz erlaubt etwa die Schlußfolgerung, daß Gewaltdelikte häufig von jungen Tätern aus niederen sozioökonomischen Klassen verübt werden. Dieser Ansatz versucht auch, die sozialen Bedingungen, die kriminellens Handeln begünstigen (Zeit, Ort, umgebende Umstände), aufzuzeigen. Morde treten z.B. häufig nach beträchtlichem Alkoholkonsum entweder seitens des Opfers oder des Täters auf, die am häufigsten verwendeten Tatwaffen sind Schußwaffen, und in den meisten Fällen kennen sich Opfer und Täter vorher, häufig sind es Verwandte.

Die psychologische Kriminologie wird oft mit der psychiatrischen verwechselt, obwohl die Ansätze beider Disziplinen sehr verschieden sind. Die *psychiatrische Kriminologie* ist stark von der Freudschen psychoanalytisch-psychodynamischen Tradition beeinflußt. Ihre Vertreter sind der Auffassung, daß sichtbares Verhalten ein symbolischer Ausdruck von den der Persönlichkeit zugrundeliegenden Strukturen ist (Abrahamsen, 1960). Die psychiatrische Kriminologie (auch forensische Psychiatrie genannt) vertritt die Ansicht, daß Kriminalität ihren Ursprung in unbewußten Quellen und Konflikten hat. Dabei erfolgt eine starke Anlehnung an das medizinische Modell, das Kriminelle als geistig krank und daher behandlungsbedürftig betrachtet.

Das ist allerdings eine Vereinfachung der verschiedenen Schulmeinungen innerhalb der forensischen Psychiatrie. Nicht alle Psychiater vertreten die Meinung, daß kriminelles Verhalten mit emotionaler Krankheit gleichzusetzen ist. Viele nehmen auch nicht an, daß kriminelles Verhalten eine Folge unbewußter Vorgänge ist. Andererseits vertreten auch einige Psychologen den Standpunkt, daß Kriminelle krank sind und von unbewußten Prozessen geleitet werden. Das psychiatrische Modell hatte eine starke Wirkung auf die Kriminologie und auf das Strafrecht. Heute ist allerdings ein Rückgang dieses Einflusses erkennbar.

Erkenntnisgrundlagen der traditionellen psychiatrischen Kriminologie sind klinische Erfahrungen und Einzelbeobachtungen. Dabei faßt man das klinische Material im Rahmen des medizinischen Modells zusammen: die Krankheit muß diagnostiziert und deren Ursachen behandelt werden. Betrachtet man Kriminelle als (klinische) Gruppe, muß man sie demnach als Individuen psychotherapeutisch behandeln, um ihre Konflikte aufzulösen und um ihnen die Kontrolle über die unbewußten Triebfedern ihrer schädlichen Handlungen zu geben.

Die *Kritik am psychiatrischen Ansatz* konzentriert sich einerseits auf die schwer beweisbaren Aussagen der theoretischen Konzepte und andererseits auf die sowohl für den Laien wie auch für den Eingeweihten schwer verständliche Terminologie. Die theoretischen Grundlagen verwenden häufig abstrakte Begriffe, beziehen sich auf vage "dynamische Kräfte" und verlangen ebenso abstrakte, komplizierte, philosophische und unklare Interpretationen.

Die *psychologische Kriminologie* stellt zwar auch das Individuum in den Mittelpunkt der Untersuchung, betont aber den sozialen Kontext des Verhaltens. Während der psychiatrische Ansatz in erster Linie für die Entwicklung der Kriminalitätstheorie klinische Daten benützt, beruht der psychologische Ansatz auf empirischen Untersuchungen und auf Laborergebnissen. Er kann allerdings keine alles erklärenden Theorien über Kriminalität anbieten. Die Forschung verlangt Geduld und Toleranz. Das wissenschaftliche Wissen über Kriminalität wächst langsam; es gibt noch keine endgültigen Antworten oder praktikablen Lösungen, auch wenn sie von Politikern und der Öffentlichkeit gefordert werden.

Die psychiatrische Kriminologie dagegen liefert immer Antworten und macht Vorschläge, was getan werden muß. Dies tut die Psychologie zwar auch - aber in einem wesentlich geringeren Ausmaß. Der Psychiater löst das Problem der Kriminalität durch die Behandlung der individuellen Schwierigkeiten. Die auslösende Situation und die soziale Umwelt spielen dabei eine untergeordnete Rolle. Der soziologische Ansatz widerspricht dieser Position, da bei diesem gerade die Umwelt für die Entstehung und Manifestation kriminellen Verhaltens die wichtigste Rolle spielt. Gesellschaftliche Veränderungen sind als Voraussetzung für die Reduktion kriminellen Verhaltens unerläßlich; individuelle Faktoren sind nach diesem Ansatz weniger wirksam.

Die psychologische Kriminologie liegt irgendwo zwischen diesen Standpunkten. Sie betont die gegenseitige Beeinflussung von Person und Umgebung, also den kontinuierlichen Einfluß, den eine handelnde Person auf ihre unmittelbare Umgebung ausübt, und den Einfluß dieser Umgebung auf die Person. Aus dieser Sicht sind z.B. Opfer von Morden oder anderen Körperdelikten oft zu einem beträchtlichen Teil an ihrem Schicksal mitbeteiligt.

Die verschiedenen Erklärungskonzepte der Kriminalität (soziologische, ökonomische, sozialpsychologische, psychiatrische) setzen bei verschiedenen Stellen des Individuum-Situations-Kontinuums an. Nicht alle Psychiater meinen, daß die Persönlichkeit die alleinige Ursache kriminellen Verhaltens ist, noch gehören alle Psychologen zur Gruppe der "reziproken Interaktionisten".

Die psychologische Kriminologie untersucht, wie kriminelles Verhalten erworben, ausgelöst, beibehalten und modifiziert wird. Sie nimmt an, daß dabei Lernprozesse eine zentrale Rolle spielen. Kriminelles Verhalten ist außerdem stark von den der Handlung vorangehenden Erwartungen abhängig. Um ein bestimmtes kriminelles Verhalten zu verstehen, muß man die Erfahrungsgeschichte des Täters kennen, seine Erwartungen und deren Wechselbeziehung zur (sozialen) Umgebung analysieren. Bevor wir den psychologischen Ansatz detailliert darstellen, wollen wir Kriminalität definieren.

2.32 Definition von Kriminalität

Strafbar (im Sinne des StGB) macht sich, wer tatbestandsmäßig, rechtswidrig und schuldhaft handelt. Solches Handeln wird auch als "kriminell" bezeichnet. Kriminelles Verhalten bezieht sich demnach auf eine große Vielfalt von Verhaltensweisen, die Strafgesetze verletzen. Für unsere Zwecke ist diese weitgefaßte Definition zu unspezifisch. Nach dieser Definition wäre fast jeder Erwachsene in irgendeinem Sinn als "kriminell" zu bezeichnen. Der Leser möge an dieser Stelle kurz sein Gewissen erforschen und die Frage beantworten, ob er nach dieser Definition Rechtsverletzungen, die eine Verurteilung nach sich gezogen hätten, begangen hat. Dazu gehören insbesondere Delikte wie Autofahren unter Alkoholeinfluß, Ladendiebstahl, Sachbeschädigung, Schmuggel, Vandalismus usw.

In einer Untersuchung zur sogenannten *"selbstberichteten Delinquenz"* forderten Wallerstein und Wyle (1947) ungefähr 1700 Personen auf, in einer Liste von 49 Delikten jene zu markieren, die sie in ihrem Leben bereits begangen hatten. Die Liste enthielt hauptsächlich Verkehrsdelikte mit Strafrechtsverletzungen. 91% der Befragten gaben an, daß sie einmal oder mehrmals in ihrem Leben eine Strafe hätten erhalten können. Auch Sack (1971) berichtet, daß in einer Stichprobe von 1690 Erwachsenen mehr als 90% im Laufe ihres Lebens Gesetzesverletzungen, für die Freiheitsstrafen vorgesehen sind, zugaben. Die meisten dieser Straftaten bleiben unentdeckt und/oder werden als "normale Geschäfte" oder normales Verhalten angesehen. Ergebnisse von Untersuchungen zur selbstberichteten Delinquenz legen nahe, daß kriminelles Verhalten, d.h. Verhalten, das als kriminell etikettierbar ist, normal ist, und daß die "Kriminellen" erst durch das Handeln der sozialen Kontrollinstanzen geschaffen werden. Fast jeder von uns könnte verhaftet und verurteilt werden, wenn alle seine Handlungen bekannt wären. Die Grundannahme der *Labeling-Theorie* besagt, daß die Mächtigeren (hoher sozioökonomischer Status, politisch einflußreich) davonkommen, während die Machtlosen angeklagt und stigmatisiert werden (Becker, 1973). Neuere Untersuchungen in der Bundesrepublik Deutschland an Schülern, Studenten und Soldaten bestätigen die Ergebnisse der älteren amerikanischen Arbeiten (siehe dazu das Sammelreferat von Schwind, 1981).

Für den naiven Beobachter ist es sehr verlockend, kriminelles Verhalten "kriminellen" Personen zuzuschreiben. Dies ist auch der Standpunkt der traditionellen forensischen Psychologie und der Kriminologie. Nach dieser Auffassung wäre die Erforschung der Kriminalität die Erforschung krimineller Personen, da nur Kriminelle Straftaten begehen; Nichtkriminelle tun dies nicht. Dies ist auch die tatsächliche Reaktion der meisten Personen auf Kriminalität: Sie findet außerhalb der Gesellschaft statt und ist gleichzusetzen mit kriminellen Subjekten, die bestraft, isoliert oder "behandelt" werden müssen. Daher ist auch der "normale" Bürger, der kriminell wird, ein Widerspruch - eine solche Person ist kein "Krimineller", hat aber trotzdem kriminell gehandelt. Reaktionen auf die sogenannte "Weiße-Kragen-Kriminalität" (darunter fallen Personen mit hohem sozioökonomischem Status, die die zur Regelung ihrer beruflichen Tätigkeit erlassenen Gesetze mißachten) zeigen den Widerstand des Bürgers, eine kriminelle Handlung einer Person zuzuschreiben, die kein "Krimineller" ist (Berckhauer, 1976).

Wenn wir eine vorsichtige 90%-Grenze für Delinquenz in der Gesamtbevölkerung annehmen, müssen wir unsere Definition noch weiter *eingrenzen*. Andere Definitionsvorschläge sind aber ebenfalls problematisch: In vielen Untersuchungen findet man z.B. die Definition, daß eine Person, die entdeckt, verhaftet und gerichtlich verurteilt wurde, als kriminell zu bezeichnen ist. Rechtliche Entscheidungen sind aber stark davon abhängig, was die jeweilige Gesellschaft zu einer bestimmten Zeit an einem bestimmten Ort als sozial oder moralisch schädlich betrachtet.

Auch der Versuch, Kriminalität durch den Anteil verurteilter Personen zu definieren, ist wenig zielführend, da unterschiedliche Kulturbereiche unterschiedliche Diskriminationsverfahren besitzen. Jedes Rechtssystem nimmt Strafrechtsverletzungen unterschiedlich wahr und bearbeitet die Fälle auch unterschiedlich, so daß der Hintergrund des Täters, sozialer Status, Persönlichkeit, Motivation, Alter, Geschlecht, ethnische Zugehörigkeit und sogar die Wahl eines Anwalts durch den Täter den Durchgang des Falls durch das System in Verbindung mit den Umgebungsfaktoren des Deliktes beeinflussen. Wenn wir diese Definition verwenden, sind Vergleiche zwischen unterschiedlichen Strafrechtssystemen problematisch, da jedem System Verzerrungen und diskriminative Praktiken innewohnen.

Noch ein Aspekt ist wesentlich: Manchmal schließen kriminelle Handlungen beträchtliche Vorbereitungen mit ein. Manchmal wiederum scheint es eine Gelegenheitstat zu sein. Einige Untersuchungen beschäftigen sich mit kriminellem Verhalten, das Bewußtheit der möglichen Konsequenzen der Handlung und die Planung der kriminellen Handlung als Zielhandlung voraussetzt. Dadurch sind die behandelten kriminellen Verhaltensweisen von jenen abgegrenzt, die spontane Reaktionen auf bestimmte Reize (Affekthandlungen, pathologisches Verhalten) darstellen. Dabei planen die Täter meist ihre Tat nicht und können die Folgen ihrer Handlung auch nicht mehr kontrollieren. Es fällt aber nur ein relativ geringer Prozentsatz der bekanntgewordenen Handlungen in diese Kategorie.

Die Definition kriminellen Verhaltens ist schwierig, und eine präzise operationale Definition hat es oft verabsäumt, alle möglichen Verstöße und relevanten Verhaltensweisen einzuschließen. Die meisten einschlägigen Forschungsarbeiten verwenden eine Definition, die auf Verhaftungs- und Verurteilungsraten beruht. Diese Definition wollen wir auch für die folgenden Überlegungen beibehalten. Für die theoretische Diskussion der Kriminalität wollen wir kriminelles Verhalten definieren als Verhalten, das allgemein geltende Rechtsgrundsätze verletzt und für dessen Ausführung gerichtliche Strafen vorgesehen sind.

2.33 Typologie kriminellen Verhaltens

Da kriminelles Handeln kein einheitliches Phänomen darstellt, ist es sinnvoll, verschiedene Arten kriminellen Verhaltens und verschiedene Typen von Straftätern zu unterscheiden. Einen derartigen Versuch stellt die Klassifikation von Clinard und Quinney (1973; zit. nach Konecni und Ebbesen, 1982, S. 51) dar. Die Autoren unterscheiden neun kriminelle Verhaltenssysteme:

(1) Gewaltverbrechen, vor allem: Mord, Raub und sonstige Angriffe gegen Leib und Leben, Vergewaltigung. Typisch für diese Gruppe sind meist persönliche Motive.

(2) Gelegenheitskriminalität, insbesondere gegen fremdes Eigentum. Täter dieser Gruppe teilen im wesentlichen die Werte der Gesellschaft, mit der Ausnahme gelegentlicher Rechtsverletzungen an fremdem Eigentum.

(3) Gewohnheitskriminalität. Diese Täter weisen oft früh beginnende kriminelle Karrieren und eine Beeinflussung durch Subkulturen auf, deren

Normen z.B. Diebstahl zum Lebensunterhalt unterstützen. Es gibt dabei eine (zumindest teilweise vorhandene) Übereinstimmung in der Grundhaltung: Kriminalität als Lebensart.

(4) Professionelle Kriminalität. Es sind dies hochspezialisierte Täter, die oft über besondere technische Fertigkeiten verfügen. Meist agieren sie mit Komplizen. Sie genießen wegen der oft hohen "Einkünfte" und durch die Identifizierung mit anderen professionellen Kriminellen innerhalb der kriminellen Subkultur hohes Ansehen.

(5) Sachbeschädigungen. Diese Täter sind meist Mitglieder einer Subkultur und betrachten sich selbst nicht als kriminell. In den meisten Fällen gibt es auch keine Personverletzungen.

(6) Politische Kriminalität. Darunter fallen Straftaten gegen und durch die Regierung. Die Täter halten sich selbst ebenfalls nicht für kriminell und besitzen starke Unterstützung durch Gleichgesinnte.

(7) Wirtschaftskriminalität. Dazu gehören: Unterschlagung, Konsumentenbetrug, Untreue, Wucher, Vorteilsgewährung, Bestechung etc. Alltagsvorstellungen über Wirtschaftskriminalität reichen von der Einschätzung als Kavaliersdelikt bis zur Beurteilung als schwer sozialschädliches und unbedingt strafwürdiges Verhalten.

(8) Firmenkriminalität. Das sind Straftaten gegen die Gläubigerschutzbestimmungen des Gesellschaftsrechts, Straftaten nach dem Gesetz gegen den unlauteren Wettbewerb usw. Auch diese Tätergruppe besitzt oft hohen Status und betrachtet ihren "Handel" als Geschäftsnotwendigkeit - eine Ansicht, die von den Geschäftskollegen meist geteilt wird.

(9) Organisiertes Verbrechen. Organisierte Gruppen begehen zum Zweck der Geldbeschaffung Straftaten, wie Betrieb illegaler Spielhöllen, Zuhälterei, Rauschgiftschmuggel.

Diese Typologie legt nahe, daß kriminelles Verhalten das Ergebnis verschiedener Verhaltensprozesse sein kann. Typologie-Theorien postulieren Straftäterklassifikationen, bei denen der Verhaltensprozeß im allgemeinen als Unterscheidungskriterium herangezogen wird (eine detaillierte Übersicht über verschiedene Typologien gibt Megargee,1975). Andere Kriminalitätstheorien behandeln spezielle Aspekte, wie etwa die Persönlichkeit des Täters, seine psychosoziale Entwicklung, die Gesellschaft oder das Rechtssystem. Es ist auch möglich, Kriminalitätstheorien selbst zu typologisieren (vgl. Carroll und Payne, 1977).

2.34 Der Wert von Kriminalstatistiken

Die offiziellen jährlichen Kriminalstatistiken sind stark durch soziale, moralische und politische Klimaänderungen zur Zeit des Berichts beeinflußt. Im allgemeinen unterschätzen diese Berichte die Anzahl tatsächlich verübter krimineller Delikte - die Differenz zwischen bekanntgewordenen und tatsächlich verübten Delikten wird als *"Dunkelziffer"* bezeichnet.

Wenn man die Ergebnisse der *Dunkelfeldforschung* mitberücksichtigt, sind schon die jährlichen Zeitungsberichte über die Zahlen der polizeilichen Krimi-

nalstatistik des jeweiligen vergangenen Jahres problematisch. Denn wenn in dieser Statistik z.B. für 1977 (gegenüber 1976) eine Verminderung von 15,3% bei dem Delikt Einbruchsdiebstahl festgestellt wird (eine Verringerung von 59 362 auf 51 266 Delikte), so kann diese Verringerung folgende Ursachen haben:
- 1977 ist weniger angezeigt worden als 1976 oder (und)
- im Vergleich zum Vorjahr hat sich 1977 die Verfolgungsintensität der Polizei vermindert oder (und)
- die 1975 in Kraft getretenen Veränderungen in der Strafgesetzgebung (seit 23. 1. 1974) brachten modifizierte Definitionen und Klassifikationsrichtlinien, oder (und)
- die Kriminalität hat sich tatsächlich vermindert.

Da unbekannt ist, mit welcher dieser Ursachen die registrierte Kriminalitätsverringerung tatsächlich zu tun hat, ist bei der Interpretation der polizeilichen Kriminalstatistik äußerste Vorsicht geboten. Daher beginnen die "Vorbemerkungen" der "polizeilichen Kriminalstatistik", die das Bundeskriminalamt in der BRD jährlich veröffentlicht, mit dem Hinweis, daß die Aussagekraft der polizeilichen Kriminalstatistik besonders dadurch eingeschränkt wird, daß der Polizei ein Teil der begangenen Straftaten nicht bekannt wird. Weiter heißt es, daß "sich der Umfang dieses Dunkelfeldes . . . unter dem Einfluß variabler Faktoren (z.B. Anzeigebereitschaft der Bevölkerung, Intensität der Verbrechensbekämpfung) auch im Zeitablauf ändern dürfte" (zit. nach Schwind, 1981, S. 223).

Die meisten Untersuchungen der neueren *Dunkelfeldforschung* verwenden als Instrument einen Fragebogen, der grundsätzlich anonym ausgefüllt werden muß. Dieser wird meist einer Zufallsstichprobe einer Population (z.B. tatsächlichen Tätern bzw. Opfern, Studenten, Schülern, Soldaten, Haushalte) vorgegeben. Groß angelegte Untersuchungen stammen vor allem aus den Vereinigten Staaten, England, Skandinavien und Deutschland. Diese Untersuchungen zeigen die öffentlichen Kriminalstatistiken in einem völlig neuen Licht.

Eine Untersuchung zum Umgang mit Rauschmitteln und zum Dunkelfeld führte Kreuzer (1975) an 5169 Schülerinnen und Schülern in der BRD durch. Die Befragung wurde klassenweise in Abwesenheit der Lehrer und anonym unter Zusicherung der Vertraulichkeit durchgeführt. Die Ausfallsquote betrug lediglich 1%. Fast 100% der Probanden gaben zu, eines der abgefragten Delikte schon einmal begangen zu haben. So räumten z.B. 39,4% der Gymnasiasten ein, bereits einen Ladendiebstahl verübt zu haben (Realschüler 51,8%; Hauptschüler 43,3%). Dabei resultiert die Polizeiauffälligkeit aus der Delinquenzhäufigkeit und der Deliktschwere; mit zunehmender Delinquenzhäufigkeit wächst die Wahrscheinlichkeit, von der Polizei gefaßt zu werden.

Die bisher größte Opferbefragung wurde vom "National Crime Survey" (NCS) (LEAA, 1979) an 136 000 Bewohnern von 60 000 Haushalten in allen Bundesstaaten der USA durchgeführt. Die Untersuchung sollte die Erfahrungen des Opfers mit (angezeigten und nicht angezeigten) kriminellen Delikten erheben; weiters auch Details der kriminellen Handlung, der Umstände, unter denen sie auftreten, und der Schadensfolgen für das Opfer. Dabei konnten auch Daten über nicht angezeigte Kriminalfälle gesammelt werden. Die Umfrage erbrachte wichtige Ergebnisse über Vergewaltigungs-, Raub- und Körperverletzungsdelikte sowie über Betrugs- und Diebstahlsdelikte. Schwere Delikte gegen Leib und Leben (z.B. Mord) und Entführung blieben ausgeklammert, weil diese in den meisten Fällen angezeigt werden und auch so selten sind, daß sie statistisch leicht erfaßbar sind. Ebenfalls ausgeschlossen waren opferlose kriminelle Delikte (Drogenmißbrauch, Prostitution, Trunksucht).

Wir wollen diese Untersuchung etwas detaillierter beschreiben, da sie auch ein gutes Beispiel für eine methodisch solide Feldforschung darstellt.

Das Untersuchungsverfahren. Der erste Kontakt des Interviewers mit dem Haushalt war persönlich. War es während dieses ersten Interviews nicht möglich, mit allen Mitgliedern des Haushaltes zu sprechen, waren auch Telefoninterviews zulässig. Alle ausgewählten Probanden wurden über drei Jahre hinweg alle sechs Monate einmal interviewt. Die Untersuchung stieß auf große Kooperationsbereitschaft, so daß 96% der Haushalte brauchbare Daten lieferten. Die Delikte wurden in zwei Hauptgruppen unterteilt, erstens in Delikte gegen Leib und Leben und zweitens in Vermögensdelikte.

Ergebnisse. Die Hochrechnung der Ergebnisse ergab für das Jahr 1977 (in den USA) 40,3 Mio Viktimisationen. Dafür waren Delikte gegen Leib und Leben mit 15%, Diebstahl an der Person oder im Wohnbereich mit 65% und Diebstahl eines Motorfahrzeuges und Einbruch in den Wohnbereich mit 20% verantwortlich. Die Viktimisationsrate war definiert als die Anzahl der Viktimisationen pro 1000 potentieller Opfer, bei Delikten gegen den Wohnbereich pro 1000 Haushalte.

Die Opfer der meisten Gewaltdelikte sind männlich, meist Jugendliche im Alter von 16 -19, Geschiedene oder getrennt Lebende, Arme, Arbeitslose und Angehörige ethnischer Minoritäten (insbesondere Schwarze und Lateinamerikaner). Schwieriger zu charakterisieren sind kriminelle Delikte gegen den Haushalt. Personen der untersten Einkommensgruppen waren am häufigsten Opfer von Einbrüchen, aber die am wenigsten wahrscheinlichen Opfer von Diebstahl im Haushalt oder Diebstahl von Kraftfahrzeugen. Während des untersuchten Zeitraumes ergaben die Viktimisationsdaten, daß Männer viel häufiger Opfer von persönlichem Raub (8,7 von 1000) und Körperverletzung (37,5) als Frauen (4,0 und 16,9) werden. Beim Delikt Diebstahl waren die Geschlechtsunterschiede geringer: 107,9 bei Männern gegenüber 87,5 bei Frauen je 1000.

Die Viktimisationsrate bei Vergewaltigung lag bei 1 - 2 Frauen aus 1000. Am häufigsten vergewaltigt wurden allein lebende oder geschiedene Frauen (2,8 von 1000), gefolgt von Opfern, die niemals verheiratet waren (1,7), Verheirateten (0.3) und Verwitweten (0,6). Die am häufigsten Vergewaltigten sind die 16-19jährigen (5,3); die am wenigsten die 50 - 64jährigen (0,1). Von den drei Gewaltdelikten gegen die Person tritt Vergewaltigung am häufigsten auf. Innerhalb des Wohnbereichs gibt es ungefähr gleich viele Vergewaltigungsdelikte wie außerhalb.

Die Altersgruppe der 12 - 14jährigen und die Gruppe alter Personen (65 Jahre und älter) weisen die höchsten Viktimisationsraten bei Gewaltdelikten und

Diebstahl auf. Personen unter 25 Jahren sind dreimal gefährdeter als Personen über 25; bei Diebstahl ist das Verhältnis 2:1. Dies trifft besonders für junge Männer zu.

Angehörige ethnischer Minoritäten zeigen die höchsten Viktimisationsraten bei Gewaltdelikten. Diese Ergebnisse stützen auch soziologische Untersuchungen. Delikte gegen unbekannte Personen machten 63% aller Gewaltdelikte gegen die Person aus (leichte Körperverletzung 59%, Raub 75%). Als Viktimisationsrate ausgedrückt: von 1000 Personen (potentiellen Opfern) werden 21,4 von einem völlig Fremden geschädigt, 12,6 von einem Verwandten, Freund oder Bekannten. Etwa die Hälfte aller Raubdelikte wird von zwei oder mehreren Tätern ausgeführt. Auch bei schwerer Körperverletzung (im Gegensatz zur leichten Körperverletzung) überwiegen Gruppentäter.

Interessante Ergebnisse gab es auch zur Frage der *Anzeigebereitschaft* (s.a. Abschnitt 2.41). Der wichtigste Grund für die Anzeige war die Art und die Schwere der Viktimisation. Nur 30% aller Delikte gegen die Person (im Gegensatz dazu 38% der Delikte gegen den Haushalt) wurden den Behörden bekannt; d.h. daß ungefähr zwei von drei kriminellen Handlungen nicht angezeigt wurden. Die höchste Anzeigerate gab es bei Diebstahl von Motorfahrzeugen (88,6%), die geringste bei Diebstahl im Haushalt (Wert unter 50$) mit 14,4%. Bei Gewaltdelikten hatten 58,4% der Opfer angezeigt, bei Raubüberfällen zwei Drittel. Aber nur ein Viertel der Diebstähle wird angezeigt - dieser Anteil variierte auch mit der Höhe des Schadens. Die zwei wichtigsten Gründe für das Nichtanzeigen waren: (1) daß sowieso nichts getan werden kann; und (2) daß die Tat (der Schaden) nicht wichtig (groß) genug war. Unannehmlichkeiten mit den Behörden und die Angst vor Vergeltung wurden kaum erwähnt. Die Opfer von Vergewaltigung und anderen Körperverletzungsdelikten waren eher geneigt, ihre Viktimisation als private oder persönliche Angelegenheit zu betrachten. Bei Raub war dies nicht der Fall. Dies traf besonders dann zu, wenn die Täter Bekannte, Freunde oder Verwandte waren.

Der nächste Abschnitt gibt eine kurze Übersicht über verschiedene Theorien der Kriminalität. Wir wollen dabei besonderes Gewicht auf die sozialpsychologischen Beiträge legen. Die am Beginn dargestellte Kriminalitätstheorie ist die derzeit kontroversiellste Erklärung.

2.35 Physiologische Einflüsse auf Kriminalität

Die psychologische Kriminologie stellt das handelnde Individuum und seine Wechselbeziehung zur Umwelt in den Mittelpunkt. Der erste Schritt ist die Prüfung der Zusammenhänge zwischen Persönlichkeit und abweichendem Verhalten. Persönlichkeit ist in diesem Zusammenhang definiert als die einzigartige Erfahrungsgeschichte einer Person, die eine Mischung physiologisch-genetischer Merkmale und deren Wechselbeziehung mit kognitiven Prozessen darstellt.

Welche physiologisch-genetischen Variablen sind nun in die Entwicklung kriminellen Verhaltens eingeschlossen? In den 60er und 70er Jahren waren Psychologen bemüht, den physiologischen Bestimmungsfaktoren bei der Entwicklung kriminellen Verhaltens keine Aufmerksamkeit zu schenken. In den 80er Jahren kann man eine Wiederbelebung dieses Forschungsinteresses erkennen.

Der klassische Vertreter des erbbiologischen Ansatzes bei der Analyse kriminellen Verhaltens ist der italienische Arzt Cesare Lombroso (1836-1909). Er machte für kriminelles Verhalten einen Entwicklungsrückschritt verantwortlich, einen evolutionären Rückschritt auf primitive und unzivilisierte Neigungen des Menschen. Die wesentliche Aussage seiner Theorie ist die Annahme, daß Kriminelle genetisch und evolutionär retardiert sind und nicht auf der gleichen evolutionären Stufe stehen wie der moderne Mensch. Diese Theorie vom "geborenen Kriminellen" wurde schon um die Jahrhundertwende von der Mehrzahl der Kriminologen als irreführend und grundsätzlich falsch abgelehnt. Obwohl der Geist der Lombrososchen Theorie auch heute noch fallweise durch kriminologische Texte irrt, betrachten ihn fast alle Kriminologen als ausgetrieben.

Ungeachtet der starken Betonung soziologischer und sozialpsychologischer Ursachenforschung haben einige Forscher begonnen, Daten über neurophysiologische und genetische Faktoren bei der Entwicklung kriminellen Verhaltens zu sammeln. Die Literatur läßt sich - je nach der verwendeten Methode - in zwei Forschungsgebiete gliedern: Zwillings- und Adoptivuntersuchungen und Eysencks Theorie der Persönlichkeit.

2.351 Zwillings- und Adoptivuntersuchungen

Zur Bestimmung der Bedeutung genetischer Merkmale für kriminelles Verhalten haben einige Forscher die Deliktsart und -häufigkeit von eineiigen und zweieiigen Zwillingen verglichen. Zweieiige Zwillinge entwickeln sich aus zwei verschiedenen befruchteten Eizellen und sind genetisch nicht ähnlicher als Geschwister. Eineiige, identische Zwillinge entwickeln sich aus einer einzigen Eizelle und haben daher auch immer dasselbe Geschlecht und identische Chromosome.

Das *Zwillingsparadigma* vermutet, daß die Umwelt auf die Entwicklung jedes Zwillings einen unterschiedlichen Einfluß ausübt. Man nimmt nun an, daß, wenn Zwillingsgeschwister getrennt aufwachsen, Verhaltensähnlichkeiten auf genetische Determinanten zurückführbar sind. Eine Literaturübersicht gibt Eysenck (1977) in seinem Buch "Kriminalität und Persönlichkeit".

Im genetischen Ansatz ist das *Konzept der Konkordanz* wesentlich. Konkordanz ist der Grad der Verhaltensübereinstimmung (ausgedrückt in Prozent), den die Paare zeigen. Die Vorgangsweise ist einfach. Will man z.B. die Konkordanz von "Intelligenz" zwischen 20 eineiigen und 20 zweieiigen Zwillingen ermitteln, bestimmt man mit Hilfe standardisierter Tests die Intelligenzwerte jeder Person. Zwillingspaare erhalten den gleichen Wert, wenn sie innerhalb eines Intervalls von fünf Punkten im Vergleich zum Wert des anderen liegen. Nehmen wir an, daß bei dieser fiktiven Untersuchung zehn eineiige Zwillingspaare, aber nur fünf zweieiige Zwillingspaare die gleichen Werte erreichen. In diesem Fall ist die Konkordanz bei Eineiigen 50% (zehn von 20 Paaren); und bei den Zweieiigen 25%. Demnach ist die Konkordanz für Eineiige doppelt so hoch wie für Zweieiige. Dies wäre auch ein Hinweis auf die Bedeutung genetischer Faktoren bei der Intelligenz.

Zahlreiche Zwillingsuntersuchungen stellten mit dieser Konkordanzmethode fest, daß ererbte Faktoren eine Determinante bei Intelligenz, Depression, Schizophrenie, Neurosen und Alkoholismus sind (Eysenck, 1977). In bezug auf kriminelles Verhalten liegen die ermittelten Konkordanzraten bei eineiigen Zwillingen dreimal so hoch wie bei zweieiigen Zwillingen (Bartol, 1980, S. 261). Oder anders formuliert: Wenn ein eineiiger Zwilling eine kriminelle Handlung ausführt, ist die Wahrscheinlichkeit, daß auch der andere Zwilling kriminelle Aktivitäten zeigt, dreimal höher als bei zweieiigen Zwillingen. Man muß diese Ergebnisse aber mit Skepsis betrachten (siehe weiter unten).

Noch weniger überzeugend beim Nachweis einer Verbindung zwischen genetischen Faktoren und Kriminalität sind Adoptivuntersuchungen (Mednick und Christiansen, 1977). Im typischen *Adoptionsparadigma* werden Adoptivkinder, die Eltern mit krimineller Lebensgeschichte haben, mit jenen verglichen, deren Eltern keine solchen Auffälligkeiten zeigen. Derartige Untersuchungsergebnisse legen nahe, daß Adoptivkinder von vorbestraften Eltern häufiger kriminell werden als solche unbescholtener Eltern.

Mit den Ergebnissen der Zwillings- und Adoptivuntersuchungen wollen die Vertreter dieser Richtung belegen, daß ererbte Verhaltenskomponenten zur Erklärung von Kriminalität beitragen können. Eine detailliertere Darstellung dieser Untersuchungen zeigt jedoch *viele Schwachstellen*. Der amerikanische Psychologe und Experte für psychiatrische Genetik, Rosenthal (1971), gibt in seinem Buch "Die Genetik der Psychopathologie" einen guten Überblick über alle Zwillingsuntersuchungen, die einen Bezug zu kriminologischen Fragen haben.

Dabei fällt auf, daß die früheren Untersuchungen weniger Fälle beobachteten, aber höhere Konkordanzraten bei eineiigen Zwillingen feststellten als spätere Untersuchungen. Anders formuliert: Je mehr Fälle untersucht werden und je exakter die Untersuchungsmethode wird, desto geringer ist der Unterschied der Konkordanzrate zwischen eineiigen und zweieiigen Zwillingen. Ein weiterer methodologischer Fehler liegt darin, daß es sich in den meisten Fällen um ausgelesene Stichproben (meist aus Gefängnissen und psychiatrischen Kliniken) handelte, die nicht so einfach zu verallgemeinern sind. In den älteren Untersuchungen wurden außerdem Körpermessungen, Fotografien und Fingerabdrücke zur Unterscheidung von eineiigen und zweieiigen Zwillingen herangezogen. Die dabei auftretenden Fehlklassifikationen könnten ebenfalls zu einer Verzerrung der Konkordanzrate führen.

Wir können zusammenfassend sagen, daß in den älteren Untersuchungen Stichprobenfehler, fehlerhafte Klassifikation der eineiigen und zweieiigen Zwillinge und statistische Berechnungsfehler die höheren Konkordanzraten straffällig gewordener eineiiger Zwillinge bewirkten und damit fälschlich als Belege für eine kriminelle Erbanlage benützt wurden. Bei methodisch exaktem Vorgehen sind die ermittelten Konkordanzraten krimineller eineiiger Zwillinge weitaus geringer und unterscheiden sich kaum von denen zweieiiger Zwillinge. Wie aber kann kriminelles Verhalten durch genetische Merkmale tatsächlich beeinflußt werden? Eine Theorie, die in jüngster Zeit immer mehr Beachtung findet, ist die Theorie Eysencks, die wir daher im nächsten Abschnitt kurz darstellen wollen.

2.352 Eysencks Theorie der Kriminalität

Eysenck schlägt eine Interaktionstheorie der Kriminalität vor: Kriminalität entsteht durch die Verflechtung zwischen Umweltbedingungen und angeborenen Persönlichkeitsmerkmalen. Demnach muß man zur Entwicklung einer brauchbaren Kriminalitätstheorie die biologischen Grundlagen *und* die Sozialisierungsgeschichte des Individuums heranziehen. Das Kernstück der Theorie ist die Annahme, daß einige Individuen mit einem Nervensystem geboren werden, das sich von dem der Gesamtbevölkerung unterscheidet, und daß dieses Nervensystem die Aufnahme sozialer Erwartungen und Regeln beeinflußt. Eysenck meint aber nicht, daß es Individuen gibt, die als Kriminelle im Lombrososchen Sinne geboren werden. Er konnte einige Merkmale des zentralen und peripheren Nervensystems isolieren, die für Persönlichkeitsunterschiede verantwortlich sind. Dabei fand er, daß bestimmte Funktionen (Reaktionsbereitschaft, Sensitivität und Erregbarkeit) der beiden Systeme nicht nur für Verhaltensunterschiede generell, sondern auch für eine antisoziale Verhaltensprädisposition verantwortlich sind.

Zur Messung der relevanten Dimensionen verwendet Eysenck in erster Linie introspektive Berichte (hauptsächlich Fragebogen) und mehrere physiologische Messungen (wie Flimmerverschmelzungsgrenze, Wahrnehmungsschwellen) und Verhaltensbeobachtungen. Die mittels spezieller statistischer Verfahren entwickelten Persönlichkeitsdimensionen Eysencks (auch "trades" genannt) ermöglichen die Gruppierung von Individuen. Die Kriminaltitätstheorie Eysencks beruht auf drei Konzepten: kortikale Erregbarkeit, Konditionierbarkeit und Triebstärke.

Kortikale Erregbarkeit. Damit sind die hypothetischen Eigenschaften der Großhirnrinde gemeint, die auch für andere kognitive Funktionen (wie Gedächtnis und Denken) verantwortlich sind. Eysencks Theorie besagt, daß jedes Individuum einen optimalen Zustand kortikaler Erregung anstrebt. Diese Suche nach dem optimalen Erregungsniveau ist ein Teil der Erklärung menschlichen Verhaltens. Die kortikale Erregbarkeit ist auch eine Funktion der Reizmenge, die wir von der Außenwelt aufnehmen.

Wenn ein Individuum feststellt, daß sein kortikales Erregungsniveau zu hoch ist (z.B. infolge von zu viel Lärm oder Bewegung), wird es versuchen, Umweltreize auszublenden. Dies kann man erreichen, wenn man sich in einer reizarmen Umgebung entspannt, kurze Zeit schläft oder ein Buch liest. Befindet sich ein Individuum auf einem zu niedrigen kortikalen Erregungsniveau, sucht es aktiv eine Erregungssteigerung, indem es sich eine Umgebung mit hoher Reizintensität schafft; z.B. durch spannende Erlebnisse oder Reizmittel, laute Unterhaltungsstätten etc. Der Großteil der Gesamtpopulation fällt irgendwo zwischen diese beiden Extreme: zwischen jene Gruppe, die Stimulation ständig vermeidet, und jene, die sie ständig sucht. Eysenck ordnet das dazugehörige Verhaltensmuster auf einem Kontinuum, deren Pole er *Extravertierte* (das sind die Reizsucher) und *Introvertierte* (Reizvermeider) nennt. Die dazwischenliegenden nennt er *Ambiverte*.

Warum gibt es individuelle Unterschiede im kortikalen Erregungsniveau? Die Erklärung dafür ist eine komplizierte neurologische Struktur im Hirnstamm (das retikuläre Aktivierungssystem - RAS). Man nimmt an, daß die Strukturen und Merkmale des RAS vererbte Formationen sind, die von Individuum zu Individuum variieren können. Das bedeutet nun, daß man die Variation im alltäglichen Verhalten zum Teil auf diese angeborenen, neurophysiologischen Substrate zurückführen kann.

Nach Eysenck läßt sich kriminelles Verhalten teilweise auf zwei Merkmale des RAS zurückführen, nämlich auf kortikale Erregbarkeit und Konditionierbarkeit. Jene Individuen, die ständige Reizsucher sind, sind auch jene, die Gesetze brechen. Sie sind impulsiver und zeigen auf der Suche nach neuen Reizquellen auch risikoreiches Verhalten. Im wesentlichen sind sie bemüht, ihre kortikale Erregbarkeit auf ein optimales Niveau zu heben. Neben diesem Aspekt kriminellen Verhaltens gibt es nach Eysenck noch zwei weitere.

Konditionierbarkeit. Extravertierte und Ambiverte zeigen im Vergleich zu Introvertierten eine geringere Bereitschaft für Konditionierungsprozesse (Eysenck, 1967). Konditionierbarkeit ist einer von drei elementaren Lernprozessen, die die Lernforschung nachweisen konnte. Neben der Konditionierung gibt es noch das instrumentelle (oder operante) Lernen und das kognitive, soziale Lernen (siehe unten).

Der Entdecker der Konditionierung ist der russische Physiologe Ivan Pawlow. In seinen berühmten Experimenten lernten Hunde, beim Ertönen einer Glocke Speichel abzusondern. Das gleichzeitige Darbieten eines ursprünglich neutralen Reizes (in diesem Fall die Glocke) mit einem bedeutsamen Reiz (z.B. Futter) führt durch einen Lernprozeß dazu, daß der Hund das Ertönen der Glocke mit Fressen verbindet. Die Herstellung einer Verbindung zwischen den beiden Reizen wird durch Speichelfluß angezeigt, der normalerweise eine Reaktion auf Futter, nicht aber auf das Ertönen einer Glocke ist. Dieser Lernprozeß, bei dem ein Organismus eine Verbindung von einem ursprünglich neutralen Reiz (Glocke) und einem anderen Reiz, der immer schon eine Reaktion (Speichelfluß) erzeugt hat, herstellt, nennt man klassische Konditionierung. Im klassischen Beispiel mit dem Hund setzt nach einiger Zeit der Speichelfluß beim Ertönen der Glocke auch ohne Nahrungsdarbietung ein. Die Konditionierung stellt aber noch keine Erklärung dafür dar, wie gelernt wird.

Introvertierte konditionieren leichter (schneller) als Extravertierte (und auch als ein Teil der Ambiverten). Eysenck behauptet nun, daß die Konditionierbarkeit dafür verantwortlich ist, daß nicht mehr Personen kriminelles Verhalten zeigen. Durch den langen und intensiven *Sozialisierungsprozeß* in der Kindheit nehmen Individuen die Verbindung zwischen "schlechtem" oder unangemessenem Verhalten und irgendeiner Form von Strafe auf verschiedene Art auf. Pawlow konditionierte seine Hunde auch auf die Verbindung zwischen Glocke und einem Strafreiz. Wenn unmittelbar nach dem Glockenton ein aversiver Reiz folgte, z.B. ein leichter elektrischer Schlag auf eine Vorderpfote, lernte der Hund sehr rasch, nach dem (mit Schmerz verbundenen) Glockenton die Vorderpfote zu heben. Ist diese Reaktion einmal gelernt, hebt der Hund bei jedem Glockenton, auch wenn längere Zeit keine Strafe mehr folgt, die Pfote. Eysenck postuliert, daß eine Ähnlichkeit zwischen Konditionierung und dem Sozialisierungsprozeß, der antisoziales Verhalten fördert, besteht. Das Kind, das für unangemessenes Verhalten eine Strafe erhält, wird das betreffende Verhalten mit dem aversiven Reiz verbinden. Eysenck glaubt auch, daß Gewissensqualen und auch das "Über-Ich" (im psychoanalytischen Sinn) Ergebnisse der klassischen Konditionierung sind.

Da Extravertierte schwerer konditionierbar sind als Introvertierte oder Ambiverte, neigen sie bei antisozialem oder illegalem Verhalten auch weniger zu Schuld- oder Angstgefühlen. Extravertierte sind wegen ihres ausgeprägteren Risikoverhaltens, ihrem (neurophysiologischen) Bedürfnis nach Stimulation und der verminderten Lernfähigkeit (im Sinn von Konditionierbarkeit) anfälliger für kriminelles Verhalten.

Triebe. Psychologische Forschungen zeigen, daß die neurophysiologischen Aktivitäten und die Reaktionsbereitschaft das Individuum zu bestimmten Verhaltensweisen "antreiben". Eysenck bezeichnet diese Dimension als "Neurotizismus" oder "Emotionalität". Er postuliert, daß diese Dimension ein angeborenes Charakteristikum des neurologischen Apparates ist, und daß sie von der Reaktionsbereitschaft und der Sensitivität des peripheren (insbesondere sympathischen) Nervensystems herrührt.

Ebenso wie die Dimension Extraversion - Introversion zeigt auch die Dimension Neurotizismus ein Kontinuum, wobei die meisten Personen wieder im Mittelbereich anzusiedeln sind. Personen, die ausgeprägte Verhaltenscharakteristika dieses Merkmals zeigen, werden "neurotisch" genannt, solche mit geringer Ausprägung "stabil". "Neurotische" Personen zeigen Überreaktionen auf Streß und brauchen auch längere Erholungsphasen nach Streßerlebnissen.

Neurotizismus wirkt wie ein Trieb und drängt das Individuum, gelernte Verhaltensmuster auszuführen. Stellen wir uns eine Person vor, die hohe Extraversions- und Neurotizismuswerte zeigt, und die in bezug auf das Verhalten "Stehlen" nicht ausreichend konditioniert wurde. Da "Stehlen" einen unmittelbaren Belohnungswert besitzt (durch das Aneignen materieller Güter oder durch eine Statuserhöhung), wird es leicht "gelernt"; dabei ist Neurotizismus wahrscheinlich die treibende Kraft. Übereinstimmend mit der Eysenckschen Theorie zeigen kriminell auffällige Personen hohe Werte in Extraversion und Neurotizismus (hohe Triebstärke).

Empirische Überprüfungsversuche der Eysenckschen Theorie erbrachten bisher unterschiedliche Ergebnisse (Feldman, 1977). Obwohl eine Tendenz in Richtung einer teilweisen Bestätigung der Theorie geht, benötigt diese aber als allgemeines Erklärungsmodell der Kriminalität noch beträchtliche Modifikationen. Während die Theorie für weiße Eigentumstäter in Europa gültig ist, trifft sie für amerikanische schwarze Gewalttäter nicht zu (Bartol und Holanchock, 1979). Die Theorie ist für eine Anwendung auf verschiedene Motive und Situationen zu allgemein. So zeigen z.B. verschiedene Tätergruppen unterschiedliche

Motive; Personen, die in ihrem Leben einmal einen Mord begangen haben, zeigen andere Erwartungen und Sozialisierungsprozesse als jene, die permanent lukrative Einbrüche begehen.

Die Vorzüge der Theorie liegen in der empirischen Überprüfungsmöglichkeit. Sie ist auf kognitiven und sozialen Lernprozessen und auf biologischen Kräften aufgebaut. Möglicherweise liegt die Hauptschwäche in der zu starken Betonung der Konditionierbarkeit, da auch andere Formen des Lernens - z.B. Beobachtungslernen - an der Entwicklung antisozialer Verhaltensweisen beteiligt sind.

2.36 Psychosoziale Determinanten kriminellen Verhaltens

Mit Eysencks Theorie können Verhaltens- und Beobachtungslernen nicht erklärt werden. Ein Verhalten, das Belohnung verspricht und Strafe vermeidet, wird wahrscheinlich in ähnlichen Situationen (Gelegenheiten) wiederholt. Die Belohnung kann materiell (z.B. Geld), psychologisch (z.B. Gefühl der Kontrolle über das eigene Leben) oder sozial (z.B. Statuserhöhung) sein. Auch antisoziale oder kriminelle Verhaltensweisen können Belohnungen einbringen, wenn sie das Risiko (die Kosten) wert sind. In der lerntheoretischen Sprache werden Belohnungen Verstärker genannt. Den Erwerb positiver Reize nennt man positive Verstärkung, die erfolgreiche Vermeidung negativer oder aversiver Ereignisse negative Verstärkung. Das Vermeiden einer Prüfung durch Vortäuschen von Krankheit ist ein negativer Verstärker und wird bei Erfolg wahrscheinlich wiederholt.

Die *Theorie des instrumentellen Lernens* (auch operantes oder Verhaltenslernen genannt) ist das einfachste Erklärungsmodell der Kriminalität. Kriminelle Personen versuchen entweder Positives zu erlangen oder Negatives zu vermeiden. So könnte sich jemand wünschen, den unliebsamen Konkurrenten (negativer Verstärker) loszuwerden, oder jemand "benötigt" die Tageslosung eines Geschäfts (positiver Verstärker) sehr dringend. Die Belohnungen können sehr einfach, aber auch sehr komplex sein. Antisoziales Verhalten kann auch dem Ziel dienen, die soziale Anerkennung einer Subgruppe oder das Gefühl der persönlichen Kontrolle über die Lage anderer Personen zu erlangen. Es kann auch unabhängig vom angestrebten materiellen Gewinn erfolgen, wenn die kriminelle Handlung nur erfolgreich zu Ende geführt wird. Auch eine Kombination aller drei Verstärker ist möglich.

Wenn der in Aussicht gestellte Gewinn (Verstärker) die Investitionen rechtfertigt, wiederholt sich das Verhalten. Daher setzt sich kriminelles Verhalten solange fort, solange es aus materiellen, sozialen und psychologischen Gründen lukrativ ist. Dies ist aber nur eine Facette, da kriminelles Verhalten auch durch Beobachtungslernen - d.h. durch kognitiv-soziales Lernen - erworben werden kann.

2.361 Kognitiv-soziale Lerntheorie

Der zentrale Begriff dieser Theorie ist die Kognition. *Kognitionen* sind Vorgänge, durch die ein Lebewesen Kenntnis von Objekten erhält und sich seiner Umwelt bewußt wird. Dazu zählen: Wahrnehmen, Erkennen, Vorstellen, Urteilen, Denken, Gedächtnis und oft auch Sprache. Diese vermittelnden Konstrukte sind für Lernprozesse bedeutsam. Die kognitive Psychologie untersucht diese Vorgänge, sie ist heute die treibende Kraft der wissenschaftlichen Psychologie.

Kognitionen sind auch "geistige" Abbilder der Außenwelt. Individuen transformieren die äußere Welt in die subjektive Welt (in Kognitionen), die das Verhalten steuern, d.h. daß Personen in Übereinstimmung mit ihrer subjektiven Welt (ihrer Interpretation der objektiven Welt) handeln und nicht als direkte Reaktion auf die Realität. Die klassische und auch die instrumentelle Lerntheorie vernachlässigt jene Prozesse, die zwischen einem Reiz und der Reaktion auftreten. Die kognitiv-soziale Lerntheorie vertritt den Standpunkt, daß die klassische Sichtweise eine Simplifizierung darstellt, die zu allgemein ist, um ein vollständiges Verstehen menschlichen Verhaltens zu ermöglichen.

Eine speziell im Hinblick auf sozialpsychologische Fragestellungen relevante kognitive Lerntheorie wurde von Rotter (1954, 1967) entwickelt. Zentrale Begriffe dieser Theorie sind *Erwartung und Wert*. Eine Erwartung ist eine Hypothese über die Konsequenzen (Art und Menge der Verstärkung bzw. Bestrafung), die auf ein bestimmtes Verhalten folgen. Die Erwartung einer bestimmten Verhaltenskonsequenz kann mehr oder weniger gewiß sein, die subjektive Wahrscheinlichkeit des Eintreffens einer solchen Konsequenz kann ebenfalls verschieden hoch sein. Außerdem ist die Erwartung situationsabhängig. In verschiedenen Situationen (bei verschiedenen diskriminativen Reizen) erwartet man unterschiedliche Konsequenzen für ein und dasselbe Verhalten. Eine spezifische Erwartung ist die subjektive Wahrscheinlichkeit dafür, daß ein bestimmtes Verhalten eine bestimmte Konsequenz bringt, wenn es in einer bestimmten Reizsituation durchgeführt wird. Ein Individuum bewertet eine gegebene Situation so: "Was ist mir in dieser Situation vorher schon passiert, und was werde ich - wenn ich dies tue - wahrscheinlich gewinnen?"

Das Verhalten einer Person ist somit eine Funktion von Erwartungen, die sich aus den vergangenen Erfahrungen zusammensetzen, und der wahrgenommenen Wichtigkeit der Belohnung, die aus dem Verhalten gewonnen wird. Rotter unterscheidet noch zwischen spezifischen und generalisierten Erwartungen. Spezifische Erwartungen sind situationsbezogene Erwartungen, die durch entsprechende Lernprozesse entstehen. Generalisierte Erwartungen sind Erwartungen, die man aus mehr oder weniger ähnlichen Lernprozessen in neue Situationen mitbringt. Letztere sind stabiler und in ähnlichen Situationen relativ konsistent.

2.362 Lernen durch Beobachtung

Wir können annehmen, daß eine kriminell handelnde Person erwartet, daß ihre Handlung zu einer Statuserhöhung, zur Erlangung von Macht, materiellen Gütern oder zu allgemein positiven Lebensbedingungen und zu einer besseren

2.362 Lernen durch Beobachtung

Stimmung führt. Die für das Erreichen des Ziels ausgewählte spezifische Handlung und die damit verbundenen Erwartungen müssen nicht unbedingt in der Vergangenheit belohnt worden sein. Eine Person kann sich auch ein "Abbild" eines bestimmten Verhaltens durch einfache Beobachtung dieses Verhaltens bei anderen Personen erwerben. Bandura (1973) nennt dieses Lernen in seiner Theorie Beobachtungs- oder Modellernen. Er unterscheidet zwischen Lernen und Verhalten. Der Begriff Lernen hat bei Bandura eine umfassende Bedeutung. Nicht nur das Bilden von Hypothesen, sondern auch jede Speicherung wahrgenommener (beobachteter) Abbilder der Außenwelt im Gedächtnis nennt Bandura Lernen. Beobachtete (gesehene, gehörte, gelesene) Verhaltenssequenzen werden zunächst im Gedächtnis gespeichert. Die Einprägung kann in bildhafter Weise (optische Vorstellung) oder als verbale Beschreibung geschehen. Sie kann alle Details umfassen oder nur größere Reizeinheiten. Ausmaß und Qualität der Speicherung hängen ausschließlich von kognitiven Faktoren wie Anzahl der Darbietungen (Beobachtungen) und Aufmerksamkeit ab.

Lernen in diesem Sinn ist aber nur eine notwendige, keine hinreichende Bedingung für (imitatives) Verhalten. Ob und wie oft der Beobachter die gelernten (d.h. die gespeicherten) Verhaltensweisen ausführt, hängt dann von seiner Motivation ab. Selbst erlebte (oder auch bloß beobachtete) Sequenzen des fraglichen Verhaltens führen zu Erwartungen im Sinne Rotters. Erwartungen und Bewertungen (der Verhaltenskonsequenzen) bestimmen dann die Verhaltenshäufigkeit.

So weiß etwa eine Person, die niemals direkt eine Schußwaffe gebraucht hat, wie man sie bedient. Obwohl es technische Bedienungsschwierigkeiten geben kann, z.B. beim Entsichern und Nachladen, ist das allgemeine Verhaltensmuster bekannt: den Lauf auf das Ziel anlegen und den Abzug betätigen. Viele Verhaltensweisen nehmen wir also durch die Beobachtung des "Modells" an (Bandura, 1973). Je bedeutsamer nun dieses Modell für uns ist, desto größer ist die Wahrscheinlichkeit, daß das beobachtete Verhalten nachgeahmt wird. Modelle sind Eltern, Lehrer, Geschwister, Freunde, Kollegen und sogar Filmcharaktere oder Romanfiguren.

Das beobachtete Verhalten kann sofort nachgeahmt werden oder erst zu einem späteren, für den Beobachter geeigneteren Zeitpunkt. Ist es einmal probiert worden, hängt sein Weiterbestand von den erhaltenen Konsequenzen ab. Wenn das neu gelernte und probierte Verhalten positive Verstärkung bringt, wird es wahrscheinlich wiederholt. Das Aufrechterhalten hängt dann von der Qualität des Verstärkers ab, obwohl eine erste Aktualisierung durch Beobachtung erfolgt ist. Der Beobachter ahmt aber nicht nur das Verhalten des Modells nach. Er registriert auch, wie und wann das Modell belohnt, bestraft oder ignoriert wurde und bewertet die Konsequenzen in Beziehung zu den eigenen Fähigkeiten und Möglichkeiten. Das beobachtete Verhalten wird nicht nur gespeichert, sondern auch genau kategorisiert, bewertet und - wenn einmal der Handlungsentschluß vorliegt - mit bestimmten Erwartungen belegt.

Kriminelles Handeln zielt auf die Erlangung eines für die handelnde Person *relevanten Gewinns* ab. Deshalb kann man Kriminalität eher als subjektiv adaptiertes Verhalten und weniger als abweichendes oder emotional krankes Verhalten wahrnehmen. Es kann gegenüber den gesellschaftlichen Regeln asozial und illegal sein, sein Wert für die handelnde Person zu diesem Zeitpunkt, in der spezifischen psychologischen Verfassung und in der Situation wird von ihr als bestmögliche Wahl wahrgenommen.

Der Leser könnte nach der Darstellung einiger theoretischer Erklärungsmodelle kriminellen Verhaltens verwirrt sein und von einer einfachen Antwort auf die Frage "Was ist Kriminalität?" weiter entfernt sein als zuvor. Kriminelles Verhalten scheint eine Kombination aller diskutierten Faktoren zu sein. Personen, die kriminell handeln, tun dies aus vielen subjektiven Gründen, die teilweise aus ihrer Erfahrungsgeschichte, teilweise aus ihren neurophysiologischen Prädispositionen und ihren kognitiven Fähigkeiten stammen. Aus dieser Sicht kann kriminelles Verhalten als bestmögliche subjektive Anpassung an die Umwelt angesehen werden - auch dann, wenn es abweichend ist.

2.363 Reziproker Determinismus

Wir haben uns bisher mit dem handelnden Individuum befaßt. Im nächsten Schritt wollen wir mit unseren Überlegungen weitergehen und - in Übereinstimmung mit der kognitiv-sozialen Lerntheorie - neben den Dispositionen der Person auch die Situation miteinbeziehen. Diese Theorie analysiert Verhalten durch das Aufdecken der reziproken Wechselbeziehung zwischen Person und Situation oder zum Determinismus (Bandura, 1977). In diesem Zusammenhang bezeichnet "Determinismus" die Annahme, daß Handlungen vollständig durch die vorangegangenen Ursachensequenzen und nicht durch freie Willensentscheidung des Individuums bestimmt sind (Bandura, 1978). Der reziproke Determinismus postuliert, daß die Handlungen einer Person durch die Umgebung bestimmt sind, und daß die Person wiederum die Umgebung beeinflussen kann. Durch Handeln kreieren Personen ihr eigenes soziales Milieu, dieses Milieu beeinflußt andererseits die Handlungen. Aus der Sicht der kognitiv-sozialen Lerntheorie ist kriminelles Handeln ein Ergebnis des kontinuierlichen gegenseitigen Beeinflussungsprozesses zwischen Verhalten, kognitiven Prozessen und Umwelteinflüssen.

Um ein klares Bild der Wechselwirkung zwischen Person und Umgebung zu geben, wollen wir den Begriff des reziproken Determinismus weiter verfeinern. Die Wechselbeziehung kann drei verschiedene Formen annehmen: Sie kann primär in eine Richtung und teilweise oder vollständig in beide Richtungen wirken. Im ersten Fall, der *Ein-Weg-Interaktion*, betrachtet man die Person und die Umgebung als unabhängige Bestimmungsfaktoren, die gemeinsam Verhalten bewirken. Die Person befindet sich in einer bestimmten Umgebung, erinnert sich an vorangegangene ähnliche Umstände und reagiert in Übereinstimmung mit den Erfahrungen. Eine direkte gegenseitige Beeinflussung von Person und Situation ist nicht gegeben. Bei der teilweise wechselseitigen Interaktion stellen die handelnde Person und die Situation *unabhängige Verhaltensursachen* dar. Das Verhalten der Person beeinflußt die Situation und die Situation übt einen Einfluß auf das Verhalten aus. Die dritte Art der Interaktion nennt Bandura den (*triadischen*) *reziproken Determinismus*, der auch Denkprozesse miteinschließt, die das Verhalten und auch die situativen Gegebenheiten beeinflussen können.

Ein vollständiges Verständnis für kriminelles Verhalten aus psychologischer Sicht verlangt eine Analyse der reziproken Interaktion. Ein gutes Beispiel liefert das Phänomen der *Deindividuation*, ein Prozeß, bei dem eine Gruppe ein Verhalten zeigt, das asozial und auch brutal sein kann, das aber von den handelnden Einzelpersonen *normalerweise* nicht aktualisiert wird (Festinger et al., 1952). Massenausschreitungen, Vandalismus, Gruppenvergewaltigung, Plünderung und Massenpanik sind Beispiele für dieses Phänomen.

Deindividuation entsteht durch ein Zusammenspiel von drei Komponenten: Selbstwahrnehmung der Person (Kognitionen), ihrem Verhalten und dem Verhalten der Masse (Situation). Der Prozeß folgt einer gesetzmäßigen Sequenz. Zuerst führt die Wahrnehmung der Gegenwart anderer Personen zu dem Gefühl, daß man ein Teil einer Gruppe ist, die Anonymität garantiert. In dieser Phase beeinflußt das Gruppenverhalten die Gedanken und das Selbstbewußtsein der handelnden Person. Jedoch beginnt auch das Verhalten der Einzelperson die Handlungen der gesamten Gruppe (reziprok) zu beeinflussen. In der zweiten Phase imitiert das Einzelindividuum immer stärker das Gruppenverhalten. Hat das antisoziale und gewalttätige Verhalten einmal eingesetzt, kann es als belohnend oder angenehm erlebt werden und erzeugt eine körperliche Erregung. Die Handlungen "belohnen" dadurch die Kognitionen; diese interagieren wiederum mit den Handlungen und geben das Motiv. In der Zwischenzeit nimmt die Person immer noch das Gruppenverhalten wahr und ist selbst eine Kraft, die das Massenverhalten mitbestimmt.

In der dritten Phase der Deindividuation können sich die Gruppenaktivitäten zu Gewaltausschreitungen und Zerstörungen steigern. Alle drei Bestimmungsfaktoren des Verhaltens beeinflussen sich gegenseitig. Wenn eine Gruppe dieses Stadium erreicht, kann sie nur mehr schwer gestoppt werden. Es sei denn, der Gruppenzustand ändert sich (Personen sind erschöpft oder verletzt), oder es gibt einen Wechsel im Zustand der Opfer (sie sind bewußtlos oder tot) oder einen Wechsel in den verwendeten Waffen (Schußwaffen werden eingesetzt). Im letzten Stadium der Deindividuation, in dem die Einzelperson vollständig mit der Gruppe verschmolzen ist, sind Vernunftappelle meist ineffektiv. Die Polizei verwendet in solchen Situationen verschiedene Methoden, um das Gruppengefühl aufzubrechen, d.h. die Anonymität aufzuheben (z.B. die Methode, daß Personen fotografiert oder Ausweispapiere beschlagnahmt werden). Nachdem sich Einzelpersonen bewußt werden, daß sie wieder isoliert und nicht mehr anonym handeln, gibt die Polizei der Masse die Gelegenheit, sich aufzulösen. Diese übliche Polizeistrategie ist besonders dann effektiv, wenn die Gruppenaktivitäten ungeplant waren.

Auch das Phänomen der *Eskalation* illustriert den reziproken Determinismus. Eine angegriffene oder gedemütigte Person rettet ihr Selbstwertgefühl, indem sie den Angreifer (Peiniger) selbst beleidigt und/oder schädigt. Zwei Personen können in einem eskalierenden Konflikt gefangen sein, weil der Austausch an gegenseitiger Schädigung so lange fortgesetzt wird, bis eine Person aufgibt. Oft gehen die verbalen Angriffe in körperliche über. Während jeder Stufe der Eskalation bewerten die Beteiligten kontinuierlich den Konflikt, das Verhalten der anderen Person und die Situation sowie das eigene Verhalten, seine Bestimmungsfaktoren und die Konsequenzen. Am Beginn des Handlungszirkels hat keiner der Beteiligten das Endergebnis gewünscht. Die Natur des Konfliktes, der situative Kontext und die kognitiven Bewertungen der handelnden Personen in jedem Stadium bestimmen die endgültigen Handlungen. Viele Morde und schwere Körperverletzungen folgen diesem Verhaltens(eskalations)muster.

Im nächsten Abschnitt wollen wir eine grundlegende Frage des Strafrechts erörtern: die Abschreckungswirkung der Strafe (eine Diskussion der verschiedenen Straffunktionen in ihrer Beziehung zum Resozialisierungsgedanken findet sich im Kapitel über die Freiheitsstrafe). Hier geht es um die Frage, welche Reaktionen ein potentieller Straftäter auf die unterschiedlichen Maßnahmen des Rechtsapparates zeigt.

2.37 Abschreckung und die Bewertung von Gelegenheiten zu Straftaten

Die Abschreckungshypothese besagt, daß eine Zunahme der Sicherheit und Schwere der Bestrafung die Häufigkeit krimineller Handlungen reduziert (Generalprävention). Diese Hypothese ist sehr plausibel. Strafe zu vermeiden, ist wohl eine der grundlegendsten Gesetzmäßigkeiten menschlichen Verhaltens. So reduziert man beim Autofahren bei einer Überschreitung der zulässigen Höchstgeschwindigkeit im Straßenverkehr das Tempo, wenn eine Polizeikontrolle in Sicht ist. Trotzdem zeigen Untersuchungen über den Abschreckungseffekt bei kriminellen Handlungen widersprüchliche Ergebnisse (eine Literaturübersicht geben Blumstein et al., 1978). Die Autoren betonen, daß es aufgrund der vorhandenen Ergebnisse nicht möglich ist, endgültige Schlüsse über die Wirkung der Abschreckung zu ziehen. Mehr noch, man muß bei der Interpretation der vorhandenen und oft sehr wenig validen Forschungsergebnisse sehr vorsichtig sein. Die Literatur enthält oft auch theoretisch widersprüchliche Erklärungen der spärlichen Ergebnisse. Dieses Zögern vor endgültigen Schlußfolgerungen über die Wirkung der Abschreckung besagt aber noch nicht, daß Strafe keine abschreckende Wirkung hat. Die bisherigen Ergebnisse begünstigen eher die Auffassung, daß Strafandrohung die Häufigkeit kriminellen Verhaltens vermindert, als die Auffassung, daß sie keinen Einfluß hat. Welchen Einfluß haben nun verschiedene Strafandrohungen auf unterschiedliche Delikttypen? Auf diese Frage gibt es nach Blumstein et al. (1978) noch keine endgültigen Antworten.

Der folgende Abschnitt enthält eine *kursorische Literaturübersicht* zur Abschreckungsfrage. Wir wollen auch die verwendeten Methoden kritisch diskutieren und die Analyse aggregierter Daten (das sind Sammeldaten von vielen Tätern, Opfern, Delikten usw.) der Analyse von Individualdaten gegenüberstellen.

Die meisten Forschungsarbeiten zur Abschreckungshypothese verwenden *aggregierte Daten* von vielen Tätern und Delikten. Die Sicherheit der Bestrafung wird meistens als Aufklärungsrate (als Verhältnis der Anzahl bekanntgewordener

Delikte eines bestimmten Typs zur Anzahl von Festnahmen) definiert, oder noch einfacher als Verhaftungs- oder Verurteilungsquotient (das ist die Anzahl von Delikten eines bestimmten Typs, die zur Verhaftung oder Verurteilung führen, dividiert durch die Gesamtzahl bekanntgewordener Delikte dieses Typs). Ein Maß für die Strenge der Bestrafung ist in den meisten Arbeiten die durchschnittliche Dauer des Freiheitsentzugs (meist in Monaten), die für ein bestimmtes Delikt ausgesprochen wird. Manchmal findet man als Definition die durchschnittliche Strafe (in Geld- oder Zeiteinheiten), die vom Gesetz vorgesehen ist, oder die im Gesetz vorgesehene Höchststrafe. Die Delikthäufigkeit ist meistens definiert als die Gesamtzahl der den Behörden bekanntgewordenen Delikte.

Diese Sammeldaten dienen in den meisten Untersuchungen zur Prüfung der Beziehung zwischen Sicherheit und Strenge der Bestrafung und der Delikthäufigkeit in bestimmten Zeitintervallen und/oder bestimmten Rechtssystemen. In soziologischen wie auch ökonomischen Arbeiten wurden diese Daten analysiert; die beiden Disziplinen gelangten allerdings zu unterschiedlichen Schlußfolgerungen. Palmer (1977) meint, daß bei solchen Analysen die Gefahr einer zu stark vereinfachten Interpretation besteht. So schließen etwa die Ökonomen, daß eine erhöhte Strafenwartung zu einer Reduktion der Kriminalitätshäufigkeit führt. Die Soziologen dagegen schließen, daß eine Strafverschärfung keine Abschreckungswirkung besitzt und auch als sozialpolitische Maßnahme ungeeignet ist.

2.371 Der Beitrag der Ökonomie und Soziologie

Der Beitrag der *Ökonomie* zur Abschreckungsfrage besteht im Postulat, daß kriminelles Verhalten eine rationale Entscheidung darstellt, in der der Täter jene Alternative wählt, die maximale Annehmlichkeit (positive Verstärkung) für möglichst wenig Leiden (negative Verstärkung) in Aussicht stellt. Diesem "rechtsökonomischen" Erklärungsversuch der Kriminalität liegt eine utilitaristische Rechtsbetrachtung zugrunde. Der Bereich der illegalen Aktivitäten gliedert sich nach dem "Ökonomieansatz" in eine allgemeine Theorie individueller Entscheidung, derzufolge Handlungen jeglicher Art unter dem rationalen Gesichtspunkt einer größtmöglichen Steigerung ihres Nutzens motiviert sind. Eine derartige Abwägung von Kosten und Nutzen einer möglichen Handlung findet - wie bei allen anderen Entscheidungen - auch bei kriminellem Verhalten statt.

Der Täter stellt dem aus dem Delikt zu erwartenden Nutzen die Kosten gegenüber. In diesen Kosten sind der Aufwand für die Durchführung der kriminellen Handlung wie auch die Kosten der Strafe, die im Fall des "Mißlingens" zu erwarten ist, enthalten. Die Kosten der Gefängnisstrafe sind - je nach der Wahrscheinlichkeit einer Verbrechensaufklärung - mit unterschiedlicher Gewichtung in der Kalkulation enthalten. Die Berechnung eines Nettonutzens wäre wie folgt: der Täter zieht vom Nutzen aus der Straftat die direkten Kosten ab, gewichtet diese aber mit der Wahrscheinlichkeit, nicht verhaftet oder verurteilt zu werden; dazu addiert er den Nutzen aus dem Verbrechensertrag, vermindert um die Strafkosten, die wiederum durch die Wahrscheinlichkeit der Strafverbüßung gewichtet sind.

Der so erzielte Nutzen ist aber noch mit etwaigen Handlungsalternativen zu vergleichen, die es gestatten, aus legalen Tätigkeiten Gewinne zu erzielen. Schließlich müßte es sogar eine Nutzenkalkulation zwischen verschiedenen Möglichkeiten einer kriminellen Karriere geben.

Eine strafbare Handlung wird nicht ausgeführt, wenn die Differenz positiv ist, d.h. wenn die legale Tätigkeit mehr einbringt. Ist die Differenz negativ, wird die Entscheidung zugunsten der kriminellen Alternative gefällt. Diese Nutzenkalkulation beim Straftäter impliziert eine direkte Aussage über die Wirkung der Abschreckung.

Der Beitrag der *Soziologie* liegt in erster Linie im Aufdecken der Wurzeln der Kriminalität, die im sozioökonomischen Hintergrund und in der Umwelt des Straftäters liegen. Die Soziologen waren immer schon die Fürsprecher eines "Behandlungs-Strafvollzugs" im Vergleich zum "Vergeltungs-Strafvollzug", der mehr den Abschreckungsgedanken betont. Soziologische Forschungsergebnisse (die Sammeldaten und soziologische Analysemodelle verwenden) konnten einen Effekt der Bestrafungssicherheit, nicht jedoch der Strenge der Bestrafung feststellen (Zimring und Hawkins, 1973). Eine interessante Erweiterung dazu geben die Ergebnisse von Tittle und Rowe (1974), die meinen, daß die Wahrscheinlichkeit des Mißlingens der Tat nur über einer kritischen Schwelle ("Kippeffekt") abschreckend wirkt. Diese Schwelle liegt bei 30%.

Kritik am ökonomischen und soziologischen Ansatz. Die Verwendung von Sammeldaten bringt aus vier Gründen Validierungsprobleme. (1) Man kann die Annahme anzweifeln, daß die Strafandrohung die Kriminalitätshäufigkeit beeinflußt und nicht die Kriminalitätshäufigkeit die Strafandrohung (Blumstein et al., 1978). Eine Zunahme der Kriminalität kann zu einer Strafverschärfung und/oder zu einer Erhöhung des Polizeiaufgebots zur Verbrechensbekämpfung führen. Eine starke Zunahme des Häftlingsbelags in Strafanstalten (als Folge der Kriminalitätszunahme) kann die relevanten Entscheidungsträger (Richter) dazu veranlassen, weniger Freiheitsstrafen auszusprechen. Auch andere Faktoren, wie etwa ein hoher prozentueller Anteil Jugendlicher in der untersuchten Bevölkerungsgruppe, kann zu einer (scheinbar) erhöhten Kriminalitätsrate führen.

(2) Kriminalitätsstatistiken stellen nur eine schwache Schätzungsgrundlage für tatsächlich verübte Straftaten dar. Wie aus Opferbefragungen hervorgeht (Stephan, 1976), kommen im Durchschnitt kaum die Hälfte der verübten Delikte zur Anzeige, dazu besteht noch eine große Variabilität je nach Delikttyp und Ort der Tat. Schwankungen der Kriminalitätshäufigkeit können aber auch durch eine Änderung im *Anzeigeverhalten der Bürger* (der Bereitschaft anzuzeigen) und/oder durch Änderung der Art und Weise der polizeilichen Berichterstattung bedingt sein. Dadurch kann sich ebenfalls eine künstliche Beziehung zwischen Kriminalität und Sanktionsverhalten ergeben. Ein scheinbarer Abschreckungseffekt entsteht, wenn in einem Gerichtsbezirk weniger angezeigt wird, was die Kriminalitätsrate scheinbar senkt und die Wahrscheinlichkeit der Strafverbüßung (Anzahl der Verhaftungen oder Verurteilungen dividiert durch die Kriminalitätsrate) erhöht (Blumstein et al., 1978).

Auch das *Anzeigeverhalten der Polizei* schlägt sich auf die registrierte Kriminalität nieder. So erhöhte sich nach den Demonstrationen gegen den Bau eines Atomkraftwerkes in Brokdorf (BRD) die Kriminalitätsrate des Bezirks sprunghaft. Die Ursache lag im verstärkten örtlichen Polizeiaufgebot, das auch nach den Demonstrationen nicht wieder abgezogen wurde. Durch den personellen Zuwachs war es möglich, mehr Delikte (auch solche, die man bisher "übersehen" hatte) zu beobachten und anzuzeigen.

Kriminalstatistiken sind auch noch aus einem anderen Grund irreführend. Das Ausfilterungssystem von der Anzeige bis zum Urteilsspruch erschwert (z.B. durch Reformen des Strafrechtssystems) die exakte statistische Erfassung. So sind in alternativen Strafvollzugssystemen (z.B. in den USA und in Skandinavien) Bestrebungen im Gang, bei jugendlichen Straftätern die Anzeige überhaupt zu vermeiden und den Jugendlichen rechtzeitig bestimmten Jugendfürsorgeorganisationen zu übergeben.

(3) Ein scheinbarer Abschreckungseffekt kann auch auf das vermehrte Aussprechen von Freiheitsstrafen für potentielle Wiederholungstäter zurückzuführen sein. Wer im Gefängnis sitzt, wird nur wenig Gelegenheiten für weitere Straftaten haben. Die Verminderung der Gelegenheit zu Straftaten reduziert scheinbar die Kriminalitätsrate; diese Verminderung ist aber nicht auf die Abschreckungswirkung zurückzuführen (Blumstein et al., 1978).

(4) Die Abschreckungshypothese setzt beim Täter die Kenntnis der Rechtsfolgen der Tat voraus. Henshel und Carey (1975) meinen, daß Abschreckung, wenn sie überhaupt existiert, ein kognitiver Vorgang ist. Wenn der Täter zur Bestrafung keine Beziehung herstellen kann (z.B. der Täter kennt die Sanktionen nicht, glaubt nicht daran oder sieht keine Realisierung), dann besitzt die objektiv vorhandene Existenz der Sanktion mit ihren unterschiedlichen Härteabstufungen keine Konsequenzen.

Die Analyse von Individualdaten. Die Alternative zur Analyse von Sammeldaten besteht darin, den potentiellen Täter, der die verschiedenen kriminellen und nichtkriminellen Handlungsmöglichkeiten betrachtet, in den Mittelpunkt zu stellen. Für eine Theorieentwicklung ist die empirische Basis dieser Ansätze noch zu spärlich; es zeigen sich aber ein neuer Zugang und neue Forschungsmöglichkeiten.

Der *Ökonom* Manski (1978) hat Beiträge zur Datengewinnung über individuelles Kriminalverhalten wie auch zu deren Verwendung für eine Theoriebildung innerhalb des "Individualansatzes" geliefert. Er schlägt die Verwendung von Selbstberichten von Kriminellen, von offiziellen Berichten individueller Kriminalgeschichten im Zusammenhang mit Daten aus Verhandlungen und Daten über Strafentscheidungen und Opferuntersuchungen als Informationsquellen für eine Theorieentwicklung vor. Manski geht aber nicht auf die Schwierigkeiten bei der Gewinnung und Analyse solcher Daten ein.

Verschiedene *soziologische* Autoren untersuchten, inwieweit Personen die gesetzlichen Strafen für Straftaten kennen. Henshel und Carey (1975) berichten in einem Sammelreferat, daß die Kenntnis der Strenge der Strafe weit überschätzt wird. Eine Untersuchung aus dem angloamerikanischen Raum ergab, daß ein Viertel der Befragten die Höchststrafe für vorgegebene Delikte nicht einmal erraten konnte. Es zeigte sich weiters, daß einsitzende jugendliche Straftäter genauso uninformiert waren wie die befragten Gleichaltrigen ohne kriminelle Vergangenheit. Nur die Gruppe erwachsener Häftlinge kennt die Gesetze genauer. Möglicherweise erwarb diese Gruppe die Kenntnisse erst nach der Tat. Auch Waldo und Chiricos (1972) fanden, daß es zwischen den selbstberichteten Delikten Delinquenter (Rauschgiftdelikte und Diebstähle) und der Wahrnehmung der Strenge der Bestrafung für diese Delikte keinen Zusammenhang gab.

Claster (1967) berichtet, daß Delinquente und Nichtdelinquente die Sicherheit der Bestrafung und der Verurteilungshäufigkeit nicht unterschiedlich einschätzen. Delinquente nehmen jedoch die Wahrscheinlichkeit einer Aufklärung im Fall eines fiktiven Delikts anders wahr: sie unterschätzen diese Wahrscheinlichkeit. Jensen (1969) und Waldo und Chirocos (1972) berichten über einen negativen Zusammenhang zwischen der Vorstellung der Sicherheit der Bestrafung und den selbstberichteten Straftaten. Jensen fand auch heraus, daß die subjektive Bestrafungserwartung mit dem Alter abnimmt.

Die Vertreter einer anderen soziologischen Richtung betrachten Kriminalität als "Beruf". Diese Analysen, die besonders für professionelle Kriminelle relevant sind, stellen Kriminalität als eine Möglichkeit der Lebensgestaltung mit eigenen Normen, eigenem Status und eigenen Qualifikationen dar. Amateurkriminelle, deren Lebensgestaltung innerhalb des allgemein akzeptierten Normensystems der Gesellschaft abläuft, wollen nicht entlarvt, erfahrene Kriminelle dagegen wollen nicht verurteilt werden. Tiefeninterviews mit Kriminellen zeigen deren technische und interpersonelle (soziale) Begabung. Die Interviews belegen auch, daß die Strenge und die Sicherheit der Bestrafung keine stabilen Parameter für die Tatentscheidung darstellen; sie sind aber teilweise unter Kontrolle des Täters. Die Risikowahrnehmung ist komplexer, als sie sich durch die Analyse der Sammeldaten darstellen läßt. Ein Dieb definiert Risiko als Kontaktvermeidung mit dem Opfer, für den Räuber besteht das Risiko im Umgang mit dem Opfer, für den Einbrecher im Ein- und Ausgang sowie im Veräußern des Diebsgutes (Letkemann, 1973).

Inciardi (1975) konnte zeigen, daß erfahrene Kriminelle verschiedene Tatgelegenheiten und Sanktionen besser einschätzen als Amateure. Sie besitzen auch ausgeprägtere Fertigkeiten, keine Tatspuren zu hinterlassen, ausgeprägtere Fähigkeiten im manipulativen Umgang mit dem Rechtssystem durch Verhandlung und Bestechung, mehr Kenntnisse in der Planung und Durchführung der kriminellen Handlung und in der Veräußerung der gestohlenen Güter. Daher kann sich die Wahrnehmung von Sanktionen bei unterschiedlichen Personen aus zwei Gründen unterscheiden: durch den unterschiedlichen Informationsstand und durch die unterschiedlichen Fähigkeiten im Vermeiden oder Minimieren der Sanktionen.

Die klinische Psychologie postuliert, daß der Kriminelle die Konsequenzen seiner Handlung nicht vorwegnehmen kann. Ein Krimineller begeht eine Tat, weil Kriminalität sein "Ventil" ist (Aichhorn, 1925). Wenn ein Krimineller die Konsequenzen nicht vorwegnehmen kann, kann er auch nicht durch Strafandrohung von der Tat abgeschreckt werden. Auch die These, daß der Kriminelle aus Schuldgefühlen handelt, d.h. durch die Verhaftung und Verurteilung für die Tat büßen möchte, steht im Widerspruch zum Abschreckungsgedanken. Die Verfechter der Abschreckungshypothese nehmen aber an, daß diese Erklärung nur für einen geringen Teil krimineller Handlungen zutrifft.

2.372 Der Beitrag der Sozialpsychologie

In der *experimentellen* Sozialpsychologie versucht man, den wahrgenommenen Ertrag und die Kosten, die mit der kriminellen Handlung verbunden sind, zu manipulieren. Rettig und Rawson (1963) legten den Versuchspersonen Beschreibungen von Tatgelegenheiten vor, in denen sie die Sicherheit des Gelingens, die Höhe des Ertrags sowie die Sicherheit und Strenge der Bestrafung (jeweils hoch/niedrig) manipulierten. Die Versuchspersonen mußten jede Tatgelegenheit je nach ihrer Bereitschaft, die Tat zu begehen, einstufen. Den stärksten Einfluß auf die Tatentscheidung hatte die Höhe der Strafe, alle anderen Variablen zeigten geringere, aber immer noch statistisch nachweisbare Effekte.

Rettig (1964) zeigte in einer ähnlichen Versuchsanordnung Häftlingen fiktive Tatgelegenheiten und bemerkte ebenfalls, daß die Strenge der Strafe den stärksten Einfluß hatte. Stefanowicz und Hannum (1971) berichten dagegen, daß für weibliche Häftlinge nur die Höhe des "Ertrags" effektiv war. Feldman (1977) berichtete, daß delinquente und nichtdelinquente männliche Jugendliche der Strafe nur dann Aufmerksamkeit schenken, wenn der Ertrag der Tat hoch ist; bei geringem Ertrag werden die Sanktionen nicht bedacht. Weiters war die Höhe des Ertrags wichtiger als die Sicherheit des Gelingens; die Höhe der Bestrafung war auch wichtiger als die Sicherheit des Ertapptwerdens, obwohl die Nähe eines Polizeibeamten wieder wichtiger war als die Höhe der Bestrafung.

Alle diese Untersuchungen verwenden Variationen des Versuchsplans von Rettig und Rawson (1963). Allen Experimenten gemeinsam ist die übermäßige Vereinfachung (in den meisten Fällen nur Zweistufigkeit) der manipulierten Variablen. Feldman (1966) manipulierte z.B. die Sicherheit des Tatertrags nur durch die Vorgabe der Kategorien "sicher" bzw. "möglich" und die Wahrscheinlichkeit des Ertapptwerdens mit "hoch" bzw. "niedrig". Die zu starke Vereinfachung der weitgespannten individuellen Unterschiede lassen die *Ergebnisse fragwürdig* erscheinen. Analog manipulierten die Autoren auch die Höhe des Ertrags mit nur zwei Geldbeträgen und die Höhe der Bestrafung mit Bewährung bzw. "Erziehungsanstalt". Eine Verallgemeinerung der Ergebnisse ist wegen der übersimplifizierten experimentellen Situation nicht möglich. Im folgenden Abschnitt wollen wir den experimentellen Ansatz an Hand einer der wenigen Laboruntersuchung zur Abschreckungsfrage detaillierter erläutern.

Die Bewertung krimineller Gelegenheiten. Caroll (1978) schlägt vor, kriminelles Verhalten u.a. als einen zweistufigen Entscheidungsprozeß anzusehen: (1) Die Bewertung der kriminellen Gelegenheit auf vier Dimensionen und (2) die Kombination dieser vier Dimensionen zu einem Urteil über die Attraktivität der kriminellen Gelegenheit. Die vier Dimensionen sind: Sicherheit des "Gewinns", Höhe des "Gewinns", Sicherheit der Bestrafung und Strenge der Bestrafung.

Der Autor legte den Versuchspersonen experimentelle (Spiel-)Situationen mit jeweils drei Ergebnissen vor. Diese Situationsbeschreibungen wurden graphisch mit Hilfe von drei Segmenten dargestellt. Ein Segment repräsentierte den finanziellen Gewinn, ein zweites die Strafe und ein drittes ein neutrales Ereignis (kein Geld und keine Festnahme). Durch die Verwendung des neutralen Segments war die Möglichkeit gegeben, die beiden restlichen, finanzieller Gewinn und Strafe, unabhängig voneinander zu variieren. Die Größe der Segmente stand für die Sicherheit dieser Ergebnisse: die Wahrscheinlichkeiten eines Gewinns lagen bei 10%, 30% oder 80%; die Wahrscheinlichkeit einer Bestrafung bei 5%, 15% oder 40%. Die Höhe des finanziellen Gewinns konnte entweder 100$, 1000$ oder 10 000$ ausmachen; die Strenge der Strafe war abgestuft mit: Bewährung, 6 Monate Gefängnis bzw. 3 Jahre Gefängnis. Mit der Interviewmethode wurden 23 männliche erwachsene Häftlinge einer Vollzugsanstalt, 13 männliche erwachsene Nichttäter (Besucher einer Abendschule), 23 männliche Täter eines Jugendgefängnisses und 20 männliche jugendliche Nichttäter (Schüler) befragt. Die Versuchspersonen hatten die Aufgabe, die Attraktivität der insgesamt 72 kriminellen Gelegenheiten auf einer graphischen Skala einzustufen.

Die *Ergebnisse* zeigen, daß alle vier Faktoren die Attraktivität von Tatgelegenheiten beeinflussen: Sicherheit und Höhe des Ertrags und Sicherheit und Höhe der Bestrafung. Die Höhe des Gewinns war die wichtigste Dimension; Strenge der Bestrafung, Sicherheit des Gewinns und Sicherheit der Bestrafung folgten. Komplexere Zusammenhänge (Wechselwirkungen) waren nur tendenziell nachweisbar. Ein zweites interessantes Ergebnis war die Tatsache, daß sich 70% der Versuchspersonen nur auf eine Dimension konzentrierten; diese war dann auch, im Vergleich zu jeder anderen Dimension, doppelt so stark für die Variabilität in den Antworten innerhalb einer Person verantwortlich. Eine Gruppierung der Versuchspersonen nach der Dimension, die sie am häufigsten bei der Entscheidung verwendeten, zeigte, daß sich 51% auf die Höhe des Gewinns, 24% auf die Strenge der Bestrafung, 18% auf die Sicherheit eines Gewinns und 8% auf die Sicherheit der Bestrafung konzentrierten.

Interessant ist auch das Nebenergebnis, daß sich Täter von Nichttätern und Jugendliche von Erwachsenen in bezug auf die Verwendung der Informationsquellen nicht wesentlich unterscheiden. Erwachsene verwenden Geldbeträge als Entscheidungsgrundlage seltener als Jugendliche; diese Effekte waren jedoch sehr schwach. Straftäter stufen im Vergleich zu Nichttätern Tatgelegenheiten im allgemeinen attraktiver ein.

Entscheidungsstrategien. Caroll (1978) interpretiert seine Ergebnisse als Beleg für die Tendenz, bei der Bewertung einer gegebenene Tatgelegenheit stark zu vereinfachen. Diese Überlegung steht auch mit anderen Untersuchungen zum Entscheidungsverhalten (Ebbesen et al., 1977; Payne, 1975) im Einklang: Man verwendet bei Entscheidungen oft sehr einfache, additive und sogar eindimensionale Entscheidungsstrategien. Ebbesen et al. (1977) meinen, daß in realen (im Vergleich zu Labor-) Entscheidungssituationen die einfachen Strategien bevorzugt werden. Daher lassen sich einige Personen vom Geldbetrag anziehen, andere wieder vermeiden bestimmte Risikobereiche usw.

Im Experiment von Caroll mußten die Versuchspersonen auch angeben, ob die Urteilsstrategie in der künstlichen Laborsituation ähnlich der in der Realität sei. 59% bejahten diese Frage; die meisten, die sie verneinten, begründeten dies mit der Irrationalität ihrer Entscheidung. Die häufigsten Handlungstriebfedern bei Tatentscheidungen scheinen Bedürfnisse oder Impulse zu sein. Personen bedenken die unterschiedlichen Aspekte meist nicht. Sie haben oft auch keine Informationen über die Konsequenzen, oder sie haben nur den Gewinn im Auge.

2.3721 Schlußfolgerungen für die Abschreckungshypothese

Die Ergebnisse weisen darauf hin, daß die Höhe und die Sicherheit des Gewinns wichtiger sind als die Höhe und die Sicherheit der Bestrafung. Dies bedeutet, daß man eine Senkung der Kriminalitätsrate eher durch eine Senkung der "Erträge" für illegales Verhalten (geringere Strafen) und eine Erhöhung des Ertrags für legales Verhalten erreichen kann als durch Abschreckung. Letkemann (1973) berichtet, daß Alarmsysteme und die Umstellung auf bargeldlosen Zahlungsverkehr die Einbruchskriminalität verringert haben, es gab aber - möglicherweise als Kompensation - einen Häufigkeitsanstieg bewaffneter Raubüberfälle. Einer Studie von Short et al. (1965) zufolge verringert die Gelegenheit zur legalen Geldbeschaffung eher die Kriminalitätsrate als die Gelegenheit zur illegalen Geldbeschaffung (so könnten vermehrte Arbeitsmöglichkeiten nach der Haft die Rückfallsraten senken). Trotzdem zeigt sich in der Untersuchung von Caroll die Wirksamkeit der Abschreckung: sie war bei fast einem Drittel effektiv; die Entscheidungen wurden hauptsächlich durch die Sicherheit und Strenge der Strafe bestimmt.

Die relative Gewichtung der vier untersuchten Dimensionen einer Tatgelegenheit sind von grundlegender Bedeutung für die Abschreckungshypothese. Natürlich ist die Prüfung der Abschreckungshypothese nur brauchbar, wenn die Daten valide Befragungsergebnisse darstellen. Inwieweit die Operationalisierung der relevanten Faktoren (das ist die Umsetzung der theoretischen Begriffe in empirische, manipulierbare Größen) in der Untersuchung gelungen ist, läßt sich nicht abschätzen. Die Ausprägungsgrade jeder Variablen wurden im Experiment von Caroll so abgestuft, daß sie den real vorhandenen Abstufungen entsprechen. Wie man die Variablen in der Realität wahrnimmt, kann damit noch nicht beantwortet werden.

Der Gültigkeitsbereich der Untersuchung ist noch nicht festgelegt. Ein gesichertes und wesentliches Ergebnis ist die Feststellung, daß Personen bei sehr unterschiedlichen subjektiven Präferenzen meist nur eine Dimension als Entscheidungsgrundlage heranziehen.

2.3722 Stand der Modellentwicklung zur Tatentscheidung

Die vorhandene Literatur weist darauf hin, daß die Analyse von Individualdaten ein vielversprechender Ansatz sowohl zur Prüfung der Abschreckungshypothese als auch zur Beantwortung der allgemeinen Frage kriminellen Verhaltens darstellt. Die brauchbarsten Daten für diesen Untersuchungsansatz wären natürlich solche, die man während tatsächlicher Entscheidungsprozesse sammeln kann (Payne et al., 1978). Spontanes kriminelles Verhalten läßt sich in der Realität aber nicht untersuchen. Ein Ausweg ist die Analyse von Entscheidungsprozessen in simulierter Umgebung oder auch die Analyse von Selbstberichten über tatsächliche Entscheidungsprozesse. Letztere liefert allerdings weniger allgemeingültige Ergebnisse (Nisbett und Wilson, 1977).

Mehrere Untersuchungen ergaben, daß in der Öffenlichkeit nur äußerst ungenaue Informationen über Strafausmaß, Aufklärungsraten und Verhaftungswahrscheinlichkeiten existieren. Professionelle Kriminelle dagegen haben genauere Kenntnisse über die Konsequenzen der Tat. Je nach den einschlägigen Erfahrungen schätzen Personen die Erträge und Risiken krimineller Handlungen unterschiedlich ein. Sozialpsychologische Untersuchungen deuten darauf hin, daß professionelle Kriminelle im Umgang mit dem Rechtssystem "erfolgreicher" sind als Amateurkriminelle oder unbescholtene Bürger; professionelle Kriminelle besitzen auch ein derartiges Selbstbild. Es ist auch plausibel, daß allein schon die Vorstellung des Ertapptwerdens für die meisten unbescholtenen Bürger Abschreckungswirkung besitzt. Jeder derartige Kontakt mit dem Rechtssystem oder Verdächtigungen sind eine *Bedrohung ihrer Möglichkeit* zum legitimen Gelderwerb. Da erfahrene Kriminelle weniger in den konventionellen Werten verwurzelt sind, sind sie in erster Linie auch daran intessiert, Freiheitsstrafen zu vermeiden.

Die übergroße Einfachheit von Urteilsprozessen, wie sie Caroll (1978) nachzuweisen versuchte, steht im Widerspruch zu Ergebnissen, die zeigen, daß Straftäter spezielle Informationen, Fähigkeiten und Fertigkeiten besitzen (Inciardi, 1975; Letkemann, 1973). Die *widersprüchlichen Ergebnisse* der zahlreichen Arbeiten zur Einschätzung von Tatrisiko und Tatertrag krimineller Gelegenheiten durch den Täter können folgendermaßen erklärt werden:

(1) Man kann annehmen, daß einige Täter "Experten" sind und daher auch mehr Erfahrung im Umgang mit komplexen Entscheidungssituationen haben. Caroll unterteilt in seiner Untersuchung die Täter nur nach der Dauer ihrer Haftzeit; dies ist noch kein Hinweis auf Expertentum (Inciardi, 1975; Letkemann, 1973). Für die Typologisierung von Tätern reichen die Haftzeiten als Kriterium nicht aus.

(2) Die widersprüchlichen Ergebnisse können auch durch den Umstand zustandekommen, daß Personen, die Tatgelegenheiten zu einem bestimmten Zeitpunkt prüfen, immer nur eine Eigenschaft der Situation berücksichtigen können. Ein realer Entscheidungsprozeß wird aber über die Zeit hin ausgedehnt, so daß sukzessive alle Eigenschaften der Situation bei der Entscheidung berücksichtigt werden. So könnte die erste Entscheidung die sein, daß infolge eines Mangels an legitimen Gelegenheiten kriminelle Gelegenheiten gesucht werden. Der potentielle Täter braucht Geld. An Hand bestimmter Informationen über tatsächlich oder wahrscheinlich vorhandenes Geld wird das Zielobjekt ausgesucht. Im nächsten Schritt werden, um das Risiko zu minimieren, der geeignete Tatzeitpunkt und die Technik ausgewählt.

Letkemann (1973) schlägt eine illustrative *Rangordnung von Faktoren* vor. Er meint, daß die Einschätzung ökonomischer Werte der Einschätzung der mit dem Erwerb dieser Werte verbundenen Risiken vorangeht. Ein potentieller Einbrecher könnte, während er legitimen Tätigkeiten nachgeht, ein besonders leichtes "Ding" ins Auge fassen. Als nächstes schätzt er den Wert der möglichen Beute. Bei geringem Risiko wird er unabhängig von der Höhe der Beute das "Ding drehen". Andererseits wird er wahrscheinlich auch bei hohem Risiko die Gelegenheit nutzen, wenn der Wert hoch genug ist. In diesem Fall ist die Reihenfolge der Überlegungen folgende: Sicherheit des Gelingens, Höhe des Gewinns (wenn hoch, dann ja, wenn niedrig, Risiko prüfen) und die Risikoeinschätzung.

Dieses Modell steht auch im Einklang mit Forschungsergebnissen, die die geringe Rationalität bei der Beurteilung von Situationen nachweisen (Simon, 1957). Komplexe Situationen werden meist mit vereinfachten Strategien, die nur eine begrenzte Anzahl von Vergleichen und Urteilen beinhalten, in Angriff genommen (Payne, 1975; Slovic und Lichtenstein, 1971). Daher erscheinen menschliche Urteile oft verzerrt, wenn man sie mit den optimalen Urteilen vergleicht (Fischoff, 1976; Ross, 1977). Nach den Ergebnissen von Caroll (1978) kann man erwarten, daß bei einer Entscheidung nur bestimmte charakteristische Aspekte der Situation berücksichtigt werden. Bestimmte hervorstechende Eigenschaften der Situationen oder solche, die sehr konkret sind, können die Urteile determinieren (Nisbett et al., 1976). Gelingt es dem Individuum, den Entscheidungsprozeß *zeitlich auszudehnen,* wobei viele Teilentscheidungen die Reihenfolge des gesamten Prozesses leiten, würde sich zeigen, daß auch komplexere Strukturen der Situation Berücksichtigung finden.

Dieses Modell enthält auch die Trennung von geplanten und spontanen kriminellen Handlungen sowie von kriminellen Affekthandlungen. Bei geplanten kriminellen Handlungen wird die Entscheidung über größere Zeiträume ausgedehnt, sodaß eine Vielzahl von Faktoren einkalkuliert wird. Spontane Kriminalhandlungen beschränken durch die kurze Zeitspanne, die für die Entscheidung zur Verfügung steht, die sorgfältige Prüfung verschiedener situativer Aspekte; dabei zieht der potentielle Täter oft nur ein oder zwei Eigenschaften der Situation in Betracht (z.B.: es gibt ein unversperrtes Moped und keine Zeugen). Kriminellen Handlungen, die *aus starken Affekten* resultieren, geht oft überhaupt keine Situationsprüfung voran. Untersuchungen zum Einfluß emotionaler Erregung auf Denken und Verhalten zeigen auch, daß unter streßreichen Bedingungen einfache und gut gelernte Reaktionen im Vergleich zu komplexen und neuen bevorzugt werden (Spence, 1956).

Täterbefragungen bestätigen diese Unterscheidung. Letkemann (1973) berichtet, daß Kriminelle genau differenzieren, ob die Handlung nach rationaler, sorgfältiger Planung oder aber spontan aus Frustrationserlebnissen, sozusagen "impulsiv" entstanden ist. Auch extreme finanzielle Not kann einen potentiellen Kriminellen von der sorgfältigen Prüfung der Tatgelegenheit abhalten. Wenn dieser dringend Geld braucht, versucht er, sofort eine Gelegenheit zu finden. Die Tat wird dann nicht sorgfältig geplant, sondern gleich, auch mit hohem Risiko, durchgeführt. Daher sind auch jene Straftaten, die unmittelbar nach der Haftentlassung auftreten - meist aus Gründen extremen Geldmangels - die riskantesten.

Auch wenn die Sequenz der Entscheidungsschritte nach diesem Modell abläuft, ist der Entscheidungsprozeß immer noch stark von der *aktuellen Umgebung* geprägt. Der "erfolgreiche" Kriminelle ist sogar fähig, vom Tatentschluß wieder abzukommen, wenn er mit "störenden" Ereignissen konfrontiert ist, z.B. wenn es unerwartete "Zeugen" gibt. Die durch die Kenntnis der speziellen Situation ausgelösten Wahrnehmungen können die inganggesetzten Entscheidungsprozesse und Handlungen unterbrechen (Simon, 1967). Im Vergleich zu den meisten administrativen Entscheidungen im Strafrechtsbereich mangelt es dem Täter bei seiner Entscheidung an Strukturiertheit und Zeit. Die Tatentscheidung wird meist in kurzer Zeit getroffen; sie kann auch von den der kriminellen Handlung unmittelbar vorangehenden Ereignissen bestimmt sein. Andererseits kann diese Entscheidung und die Wahl einer bestimmten Straftat oft lange dauern und von der wechselnden Umgebung, in die sie eingebettet ist, beeinflußt werden.

Bei Durchsicht der verfügbaren Literatur kann man den vorläufigen Schluß ziehen, daß der Zeitpunkt für eine Theoriebildung zur Tatentscheidung noch nicht gekommen ist. Abgesehen von der relativ geringen Zahl empirischer Arbeiten muß man auch anmerken, daß die bisherigen Ergebnisse widersprüchlich sind und methodische Schwächen haben.

Als letzte theoretische Position wollen wir eine jüngere Theorie vorstellen, die noch nicht Eingang in die kriminologische Literatur gefunden hat - die kognitive Theorie moralischen Urteilens. Die Untersuchung moralischen Verhaltens ist sehr kontroversiell. Die traditionelle Forschung hat sich hauptsächlich auf die Entwicklung des moralischen Urteils konzentriert, obwohl moralisches Verhalten größere Zusammenhänge mit der variierenden sozialen Umgebung zeigt. Im letzten Abschnitt dieses Kapitels wollen wir uns auf kognitive und kognitiv-soziale Aspekte der Moralentwicklung beschränken und versuchen, die Verbindung zwischen dem kognitiv-sozialen Ansatz und der Untersuchung kriminellen Verhaltens herzustellen.

2.38 Kognitive Theorien moralischen Urteilens

2.381 Kognitive Perspektiven

Der Pionier der empirischen Erforschung moralischen Urteilens und Handelns ist der Schweizer Psychologe **Jean Piaget** (1947). Er nimmt an, daß die Entwicklung moralischen Denkens, ähnlich der Entwicklung intellektueller Fähigkeiten, in abgrenzbaren Entwicklungsstufen verläuft. Nach genauen Untersuchungen von Kindern im Alter von 3-12 Jahren stellte Piaget die Theorie auf, daß zwei Hauptstadien der moralischen Entwicklung existieren: das Stadium des moralischen Realismus und das Stadium der moralischen Unabhängigkeit.

Im **Stadium des moralischen Realismus** (auch Moral der Einschränkung genannt) akzeptiert das Kind die Regeln, wie sie von den Eltern oder anderen

Autoritäten der Umgebung festgesetzt sind. Diese Regeln werden nicht hinterfragt, sondern als absolut und unveränderbar betrachtet. Das Kind denkt auch, daß auf jeden Regelverstoß Strafe folgen sollte, ungeachtet der Absichten des Handelnden. Die Tatsache der Regelverletzung und das Ausmaß des angerichteten Schadens ist bei der Entscheidung der Bestrafung wichtiger als die Handlungsmotive oder Umgebungsfaktoren. In dieser Phase ist die Bewertung von Regelverletzungen nicht objektiv, sondern subjektiv. Das Kind interpretiert das Verhalten in Übereinstimmung mit den Buchstaben des Gesetzes und nicht mit dem tieferen Sinn des Gesetzes.

Im zweiten Stadium, dem **Stadium der moralischen Unabhängigkeit**, beginnt das Kind (oder der Erwachsene) zu glauben, daß die Regeln auf die situativen Aspekte oder auf die Absichten des Täters angepaßt werden können. Das Kind unterscheidet hier klar, ob ein Glas absichtlich oder unabsichtlich zerbrochen wurde. Diese kognitive Entwicklung geht langsam vor sich und wird weniger durch die Beziehung mit den Eltern als vielmehr durch die Beziehung zu Gleichaltrigen festgelegt. Das Stadium der moralischen Unabhängigkeit setzt auch die Fähigkeit voraus, sich in andere Personen hineinversetzen zu können, und wird gewöhnlich nicht vor der Pubertät erreicht.

Piaget betont, daß die strenge Trennung in Stadien oder Phasen nicht leicht möglich ist. Individuen können sich auch innerhalb ein und derselben Altersstufe in bezug auf ihr moralisches Urteil stark unterscheiden. Piaget macht auch Aussagen über das Gerechtigkeitsempfinden beim Kind. Er meint, daß die meisten Ideen, die Kinder über Strafen bei Regelverstößen entwickeln, unter "Vergeltungsgerechtigkeit" fallen. Er unterscheidet zwei Kategorien von Strafen: Strafe als Sühne und Strafe "als Ausgleich".

Dem Sühnegedanken wohnt der Wunsch inne, daß der Schädiger eine schmerzhafte Strafe erleiden soll, die proportional zu dem angerichteten Schaden ist. Diese muß nicht notwendigerweise mit den Motiven oder den umgebenden Umständen in Beziehung stehen. Bei diesen absoluten Strafen erhält der Täter eine obligatorische Strafe. So erhalten in einigen Staaten der USA Personen für unerlaubten Waffenbesitz obligatorisch ein Jahr Freiheitsentzug; unabhängig davon, welche Begründung der Täter angibt. Die Strafe als Ausgleich dagegen wird auf das Delikt und den Täter abgestimmt. Die Abstimmung auf das Delikt setzt das Einsichtsvermögen beim Täter voraus. Piaget stellte fest, daß jüngere Kinder den Sühnegedanken bevorzugen, ältere Kinder stimmen die Strafe auf Täter und Situation ab. Jüngere Kinder glauben auch an eine "immanente Gerechtigkeit": der Missetäter wird durch Naturvorgänge oder irgendwelche unbekannten Kräfte die gerechte Strafe erhalten. So können Kinder glauben, daß das Stehlen von Süßigkeiten unmittelbar zu einem Leidenszustand führt.

Piaget führt aber neben dem Konzept der immanenten Gerechtigkeit und der Gerechtigkeit als Ausgleich auch noch das **Konzept der distributiven Gerechtigkeit** ein. Distributive Gerechtigkeit ist das Verteilen von Belohnung und Strafe unter den Mitgliedern einer Gruppe, die für ein bestimmtes Verhalten verantwortlich sind. Die Entwicklung der distributiven Gerechtigkeit durchläuft nach Piaget drei Phasen. In der ersten erkennt das Kind (bis zu einem Alter von 8 Jahren), daß jede Belohnung oder Bestrafung, die eine Autorität verteilt - unabhängig von der Gleichheit der Verteilung - gerecht ist. In der nächsten Phase wird das Kind zu einem "geschwinden Gleichmacher", der annimmt, daß alle Individuen gleich behandelt werden müssen, ungeachtet der Umstände (Alter 7-12 Jahre). In der dritten Phase beginnt das Kind die Gleichheit (equality) mit "equity" zu "mildern". Gerechtigkeit verlangt demnach eine Balance zwischen dem gerechten Anteil, den ein Gruppenmitglied erhält, und dem, was die restliche Gruppe erhalten sollte.

Gewisse Aspekte der Theorie von Piaget fanden in späteren empirischen Forschungen Bestätigung, andere nicht. Piagets Stufentheorie läßt eine Anzahl kulturunabhängiger, universaler, lediglich altersbedingter Trends in der Entwicklung des moralischen Urteils erwarten. Tatsächlich hat man wenigstens drei derartige Trends im westlichen, im orientalischen und im indianischen, bzw. malaiischen Kulturbereich nachgewiesen (Kohlberg, 1969). Im großen und ganzen scheint Piaget mit der Annahme recht zu haben, daß sich der Gerechtigkeitssinn in verschiedenen Kulturen etwa gleichartig mit dem Alter entwickelt, wobei die Bedürfnisse und Gefühle anderer Personen zunehmend mehr Bedeutung finden. In dem Maße, wie sich dieser Sinn für Gerechtigkeit ausbildet, verstärkt er auch das Verständnis für die Regeln der Erwachsenen; er verstärkt auch die informelleren Normen in der Gruppe der Gleichaltrigen.

Diese letztgenannten Schlußfolgerungen sind besonders aus Untersuchungen von **L. Kohlberg** abgeleitet. Kohlberg hat mit verbesserten Methoden und verbesserten theoretischen Fundamenten die Theorie Piagets weiterentwickelt. Kohlberg vertieft die Analyse, indem er Ergebnisse von Untersuchungen über Ethik und moralphilosophische Aspekte einbaut und auch Adoleszente und Erwachsene einbezieht. Das Untersuchungsparadigma besteht bei Kohlberg darin, den Versuchspersonen Geschichten vorzulegen, die moralische Dilemmas enthalten; z.B. ob man ein teures Medikament stehlen dürfe, um den Tod der eigenen Frau abzuwenden. Die in diesen Untersuchungen aufgetretenen Reaktionen lassen sich zuverlässig jeweils einem von sechs Stadien zuordnen. Diese folgen einer invarianten hierarchischen Konsequenz, d.h., ein Individuum muß die Charakteristika und Prinzipien einer Stufe aufgenommen haben, bevor es in die nächsthöhere Stufe gelangen kann. Diese Stadien verteilen sich auf drei Hauptniveaus, die man wiederum in zwei Substadien, ein frühes und ein spätes, unterteilen kann. Wesentlich in Kohlbergs Theorie ist auch der Begriff der "sozio-moralischen Perspektive". Er bezeichnet den Gesichtspunkt, von dem aus das Individuum soziale Fakten und sozio-moralische Werte oder Gedanken betrachtet. In Entsprechung zu den drei Hauptniveaus des moralischen Urteils postuliert er "drei Hauptniveaus der sozialen Perspektive":

Moralisches Urteil   **Soziale Perspektive**

Niveau I. Präkonventionell: Konkret-individuelle
    Stadium 1. Heteronome (fremdbestimmte) Moralität;   Perspektive
    Stadium 2. Individualismus, Zielbewußtsein und Austausch.
Niveau II. Konventionell: Perspektive als Mitglied

Stadium 3. Beziehungen und interpersonelle Konformität   der Gesellschaft
Stadium 4. Soziales System und Gewissen.
Niveau III. Postkonventionell: Perspektive, die der
Stadium 5. Sozialer Vertrag und individuelle Rechte;   Gesellschaft vorgeordnet
Stadium 6. Universale ethische Prinzipien.   ist

Auf dem präkonventionellen Niveau befinden sich die meisten Kinder unter 9 Jahren, einige Jugendliche und wenige Erwachsene. Die Mehrzahl der Jugendlichen und Erwachsenen in den meisten Gesellschaften bewegt sich auf dem konventionellen Niveau. Nur wenige Erwachsene erreichen das postkonventionelle Niveau. Der Terminus "konventionell" bezieht sich darauf, daß Regeln eingehalten werden und daß Erwartungen einfach deshalb entsprochen wird, weil es sich um die Regeln, Erwartungen und Konventionen der Gesellschaft handelt. Wer sich auf dem präkonventionellen Niveau bewegt, ist noch nicht wirklich imstande, konventionelle oder gesellschaftliche Erwartungen zu verstehen und zu billigen. Auf dem postkonventionellen Niveau akzeptiert man die gesellschaftlichen Normen; diese Einstellung basiert auf der Formulierung und Anerkennung allgemeiner moralischer Prinzipien, die den gesellschaftlichen Normen zugrundeliegen. Gelegentlich geraten diese Prinzipien in Konflikt mit den gesellschaftlichen Forderungen: in diesem Falle richtet sich das postkonventionelle Individuum nach den Prinzipien und nicht nach den Konventionen.

Im frühen vorkonventionellen Stadium wird das Verhalten nur von dem Wunsch nach Belohnung und Vermeidung von Strafe gesteuert (egozentrischer Gesichtspunkt). Der Handelnde berücksichtigt die Interessen anderer nicht, oder er erkennt nicht, daß sie sich von den seinen unterscheiden. Handlungen werden rein nach dem äußeren Erscheinungsbild beurteilt und nicht nach den dahinterstehenden Absichten. Die eigene Perspektive und die der Autorität werden miteinander verwechselt.

Im späten vorkonventionellen Stadium setzt das Individuum die hohe Selbstkonzentration fort, beginnt aber zu verstehen, daß Handlungen zur Manipulation anderer verwendet werden können (konkret-individualistische Perspektive). Menschliche Beziehungen werden dabei als das Medium, durch das man etwas gewinnen kann, angesehen. Die Mitmenschen verdienen nicht Loyalität, Wertschätzung oder Gerechtigkeit, sie sind Objekte, die man für bestimmte Zwecke benützt. In diesem Stadium läßt sich die moralische Ausstattung von Personen in ihrer Beziehung zu anderen Personen durch den Begriff des "Psychopathen" oder durch den sogenannten Machiavellismus beschreiben.

Im frühen konventionellen Stadium ist die Orientierung die des "guten Kerls". Gut zu sein ist wichtig und bedeutet, ehrenwerte Absichten zu haben und sich um andere zu sorgen. Es bedeutet auch, daß man Beziehungen pflegt und Vertrauen, Loyalität, Wertschätzung und Dankbarkeit empfindet. Das "rechte" Handeln wird primär vom Wunsch nach Wertschätzung und Anerkennung gesteuert. Das Verhalten verläuft parallel zum stereotypen Bild von dem, was die Mehrheit als angemessenes oder rechtmäßiges Verhalten bezeichnet. Hier erkennt das Individuum die Bedeutung der Beziehung zu anderen Individuen. Der

Handelnde ist sich gemeinsamer Gefühle, Übereinkünfte und Erwartungen bewußt, die den Vorrang vor individuellen Interessen erhalten. Mittels der "konkreten goldenen Regel" bringt er unterschiedliche Standpunkte miteinander in Beziehung, indem er sich in die Lage des jeweils anderen versetzt. Die verallgemeinerte "System"-Perspektive bleibt noch außer Betracht. Konformes Verhalten wird sozial belohnt. Schuldgefühle entwickeln sich in diesem Stadium hauptsächlich als Reaktion auf die Wahrnehmung von Verstößen gegen den Kodex des "guten" Verhaltens.

Im **späten konventionellen Stadium** erfüllt das Individuum Pflichten, die es übernommen hat. Gesetze sind zu befolgen, ausgenommen in jenen extremen Fällen, in denen sie anderen festgelegten sozialen Verpflichtungen widersprechen. Das Gesetz steht auch im Dienste der Gesellschaft, der Gruppe oder der Institution. Das "richtige" Verhalten wird aufrechterhalten durch die Vorwegnahme von Schimpf und Schande für versäumte Pflichten. Das Funktionieren der Institutionen muß gewährleistet sein, um einen Zusammenbruch des Systems zu vermeiden ("Wenn das jeder täte!") oder um dem Gewissen nachzugeben, das an die selbstübernommenen Verpflichtungen mahnt. Schuldgefühle entstehen durch Handlungen, die anderen empfindlichen Schaden zufügen, und durch das Entdecktwerden bei diesen Handlungen. Die soziale Perspektive in diesem Stadium unterscheidet zwischen dem gesellschaftlichen Standpunkt und der interpersonalen Übereinkunft. Der Handelnde übernimmt den Standpunkt des Systems, das Rollen und Regeln festlegt. Er betrachtet nun individuelle Beziehungen als Relationen zwischen Systemteilen. Wegen der starken Orientierung gegenüber den nicht in Frage gestellten Autoritäten, dem Konventionalismus und einem rigiden Übernehmen von Verhaltensregeln herrscht die Moral von "Recht und Ordnung" vor. Gesetzesübertretungen müssen verfolgt werden, "weil es das Gesetz verlangt".

Das postkonventionelle Niveau ist die höchste moralische Entwicklungsstufe und wird nur von sehr wenigen Individuen erreicht. Im **frühen postkonventionellen Stadium** ist sich das Individuum der Tatsache bewußt, daß unter den Menschen eine Vielzahl von Werten und Meinungen vertreten wird, und daß die meisten Werte und Normengruppen spezifisch sind. Diese "relativen" Regeln sollen im allgemeinen befolgt werden, jedoch im Interesse der Gerechtigkeit und weil sie den sozialen Kontrakt ausmachen. Gewisse absolute Werte und Rechte, wie Leben und Freiheit, müssen aber in jeder Gesellschaft und unabhängig von der Meinung der Mehrheit respektiert werden. Dazu ist natürlich eine bestimmte kognitive Abstraktionsfähigkeit erforderlich und die Wahrnehmung von "Nuancen". Vorherrschend ist ein Gefühl der Verpflichtung gegenüber dem Gesetz aufgrund der im "Gesellschaftsvertrag" niedergelegten Vereinbarung zum Wohle und zum Schutze der Rechte aller Menschen, Gesetze zu schaffen und sich an sie zu halten. Auch ein Gefühl der freiwilligen vertraglichen Bindung an Familie, Freundschaft, Vertrauen und Arbeitsverpflichtung besteht. Jetzt dominiert die soziale Perspektive eines rationalen Individuums, das sich der Existenz von Werten und Rechten, die sozialen Bindungen und Verträge vorgeordnet sind, bewußt ist. Der Handelnde integriert unterschiedliche Perspektiven durch die formalen Mechanismen der Übereinkunft, des Vertrags, der Vorurteilslosigkeit und der angemessenen Veränderung. Er zieht sowohl moralische wie legale Gesichtspunkte in Betracht, anerkennt, daß sie gelegentlich in Widerspruch geraten, und ist imstande, sie zu integrieren.

Kohlberg meint, daß auf diesem moralischen Entwicklungsniveau die Betonung auf dem "rechtlichen Gesichtspunkt" liegt; hier werden aus politischen, religiösen und sozialen Motiven neue Gesetze entwickelt oder bestehende modifiziert. Im Idealfall befinden sich juristische Entscheidungsträger und Gesetzgeber auf dieser Stufe.

Das späte postkonventionelle Stadium ist charakterisiert durch die Orientierung an selbstgewählten ethischen Prinzipien und an Gewissenhaftigkeit. Spezielle Gesetze oder gesellschaftliche Übereinkünfte sind im allgemeinen deshalb gültig, weil sie auf diesen Prinzipien beruhen. Wenn Gesetze gegen diese Prinzipien verstoßen, dann handelt man in Übereinstimmung mit dem Prinzip. Bei den erwähnten Prinzipien handelt es sich um universale Prinzipien der Gerechtigkeit: alle Menschen haben gleiche Rechte, und die Würde des einzelnen ist zu achten. Handeln wird hier motiviert durch den Glauben des rationalen Individuums an die Gültigkeit universaler moralischer Prinzipien und das Gefühl persönlicher Verpflichtung ihnen gegenüber. Die soziale Perspektive ist hier die des "moralischen Standpunkts", von dem sich gesellschaftliche Ordnungen ableiten. Es ist dies die Perspektive eines jeden rationalen Individuums, das das Wesen der Moral anerkennt, und erkennt, daß jeder Mensch seinen Zweck in sich selbst trägt und entsprechend behandelt werden muß. Die Person lebt also durch persönlich entwickelte Prinzipien, an denen unabhängig vom Druck der Gesellschaft und auch unabhängig von deren Konsequenzen festgehalten wird.

Verschiedene Personen erreichen dieses Stadium in unterschiedlichem Alter, manche nie (Kohlberg, 1977). Derzeit wird Kohlbergs Theorie stark kritisiert, und sie konnte empirischen Überprüfungen nicht immer standhalten (Wrightsman und Deaux, 1981). Sie wird wie jede psychologische Theorie beträchtliche Revisionen benötigen, sie ist es aber wert, als provokanter und origineller Ansatz zur Erklärung von Kriminalität beachtet zu werden.

Auch die Theorie des Rechtsphilosophen Rawls (1971) postuliert, wie die beiden vorangegangenen Theorien, eine Sequenz von drei Stufen. In der ersten Stufe, der *"Moral der Autorität"* werden Handlungsrichtlinien nur von dem, was Autoritäten sagen, hergeleitet. Der Empfänger überprüft diese Anweisungen nicht. Geschätzte Eigenschaften sind Gehorsam, Demut und Treue gegenüber Autoritäten; die Verstöße sind Ungehorsam, Eigenwilligkeit und Verwegenheit. In der zweiten Stufe, der *"Moral der Assoziation"* werden allgemein verbindliche, moralische Regeln in Übereinstimmung mit Konventionen und Traditionen entwickelt. Die Merkmale des "guten" Verhaltens werden einem nahegebracht und ihre Angemessenheit mit der Rolle und der Position, die man im Leben spielt, in Beziehung gesetzt. Die dritte Stufe ist durch die *"Moral der Prinzipien"* gekennzeichnet, wo Individuen selbst Ordnungsprinzipien entwickeln. Man wünscht sich jetzt, eine gerechte Person zu sein (ähnlich wie in der Stufe der "Moral der Assoziation", wo man ein "anständiger Kerl" sein wollte).

Übereinstimmend zeigen alle drei theoretischen Ansätze die Entwicklung der Moral von einem egozentrischen, gehorsamsorientierten Standpunkt über die Annahme konformer und traditioneller Werte bis hin zu selbstentwickelten Prinzipien, in denen menschliche Rechte und Freiheit höchste Werte darstellen. Allen Ansätzen gemeinsam ist auch die Charakterisierung der höchsten moralischen Entwicklungsstufe, in der abstrakte Prinzipien von "Freiheit und Gerechtigkeit für alle" dominieren.

2.382 Kognitiv-soziale Perspektiven

Gegenüber den vagen und allgemeinen Aussagen der Theorie Kohlbergs macht die kognitiv-soziale Lerntheorie Banduras über die Moralentwicklung konkrete und leicht testbare Aussagen. Bandura meint, daß die kognitiven Stadien der Moralentwicklung nicht einer unveränderbaren Abfolge von vorgezeichneten Stadien folgen. Er postuliert, daß sich die Entwicklung moralischen Urteilens und Verhaltens im Prozeß der Sozialisation durch Modellernen und durch Belohnung von Verhaltensweisen und Denkinhalten ergibt. Der Sozialisierungsprozeß verlangt abstrakte Vorbilder, aus denen der Beobachter das den verschiedenen Modellen gemeinsame entnimmt und Verhaltensregeln mit ähnlicher Struktur formuliert (Bandura, 1977). Die *allgemeinen Prinzipien* von dem, was richtig oder falsch ist, werden durch Modelle, die man respektiert und imitiert, gelernt. Die kognitiv-soziale Lerntheorie nimmt nicht an, daß es kognitive Strukturen gibt, die sich von selbst entwickeln und die es dem Individuum ermöglichen, allgemeine Prinzipien anzunehmen. Individuen können auch zur "höchsten" Moralstufe gelangen, ohne vorher die "niederen" Stufen zu durchlaufen. Dies geschieht einfach durch Identifikation mit den Vorbildern, die das grundlegende Verhaltensprinzip zeigen, das mit der endgültigen Moralentwicklung in Verbindung gebracht wird.

Die kognitiv-soziale Lerntheorie glaubt auch nicht an die Universalität bestimmter Moralprinzipien. Sie nimmt stattdessen an, daß moralische Urteile und die damit in Beziehung stehenden Verhaltensweisen auf der Basis von speziellen Erfahrungen entstehen, die auf spezielle Situationen angewendet werden können. Unter bestimmten Bedingungen wird eine Person ein bestimmtes moralisches Verhaltensmuster zeigen; unter anderen Bedingungen wird sie ein Verhalten zeigen, das einer höheren oder niedrigeren Moralstufe entspricht.

Die moralische Entwicklungsstufe spielt offensichtlich bei verschiedenen Entscheidungsprozessen eine wichtige Rolle. Es kann auch der Fall sein, daß kriminelles Verhalten durch das jeweilige Moralniveau bedingt ist: es ist plausibel, anzunehmen, daß Personen in höheren Stufen der Moralentwicklung seltener kriminelles Verhalten zeigen. Man kann aus dieser Theorie auch ableiten, daß Individuen Gesetze gegenüber Institutionen brechen, wenn sie diese nicht anerkennen oder als repressiv betrachten. Personen auf der Stufe der "Recht und Ordnung"-Moral und auf der Stufe des "guten Kerls", also solche, die Autoritäten blind gehorchen, werden soziale Erwartungen wahrscheinlich seltener verletzen. Am häufigsten werden gemäß der Theorie Individuen auf den niederen Entwicklungsstufen kriminell handeln. Diese Inkonsistenzen bei der Ableitung von Vorhersagen aus der Theorie unterstreicht die Forderung nach sorgfältiger Forschung und testbaren Vorhersagen. Erst dann wird man feststellen können, ob die Thesen der Theorie der Moralentwicklung als Erklärungsmodell für Kriminalität nützlich sind.

2.39 Prognose kriminellen Verhaltens

Ist es angesichts der dynamischen und äußerst komplexen gegenseitigen Beeinflussung von Person und Umgebung überhaupt möglich, künftiges deviantes Verhalten vorherzusagen? Können wir überhaupt von "kriminellen Persönlichkeiten" sprechen? Aus der Sicht der kognitiv-sozialen Lerntheorie erscheinen Persönlichkeitskonstrukte, wie konstante Merkmale der Persönlichkeit des Mörders, des Vergewaltigers, des Geiselnehmers oder des Kinderschänders, zweifelhaft. Eine genauere Prüfung der betreffenden Reaktionsmuster eines Individuums ermöglicht unter bestimmten Bedingungen prognostische Vorhersagen. Der möglicherweise brauchbarste Bestimmungsfaktor künftigen Verhaltens ist das Verhalten in der Vergangenheit. Von einem auf Einbrüche spezialisierten mehrfachen Wiederholungstäter ist anzunehmen, daß er auch in Zukunft kriminell handeln wird. Bei jeder Prognose werden aber viele Faktoren ins Kalkül zu ziehen sein: die Fähigkeiten des Individuums und seine Erwartungen, spezifische Umgebungsbedingungen, die das kriminelle Verhalten aktivieren können usw. Aber auch nach sorgfältiger Bestimmung aller Parameter in der Vorhersagegleichung wird nur eine grobe Schätzung der Auftrittswahrscheinlichkeit des kritischen Verhaltens innerhalb eines bestimmten Zeitraums möglich sein.

Eine Hilfe bei solchen Vorhersagen bietet das Konzept der *situationsunabhängigen* und *zeitlichen Konsistenz*. Situationsunabhängige Konsistenz beschreibt den Grad, bis zu welchem das Verhalten oder die Persönlichkeitsmerkmale von einer Situation zu einer anderen konstant bleiben. Die zeitliche Konsistenz betrifft den Grad, in welchem das Verhalten in ähnlichen Situationen über die Zeit hinweg konstant bleibt. Die bisherigen Ergebnisse zeigen, daß Verhalten im allgemeinen größere zeitliche als situationsunabhängige Konsistenz zeigt. Daher wird kriminelles Verhalten, das in einer bestimmten Umgebung belohnt worden war, in einer weiten Variation von ähnlichen Situationen wahrscheinlich wieder auftreten. Eine Person, die über Jahre hinweg Einbrüche verübt hat, wird bei passenden Gelegenheiten wieder einbrechen. Hat sich die Umwelt jedoch wesentlich verändert (z.B. die Person lebt an einem weit entfernten Ort, der ehemalige Kompagnon ist gestorben), so sinkt die Wahrscheinlichkeit künftiger krimineller Aktivität.

Psychologen behaupten oft, daß ihre Disziplin *künftiges Verhalten* vorhersagen kann (Bem und Allen, 1974). Wenn wir die in diesem Kapitel diskutierten Prädiktoren kriminellen Verhaltens berücksichtigen, können wir bei Kriminalitätsprognosen optimistisch sein.

Kenrick und Stringfield (1980) konnten in jüngster Zeit nachweisen, daß einer der brauchbarsten Prädiktoren für Verhaltensprognosen Selbstberichte der betreffenden Personen sind. Der beste Zugang zum Verständnis einer Person sind deren stabile Persönlichkeitsmerkmale und Eigenschaften, die sie selbst vorgibt zu besitzen. Die Auswertung von Selbstberichten war lange Zeit in der wissenschaftlichen Psychologie verpönt. In jüngster Zeit erlebt die Selbstbeobachtung als valide Forschungsmethode eine Wiederbelebung. Man stößt dabei auch auf eine überraschend große Bereitschaft der untersuchten Personen, solche Auskünfte zu geben. Eine Person, die z.B. zugibt, daß sie oft feindselige Gefühle hegt und die Geduld leicht verliert, die weiß, daß sie anderen physischen Schaden zufügen kann und die gleichzeitig eine kriminelle Vorgeschichte wegen Körperverletzung aufweist, braucht wahrscheinlich sorgfältige Beaufsichtigung. Man kann die Vorhersagekraft der gängigen Verfahren durch die Auswertung der Selbstberichte auch wesentlich verbessern.

Zusammenfassend können wir sagen, daß für eine brauchbare Erklärung kriminellen Verhaltens die Analyse der wechselseitigen Beeinflussung von Umgebung und "Persönlichkeit" (Erwartungen, Erfahrungsgeschichte, Fähigkeiten, subjektive Werte, kognitive Strukturen, Pläne und das Selbstregulationssystem) erforderlich sind. Dies ist jedoch keine leichte Aufgabe. Es ist oft einladender, die dogmatischen und vereinfachten Verallgemeinerungen weiterzuentwickeln, die auch kognitiv leichter zu handhaben sind, als sich dem immensen Problem des Verstehens, Kontrollierens und Vorhersagens kriminellen Verhaltens zu widmen.

Aggression. Der umfassendste Beitrag der Psychologie, insbesondere der Sozialpsychologie, zur Untersuchung der Kriminalität gelang im Bereich der Aggressionsforschung. Die Anfänge einer Theorie der Aggression liegen in frühen instinkt-biologischen Arbeiten und reichen bis zum heutigen lerntheoretischen Ansatz (Bandura, 1973; Goldstein, 1975). Die kognitiv-soziale Lerntheorie liefert die brauchbarsten Erklärungen für die Entwicklung und Aufrechterhaltung menschlicher Aggression und bietet gleichzeitig auch brauchbare Vorschläge für deren Reduktion und Kontrolle.

Weltweit zeigt sich ein allgemeiner Anstieg der Gewaltkriminalität. In den USA ist dieser Anstieg sogar größer als die Rate des Bevölkerungszuwachses (Goldstein, 1975). Einen Teil der Gewaltanwendung kann man auf die Existenz aggressiver Modelle in der Gesellschaft zurückführen. Dies sind Modelle, die sich nicht nur in den Unterhaltungsmedien finden, sondern auch innerhalb einer Vielzahl von Subkulturen der verschiedenen sozioökonomischen Klassen. Gewalttätige Verhaltensweisen zeigen sich vermehrt in den unteren sozioökonomischen Klassen, wo Aggression als Mittel zur Erlangung von Belohnung und Vermeidung aversiver Umstände eingesetzt wird, aber auch um das Gefühl der Machtlosigkeit zu kompensieren. Beim Aneignen, Auslösen und Aufrechterhalten von aggressiven Verhaltensweisen spielen Lernprozesse eine zentrale Rolle. Aggressives Verhalten entsteht durch aggressive Vorbilder und andere Lernprozesse. Seine Anwendung wirkt bei einem beträchtlichen Teil der Bevölkerung belohnend (Bartol, 1983, S. 272).

Als Erklärungskonzept der Aggressionen muß man die kognitiv-soziale Lerntheorie modifizieren. Das weiter oben beschriebene reziproke System legt nahe, daß das Verhalten nicht nur durch den reziproken Einfluß der der Handlung vorangehenden Umstände und der darauf folgenden Konsequenzen beeinflußt wird, sondern auch, daß die handelnden Personen kognitiv den Fortgang der Ereignisse ständig bewerten. Eine Verhaltensvorhersage erfordert daher die Analyse der reziproken Systeme jeder Person unter den wechselnden Bewertungen und Neueinstufungen. Derzeit läßt das Interesse an der Weiterentwicklung dieser Theorie nach, möglicherweise als Folge ihrer zunehmenden Komplexität.

Kriminalität und Geisteskrankheit. Es ist ein weitverbreiteter Irrglaube, daß einige kriminelle Handlungen, insbesondere abscheuliche und gewaltsame Delikte (wie brutale oder sinnlose Morde), fast ausschließlich von Geisteskranken ausgeführt werden. Die Medien, insbesondere die Unterhaltungsmedien, bestärken diesen Irrglauben. Diese Annahmen sind so tief in der Gesellschaft verwurzelt, daß sie auch das Rechtssystem akzeptiert. Dies geht so weit, daß man "verrückte" Personen fürchtet und sie - um die Gesellschaft zu schützen - in Verwahrung hält. Es gibt natürlich Menschen, die zu extremen Grausamkeiten fähig sind. Dies bedeutet aber nicht, daß sie im klinischen oder psychologischen Sinn emotional gestört sind. Sie sind deviant im sozialen oder kulturellen Sinn, und ihre Handlungen entziehen sich dem allgemeinen Verständnis. Es ist aber nicht richtig, diese Personen als geisteskrank zu bezeichnen, insbesondere gegenüber jenen, die klinisch definierte psychologische Probleme haben.

Das heißt aber nicht, daß emotional oder geistig gestörte Personen niemals abscheuliche, brutale Verbrechen begehen. Bizarre Delikte sind oft von Geisteskranken ausgeführt worden. Es gibt aber keine Belege dafür, daß "verrückte" Personen häufiger kriminell handeln als der "normale" Bevölkerungsdurchschnitt (Lunde, 1976). In einer ausgedehnten Untersuchung stellten Henn et al. (1976) an Personen, für die das Gericht eine psychiatrische oder psychologische Diagnose anordnete, fest, daß in dieser Gruppe "verrückte" Personen (Psychotiker) nicht höher repräsentiert waren als in der Gesamtbevölkerung. Von den untersuchten 2000 Inhaftierten waren 73 Mordverdächtige. Von dieser Gruppe wurde nicht mehr als 1% als psychotisch diagnostiziert. Der Anteil der Psychotiker in der Gesamtbevölkerung liegt ebenfalls bei ca. 1%. Vergleichbare Daten lieferten Häfner und Böker (1973) für die Bundesrepublik.

In einer anderen Gruppe von 1195 (für unterschiedliche Delikte) Angeklagten fand Henn in den Akten als häufigste verwendete Diagnose die "Persönlichkeitsstörung". Sie wurde von den klinischen Gutachtern bei fast 40% aller Diagnosen festgestellt. Als "Persönlichkeitsstörung" bezeichnete man in zwei Drittel der Fälle eine antisoziale Persönlichkeit. Eine beträchtliche Anzahl von Angeklagten wurde auch als "Alkoholiker" oder "Drogenabhängige" eingestuft, was ebenfalls bei den derzeit verwendeten psychiatrischen Klassifikationsschemata als Persönlichkeitsstörung gilt.

Personen mit "Persönlichkeitsstörungen" sind aber nicht das, was die große Mehrheit der Kliniker oder die allgemeine Bevölkerung als "Verrückte" bezeichnet. Personen mit Persönlichkeitsstörungen zeigen im allgemeinen keine Halluzinationen, Realitätsverkennungen oder Realitätsverluste. Man kann ihr Verhalten in vielen Fällen als "störendes Verhalten" bezeichnen, aber nicht als "verrücktes Verhalten". Weiters gibt es bei diesen Etikettierungen Definitionsprobleme. Im Konzept der "Persönlichkeitsstörung" sind auch antisoziale Verhaltensweisen eingeschlossen. Personen, bei denen man die Diagnose "antisozial" stellt, weil sie sich tatsächlich so verhalten haben, tun dies, weil sie von einer antisozialen Persönlichkeitsstörung geplagt werden. Das Problem bei diesem Zirkelschluß liegt darin, daß das Rechtssystem und die Gesellschaft im allgemeinen derartige psychiatrische Diagnosen mit dem Etikett "verrückt" verbinden.

Henn stellte auch fest, daß 93% der Angeklagten, die psychiatrisch untersucht wurden, irgendeine psychiatrische Diagnose erhielten. Dieses Ergebnis deutet möglicherweise auf Verzerrungen hin, denen auch das Gericht durch die Zusammenarbeit mit den psychiatrischen Gutachtern ausgeliefert ist. Der psychiatrische Gutachter ist bemüht, dem Angeklagten eine Diagnose irgendeiner Art zu geben. Beim Rechtsanwender kann dies zur Wahrnehmung führen, daß jeder, der kriminell handelt, geisteskrank ist. Kliniker besitzen oft dasselbe Vorurteil. Wenn keine definitive Geisteskrankheit vorliegt, verwenden sie Bezeichnungen wie "antisoziale Persönlichkeitsstörung", weil das Individuum abweichend und antisozial gehandelt hat.

Die Forschungsliteratur bestärkt das weitverbreitete Vorurteil nicht, daß verrückte Personen überzufällig häufig kriminell sind. Teilweise wird dieser Irrglaube durch das traditionelle (auch im Rechtssystem verankerte) *medizinische Modell* aufrechterhalten, das kriminelles Verhalten als "krank" oder "charakterlich abnorm" bezeichnet. Kriminelles Handeln wird demnach nur von gestörten und primitiven Motiven geleitet. Auch ein Mangel an Verständnis für kriminelles Verhalten stützt dieses Vorurteil. Gelingt es nicht, das Zusammenspiel situativer, kognitiver und handlungsbezogener Faktoren krimineller Handlungen zu verstehen, führt dies im allgemeinen zu einer simplifizierten Wahrnehmung. Wenn man die Gründe für die Tat nicht identifizieren kann, muß der Täter krank sein. Man kann sein Handeln nicht verstehen, also ist er verrückt.

Kriminelles Handeln ist meist durch den Wunsch motiviert, sich einen *Vorteil oder einen Wechsel* der gegenwärtigen mißlichen Lage zu verschaffen. Das Verhalten kann darauf abzielen, Stimulation und Aufregung zu erreichen oder zur Erlangung persönlicher Kontrolle (Macht) über andere beizutragen. Auch das kriminelle Verhalten von geistig gestörten Personen schließt Erwartungen ein. Ein paranoider Schizophrener kann sich die Beseitigung eines eingebildeten Verfolgers wünschen. Die Liste möglicher Motive ist endlos. Eine an Depressionen leidende Mutter kann sich und ihre Kinder töten (erweiterter Suizid), damit diese nicht die Qualen, die sie vorausahnt und als unvermeidlich wahrnimmt, erleben müssen. Ein Räuber erreicht durch eine "erfolgreiche" Tat nicht nur den unmittelbaren materiellen Gewinn, sondern auch den Respekt seiner Kumpane. Diese Überlegungen sollen klarlegen, daß kriminelles Verhalten erlerntes Verhalten ist und von persönlichen Absichten geleitet wird. Man soll ein abweichendes Verhalten nicht vorschnell als "verrückt" bezeichnen, nur weil man vordergründig keine Motive wahrnimmt.

Zusammenfassung und Schlußfolgerung. Das komplexe Phänomen der Kriminalität läßt sich nicht monokausal erklären. Sie läßt sich weder allein durch äußere Umstände, wie Armut, niederer sozioökonomischer Status, Vorurteile, Arbeitslosigkeit oder schlechte Ausbildung erklären, noch allein durch psychologische Defekte im Über-Ich oder in der emotionalen Reife. Es muß als eigenständiges Verhalten, das durch Denkprozesse, kognitiv-soziale Lernprozesse, Lernen am Modell und durch die reziproke Beziehung zwischen dem Handelnden und der umgebenden Situation entsteht, wahrgenommen werden. Jedes kriminelle Verhalten ist für das handelnde Individuum eine optimale subjektive Anpassung an die jeweilige Umgebung. Man muß also verstehen, wie der deviant Handelnde seine Lage wahrnimmt. Theorien und empirische Forschungsarbeiten, die den subjektiven Wert der Handlung für das Individuum nicht miteinbeziehen, bleiben fragmentarisch und oberflächlich. Da kriminelles Handeln durch die Wechselbeziehung zwischen Individuum und Umgebung beeinflußt wird, sind Vorhersagen über die Gefährlichkeit und über zukünftiges kriminelles Verhalten extrem schwierig und unsicher.

Die vorgestellten Ansätze sind für die *Anwendung im Strafrecht* zur Kriminalitätskontrolle und -reduktion wahrscheinlich *zu komplex*. Es wird oft behauptet, daß prophylaktische Maßnahmen zur Verhinderung von Kriminalität bei Kindern ansetzen müßten, insbesondere durch die Reduktion aggressiver und gewalttätiger Modelle und durch Reduzierung des Belohnungswertes kriminellen Verhaltens. Solche Präventivmaßnahmen sind unrealistisch und angesichts des gegenwärtigen psychologischen Wissens nicht ausreichend abgesichert. Kriminalität ist noch zu tief in den Funktionsmechanismus unserer Gesellschaft verflochten, um durch autoritäre Maßnahmen reduziert zu werden. Die Zensur von Unterhaltungsprogrammen, ein radikaler Wechsel in der Kindererziehung, die Beseitigung von Schußwaffen in der Öffentlichkeit und ein Wechsel im demokratischen Prozeß wären nur mit diktatorischen Mitteln erreichbar, die sich niemand wünscht. Wir müssen derzeit leider bei dieser pessimistischen Schlußfolgerung bleiben. Die vielversprechenden Ansätze für einen sozialen Wechsel liegen aber innerhalb des Rechtssystems selbst, wo auch Möglichkeiten zur Kriminalitätskontrolle existieren.

Gezielte (erzwungene) erzieherische Maßnahmen, die massive Reduktion krimineller Modelle in den Massenmedien und härtere Strafen sind keine ideale Lösung, weil sie nur durch eine repressive Regierungspolitik mit Einschränkungen von Freiheit und Rechten durchsetzbar wären. Ein erreichbares und realistisches Ziel wäre die Entwicklung einer rationalen und toleranteren Rechtsordnung, die insbesondere die Jugendgerichtsbarkeit einschließt. Der erste Schritt wäre eine Strafrechtsreform, die erhöhte Sensibilität und Differenzierbarkeit gegenüber der Einzigartigkeit des individuellen Verhaltens zeigt und dogmatische, vereinfachende Verallgemeinerungen ablehnt. Die Kontrolle des Kriminalitätsproblems scheint in Verbesserungen im Strafrechtssystem selbst möglich.

Die *Prophylaxe* müßte nicht nur die Persönlichkeit des Täters, sondern auch die Instanzen sozialer Kontrolle miteinschließen. Polizei, Justiz, Sozialarbeit, Gerichtspsychiatrie und -psychologie müßten Techniken der Entstigmatisierung entwickeln. Die Auflösung der "totalen Institution" Gefängnis, ein unbürokratischer Umgang mit abweichendem Verhalten, vorrangig ambulante Behandlung usw. wären notwendig. Auch eine Auflösung autoritärer Strukturen in Familie, Schule und Betrieb sowie die Bewußtmachung der eigenen Vorurteile wären erforderlich. Die Gerichte haben sich zwar den Ruf unparteiischer Institutionen erarbeitet, aber Arbeitsüberlastung und Budgetmangel üben einen schädlichen Effekt auf die Arbeit aus (Bork, 1977).

Ein wesentlicher erster Schritt in der Kriminalitätsbekämpfung besteht darin, psychiatrische oder psychologische Kriminalitätsmodelle, die auf philosophischen, moralischen oder rein theoretischen Grundlagen stehen, aufzugeben. Oft haben die Aussagen solcher Theorien nicht mehr Gültigkeit als Spekulationen von Laien. Wenn das Rechtssystem den Verhaltenswissenschaften mehr Gehör verschafft, muß es auch deren Methoden und Wissenschaftstheorie verstehen. Die Entscheidungsträger im Rechtssystem sollen erkennen, daß die traditionelle Kriminologie ein Durcheinander von Theorien und Statistiken entwickelt. Eine sinnvolle Verwertung ihrer Ergebnisse erfordert enorme intellektuelle Anstrengung - sowohl beim Entwickeln neuer Gesetze wie auch bei der Behandlung des individuellen Falles.

Aus psychologischer Sicht ist der brauchbarste Ansatz für eine Reduktion und teilweisen Kontrolle der Kriminalität zuerst deren *Verständnis*. Dieses Verständnis besteht in der fortgesetzten psychologischen Forschungsaktivität, die sich auf lerntheoretische Modelle beim Erwerben und beim Aufgeben kriminellen Verhaltens bezieht, wie auf die Entwicklung von spezifischen Theorien, die auch realistische (strafrechtliche) Anwendungen ermöglichen. Daher braucht das Recht - wie in der eingangs beschriebenen Beziehung von Recht und Psychologie - die wissenschaftliche Psychologie; diese kann mit ihren empirischen Forschungen dabei helfen, Verfahrensweisen zu entwickeln, die Sicherheit und Freiheit in der Gesellschaft garantieren.

2.4 Die Entscheidung zur Anzeige

Betrachten wir kriminelles Handeln aus der Sicht des Strafrechts, so fallen uns die klaren Definitionen der verschiedenen strafwürdigen Handlungen auf. Aus der Sicht des Strafrechts sind kriminelle Handlungen einerseits detailliert, aber gleichzeitig auch so allgemein formuliert, daß ein klares Beurteilungsschema vorliegt. Das Strafrecht nimmt aber die Rolle, die die Polizei, die Opfer und die Zeugen bei der Definition krimineller Handlungen spielen, nicht zur Kenntnis. Das Strafgesetz differenziert bei der Bewertung der kriminellen Handlung klar die verschiedenen psychischen Zustände eines Verdächtigen oder Angeklagten (so gibt es eine Reihe von Abstufungen von Mord über Totschlag bis zur fahrlässigen Tötung); die Tatsache aber, daß auch der psychische Zustand des Opfers an der Kriminalisierung der Handlung mitwirken kann, wird kaum berücksichtigt.

Bei den meisten Delikten bestimmt das Opfer, ob die Handlung kriminell war oder nicht. Zuallererst hängt es von den Wahrnehmungen und den Beweggründen des potentiellen Opfers ab, ob der Kontakt zum Schädiger als Verbrechen eingeschätzt wird oder nicht. Ein sexueller Kontakt kann von einer Frau als Vergewaltigung, von der anderen als normales Sexualverhalten erlebt werden. Eine Ohrfeige kann als Ausdruck bestimmter Gefühle in einer freundschaftlichen Auseinandersetzung oder als aggressiver Angriff bewertet werden. Diese Bewertungen sind von Wahrnehmungen und Einstellungen des Opfers abhängig. Das Opfer entscheidet auch, ob die als kriminell wahrgenommenen Handlungen den Behörden bekannt werden sollen. Dies trifft auch für einen unbeteiligten Beobachter (Zeugen) der Handlung zu. Im folgenden Kapitel wollen wir diese Entscheidung des Opfers oder eines unbeteiligten Beobachters, der eine kriminelle Handlung wahrnimmt, aus der Sicht unterschiedlicher Forschungsansätze diskutieren. Der Einfluß des Opfers bzw. des Beobachters geht aber noch weiter. Sie bestimmen bei bestimmten Delikten auch weitgehend ob eine Anklage erhoben wird (Antrags- und Ermächtigungsdelikte, Privatanklage).

Beobachter und Opfer krimineller Handlungen. Die Forschung, die sich mit den Reaktionen der Bürger auf Diebstahl befaßt, konzentriert sich hauptsächlich auf die Rolle des Opfers oder des Beobachters. Diese beiden Forschungsbereiche (die Untersuchung der Opfer- und Beobachterreaktionen) zeigen nicht nur in bezug auf die Forschungsfrage, sondern auch in einer Reihe anderer wesentlicher Aspekte Unterschiede. Die Reaktionen des Beobachters wurden hauptsächlich von Sozialpsychologen mittels experimenteller Versuchspläne untersucht, die Opferreaktionen hauptsächlich von Soziologen mittels Umfragen. Die unterschiedlichen methodologischen Ansätze beeinflussen auch die Auswahl der untersuchten Variablen. Beim Beobachterverhalten werden in erster Linie Variablen des sozialen Einflusses, beim Opfer insbesondere demographische Charakteristika der kriminellen Handlung (z.B. Geringfügigkeit des Schadens) oder Merkmale der Person (z.B. Einstellung gegenüber der Effizienz der Strafverfolgungsbehörde) untersucht. Beginnen wir mit den Opferreaktionen.

2.41 Die Anzeige durch das Opfer

Welche Forschungsansätze bieten sich für die Untersuchung von Entscheidungen beim Opfer an? Der ideale Zugang wäre die Untersuchung von echten Viktimisationen - dies birgt aber große ethische Probleme und praktische Schwierigkeiten in sich. Neben einer kurzen Beschreibung der drei möglichen methodologischen Ansätze wollen wir dazu jeweils einige Forschungsarbeiten diskutieren. Im folgenden Abschnitt erhält die experimentelle Untersuchung der Opferentscheidung besonderes Gewicht, weil dieser Ansatz in der kriminologischen Literatur bisher vernachlässigt wurde. Das Experiment kann auch bei dieser Fragestellung durch die strenge Zufallszuordnung die offensichtlichen Schwächen der Befragungs- bzw. Umfrageuntersuchungen eliminieren. Allerdings sind die experimentellen Ergebnisse wieder auf bestimmte Situationen beschränkt.

2.411 In-situ-Forschung

Am effektivsten wäre die Untersuchung der auf die Viktimisation folgenden Entscheidungsprozesse in der Realität. Diese Ergebnisse würden auch die brauchbarsten Verallgemeinerungen liefern. Solche Untersuchungen sind aber nur möglich, wenn man den Entscheidungsträger und den Zeitpunkt der kritischen Entscheidung im vorhinein kennt. Ist nur die Identität des Entscheidungsträgers bekannt, nicht aber Zeit und Ort der Entscheidung, wird diese Vorgangsweise sehr kostspielig, weil der Forscher in der Lage sein muß, den Entscheidungsträger so lange zu überwachen, bis der Entscheidungsprozeß in Gang kommt. So begleitete z.B. Reiss (1967) Polizeibeamte auf ihren Streifen, um ihr Entscheidungsverhalten "im Felde" beim Anhalten und Vernehmen von Verdächtigen zu untersuchen. Dadurch, daß er die Beamten begleitete, konnte er die Kontakte zwischen Beamten und Verdächtigen protokollieren.

Diese Vorgangsweise ist auch für die Analyse der richterlichen Entscheidungsfindung gut brauchbar, wie die Arbeiten von Ebbesen und Konecni (1975) zeigen. Für die Analyse des Entscheidungsprozesses beim Opfer ist diese Methode nur schwer einsetzbar. Es ist auch unwahrscheinlich, daß die Identität eines potentiellen Verbrechensopfers dem Forscher im vorhinein bekannt ist. Zeit und Ort des Auftretens einer bestimmen Viktimisation sind schon eher vorhersagbar. Aber auch wenn dem Forscher diese Informationen verfügbar sind, gäbe es große ethische und rechtliche Restriktionen; es müßte ja ein vorhergesagtes Verbrechen zum Zweck der Analyse des Entscheidungsprozesses beim Opfer zugelassen werden (nicht verhindert werden). Ein noch größerer Nachteil der Felduntersuchung ist der Verlust der Kontrolle über die Situation bzw. über die zu untersuchenden Variablen. Dadurch wird auch die Effektivität der Ursache-Wirkungs-Zusammenhänge abgeschwächt. Insgesamt ist die Feldbeobachtung für die Untersuchung der Opferentscheidung ungeeignet.

2.412 Opferbefragung

In unserem Analysemodell des Strafrechtssystems haben wir ein zusammenhängendes Netz von Entscheidungsknoten (oder Entscheidungskonzentrationen) postuliert. Entscheidungen, die in einem bestimmten Abschnitt des Systems getroffen werden, sind zum Teil durch die (Ermessens-)Entscheidungen vorangegangener Entscheidungsträger bedingt. Wir können daher annehmen, daß für einen Fall zeitlich frühe Entscheidungen den größten Einfluß auf den Weiterverbleib im bzw. Austritt aus dem System haben. In diesem Sinn kann man die Polizei sozusagen als "Tormann" des Systems betrachten. Andererseits sind die Anzeigen von seiten der Bürger für 95% der polizeilichen Ermittlungen verantwortlich. Dadurch ist es in erster Linie das Opfer, das bestimmt, mit welchen Personen sich der Rechtsapparat befassen wird.

Erst in jüngster Zeit haben viktimologische Untersuchungen die Aufmerksamkeit auf das Opfer gelenkt. Dabei zeigt sich, daß Opfer im allgemeinen sehr unterschiedlich reagieren. Diese Untersuchungen (hauptsächlich Opferbefragungen) ergeben übereinstimmend, daß im Durchschnitt (gemittelt über alle Delikte) weniger als die Hälfte der verübten kriminellen Handlungen den Behörden bekanntgegeben werden. Es gibt jedoch große deliktspezifische Schwankungen: Bei schweren Körperverletzungen und Mord werden nahezu 100% der Delikte den Behörden bekannt, bei Eigentumsdelikten nur ca. 30%. Auch bei anderen häufigen Delikten wie z.B. bei Notzucht zeigen die Opfer den überwiegenden Teil der kriminellen Handlungen nicht an.

Für eine effiziente Strafrechtspflege (im Sinn von Prophylaxe und Kontrolle) müssen die Entscheidungsprozesse beim Anzeigen durch das Opfer aufgeklärt werden. Angesichts der "Filterfunktion", die das Opfer durch das Mobilisieren des Strafrechtsapparates einnimmt, ist gezielte und methodologisch einwandfreie Opferforschung erforderlich. Die drei verfügbaren Ansätze sind die Felduntersuchung (In-situ-Forschung), Opferbefragungen und das Experiment. Jede dieser Methoden hat Vorzüge, aber auch Schwächen, die wir kursorisch behandeln wollen.

Die einfachste Methode besteht darin, tatsächliche Opfer krimineller Handlungen über ihre Gründe für die Anzeige bzw. für das Nichtanzeigen zu befragen. Dies ist auch die Vorgangsweise in größeren Forschungsprojekten, die in den letzten Jahren insbesondere in der Bundesrepublik Deutschland, in Skandinavien und in den USA veröffentlicht wurden. Solche Untersuchungen sammeln in erster Linie Daten über *Viktimisationshäufigkeit*, erheben aber auch zusätzliche Variablen wie Zeit und Ort des Auftretens krimineller Handlungen und Faktoren, die das Anzeigeverhalten von Opfern oder Zeugen determinieren. Meistens werden periodische Interviews mit einer Zufallsstichprobe der erwachsenen Bevölkerung über das Ausmaß ihrer persönlichen Erfahrungen mit Viktimisationen während eines definierten Zeitraums durchgeführt. Man nimmt dabei generell an, daß die Umfragen vollständigere Statistiken und wertvollere Aufschlüsse über tatsächliche Viktimisationen ergeben als die jährliche Kriminalstatistik der Polizei. Die Polizeistatistiken beinhalten meistens nur die absoluten Zahlen angezeigter Gesetzesverletzungen und angezeigter Verdächtiger (bzw. verurteilter Angeklagter).

1984 wurden der Polizei in Österreich 391 602 Straftaten bekannt, das sind umgerechnet 52 pro 1000 Einwohner. Auf den ersten Blick bedeutet das, daß 5,2% der Österreicher in diesem Jahr einen Schaden an strafrechtlich geschützten Rechtsgütern (Leben, Gesundheit, Freiheit, Ehre, Eigentum etc.) erlitten haben. Solche Schädigungen sind höchstwahrscheinlich noch viel häufiger; aber nur 52 von 1000 Einwohnern haben sie 1984 als "kriminell" interpretiert und behördlich registrieren lassen.

Oft werden Schadensfälle nicht als solche erkannt, oder man betrachtet sie nicht als strafbare Handlungen, weil etwa "höhere Gewalt", ein Unfall oder Mitverschulden vorliegen, oder weil kein identifizierbarer Schädiger eruierbar ist. Oft erachtet man auch die Mühe, den Vorfall der Polizei bekanntzugeben, als unnötig, aussichtslos oder schädlich. Die Entscheidung, eine Schädigung als "kriminell" zu bezeichnen und den Behörden mitzuteilen, hängt von der *Initiative des Opfers bzw. Geschädigten* ab.

Unveröffentlichtes Untersuchungsmaterial des Ludwig-Boltzmann-Instituts für Kriminalsoziologie in Wien zeigt, daß 13% der Strafanzeigen auf die unmittelbare Wahrnehmung von Polizeibeamten, 21% auf die Meldung durch Zeugen eines Vorfalls und 55% durch das Opfer selbst erfolgen (der Rest durch nichtpolizeiliche Behörden bzw. den Täter selbst). Dieser Untersuchung liegt eine repräsentative Stichprobe aller Anzeigen des Jahres 1967 gegen polizeilich ermittelte, erwachsene Straftäter bei den Staatsanwaltschaften an sämtlichen österreichischen Gerichten zugrunde. Es wurde der Lauf dieser Straffälle durch die gesamte Justiz verfolgt. Nicht berücksichtigt sind Anzeigen gegen unbekannte Täter, die Klientel der Bezirksgerichte und Jugendliche. Strafanzeigen gegen "Unbekannt" (häufig Vermögensdelikte) dürften zu einem noch größeren Teil als oben genannt von den unmittelbar Betroffenen stammen; an Bezirksgerichte weitergeleitete Anzeigen stammen weniger häufig von den Betroffenen (Pilgram, 1980). Die Anzeigebereitschaft des Opfers ist daher für das Bekanntwerden krimineller Handlungen von wesentlicher Bedeutung.

Über das *Anzeigeverhalten in der Bevölkerung* meint Pilgram (1980, S. 218), ". . . daß wohl manche Anzeigen aus Unwissenheit, unter Druck, aus Angst vor den Behörden, aus Gleichgültigkeit oder Resignation unbewußt oder bewußt unterlassen werden. Viele mögliche Strafanzeigen werden jedoch durchaus zum Vorteil der Beteiligten und der gesellschaftlichen Ordnung, aus wohlverstandenem Interesse an informeller, billiger und 'entspannender' Konfliktlösung nicht getätigt." Pilgram faßt die bei Durchsicht der Literatur aufscheinenden *Motive für das Unterlassen* von Strafanzeigen zusammen:

(1) Zustimmung des Opfers zur Handlung bzw. Delikte ohne Opfer. (2) Anteil des Opfers am Zustandekommen der Tat (z.B. bei manchen körperlichen Auseinandersetzungen). (3) Gefahr eines Reputationsverlustes für das Opfer bei Bekanntwerden des Ereignisses (z.B. vergewaltigte Frau, Ehemann als Opfer einer Prostituierten). (4) Trivialität der Ereignisse (Bagatellfälle). (5) Vermuteter Zeit- und Kostenaufwand der Strafverfolgung ohne Relation zum Schaden. (6) Wunsch des Opfers, Nachteile für den Täter zu vermeiden (z.B. bei Verwandten, Berufskollegen etc.). (7) Möglichkeit, den Konflikt privat beizulegen oder "Selbstjustiz" zu üben (z.B. bei Delikten gegen den Arbeitgeber). (8) Furcht des Opfers vor dem Täter. (9) Hoher Statusnachteil des Opfers gegenüber dem Täter oder der Polizei (z.B. bei Armen und Jugendlichen). (10) Antagonistische Einstellung des Opfers (z.B. selbst Randgruppenmitglied oder Vorbestrafter) zu Polizei/Justiz. (11) Ablehnung der staatlichen Strafsanktionen durch das Opfer. (12) Resignation des Opfers hinsichtlich der Effizienz der Strafverfolgung. (13) Nichtwahrnehmung oder Verleugnung der Schädigung durch das Opfer (z.B. bei erfolgreichen Betrugsdelikten) (Pilgram, 1976, S. 10f). Pilgram sieht in den angeführten Gründen noch unbeseitigte soziale Hindernisse für besonders inkompetente, machtlose oder diskriminierte Personen, die Institutionen des Rechts (hier insbesondere der Strafrechtspflege) für sich in Anspruch zu nehmen.

Eine *Opferbefragung* an nahezu 3000 Probanden in Göttingen und Bochum führten Schwind et al. (1975, 1978) durch. Die Befragung sollte einerseits die Dunkelziffer bei Diebstahl (ohne Warenhausdiebstahl), Raubdelikten und Körperverletzungen aufdecken, sowie die Gründe für das Nichtbekanntgeben der Schädigungen an die Behörden durch das Opfer untersuchen (Motivanalyse). In beiden Untersuchungen wurde aus der Einwohner-Meldekartei eine Zufallsstichprobe gezogen (Personen unter 15 Jahren blieben unberücksichtigt). Die Ausfallsquote der Befragten war relativ gering und betrug in Göttingen 4,7%, in Bochum 15,2%.

Die uns hier interessierende Frage nach den Motiven des Anzeigeverhaltens erbrachte beim (häufigsten) Delikt "Diebstahl" folgende Ergebnisse: Auffällig ist die große Übereinstimmung für die beiden Stichproben aus Göttingen und Bochum. Rund ein Drittel der Probanden gab die Geringfügigkeit des erlittenen Schadens als vordergründigstes Motiv an, eine polizeiliche Anzeige unterlassen zu haben. Zweitwichtigstes Motiv war die angenommene Ineffektivität der Strafverfolgungsbehörden ("zu langwierig" - "keine Erfolgsaussichten" - " bei Gericht doch erfolglos"). Abb. 4 enthält die Antworten kategorisiert nach den Motiven für das am häufigsten verübte Delikt. Auch die Abneigung gegen Behörden (Motiv Nr. 12, 15, 16) wurde in Bochum von 1,7% und in Göttingen von 4,5% der Probanden angeführt.

40% der Personen, die bereits Anzeigeerfahrung besitzen und im Befragungszeitraum neuerlich Opfer eines Diebstahls wurden, den sie nicht anzeigten, gaben als Ursachen für das Nichtanzeigen die "Ineffektivität der Strafverfolgungsbehörden" an. Im Vergleich dazu gaben Anzeigeunerfahrene diesen Grund nur in 14,3% der Fälle an. Nach Schwind spricht das Ergebnis dafür, daß dieses

Motiv für die Nichtanzeige der Straftat erst aufgrund persönlicher Erfahrungen als bestimmendes Motiv für die Anzeigeunterlassung dominant wird.

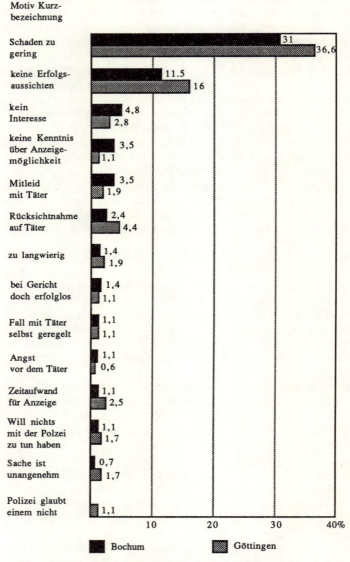

Abb. 4. Gründe der Nichtanzeige. Aus Schwind (1981)

Insgesamt zeigen die errechneten Dunkelfeldwerte eine eher zu niedrige Schätzung. Je weiter eine nicht angezeigte Straftat zurückliegt, desto weniger kann sich der Befragte daran erinnern; die Zahl der nicht angezeigten Delikte steigt von Quartal zu Quartal. Als wichtigster Beweggrund für das Nichtanzeigen wird (in der BRD) die "Geringfügigkeit des erlittenen Schadens" genannt; die "Ineffektivität der Strafverfolgungsorgane" ist vergleichsweise gering (Untersuchungen in den USA zeigen umgekehrte Ergebnisse).

Diese Untersuchungen haben sich als sehr nützlich bei bestimmten Deliktgruppen, wie etwa Vergewaltigung, Einbruch, Raub und Diebstahl, erwiesen. Die großangelegten Untersuchungen zeigen auch hohe Übereinstimmung der Ergebnisse über geographische oder zeitliche Bereiche. Ein durchgängiges Ergebnis ist die Tatsache, daß durchschnittlich weniger als die Hälfte der beobachteten (bzw. erlebten) Verbrechen angezeigt werden, wobei (wie oben erwähnt) große deliktspezifische Schwankungen bestehen. Am häufigsten angezeigt wird Diebstahl in Geschäften (86%), am wenigsten einfacher Diebstahl unter 50$ (15%). Die häufigsten Gründe für das Nichtanzeigen sind: "Weil ohnehin nichts getan werden kann!" (Mangel an Beweisen) oder weil der Vorfall nicht bedeutend genug ist, um das Einschalten des Justizapparates (in erster Linie der Polizei) zu rechtfertigen.

Weiters enthüllen die Umfrageergebnisse, daß Charakteristika des Opfers und des Täters weniger Einfluß auf die Unterschiede beim Anzeigen haben als die Art des Delikts. Viktimisationsumfragen liefern wohl nützliche Informationen über Anzeigestatistiken, den Ergebnissen fehlt aber Aussagekraft für ein tieferes Verständnis der Entscheidungsprozesse beim Opfer. Diese Schwäche entsteht durch die Art der Untersuchungsinstrumente (Fragebogen und Interviewtechnik) wie auch durch Schwächen bei der Durchführung der Befragung selbst.

2.4121 Nachteile der Befragungsmethode

Die übliche Vorgangsweise bei der Ermittlung von Bestimmungsfaktoren des Anzeigeverhaltens zeigt auch gleichzeitig deren Schwächen. Bei solchen umfassenden Opferbefragungen erhebt man meistens auch zusätzliche Daten zu speziellen Fragen, wie: "Wurde die Polizei von dem Vorfall verständigt?" Ist die Antwort "Nein", stellt man eine zweite Frage: "Was war der Grund, daß der Vorfall nicht angezeigt wurde?" Man konfrontiert den Befragten mit einer Liste von Ursachen, wobei die zutreffenden anzukreuzen sind. Hat der Befragte den Vorfall angezeigt, so fehlt aber meist die parallele Frage über die Ursachen der Anzeige. Die meisten Befragungsinstrumente versagen auch bei der Klärung der Frage, wer angezeigt hat: dies kann das Opfer selbst sein, ein unbeteiligter Beobachter, ein Mitglied des Haushalts oder die Polizei. Meistens differenziert man zwischen den unterschiedlichen Personengruppen nicht.

Will man neben den deskriptiven Informationen auch analytische (z.B. über die Determinanten des Anzeigeverhaltens) erhalten, müssen wesentlich mehr Fragen in das Meßinstrument aufgenommen werden. Je detaillierter die Fragestellung, desto komplexer wird der Fragebogen. Je zeitintensiver der Fragebogen wird, desto geringer wird die Bereitschaft des Befragten, detailliert zu antworten. Diese methodologische Schwäche wird derzeit diskutiert, und es ist anzunehmen, daß diese in künftigen Opferbefragungen vermieden wird. Der größte Nachteil von Opferbefragungen liegt in der Methode der Selbstbeobachtung, der Beschreibung des eigenen bewußten Erlebens. Diese Methode kann immer nur von einem einzigen Menschen durchgeführt werden, sie führt nie zu quantifizierbaren Resultaten, und sie ermöglicht keine scharfen Definitionen. So läßt sich z.B. die Stärke von Freude oder Trauer nicht messen, auch läßt sich die Anzahl unterscheidbarer Gefühle, die ein Mensch in einer bestimmten Situation erlebt, nicht angeben.

Bei Opferbefragungen geht es in erster Linie um die Reproduktion vergangener Ereignisse und/oder um das "Warum?" bestimmter Handlungen. In den wichtigsten Annahmen der Methode liegen gleichzeitig *ihre Schwächen:* (1) Die Befragten kennen die Gründe; (2) sie können diese bei späteren Gelegenheiten genau wiederholen; (3) sie teilen die Gründe offen und ehrlich dem Interviewer mit.

Haben Personen wirklich einen direkten Einblick in ihre komplizierten kognitiven Prozesse? Nisbett und Wilson (1977) berichten, daß Personen kritische Ereignisse und ihre Reaktionen auf diese Ereignisse oft nur sehr ungenau wiedergeben. Die Befragten können im nachhinein oft auch nicht zwischen den tatsächlichen Erlebnissen und den daraus gezogenen Schlußfolgerungen unterscheiden. Daher kann man Aussagen von Personen über spezifische Verhaltensursachen in einer bestimmten Situation auch auf ihre impliziten Theorien über die kausale Verbindung von Ereignis und Reaktion zurückführen. Wenn in Übereinstimmung mit diesen impliziten Theorien ein Reiz kein plausibler Grund für die Reaktion der Person zu sein scheint, so wird er später als unwichtig dargestellt. Nisbett und Wilson postulieren, daß, wenn Personen ihre Verhaltensursachen korrekt angeben, sie dies nicht deshalb tun, weil sie Zugang zum Urteilsprozeß haben, sondern deshalb, weil sie die impliziten Theorien richtig verwenden. Die Autoren konnten in einem Experiment zeigen, daß es Widersprüche zwischen dem, was eine Person als Grund für ihr Verhalten angibt, und dem, was der Versuchsleiter als Grund ansieht, geben kann.

Sie stellten sich die Frage, *wie verläßlich die Selbstbeobachtungen* von Opfern sind, wenn man diese sechs bis zwölf Monate nach der Viktimisation erhält. In der Untersuchung wurde also geprüft, wie gut das Erinnerungsvermögen an die eigene Viktimisation ist. Es wurden Interviews mit bekannten Opfern durchgeführt und dann mit den polizeilichen Niederschriften und Akten verglichen. In der ersten Untersuchung waren 19% der Befragten nicht in der Lage, ihre Viktimisation genau zu beschreiben. Die Genauigkeit der Antworten variierte auch mit der Länge der dazwischenliegenden Zeit. Geschah der Vorfall innerhalb von drei Monaten vor dem Interview, versagten 14%; nach sechs Monaten waren es schon 20%, nach elf 22%. Die gestellten Fragen verlangten aber nur eine globale Wiedergabe des Vorfalls. Wurden Details erfragt, dann stieg die Irrtumsrate rapide an. Diese Fehlerrate variierte aber auch mit der Art des Delikts. Am höchsten war die Fehlerrate bei Überfällen (53%), es folgten Vergewaltigung (33%), Diebstahl (22%), Raub (20%) und Einbruch mit den niedrigsten Raten. Die durchschnittliche Fehlerrate lag, gemittelt über alle Verbrechen, bei 27%.

In dieser Untersuchung wurden Opfer, die ihre Schädigung anzeigten, befragt. Es ist anzunehmen, daß diese Gruppe sich an ihre Viktimisation besser erinnern kann, weil sie das Ereignis der Polizei berichtet und dadurch dessen Bedeutung erhöht hat, als eine vergleichbare Gruppe, die nicht angezeigt hat. Die Erinnerungsfehler bei einer Stichprobe von Nichtanzeigern werden daher höher sein. Es gibt aber noch keine Untersuchungen zu den Ursachen der *Erinnerungsfehler,* die neben der Unfähigkeit des Opfers, sich zu erinnern, auch dessen "Unwilligkeit" berücksichtigen. Es konnte nachgewiesen werden (San José methods test, 1972), daß Opfer von Verbrechen, in denen der Täter ein Verwandter war, schlechtere Erinnerungsleistungen und weniger Anzeigebereitschaft zeigten als Opfer von unbekannten Tätern. Man kann daher annehmen, daß Opfer weniger bereit sind, Details einer kriminellen Handlung von Verwandten oder Bekannten mitzuteilen.

Die Diskrepanzen zwischen den Opferberichten und Polizeiprotokollen können auch durch eine *Neueinschätzung des Delikts* in der Zeit vom Ereignis bis zur Wiedergabe entstehen. Das Opfer kann die Schwere des Delikts später geringer einstufen. Diese Abschwächung der kriminellen Handlung kann durch Änderung der Motivation, der Stimmung oder durch zusätzliche Informationen bedingt sein. Was man beim ersten Zeitpunkt als "gestohlen" wahrnimmt, wird später als "fehlend" bezeichnet. Diese Einstellungsänderung kann auch durch Tatsachen gerechtfertigt sein. Auch der umgekehrte Fall ist möglich: ein Ereignis, das ursprünglich nicht als kriminell erlebt wurde, wird durch nachfolgende Bewertungsprozesse als kriminell eingestuft und bei der Opferbefragung angegeben. Auch der Umstand, als "Opfer" in einer Untersuchung befragt zu werden, könnte die Befragten dazu ermuntern, Ereignisse als Verbrechen darzustellen, die sie ursprünglich nicht so eingestuft hatten. Diese Veränderungen bewirken, daß die tatsächliche Kriminalitätshäufigkeit sowohl über- wie auch unterschätzt werden kann. Die bloße Etikettierung einer Person als "Opfer" kann schon die Beurteilung der Genauigkeit der Befragungsergebnisse beeinflussen.

Im obigen Abschnitt wurde gezeigt, daß es zu ungenauen Schlußfolgerungen führt, wenn man sich bei der Untersuchung des Anzeigeverhaltens von Opfern ausschließlich auf deren Erfahrungsberichte verläßt. Daten, die durch Fragebogenerhebungen Monate nach dem Vorfall gesammelt werden, sagen oft mehr über die Interpretationen, Motive und subjektiven Definitionen von Verbrechen beim Befragten aus als über die wahren Handlungsdeterminanten. Trotz dieser Einschränkungen bleibt die Umfragemethode in den meisten Viktimisationsuntersuchungen die beste Informationsquelle über das Opferverhalten.

Für bestimmte Deliktgruppen (z.B. Eigentumsdelikte) gibt es auch den experimentellen Zugang. Das Experiment überwindet die Unzulänglichkeiten der Umfragemethode durch den direkten Zugang zum Entscheidungsprozeß des Opfers. Der folgende Abschnitt beschreibt ein solches Experiment. Dieser Ansatz wurde in der Literatur bisher vernachlässigt. Wir wollen zeigen, daß das

Experiment auch zur Aufklärung der Opferentscheidung einen wertvollen Beitrag leisten kann.

2.413 Der experimentelle Ansatz

Das Experiment ermöglicht die Untersuchung des Entscheidungsprozesses beim Opfer nicht durch introspektive Selbstbeobachtung oder Felduntersuchungen, sondern durch systematische Manipulation der unabhängigen Variable bei gleichzeitiger Beobachtung der Effekte auf die abhängige Variable. Nur durch die exakte Überprüfung des Zusammenhangs zwischen unabhängiger und abhängiger Variablen bei genauer Einhaltung des zeitlichen Ablaufs und der Elimination alternativer Erklärungen für die beobachtete Beziehung ist es möglich, Ursache-Wirkungs-Zusammenhänge aufzudecken (s.a. Abschnitt 1.31).

Durch die Zufallszuordnung ist es weiters möglich, die individuellen Unterschiede, die als Konkurrenzhypothesen gelten könnten, zu eliminieren. Neben diesen allgemeinen Vorteilen gibt es speziell für die Untersuchung des Anzeigeverhaltens beim Opfer die Möglichkeit, den Zeitpunkt der Viktimisation festzusetzen und die darauf folgenden Entscheidungsprozesse zu protokollieren. Da es nicht möglich ist, das Auftreten wirklicher krimineller Handlungen vorherzusagen, bietet der experimentelle Ansatz die Möglichkeit, Zeitpunkt und Ort festzulegen, so daß Beobachtungen und Messungen möglich werden. Das heißt aber nicht, daß nur das Experiment die Untersuchung von Kausalbeziehungen ermöglicht. Kausale Hypothesen können auch durch nichtexperimentelle (Korrelations-)Methoden getestet werden (Campbell und Stanley, 1966).

Während der experimentelle Ansatz zur Untersuchung von Entscheidungsprozessen beim Beobachter (Zeugen) krimineller Handlungen der wichtigste Ansatz ist, wurde er bei der Opferentscheidung vergleichsweise wenig eingesetzt; möglicherweise aufgrund der ethischen Probleme, die diese Manipulationen aufwerfen. Dabei muß der Forscher eine realitätsnahe Situation schaffen, ohne gleichzeitig den Versuchspersonen psychischen oder physischen Schaden zuzufügen.

Greenberg et al. (1982) beschreiben eine experimentelle Versuchsanordnung, in der es möglich ist, "Opfer" von Diebstählen zu untersuchen. Im Labor können unter standardisierten Bedingungen verschiedene Faktoren manipuliert werden. Die Autoren inszenierten Diebstähle und untersuchten ihre Versuchspersonen (die Opfer) nachher mittels Fragebogen und Interview. Sie wählten Diebstahl, weil es das am häufigsten verübte Delikt ist. Ob ein Opfer seine Viktimisation anzeigt, hängt von der Entscheidung ab, ob die Handlung als kriminell eingestuft wird, und ob das Kosten-Nutzen-Verhältnis zugunsten einer Anzeige spricht. Das Kosten-Nutzen-Verhältnis ist das Verhältnis von Anstrengung, Ausgaben und anderen Verlusten zum Nutzen, den das Verhalten verspricht. Der Entscheidung, ob die Handlung kriminell ist oder nicht, gehen zwei Ereignisse voraus: die Entdeckung des Diebstahls und die Attribution des Verlusts auf das Verhalten anderer Personen, wobei diese Handlungen wiederum auf interne (absichtliche) kriminelle Ursachen zurückgeführt werden müssen. Das Kosten-Nutzen-Verhältnis wird auch durch Gefühle (Ärger, Entrüstung), durch den Wert des gestohlenen Gegenstandes, die offensichtlichen Motive und Bedürfnisse des Täters, die Sicherheit, daß er wirklich schuldig ist, usw. beeinflußt. Solche und andere Variablen wurden in einem *Experiment von Greenberg et al.* (1982) variiert.

Den Versuchspersonen wurde mitgeteilt, daß sie mit einer zweiten Person (in Wirklichkeit einem Mitarbeiter des Versuchsleiters) in einem Büroeignungstest konkurrieren sollten. Sie erhielten einen Geldbetrag (5$) und die Instruktion, daß sie diesen Betrag erhöhen könnten, wenn sie schneller als der Konkurrent arbeiten, bzw. Geld verlieren, wenn sie langsamer sind. Der Versuchsleiter ließ dann jede Versuchsperson und ihren "Konkurrenten" allein und kommunizierte mit ihnen nur mehr über eine Gegensprechanlage. Während des Tests, bei dem die Versuchsperson konzentriert arbeitete, entfernte der "Konkurrent" (der "Dieb") ständig einige abgeschlossene Arbeitsbögen der Versuchsperson, die diese bereits in einer Ablageschachtel deponiert hatte. Diese Aufgabe wurde durch die räumliche Anordnung der Arbeitsplätze erleichtert. Die "konkurrierenden Probanden" mußten nebeneinander arbeiten, die Arbeitsplätze waren durch eine Wand getrennt, in der eine Öffnung war, in der die gemeinsame Ablageschachtel für die bearbeiteten Testbögen stand. Vor der Abgabe der bearbeiteten Unterlagen bekam die Versuchsperson die Gelegenheit, den Diebstahl zu entdecken.

Beobachter, die durch einen Einwegspiegel das Verhalten der Versuchsperson mitverfolgten, bemerkten, daß nach kurzem Erstaunen Suchverhalten einsetzte, dann Verwirrung und schließlich eine Phase des Nachdenkens. Die Versuchspersonen mußten ihre Arbeit abgeben und erhielten die Rückmeldung, daß der "Konkurrent" wesentlich besser abgeschnitten hätte. Sie müßten daher von ihren eingangs erhaltenen 5$ noch etwas abgeben. Spätestens zu diesem Zeitpunkt erkannten die Versuchspersonen, daß sie betrogen worden waren. Sie wurden zur Verrechnung und Auszahlung der Belohnung in die "Direktion" gerufen. Die abhängige Variable war die Bereitschaft, den Verdacht mitzuteilen und der Grad der Sicherheit. In dieser Phase gab es weitere Mitarbeiter des Versuchsleiters, die den Diebstahl "beobachtet" hatten, oder die selbst Opfer eines Diebstahls geworden waren, und die die Versuchsperson entweder anregten, den Vorfall zu berichten oder ihn zu ignorieren. Die "Mitopfer" waren im Vergleich zu den "Zeugen" nur dann überzeugender, wenn sie sich gegen eine "Anzeige" aussprachen. Die Mitopfer, die zur Anzeige rieten, waren weniger einflußreich als die Zeugen (dies erscheint nicht überraschend, da die Anzeige einer kriminellen Handlung eine ernste Angelegenheit ist und ein Mitopfer nicht so sicher sein kann wie ein Augenzeuge, der den Vorfall beobachtete). Greenberg interpretiert die Daten in Übereinstimmung mit der Attributionstheorie. Ein Opfer, das persönlich geschädigt ist und keinen Beistand durch andere Opfer hat, ist eher bereit anzuzeigen als ein Opfer, das durch die Gegenwart anderer Opfer das Delikt weniger persönlich erlebt.

Insgesamt zeigten 52% aller Opfer die "kriminelle Handlung" an. Dies ist ein wesentlich höherer Prozentsatz als jener, den Umfrageuntersuchungen ergeben. Greenberg meint, daß die unmittelbare Nähe einer autoritativen Einrichtung die

Anzeigebereitschaft verstärkte; ein echtes Opfer wird wahrscheinlich keine so direkte Gelegenheit haben.

Ob eine neue und mehrdeutige Situation als kriminelle Handlung interpretiert wird, hängt auch von der (verbalen und nonverbalen) *Kommunikationsmöglichkeit* mit anderen Personen ab. Im allgemeinen fühlt man sich in wenig vertrauten Umgebungen hilfloser und sucht die Unterstützung anderer Personen, die Hinweise geben, wie man reagieren oder sich fühlen soll. Wenn jeder in der Umgebung ruhig (oder neutral) ist, werden wir uns wahrscheinlich ebenfalls so verhalten; wenn sich andere Personen in derselben Situation fürchten oder bestimmte Handlungen setzen, werden wir dies wahrscheinlich auch tun. Eine sozialpsychologische Theorie, die Theorie sozialer Vergleichsprozesse (Festinger, 1954), ist in diesem Zusammenhang interessant.

Die Theorie postuliert ein Bedürfnis des Menschen, seine Meinungen zu überprüfen. Die Annahme eines solchen Bedürfnisses kann lernpsychologisch begründet werden. Solange eine Meinung nicht (wenigstens subjektiv) bewiesen oder widerlegt ist, besteht Ungewißheit. Aus dieser *Meinungsunsicherheit* entsteht aber auch *Verhaltensunsicherheit* - man weiß nicht, "wonach man sich richten soll". Wenn hinsichtlich eines Objekts keine klare Meinung vorhanden ist, sind diesem Objekt gegenüber verschiedene Verhaltensalternativen möglich (man weiß ja nicht, welches Verhalten optimal oder adäquat wäre). Damit ist ein aversiver Zustand, nämlich ein intraindividueller Konflikt, gegeben. Andererseits kann aufgrund einer klaren Meinung schnell und ohne Unsicherheit gehandelt werden.

Es hat aber wenig Sinn, Vergleiche mit anderen Personen anzustellen, die offensichtlich in wesentlichen Bereichen sehr verschieden sind (Intelligenz, Gesundheit usw). Daher besteht die Tendenz, sich mit möglichst ähnlichen Personen zu vergleichen. Studenten befinden sich in einem solchen Vergleichsprozeß, wenn sie nach einer Prüfung die erhaltenen Fragen vergleichen, um zu bestimmen, ob sie genauso leichte (oder schwierige) erhalten haben. Die Reaktionen anderer Personen geben uns insbesondere in Situationen, wo es noch keine Vergleichsstandards gibt, eine "soziale Realität". Unser Handeln wird dann auch ähnlich dem Handeln derer sein, mit denen wir uns vergleichen. Auch andere Überlegungen fließen noch ein. Je größer die Wahrscheinlichkeit und je größer die Konsequenzen eines Irrtums sind, desto mehr werden wir von anderen abhängig sein - es sei denn (wie in der Bedingung mit einem "Mitopfer"), der andere weiß nicht mehr als wir, und Handeln ist nicht erforderlich.

Zusammenfassung. Bei der experimentellen Untersuchung des Opferverhaltens gibt es ethische Probleme und rechtliche Einschränkungen. Man kann eine ahnungslose Versuchsperson nicht zum Opfer machen, ohne sie den mit der Viktimisation verbundenen negativen Gefühlen und dem Streß, vor dem man sie im vorhinein nicht warnen kann, auszusetzen. Andererseits sind Daten von "Opfern", die sich nur in die Rolle echter Opfer versetzen (diese spielen), von fraglicher Validität. Dies ist auch ein Grund dafür, warum wesentlich mehr experimentelle Arbeiten über den Beobachter (Zeugen) als über das Opfer krimineller Handlungen existieren. Da der Beobachter die Wahl zwischen dem Eingreifen in das Geschehen und dem Nichtreagieren hat, kann er die Situation und dadurch auch seine Gefühle und die entstehende Streßbelastung kontrollieren. Das Opfer erlebt die Streßbelastung direkter und wahrscheinlich auch intensiver.

Obwohl Opfer krimineller Handlungen keine formellen Entscheidungsträger im Strafrechtssystem sind, spielen ihre Entscheidungen für die Strafrechtspflege eine eminent wichtige Rolle. Sie bestimmen (direkt oder indirekt) zu einem größeren Ausmaß als jeder andere Entscheidungsträger im System, wer angehalten, angezeigt oder angeklagt wird.

Künftige Forschungen zur Opferentscheidung müßten einen multimethodischen Ansatz versuchen. Die Untersuchung der Opferentscheidung wird immer noch durch die Methode der Opferbefragung dominiert. Ein komplementärer Ansatz ist das Experiment. Jeder der Ansätze kann aber wertvolle Ergebnisse liefern. Die Ergebnisse der experimentellen Forschungen können einerseits Fragen aufwerfen, die man bei künftigen Opferbefragungen aufnehmen muß. Andererseits können auch Opferbefragungen auf wichtige Variablen hinweisen, die man im Labor manipulieren kann.

2.42 Die Anzeige durch den Beobachter

Die vorhandene Literatur zum Beobachterverhalten von Diebstahlsdelikten läßt sich grob in drei aufeinanderfolgende Phasen gliedern. Zuerst muß das Individuum aufmerksam werden, daß Gegenstände entfernt wurden. Im zweiten Schritt muß es die Handlung als kriminell einstufen und im dritten Schritt die angemessenste Reaktion wählen. Die meisten Eigentumsdelikte geschehen in der Öffentlichkeit, auf der Straße, in Parks, Spielplätzen, Warenhäusern etc. Wir können annehmen, daß wesentlich mehr kriminelle Handlungen von Beobachtern wahrgenommen als angezeigt werden. Die Wahrnehmung einer kriminellen Handlung durch den Beobachter impliziert natürlich noch nicht seine Bereitschaft, die Beobachtung der Polizei mitzuteilen. Warum aber verabsäumen Beobachter, die kriminelle Handlung den Behörden anzuzeigen? Beginnen wir mit Analysen der Wahrnehmung des Beobachters.

2.421 Die Entdeckung des Ereignisses

Warum gelingt es Beobachtern oft nicht, in der Öffentlichkeit und bei Tageslicht kriminelle Handlungen zu erkennen? Eine Antwort liegt im menschlichen Wahrnehmungsapparat selbst. Die Wahrnehmungsforschung zeigt, daß die Aufmerksamkeit von drei Faktoren beeinflußt wird: Merkmale des Beobachters selbst (z.B. Seh- und Hörtüchtigkeit, Gesamtverfassung), Aspekte der Situation (z.B. Neuheit), und soziale Einflußfaktoren (Reaktionen anderer Beobachter in der Situation).

Dies sind auch die wesentlichen Charakteristika, die zum Entdecken der kritischen Ereignisse führen. Der Beobachter kann aufgrund persönlicher Erfahrungen oder aus Lernprozessen über Erfahrungen anderer Personen gegenüber der

Möglichkeit krimineller Handlungen empfindlicher sein. Personen mit Viktimisationserfahrung zeigen auch größere Sensibilität bei verdächtigen Ereignissen.

Bestimmte auffällige Charakteristika der Umgebung tragen ebenfalls zum Entdecken der kritischen Ereignisse bei. Ein Merkmal ist die Intensität des kritischen Reizes. Ein intensiver Reiz (z.B. ein sehr lauter oder heller) wird eher entdeckt. Auch die Neuheit ist ein wichtiges Merkmal. Personen, die in einer bestimmten Situation ein von der Norm abweichendes Verhalten zeigen, geben damit selbst ein Signal und fordern die Aufmerksamkeit des Beobachters heraus. Bickmann (1975) konnte zeigen, daß Studenten in einer Universitätsbuchhandlung eine konventionell gekleidete Ladendiebin im mittleren Alter (in Wirklichkeit eine Mitarbeiterin des Versuchsleiters) eher erkennen als eine junge Studentin, die dasselbe Verhalten zeigte.

Einbrecher und Bankräuber wissen gewöhnlich, daß neue Reize leichter entdeckt werden: oft zeigt ihr Verhalten deutlich, daß sie bemüht sind, jegliche Auffälligkeit der kriminellen Handlung, die einen neuen Reiz darstellen könnte, zu vermeiden. Dies wird erreicht, wenn ein Einbrecher etwa versucht, als Handwerker in Wohnbereiche einzudringen. Keyes (1980) stellte (in Washington, D.C.) fest, daß Räuber sich als Jogger verkleideten, um unerkannt zu entkommen. In amerikanischen Städten schenken Passanten einem Jogger kaum Aufmerksamkeit. Dieser Trick funktionierte für den als "Räuber-Jogger" gesuchten Mann, der mehrere Einbrüche und zwei Morde in der Verkleidung als Jogger verübte und unerkannt entkommen konnte (Keyes, 1980). Taschendiebe dagegen arbeiten oft mit auffälligen und neuen Reizen, um dadurch die Aufmerksamkeit des Opfers von der kriminellen Handlung und der Flucht abzulenken.

Die prophylaktische Kriminalitätsbekämpfung in nordeuropäischen Ländern und den USA versucht, die allgemeine Aufmerksamkeit gegenüber kriminellen Aktivitäten beim Bürger zu erhöhen. Diese Programme verwenden hauptsächlich unpersönliche Informationsmittel wie Werbung in Zeitungen, Rundfunk und Fernsehen, Plakatwerbung und Aufschriften. Untersuchungsergebnisse von Bickmann (1975) zeigen jedoch die relative Wirkungslosigkeit derartiger Programme.

Verschiedene Untersuchungen wurden dem Vergleich der Wirksamkeit unpersönlicher Informationsstrategien bei derartigen Werbekampagnen gegenüber persönlichen Kommunikationsformen gewidmet. Moriarti (1975) inszenierte an einem Badestrand einen Diebstahl. In einer experimentellen Bedingung bat ein Mitarbeiter des Versuchsleiters (der die Rolle des "Opfers" spielte) eine Gruppe der (ahnungslosen) Versuchspersonen (es waren Nachbarn an einem Badestrand), auf seine Sachen kurz aufzupassen, da er für einige Minuten weggehen müsse. In der zweiten Bedingung ging der Mitarbeiter auch weg, aber ohne seine Nachbarn zu bitten, aufzupassen. Einige Minuten später spazierte ein weiterer Mitarbeiter des Versuchsleiters an der Badedecke des "Opfers" vorbei und nahm ein Kofferradio an sich, mit dem er eilig davonging. Ein weiterer, in der Nähe postierter Mitarbeiter des Versuchsleiters protokollierte, ob die Versuchspersonen den Diebstahl bemerkten. Die Ergebnisse zeigen, daß Beobachter, die versprochen hatten, die Utensilien des Opfers zu beaufsichtigen, den Diebstahl häufiger entdeckten und die Flucht des "Diebes" mit dem Radio zu verhindern suchten.

Ähnliche Ergebnisse erzielten auch Shaffer et al. (1975), die einen Diebstahl in einer Bibliothek spielen ließen. Jene, die gebeten worden waren, berichteten den Diebstahl ebenfalls häufiger als jene ohne spezielle Aufforderung. Diese Ergebnisse legen nahe, daß eine persönliche Information (z.B. in Form einer Bitte um die Mithilfe des Beobachters) das Überwachen vom Eigentum anderer erhöht und dadurch auch die Wahrscheinlichkeit der Entdeckung krimineller Handlungen anhebt. Nachdem ein Beobachter auf ein verdächtiges Ereignis aufmerksam geworden ist, muß er entscheiden, ob es sich um ein kriminelles oder nichtkriminelles Ereignis handelt und bestimmen, welche Handlungen er selbst setzen soll.

2.422 Die Bewertung des Ereignisses

Welche Handlungen strafwürdig sind, definiert im wesentlichen das StGB. Individuen besitzen aber auch "persönliche Normen", die angeben, welches Verhalten in einer bestimmten Situation moralisch richtig (oder angemessen) ist. Diese persönlichen Normen müssen nicht immer mit den Rechtsnormen übereinstimmen. Auch der Wechsel sozialer Werte kann die Definition krimineller Handlungen über die Zeit hinweg beeinflussen. Dies zeigt sich deutlich in den Einstellungen gegenüber Delikten wie Ehebruch oder Unzucht. Auch die Bedeutung der sozialen Umgebung spielt bei der Bewertung der verdächtigen Handlungen eine wichtige Rolle. Dies zeigen Reaktionen auf die sogenannte "Weiße-Kragen-Kriminalität". Die Veröffentlichung krimineller Aktivitäten prominenter Personen aus Politik und Wirtschaft verleiht diesen Handlungen eine Art Legitimität. Man kann sich auch den Informationen über Bestechungsskandale, Schwarzgeld-, Betrugs- und Steuerhinterziehungsaffären von Politikern und Wirtschaftsmanagern kaum entziehen. Der Bürger bekommt so das Gefühl, daß diese Handlungen nicht "wirklich" kriminell sein können, wenn sie von "Prominenten" begangen werden (Sutherland, 1940).

Wenn Beobachter anderen Personen kriminelle Absichten unterstellen, ziehen sie wahrscheinlich auch die Rolle äußerer Ursachen in Betracht (sie attribuieren das Geschehen auf externe Ursachen). Verdächtige Handlungen, die von externen Faktoren "provoziert" worden sind, werden vom naiven Beobachter nicht als kriminell eingestuft. Eine derartige Ursache könnte z.B. die Tatsache sein, daß der Schädiger gleichzeitig auch Opfer (etwa einer als ungerecht erlebten Beziehung) ist. Arbeitnehmer "schauen weg", wenn sie einen Diebstahl von Kollegen am Arbeitgeber beobachten; insbesondere dann, wenn sie glauben, daß sie nicht ausreichend bezahlt werden. Diese Diebstähle können auch "legitime" Mittel für die Wiederherstellung der Ausgewogenheit (equity) sein.

2.4221 Attributionsprozesse

Ob ein Beobachter die Handlungsursachen in kriminellen Absichten sieht, hängt von der Definition der Handlung durch den Beobachter ab. Ob eine beobachtete verdächtige Handlung der Definition entspricht, d.h. inwieweit der

Beobachter die Handlung als kriminell bezeichnet, hängt wiederum von drei Variablengruppen ab: von Charakteristika des Beobachters, von der Art der Umgebung und von sozialen Einflußfaktoren.

Ein wesentliches **Charakteristikum des Beobachters** ist seine Motivation, die einen Einfluß auf die Wahrnehmungen ausübt. Solche Motivationen erzeugen eine Bereitschaft, Ereignisse auf eine bestimmte Art wahrzunehmen. Wenn z.B. eine hungrige Person nur Bruchteile von Sekunden dargebotene Wörter lesen soll, so nimmt sie Wörter, die sich auf Nahrungsmittel beziehen, schneller wahr (Erdelyi, 1974). Die psychische Verfassung eines Beobachters schafft die Bereitschaft, Ereignisse, die dem motivationalen Zustand des Individuums näherkommen, wahrzunehmen. Die Wahrnehmung eines Ereignisses kann aber auch durch andere Faktoren beeinflußt sein. Die Einschätzung einer Handlung als kriminell kann auch ein Ergebnis einer speziellen Ausbildung (z.B. bei Polizeiorganen) oder einer einschlägigen Viktimisationserfahrung sein.

Ob ein Beobachter auf kriminelle Absichten schließt, hängt auch von der **Art der Umgebung** ab, in der die Handlung geschieht. Die meisten Situationen sind mehrdeutig. Will eine Person, die dabei beobachtet wird, eine Autotür gewaltsam zu öffnen, das Auto stehlen, oder hat sie die Autoschlüssel im Inneren des Wagens vergessen? Wenn zwei Jugendliche raufen, kann das ein freundschaftliches Ringen oder ein tätlicher Angriff gegen eine Person sein. In solchen Situationen befindet sich der Beobachter in einem Dilemma. Er muß bestimmen, ob die Handlung kriminell motiviert ist, d.h. ob der Handelnde kriminelle Absichten hegt. Die Aufgabe des Beobachters besteht darin, aus der Liste aller möglichen Ursachen jene zu identifizieren, die am plausibelsten die Situation erklären. Wie schon eingangs erwähnt, sind kausale Attributionen sehr schwierig, wenn viele plausible Ursachen zur Auswahl stehen.

Bei Attributionen auf kriminelle Absichten spielen **soziale Einflußfaktoren** eine zentrale Rolle. Sozialpsychologische Untersuchungen zeigen übereinstimmend, daß Personen, die die Richtigkeit ihrer Ansichten bezweifeln, eine Orientierung und Bestätigung bei anderen Personen suchen (Festinger, 1954). Untersuchungen von Latané und Darley (1970) belegen, daß Beobachter einer Notfallsituation stark von der Anzahl der unbeteiligten weiteren Beobachter, die ebenfalls das Ereignis sehen, beeinflußt werden. Je größer die Zahl anwesender unbeteiligter Beobachter ist, desto eher schätzen Versuchspersonen die Situation nicht als Notfall ein.

Auch Schwartz und Gottlieb (1976) konnten nachweisen, daß die Anwesenheit von nicht reagierenden anderen Personen die Zuschreibung krimineller Absichten beeinflußt. Männlichen Versuchspersonen, die auf ein "Experiment" warteten (in Wirklichkeit waren die Ereignisse im Wartezimmer schon das Experiment), hörten aus dem Nebenzimmer die Geräusche einer Schlägerei (in Wirklichkeit ein Tonband). Eine Gruppe von Versuchspersonen konnte erkennen, daß der Vorfall auch von anderen Personen (in Wirklichkeit Konfidenten des Versuchsleiters) im Warteraum mitgehört wurde, und daß diese keine Notiz davon nahmen. Eine zweite Gruppe konnte die Reaktionen anderer nicht wahrnehmen. Es wurde postuliert, daß Versuchspersonen, die weitere, nicht reagierende Beobachter wahrnehmen, das Ereignis als weniger kriminell bewerten. Die Selbstberichte der Versuchspersonen bestätigten diese Hypothese. Die meisten in der Gruppe mit weiteren "Zeugen" gaben an, daß sie die Wahrnehmung der Passivität der Wartenden daran hinderte, angemessen zu handeln. Jene, die keine Vergleiche mit anderen Personen anstellen konnten, waren eher bereit zu handeln.

Diese Untersuchung weist darauf hin, daß Attributionen in mehrdeutigen Ereignissen von *nonverbalen Faktoren* beeinflußt werden können. Wie wichtig sind aber *verbale Hinweise* bei Attributionen auf kriminelle Absichten? Können auch Worte den gleichen Einfluß auf Attributionsprozesse ausüben wie Handlungen?

Bickmann und Rosenbaum (1977) demonstrierten in einem Experiment, wie verbale Äußerungen anderer Personen die Einschätzung verdächtiger Ereignisse durch den Zeugen beeinflussen. Weibliche Versuchspersonen mußten via Bildschirm Vorgänge in einem Supermarkt beobachten (in Wirklichkeit war es eine Videoaufzeichnung). Ihre Aufgabe bestand darin, die Reaktionen von Kunden auf ein Werbeangebot zu protokollieren. Nach einigen Minuten beobachteten die Versuchspersonen einen inszenierten (für sie überraschenden) Ladendiebstahl, bei dem ein Kunde zwei Filme einsteckte. Ein Mitarbeiter des Versuchsleiters, der ebenfalls anwesend war, äußerte in der ersten Versuchsbedingung, daß der Kunde stiehlt. In der zweiten betonte er seine Zuversicht, daß der Kunde die Filme an der Kasse bezahlen werde. In einer Befragung nach dem Experiment waren sich die Versuchspersonen der ersten Bedingung (im Vergleich zur zweiten) viel sicherer, eine kriminelle Handlung gesehen zu haben. In einem ähnlichen Experiment konnten Bickmann und Green (1977) diese Ergebnisse nicht replizieren. Die Untersuchungen legen dennoch nahe, daß verbale und nonverbale Hinweisreize von anderen während des kritischen Ereignisses anwesenden Personen die Wahrscheinlichkeit von Attributionen auf kriminelle Absichten erhöhen.

2.423 Die Entscheidung zu handeln

Nachdem der Beobachter ein Ereignis als kriminell eingestuft hat, muß er sich zwischen **drei Handlungsmöglichkeiten** entscheiden. Er kann direkt in das Geschehen eingreifen, die zuständigen Behörden verständigen (Anzeige) oder auch gar nicht handeln. Auch eine Kombination der ersten beiden Alternativen ist möglich; der Beobachter interveniert zuerst direkt und ruft dann die Polizei.

Dabei schätzt er Kosten und Nutzen der Handlungsalternativen ein und wählt jene mit dem günstigsten Kosten-Nutzen-Verhältnis. Diese Entscheidungen werden aber meist nicht rational und meist ohne lange zu überlegen getroffen. Da das kritische Ereignis fast immer ohne Vorwarnung auftritt und großen Streß erzeugt, muß sich der Beobachter rasch entscheiden. Obwohl man annehmen muß, daß Zeugen in kritischen Situationen impulsiv und wenig rational handeln, postuliert dieses Modell, daß der Beobachter trotz der streßerzeugenden Situation versuchen wird, rational zu entscheiden.

Durch den Kontakt mit dem Täter kann er sich im Fall der **direkten Intervention** verschiedenen Gefahren und Nachteilen aussetzen. Die Reaktion des Täters auf den eingreifenden Zeugen kann von Kapitulieren bis zum gewalttätigen Widerstand reichen. In Anbetracht der Gefährlichkeit und der hohen Kosten einer Intervention stellt sich die Frage, was den Zeugen motivieren kann einzugreifen. Huston et al. (1981) interviewten Zeugen, die aktiv bei kriminellen Handlungen eingegriffen haben, und verglichen die Antworten mit jenen, die passiv geblieben waren. Das wesentliche Unterscheidungsmerkmal zwischen Intervenierer und Nichtintervenierer war deren physische Erscheinung: jene, die eingriffen, wurden als größer, schwerer, besser trainiert und kompetenter im Umgang mit der Notfallsituation beschrieben. Auch ihre Selbstbeschreibung deckte sich mit dieser Beobachtung. Sie beschrieben sich selbst als physisch stark, aggressiv und emotional erregbar. Möglicherweise schätzten sie die potentiellen Kosten der Intervention angesichts ihres Kompetenzgefühls und ihrer Selbstsicherheit geringer ein. Nur einer der 32 Befragten gab an, mit möglichen Verletzungen gerechnet zu haben.

Die Einschätzung des Risikos einer Intervention wird wiederum durch die Wahrnehmung und Bewertung der Beziehung zwischen Täter und Opfer beeinflußt. Bei einer körperlichen Auseinandersetzung zwischen einer Frau und einem Mann intervenieren 65% der Beobachter, wenn sie informiert sind, daß Täter und Opfer nicht verheiratet sind, jedoch nur 19%, wenn bekannt ist, daß es sich um ein Ehepaar handelt.

Auch Kosten- und Nutzenüberlegungen in der Beziehung zum Opfer scheinen einen starken Einfluß auf die Interventionsbereitschaft zu haben. Es konnte mehrfach bestätigt werden, daß Beobachter, die sich verpflichtet haben, Gegenstände des Opfers zu beaufsichtigen, diese nicht nur beaufsichtigen, sondern auch erhöhte Bereitschaft zeigen, einen Diebstahl zu verhindern (Schwartz et al., 1980). Die Verpflichtung, auf das Eigentum anderer aufzupassen, erhöht die Kosten für die Beobachter, wenn sie eine Intervention verabsäumen. Diese Kosten bestehen im Ärger und in der Enttäuschung des Opfers und anderer Personen, für die der Beobachter ein schlechtes Beispiel war.

Auch die Geringfügigkeit des erlittenen Schadens (Taschenrechner versus Mappe), die Wahrnehmung der Beziehung zwischen Täter und Opfer (Fremder versus Verlobter) und die Anwesenheit weiterer Beobachter zeigen einen Effekt auf das Interventionsverhalten (Austin, 1979; Shotland und Straw, 1976, Shaffer et al., 1975).

Wenn der Beobachter entscheidet, nicht zu intervenieren, hat er immer noch die Möglichkeit, die Behörden einzuschalten oder gar nichts zu tun. Unter welchen Voraussetzungen wird er die Polizei rufen? Ausschlaggebend für die **Entscheidung, die Polizei zu rufen,** können die befürchteten Kosten einer direkten Intervention (z.B. Verletzung) sein. Aber auch die Entscheidung zur Anzeige könnte Kosten verursachen. Wenn die Polizei kommt, muß der Beobachter eine polizeiliche Niederschrift (die zeitraubend sein kann) abgeben und möglicherweise bei Gericht als Zeuge erscheinen. Auch die Furcht vor Vergeltung durch den Täter fällt ins Gewicht (Knudten et al., 1977). Gelfand et al.

(1973) berichten, daß in einem Experiment 41% der Versuchspersonen, die einen Ladendiebstahl nicht berichteten, als Grund dafür den Wunsch angaben, die oft als unangenehm erlebten Kontakte zu Polizei und Gericht zu vermeiden.

Um Zeugen krimineller Handlungen den Entschluß zur Anzeige zu erleichtern, wurden in einigen Gerichtsbezirken der USA sogenannte "silent observer"-Programme eingerichtet, bei denen der Anzeiger anonym bleiben kann. Auch Belohnungen zwischen 50$ und 1000$ werden für die Ausforschung und Verurteilung von Tätern geboten. Den Informanten wird Anonymität zugesichert. Bei weiteren Aussagen identifiziert sich der Informant durch ein vorher vereinbartes Codewort. Während der ersten acht Monate dieses Programms konnten 24 Verurteilungen als Ergebnis der "silent obervers" verzeichnet werden. Ein interessantes Nebenergebnis ist die Tatsache, daß beinahe die Hälfte der Informanten die ihnen zustehende Belohnung nicht in Anspruch nahm. Offensichtlich ist die Möglichkeit, den Behörden wichtige Informationen zukommen zu lassen, für viele Beobachter ausreichend belohnend.

Ob derartige Ergebnisse, die zum Großteil aus dem angloamerikanischen Raum stammen, auf die zum Teil unterschiedliche Rechtslage in kontinentaleuropäischen Ländern übertragbar sind, kann nicht mit Sicherheit beantwortet werden. Es ist jedoch anzunehmen, daß die den Entscheidungsprozessen zugrundeliegenden psychologischen Gesetzmäßigkeiten zwar gleich sind, man aber die Variable der unterschiedlichen Gesetze berücksichtigen muß. So sind Zeugen krimineller Handlungen in den meisten europäischen Ländern gesetzlich verpflichtet anzuzeigen bzw. bei Gefahr für Leib und Leben (§§ 94f StGB, Unterlassene Hilfeleistung; § 299 StGB, Begünstigung) direkt zu intervenieren.

Die Anzeigeentscheidung kann aber auch durch die *Beziehungen zu wichtigen anderen Personen* beeinflußt werden. Zwei Experimente (Latané und Darley, 1970) belegen, daß Zeugen, die einen Diebstahl (einer Bierkiste vor einem Geschäft bzw. Geld aus einer Kasse) beobachten, wenn sie allein sind, häufiger anzeigen als solche, die den Diebstahl mit anderen, passiven Zeugen wahrnehmen. Dabei kann die Passivität der Mitbeobachter einerseits einen Hinweis auf die nichtkriminelle Natur der Handlung geben (siehe weiter oben), andererseits die Verantwortung des Zeugen für die Intervention verringern. In dem weiter oben beschriebenen Experiment von Schwartz und Gottlieb (1976) wurde demonstriert, daß die Gegenwart von Mitbeobachtern die Anzeigebereitschaft auch aus anderen Gründen beeinflußt. Nicht nur die Verringerung der Verantwortung, sondern auch ein negativer sozialer Einfluß durch die Passivität und Erwartungen der Mitbeobachter spielen eine Rolle. Auch die schon weiter oben zitierten Arbeiten von Bickmann und Rosenbaum weisen auf die Tatsache hin, daß bereits wenige verbale Äußerungen von den Mitzeugen das erwartete Kosten-Nutzen-Verhältnis und dadurch auch die Anzeigebereitschaft beeinflussen.

Wenn die Kosten für eine direkte Intervention oder für das Bekanntgeben an die Behörden größer sind als der Nutzen, kann der Beobachter entscheiden, überhaupt **nichts zu tun**. Die Unterlassung der Hilfeleistung erzeugt aber Schuldgefühle und Geringschätzung durch andere Personen, weil soziale Normen vorschreiben, daß man jenen helfen soll, die von einem abhängig sind. Auch der Verstoß gegen die rechtlichen Normen (Im-Stich-Lassen von Verletzten (§ 94 StGB); Unterlassung der Hilfeleistung (§ 95 StGB) - im Fall von Körperverletzung bzw. Todesgefahr) könnte Unbehagen erzeugen. Der Beobachter kann seine Inaktivität durch das Bagatellisieren der Opferschädigung oder durch die vorgegebene Überbewertung seiner Kosten ("Wenn ich eingeschritten wäre, hätte es zwei Opfer gegeben") rechtfertigen. Er kann sich auch rechtfertigen, indem er das Opfer selbst für dessen Schicksal verantwortlich macht (Lerner et al., 1976). Der Beobachter erklärt, daß das Opfer die Tat "verdient" hat, weil es den Angreifer provozierte, oder daß es negative Persönlichkeitseigenschaften wie Nachlässigkeit oder "Dummheit" gezeigt hat. Weiters kann der Beobachter auch die Bedeutung seines durch Inaktivität entstandenen Schadens herabsetzen. Bei Diebstählen gibt es auch einen *Kompromiß*; der Zeuge teilt dem Opfer seine Beobachtungen mit. Dadurch gibt er die Verpflichtung zur Anzeige an das Opfer ab. Er sieht seine Rolle nur als Informant für das Opfer.

Zusammenfassend können wir sagen, daß die Entscheidung zur Anzeige nicht nur das Entdecken, sondern auch die Bewertung des verdächtigen Ereignisses voraussetzt. Auch soziale Faktoren beeinflussen die Anzeigeentscheidung. Dabei spielen die verbalen und nonverbalen Hinweise von Mitbeobachtern eine wichtige Rolle. Diese lenken nicht nur die Aufmerksamkeit des Zeugen auf die verdächtigen Handlungen, sondern beeinflussen auch deren Bewertung als strafwürdiges Delikt und die Wahl von Handlungsalternativen. Ist der Beobachter der kriminellen Handlung allein, steigt sein Verantwortungsbewußtsein. Weisen ihn andere Beobachter verbal auf seine Verantwortung hin, ist er eher bereit, das Eigentum des Opfers zu beaufsichtigen bzw. zu verteidigen.

2.5 Die Polizei

Für Zivilisten ist die Polizei der größte, sichtbarste und in der Öffentlichkeit am meisten präsente Teil des Rechtssystems. Der für die Aufrechterhaltung der öffentlichen Sicherheit verantwortliche Teil der Polizei (allgemeine und örtliche Sicherheitspolizei) ist auch mit relativ großer Entscheidungsgewalt zur Verbrechensaufklärung und -verhütung ausgestattet. Der Polizei obliegt es, Verdächtige auszuforschen und festzunehmen, Ruhe und Ordnung aufrechtzuerhalten und schützende, quasi-juridische Funktionen zu erfüllen. Oft entstehen innerhalb dieser Funktionsbereiche Konflikte, weil Polizeibeamte ihre Hauptaufgabe in der Verbrechensbekämpfung sehen, obwohl sie mehr Zeit für das Bürgerservice und das Aufrechterhalten der öffentlichen Ordnung verwenden.

Das in der Öffentlichkeit vorherrschende Rollenbild der Polizei wird hauptsächlich durch die Tätigkeit im Straßenverkehr und in der Verbrechensbekämpfung geprägt; letzteres wird auch durch die Medien (in Fernsehserien wie "Der Kommissar", "Kojak") verstärkt. Durch diese Informationen mag der Eindruck entstehen, daß der uniformierte Sicherheitsbeamte den Großteil seiner Zeit mit dem Ausforschen und Festnehmen verdächtiger Personen verbringt. Dieser hat aber in Wirklichkeit eine viel unangenehmere und weniger aufregende Tätigkeit. Der normale Polizeidienst wird von den "Revieren" (Sicherheitswachen) geleistet. Wenn der Bürger Kontakt mit der Polizei hat, dann meistens mit den uniformierten Angehörigen dieser Dienststellen. Innerhalb der Polizei wird aber gerade der Dienst des "Ordnungshüters" als der unangenehmste Arbeitsbereich empfunden. Dieser besteht im Erteilen von Belehrungen und Beanstandungen (z.B. in der Verkehrsüberwachung), dem Umgang mit Betrunkenen und Randalierern, Auseinandersetzungen mit Bürgern, dem Eingreifen bei Familienstreitigkeiten, der Einweisung psychisch Erkrankter in Anstalten, der zwangsweisen Vorführung nach seuchengesetzlichen Vorschriften, der Rettung gefangener oder verletzter Tiere usw. Die damit verbundenen psychischen und physischen Anforderungen vermitteln dem Beamten nicht selten das Gefühl, er sei der "Fußabstreifer der Nation" (Trum, 1981). Der Arbeitsdruck und die streßerzeugende Tätigkeit im Umgang mit Gefahrensituationen sowie die zunehmende Isolation von Sozialkontakten mit Zivilisten üben auch einen großen Einfluß auf den einzelnen Polizeibeamten aus.

Im folgenden Kapitel wollen wir uns von den vielfältigen und oft widersprüchlichen Aufgaben der Polizeibeamten nur mit jenen Tätigkeiten beschäftigen, die kriminelle Ereignisse betreffen, und wo Polizeibeamte Entscheidungen darüber fällen, ob eine kriminelle Handlung aufgetreten ist, wie der Verdächtige identifiziert wird und insbesondere damit, was mit dem Verdächtigen geschehen soll. Wir wollen psychologische Faktoren untersuchen, die als außerrechtliche Einflüsse (innerhalb der Ermessensspielräume) die Entscheidung, ob eine ungesetzliche Handlung vorliegt, ob eine Festnahme erforderlich ist und ob angezeigt wird, mitbestimmen. Am Beginn wollen wir den historischen und rechtlichen Kontext dieser Entscheidungen kurz darstellen und die Frage nach einer "Polizistenpersönlichkeit" stellen. Der zweite Teil enthält auch einen Exkurs in die klinische Psychologie und zeigt Ursachen und Folgen von psychologischem Streß im Gesetzesvollzug.

2.51 Kurze Geschichte der Polizei

Die ersten gesicherten Nachrichten über die polizeiliche Tätigkeit in Österreich findet man im ältesten Stadtrecht von Wien aus dem Jahre 1221. Bis dahin war die Verbrechensverfolgung grundsätzlich Sache des Opfers. In dieser Zeit begann die Landfriedensgesetzgebung den Kampf gegen "landschädlich Leute" mit "Handfesten" und "Ordnungen", einer Art von Offizialverfahren, für deren Ausbau die Städte verantwortlich waren. Hier bildete sich allmählich eine Straßen-, Markt-, Reinlichkeits-, Feuer- und Baupolizei heran. Bürgerwehren und Scharwachen wurden aufgestellt, die die Stadttore zu bewachen und die Türme zu besetzen hatten. Zur Ergänzung besoldete man auch eigene Organe für den Wachdienst: Torschützen, Wächter, Thürmer, Viertelsknechte u.a.

Eine Stadtordnung für Wien von 1527 bestimmte, daß jeder Handwerksmeister und Geselle angehalten sei, dem Stadtrichter im Bedarfsfalle bei der Einbringung eines "strafmäßigen" Verbrechers Beistand zu leisten. Ähnliche Verpflichtungen bestanden auch in anderen Städten für Zünfte. Eine Instruktion des Wiener Magistrats "zur Handhabung der Stadtpolizei" von 1569 besagte, daß die Stadtpolizei darauf bedacht sein solle, "die vilfeltigen Lasster, welche jetzt vasst bei menniglich hohes und nidres Stanndt, Manns- und Weibspersonen übermaßen in Schwang sein", mit allem Ernste zu verfolgen und zu bestrafen. Alle Fremden sollen binnen 12 Tagen durch besondere "geheime Ausspäher" ermittelt, Verbrecher vor Gericht gebracht werden, und dabei sollte man "nit lässig" vorgehen.

Um 1580 wurde in Wien ein Stadtwachmeister berufen, ein "qualifiziertes, von der Gemeinde besoldetes Individuum". Mehrere Patrouillen der "Stadtguardi" sollten bei Nacht "ir ort und angezeigte Stellen" haben, daß sie sich im Falle der Gefahr "bald und richtig zueinander" finden. Mit diesen Versuchen besserten sich die schlechten Zustände, die besonders durch den 30jährigen Krieg und die Folgezeit entstanden waren, kaum. Auch durch die als Ergänzung zur Stadtguardia 1646 gegründete Rumorwache, der "selbst und ihrem Verstand nit zu viel zu thrauen" war, erlebte die polizeiliche Exekutive keine Verbesserung. Die Wachen arbeiteten so schlecht zusammen, daß es nicht selten vorkam, daß die Rumorwache Angehörige der Stadtguardia festnahm und einsperrte; auch umgekehrte Fälle sind belegt.

1782 verlangte Graf Pergen in Wien, daß der Begriff der Polizei auf das engere Gebiet der Sicherheit gebracht werden müsse. Aufgabe der wachsamen Polizei sei "die geschwinde und sichere Entdeckung und Habhaftwerdung der im Lande wirklich vorhandenen und der von auswärts eingeschlichenen Verbrecher", also der bodenständigen und reisenden Kriminellen.

Bis ins 19. Jahrhundert war die Polizei weitgehend Sache der Gemeinden, Grund- und Standesherrschaften, Land- und Stadtvogteien, Bistümer und Klöster, denen als Exekutivorgane Büttel, Schergen, Gerichtsdiener, Stadtknechte, Wächter, Bettelvögte, Zuchtmeister, Ausreuter usw. zur Verfügung standen.

1850 wurden in zahlreichen größeren Städten der Monarchie eigene Polizeibehörden (k. k. Polizeidirektionen und Polizeikommissariate) eingerichtet. Diese Behörden waren die unterste Stufe einer zentralistisch organisierten Hierarchie, auf deren mittlerer und oberster Ebene andere Behörden (Statthalter auf Landesebene, Ministerium des Inneren auf Reichsebene) standen. Diese Mischform aus Polizeibehörden und anderen Behörden ist in ihren Grundzügen bis heute erhalten geblieben. Die Exekutive in Österreich besteht heute aus ca. 14 000 Polizei- und ca. 13 000 Gendarmeriebeamten. 97% davon sind männlich.

2.52 Rechtliche Beschränkungen polizeilichen Handelns

Wenn wir im folgenden Abschnitt von Beamten im Gesetzesvollzug sprechen, so sind in erster Linie Beamte der allgemeinen und örtlichen Sicherheitspolizei und der Bundesgendarmerie gemeint, also jene Organe, die verfassungsrechtlich mit der "Aufrechterhaltung der öffentlichen Ruhe, Ordnung und Sicherheit" (Art. 10 Abs. 1 Z. 7 B-VG) befaßt sind. Wir befassen uns auch mit jenen Handlungen und Aufgaben der (gerichtlichen) Polizei, die im Dienst der Strafjustiz stehen. Darunter fallen insbesondere die Abwehr und Verfolgung gerichtlich strafbarer Handlungen, vor allem erste Zugriffs- und Verfolgungsmaßnahmen.

Diese Handlungen sind durch gesetzliche Grenzen festgelegt. Die dafür wichtigste Quelle ist das *Polizeibefugnisrecht*, das aus einem System von Einzelermächtigungen und Generalklauseln für polizeiliches Handeln besteht. Das Niveau an gesetzlicher Bestimmung in diesem Bereich ist jedoch uneinheitlich. Manche Teile der Polizei sind an genaue gesetzliche Handlungsanweisungen gebunden. Daneben gibt es aber auf dem Gebiet der allgemeinen Sicherheitspolizei eine Reihe von "vorrechtsstaatlichen Enklaven", die durch geminderte, bzw. überhaupt fehlende rechtliche Bindungen gekennzeichnet sind (Adamovich und Funk, 1984, S. 157).

Eine wichtige Rolle kommt dabei den polizeilichen Standardmaßnahmen zu (z.B. Betreten von Grundstücken zum Zwecke der Nachschau oder zur Vornahme von Erhebungen, Observation von Personen, Festnahme, Durchsuchung von Personen, erkennungsdienstliche Maßnahmen, Hausdurchsuchung, Sicherstellung und Beschlagnahme von Sachen, Waffengebrauch, Abhören von Gesprächen usw.). Gerade bei diesen polizeilichen Standardmaßnahmen zeigt sich, insbesondere auf dem Gebiet der allgemeinen Sicherheitspolizei, ein "Defizit an Rechtsstaatlichkeit". So ist das im VÜG 1929 in Aussicht gestellte Polizeibefugnisgesetz des Bundes bis heute nicht ergangen. Österreich nimmt dadurch eine Sonderstellung im Vergleich mit anderen europäischen Ländern ein. Die Polizei behilft sich dabei, "soweit nicht besondere gesetzliche Einzelregelungen bestehen, mit einer provisorischen Generalklausel für sicherheitspolizeiliche Gefahrenabwehr. Gesetzlich nicht oder nur dürftig geregelt sind auch zahlreiche Begleitprobleme zu den Polizeibefugnissen auf dem Gebiet der allgemeinen Sicherheitspolizei, wie z.B. die Frage des Rechts auf polizeilichen Schutz, der Pflicht zur Unterstützung polizeilicher Amtshandlungen, die Geltung und Reichweite des "Opportunitätsprinzips" (z.B. verzichtet die Polizei auf ein an sich pflichtmäßiges Einschreiten, um größeren Schaden zu verhindern; oder sie stellt einem Verdächtigen schonende Behandlung in Aussicht, wenn er zur Zusammenarbeit mit der Polizei bereit ist). Alle diese Probleme sind in der Praxis existent und werden in irgendeiner Weise bewältigt, wegen des bestehenden Mankos an gesetzlichen Regelungen spielt aber dabei das Gesetz als Steuerungsfaktor nicht jene Rolle, die ihm in einem Rechtsstaat zukommen sollte" (Adamovich und Funk, 1984, S. 157f).

Von den zahlreichen, in der Rechtsordnung verstreuten Einzelermächtigungen zum polizeilichen Handeln ist für unsere Analysen insbesondere die Ermächtigung zur Festnahme im Dienste der Strafrechtspflege (Polizei) wesentlich. Dieser Ermächtigung kann sowohl durch polizeiliches als auch durch gerichtliches Handeln nachgekommen werden. Das heißt - im ersten Fall - daß die Polizei auf eigenen Entschluß hin Verhaftungen, Hausdurchsuchungen und Beschlagnahmungen durchführen kann. Um die Lücken im System der Einzelermächtigungen zu schließen, gibt es zwei verfassungsrechtliche Generalklauseln. Die eine berechtigt die (allgemeine) Sicherheitspolizei, zum Schutz der (gefährdeten) Sicherheit von Menschen oder Eigentum Anordnungen zu treffen und deren Nichtbefolgung als Verwaltungsübertretung zu erklären.

Diese Bestimmung besitzt eine sehr große Reichweite für die Praxis. Sie kann für allgemeinen Maßnahmen (Absperren oder Räumung eines Gebäudekomplexes, Einführung der Ausweispflicht), wie auch für Einzelmaßnahmen (Eindringen in eine Privatwohnung, vorübergehende Inanspruchnahme eines Privatfahrzeuges) herangezogen werden. Auch hier zeigt sich ein beklagenswertes Defizit an präzisierten Befugnisnormen für die allgemeine Sicherheitspolizei. Die zweite Generalklausel gibt den Gemeinden das Recht, nach freier Selbstbestimmung zur Abwehr oder zur Beseitigung von Störungen für das örtliche Gemeinschaftsleben ortspolizeiliche Verordnungen zu erlassen, sowie deren Nichtbefolgung als Verwaltungsübertretung zu erklären (Art. 118 Abs. 6 B-VG).

2.53 "Ermessensspielräume" der Polizei

Für die Analyse dieser Entscheidungsprozesse ist zu prüfen, welche psychologischen "Ermessensspielräume" der Polizei innerhalb der juristisch vorgegebenen Grenzen für ihr Sanktionsverhalten zur Verfügung stehen. Von Polizeitheoretikern wird der Begriff "Ermessen" in erster Linie juristisch definiert. Dadurch ist es möglich, die Sozialaspekte der Ermessensentscheidung zu übergehen. Der juristische Ermessensbegriff verhindert also die Einsicht in die sozialen Prozesse des Handelns. Nach der **juristischen Definition** erscheint Ermessen regelmäßig auf Rechtsfolgebestimmungen unter Rechtmäßigkeitsgesichtspunkten reduziert zu sein (Dietel, 1969). Das bedeutet, daß der Polizeibeamte beim Vorliegen eines Sachverhaltes zwischen verschiedenen möglichen Verfahrensweisen abwägen und die gebotene Rechtsfolge ermitteln muß. So muß ein Polizist, der bei einem Ehestreit zu Hilfe gerufen wird und dabei erfährt, daß die Frau von ihrem Ehemann mit dem "Umbringen" bedroht wurde, entscheiden, ob er diese Äußerung als eine gefährliche Drohung oder als eine nicht ernstgemeinte Unmutsäußerung einschätzen will. Dabei hat der Beamte eine weitreichende Definitionsmacht. Er kann den Fall dramatisieren und Anzeige erstatten oder bagatellisieren und nichts unternehmen.

Liegt eine strafbare Handlung vor, so ist die Polizei aufgrund des "Legalitätsprinzips" zum Einschreiten verpflichtet. In solchen Fällen hat die Polizei kein "Entschließungsermessen", da die zu setzenden Rechtsfolgen zwingend vorgeschrieben sind. Daher spielen auch Zweckmäßigkeitsgesichtspunkte bei dieser Entscheidung keine Rolle. Für die Verfolgung von Ordnungswidrigkeiten hingegen gilt das Opportunitätsprinzip. Damit liegt es im "pflichtmäßigen Ermessen der Polizei", ob und wie eine Ordnungswidrigkeit verfolgt wird. Aus polizeijuristischer Sicht ist das pflichtmäßige Ermessen jedoch nicht als "Freies Ermessen" zu verstehen. Es wird vielmehr von sachlichen Umständen bestimmt, die jedoch nicht generalisierend beschrieben werden können. Demnach darf etwa das Ansehen und die soziale Stellung des Betroffenen bei einer Verfolgung keine Berücksichtigung finden.

Welche **sozialpsychologischen Ermessensspielräume** stehen der Polizei trotz der vorgegebenen Grenzen für ihr Sanktionsverhalten zur Verfügung? Brusten (1971) meint, daß dabei zwei Aspekte getrennt werden müssen: (a) Welche außerrechtlichen Faktoren bestimmen die Wahrnehmung, Verarbeitung und Beurteilung des Tatbestandes durch die Polizei bzw. die Definition der einzelnen von der Polizei registrierten Tatbestandsmerkmale? (b) Welche psychologischen Faktoren determinieren die Wahl der "einen, allein zulässigen Rechtsfolge" aus verschiedenen Rechtsfolgen? Auch die Frage nach den sozialpsychologischen Faktoren, die das Einschreiten der Polizei unabhängig von der speziellen Wahrnehmung des konkreten Falls bestimmen, ist hier wesentlich.

Für die psychologische Analyse polizeilichen Sanktionsverhaltens wird der Begriff "Ermessen" nicht im Sinn eines "willkürlichen" Verhaltens verstanden, sondern im Sinn von "Beurteilung", "Einschätzung" und "Abwägen". Zentral ist die Frage: Welchen Ermessensspielraum besitzt die Polizei, und welche (sozial-)psychologischen Faktoren beeinflussen das Ermessenshandeln? Für diese Analyse sind auch Merkmale der Persönlichkeit, individuelle Verhaltensmuster und Einstellungen der jeweiligen Polizeibeamten von Bedeutung. Auch soziale Einflußfaktoren, wie die Beziehung des Beamten zum Verdächtigen, zur Bevölkerung, die er "beaufsichtigt", zu Vorgesetzten usw., sind zu berücksichtigen.

2.54 Herkunft und Persönlichkeitseigenschaften von Polizeibeamten

Polizeibeamte in Ausbildung sind dem Testbedürfnis von Psychologen ausgeliefert. Sie haben im Vergleich zum Richter weniger Möglichkeiten, die Untersuchung zu vermeiden. Wegen der vielfältigen und belastenden Aufgabenanforderungen, die insbesondere in einer sich rasch verändernden Gesellschaft an Polizeibeamte gestellt werden, ist eine gezielte Personalauswahl von großer Bedeutung. Dies ist auch der Grund für die große Anzahl von Persönlichkeitsuntersuchungen an Polizeischülern in verschiedenen Ländern.

Das in den Unterhaltungsmedien gezeigte Bild des typischen Polizeibeamten verursacht und bestärkt die landläufige Meinung, die "abenteuerliche" Tätigkeit sei ein Hauptmotiv der Bewerber in den Polizei- und Gendarmeriedienst. Die Tatsachen zeigen das Gegenteil. Die tägliche Arbeit des durchschnittlichen Sicherheitsbeamten besteht aus langen Perioden langweiliger Tätigkeit, die durch kurze chaotische Momente unterbrochen werden. Es ist daher plausibler, anzunehmen, daß das vordringlichste Motiv für die Aufnahme in den Sicherheitsdienst der Polizei die berufliche (finanzielle) Sicherheit darstellt.

Die weitaus meisten Polizeibeamten (in der BRD) stammen aus bäuerlichem oder Arbeitermilieu, verfügen über Pflichtschulbildung und haben handwerkliche Berufe erlernt. Nach Mayer (1969, S. 92ff) hatten in den 60er Jahren in der BRD 77% der eingestellten Polizeibewerber Pflichtschulbildung, 21% mittlere Reife und 2% Abitur. Es läßt sich allerdings ein deutlicher Trend zu formal höherwertigen Bildungsvoraussetzungen feststellen (Spiegelberg, 1971). Weiters muß man die Stellenbewerber für den Dienst in Städten von denen für den Dienst auf dem Lande unterscheiden. So werden etwa in größeren Städten weniger Antragsteller in den Polizeidienst aufgenommen als in ländlichen Bereichen in den Gendarmeriedienst. Die Gruppe der Antragsteller im gesamten Bundesgebiet variiert ebenso stark wie die sozioökonomische Klasse, aus der sie sich rekrutieren. Da die Hauptmotive für die Tätigkeit im Polizeidienst das Ansehen des Beamtenstatus (Hinz, 1971) und die ökonomische Sicherheit darstellen, steht die Qualifikation und Quantität der Antragsteller in einer Wechselbeziehung mit den ökonomischen Bedingungen. In Zeiten wirtschaftlichen Aufschwungs versuchen begabtere Anwärter eine Karriere in anderen Bereichen mit mehr Möglichkeiten. In schlechten Zeiten könnte die Anzahl der qualifizierten Anwärter zunehmen, weil sich ökonomische Möglichkeiten in anderen Bereichen verringern.

2.541 Persönlichkeitseigenschaften

Natürlich haben nicht alle Polizeibeamten die gleichen Persönlichkeitseigenschaften. Sie zeigen als Berufsgruppe infolge von Ausbildung, Sozialisierung, Arbeitsanforderungen und einer Selbstauswahl durch die Bewerbung zum Polizeidienst bestimmte Eigenschaften und Einstellungen, die mit ihrer Berufsrolle im Gesetzesvollzug verbunden sind, nämlich: *Mißtrauen*, *Autoritarismus* und *soziale Isolierung.* Ein Teil der Forschung über Persönlichkeitseigenschaften von Polizeibeamten zeigt ein eher negatives Bild. Dieses muß jedoch nicht zwangsläufig mit negativen Arbeitsleistungen verbunden sein. Die genannten Eigenschaften sind eher Merkmale der Berufsrolle und nicht stabile Persönlichkeitsmerkmale.

Mißtrauen ist das markanteste Kennzeichen des Polizeibeamten in seiner Beziehung zu anderen Personen. Es ist plausibel, anzunehmen, daß ein erhöhtes Mißtrauensniveau eine Eigenschaft ist, die der Berufsanforderung der ständigen Aufmerksamkeit für kriminelle Situationen entgegenkommt. Die Sicherheitspolizei ist jene (nichtmilitärische) Berufsgruppe mit der höchsten Verletzungs- und Todesrate als Folge von Gewaltanwendung durch andere Personen. Polizeibeamte werden in der Ausbildung zur "gesunden Einstellung" ermuntert, mißtrauisch zu sein. Sie lernen, jenen Umständen gegenüber besonderes aufmerksam zu sein, die einer Gewalteinwirkung vorausgehen können.

Im Laufe der Jahre entwickelt der Sicherheitsbeamte Verhaltensprofile von potentiellen Kriminellen (Skolnick, 1966). Diese "Wahrnehmungs-Kurzschrift" hilft ihm, Verdächtige zu identifizieren, und bringt Ordnung in die Unvorhersagbarkeit und Unsicherheit seiner Tätigkeit. In einer Interviewuntersuchung amerikanischer Polizeibeamter fand Davis (1975) heraus, daß die meisten Beamten Zivilisten in zwei Klassen teilen, nämlich in (potentielle) Kriminelle und Nichtkriminelle. Allein durch äußere Merkmale wie Gestik, Sprache, Haartracht, Kleidung und Gesichtsausdruck können Zivilisten einer der beiden Klassen zugeordnet werden. Diese Wahrscheinlichkeitsurteile mögen für den Laien unvernünftig erscheinen, sie lassen sich aber aus dem angelernten Mißtrauen und aus den Einstellungen von Polizeibeamten erklären (Loh, 1984, S. 324).

Autoritarismus. Die Erwartungen an den Polizisten sind je nach Situation sehr verschieden: Auf der einen Seite soll er "Freund und Helfer" sein, auf der anderen Seite Ruhe und Ordnung notfalls mit Gewalt herstellen. Es ist allgemein bekannt, daß Vollzugsbeamte fallweise zu unnötiger und sogar exzessiver Gewaltanwendung neigen. Wir wollen uns nicht mit der Frage befassen, ob Polizeibeamte grundsätzlich eine Persönlichkeit besitzen, die sich von jenen, die nicht in der Polizei sind, unterscheidet. Bartol (1983, S. 61) meint, daß die vorhandenen Arbeiten keinen widerspruchsfreien Beleg für die These einer "umfassenden Polizeipersönlichkeit" (mit dem Autoritarismussyndrom) liefern. Die autoritären Verhaltensweisen können größtenteils durch die Berufsrolle und die Merkmale der Polizeiorganisation erklärt werden. Auch der Sozialisierungsprozeß kann die Persönlichkeit formen. Das gewalttätige Auftreten der Polizei bei manchen Einsätzen spiegelt unter Umständen eine autoritäre Persönlichkeit wider. Es ist aber auch denkbar, daß diese Verhaltensweisen der eigenen Sicherheit und der Kontrolle möglicher Gefahrensituationen dienen. Manche Bevölkerungsgruppen nehmen die Polizei als Symbol der Unterdrückung wahr; sie repräsentiert die Dominanz der Herrschenden. Auch wenn ein Beamter gutmütig ist, verlangen Situationen oftmals, daß er sich als "Besetzer eines feindseligen Gebiets" sieht. Aber unabhängig davon, ob die Ursachen der autoritären und gewaltsamen Handlungen in der Persönlichkeit oder in der Berufsrolle des Polizisten liegen, verlangen sie nach Reform.

Wenn es darum geht, die richtige Person auf den richtigen Platz zu setzen, muß die Reform bei Personalauslese und -ausbildung ansetzen. So wurde vorgeschlagen, daß Polizeianwärter, die soziale Sensibilität zeigen, die bei der Beeinflussung anderer Personen Mittel der verbalen Überzeugung der Anwendung von Gewalt vorziehen, und die die Fähigkeit haben, schwierige Entscheidungen über komplexes menschliches Verhalten zu treffen, geeigneter sind als solche, die diese Eigenschaften nicht besitzen.

Der Schwerpunkt der Ausbildung muß von Unterrichtsgegenständen wie Umgang mit der Waffe, Polizeiverwaltung usw. auf Psychologie, Probleme in Städten, Soziologie usw. verlagert werden. Eine solche Umstellung würde zwangsläufig zu einer Verbesserung der Beziehung zwischen Polizei und Bevölkerung führen (Terris, 1967, S. 67-69).

Wenn bei der Entstehung bestimmter Verhaltensweisen von Polizeibeamten soziale und organisatorische Merkmale eine Rolle spielen, so ist das Problem allein durch die Aufnahme von "liberaleren" Anwärtern in den Polizeidienst nicht gelöst. Aus sozialpsychologischer Sicht wird das Rollenverhalten sowohl durch Faktoren der Persönlichkeit wie auch der Situation beeinflußt. Der Hintergrund und die Persönlichkeit einer Person stehen in einer Wechselbeziehung zu den Arbeitsbedingungen und beeinflussen die Arbeitsleistung.

Wenn die Polizeiorganisation nur lose ist und wenig Kontrolle besteht, ist es wahrscheinlich, daß Persönlichkeitsfaktoren stärker hervortreten. Strenge Dienstvorschriften, solide Ausbildung, Motivation und eine verbesserte Überwachung der Beamten hingegen schränken die Möglichkeiten für autoritäres Verhalten ein. Aus dieser Sicht wäre eine Effizienzsteigerung polizeilichen Handelns (in Übereinstimmung mit der Verfassung) durch Änderungen in der sozialen Organisation der Polizei erreichbar.

Soziale Isolation. Die autoritäre Berufsrolle und die erhöhte Aufmerksamkeit gegenüber potentiellen Kriminellen führt auch zur Entfremdung von der zivilen Bevölkerung. Dieses Gefühl der Isolation verstärkt das Bedürfnis nach Unterstützung aus der eigenen Berufsgruppe. So kann es vorkommen, daß sich Freundschaften nach dem Eintritt in den Polizeidienst abschwächen oder auflösen. Um der sozialen Ablehnung zu begegnen, verbergen manche ihre Polizeiidentität oder verbünden sich nur mit anderen Polizeibeamten (Stotland und Berberich, 1979).

Dieses Gefühl der Ablehnung und Abtrennung erzeugt Ressentiments gegenüber einer Bevölkerung, die den Wert der polizeilichen Arbeit nicht anerkennt. Umfrageuntersuchungen weisen darauf hin, daß nur ein kleiner Prozentsatz der Polizeibeamten glaubt, daß die Öffentlichkeit sie schätzt, obwohl sie im allgemeinen besser beurteilt werden, als sie selbst vermuten (Hinz, 1971; Bartol, 1983, S. 70, 58). Als Folge dieser Einstellung entwickeln die Beamten im Laufe der Zeit zynische Weltanschauungen.

Der Polizeibeamte ist selbst eine (sehr sichtbare) Minderheit und auch Zielscheibe stereotyper Vorstellungen und Angriffe (Lipset, 1969, S. 80). Es überrascht daher nicht, daß die polizeiliche Tätigkeit (im Vergleich zu anderen Berufsgruppen) zu den streßreichsten zählt (Selye, 1978).

Die Entfremdung von der Bevölkerung hat Auswirkungen auf die Effektivität der Arbeit im Gesetzesvollzug, aber auch auf die Polizei als Organisation. Je größer das Gefühl der Isolation ist, desto größer ist der interne soziale Zusammenhalt innerhalb der Polizei und der Widerstand gegen Reformbemühungen von außen. Je stärker sich die Polizei von der Zivilbevölkerung isoliert, desto eher entwickelt sie sich zu einer "introvertierten Streitmacht". Diese Atmosphäre einer "halbgeheimen" Organisation stellt auch eine wichtige Stütze polizeilicher Macht dar.

2.55 Psychologische Determinanten selektiver Sanktionsentscheidungen in der Polizei

Psychologische Literatur über die Polizei gibt es fast nur in den angelsächsischen Ländern, insbesondere in den USA. Eine Übertragung der dort gefundenen Ergebnisse auf österreichische und deutsche Verhältnisse ist aufgrund der unterschiedlichen Organisations- und Rechtsbedingungen nicht immer ohne weiteres möglich. Inwieweit Untersuchungsergebnisse aus dem angelsächsischen Raum auch für österreichische (bzw. deutsche) Verhältnisse gültig sind, muß daher von Fall zu Fall geprüft werden. In der Regel lassen sich die unterschiedlichen Organisations- und Rechtsbedingungen jedoch als eine unabhängige Variable betrachten, die die hier diskutierten grundlegenden sozialen Prozesse nur modifiziert, nicht jedoch prinzipiell verändert (Feest und Lautmann, 1971, S. 41).

Ob jemand für ein bestimmtes Verhalten den Status eines Kriminellen erhält oder nicht, ist unter anderem vom Einsatz der Polizei abhängig. Polizeiliches Handeln ist ein Faktor, der die Entstehung der statistischen Kriminalitätsraten wie auch die jeweiligen Kriminalisierungsprozesse entscheidend beeinflußt. Wichtig ist die Frage, von welchen Faktoren die Selektivität des polizeilichen Sanktionshandelns abhängt.

Der Ansatzpunkt zum Verständnis von Entscheidungsprozessen von Polizeibeamten (von individuellen wie auch von Gruppenentscheidungen) ist die Tatsache, daß sie größere Ermessensspielräume zur Verfügung haben, als ihre öffentliche und quasimilitärische Organisation erwarten läßt. Im folgenden Abschnitt wollen wir einige Gründe für diese Autonomie des Polizeibeamten aufzeigen und (außerrechtliche) Informationsquellen, die er für seine Entscheidungen über das Verhalten anderer Personen in bestimmten Situationen verwendet, diskutieren. Ezra Stotland (1982) postulierte, daß die Entscheidungen des Polizeibeamten durch die Bewertung der eigenen Person als guten/effektiven Beamten und die Übereinstimmung dieser Einschätzung mit der Einschätzung durch andere Personen (Berufskollegen) sowie durch die Öffentlichkeit beeinflußt werden.

2.551 Der "halbautonome" Polizeibeamte und die Befehlshierarchie

Auf den ersten Blick erscheint die Polizeiorganisation quasimilitärisch, streng hierarchisch, mit militärischen Rangabzeichen, Formationen und Uniformen - alles Merkmale autoritärer Organisationen mit engmaschiger Befehlsstruktur. Grundlegende Entscheidungen werden an der Spitze getroffen und an die unteren Ränge weitergeleitet.

Eine genauere Prüfung zeigt jedoch, daß diese hierarchisch-militärische Befehlsstruktur nicht existiert. Polizeibeamte auf der Streife sind viel autonomer als z.B. Soldaten. Sie sind kaum unter Aufsicht des Vorgesetzten, wenn sie Dienst tun. Sie patrouillieren meist paarweise, und der Großteil der Notrufe wird von einem Streifewagen erledigt. Auch wenn mehrere Streifefahrzeuge benötigt werden, ist es nicht üblich, daß der Vorgesetzte den Einsatz mitmacht.

Welche *Kontrollmöglichkeiten* stehen übergeordneten Stellen für die Überprüfung des Streifebeamten zur Verfügung? In erster Linie sind dies Berichte, verhängte Strafmandate und getätigte Festnahmen. Festnahmen sind aber ein so seltenes Ereignis, daß sie keine Möglichkeit einer täglichen Leistungsüberprüfung des Beamten darstellen können. Der Großteil der polizeilichen Handlungen besteht im Erteilen von Verwarnungen, Strafmandaten, im Ahnden von Verkehrsübertretungen oder in Vorladungen Nichtkrimineller. Der Kontakt mit Rechtsbrechern macht ca. 20% der Kontakte aus, nur 6% davon resultieren in irgendeiner Art von Anhaltung. Auch die infolge von Beleidigungen oder Beschimpfungen des Beamten getätigten Arreste, Vorladungen und Berichte des Beamten liefern keine bessere Überprüfungsmöglichkeit.

Feest (1971) stellte in einer *Beobachtungsuntersuchung* der Sicherheitspolizei einer deutschen Großstadt fest, daß innerhalb der "variablen Definitionsmacht" der Polizei selektive Strafverfolgung insofern existiert, als Angehörige der Unterschicht unter den von der Polizei aufgegriffenen Personen überrepräsentiert sind. Der Autor nahm im Verlauf von fünf Monaten 280 Stunden lang an (uniformierten) Streifen teil und protokollierte die Aktivitäten der Beamten. Ob die Ergebnisse eine Folge der in dieser Schicht tatsächlich größeren Häufigkeit strafbarer Handlungen oder vielmehr eine Folge sozial selektiver polizeilicher Strafverfolgung sind, konnte von der Untersuchung nicht bewiesen (bestenfalls plausibel gemacht) werden. In einer amerikanischen Arbeit ließ Reiss (1973) zivile Beobachter ebenfalls Hunderte von Arbeitsstunden der Polizeistreifen beobachten. Von den möglichen Festnahmen wurden nur 57% durchgeführt. Dies war auch dann der Fall, wenn der Beamte für die Festnahme eines Verdächtigen ausreichende Rechtsgrundlagen hatte. Davis (1975) berichtete, daß auch bei schwerwiegenden Fällen die Polizei keine Arreste tätigt, wenn das Opfer nicht anzeigen will.

In einer *Befragung* kam Adams (1972) zu dem Ergebnis, daß die Hälfte der befragten Polizeibeamten bereit waren, bei der individuellen Festnahmeentscheidung *spezielle Umstände* stärker zu berücksichtigen als Gesetzesvorschriften oder die Verfahrensweisen. Für den Vorgesetzten gibt es keine brauchbaren Hinweise, aufgrund welcher Informationen diese Entscheidungen getroffen werden. Weiters gibt es auch keine Hinweise darauf, wie der Beamte Faktoren wie:

Benehmen des Verdächtigen, die Einstellung zu ihm oder anderen Ereignissen in der Situation, die Zeit, die der Beamte schon in der Schicht tätig ist, seinen Erschöpfungszustand, die Motivation, höhere Arrestzahlen zu erreichen, Bekanntschaft mit dem Bürger etc. gewichtet. Der Vorgesetzte hat wegen der weiten Ermessensspielräume, die Streifebeamten bei solchen Entscheidungen besitzen, keine konkreten Hinweise, wie die Beamten bei Übertretungsdelikten (Vergehen) handeln.

An dieser Stelle sei auch auf die Unterschiede zwischen der österreichischen und der amerikanischen Polizei hingewiesen. Die amerikanische Polizei genießt große einzelstaatliche und lokale Autonomie und ist durch politische Abhängigkeit gekennzeichnet. Die Spannweite ist dabei sehr groß und reicht von Willkür bis zu striktem Legalismus (Skolnick, 1966).

Die weiten Ermessensgrenzen von Polizeibeamten entstehen durch die *Art der Tätigkeit* selbst und durch die *reduzierten Kontrollmöglichkeiten* durch Vorgesetzte. Weiters geben die allgemeinen Formulierungen von Dienstvorschriften und Gesetzen, die auf eine Vielzahl spezifischer Situationen anwendbar sein müssen, dem einzelnen Beamten große Definitions- und Interpretationsfreiheiten. Der Beamte muß seine Entscheidung nicht nur aufgrund der Rechtsvorschriften, sondern auch aufgrund der von ihm individuell beurteilten Umstände treffen. So kann die Entscheidung, den Ehemann für die Mißhandlung seiner Frau nicht anzuzeigen, auch von der Beobachtung, daß die Frau ihrem Mann bereits verziehen hat, bestimmt sein. Manchmal sind die situationsabhängigen Entscheidungen so vorherrschend, daß auch Gesetzesgrenzen überschritten werden. Besonders schwierig ist die Aufgabe des Polizeibeamten, wenn es Widersprüche zwischen den verschiedenen sozialen Kräften gibt.

Oft haben Polizeibeamte nicht die Möglichkeit, auf alle Gesetzesverletzungen zu reagieren. Die Polizei kann aus Zeit- und Personalgründen nicht jeden Autolenker, der Gesetze bzw. Vorschriften verletzt, überprüfen und anzeigen. Auch Kriminalbeamte haben nicht die Zeit, jeden angezeigten Diebstahl zu untersuchen. Der Polizeibeamte muß auch entscheiden, welches Gesetz in einem bestimmten Fall angewendet werden muß. Insbesondere bei neuen und bei oft modifizierten Gesetzen (wie etwa dem Suchtgiftgesetz) trifft der Beamte seine Entscheidung aufgrund einer Vielzahl instabiler Informationen mit wechselnden Gewichtungen.

Eine Polizeistation ist eine Organisation, in der die Entscheidungsgewalt in den unteren Rängen größer ist. Die meisten der wichtigen Entscheidungen der Sicherheitsorgane werden auf der Straße getroffen. Neben den Streifebeamten, die eine Vielzahl wichtiger Individual- oder Gruppenentscheidungen treffen, haben auch andere Teile des Polizeiapparates große Entscheidungsfreiheiten. So sind Kriminalbeamte oft als individuelle Spezialisten mit freier Diensteinteilung tätig; sie können sich sogar die Fälle selbst aussuchen. Wachzimmerkommandanten haben oft mehr Macht als ihre Vorgesetzten.

Der Widerspruch zwischen der relativen, funktionalen Unabhängigkeit in niederen Dienstgraden und der Kontrollhierarchie führt bei Polizeibeamten zu einer ambivalenten Einstellung zur Rolle der diensthöheren Inspektoren. Das

Vorhandensein von juristischen und psychologischen Ermessensspielräumen ist ein Spezifikum des gesamten Strafrechtssystems, das sich auch bei Staatsanwälten, Richtern, Geschworen und beim Sicherheitspersonal in Haftanstalten findet. Welche psychologischen und außerrechtlichen Faktoren beeinflussen nun Entscheidungen von Vollzugsbeamten?

2.552 "Spindkultur"

Inwieweit wird der individuelle, semiautonome Polizeibeamte bei seinen Entscheidungen von Kollegen beeinflußt? Die Gruppe der Arbeitskollegen stellt eine wichtige Informations- und Bewertungshilfe dar. Der individuelle Streifebeamte neigt zur Entwicklung eigener Entscheidungsrichtlinien und eigener Präferenzen für bestimmte Informationsquellen, die Davis (1975) "Spindkultur" nannte. Er konnte zeigen, daß die dabei entwickelten Kriterien (oft mit einem starken "Macho"-Anstrich) großen Einfluß auf das Verhalten der Polizeibeamten haben; diese können sich auch von den Dienstvorschriften und Verfahrensrichtlinien "von oben" unterscheiden. Beamte neigen dazu, die Informationsquellen und Gewichtungsregeln ihrer Kollegen in die eigenen Entscheidungen einfließen zu lassen.

Wie stark dieser *Einfluß auf die individuelle Entscheidungsfindung* ist, hängt von verschiedenen Faktoren ab, nämlich von (Stotland, 1982):

(1) der Ambivalenz des Beamten gegenüber seinen Vorgesetzten,

(2) der wechselseitigen Abhängigkeit der Beamten, die durch Verunsicherung in der Arbeit und durch Gefahrensituationen entsteht (Skolnick, 1967),

(3) dem Mißtrauen gegenüber Zivilisten, das einen elementaren Bestandteil der Berufsrolle des Vollzugsbeamten darstellt (Skolnick, 1967),

(4) der Wahrnehmung, daß der Großteil der Öffentlichkeit die Polizei negativ bewertet (Skolnick, 1969),

(5) dem Einfluß der älteren Beamten auf jüngere, die ihnen zugeteilt werden,

(6) der Wahrnehmung, daß sie aufgrund ihrer Berufsrolle auch in privaten Aktivitäten von Zivilisten abgelehnt werden - u.a. wegen der ständig gegenwärtigen Macht, Zivilisten kontrollieren und festzunehmen zu können und wegen des Arbeitsrhythmus durch die Schichtarbeit,

(7) dem Empfinden, daß nur ein anderer Polizeibeamter den Streß der Arbeit verstehen und einschätzen kann,

(8) der Sicherheit in der Solidarität mit den Arbeitskollegen. Diese drückt sich in der Überzeugung aus, nicht "verpfiffen" oder bei der eigenen Arbeit nich. zu genau von den Kollegen kontrolliert zu werden.

Der *Zusammenhalt* innerhalb der Gruppen wird auch durch die große Unsicherheit im Umgang mit den weiten Ermessensspielräumen verstärkt. Polizeibeamte bemühen sich, von den Kollegen Unterstützung und Bestätigung für die Angemessenheit ihrer Entscheidungen zu erhalten. Durch "soziale Vergleichsprozesse" (Festinger, 1954) überprüfen sie die eigenen Handlungen an den Standards der Kollegen. Haben sie sich einmal an die Spindkultur angepaßt, erhalten sie nicht nur Zustimmung, sondern auch Rückhalt. Sie können dann auch mit der Unterstützung der Kollegen rechnen, wenn ihre Entscheidungen von Vorgesetzten kritisiert werden. Das in den Ermessensentscheidungen enthaltene Risiko birgt einerseits Unsicherheit, andererseits wird es aber auch geschätzt (Goldstein, 1973).

In größeren Polizeiabteilungen können sich deutlich unterscheidbare Subgruppen bilden. Die Gruppe der Streifebeamten unterscheidet sich in vielen Aspekten von anderen Dienstgruppen. Sie haben den niedrigsten Status innerhalb des Polizeiapparates; eine Beförderung in höhere Dienstgrade anderer Gruppen ist schwieriger; sie sind bei der Ausübung ihrer Tätigkeit größeren Gefahren als andere Beamte ausgesetzt; sie haben größere Ermessensspielräume in ihren Entscheidungen, die sie meist auch unter extrem belastenden Umständen treffen müssen (Stotland, 1982).

2.553 Selbstvertrauen

Neben den erwähnten sozialen und organisatorischen Determinanten polizeilicher Entscheidungsprozesse spielen auch individuelle Faktoren eine wichtige Rolle. In erster Linie ist dies die Bewertung des Beamten durch sich selbst - sein Selbstvertrauen. Es gibt viele Belege dafür, daß Personen mit hohem Selbstvertrauen leichter mit streßreichen und schwierigen Situationen umgehen und auch problemorientierter handeln können (eine Literaturübersicht findet man in Stotland und Cannon, 1972).

Personen mit hohem Selbstvertrauen sind z.B. in der Lage, ihre Feindseligkeiten auf angemessene Ziele abzuleiten, sie sind auch durch Beschimpfungen und Beleidigungen weniger verletzbar. Sie sind fähiger, Probleme effektiv zu lösen, sie sind im Umgang mit anderen Personen freundlicher und im Denken flexibler. Sie lassen sich bei ihren Entscheidungen durch das Bemühen, den Selbstwert zu erhöhen, nicht beeinflussen. Sie sind nicht ständig bemüht, das öffentliche Image, das einen starken Einfluß auf das Selbstvertrauen hat, hervorzuheben. Polizeibeamte mit hohem Selbstvertrauen können mit Konflikten besser umgehen. Dadurch können sie Entscheidungen auch auf der Basis der relevanten - und nicht der selbstwertsteigernden - Informationen in der jeweiligen Situation treffen (Stotland, 1975). Polizeibeamte mit geringem Selbstvertrauen werden bei ihren Entscheidungen sicherlich auch bemüht sein, ihr Selbstwertgefühl vor weiteren Reduktionen zu schützen.

Die Entscheidung, einen Verdächtigen festzunehmen, wird oft vom Verhalten der betreffenden Person gegenüber dem handelnden Polizisten beeinflußt. Personen, die besonderen Respekt zeigen, werden seltener festgenommen (Piliavin und Briar, 1964). Untersuchungen über das Selbstvertrauen in verschiedenen Situationen ergaben, daß Beamte mit geringer Selbstwerteinschätzung sensibler auf die Meinungen und Einstellungen der Zivilisten reagieren als solche mit hoher Selbstwerteinschätzung. Westley (1953) kam zu dem Schluß, daß Polizeibeamte eher zu Gewalttätigkeit neigen, wenn ihre Autorität bedroht ist. Da Polizeibeamte sich stark mit ihrer Autorität identifizieren, ist ein Angriff gegen diese Autorität auch ein Angriff gegen ihr Selbstwertgefühl. Es ist daher wahrscheinlich, daß Polizisten mit geringem Selbstvertrauen eine höhere Bereitschaft zu Gewalttätigkeiten zeigen. Die damit verbundene Machtdemonstration kann das Selbstvertrauen wieder stärken.

Die Aufgaben des Sicherheitsbeamten enthalten jedoch tatsächlich eine ständige Selbstwertbedrohung. Der Mangel an Effektivität ihrer Tätigkeit (insbesondere bei der Kriminalitätsbekämpfung) und der geringe Status ihrer Arbeit in den Augen der Öffentlichkeit führt oft zu stereotypen Verwaltensweisen, die helfen sollen, die Verantwortung für das gesellschaftliche Problem der Kriminalität auf andere zu schieben. Daraus resultiert häufig eine freiwillige Überbürokratisierung ihrer Arbeit; so kann es dazu kommen, daß manche Streifen ihr Gebiet "überkontrollieren" (Lipsky, 1969).

2.554 Die Beziehung zu Zivilisten

Neben der Selbstwerteinschätzung und der Spindkultur beeinflussen noch weitere außerrechtliche Faktoren die Entscheidungen von Vollzugsbeamten. Eine Determinante ist das Verhalten der Bewohner des Reviers selbst. Polizeibeamte sind nicht als unabhängige, allwissende Aufsichtsorgane tätig. Sie reagieren meist auf Berichte und Notrufe von Bürgern, Opfern und Zeugen krimineller Handlungen und von Leuten, die Hilfe verschiedenster Art benötigen. Ohne die Mithilfe und die Bereitschaft der Bevölkerung bei der Kriminalitätsbekämpfung wäre eine effektive Polizeitätigkeit nicht möglich. Auch Gerichte und Legislaturen, Bürgerinitiativen, Parteien und Gewerkschaften können direkt oder indirekt auf die polizeilichen Aktivitäten Einfluß nehmen.

Diese mehrfachen Abhängigkeiten führen zu einem Dilemma - Personen oder Personengruppen, die Einfluß auf die Polizei ausüben können, werden selbst Gegenstand polizeilicher Handlungen. So kann z.B. ein Drogenhändler verhaftet werden, wenn belastende Aussagen von Konkurrenten vorliegen. Ein brauchbarer Informant für die Aufklärung eines Einbruchs könnte der Empfänger der gestohlenen Gegenstände sein.

Die polizeiliche Tätigkeit ist sehr konfliktgeladen. Es überrascht daher nicht, wenn der anfängliche Idealismus, das Selbstvertrauen und die korrekte Amtsausübung unterminiert werden. Es überrascht auch nicht, daß Polizeibeamte oft unter dem Druck moralischer Korruption stehen. Das Dilemma geht sehr tief: Die Informationsquellen in der Bevölkerung können selbst illegal sein.

Der Sicherheitsbeamte versucht natürlich, ein Maximum an Information von den Bürgern in seinem Revier zu erlangen. Diese Informationen sind aber unvollständig und aus vielen Gründen unverläßlich. In der täglichen Arbeit haben Polizeibeamte mit der Öffentlichkeit meistens nur unter negativen Umständen Kontakt. Sie leben in den seltensten Fällen in dem Bezirk, den sie überwachen. Das mit ihrer Tätigkeit verbundene Mißtrauen gegenüber den meisten Zivilisten verzerrt bzw. zerstört oft den Kontakt. Auch der häufige Umgang mit sozialen Randgruppen, die eine erhöhte Kriminalitätsrate aufweisen, kann zu Kontaktproblemen mit anderen Zivilisten führen. Ebenso verbessern die gelegentlichen und widersprüchlichen Kontakte zur "anständigen" Bevölkerung - wie etwa bei Verkehrskontrollen oder beim Ausstellen von Strafmandaten - die Beziehung und den Informationsaustausch nicht. Da die Polizei hauptsächlich als eine kontrollierende Macht wahrgenommen wird, werden oft nur "Spitzel" oder "Informanten" mit ihr zusammenarbeiten.

Angriffe auf das Selbstvertrauen von Polizeibeamten. Der Kontakt zwischen Polizei und Zivilisten ist notgedrungen einseitig und birgt die Gefahr der Korruption. Effizienter Bürgerservice ist jedoch nur durch eine enge Beziehung zur Bevölkerung und ihren unterschiedlichen Gruppen möglich. Dieser enge Kontakt wiederum kann zu Problemen und Angriffen auf das Selbstvertrauen der Beamten führen. So haben bestimmte Gruppen in der Bevölkerung ein ausgeprägtes Empfinden für die Servicerolle der Polizei und können auch Druck auf sie ausüben; so reagieren bestimmte Gruppen der Bevölkerung auf vermutete oder tatsächliche Übergriffe der Polizei sehr sensibel, insbesondere wenn Grundwerte der demokratischen Gesellschaft verletzt werden, wie etwa die gleiche Behandlung vor dem Gesetz, das Demonstrationsrecht, Anerkennung von Minoritäten usw. Der *Druck von bestimmten Bevölkerungsgruppen* auf die polizeiliche Tätigkeit hat in erster Linie einen negativen Effekt auf das Selbstvertrauen von Polizeibeamten und drängt diese in eine defensive und feindselige Position. Damit verbunden ist eine Statusverminderung und der Versuch Außenstehender, die Ermessensspielräume einzugrenzen. Diese Aktivitäten erzeugen wiederum negative Effekte auf seiten der Polizei. So werden viele Überreaktionen von empfindlichen Polizeibeamten durch solche Angriffe erst ausgelöst.

Eine weitere Quelle von Frustrationen für den individuellen Beamten ist die *erlebte Ineffektivität der polizeilichen Kriminalitätsbekämpfung*, die sich mit dem damit verbundenen Desillusionierungsprozeß ebenfalls nachteilig auf die Selbstwerteinschätzung auswirkt (Rubinstein, 1973; McNamara, 1967; Sterling, 1968). Auch die *konflikthaltigen Anforderungen* aus der Bevölkerung, von Vorgesetzten und Arbeitskollegen tragen zu einem Gefühl der Unsicherheit bei. Oft fehlen objektive Rückmeldung und die Sicherheit, in kritischen Situationen das "Richtige" getan zu haben. Auch die Tatsache, daß die Öffentlichkeit kriminelle Handlungen nicht anzeigt, weil sie glaubt, die Polizei sei ineffektiv, wird negativ erlebt. Watson und Sterling (1969) stellten bei einer Befragung fest, daß 82% der (amerikanischen) Polizeibeamten glauben, die Öffentlichkeit betrachte sie als unpersönlichen Teil eines Regierungsapparates, und 72% meinten, sie erhielten keine Unterstützung von öffentlicher Seite. Auch in den Medien ist das Bild der Polizei oft negativ.

Eine Untersuchung in der BRD (Brusten, 1971) zeigte eine Diskrepanz zwischen vermuteter Fremdeinschätzung des Polizeiberufs und der Selbsteinschätzung. Nach Vermutung der Polizisten ist der Beruf des Polizeibeamten im Einzeldienst im Ansehen der Öffentlichkeit deutlich niedriger eingestuft, als dies nach Ansicht der Beamten gerechtfertigt erscheint. Die Diskrepanz kann als Indikator für eine allgemeine Statusunzufriedenheit der Beamten gewertet werden.

2.56 Die Bedeutung von Forschung, Evaluation und Information

Die Polizei ist, um optimale Entscheidungen treffen zu können, auf Informationen aus der Bevölkerung angewiesen. Diese Informationen müssen zuverlässig sein und aus einer Vielzahl von Quellen stammen. Sie müssen auch für jene Beamte zur Verfügung stehen, die schwierige Entscheidungen auf der Straße fällen. Weiters sollen sie auch anderen Verwaltungsbereichen und den Vorgesetzten, die Verfahrens-, Personal- und Budgetentscheidungen treffen, verfügbar sein.

In den angelsächsischen und in einigen nordeuropäischen Ländern gibt es Forschungs- und Evaluationsabteilungen (entweder innerhalb der Polizei selbst oder unabhängige Stellen außerhalb), die die polizeiliche Tätigkeit und die Effizienz neuer Programme überprüfen. Wie in den meisten großen Verwaltungsorganisationen gehen die Forschungsergebnisse an die obersten Stellen der Hierarchie; sie gelangen selten oder nie zu den unteren Diensträngen. Auch die Analyse der polizeilichen Kriminalstatistiken und viktimologische Forschungsergebnisse werden im allgemeinen an höhere Dienststellen geleitet. Dieser *Informationsstrom zu den höchsten Dienststellen* innerhalb der Polizei wird auch von Gesetzen und dem gesamten Justizapparat, der die Informationen an Politiker, Staatsanwälte, Bürgermeister weiterleitet, verstärkt.

Diese außerpolizeilichen Instanzen führen eigenständige Forschung über Kriminalitätsentstehung und Bekämpfung, wie auch über die Effektivität von polizeilichen Programmen durch. Die Ergebnisse solcher Forschungsarbeiten sind für Budgetentscheidungen und für Planung und Einrichtung neuer Programme bedeutsam.

Durch den Informationsfluß nach oben werden die unteren Dienstränge, insbesondere jene, die die Arbeit auf der Straße leisten und große Definitionsmacht und weite Ermessensspielräume besitzen, abgeschirmt. Ezra Stotland (1982) vertritt die These, daß eine *Effizienzsteigerung* der Tätigkeit von Polizeibeamten in einer *Optimierung der Information* liegen könnte. Dem Ansatz Stotlands liegt ein entscheidungstheoretisches Modell zugrunde, das annimmt, daß Polizeibeamte optimale Entscheidungen fällen könnten, wenn sie sämtliche erforderlichen Informationen zur Verfügung hätten. Stotland postuliert, daß das Ausschließen des semiautonomen Polizeibeamten von relevanten Informationen dazu führt, daß diese für das gesamte System nicht optimal genutzt werden können. Das Ausklammern des rangniederen Beamten von relevanten Informationen über seine Tätigkeit hat ebenfalls negative Effekte auf seine Selbstbewertung und Leistung. Stotland gibt auch praktikable *Lösungsvorschläge*. Der Autor meint, daß ein Ausweg in einer dezentralisierten Organisationsform läge, die dem Grad der Autonomie, den der auf der Straße diensttuende Beamte besitzt, gerecht wird. Dabei wird vorgeschlagen, daß die Polizei vermehrt sozialwissenschaftliche (insbesondere betriebs- und organisationspsychologische) Daten erhält, und Evaluationsergebnisse an sämtliche Stellen weitergeleitet werden sollen. Dieser "Polizei-Rückmelde-Zirkel" (Stotland, 1982) könnte die Lösung von Problemen der Information und der Evaluation für die Basisaktivitäten von Polizeibeamten sein.

Mit Ausnahme einiger soziologischer Untersuchungen sind verhaltenswissenschaftliche Arbeiten über die Polizei in Österreich und der BRD spärlich und anekdotisch. Welche Ursachen diese "Erkenntnishemmung" hat, ist nicht klar. Es ist aber anzunehmen, daß nicht nur das knappe Budget sondern auch das weitgehende Desinteresse derjenigen Gruppen der Gesellschaft dahintersteckt, die mit der Sanktionierung abweichenden Verhaltens beauftragt sind. Die tiefere Ursache dieses Desinteresses liegt vermutlich in einer diffus empfundenen Furcht vor einer Verunsicherung hinsichtlich des Rollenhandelns.

Schlußfolgerung. Trotz der weitverbreiteten Annahme, daß Polizeibeamte autoritär, konservativ, rigide, pragmatisch und unsensibel sind, gibt es keine Belege für eine "Polizistenpersönlichkeit". Die Polizeibeamten als Gruppe zeigen Persönlichkeitscharakteristika, die sich von jenen der Gesamtbevölkerung nicht unterscheiden. Es gibt Hinweise, daß diese Gruppe Komponenten der autoritären Persönlichkeit besitzt. Es ist jedoch nicht geklärt, ob dieses Merkmal aufgrund der beruflichen Tätigkeit entsteht, oder ob der Polizeiberuf jene Personen anzieht, die hohe Autoritarismuswerte zeigen. Auch beide Ursachen wären möglich.

Polizeibeamte stehen gewissermaßen in der ersten Reihe des Strafrechtssystems und bestimmen, welche Fälle in das System eintreten. Ein wesentlicher Aspekt der sicherheitspolizeilichen Tätigkeit ist die Fähigkeit, rasch wichtige (und richtige) Entscheidungen innerhalb weiter Ermessensgrenzen zu treffen. Diese Entscheidungen, insbesondere im Hinblick auf kleinere Delikte, werden von mehreren Faktoren beeinflußt. Wichtige psychologische Determinanten dieser Entscheidung stellen die berufsmäßige Sozialisierung (Spindkultur), Selbstvertrauen und die Beziehungen zur Bevölkerung dar.

2.57 Psychologischer Streß im Gesetzesvollzug

Der folgende Abschnitt ist ein Exkurs in die klinische Psychologie und soll an Hand von Forschungsarbeiten über Streß im Gesetzesvollzug dessen Ursachen und Auswirkungen aufzeigen. Es gibt keinen Zweifel darüber, daß die polizeiliche Tätigkeit im Vergleich mit anderen Berufen eine der streßreichsten darstellt, sowohl in bezug auf Menge als auch auf Vielfältigkeit der streßerzeugenden Faktoren (Selye, 1978). Streß ist aber nicht nur im Gesetzesvollzug bedeutsam. Auch bei der Bewertung von Zeugenaussagen und Opferberichten über dramatische Ereignisse spielt Streß eine wichtige Rolle. Auch jede empirische Erklärung kriminellen Verhaltens verlangt einige Aufmerksamkeit hinsichtlich Streß. Wir wollen daher darstellen, was Streß ist, wie er sich entwickelt und verstärkt, wie er Verhalten beeinflußt, und welche Verfahren zur Streßverminderung und -bewältigung existieren. Die grundlegenden Gesetzmäßigkeiten von Streß sollen am Beispiel der Tätigkeit im Gesetzesvollzug dargestellt werden. Prinzipiell sind die Darstellungen aber auch auf alle anderen Funktionsbereiche im Rechtssystem übertragbar.

Definition. Der Begriff "Streß" stammt aus der Technik und beschreibt das Einwirken äußerer Kräfte auf physische Objekte. Der Endokrinologe H. Selye führte diesen Begriff 1936 in die Sozialwissenschaft ein. Als einer der führenden Forscher auf dem Gebiet des biologischen Stresses befaßte er sich mit den Effekten biologischer Stressoren (streßerzeugende Faktoren) auf physiologische und biochemische Funktionen von Organismen. Er definierte Streß als *"die unspezifische Antwort des Körpers auf jede Art von Beanspruchung"* (Selye, 1976, S. 15). Man nimmt dabei an, daß die körperliche Reaktion allgemein ist, wobei das gesamte körperliche System als Einheit an der Reduktion oder Beseitigung von streßverursachenden Faktoren beteiligt ist. Die Stressoren können außerhalb des Organismus (exogen) oder innerhalb (endogen) auftreten. Sie können auch von Körperverletzungen, Krankheiten oder Viren stammen.

Psychologischer Streß tritt auf, wenn ein Reiz eine Reaktion bewirkt, die zu einer verminderten (wahrgenommenen oder tatsächlichen) Kontrolle über den Reiz führt. Das Verhaltensmuster der betroffenen Person ist einheitlich, es beeinträchtigt gleichgestimmte Aktivitäten im autonomen Nervensystem und bewirkt eine Verminderung der Verhaltenskontrolle. Streß zieht also als Reaktion eine erhöhte physiologische Aktiviertheit nach sich, reduziert aber gleichzeitig die Fähigkeit, Umweltreize adäquat zu verwerten. Jene Reize, die die physiologische Aktivierung erhöhen (d.h. eine Streßreaktion erzeugen), nennt man Stressoren. Für unsere Analyse wollen wir nur jene Faktoren und Verhaltensweisen der Streßentstehung und Bewältigung diskutieren, die im Gesetzesvollzug auftreten.

Streß entsteht durch Reize, die eine Person als frustrierend, bedrohlich oder konflikthältig empfindet. Die Streßreaktion ist die Antwort des Organismus auf diese Reize. Die häufigste Reaktion ist *"Angst"*, ein Begriff, der oft synonym mit Streßreaktionen gebraucht wird. Angst ist ein unangenehmer Gefühlszustand, der durch Ärger, Besorgnis, Furcht und Muskelspannungen gekennzeichnet ist und Auswirkungen auf das Verhalten zeigt. Eine ängstliche Person kann z.B. stottern oder andere Sprachstörungen zeigen, kettenrauchen, leicht irritierbar sein, bestimmte Situationen vermeiden usw.

Man kann zwei Formen von Angst unterscheiden: Angst als Zustand und Angst als Reaktion auf spezifische Situationen, die jedoch normal ist und häufig auftritt. Jeder wird angesichts bestimmter Stressoren Angst zeigen. Wird dieses Verhaltensmuster aber in vielen oder sogar den meisten Situationen gezeigt, tritt Ängstlichkeit als Persönlichkeitsmerkmal in Erscheinung. Bei dieser erhöhten allgemeinen Ängstlichkeit nimmt die Person auch häufiger angstauslösende Situationen wahr.

Die Messung von Streß. Grundlegend für die Streßforschung sind brauchbare Meßmethoden. Es gibt Methoden, die den kumulativen Streß, dem ein Organismus ausgesetzt ist, pro Zeiteinheit erfassen. Für die Physik stellt die Messung physikalischer Stressoren oder Meßvektoren kein Problem dar. Es sind auch Meßinstrumente zur Erfassung biologischer Streßreaktionen verfügbar. Ein objektives und für die Forschungsfragen zufriedenstellendes Meßverfahren für psychologischen Streß existiert aber nicht. Man kann nur einige Verhaltensreaktionen und physiologische Reaktionen auf Streß messen.

Physiologische Reaktionen schließen einen weiten Bereich *körperlicher Veränderungen* ein: Änderungen des Blutdrucks, der Muskelspannung, der Gehirnaktivitäten, der Hautleitfähigkeit, der Pulsfrequenz, der biochemischen Zusammensetzung des Blutes, des Epinephrinspiegel im Urin, in der Fettsäurefreisetzung (Mobilisierung) und im Hormonspiegel. Feinere Meßverfahren können jede Änderung in diesen Variablen erfassen, wenn Stressoren auftauchen. Für die physiologische Psychologie stellen die physischen Begleiterscheinungen die am besten quantifizierbaren und präzisesten Meßverfahren der Streßeffekte dar. Die gegenwärtige Streßforschung verwendet hauptsächlich diese physiologischen Indikatoren. Ihr Nachteil besteht darin, daß sie nur die unmittelbare Streßreaktion erfassen; die kumulative Reaktion, die die vom Organismus erlebte Streßmenge viel besser wiedergibt, ist nicht erfaßbar. Auch verwenden die meisten Laboruntersuchungen künstliche Stressoren, die durch forschungsethische Richtlinien eingeschränkt sind.

Andere Meßverfahren erfassen Streß durch die Selbstberichte der Betroffenen. Dabei beobachten sich Versuchsperson selbst und berichten, welche Gefühle sie erlebt haben, welche Ursachen diese Gefühle ihrer Meinung nach haben und was sie tun, um sich darauf einzustellen. Mit diesen Methoden sind vergleichbare und quantifizierbare Daten oft schwer erhältlich, da große individuelle Unterschiede bei Streßreaktionen existieren. Eine Abhilfe wäre die Verwendung objektiver und standardisierter Fragebögen.

Bisher liegen standardisierte Fragebögen für die Messung der Bewältigung von psychologischem Streß, der durch verschiedene Alltagserlebnisse ausgelöst wird, vor. Der bekannteste ist die "Social Readjustment Rating Scale" (SRRS), die T. Holmes (Holmes und Rahe, 1967) entwickelt hat. Die Autoren konnten 43 Ereignisse, die von den meisten Personen als Stressoren erlebt worden waren, identifizieren und faßten sie in einer Skala zusammen. Verschiedene Gruppen von Versuchspersonen mußten dann jede Situation im Hinblick auf das Ausmaß der erforderlichen Änderungen oder Adaptationen, die nötig sind, um sich an die neuen Gegebenheiten anzupassen, einstufen. Dabei wurde nicht nach der Erwünschtheit bzw. Unerwünschtheit der Ereignisse gefragt, sondern nach dem Zeitraum, den die Änderungen (Umstellungen) erfordern. Mit dieser Methode erhält z.B. eine Heirat einen höheren Wert als ein Verkehrsunfall; letzterer ist zwar unerwünscht, erfordert aber weniger und kurzfristigere Änderungen.

Befragte Personen müssen angeben, ob und wann jedes der Ereignisse in ihrem Leben eingetreten ist, und jedem einzelnen einen Wert zuschreiben, die *"life-change-unit"* (LCU). Wenn eine Person im Laufe eines Jahres einen LCU-Wert von über 150 erreicht, kann man annehmen, daß sie in einer "Lebenskrise" steckt (Holmes und Rahe, 1967). Je mehr "life-change-units" auftreten, desto größer ist die Wahrscheinlichkeit, daß physische oder psychosomatische Erkrankungen als Ergebnis der Wiederanpassung an die streßerzeugenden Umstände entstehen. Die Skala kann individuelle Unterschiede der Streßbewältigung bei

Lebensveränderungen nicht berücksichtigen. So wird etwa eine Kreditbelastung in einer bestimmten Höhe von jedem Individuum als unterschiedlich belastend erlebt.

2.571 Berufsbezogene Stressoren im Gesetzesvollzug

Es gibt nur wenige Berufsgruppen, die mit einer solchen Vielzahl von Stressoren konfrontiert ist wie der Sicherheitsdienst der Polizei. Die Möglichkeit der physischen Gefahr ist nur eine von vielen. Ein weiterer und massiver Stressor ist die allgemeine Ablehnung, die der Polizeibeamte von der zivilen Bevölkerung, die er überwacht, erlebt (Niederhoffer, 1967). Jirak (1975) fand heraus, daß diese Ablehnung, die als Mangel an Unterstützung durch die Bevölkerung, Presse, Gerichte und politische Gruppen wahrgenommen wird, einen massiven Stressor darstellt. Er stellte auch fest, daß die Wirksamkeit der Stressoren mit den Dienstjahren zunimmt, einen Gipfel im 15. Dienstjahr erreicht und dann allmählich wieder abnimmt.

Die *konflikthältige Beziehung* des Beamten zur Bevölkerung ist eine der primären Ursachen dieser Entfremdungserlebnisse. In einer Umfrageuntersuchung von Chappell und Meyer (1975) gaben nur 2% der befragten (amerikanischen) Polizeibeamten an, daß sie glauben, daß die Öffentlichkeit sie schätzt. Für Sicherheitsbeamte in der BRD erhielt Brusten (1971) ähnliche Ergebnisse. In einer Umfrageuntersuchung von Caplan et al. (1975) an 111 Polizeibeamten mit einer durchschnittlichen Dienstzeit von 63 Monaten fanden sich vier häufig auftretende Stressoren: Mangel an Unterstützung durch die Vorgesetzten, Rollenkonflikt (zwischen den Erwartungen der Bevölkerung und dem polizeirechtlichen Auftrag), die Unfähigkeit, Fertigkeiten und Fähigkeiten optimal zu nutzen und die Komplexität der Arbeit. Der letzte Punkt bezieht sich auf die Vielfältigkeit und Unvorhersagbarkeit der polizeilichen Tätigkeit, die hohe Anpassungsfähigkeit erfordert.

Auch die *Kontakte mit Gerichten* können Stressoren darstellen. Viele Polizeibeamte erleben das Aussagen vor Gericht als sehr zeitintensiv und sind dann oft über die gerichtlichen Entscheidungen und Verfahren enttäuscht. Andere Umfrageuntersuchungen ergaben, daß die Schichtarbeit ein Hauptstressor ist (Eisenberg, 1975). Schichtarbeit behindert nicht nur die Schlaf- und Essensgewohnheiten, sondern auch das Familienleben. Durch die Unregelmäßigkeit der Arbeitsstunden sind Familien- und andere soziale Aktivitäten eingeschränkt, was zu einer weiteren Isolation führt.

Es gibt Stressoren, die auf jeden Beamten einwirken und solche, die nur bestimmte Berufsspezialisierungen oder Polizeibezirke betreffen. Eine jüngere Arbeit befaßt sich mit den in ländlichen Bereichen tätigen Sicherheitsorganen. Sandy und Devine (1978) zeigten, daß die am Land tätigen Sicherheitsorgane vier Stressoren ausgesetzt sind. Der erste ist die extreme *Unsicherheit*, die der Beamte durch seine *Isolation* am Lande bei seinen Entscheidungen erlebt. Die Beamten arbeiten kaum paarweise, und Hilfe ist oft in beträchtlicher Entfernung. Der zweite liegt in der Natur der *Sozialbeziehungen*: die Beamten können in der Gemeinde nie anonym bleiben, und sie pflegen oft private Beziehungen zu den

Personen, die sie überwachen. Diese ambivalente Rolle - die autoritäre und gleichzeitig private - wird als Stressor erlebt. Weitere Stressoren sind die Arbeitsbedingungen selbst: die *Gehälter sind niedriger*, die Ausbildung schlechter und die Tätigkeit wird oft langweiliger als im städtischen Bereich erlebt. Es gibt gute Gründe dafür, daß eine *langweilige und lästige Arbeit* genauso streßerzeugend ist wie eine "aufregende" städtische Polizeitätigkeit.

Ebenfalls belastend können die emotionale Verfassung des Beamten, seine interpersonellen Probleme in der Arbeit und *Eheschwierigkeiten* wirken. Interpersonelle Konflikte (insbesondere im Familienbereich) scheinen wesentliche Stressoren für Vollzugsbeamte zu sein. In einer Umfrage von Krös et al. (1974) gaben 79 von 81 verheirateten Polizeibeamten an, daß die Art ihrer Tätigkeit einen nachteiligen Effekt auf das Familienleben hat. Die Beamten sagten, daß sich das negative öffentliche Image der Polizei negativ auf ihre Familien auswirke, daß die Lebenspartner ständig um ihre Sicherheit besorgt seien, daß sie den enormen Druck in der Arbeit nach Hause mitbringen, und daß sie bei der Planung sozialer Aktivitäten eingeschränkt seien. Dadurch sind auch Beziehungen zu Personen außerhalb der Kollegenschaft erschwert. Eine Umfrage an 100 Frauen von Polizeibeamten (Rafky, 1974) ergab, daß ein Viertel mit der Karriere ihrer Männer unzufrieden war, und daß bestimmte Aspekte der Arbeit häufig zu Familienstreitigkeiten führten.

In der psychologischen Literatur zum Strafrecht gibt es häufig Hinweise darauf, daß Polizeibeamte mehr Ehescheidungen aufweisen und in ihren Ehen unzufriedener sind als der Bevölkerungsdurchschnitt. Eine großangelegte Untersuchung des "National Institute of Safety and Health" belegt, daß die Scheidungsraten für Polizeibeamte (in den USA) höher sind, und daß auch Eheprobleme als Hauptgrund für das vorzeitige Ausscheiden aus dem Dienst angegeben werden. Diese Untersuchung (Blackmore, 1978) wurde an 2300 Beamten in den gesamten USA durchgeführt und ergab, daß 22% mindestens einmal geschieden waren. Im Vergleich dazu lag die allgemeine Scheidungsrate in der weißen städtischen Bevölkerung im Jahr 1970 bei 13%. Die Untersuchung ergab eine Scheidungsrate von 26% bei Beamten, die vor dem Eintritt in den Polizeidienst geheiratet hatten, verglichen mit einer 11%igen Scheidungsrate jener, die nachher heirateten.

Es überrascht angesichts solcher Ergebnisse nicht, daß in angelsächsischen und nordeuropäischen Ländern Psychologen für Beratungen und psychiatrische Konsultationen eingestellt werden, die nicht nur für die Fallbearbeitung, sondern auch als Hilfe für den einzelnen Beamten zur Verfügung stehen. In der BRD existiert ein *polizeipsychologischer Dienst* mit hauptamtlich tätigen Psychologen seit den 50er Jahren. In Österreich sind Psychologen im Polizeidienst seit den 70er Jahren tätig.

Es ist auch wichtig anzumerken, daß kein Stressor (mit Ausnahme extremer und plötzlich auftretender lebensbedrohlicher Situationen) auf alle Personen gleichermaßen wirkt (Appley und Trumbull, 1967). Ob sich Streß entwickelt, hängt hauptsächlich davon ab, wie man die Reize wahrnimmt und bewertet. Auch die Kombination mit anderen Persönlichkeitsmerkmalen kann eine Rolle spielen. Daher sind die Arbeitsbedingungen keine unveränderbaren Stressoren für alle im Gesetzesvollzug tätigen Personen. Viele Umweltbedingungen können Streß erzeugen. Es gibt nicht nur Unterschiede in der Wahrnehmung und Bewertung dieser Reize, sondern auch Unterschiede in den Bewältigungs- und Adaptationsstrategien von Streß, die im folgenden kursorisch diskutiert werden.

2.58 Wenn die Anpassung mißlingt

Welche Krankheitsmuster treten als Folge der Streßbelastung auf? Gibt es Hinweise darauf, daß diese allgemeinen Krankheitsmuster bei Personen im Gesetzesvollzug häufiger auftreten? Es gibt noch sehr wenig Untersuchungen und brauchbare Statistiken zur zweiten Frage. Die Mehrzahl der Arbeiten ist anekdotisch und beruht auf unvollständigen klinischen Informationen. Diese stellen oft wertvolle Hinweise dar, müssen aber durch experimentelle Untersuchungen validiert werden.

Alkoholismus. Die Frage, ob im Gesetzesvollzug verstärkt Alkoholprobleme existieren, kann derzeit noch nicht beantwortet werden. Aus verschiedenen Quellen geht hervor, daß ca. 20% der im Gesetzesvollzug Tätigen ernste Alkoholprobleme haben (Somodevilla, 1978) und diese Kurve ansteigend ist (Shook, 1978). Häufig sind ältere und erfahrene Polizeibeamte über dem 40. Lebensjahr mit 15 bis 20 Dienstjahren betroffen (Unikovic und Brown, 1978). Ungeachtet der spärlichen Ergebnisse (aus Österreich oder der BRD liegen keine Arbeiten vor) kann man annehmen, daß Alkoholismus in dieser Berufsgruppe ein ernstes Problem darstellt.

Depression. Depressionen werden in zwei Kategorien eingeteilt, in endogene und in exogene (oder reaktive). *Endogene Depressionen* entstehen durch Störungen des biochemischen Gleichgewichts. Man nimmt an, daß eine Prädisposition genetisch bedingt ist. Diese Form der Depression ist aber nur für einen kleinen Teil der depressiven Erkrankungen verantwortlich.

Die *reaktive oder exogene Depression*, die als Folge von Streß auf traumatische Ereignisse oder auf eine Serie von negativen Erlebnissen auftritt, ist viel häufiger. Der Verlust von nahestehenden Personen, des Arbeitsplatzes, des Selbstvertrauens oder eine Serie von kleineren Fehlschlägen können eine reaktive Depression bewirken. Man nimmt an, daß sie keine tieferen physiologischen Ursachen hat. Reaktive Depressionen sind im wesentlichen psychische Phänomene, die in einer direkten Beziehung zu psychologischem Streß stehen. Für unseren Zusammenhang kommen in erster Linie die krankhaften Reaktionen auf Streß in Frage.

Die Symptome der reaktiven Depression bestehen in Verstimmung, Apathie und Desinteresse, die auch verbal geäußert werden können. Sie sind in erster Linie kognitiv determiniert, wobei Gedanken und Gefühle der Hilflosigkeit und Hoffnungslosigkeit geäußert werden. Diese kognitiven, emotionalen Symptome sind wahrscheinlich die wichtigsten Indikatoren, obwohl es noch andere Hinweise gibt. Oft zeigt sich die Depression auch im Verhalten oder in körperlichen Manifestationen. Depressive Personen können sich sozial zurückziehen, sie versagen unter Belastung, sie können permanent zu viel oder zu wenig essen, und sie sind oft auch unfähig, ihre Berufsanforderungen zu erfüllen. Auch Störungen des Magen- und Darmtraktes sowie Schlafprobleme können auftreten.

Auch eine Kombination aller drei Symptome, körperliche, stimmungsmäßig-kognitive und Verhaltensäußerungen, kann auftreten. Wichtig ist, daß der Grad und die Schwere der Depression nicht unbedingt durch die Anzahl oder die Häufigkeit von Verhaltens- oder körperlichen Symptomen angezeigt wird. Eine Person kann sehr depressiv sein und dies nur durch verbale Äußerungen anzeigen. Die Arbeiten von Seligmann (1975) weisen darauf hin, daß die subjektiven Kompetenzgefühle in bezug auf die (soziale) Umwelt einer der wesentlichsten Indikatoren für die Intensität der Depression sind.

Ursachen der reaktiven Depression. Es gibt immer mehr Belege für die Annahme, daß die reaktive Depression durch *erlernte Reaktionen* auf kritische Lebensereignisse verursacht wird. Eine zentrale Voraussetzung dafür ist der Verlust der Kontrolle über die Umwelt oder das Gefühl, nur geringe Kontrolle darüber zu haben, was mit einem selbst geschieht (Seligmann, 1975). Durch sukzessiven Mißerfolg lernt die Person, daß ihr Handeln keinen oder nur einen geringen Einfluß auf die Ereignisse im Leben hat. Diese erlernte Hilflosigkeit kann schon im Kindesalter beginnen, weil Kinder besonders empfänglich sind für Gefühle der Unfähigkeit, ihr Leben zu kontrollieren. Wenn man das Kind nicht ausreichend mit Gelegenheiten konfrontiert, diese Kontrolle zu üben oder eigene Entscheidungen zu treffen und Kompetenzen zu entwickeln, hat es im späteren Leben zur Bewältigung kritischer Phasen nur unzureichende Strategien.

Auch der Erwerb von sozialen Fertigkeiten ist ein wichtiges Element der Umweltkontrolle. Der Umgang mit anderen Personen auf einer Austauschbasis, ohne das Bedürfnis, sich selbst immer in den Vordergrund stellen zu müssen, ist eine allgemein erwünschte soziale Fertigkeit. Ein Mangel an sozialen Fertigkeiten reduziert für das Kind (und später für den Erwachsenen) die Gelegenheiten, Anerkennung zu erhalten.

Daher werden die Voraussetzungen der Depression bis zu einem gewissen Grad schon während der Kindheit geschaffen, nämlich dort, wo das Individuum zuerst Hilflosigkeit in der Streßbewältigung "lernt". Die Hilflosigkeitsreaktion bleibt dann ein Verhaltensmuster, das sich im Erwachsenenalter in Belastungssituationen wiederholt. Die Depression ist demnach ein Ergebnis eines Mangels an sozialen Fähigkeiten und einer mißglückten Anpassung (und nicht umgekehrt). Die Depression beginnt nicht immer in der Kindheit. Der Erwachsene kann eine Serie persönlicher Mißerfolge erleben, die persönliche Inkompetenzgefühle verstärken und schließlich zum Gefühl der Hilflosigkeit und zur Depression führen.

Depressionen entstehen neben der Reaktion auf schwere Streßerlebnisse, die relativ selten sind, auch als Reaktion auf weniger massive, dafür jedoch permanente Stressoren. Unter den am häufigsten berichteten Stressoren, die zur reaktiven Depression führen, werden permanente Streitigkeiten mit dem Lebenspartner oder andere "gestörte" zwischenmenschliche Beziehungen genannt.

McLean (1976) nennt diese kleineren, wiederholt auftretenden persönlichen und sozialen Frustrationen *"Mikrostressoren"*. Er meint, daß sie auf kumulativem Weg ebenfalls eine Basis für die reaktive Depression bilden. Die Depression muß also nicht unbedingt ein Ergebnis von schweren und ernsten Fehlschlägen und Verlusten (Makrostressoren) sein, sondern kann auch als Folge akkumulierter, kleinerer, aber häufiger Fehlschläge und Frustrationen auftreten. McLean nennt *sechs spezifische Quellen solcher Mikrostressoren:* (1) *Erzwungene Inaktivität*. Diese kann etwa bei einem Pensionisten beträchtliche Spannungen erzeugen. In anderen Fällen kann jemand die Aktivität freiwillig reduzieren; wenn sich z.B. die Anreize verringern oder unattraktiver werden. So kann eine Hausfrau ihre häuslichen Arbeiten reduzieren, weil niemand diese schätzt. (2) *Mangel an zwischenmenschlicher Kommunikation*. Die Kommunikation mit anderen gibt die Möglichkeit einer persönlichen Rückmeldung, die eine wichtige Voraussetzung für das Selbstvertrauen bildet. Der Makrostressor, der durch Verlust geliebter Menschen entsteht, kann mit einer Reihe von Mikrostressoren durch die Reduktion persönlicher Kontakte verbunden sein. Es ist anzunehmen, daß sich durch die Schichtarbeit von Polizeibeamten die sozialen Kontakte außerhalb der Familie (im Vergleich zu Berufsgruppen ohne Schichtarbeit) reduzieren. Die Arbeit des Vollzugsbeamten führt oft zur zwischenmenschlichen Isolation und Entfremdung. Der Mangel an Kommunikation, insbesondere mit dem Lebenspartner oder der Familie, ist eine wichtige Determinante der reaktiven Depression.

Besonders in den ersten drei oder vier Dienstjahren zeigen Beamte Anpassungsschwierigkeiten, die mit dem sogenannten "John-Wayne-Syndrom" einhergehen (Reiser, 1973). Es ist durch Gefühlsunterdrückung, übermäßige Ernsthaftigkeit, Zynismus, autoritäre Einstellung und eine überstarke Identifikation mit der Berufsrolle gekennzeichnet. In dieser Phase sind Polizeibeamte auch distanziert und kühl gegenüber ihrem Lebenspartner und den Kindern (Chandler und Jones, 1979), was ebenfalls einen Mikrostressor erzeugt. (3) *Mangel an Lebenszielen*. Das Fehlen erreichbarer und realistischer Lebensziele kann ebenfalls Ursache beträchtlichen Unbehagens sein. (4) *Unbefriedigende soziale Beziehungen*. Damit ist nicht der Mangel an Gelegenheiten, sondern der Mangel an sozialen Fertigkeiten zum adäquaten (befriedigenden) sozialen Umgang gemeint. Durch das Fehlen sozialer Fertigkeiten sind Kontakte zu anderen Personen unbefriedigend und werden zu Mikrostressoren. (5) *Schwierigkeiten, Entscheidungen zu treffen* und Probleme zu lösen. Ist eine Person nicht imstande, angemessene Entscheidungen zu fällen und Alltagsprobleme zu bewältigen, erzeugt dies ebenfalls Streß. (6) *Schwache kognitive Selbstkontrolle*. Das häufige Grübeln über Fehler und Schwächen kann ebenfalls ein Mikrostressor sein.

McLean meint, daß sämtliche genannten Punkte die Ursachen von Streß sein können und unter bestimmten Bedingungen zur Depression führen. Ob eine Depression auftritt, hängt von mindestens drei Faktoren ab: (1) der Dauer und Intensität des erlebten Stresses, (2) den zur Verfügung stehenden Mechanismen zur Adaption und Streßreduktion, und (3) der Art und Menge von kompensierenden positiven Erlebnissen, die dem Individuum zur Verfügung stehen. Gerade im Gesetzesvollzug sind Makro- und Mikrostressoren extrem häufig. Wie wirksam diese werden, hängt auch von der individuellen Wahrnehmung ab. Stressoren sind mit fast jeder Tätigkeit verbunden. Die reaktive Depression scheint sich in *vier Stufen* zu entwickeln (McLean, 1976). In der ersten Phase sieht sich das Individuum einer Vielzahl von kleineren, aber konsistenten Frustrationen in wichtigen Lebensbereichen gegenüber. Der Mangel an adäquaten Anpassungsmechanismen führt in der zweiten Phase zum Gefühl, die Kontrolle über die Umwelt zu verlieren. Das Erleben des Kontrollverlustes führt zur Vorwegnahme von ähnlichen Erlebnissen in der Zukunft. Wenn das Individuum an dem Punkt angelangt ist, an dem es auch in der Zukunft keine Änderung oder Erleichterung erwarten kann, setzt die Depression ein (dritte Phase). In der vierten Phase manifestiert sich diese in somatischen, kognitiv-emotionalen und Verhaltenssymptomen.

Die gefährlichste Verhaltensäußerung der Depression ist der Suizid. Obwohl viele Faktoren den Selbstmord herbeiführen können (z.B. chronische Erkrankungen, Selbstmord aufgrund spezifischer Ereignisse), ist der Großteil der Suizide durch Gefühle der Hilflosigkeit und Hoffnungslosigkeit bedingt (Bedrosian und Beck, 1979).

Selbstmord. Selbstmordstatistiken sind meist unzuverlässig, da die Einstufung des Todes einer Person als Unfall oder Selbstmord oft schwierig ist. Bei Auto-, Berg- und Badeunfällen nimmt man an, daß sie - zumindest teilweise - selbst verschuldet sind. Diese Theorie ist allerdings schwer zu bestätigen. Es gibt auch viele Selbstmordversuche, die von Verwandten oder Freunden verschwiegen werden und daher nicht in die Statistik eingehen. Unter Berücksichtigung dieser Faktoren kann man die tatsächlichen Suizidraten zwei- bis dreimal höher einschätzen als die offiziellen Zahlen zeigen. Es liegen jedoch keine Statistiken über den Selbstmord bei Polizeibeamten vor. Im angloamerikanischen Raum gibt es zwar aus einigen Arbeiten Hinweise, doch unterbleibt eine Berichterstattung häufig - z.B. wegen des stigmatisierenden Effektes. Auch versicherungsrechtliche Ursachen könnten eine Rolle spielen. Es gibt Hinweise in der Literatur, daß die Selbstmordrate bei Polizeibeamten zwei- bis sechsmal höher ist als bei anderen Berufsgruppen (Stratton, 1978; Blackmore, 1978). Untersuchungen aus den 50er Jahren zeigen, daß die Polizei die zweithöchste Selbstmordrate von 36 Berufsgruppen in den Vereinigten Staaten aufweist; nur die selbständigen Unternehmer zeigen noch höhere Werte. Die statistisch erfaßte Selbstmordrate von Polizeibeamten in den USA liegt im Durchschnitt bei 47,6 pro Jahr und 100 000 Beamten (Labovitz und Hagedorn, 1971). Es zeigen sich jedoch große regionale Unterschiede, sowie auch Unterschiede zwischen älteren und jüngeren Untersuchungen.

Diese Statistiken sagen aber sehr wenig über konkrete Ursachen des Suizids bei Polizeibeamten aus; in jüngster Zeit gibt es Hinweise auf eine Abnahme der Selbstmordraten. Wir können vorläufig nur festhalten, daß zur Klärung dieses Problems detailliertere und besser geplante Untersuchungen und eine zuverlässigere Berichterstattung erforderlich wären. Eine Abnahme der Suizidrate bei Polizeibeamten kann durch eine Verbesserung der Ausleseverfahren und der Beförderungsrichtlinien begünstigt werden. Auch das vermehrte Angebot von Programmen zur Streßbewältigung, die Verwendung psychologischer und psychiatrischer Konsulenten im Polizeidienst und eine bessere Ausbildung können zu einem verstärkten Kompetenzgefühl führen.

Psychosomatische Erkrankungen. Die Symptome psychosomatischer Erkrankungen sind jenen der rein physiologischen sehr ähnlich. Der grundlegende Unterschied besteht nur in den Ursachen. Psychophysiologische Erkrankungen werden in erster Linie durch psychologische Faktoren (wie etwa psychologischem Streß) hervorgerufen, während physiologische Erkrankungen durch physiologische Faktoren (wie etwa Viren, schlechte Ernährung) entstehen. Jüngste Untersuchungen zeigen jedoch, daß fast alle physiologischen Erkrankungen durch psychische Prozesse verursacht, verstärkt oder verlängert werden.

Für die Beantwortung der Frage, ob im Polizeidienst vermehrt psychophysiologische Erkrankungen auftreten, liegen noch keine brauchbaren Untersuchungen vor. In der klinischen Literatur finden sich allerdings Hinweise darauf, daß etwa Herz- und Gefäßerkrankungen und andere Gesundheitsprobleme bei Polizeibeamten überdurchschnittlich häufig auftreten. Da die Berufsausübung im Gesetzesvollzug mit erhöhter Streßbelastung verbunden ist, ist anzunehmen, daß es auch einen hohen Anteil an psychosomatischen Erkrankungen als Ergebnis chronischer Streßbelastung gibt. Auch hier sind die Untersuchungsergebnisse fragmentarisch. Jacobi (1975) fand heraus, daß Polizeibeamte sechsmal häufiger Dienstunfähigkeitsmeldungen abgeben als der Durchschnitt in anderen Berufsgruppen. 50% der Meldungen beziehen sich auf hohen Blutdruck und weitere 20% auf Rückenschmerzen. Die drei wichtigsten Ursachen für Anträge auf vorzeitige Pensionierung bei Polizeibeamten waren Herz- und Gefäßerkrankungen, Rückgraterkrankungen und Magengeschwüre (Thomas, 1978).

Was sind die häufigsten psychophysiologischen Erkrankungen in der Gesamtbevölkerung? (1) Hauterkrankungen wie Nesselausschlag, Akne, Ekzeme und eine Reihe anderer Hautausschläge. (2) Muskelskelettale Erkrankungen wie Spannungskopfschmerz, Muskelkrämpfe und einige Formen der Arthritis. (3) Erkrankungen der Atmungsorgane wie Bronchialasthma und (4) Herz- und Gefäßkankungen wie Bluthochdruck, Migräne, Kopfschmerzen. (5) Magen- und Darmerkrankungen wie Magengeschwüre, chronische Gastritis und Verdauungsstörungen. Gibt es nun Hinweise darauf, daß Polizeibeamte häufiger an solchen Krankheiten leiden als der Durchschnitt der Gesamtbevölkerung?

Die bisherigen, spärlichen Forschungsergebnisse deuten darauf hin, daß Herz und Kreislauf bei Streßbelastungen (bezüglich Reaktivität und Aktivierbarkeit) sehr anfällig sind. Selye (1976) meint sogar, daß Streß die häufigste Ursache für Herz- und Kreislauferkrankungen ist. Er geht noch weiter und behauptet, daß eine Beziehung zwischen psychischen Spannungen und Bluthochdruck existiert. Insbesondere Gefühle der Überforderung in den zwischenmenschlichen Beziehungen (in der Familie oder am Arbeitsplatz) spielen dabei eine Rolle. Akute und intensive kognitive Aktivierungszustände können auch Herzversagen mitverursachen. Emotionaler Streß scheint bei anfälligen Patienten die häufigste Ursache von hohem Blutdruck und Herzinfarkt zu sein (Selye, 1976). Weiters scheinen *Herz- und Kreislaufdysfunktionen* in enger Beziehung zu den Möglichkeiten der Streßanpassung zu stehen (Selye, 1976); wenn der Organismus die Situation als hoffnungslos wahrnimmt, steigt die Wahrscheinlichkeit für diese Störungen.

Die Beziehung zwischen Herz-Kreislauferkrankungen und bestimmten Persönlichkeitstypen untersuchte Glass (1977; auch Friedman und Rosenman, 1974). Die Persönlichkeitstypen werden als A-, B- und C-Typ beschrieben. Der *A-Typ* ist konkurrenz- und leistungsorientiert, stark angetrieben, permanent mit Terminen aus der beruflichen Arbeit belastet. Er steht ständig unter Zeitdruck und zeigt übermäßige Rastlosigkeit. Mit diesem Verhaltensmuster reagiert der A-Typ auf Belastungssituationen und versucht dadurch, dem drohenden Verlust der Kontrolle über die Umwelt entgegenzuwirken. Der *B-Typ* zeigt das gegenteilige Verhalten und reagiert auf Streß im allgemeinen mit weniger Erregung und spannungsfreieren Handlungen. Der *C-Typ* ist ähnlich dem B-Typ, zeigt aber chronische Ängstlichkeit, die eine Überreaktion auf Streß anzeigt. Man nimmt an, daß der A-Typ die größte Anfälligkeit für Herz-Kreislauferkrankungen besitzt. Untersuchungen weisen auch darauf hin, daß er einen ungewöhnlich hohen Cholesterinspiegel, eine verkürzte Blutgerinnungszeit und einige Tendenzen zu Herzerkrankungen zeigt (Selye, 1976).

Es gibt keine Belege dafür, daß Sicherheitsbeamte häufiger dem A-Typ angehören. Gettman (1978) konnte nachweisen, daß Beamte unter 30 Jahren keine auffällige Rate für Herzerkrankungen zeigen, während ältere über der Durchschnittsrate lagen. Es gilt als sicher, daß eine Beziehung zwischen Herzerkrankungen und Bluthochdruck besteht; noch nicht geklärt ist die Häufigkeit dieser Erkrankungen in verschiedenen Berufsgruppen und der Gesamtbevölkerung, wenn das Alter und damit in Beziehung stehende Variablen kontrolliert werden.

Die am häufigsten auftretenden *Kopfschmerzen* sind Migräne und Spannungskopfschmerzen (aufgrund von Muskelkontraktionen). Beide scheinen prinzipiell durch psychologischen Streß ausgelöst zu werden (Bakal, 1975). Die Beziehung zwischen Migräne und Berufsstreß bei Polizeibeamten wurde noch nicht untersucht. Krös (1976) zeigte, daß bei Krankmeldungen von Polizeibeamten Kopfschmerzen die zweithäufigste Erkrankung darstellen. Auch Blackmore (1978) berichtete über eine überdurchschnittlich hohe Rate von Migräneerkrankungen bei Polizeibeamten. Gesicherte Ergebnisse sind auch zu dieser Frage nicht vorhanden.

Wichtigste Ursache von *Magengeschwüren* ist eine übermäßige Absonderung von Magensaft (insbesondere Salzsäure), der Teile der Magenauskleidung oder des Zwölffingerdarms zerstört. Die wichtigsten kausalen Faktoren sind die Ernährung, verschiedene Erkrankungen und psychologischer Streß, der in eine Wechselwirkung mit physiologisch-neuronalen Prädispositionen tritt (Coleman,

1976). Die Berufsanforderungen von Polizeibeamten sind oft unvorhersagbar und mehrdeutig. Die daraus resultierenden Unsicherheiten führen zu Belastungen, die ihrerseits die Auftrittswahrscheinlichkeit von Magengeschwüren in dieser Berufsgruppe erhöhen. Eine Befragung von 2300 Beamten in 20 Polizeibezirken der Vereinigten Staaten zeigte, daß diese Gruppe den höchsten prozentuellen Anteil an Magenerkrankungen von allen untersuchten Berufsgruppen aufwies (Blackmore, 1978). Krös et al. (1974) stellten fest, daß 32% der Polizeibeamten, die untersucht wurden, über Magen- und Darmerkrankungen klagten, und daß die Gruppe der Polizeibeamten im Vergleich mit der übrigen Bevölkerung eine signifikant höhere Rate aufweist. Eine einzige Untersuchung ist jedoch nicht repräsentativ für alle Polizeibeamten. Es sind in jedem Fall noch weitere Untersuchungen erforderlich.

Es gibt kaum Zweifel darüber, daß Streß *Muskelspannungen* verursacht (Selye, 1976). Chronische oder permanente Muskelspannung steht in direkter Beziehung zu einer Vielzahl von Muskelschmerzen einschließlich Spannungskopfschmerz und Rückenschmerzen. Rückenschmerzen können ein weites Ursachenspektrum haben; eine wesentliche Ursache ist jedoch Muskelspannung als Reaktion auf Streß. Ob diese Erkrankungen überdurchschnittlich häufig bei Polizeibeamten auftreten, kann derzeit nicht beantwortet werden, da keine Vergleichsuntersuchungen mit anderen Berufsgruppen existieren.

Schlußfolgerung. Da psychologischer Streß häufig und in den unterschiedlichsten Berufsgruppen des Strafrechts auftritt, wurde er speziell im Zusammenhang mit der polizeilichen Tätigkeit diskutiert. Die Definition von Streß zeigt, daß er auftritt, wenn Reize als potentiell gefährlich wahrgenommen werden, und wenn das Individuum Unbehagen bei der Anpassung an diese Reize entwickelt. Es gibt keine befriedigende Methode zur Streßmessung, obwohl physiologische und subjektive Methoden eingesetzt werden.

Streß entwickelt sich bei der Arbeit des Vollzugsbeamten in vielen Situationen. Einige stellen Mikrostressoren dar, andere werden als viel massivere Bedrohungen (Makrostressoren) eingestuft. Man nimmt allgemein an, daß eine Serie von Mikrostressoren ebenso destruktiv wirkt wie ein dramatisches negatives Lebensereignis. Die Entfremdung und Isolation von der zivilen Bevölkerung, die kontroversielle Beziehung des Polizeibeamten zur Bevölkerung, Rollenkonflikte, die Unvorhersagbarkeit der Arbeit und problematische zwischenmenschliche Beziehungen sind mögliche Ursachen für Mikrostressoren im Sicherheitsdienst. Diese Stressoren führen nicht unbedingt und bei jedem Individuum zu einer Verminderung der Arbeitsleistung und zu psychophysiologischen Symptomen. Situative und Persönlichkeitsvariablen bestimmen die Intensität der Streßreaktion. Das Gefühl der Kompetenz und Motivation, die Krise zu überwinden, führt meist zu einer Verringerung der Streßintensität. Auch individuelle Unterschiede im Nervensystem sind für die unterschiedlichen Effekte der streßproduzierenden Reize verantwortlich. Wenn eine adäquate Adaption auf streßauslösende Reize mißlingt, können Alkoholismus, reaktive Depressionen, Suizid und psychophysiologische Erkrankungen auftreten. Trotz der Tatsache, daß Polizeibeamte mit vielfachen und intensiven Stressoren konfrontiert sind, kann die Frage nach einer im Vergleich zur Gesamtbevölkerung überdurchschnittlichen Schädigung derzeit noch nicht beantwortet werden und trotz der Schwierigkeit, Informationen über Alkoholismus, Suizid, psychische und psychophysiologische Erkrankungen innerhalb des Polizeidienstes zu erhalten, kann man annehmen, daß sie bei Polizeibeamten nicht häufiger als in anderen Berufsgruppen auftreten.

2.6 Psychologie des Beweises

Im Gerichtssaal werden Beweismittel in vielen Formen eingebracht: Geschriebene Dokumente (Testamente, Verträge), Geräte oder Modelle, Gegenstände, Gutachten über chemische Analysen, Fingerabdrücke, Autopsieberichte, Fotografien, Skizzen und selbstverständlich die mündliche Aussage von Zeugen, die geschworen haben, die Wahrheit zu sagen. Da Laienrichter in den meisten Rechtssystemen mit der korrekten Bewertung von widersprüchlichen Fakten (Aussagen, Dokumenten, Schaustücken) nicht vertraut sind, existieren präzise "Regeln der Beweisführung", die die Zulässigkeit und Art der Darbietung festlegen. Diese Regeln sind einem wissenschaftlichen Vorgehen sehr ähnlich.

In diesem Kapitel wollen wir drei Bereiche, in denen die wissenschaftliche Psychologie fundamentale Beiträge für das Beweisverfahren anbietet, im Überblick darstellen. Der erste enthält Forschungsergebnisse aus allgemeiner, aus Sozial- und Rechtspsychologie zur Zeugenaussage, insbesondere zur Bedeutung von Überzeugung und Einstellungsänderung bei der Beurteilung der Glaubwürdigkeit von Zeugenaussagen. Zweitens wollen wir einige wichtige Forschungsarbeiten zur Zuverlässigkeit von Augenzeugenaussagen diskutieren. Darin streifen wir eines der größten Forschungsgebiete der Psychologie, die Gedächtnis- und Lernpsychologie. Im dritten Abschnitt stellen wir moderne Techniken der psychologischen Lügendetektion vor.

Der ideale Zeuge. Ein großer Teil der kriminellen Handungen wird der Polizei vom Opfer oder von Zeugen berichtet. Informelle Opfer- oder Zeugenberichte beeinflussen oft die Entscheidung des Sicherheitsbeamten, eine Festnahme zu tätigen und/oder eine Anzeige zu schreiben. Diese formellen oder informellen Berichte bestimmen auch, wie lange der Verdächtige angehalten wird, ob die Polizei die Anzeige modifiziert, ob angeklagt wird, und welche Beschuldigungen die Anklage enthalten wird. Im Beweisverfahren der Hauptverhandlung kommt der Aussage bei der Schuldfindung großes Gewicht zu; insbesondere dann, wenn der Zeuge behauptet, die relevanten Ereignisse, Objekte oder Personen selbst gesehen zu haben, und wenn andere Beweise (z.B. Fingerabdrücke oder Tatwaffe) fehlen. Laienrichter neigen dazu, Augenzeugen (z.B. bei der Beschreibung einer Unfallszene) auch dann Glauben zu schenken, wenn gegenteilige Expertengutachten vorliegen (Loftus, 1979).

Im allgemeinen bewertet unser Strafrecht den Zeugenbeweis höher als den Indizienbeweis. Erfahrene Richter wissen, daß die Identifikation durch einen Augenzeugen der überzeugendste Beweis ist, der den Geschworenen präsentiert werden kann. Die Qualität der Aussage eines Augenzeugen bestimmt oft den

Ausgang einer Verhandlung, ungeachtet der logischen Schlüssigkeit und Überzeugungskraft der anderen Beweise. Die Stärke der Aussage des Augenzeugen kann man teilweise durch die juristische Tradition erklären, die mit Alltagsgeneralisationen über menschliches Verhalten operiert (Bartol, 1983, S. 168f). Diese empirischen Verallgemeinerungen entstehen aus dem Alltagsverständnis über menschliches Handeln und werden allgemein akzeptiert. Damit sind jene Generalisierungen gemeint, die jeder (mit Ausnahme des skeptischen Sozialwissenschaftlers) über das menschliche Verhalten besitzt: wie man es beschreiben, erklären, vorhersagen und kontrollieren soll. Daher "weiß jeder", daß die Aussage eines Augenzeugen das beste Beweismittel zur Sicherstellung der Gerechtigkeit im Gerichtssaal abgibt. Das trifft besonders dann zu, wenn der Zeuge überzeugend und sicher aussagt. Je sicherer er auftritt, desto genauer muß demnach die Wiedergabe der Ereignisse sein.

Auch durch den Glauben, daß ein Zeuge ein Ereignis genau beobachten und bei Bedarf ebenso genau aus dem Gedächtnis wiedergeben kann, erhält die Aussage des Augenzeugen hohes Gewicht. Die Rechtsprechung war immer schon davon abhängig, was Personen sahen oder vorgaben, gesehen zu haben. Die Rekonstruktion krimineller Handlungen ist ausschließlich vom menschlichen Gedächtnis abhängig, das man zwar als gelegentlich fehlerhaft, manchmal absichtlich verzerrt, im großen und ganzen aber als zuverlässig einschätzt. Heute existieren zur Rekonstruktion krimineller Ereignisse zwar verfeinerte kriminalistische Techniken, das Vertrauen in die menschliche Wahrnehmung und die Erinnerungsfähigkeit bleibt aber bestehen.

Wie zuverlässig sind Aussagen von Augenzeugen wirklich? Darauf gibt es keine einfache Antwort. Unter bestimmten Bedingungen können Augenzeugen sehr genau, unter anderen wieder sehr ungenau sein. Die psychologische Forschung über Wahrnehmung und Gedächtnis gibt seit Wilhelm Stern (also seit fast einem Jahrhundert) ein sehr pessimistisches Bild von der Aussage des Augenzeugen. In den meisten Fällen ist sie ungenau und durch eine Vielzahl von Faktoren beeinflußbar. Diese Forschungen sind methodisch und theoretisch besser abgesichert als etwa die Simulationsuntersuchungen bei der Entscheidung des Opfers, anzuzeigen. Die Arbeiten erbrachten valide Ergebnisse, die die sorgfältige Aufmerksamkeit verschiedener Entscheidungsträger der Rechtsprechung verlangen. Damit wird ein Wissen angeboten, das die Wahrscheinlichkeit, einen Schuldigen zu verurteilen, maximieren hilft, gleichzeitig aber die Wahrscheinlichkeit, einen Unschuldigen fälschlich zu verurteilen, minimiert. Die bisherigen Arbeiten zeigen deutlich, daß das Vertrauen, welches das Strafrecht in die Zuverlässigkeit von Zeugen hat, in Frage zu stellen ist.

2.61 Gedächtnis und Wahrnehmung

In diesem Abschnitt wollen wir uns mit den vier Stadien der Informationsverarbeitung, mit deren theoretischem Überbau und mit deren Störanfälligkeit befassen. Das dabei entstehende Bild der Leistung des Augenzeugen ist enttäuschend und zeigt, daß die geringe Genauigkeit von Augenzeugenaussagen ein fundamentales Problem darstellt. Die dabei zutage tretenden systematischen Fehler in Wahrnehmung und Gedächtnis sind für alle Entscheidungsträger, die sich auf Berichte von Augenzeugen stützen, von Bedeutung.

Bevor ein Ereignis im Gedächtnis gespeichert werden kann, muß es in die Reichweite der wahrnehmenden Person gelangen. Die Sinnesorgane haben physische Grenzen; innerhalb dieser Grenzen sind unsere Sinne aber sehr empfindlich. Galanter (1962) beschreibt die unteren Wahrnehmungsschwellen (das ist jene Reizstärke, die eine gerade wahrnehmbare Empfindung auslöst) für die verschiedenen Sinnesmodalitäten sehr anschaulich. So kann man bei klarem Nachthimmel eine Kerze in einer Entfernung von 3 km noch sehen; einen Teelöffel Zucker in ca. 8 l Wasser schmecken, eine Pendeluhr in geräuschloser Umgebung in einer Entfernung von ca. 10 m noch hören, einen Tropfen Parfum, der in einer großen Wohnung verteilt wurde, noch riechen und einen aus 1 cm Höhe fallenden Flügel einer Fliege auf der Wange wahrnehmen.

Man darf sich aber die Beziehung zwischen Auge und Gehirn nicht gleich der Beziehung einer Kamera zum Film vorstellen. Das Auge gibt das Signal mittels elektrochemischer Impulse entlang des Sehnervs über vermittelnde Schaltstellen an verschiedene spezifische Kortexareale und ins "Sehzentrum" weiter. Man nimmt nun an, daß die Wahrnehmung ein konstruktiver Prozeß ist (Lindsay und Norman, 1977), der schon in der Peripherie differenzierte Reizverarbeitung bewirkt. Bevor der Impuls den Kortex erreicht, könnte er weiter verschlüsselt, neuorganisiert und interpretiert werden oder gänzlich unverarbeitet bleiben. Eine Folge der aktiven Reizverarbeitung ist die, daß *die Wahrnehmung von Ereignissen nicht unbedingt zur direkten und vollständigen Speicherung der Ereignisse führt*. Laien nehmen gewöhnlich das Gegenteil an.

Natürlich müssen unsere Sinnesorgane voll ausgebildet sein, bevor wir ein Ereignis wahrnehmen können. Man kann weder nach hinten schauen, noch kann man alle Vorgänge in der Umgebung wahrnehmen. Auch wenn Ereignisse wahrgenommen werden, kann die Reizverarbeitung ungenau sein. Trotz intakter Sinnesorgane und guter Anpassung an die Reizbedingungen kommen Wahrnehmungsfehler häufig vor; so benötigen die Stäbchen-Rezeptoren in der Netzhaut, die für die Hell-Dunkel-Wahrnehmung verantwortlich sind, ca. eine Stunde zur vollständigen Anpassung an Dunkelheit (Wist, 1976). Man *überschätzt* auch im allgemeinen vertikale Entfernungen und die Dauer von Ereignissen, während man die Größe von ausgefüllten Räumen, wie etwa einem möblierten Zimmer, *unterschätzt* (Gardner, 1933). Die Schätzung von Entfernungen, Geschwindigkeiten, Größen oder einer Beschleunigung ist besonders dann schwierig, wenn die beobachteten Objekte oder deren Umgebung *nicht vertraut* sind. Cattell (1895) und Stern (1905) waren die ersten, die solche *Verzerrungen* nachgewiesen haben. Studenten unterschätzten das Gewicht ihrer Lehrbücher um 30%, überschätzten aber die Entfernung zwischen zwei Gebäuden um 15% und die Gehzeit von einem Gebäude zum anderen um 90%.

Die klassische Methode zum Testen von Wahrnehmungs- und Gedächtnisprozessen beim Augenzeugen ist der *"Aussagetest"* (Stern, 1903). Einer Gruppe von Versuchspersonen wird ein Bild oder ein kurzer Film gezeigt, oder es wird den nichtsahnenden Versuchspersonen eine kurze und aufregende Episode vorgespielt. Im letzteren Fall wird den Versuchspersonen vorher nicht gesagt, daß sie anschließend über ihre Beobachtungen befragt werden. So kann z.B. ein Fremder in den Hörsaal "hineinstürzen" und mit dem Vortragenden einen Streit oder Wortwechsel anfangen. Später werden die Versuchspersonen befragt, was sie gesehen haben, wobei sie auch Einzelheiten über das Erscheinungsbild, die Kleidung, die Sprache und die Handlungen der Zielperson berichten sollen.

Buckhout (1974) fand heraus, daß im Durchschnitt die Dauer einer gespielten kriminellen Szene um das Zweieinhalbfache überschätzt wird; das Alter des Täters wurde um zwei Jahre unterschätzt und sein Gewicht um 14% überschätzt. Auch die Größenschätzung war relativ genau. Der Autor meint, dies könnte möglicherweise daran liegen, daß der "Täter" von durchschnittlicher Größe war (er beobachtete, daß Augenzeugen, wenn sie unsicher sind, dazu tendieren, die Merkmale von "Durchschnitts"-Menschen wiederzugeben). Marshall (1966) berichtete, daß Versuchspersonen die Länge eines Filmausschnitts um das 3fache überschätzten; Johnson und Scott (1976) ermittelten noch größere Fehler in der Einschätzung der Dauer von Ereignissen (männliche Versuchspersonen überschätzten um 75%, weibliche sogar um 600%). Diese Fehler beim Überschätzen der Dauer bestimmter Ereignisse stehen hauptsächlich mit deren Komplexität in Beziehung (Schiffman und Bobko, 1974).

Auch die *Erfahrung* mit den Reizen beeinflußt den Wahrnehmungsprozeß. Ein Kind, das zum ersten Mal von einer Wespe gestochen wird, wird dieses Insekt anders wahrnehmen als ein Kind, das diese schmerzliche Erfahrung noch nicht gehabt hat. Die Wahrnehmung ist dann ein interpretativer Prozeß, und es scheint, daß unsere Sinnesorgane nicht nur physische, sondern auch "soziale" Funktionen haben (Buckhout, 1974).

Viele Personen weisen auch *Sinnesschwächen*, wie Fehler in der Tiefenwahrnehmung, Farb- und Nachtblindheit, Schwachsichtigkeit und andere Sehschwächen auf. Bevor die Reizinformation auf höheren Ebenen interpretiert wird, können diese Schwächen die Information bereits beeinträchtigt haben. Die menschlichen Sinnesorgane sind nicht perfekt; diese Tatsache sollte man bei der Beurteilung der Leistung von Augenzeugen nicht übersehen.

2.62 Stadien im Gedächtnisprozeß

2.621 Das Einprägen

Die meisten Gedächtnistheorien stimmen darin überein, daß es im Gedächtnis einen Drei-Stufen-Prozeß gibt: das Einprägen, Behalten und Wiedergeben der Information. Das Einprägen (auch Aquisition oder Input-Stadium genannt) ist mit der Wahrnehmung verbunden und kann von dieser auch nicht klar abgegrenzt werden. Das Behalten (Retention) setzt ein, wenn die Information eine "Spur" im Gedächtnis hinterläßt. Beim Wiedergeben sucht man eine bestimmte Information im "Gedächtnisarchiv", macht sie wieder verfügbar und teilt sie mit. Erinnerungsfehler treten auf, wenn die Vorgänge in diesen Stadien gestört werden.

Beim Einprägen gelangt die Information in das Gedächtnissystem. Die verschlüsselte Information ist einerseits das Ergebnis der Leistungsfähigkeit der Wahrnehmung, andererseits von Lern- und Entscheidungsprozessen auf der Eingangsseite. Die Gedächtnisforscher beschäftigen sich mit einer Vielzahl theoretischer Fragen, wie Kurzzeit- und Langzeitgedächtnis, semantisches versus episodisches Gedächtnis, visuelles versus verbales Verschlüsseln, Verarbeitungstiefe usw. Dennoch kann man den Großteil der Arbeiten in zwei Bereiche teilen: in solche, die den Einfluß der Reizeigenschaften bzw. der Umgebung untersuchen und solche, die sich mit Faktoren des Augenzeugen selbst beschäftigen. Aus Gründen der Vereinfachung wollen wir diese Unterteilung beibehalten.

2.6211 Situative Bestimmungsfaktoren der Leistung des Augenzeugen

Die erste Gruppe von Faktoren, die das Einprägen der Information beeinflußt, besteht aus Merkmalen des beobachteten Ereignisses selbst: Häufigkeit der Beobachtungen, Dauer der Darbietung, Komplexität und Bedeutungsgehalt des Ereignisses, belastende Gefühle (Streß), die die Beobachtung auslösen und Gefährlichkeit der beobachteten Handlungen.

Häufigkeit. Die klassischen Selbstversuche von Ebbinghaus (1895) ergaben, daß die Gedächtnisleistung bei wiederholter Reizdarbietung zunimmt; ein Effekt, der in vielen Folgeuntersuchungen mit unterschiedlichen Materialien bestätigt wurde (Waugh, 1963). Gardner (1933) konnte zeigen, daß das Gedächtnis von Augenzeugen sowohl mit der Anzahl der Beobachtungen als auch mit der Häufigkeit der Wiedergaben des Ereignisses zusammenhängt. Auch eine Beziehung zwischen Häufigkeit der Darbietungen und Gedächtnisleistung ist plausibel.

In einem Experiment von Sanders und Warnick (1979, zit. nach Penrod et al. 1982, S. 128) konnte der Effekt der mehrmaligen Darbietung in einer gespielten Kriminalszene nachgewiesen werden. Eine Gruppe von Versuchspersonen sah einen 3-min-Videofilm, der ein Interview mit der "gesuchten" Person zeigte. Unmittelbar danach sah diese Gruppe einen 20-sec-Film über einen Taschendiebstahl. Einer zweiten Gruppe wurde das 3-min-Interview nicht gezeigt. Die "Zeugen" der ersten Gruppe waren beim Identifizieren (Wahlgegenüberstellung mit 6 Personen) beinahe doppelt so gut wie die der zweiten Gruppe (60% versus 33%).

Dauer der Darbietung. Je weniger Zeit einem Zeugen bei der Beobachtung eines Ereignisses zur Verfügung steht, desto unvollständiger wird die Wahrnehmung und in der Folge die Wiedergabe des Ereignisses sein. Wenn man sich lange Zeit mit einem Gegenstand befaßt (z.B. vor einer Prüfung), wird die Leistungsbeurteilung besser ausfallen - vorausgesetzt, daß man sich konzentrieren kann. In der kognitiven und in der Gedächtnispsychologie gibt es viele Untersuchungen, die konsistent nachweisen, daß die Dauer der Darbietung eines Reizmaterials direkt proportional zur Genauigkeit seiner Wiedergabe ist (Loftus, 1972; Loftus und Loftus, 1976; Klatzky, 1975). Je länger eine Versuchsperson Zeit hat, Fotografien von Gesichtern zu betrachten, desto genauer wird sie später in einer Serie von Fotografien die vorher gezeigten erkennen (Laughery et al., 1971). Laughery belegte auch, daß bei Abnahme der Anzahl der Fotografien, aus denen die Versuchspersonen die Zielpersonen herausfinden müssen, die Wahrscheinlichkeit für die richtige Antwort steigt. Die Autoren empfehlen den Sicherheitsorganen, die Zeugen Polizeifotografien vorlegen, ihre Untersuchungsergebnisse zu beachten. Je geringer die Anzahl der Bilder, desto genauer wird die Leistung beim Wiedererkennen sein.

Komplexität des Ereignisses. Wir haben schon erwähnt, daß die Komplexität eines Ereignisses zu Fehlern bei der Schätzung von dessen Dauer führt (Schiffman und Bobko, 1974). Andererseits führt aber die Reizkomplexität zu einer Verbesserung der Wiedererkennungsleistung. Das Wiedererkennen von vorher gesehenen Fotografien war besser, wenn die Bilder komplexer waren (Franken und Davis, 1975). Carr et al. (1979) stellten fest, daß das Wiedererkennen von Gesichtern und Landschaften besser ist als das Wiedererkennen von Objekten und Wörtern.

Diese Ergebnisse muß man im Zusammenhang mit anderen Befunden interpretieren: (1) Goldstein und Chance (1971) zeigten, daß eine verlängerte Darbietung von komplexen, aber bedeutungslosen Reizen nicht unbedingt zu einer guten Wiedererkennungsleistung führt. (2) Es existieren grundlegende Unterschiede zwischen dem Nacherzählen und Wiedererkennen komplexer Reizvorlagen. Beim Nacherzählen muß man Informationen über vorher gesehene Reize wieder verfügbar machen, beim Wiedererkennen nur beurteilen, ob ein vorgelegter Reiz schon bekannt ist. Mit zunehmender Komplexität nimmt swohl die Wahrscheinlichkeit, daß Teile des Reizes falsch wiedergegeben werden, als auch die Wahrscheinlichkeit der korrekten Wiedererkennung des Gesamtreizes zu. Mandler (1980) meint, daß die zusätzliche strukturelle Information in komplexen Reizen die Wahrscheinlichkeit erhöht, daß sie bereits gespeicherten Strukturen ähnlich ist. Dadurch werden Reize auch besser eingeprägt und leichter wiedererkannt.

Bedeutungsgehalt des Ereignisses. Die Arbeiten von Mandler (1972) zeigen, daß der Aufbau und der Bedeutungsgehalt von Reizen die Gedächtnisleistung beeinflußt. Die Autorin meint z.B., daß unser Wissen über Zeit und Ort, wo Ereignisse auftreten (der Kontext), sich rascher verringert als unser Wissen über den Aufbau und die Struktur der Ereignisse. In einigen Experimenten, die auch für die Genauigkeit von Augenzeugen relevant sind, zeigte Mandler ihren Versuchspersonen eine Serie von (natürlichen) Szenen, die entweder realistisch oder unorganisiert aufgebaut waren. Nach einer Verzögerung (von 4 Minuten bis zu 4 Monaten) präsentierte sie den Versuchspersonen eine weitere Serie von Szenen, die die ursprünglichen (die Originale) und die neuen Versionen mit unterschiedlicher Ähnlichkeit zu der alten Szene darstellten. Am besten war das Gedächtnis (Wiedererkennen) für Szenen, in denen (zusätzlich zu den Originalen) neue Objekte eingeführt worden waren, am schlechtesten für Szenen, in denen neben den Originalen diesen ähnliche Objekte vorkamen. Eine Übertragung der Untersuchungsergebnisse auf reale Situationen ist wegen des künstlichen Reizmaterials nur mit Einschränkungen möglich.

Schon sehr frühe Arbeiten zur Genauigkeit des Gedächtnisses beim Nacherzählen haben nachgewiesen, daß man sich die bedeutungslosen Merkmale von

Ereignissen nur sehr schlecht merkt (Cattel, 1895; Stern, 1903). So erregen interessante, bunte und ungewöhnliche Szenen eher die Aufmerksamkeit und werden auch besser wiedergegeben. Die Arbeiten von Lewis (1975) bestätigen diese Annahme. Seine Versuchspersonen, die einen Film (reale und Zeichentrick-Szenen) sahen, konnten sich an große und bewegte Reize besser erinnern als an statische.

Ein sehr frühes Experiment (Myers, 1913) zum "zufälligen Lernen" ergab, daß ein großer Teil der wahrnehmungsmäßig wohl verfügbaren, aber unwichtigen Information nicht eingeprägt wird. Die Größe und Form von ständig präsenten Objekten wie Vorhängen, Ziffernblättern, Hintergrundfarben, Umrandungen, Tapetenfarben und Buchstabensequenzen, auf die die Aufmerksamkeit nicht gelenkt wird, wurden sehr fehlerhaft wiedergegeben.

Eine große Zahl von Forschungsarbeiten war dem **Gedächtnis für Gesichter** gewidmet. Eine spezielle Fragestellung bezieht sich dabei auf die Leistung des Augenzeugen bei der polizeilichen Gegenüberstellung. Eine originelle Untersuchung führte Buckhout (1975) durch. Via Fernsehen wurde (in New York) ein 12 Sekunden dauernder Film über einen gestellten Taschendiebstahl ausgestrahlt. In einer anschließenden Gegenüberstellung mit sechs Männern sollten die Zuschauer den "Täter" bestimmen. Sie erhielten (wie bei realen, polizeilichen Gegenüberstellungen) die Mitteilung, daß der "Täter" dabei sein kann, aber nicht dabei sein muß. 2145 Zuseher teilten die Antworten telefonisch mit. Obwohl der Täter einer der Männer in der Gruppe bei der Gegenüberstellung war, identifizierten ihn nur 15,3% richtig. Der Genauigkeitsgrad ist extrem niedrig, da schon durch bloßes Raten eine Trefferrate von 14,3% erreichbar ist. In einer weiteren Untersuchung fand Buckhout (1974), daß 7 Wochen nach dem kritischen Ereignis noch 40% der Versuchspersonen von sich glaubten, den Täter bei einer Gegenüberstellung identifizieren zu können. 25% der Zeugen identifizierten allerdings einen unbeteiligten Zuschauer der Szene (der in die Gruppe der Verdächtigen bei der Gegenüberstellung aufgenommen worden war) als Täter.

Die Untersuchungen von Bower und Karlin (1974) sollten klären, welchen Einfluß die *"Verarbeitungstiefe"* auf das Wiedererkennen hat. Damit sind kognitive Prozesse gemeint, die beim Registrieren des Reizes ablaufen. Die Autoren demonstrierten, daß das "geistige Bearbeiten" des Reizmaterials das Wiedererkennen stark beeinflußt. Die Verarbeitungstiefe während der Darbietung bestimmte auch die spätere Gedächtnisleistung. Eine Gruppe von Versuchspersonen mußte Fotografien danach beurteilen, wie sympathisch ihnen die gezeigten Personen waren. Eine zweite Gruppe mußte die "Ehrlichkeit" der abgebildeten Person einstufen und eine dritte nur das Geschlecht. Die Autoren postulierten, daß die Beurteilung nach Sympathie und Ehrlichkeit eine "tiefere" Verarbeitung der Informationen erfordert als die nur "oberflächliche" Reizbearbeitung durch die Beurteilung nach dem Geschlecht. Zu einem späteren Zeitpunkt mußten die Versuchspersonen aus einer größeren Zahl von Fotografien jene heraussuchen, die sie in der ersten Beurteilung bearbeitet hatten. Die Ergebnisse bestätigten die Hypothese. Das tiefere "Verschlüsseln" der Bilder bei der Sympathie- und Ehrlichkeitsbeurteilung führte zu besseren Gedächtnisleistungen als die nur flüchtige Verschlüsselung bei der Beurteilung nach dem Geschlecht.

Erregungszustand des Beobachters. Beobachtete Ereignisse können natürlich stark in bezug auf die beim Beobachter ausgelöste Erregung (oder *Aktiviertheit*) variieren (der Leser möge den erlebten Streß beim Lesen dieses Kapitels mit dem vergleichen, den er als Opfer eines nächtlichen bewaffneten Raubüberfalls erleben würde). Die vom Ereignis ausgelöste Aktiviertheit ist ein Produkt der Reizgegebenheit und der Reaktion des Zeugen (bzw. Beteiligten) auf diese Reize. Daher ist die Aktiviertheit sowohl ein Faktor des Ereignisses wie auch des Zeugen. Theoretisch kann man beide Ursachen trennen (ein Banküberfall kann von einem Zeugen beobachtet werden, den dieses Ereignis nicht aufregt), praktisch ist dies aber schwierig.

Die psychologische Literatur zum Einfluß der Aktiviertheit auf die kognitive Leistungsfähigkeit bezieht sich oft auf das *Yerkes-Dodson-Gesetz* (1908). Dieses postuliert eine umgekehrt U-förmige Beziehung zwischen Aktivierung und Leistung. Die Leistung verbessert sich mit zunehmender Aktivierung, allerdings nur bis bis zu einem bestimmten Punkt; steigt die Aktivierung weiter, fällt die Leistung ab. Dies trifft auch für den Augenzeugen zu. Der *"Kippunkt"* (das ist der Punkt optimaler Leistungsfähigkeit) ist individuell verschieden und hängt auch von der zu bewältigenden Aufgabe ab. Ein mittleres Aktivierungsniveau erzeugt Aufmerksamkeit und Interesse an der Aufgabe. Eine einfache und gutgelernte Aufgabe ist durch emotionale Erregung viel weniger anfällig als eine komplexe, die von der Integration verschiedener kognitiver Prozesse abhängig ist. Im Moment großer Angst würde man wahrscheinlich wohl noch imstande sein, seinen Namen zu buchstabieren, könnte aber wahrscheinlich nicht mehr Schach spielen.

In einigen Untersuchungen wurde die Aktivierung manipuliert, um deren Einfluß auf die Leistung des Augenzeugen zu bestimmen. Johnson und Scott (1976) errichteten in einer gemieteten Wohnung in einem Studentenheim ein "Gruselkabinett". In der niederen Aktivierungsbedingung hörten die Versuchspersonen, die in einem Vorzimmer auf das Experiment warteten, eine Konversation zwischen zwei Mitarbeitern des Versuchsleiters über einen Justierungsfehler an einem Meßgerät. Einer der beiden ging daraufhin schimpfend durch das Wartezimmer (Bedingung "niedrige Aktivierung"). In der Bedingung "hohe Aktivierung" hörten die wartenden Versuchspersonen einem sehr lebhaften Streit zu und beobachteten hernach den Konfidenten, wie er mit einem blutigen Brieföffner in der Hand durchs Zimmer ging. Die Hälfte der Versuchspersonen wurde unmittelbar nach der Szene getestet, die verbleibenden eine Woche später. Die Testbedingungen hatten größtmögliche Ähnlichkeit zu einer Polizeibefragung und enthielten eine freie Nacherzählung, eine kontrollierte Nacherzählung (die Versuchspersonen mußten Fragen beantworten, wie "Beschreiben Sie den Warteraum") und einen Identifikationstest mittels Foto. Die Ergebnisse waren komplex und konnten bei Replikationen des Versuchs bestätigt werden: (1) Das verzögerte Wiedergeben (und Wiedererkennen) war ungenauer als die Leistung unmittelbar nach dem Vorfall. (2) Das Wiedererkennen war bei männlichen

Zeugen bei hoher Aktivierung besser. (3) Die Gedächtnisleistung der weiblichen Zeugen war bei hoher Aktivierung für Umgebungsmerkmale und für die Handlung des "Täters" besser, nicht jedoch für sein Aussehen. Die Autoren meinen, daß diese Effekte durch die Konzentration auf die Waffe und die blutigen Hände des "Verdächtigen" aufgetreten sind, ein Phänomen, das als "weapon focus" bezeichnet wird.

Diese Ergebnisse stimmen nur dann mit der Yerkes-Dodson-Kurve überein, wenn man annimmt, daß beide Bedingungen am linken (aufsteigenden) Ast der Kurve liegen. Bestätigung findet diese Annahme auch durch die *Selbsteinstufung* der erlebten Erregung durch die Versuchspersonen. Diese ergab, daß auch in der hohen Aktivierungsbedingung keine Extremwerte (und damit auch nicht der rechte Teil der Kurve) erreicht wurden. Eine massive Erregungsmanipulation ist aber aus forschungsethischen Gründen unmöglich. Dennoch scheint die Annahme, daß extrem hohe Aktivierung die Gedächtnisleistung beeinträchtigt, plausibel. Dies läßt aber die Frage unbeantwortet, wie hoch die Erregung eines Opfers oder Zeugen krimineller Handlungen in Notsituationen tatsächlich ist.

Clifford und Scott (1978) zeigten ihren Versuchspersonen eine von zwei Versionen eines einminütigen Films, in dem zwei Polizeibeamte eine dritte Person über einen kriminellen Vorfall, den sie untersuchten, befragten. In der "harmloseren" Version wurde die dritte Person nur befragt; in der Version mit hoher Aktivierung schlug einer der Polizeibeamten den Befragten. Die Autoren stellten fest, daß die Wiedergabe der gewalttätigen Version (insbesondere bei Frauen) unvollständiger und fehlerhafter war. In einer anderen Versuchsanordnung, in der die Versuchspersonen im Glauben gelassen wurden, daß sie Opfer eines Diebstahls waren (die Untersuchung wurde im Zusammenhang mit dem Anzeigeverhalten von Opfern bereits besprochen), konnten Greenberg et al. (1979) zeigen, daß männliche Versuchspersonen, die sehr verärgert waren, sehr genaue Identifikationen des Verdächtigen in einer Gegenüberstellung machen konnten (Bedingung "starker Ärger" führte zu einer 71%igen Genauigkeit, "mittlerer Ärger" zu 50% und "geringer Ärger" zu 17%). Die Genauigkeit stand bei Frauen in keiner Beziehung zum Ärger (die Genauigkeitsraten für die drei Versuchsbedingungen waren 58%, 57% und 55%).

Witt (1980 zit. nach Penrod et al. 1982, S. 128) zeigte Versuchspersonen einen drei Minuten langen Film eines bewaffneten Raubüberfalls in einem Supermarkt (der Film war für alle Versuchspersonen gleich). Dem Film vorangegangen war aber für die eine Gruppe eine schockierende Szene aus dem Film "Der weiße Hai" (hohe Aktivierung), für die anderen zehn Minuten eines Films über ein Puppentheater (geringe Aktivierung). In diesem Experiment konnten keine Aktivierungseffekte bei freier Nacherzählung, Multiple-choice-Antworten, Ja-Nein-Antworten und Antworten in Wiedererkennungsaufgaben festgestellt werden.

Die Frage, inwieweit ein Aktivierungsanstieg die Gedächtnisleistung beeinflußt, kann derzeit noch nicht vollständig beantwortet werden. Manche Arbeiten zeigen, daß eine Erhöhung der Aktivierung die Wahrnehmung und das Gedächtnis verbessert, andere belegen wiederum das Gegenteil. Die plausibelste Beziehung zwischen Aktivierung und Leistung ist nach wie vor durch die Yerkes-Dodson-Kurve beschrieben.

Ein hohes Erregungsniveau reduziert die Aufmerksamkeit auf wenige relevante Aspekte (Easterbrook, 1959). Es ist plausibel anzunehmen, daß Opfer oder Zeugen einer kriminellen Handlung in erster Linie um ihre eigene Sicherheit (oder die ihrer Nächsten) besorgt sind und nicht für sie irrelevante Details der Szene beachten. In Situationen extremer Bedrohung (und damit extremer Erregung) wird sich der Betroffene auf die gefährlichen Aspekte der Umgebung (z.B. eine Waffe) konzentrieren und andere Aspekte übersehen. Loftus (1979) meint, daß bei Auftauchen einer Waffe in einer kriminellen Szene diese den Großteil der Aufmerksamkeit des Beobachters beansprucht (es ist dies der weiter oben erwähnte "weapon focus"). Dieses Phänomen sollte bei der Vernehmung von Zeugen und Opfern nicht unbeachtet bleiben.

Wir können mit großer Sicherheit annehmen, daß extreme Aktivierungszustände - wie sie bei der Beobachtung krimineller, gewalttätiger Handlungen auftreten können - die Genauigkeit von Augenzeugen beeinträchtigen. Bei kleineren Delikten (Laden- oder Taschendiebstahl) ist die Erregung des Beobachters bedeutend geringer, was zu genaueren Berichten führen kann.

Schwere des Delikts. Leippe et al. (1978) zeigten Versuchspersonen einen Film über einen Diebstahl und baten diese anschließend, den Dieb aus einer Serie von sechs Fotografien zu identifizieren. Es ergab sich ein Zusammenhang zwischen Identifikationsgenauigkeit und Wert des gestohlenen Gegenstands. War der Wert des Gegenstands im vorhinein bekannt, ergab sich bei einem Taschenrechner eine Genauigkeitsrate von 56% und bei einer Zigarettenschachtel 19%; war der Wert vorher nicht bekannt, lagen die Werte bei 13% (Taschenrechner) und 35% (Zigarettenschachtel). Diese Ergebnisse weisen darauf hin, daß die Schwere des Delikts eher das Einprägen als die Wiedergabe des Ereignisses beeinflußt.

Andere Untersuchungen zeigen allerdings, daß die Deliktschwere auch die weitere kognitive Verarbeitung und die Wiedergabe beeinflussen kann. In einer Untersuchung, die wir im Zusammenhang mit dem Anzeigeverhalten schon besprochen haben (Greenberg et al., 1982), ließ man die Versuchspersonen in dem Glauben, daß sie bestohlen worden waren. In einer Bedingung wurden 3$, in einer anderen 20$ gestohlen. Zwei Monate nach dem Ereignis interviewten die Autoren die "Opfer", um das Gedächtnis für das Aussehen des Diebs zu testen. In der 20$-Bedingung gaben 76% der Versuchspersonen richtige Antworten, in der 3$-Bedingung nur 54%.

Malpass et al. (1980 zit. nach Penrod et al. 1982, S. 128) verwendeten eine sehr realistische Gegenüberstellung nach einer gespielten kriminellen Handlung (Sachbeschädigung). Versuchspersonen, die man im Glauben ließ, daß der Täter streng bestraft werden wird (Schadenersatz und Freiheitsstrafe), sind eher bereit, den Täter in einer Gegenüberstellung zu identifizieren als jene, denen man mitteilte, der Täter hätte nur eine milde Strafe zu erwarten (Verwarnung). Im ersten Fall identifizierten 83% der Versuchspersonen einen Täter, im zweiten 46%.

Obwohl die Trefferrate in der ersten Bedingung höher war (75% versus 59%), war die erste Gruppe auch bereitwilliger, einen Verdächtigen zu identifizieren, wenn der Täter gar nicht in der Wahlgegenüberstellung aufschien. Die erste Gruppe hatte auch eine Fehlerrate von 73% gegenüber 22% der zweiten Gruppe. Die Versuchspersonen in der Bedingung "milde Bestrafung" waren weniger geneigt, den Täter zu ermitteln.

Clifford und Hollin (1981) beobachteten, daß die Genauigkeit von Augenzeugenberichten nicht nur durch das Ausmaß der beobachteten Gewalttätigkeit, sondern auch durch die *Anzahl der Täter* beeinflußt wird. Je größer die Anzahl beteiligter Täter an gewalttätigen Ereignissen ist, desto schlechter ist die Erinnerungsleistung. Bei gewaltlosen Ereignissen spielt die Anzahl der Täter keine Rolle. Aus der Untersuchung von Clifford und Hollin geht auch hervor, daß 3/4 der Zeugen nach der Beobachtung einer gewalttätigen Szene bei der Identifikation des Haupttäters ungenau waren. Es ergaben sich dabei keine geschlechtsspezifischen Unterschiede. Das Ausmaß an Gewalttätigkeit in den beobachteten Ereignissen beim Wiedererkennen und Wiedergeben durch weibliche oder männliche Zeugen ist also gleich.

Eine Empfehlung für das Strafrecht wäre eine vorsichtigere Beurteilung der Aussagen von Augenzeugen gewalttätiger Ereignisse, insbesondere wenn mehrere Täter beteiligt waren. Die von Juristen oft vertretene Meinung, daß Gewalttätigkeit zu einer höheren Genauigkeit bei der Aussage von Augenzeugen führt, ist sicher unrichtig.

2.6212 Persönliche Charakteristika und die Leistung des Augenzeugen

Im vorigen Abschnitt behandelten wir die Fehler und Schwächen des Gedächtnisses, die durch Merkmale des Lernmaterials oder der Bedingungen, unter denen es wahrgenommen und verschlüsselt worden ist, entstehen. Auf ähnliche Weise können auch Merkmale der Person des Zeugen die Gedächtnisleistung und damit die Genauigkeit seiner Aussage beeinflussen.

Soziale Erwartungen und Stereotype. Die Effekte sozialer Erwartungen und Stereotype auf die Gedächtnisleistung von Augenzeugen wurden schon sehr früh untersucht. So bemerkte Whipple (1918) z.B., daß der Beobachter durch Erwartungen stark beeinflußt wird, so daß Fehler bis hin zu Illusionen und sogar Halluzinationen auftreten können. Man tendiert im allgemeinen dazu, Dinge zu hören und zu sehen, die man zu hören und zu sehen wünscht. Eine tragische Illustration sind die nicht seltenen Jagdunfälle, in denen Jäger in der starken Erwartung von zulässigen Jagdobjekten einen Jagdkameraden, eine Kuh oder ein Pferd fälschlich als Ziele (Jagdobjekte) wahrnehmen. Jäger, die auf solche nichtzulässigen Ziele schießen, könnten im kritischen Moment in der intensiven Erwartung eines erlaubten Abschußobjekts (eines Fasans, Hasen, Rehs) stehen. Auch ungünstige Sichtverhältnisse - die beste Jagdzeit ist im Morgengrauen oder in der Dämmerung, wo die Tiere am aktivsten sind - tragen zu solchen tragischen Fehlwahrnehmungen bei. Jede Bewegung in der Wiese kann vom erwartungsvollen Jäger rasch mit einem Geweih geschmückt werden. Auch die Wahrnehmungen von UFOs oder Monstern (Yeti, Nessi) können durch die Erwartungshaltung des Beobachters ("der Wunsch ist der Vater des Gedankens") erklärt werden.

Die Schlußfolgerungen aus solchen Identifikationsfehlern für die Leistung des Augenzeugen sind offensichtlich: Wenn soziale Erwartungen und Stereotype die Wahrnehmung verzerren, wird auch die im Gedächtnisspeicher abgelegte Information verzerrt oder beeinträchtigt sein - immer in Richtung der sozialen Erwartung und Stereotype des Zeugen. Es gibt viele Belege für diese Annahme. Allport und Postman (1945) zeigten den Versuchspersonen ein Foto einer Szene in einer New Yorker U-Bahn. Im Vordergrund des Bildes sind zwei männliche Figuren zu sehen, ein Neger in einer Konversation mit einem Weißen. Der weiße Sprecher hält ein Rasiermesser in der Hand. Die Versuchspersonen mußten die Szene einer weiteren Versuchsperson, die das Bild nicht gesehen hatte, weitererzählen; diese gab den Bericht dann wieder weiter, usf. Die Versuchspersonen waren instruiert, die Geschichte so weiterzuerzählen, wie sie sie gehört hatten. Der typische Bericht bei der letzten Wiedergabe zeigte eine interessante Veränderung. In der Mehrzahl der Fälle hielt nun der Neger das Rasiermesser in der Hand. Die Autoren beschreiben dieses Ergebnis als Beispiel der Anpassung an stereotype Erwartungen: Neger tragen (zumindest in New York) Messer; Weiße nicht.

Wir wissen alle, wie Klatsch den Inhalt einer Geschichte verändert. Eine Person hört etwas Interessantes über eine andere Person; bis sie dann die Gelegenheit findet, die Geschichte weiterzuerzählen, scheint ihre Erinnerung an die Details die Geschichte bereits etwas verändert zu haben. Wenn die Geschichte schließlich mehrere Leute "passiert" hat, ist es möglich, daß der Erfinder dieses Klatsches sie hört und nicht mehr als seine eigene Geschichte erkennt.

Stereotype sind eine Form von Erwartungen. Tedeschi und Lindskold (1976) definierten den Begriff des Stereotyps als *Merkmalskategorie*, die man den Mitgliedern einer Gruppe oder eines Ereignisses zuschreibt. Ein soziales Stereotyp ist demnach eine konsistente Meinung, die eine Majorität über eine Gruppe von Personen hat. Es stellt eine kognitive Kurzanleitung dar, die es uns gestattet, die große Vielzahl sozialer Reize einer komplexen Umwelt zu organisieren und zu vereinfachen. Bis zu einem bestimmten Ausmaß verwendet sie jeder, und solange sie nicht zu sozial schädlichen Meinungen und Handlungen führen, sind sie effektive und harmlose psychologische Anpassungen, die uns helfen, unsere Persönlichkeitstheorien über andere zu handhaben.

Stereotype können unsere Wahrnehmungen und damit auch die später folgenden Identifikationen anderer Personen beeinträchtigen. So kann man nachweisen, daß Personen bei der Identifikation von Verdächtigen ihr Stereotyp des "Kriminellen" verwenden. Shoemaker et al. (1973) verlangten von ihren Versuchspersonen, aus einer Serie von zwölf Polizeifotos jene Person herauszufinden, die am wahrscheinlichsten an einem von vier Delikten (Mord, Raub, Verrat oder Homosexualität) beteiligt war. Die Versuchspersonen zeigten deutlich die Tendenz, die Fotografien in deviante und nichtdeviante bzw. kriminelle und nichtkriminelle zu kategorisieren. Sie konnten die Gesichter auch den Verhaltenstypen, die den vier Delikten zugrundeliegen, zuordnen. Die Gesichtsstereotype wurden bei der Beurteilung der Fotografien nach "eher schuldig" bzw. "eher nicht schuldig" von Männern häufiger verwendet als von Frauen. Die Untersuchung zeigte, daß viele Personen stereotype Vorstellungen über das Aussehen von Kriminellen haben.

Erwartungsfehler werden dann häufig auftreten, wenn die Wahrnehmungen gewohnten Ansichten "widersprechen", d.h., wenn sie neu sind. Eine Untersuchung von Bruner und Postman (1949) ist eine überzeugende Illustration des Erwartungsfehlers, der aus der Neuheit (dem atypischen Charakter) des Ereignisses entsteht. Die Autoren gaben ihren Versuchspersonen ein Paket Spielkarten, in dem die Reihenfolge bestimmter Karten und deren Farbe verändert wurde (z.B. wurden zwei zusätzliche Pik-Asse hinzugefügt, allerdings rote). Auf die Frage "Wieviele Pik-Asse waren in dem Paket?" antwortete die Mehrzahl der Versuchspersonen, eines gesehen zu haben. Die richtige Antwort (drei Pik-Asse) wurde durch die Erwartung einer gelernten Verbindung - daß in einem Spielkartenpaket nur ein Pik-Aß vorhanden sein könne - beeinträchtigt.

Erwartungsfehler können auch entstehen, wenn die wahrgenommenen Objekte in wenig vertrauten Kontextbeziehungen stehen. Bruner et al. (1951) verlangten von Versuchspersonen, daß sie in einem "Farbmischer" Farben von vorgegebenen Stimulusobjekten nachmischen sollten. Dabei stellte sich heraus, daß eine orange gefärbte Tomate in der Erinnerung stärker rot nachgefärbt wurde als eine orange gefärbte Zitrone; Gegenstände, die normalerweise rot sind, wurden also eher "nachgerötet" als andere.

Attributionsverzerrungen. Neben den Erwartungen können auch die *Schlußfolgerungen*, die ein Zeuge nach der Beobachtung eines Ereignisses zieht, den Gedächtnisprozeß beeinflussen. Ein Zeuge "speichert" nicht nur die beobachteten Fakten, sondern auch die daraus gezogenen Schlußfolgerungen. Die Attributionstheorie meint ja, daß wir die Welt auch durch das Schließen auf die Ursachen der Vorgänge kennenlernen. In einem schon älteren Experiment (Zadny und Gerard, 1974) wurde nachgewiesen, daß die Schlußfolgerungen über die Absichten eines Handelnden die Erinnerung an diese Person beeinflussen. Den Versuchspersonen wurde ein kurzer Filmausschnitt gezeigt; einige erhielten anschließend die Zusatzinformation, daß die handelnde Person auf jemanden warte. Einer anderen Gruppe wurde mitgeteilt, daß sie etwas stehlen und einer dritten, daß sie jemandem helfen wolle. Die von den Versuchspersonen wiedergegebenen Details der Filmszene spiegelten danach deutlich den Einfluß der Zusatzinformation wider.

In einer zweiten Untersuchung mußten die Versuchspersonen das Gespräch und einige Aktivitäten von zwei Personen in einer Wohnung beobachten. Einer Gruppe von Versuchspersonen wurde mitgeteilt, daß es Freunde des Besitzers der Wohnung sind, die versteckte Drogen suchen, um einer Polizeidurchsuchung zuvorzukommen. Die zweite Gruppe erhielt die Information, daß es sich um Einbrecher handelt. Jene Versuchspersonen, die die "Einbrecher" beobachteten, erinnerten sich an den Inhalt der Konversation und an die Gegenstände in der Wohnung besser. Die Ergebnisse können darauf hinweisen, daß Attributionen auch Gedächtnisprozesse beeinflussen. Sie stellen fundamentale Prozesse

2.6212 Persönliche Charakteristika und die Leistung des Augenzeugen

der "sozialen Wahrnehmung" dar und bilden auch wichtige Fehlerquellen bei Aussagen von Augenzeugen.

Individuelle Unterschiede. Marshall (1969) ging der Frage nach, ob die *sozioökonomische Klasse*, der eine Person angehört, und ihre Ausbildung einen Einfluß auf das Gedächtnis haben. Er zeigte seinen Versuchspersonen einen 42 Sekunden dauernden Film und verglich in einem anschließenden Gedächtnistest die Leistungen von Rechtsstudenten, Polizeischülern und Personen mit extrem niedrigen Einkommen. Die (verbal gut ausgebildeten) Studenten konnten von den 115 möglichen Objekten im Durchschnitt 14 richtig wiedergeben, die Polizeischüler 10,3 und jene mit geringem Einkommen 5,3. Auffällig sind in allen drei Gruppen die relativ geringen Werte. Ein interessantes Nebenergebnis war die Beobachtung, daß die Studenten bedeutend mehr Objekte "wiedergaben", die gar nicht im Film gezeigt worden waren. Diese Gruppe zeigte auch die höchste Fehlerzahl.

Das *Alter* ist eine weitere wichtige Determinante für die Genauigkeit des Gedächtnisses. Es scheint im Alter von 15 bis 25 Jahren am besten zu sein und nimmt dann (allerdings in Abhängigkeit von der gestellten Aufgabe) kontinuierlich ab. Nur das Gedächtnis für Ziffern und das "Wiedererkennen" fehlender Wörter in einer Liste von Wörtern zeigte im Alter keinen Leistungsabfall. Die größten Leistungsunterschiede in den verschiedenen Altersgruppen zeigen Gedächtnisaufgaben, die unter Zeitdruck bearbeitet werden müssen, Aufgaben, die einen ständigen Wechsel der Aufmerksamkeit erfordern und die freie Nacherzählung (Schaie und Gribbin, 1975). Auch Yarmey und Kent (1980) konnten zeigen, daß ältere Versuchspersonen (65 bis 90) keine schlechteren Leistungen als jüngere (15 bis 26) beim Wiedererkennen zeigten, wohl aber in der freien Nacherzählung. Man kann vorsichtig verallgemeinern und sagen, daß sich die Zuverlässigkeit von Augenzeugen bei offenen Fragen ab einem Alter von 50 Jahren verringert - nicht jedoch beim Wiedererkennen.

Unter Juristen gibt es den weitverbreiteten Glauben, daß die Aussagen von Kindern im allgemeinen sehr unzuverlässig sind und hohe Suggestibilität zeigen. Das Alter von Kindern, ab dem sie als Zeugen im Straf- und Zivilprozeß zugelassen sind, bildete lange Zeit eine Kontroverse. Auch heute ist das Mindestalter von Zeugen in den verschiedenen Rechtssystemen sehr unterschiedlich; meistens wird ein Mindestalter von 14 Jahren festgesetzt, wobei Ausnahmeregelungen auch 10jährigen Kindern kompetente Zeugenaussagen zugestehen. In Österreich gibt es keine Altersgrenze. Auch hier zeigt sich eine starke Aufgabenabhängigkeit. Jüngere Kinder (9 Jahre) haben ein schlechteres Gedächtnis für relevante Details bei Bagatellkriminalität im Vergleich zu 12jährigen (Cohen und Harnick, 1980). Diese Unterschiede kann man mit der größeren Fähigkeit der älteren Kinder, den Details mehr Aufmerksamkeit zu schenken, erklären.

Unter bestimmten Bedingungen zeigen junge Kinder jedoch die gleichen Gedächtnisleistungen wie Erwachsene (Marin et al., 1979; Johnson und Foley, 1984). Dabei spielt die Art der Frage und die Art des Gedächtnisses, die beim Abrufen der Information angesprochen ist, eine wichtige Rolle. Marin bildete in seiner Untersuchung vier Altersgruppen: 3 bis 6jährige, 8 bis 9-, 11 bis 12- und

14 bis 16jährige. Auf offene Fragen (z.B. "Was passierte?") konnten die älteren Kinder mehr Details wiedergeben. Je jünger sie waren, desto weniger detailliert waren ihre Beschreibungen einer vorher beobachteten Szene. Trotzdem waren die jüngeren Versuchspersonen bei ihren Berichten genauso vollständig wie die älteren. Erforderte die Aufgabe ein Wiedererkennen (z.B. von Fotografien oder das Antworten mit Ja oder Nein auf Multiple-choice-Fragen) waren die jüngeren ebenso genau wie die älteren. Sie zeigten auch keine größere Beeinflußbarkeit durch gelenkte Fragen (Suggestivfragen).

Eine Schlußfolgerung für die Praxis wäre die, daß man bei der Vernehmung älterer und auch sehr junger Zeugen vermehrt Wiedererkennungsaufgaben einsetzen soll. Dies kann durch Fragen, die mit Ja oder Nein zu beantworten sind, durch das Vorlegen von Fotografien oder durch sorgfältig ausgeführte Wahlgegenüberstellungen erfolgen.

2.622 Das Behalten

Wie wir gesehen haben, bestimmt eine Reihe von Faktoren, welche Reize wir wahrnehmen, und wie wir diese beim Ablegen im Gedächtnisspeicher "verschlüsseln". Wenn man die vielfältigen Störmöglichkeiten der Wahrnehmung und des "Speicherns" der Information betrachtet, ist die Annahme gerechtfertigt, daß das "Abbild" eines Ereignisses im Gedächtnis wahrscheinlich ungenau sein wird. Ein genaues "Behalten" der Informationen im "Gedächtnisarchiv" wird aber durch Störungen während dieser Zeit noch weiter erschwert, da die Informationen (zwischen Verschlüsseln und Wiedergeben) verändert werden können. Welche Faktoren beeinflussen die gespeicherte Information in dieser Zeit?

Die klassischen Arbeiten von Ebbinghaus (1885) zeigen, daß gelerntes Material während der Phase des Behaltens vergessen wird. Anfänglich ist der Verlust groß und flacht im Laufe der Zeit ab, sodaß das Vergessen eine (nach unten) negativ beschleunigte Kurve (die "Vergessenskurve") beschreibt. Obwohl genau bestimmt wurde, wieviel in welcher Zeit vergessen wird, ist die Frage *"Warum* wird vergessen?" noch offen. Jüngere Theorien betonen die *Überlagerungseffekte* und den *Verlust des Zugangs* zur gespeicherten Information bei der Wiedergabe. Erstere nennt man *Interferenztheorie* (Überlagerungstheorie) des Vergessens. Mit Hilfe eines - allerdings stark vereinfachten - anschaulichen Bildes kann man sich diese Interferenz als Übereinanderschreiben zweier Zeichen im Sand vorstellen. Dadurch werden beide Zeichen unklar und sind schwer zu lesen. Die Grundannahme der Interferenztheorie ist die, daß jede beliebige erlernte Information alles stören - und durch alles gestört werden - kann, was man lernt. Wir wollen die verschiedenen Vergessenstheorien nicht darstellen, sondern uns kurz mit der für die Aussagebeurteilung wichtigeren Frage nach dem Zeitintervall zwischen Einprägen und Wiedergeben befassen.

2.6221 Zeitlicher Abstand zwischen Lernen und Wiedergabe

Zeugen müssen Ereignisse oft Wochen, Monate und sogar Jahre nach deren Auftreten wiedergeben. Die kognitive Psychologie konnte zeigen, daß mit zunehmendem zeitlichen Abstand vom Einprägen die Genauigkeit und Vollständigkeit der Aussagen abnimmt. Dallenbach (1913) legte seinen Studenten Bilder vor und stellte ihnen dann 60 Fragen über gesehene Details. Er ließ auch die Sicherheit der Antworten einstufen, indem er fragte, welche Antworten sie beschwören könnten. Die durchschnittliche Anzahl falscher Antworten unmittelbar nach dem Einprägen war 9, stieg aber nach 45 Tagen auf 13 an. Auch die Anzahl der falschen Antworten, die die Versuchspersonen "beschwören" konnten, erhöhte sich von 3 auf 7. Shepard (1967) zeigte Versuchspersonen 600 Bilder alltäglicher Objekte und Szenen. Die Wiedererkennungsleistung der Versuchspersonen, denen 60 Serien alter und neuer Bilder zwei Stunden nach dem Einprägen gezeigt wurden, war 100%. Nach vier Monaten sank die Leistung auf 57% richtige Antworten und lag damit nahe der Zufallsrate von 50%. Egan et al. (1977) präsentierten den Versuchspersonen einen 15 Sekunden langen Film über einen "Raubüberfall", wobei diese vorher instruiert worden waren, Zeugen dieses Raubüberfalls abzugeben. Die Versuchspersonen mußten nach 2, 21 und 51 Tagen aus Fotoserien oder realen Wahlgegenüberstellungen die Täter ermitteln. Die über alle Zeitpunkte gemittelte Identifikationsrate richtiger Antworten lag bei 98% für die Wahlgegenüberstellung und 85% für die Fotoserie. Die Identifikationsraten wurden jedoch von der Länge der dazwischenliegenden Zeit nicht beeinflußt. Der Prozentsatz jener Versuchspersonen, die falsche Identifikationen abgaben, nahm jedoch von 48% auf 62% und 93% am 2., 21. und 56. Tag zu, und der Prozentsatz der Versuchspersonen, die keine Fehler machten, sank von 45% auf 29%, bzw. auf 7%.

In einer ähnlichen Untersuchung zeigte Lipton (1977) Versuchspersonen einen Film über einen bewaffneten Raubüberfall, ohne diese vorher über ihre Zeugenrolle zu informieren. Er fand heraus, daß nach einer Woche 18% weniger Fragen beantwortet werden konnten als unmittelbar nach dem Film. Die Versuchspersonen waren nach einer Woche bei ihren Wiedergaben auch um 4% ungenauer. Unabhängig von der Art des Versuchsplans, der Art der Aufgabe und der zu erinnernden Materialien zeigt sich immer wieder die von Ebbinghaus ermittelte Vergessenskurve: je mehr Zeit verstreicht, desto schlechter wird die Leistung. Um jedoch den genauen Verlauf der Vergessenskurve vorherzusagen, müßte man die spezifischen Umstände bei der Beobachtung des Vorfalls kennen (z.B. was ist passiert, wie lange konnte es beobachtet werden usw.).

2.6222 Überlagerung gespeicherter Information

Ein Teil dieser Ungenauigkeit stammt daher, daß man zwischen Einprägen und Wiedergeben neue Information wahrnimmt und verarbeitet. Elisabeth Loftus führte eine Serie von Experimenten zur Frage durch, ob die Darbietung zusätzlicher und neuer Information nach dem fraglichen Ereignis das Gedächtnis dafür wesentlich beeinflussen kann. Sie konnte nachweisen, daß das bloße Erwähnen eines Objekts, das in der kritischen Beobachtung enthalten war (z.B. in einem Interview), die Wahrscheinlichkeit, daß der Zeuge später von diesem Objekt berichtet, bedeutend erhöht (Loftus, 1975). Wenn man einen Augenzeugen eines Verkehrsunfalls fragt, mit welcher Geschwindigkeit das Auto fuhr, als der Fahrer das Stoppschild übersah, erhöht das die Wahrscheinlichkeit, daß in einer späteren Befragung ein Stoppschild wiedergegeben wird - auch dann, wenn der Zeuge in einer vorangegangenen Befragung aussagte, kein Stoppschild gesehen zu haben. Auch das beiläufige Erwähnen von Gegenständen, die in der Unfallszene tatsächlich nicht vorhanden waren, erhöht die Wahrscheinlichkeit, daß Zeugen später berichten, diese (in der Unfallszene nicht existierenden) Objekte gesehen zu haben (Loftus, 1978).

In einem weiteren Experiment belegte Loftus, daß Zeugen, wenn sie bemerken, daß neu hinzukommende Information der bereits gespeicherten widerspricht, eine Art *"Gedächtniskompromiß"* schließen. Wenn ein Zeuge (etwa in einem Film über eine Straßenszene) ein rotes Auto bei einer Verkehrsübertretung beobachtet und der Vernehmende später ein grünes Auto erwähnt, wird sich der Zeuge wahrscheinlich an ein grünes oder grünblaues Auto erinnern. Wenn der Zeuge ein Auto mit einer Geschwindigkeit von ca. 100 km/h beobachtet und der Befrager später erwähnt, daß das Fahrzeug nur 65 km/h fuhr, wird der Zeuge eine Geschwindigkeitsschätzung von 65 bis 85 km/h abgeben. Dabei ist es möglich, daß sich der Zeuge des Kompromisses bewußt wird, es kann aber auch sein, daß es sich dabei um unbewußte Phänomene handelt, denen Wahrnehmungs- und Gedächtnisprozesse außerhalb der Selbstbeobachtung des Individuums zugrundeliegen.

Diese Arbeiten weisen darauf hin, daß Vernehmungsbeamte, Richter oder Anwälte bei der Befragung durch das "Einimpfen" relevanter (und möglicherweise inkorrekter) Informationen das Gedächtnis des Zeugen verändern können. Dies ist jedoch nur bei relativ unwichtigen Ereignissen möglich. Bei wichtigen Details sind solche Fragen wenig oder gar nicht wirksam (Loftus, 1979). Auch der Zeitpunkt, zu dem man die irreführenden Informationen darbietet, spielt eine Rolle. Ihr störender Einfluß ist umso größer, je kürzer die Darbietung vor der Befragung erfolgt (Loftus, 1978). So könnte ein skrupelloser Vernehmungsbeamter, der irreführende Informationen in das Gedächtnis des Zeugen "einschleusen" will, dies am erfolgreichsten kurz vor der relevanten Aussage tun. Vernehmungsbeamte sind auch gut beraten, wenn sie ihre Befragungen unmittelbar nach dem ursprünglichen Ereignis durchführen und das relevante Erinnerungsmaterial kurz vor der Aussage im Gerichtssaal noch einmal wiederholen lassen.

Obwohl eine endgültige Theorie des Vergessens noch auf sich warten läßt, gibt es genügend Belege dafür, daß nicht alles, was wir im Gedächtnis ablegen, auch ständig verfügbar bleibt. Die genauen Mechanismen des Vergessens sind noch nicht aufgeklärt; Forschungen zeigen jedoch verschieden Faktoren, die für die Verfügbarkeit der gespeicherten Inhalte verantwortlich sind. Jeder (Laie) weiß aus persönlichen Erfahrungen, daß ein größerer zeitlicher Abstand zwischen Lern- und Wiedergabephase mit einer schlechteren Erinnerung für das Gelernte einhergeht. Diese Ergebnisse lagen schon Ende des vorigen Jahrhunderts vor. Jüngere Forschungen zeigen, daß man sich an bestimmte Reize (z.B. Gesichter) besser erinnern kann als an andere, daß man aber den genauen Verlauf der Vergessenskurve (auch für allgemeine Reizkategorien) noch nicht bestimmen kann. Das Gedächtnis ist während der Phase des Behaltens sehr störanfällig für Überlagerungen durch neu Gelerntes. Überlagerungseffekte konnten bei irreführenden Fragen, bei zusätzlich dargebotenen und widersprüchlichen Informationen nachgewiesen werden.

2.623 Die Wiedergabe

Die Genauigkeit und Vollständigkeit des Zeugenberichts wird in erster Linie durch *Umgebungsmerkmale* bestimmt. Ein Großteil der Laborforschung und Theorienentwicklung konzentrierte sich auf die Bestimmungsfaktoren des Vergessens, die zum Zeitpunkt der Wiedergabe wirksam sind. Dabei wird eine wichtige praktische und theoretische Unterscheidung zwischen dem Wiedererkennen und dem Wiedererzählen von Gedächtnisinhalten gemacht. Eine Reihe von Experimenten untersuchte die Leistung des Augenzeugen unter verschiedenen Umgebungsbedingungen.

2.6231 Befragungsatmosphäre

Marquis et al. (1972) instruierten Sprach- und Dramaturgiestudenten, eine entweder provokative, beleidigende oder eine einfühlende, unterstützende Atmosphäre während einer Befragung von Versuchspersonen über einen vorher gesehenen Film (eines Verkehrsunfalls) zu erzeugen. In der einfühlenden Bedingung versuchten die Befrager, Wertschätzung für die Antworten der Versuchsperson durch Lächeln, Kopfnicken und verschiedene Kommentare während der Befragung auszudrücken. In der aversiven Bedingung verblieben die Befrager in hartnäckigem Schweigen, das sie manchmal durch negative Äußerungen über die Antworten der Versuchspersonen unterbrachen. Obwohl diese Manipulation einen starken Effekt auf die Stimmung und die Selbstbeurteilung der Leistungen der Befragten zeigte, gab es keine Unterschiede in der Vollständigkeit und Genauigkeit der Berichte. Die Atmosphäre während der Befragung scheint also keinen direkten Einfluß auf die Leistung zu haben.

2.6232 Frageform

Die Art der Frage allerdings, die man dem Zeugen stellt, hat einen starken Einfluß auf die Qualität der Antwort. Für Vernehmungen sind vier Frageformen bedeutsam: (1) Die freie Nacherzählung oder offene Frage; dabei fordert man den Vernommenen auf, einen detaillierten Bericht über alles, was sich in dem kritischen Zeitraum ereignet hat, abzugeben. (2) Die kontrollierte freie Nacherzählung; das ist ein mäßig oder stark kontrolliertes Befragungsgespräch bzw. kurze Fragen, die eine kurze Antwort verlangen (z.B. "Wie groß war die Person X, und welche Kleider trug sie ?"). (3) Die gelenkte oder Multiple-choice-Frage, die die Wahl zwischen zwei oder mehreren vorgegebenen Antwortalternativen verlangt (z.B. "Hatte der Täter eine Waffe?"). (4) Fragen, die ausschließlich das Wiedererkennen betreffen, wie etwa die Wahlgegenüberstellung, in der der Zeuge mit einer Reihe von Personen, Fotografien oder Objekten konfrontiert wird und angeben muß, ob er diese vorher bereits gesehen hat.

Freie Nacherzählung. Im allgemeinen zeigt die freie Nacherzählung weniger Fehler, aber auch geringere Vollständigkeit im Vergleich zu direkteren Frageformen (Marquis et al., 1972). Marshall (1969) verglich die mündliche mit der schriftlichen Nacherzählung und fand heraus, daß die geschriebenen Protokolle vollständiger waren.

Kontrollierte Nacherzählung. Wie zu erwarten, zeigt ein direktes Befragen höhere Vollständigkeit, wobei gleichzeitig auch die Anzahl der falschen Antworten zunimmt (Marquis et al., 1972).

Gelenkte oder Multiple-choice-Frage. Über eine der frühesten Laborarbeiten stammt von Muscio (1915). Er befaßte sich in erster Linie mit der syntaktischen Form der gelenkten Frage. Obwohl seine Untersuchungsmethoden aus heutiger Sicht viele Schwächen zeigen, blieben die Ergebnisse in vielen Folgeuntersuchungen unangetastet. Er kam zu dem Ergebnis, daß Fragen in objektiver Form (z.B. "War da ein Hund?") zu mehr falschen "Ja"-Antworten führten (auch dann, wenn kein Hund vorhanden war) als Fragen in subjektiver Form (z.B. "Sahen Sie einen Hund?"). Die negative Frageform ("War da nicht ein Hund...?") führte ebenfalls zu sehr vielen falschen "Ja"-Antworten. Weiters ergab sich, daß Frageformulierungen, die den bestimmten Artikel verwenden ("Sahen Sie den Hund?") zu höheren Falschalarmraten führten als Fragen mit dem unbestimmten Artikel ("Haben Sie einen Hund gesehen?"), wenn tatsächlich kein Hund vorhanden war.

2.6233 Die Suggestivfrage

Bei der Wiedergabe eines Ereignisses verwendet man Informationen aus vielen Quellen. Diese Quellen schließen sowohl die ursprüngliche Wahrnehmung als auch die daraus gezogenen Schlüsse mit ein. Nach einiger Zeit können diese Informationen miteinander verschmelzen, so daß ein Augenzeuge nicht mehr imstande ist anzugeben, woher er ein bestimmtes Detail kennt. Er hat nur eine einzige vereinheitlichte Erinnerung. Auch Suggestivfragen können zum Zeitpunkt der Wiedergabe neue Informationen "einschleusen" und die Erinnerung an einen Vorfall verändern. Eine Suggestivfrage ist eine Frage, die in Form und Inhalt einem Zeugen die Antwort suggeriert ("in den Mund legt"), die er geben soll, etwa "Wann haben Sie aufgehört, Ihre Frau zu schlagen?". Suggestivfragen sind sehr häufig und werden im Alltag wie auch bei Vernehmungen (oft unbewußt) gestellt. Ohne Zweifel benutzen alle Entscheidungsträger im Strafrechtssystem, die Vernehmungen durchführen, solche Fragen. Wenn nun z.B. bei einer polizeilichen Vernehmung der Augenzeuge dahingehend beeinflußt wird, eine falsche Aussage zu machen (und dies kann auch wohlmeinenden Polizeibeamten passieren), ist es möglich, daß er später diesen Fehler wiederholen wird, z.B. wenn ein Richter ihn fragt: "Erzählen Sie mit Ihren eigenen Worten, was geschah."

Um den Einfluß der Sprache des Vernehmenden auf die Aussage näher zu untersuchen, wurde der von Muscio (1915) entworfene Versuchsplan von Loftus mit moderner Methodologie verwendet. Sie führte Experimente mit Studenten, die als Augenzeugen fungierten, durch. Die Versuchspersonen sahen einen Film über einen Verkehrsunfall; dies waren die Ereignisse, an die sich die Studenten erinnern und über die sie berichten sollten. Jedes Ereignis und jede gestellte Frage wurde genau protokolliert, um die Ursachen und Arten der

2.6233 Die Suggestivfrage

Ungenauigkeiten zu markieren. In einer Untersuchung sahen die Versuchspersonen einen Film über einen Autounfall, an dem fünf Fahrzeuge beteiligt waren. Nach der Darbietung mußte ein Formular mit 22 Fragen ausgefüllt werden, 16 belanglosen und 6 kritischen. Drei der Schlüsselfragen bezogen sich auf Einzelheiten, die im Film zu sehen waren, während die drei anderen sich auf Dinge bezogen, die im Film nicht vorkamen.

Für die eine Hälfte der Versuchspersonen begannen die kritischen Fragen mit den Worten : "Sahen Sie einen...?", wie z.B. in der Frage, "Sahen Sie einen kaputten Scheinwerfer?". Für die anderen begannen die kritischen Fragen mit den Worten: "Sahen Sie den ....?", wie in der Frage "Sahen Sie den kaputten Scheinwerfer?". Die Sätze unterschieden sich also nur durch den Artikel "der" und "ein". Diese Unterschiede sind bedeutsam: Man sagt "die" oder "der", wenn man annimmt, daß der in Frage stehende Sachverhalt existiert und auch dem Hörer vertraut ist. Jemand, der fragt: "Haben Sie den zerbrochenen Scheinwerfer gesehen?", sagt in Wirklichkeit: "Da war ein zerbrochener Scheinwerfer. Haben Sie ihn gesehen?". Diese Annahme (Suggestion) kann den Augenzeugen beeinflussen. Bei "ein" oder "einer" ist eine solche Suggestivwirkung weniger wahrscheinlich. Wenn man die Prozentzahlen von den "Ja"- , "Nein"- und "Weiß-ich-nicht"-Antworten bestimmt, ergibt sich, daß Zeugen, bei denen Fragen mit dem bestimmten Artikel gestellt werden, häufiger erklären, etwas gesehen zu haben, das im Film nicht zu sehen war. 15% in der Gruppe "bestimmter Artikel" sagten "Ja", als sie über ein nicht existierendes Objekt befragt wurden, während in der Gruppe mit unbestimmten Artikel nur 7% diesen Fehler machten. Andererseits antworteten Zeugen, die Fragen mit "ein" oder "eine" erhalten haben, häufiger mit "ich weiß es nicht", gleichgültig, ob der Sachverhalt zu sehen gewesen war oder nicht. Daraus ersieht man, daß sogar diese geringfügige Veränderung in der Fragestellung den Bericht eines Augenzeugen beeinflussen kann.

Loftus untersuchte auch, ob das Ersetzen eines Wortes durch ein anderes quantitative Beurteilungen (z.B. Geschwindigkeitsschätzungen) beeinträchtigen kann. Sie zeigte 45 Versuchspersonen 7 Filme über Verkehrsunfälle und legte ihnen nach der Vorführung wiederum Fragen vor. Die Form der Fragen war jeweils leicht verändert. Für eine Gruppe war die entscheidende Frage: "Wie schnell fuhren die Autos ungefähr, als sie *zusammenstießen?*". Für die anderen Gruppen wurde das Verb durch *aufeinanderprallen, kollidieren, aufeinanderfahren* oder *sich berühren* ersetzt. Alle Verben beschreiben die Kollision von zwei Fahrzeugen, sie unterscheiden sich aber in ihren Aussage über die Wucht der Kollision und daher indirekt auch über die Geschwindigkeit der Fahrzeuge. Die Frage war, ob diese Manipulation die Beurteilung der Geschwindigkeit beeinflussen würden. Die Antworten der Versuchspersonen variierten beträchtlich, je nach dem, auf welche Frage sie zu antworten hatten. Die geringste Geschwindigkeitsschätzung erfolgte auf die Frage mit *sich berühren,* während die höchste bei der Frage mit *aufeinanderprallen* abgegeben wurde.

Vier der Filme zeigten gestellte Zusammenstöße, von denen die Geschwindigkeit der Autos bekannt war: 20 mph, 30 mph und zwei andere mit 40 mph.

Die durchschnittlichen Geschwindigkeitsschätzungen lagen bei 37,7, 35,2, 39,7 bzw. 36,1 mph. Die durchschnittlichen Schätzungen bei den verschiedenen Verben lagen für "aufeinanderprallen" (swashed) bei 40,8 mph, für "kollidieren" (collided) bei 39,3, für "aufeinanderfahren" (bumped) bei 38,1, für "zusammenstoßen" (hit) bei 34,0 mph und für "sich berühren" (contacted) bei 31,8 mph. Diese Zahlen stimmen mit älteren Ergebnissen, die feststellten, daß die Geschwindigkeit eines Fahrzeuges nur sehr schwer zu schätzen ist, überein und bestätigen die Annahme, daß die Unterschiede auf die Art der Fragestellung zurückzuführen sind.

Derartige Untersuchungen geben jedoch keine Hinweise darauf, warum Suggestivfragen wirken, sondern nur, daß sie wirken und in welchem Ausmaß. Möglicherweise beeinflußt nur die Frage, welche Antwort gegeben wird. Ein Zeuge könnte sich bei seiner Antwort nicht sicher sein, ob er 30 oder 40 mph sagen solle; aber das Verb "aufeinanderprallen" könnte ihn dazu bewegen, die höhere Schätzung abzugeben. Daraus kann man aber nicht schließen, daß sich seine Erinnerung an den Vorfall geändert hat, geändert hat sich nur seine Antwort.

Um festzustellen, ob sich die Personen in diesen Untersuchungen wirklich schlechter erinnerten, führte Loftus ein weiteres Experiment durch. Sie zeigte Studenten noch einmal einen kurzen Film über einen Verkehrsunfall. Eine Gruppe antwortete auf die Frage: "Mit welcher Geschwindigkeit fuhren die Autos ungefähr, als sie aufeinanderprallten?" Eine andere Gruppe erhielt die Frage mit dem Verb "zusammenstoßen" anstelle von "aufeinanderprallen". Wie in der ersten Untersuchung schätzten die Versuchspersonen, die das Verb "aufeinanderprallen" hörten, die Geschwindigkeit höher ein. Eine Woche später kamen die Versuchspersonen noch einmal ins Labor. Ohne den Film erneut anzusehen, beantworteten sie eine Reihe von Fragen. Dabei wurde die entscheidende Frage gestellt, ob die "Zeugen" zerbrochenes Glas gesehen hatten (im Film war allerdings keines zu sehen). Wenn das Wort "aufeinanderprallen" die Versuchspersonen dazu gebracht hatte, sich an einen schwereren als den tatsächlichen Unfall zu erinnern, könnte es sein, daß sie sich auch an Details erinnern, die nicht im Film gezeigt worden waren, die aber im Zusammenhang mit Verkehrsunfällen bei höherer Geschwindigkeit stehen, wie z.B. zerbrochenes Glas. Die Analyse ergab, das mehr als doppelt so viele Versuchspersonen, die mit "aufeinanderprallen" gefragt wurden, sich an zerbrochenes Glas "erinnern" konnten als solche, die "zusammenstoßen" gehört hatten. Dieses Ergebnis steht mit der Interpretation, daß die Erinnerung sich als Folge der gestellten Frage verändert, im Einklang.

Snyder und Uranowitz (1978) erzielten beim Nacherzählen einer Geschichte provozierende Ergebnisse, die für viele Augenzeugensituationen wichtig sind. Ihre Versuchspersonen erhielten einen kurzen Lebenslauf von "Betty K.". Eine Woche später wurden die Versuchspersonen wieder ins Labor gebeten, um 36 Multiple-choice-Fragen über das Leben von Betty K. zu beantworten. Eine Gruppe erhielt unmittelbar nach dem Lesen der Lebensgeschichte die Zusatzinformation, daß Betty K. in ihrem Sexualverhalten keine Auffälligkeiten zeigt, die zweite Gruppe erhielt die Information, daß sie lesbisch sei und die dritte überhaupt keine Information. Die Rekonstruktion der Lebensereignisse von Betty K. wurde durch die Zusatzinformation stark beeinflußt. Die Versuchspersonen rekonstruierten den Lebenslauf je nach der Wahrnehmung der sexuellen Präferenzen der Stimulusperson. Die Antwortfehler zeigten die Tendenz, die Fakten aus dem Leben von Betty K. in Übereinstimmung mit der Zusatzinformation zu reproduzieren. Diese Ergebnisse geben zu denken, da Zeugen oft (z.B. durch die Presse) erfahren, daß ihre ursprünglichen Beobachtungen "in Wirklichkeit" ganz anders waren.

2.6234 Wiedererkennen

Das Gedächtnis für das Wiedererkennen (Rekognitionsgedächtnis) spielt bei strafrechtlichen Vernehmungen, insbesondere in polizeilichen Identifikationsverfahren (z.B. Wahlkonfrontation mit Personen oder Fotografien) eine wichtige Rolle. Die meisten Untersuchungen gibt es zur Frage, unter welchen Bedingungen falsche Identifikationen entstehen. So hat die Konfrontation mit Polizeifotos vor der Wahlgegenüberstellung einen verzerrenden Effekt auf die korrekte Identifikation. Brown et al. (1977) belegten, daß die Darbietung von Fotografien eines kriminellen Ereignisses die Versuchspersonen beim Identifizieren des "Verdächtigen" aus einer Gruppe von Personen behindert, wenn die Fotos nicht relevante Aspekte des kritischen Ereignisses zeigten. Doob und Kirshenbaum (1973) stellten fest, daß an realen Wahlgegenüberstellungen noch subtilere Verzerrungen beteiligt sind. Die Autoren konnten zeigen, daß ein Zeuge bei einer Wahlgegenüberstellung auch von seiner eigenen verbalen Beschreibung des "Verdächtigen" abhängig ist. In dem Experiment beschrieb eine Frau den "Verdächtigen" als "physisch attraktiv" und "identifizierte" in der Wahlgegenüberstellung (die den Verdächtigen nicht enthielt) auch den attraktivsten. Dies bedeutet aber nicht, daß die eigene Beschreibung des Verdächtigen immer zu Rekognitionsfehlern führt.

Auch bestimmte Merkmale der Wahlgegenüberstellung beeinflussen die Genauigkeit beim Wiedererkennen. So könnte der Fall eintreten, daß der Polizeibeamte während des Tests auf mehr oder weniger subtile Art dem Zeugen bei der Identifikation eines Verdächtigen "behilflich" ist. Diese *Erwartungseffekte* sind im pädagogischen Bereich gut erforscht (Rosenthal, 1966), nicht aber für die Wahlkonfrontation. Auf welche Art die Erwartung dem Empfänger vermittelt wird, ist noch nicht geklärt; es ist aber anzunehmen, daß zwischen Labor, Schulklasse und Polizeistation Unterschiede bestehen. Es ist auch möglich, daß der Polizeibeamte dem Zeugen mit dem mehr oder weniger subtilen Repertoire körperlicher und vokaler Hinweise "mitteilt", welche Nummer der Hauptverdächtige bei der Wahlgegenüberstellung trägt.

Auch die *Anzahl der Personen* in der Gruppe und der "Kontrast" des Verdächtigen zu den anderen können das Wiedererkennen bei der Wahlgegenüberstellung beeinflussen. In Laboruntersuchungen erhöht sich die allgemeine Antwortbereitschaft von Versuchspersonen, wenn die Anzahl der vorgelegten Alternativen kleiner wird. Wenn wir solche Laborergebnisse auf die Wahlgegenüberstellung verallgemeinern, können wir annehmen, daß die Wahrscheinlichkeit falscher Identifikationen in dem Maß zunimmt, in dem die Gruppe kleiner wird. Buckhout (1974) meint, daß sowohl Laboruntersuchungen wie auch die Analyse realer Fälle darauf hinweisen, daß die Irrtumswahrscheinlichkeit bei der Wahlgegenüberstellung sehr hoch ist.

Mehrere Untersuchungen haben übereinstimmend gezeigt, daß die Leistung des Augenzeugen bei der Wahlgegenüberstellung auch durch die Instruktion über die Aufgabe bestimmt wird. Ellis et al. (1977) zeigten 60 Versuchspersonen 10 Fotos von Gesichtern und baten sie, eines der "alten" Gesichter in einer neuen Serie von 24 Gesichtern herauszufinden, wobei keines der alten Gesichter in der neuen enthalten war. Versuchspersonen, denen man eine laxere Anweisung gab ("Sorgen Sie sich nicht zu sehr, wenn Sie einen Fehler machen") machten doppelt so viele falsche Identifikationen wie Versuchspersonen, die eine vorsichtige Instruktion erhielten, in der betont wurde, daß sie bei ihrer Antwort ganz sicher sein sollten. Diese Ergebnisse legen nahe, daß relativ einfache Unterschiede in der Instruktion starke Effekte auf die Augenzeugenleistung haben.

2.6235 Unbewußte Übertragung

In einem Aussagetest (der Inszenierung einer "kriminellen Szene" im Hörsaal vor 141 Studenten) fand Buckhout (1974) heraus, daß nach einer Woche nur mehr 40% der Beobachter in der Lage waren, den Täter aus einer Serie von sechs Fotografien zu ermitteln. Von den 60%, die eine falsche Identifikation machten, wählten 2/3 eine Person, die während des kritischen Ereignisses als unbeteiligter Beobachter anwesend war. Diese Rate fehlerhafter Identifikationen war doppelt so hoch wie die Zufallswahrscheinlichkeit.

Einige Zeugen identifizierten irrtümlich Personen als Täter, die sie nicht während des kritischen Ereignisses, sondern zu einer anderen Zeit und an einem anderen Ort gesehen hatten. Diese Vertauschung von Personen beim Wiedergeben, die man in verschiedenen Situationen gesehen hat, nennt man "unbewußte Übertragung" (Williams, 1963). Ein Zeuge braucht das Gesicht nur sehr kurz gesehen haben (z.B. in der Straßenbahn), um zu einem späteren Zeitpunkt dieses als den Täter zu "erkennen". Loftus (1979) stellt die Theorie auf, daß die unbewußte Übertragung ein weiteres Merkmal der integrativen, verformenden Natur unseres Gedächtnisses ist. Dabei werden zeitlich vorangehende "Eingaben" mit späteren vertauscht. Wie wir weiter oben gesehen haben, können auch unbewußte Faktoren Wahrnehmungs- und Gedächtnisprozesse beeinflussen. Diese verschmelzen mit den bewußt erlebten Gedächtnisabläufen und können Beeinträchtigungen, die von Verzerrungen einzelner Details bis zur Verfälschung der gesamten Erinnerung reichen, bewirken.

Durch den unbewußten Transfer kann es auch vorkommen, daß z.B. ein Passant, der Zeuge eines Raubüberfalls wurde, einen anderen Passanten, der einige Merkmale des Täters trägt, als Verdächtigen identifiziert. Der unbewußte Transfer tritt aber nur auf, wenn der Unschuldige nur sehr kurz beobachtet werden konnte. Kontinuierliche und ausgedehnte Beobachtung (auch von anonymen Gesichtern) führt wahrscheinlich zu richtigen Identifikationen.

Die unbewußte Übertragung spielt auch eine Rolle, wenn Zeugen mehrmals ein und denselben Verdächtigen identifizieren sollen. Konfrontiert man sie mit Polizeifotos möglicher Verdächtiger und läßt man sie einige Zeit später aus einer Gruppe Verdächtiger den Täter identifizieren, kann es vorkommen, daß Merkmale der ersten Beobachtung das Wiedererkennen beim zweiten Mal beeinflussen. Die unbewußte Wahrnehmung und die Gedächtnisprozesse können den Zeugen dazu verleiten, in der zweiten Gegenüberstellung einen Verdächtigen zu identifizieren, den sie nicht während des kriminellen Ereignisses beobachtet hatten, sondern in der ersten Fotoserie (Laughery et al., 1974).

Die Pionieruntersuchung von Howels (1938) legt nahe, daß Versuchspersonen, die gute Leistungen beim Wiedererkennen von Gesichtern zeigen, beim Nacherzählen der Details des Gesichtes schlecht abschneiden. Dies weist darauf hin, daß die visuelle Rekognition und die verbale Nacherzählung zwei verschiedene Gedächtnisprozesse sind. Auch andere Untersuchungen bestätigten diese Ergebnisse (Malpass et al., 1973). Die Genauigkeit für das Wiedererkennen von Gesichtern ist eher vom visuellen "Enkodieren" abhängig als von verbalen Vorgängen (Yarmey, 1979). Wird ein Zeuge gebeten, das Aussehen eines Täters zu beschreiben, sind andere Wahrnehmungs- und Gedächtnisprozesse angesprochen, als wenn er den Täter in einer Gruppe Verdächtiger wiedererkennen soll. Die erste Aufgabe betrifft das Gedächtnis für die Wiedergabe, die zweite das für das Wiedererkennen.

Die Wiedergabe (Nacherzählung) verlangt andere "Abrufoperationen" als das Wiedererkennen. Letzteres ist eine Operation, die überprüft, ob das gezeigte Objekt schon bekannt oder noch neu ist. Multiple-choice-Fragen bei Prüfungen sprechen das Rekognitionsgedächtnis an. Solche Prüfungen werden oft mit dem Argument abgelehnt, daß sie kein tieferes Verständnis des Lernmaterials erfordern. Das Nacherzählen von Lerninhalten (z.B. bei einer mündlichen Prüfung) ist eine anstrengendere Gedächtnisleistung als das bloße Wiedererkennen bestimmter Inhalte im Multiple-choice-Test. Es überrascht auch nicht, daß Experimente bestätigen konnten, daß man Wiedererkennungsaufgaben viel leichter findet als Nacherzählungen (Klatzky, 1975).

Bei der ersten Vernehmung sollten Untersuchungsbeamte keine großen Erwartungen in die Aussagen setzen - insbesondere wenn es sich um Personbeschreibungen handelt. Günstiger sind in jedem Fall Fragen, die das Rekognitionsgedächtnis aktivieren. Dies trifft besonders für sehr junge und ältere Zeugen zu.

2.6236 Mehrmaliges Wiedergeben

In einer klassischen Untersuchung zeigte Bartlett (1932), daß das Nacherzählen einer Geschichte systematische Veränderungen der Gedächtnisrepräsentation dieser Geschichte im Gedächtnis hervorruft. Er entwickelte eine Technik der sukzessiven Reproduktion. Einige seiner Untersuchungen befaßten sich mit dem visuellen Gedächtnis. So zeigte er z.B. einer Versuchsperson ein Bild und forderte diese auf, sich daran zu erinnern. Nach einer gewissen Zeit mußte die Versuchsperson das Bild dann aus dem Gedächtnis nachzeichnen. Nun bekam eine zweite Person diese Zeichnung und mußte, wie die erste Person, das Bild aus dem Gedächtnis nachzeichnen usw. Auf diese Art konnte er kuriose Ergebnisse erzielen. So wurde z.B. das Bild einer Eule durch mehrmaliges "Weitererzählen" allmählich in das einer Katze umgewandelt. Bartlett interpretierte seine Ergebnisse damit, daß das Gedächtnis sowohl produktiv als auch reproduktiv ist, und daß diese Produktivität bestimmte vorhersagbare Veränderungen im gespeicherten Material bewirkt. Mit diesem produktiven Aspekt des Gedächtnisses kann man die systematischen Verzerrungen, die beim Weitergeben eines Gerüchts entstehen, erklären.

Die Veränderung, die durch die Weitergabe einer Geschichte von einer Person zur nächsten eintritt, kann auch durch das mehrmalige Wiederholen der Geschichte durch ein und dieselbe Person entstehen. Mandler und Parker (1976) zeigten, daß die mehrfache Rekognition das Gedächtnis für Bilder beeinflußt. In Wiedererkennungsaufgaben, die in einem zeitlichen Abstand von einer Woche durchgeführt wurden, fanden die Autoren heraus, daß 78% der Antworten im zweiten Test gleich wie im ersten waren. Dieser Prozentsatz war auch höher als die Genauigkeitsraten, die von 78% bis 58% reichten. Die Autoren interpretieren ihre Ergebnisse als Hinweise, daß die Versuchspersonen im zweiten Test zusätzlich zu der zu erinnernden Information, die sie ursprünglich gesehen hatten, auch ihre Antworten aus dem ersten Test wiedererkannten und fälschlich als Originalmaterial "erinnerten".

Stephenson et al. (1983, 1986a) untersuchten den Einfluß des *"gemeinsamen Erinnerns"* auf die Gedächtnisleistung. Vergleicht man die Erinnerungsleistung von kleinen Gruppen beim gemeinsamen Wiedergeben von Gesehenem oder Gehörtem mit der von Einzelpersonen, so zeigen sich die erwarteten Unterschiede; Gruppen reproduzieren vollständiger und genauer und äußern auch größere Sicherheit über den Wahrheitsgehalt ihrer Antworten als Einzelpersonen. Hat man vor dem gemeinsamen Erinnern Gelegenheit zu einer individuellen Reproduktion, führt dies zu einer größeren Genauigkeit der Wiedergabe und einer größeren Sicherheit beim Antworten im Vergleich zur umgekehrten Reihenfolge - zuerst Gruppen- dann Einzelwiedergabe (Stephenson et al. 1986b).

Der Polizist als Zeuge. Sind Polizeibeamte sorgfältigere Beobachter und genauere Zeugen als der Durchschnitt der Bevölkerung? Erinnern sie sich an Charakteristika des Verdächtigen besser? Die Untersuchungen zu dieser Frage sind spärlich, zeigen aber klar, daß dies nicht der Fall ist (Yarmey, 1979). Manchmal scheint sogar das Gegenteil zuzutreffen. Amerikanische Polizeibeamte interpretieren oft Ereignisse inkorrekt und nehmen fälschlich harmlose Handlungen als verdächtig wahr (Verinis und Walker, 1970). Eine mögliche Ursache könnte in Ausbildungsmängeln liegen. Das existierende Polizeiwissen ist überholt, oft irreführend und auf unrichtigen Arbeitshypothesen aufgebaut (Clifford, 1976). Es ist auch wahrscheinlich, daß Erwartungshaltungen und das Bemühen, Gesetze korrekt zu exekutieren, bei manchen Sicherheitsorganen zu Fehlidentifikationen verdächtiger Personen führen. Es liegen zu dieser Frage allerdings keine Untersuchungen über österreichische oder bundesdeutsche Sicherheitsorgane vor.

2.63 Lügendetektion

Wie die Psychologie der Zeugenaussage reicht auch die psychologische Forschung über Lügendetektion bis zur Jahrhundertwende zurück. Zu den Pionieren zählen Benussi, Marston, Keller und Summers. Die meisten der heutigen Verfahren der Lügendetektion stellen spezielle Anwendungen zweier Techniken dar, die in psychologischen Labors seit langem bekannt sind: die freie Assoziation und die Erfassung physiologischer Begleiterscheinungen von Emotionen. Ein relativ junges Forschungsgebiet ist die Analyse der nonverbalen Hinweise auf die Lüge.

Grundsätzlich vergleichen alle Lügendetektoren die Antworten einer Person auf "kritische" und auf "neutrale" Fragen, wobei sich die kritischen auf das untersuchte Verbrechen beziehen. Die kritischen Reizworte, die sich auf bestimmte Aspekte der kriminellen Handlung beziehen, sind nach einer Zufallsverteilung unter die neutralen Worte gemischt. Wenn sich die Reaktionen des Verdächtigen auf die kritischen Worte signifikant von den Reaktionen auf die neutralen Worte unterscheiden (z.B. hinsichtlich der Schnelligkeit der Antwort, des Ausbleibens der Reaktion, Wiederholung des Reizwortes, Wiederholung einer früheren Antwort oder andere Merkmale), so kann das auf Kenntnisse hinweisen, die mit der Tat in Zusammenhang stehen. Der Unschuldige kann die kritischen Worte nicht von den neutralen unterscheiden. Sind bereits Einzelheiten des Verbrechens veröffentlicht worden, ist dieses Verfahren nicht anwendbar. Die Grundannahme besteht darin, daß mindestens einige Einzelheiten entdeckt werden könnten, die nur dem Schuldigen bekannt sind. Im Laufe der Zeit haben sich unterschiedliche Varianten dieser Assoziationsmethode entwickelt.

2.631 Assoziationsversuche und verwandte verbale Reaktionsmethoden

Schon Galton (1879) beobachtete im Selbstversuch das Zustandekommen von Sprach- und Vorstellungsassoziationen an Hand einer Liste von 75 Wörtern. Auch Wundt (1911) verwendetete das Assoziationsexperiment und entwickelte dazu eine Standardversuchsanordnung. Dazu gehörten genaue Reaktionszeitmessungen für jede einzelne Reiz-Reaktions-Verbindung und auch die Festlegung, daß auf jeden verbalen Reiz nur mit einem einzigen Wort reagiert werden solle. Die Reaktionswörter wurden alle - neben anderen Klassifikationsgesichtspunkten - in die Hauptkategorien der inneren und der äußeren Assoziationen eingeteilt. Freud hatte noch vor der Jahrhundertwende die analytische Methode des *freien Assoziierens* eingeführt. Wesentliches Merkmal der **Versuchsanordnung** ist die Darbietung von Reizworten und die Aufforderung an den Probanden, so schnell wie möglich das Wort zu nennen, das ihm als erstes in den Sinn kommt. Die Darbietung erfolgt meist durch Zurufe. Die Reaktionszeiten und die Reaktionswörter werden auf einem Tonband festgehalten. Die Liste der Reizwörter kann bis zu 100 Elemente enthalten. Eine kritische Rolle spielt dabei die Aufeinanderfolge der verschiedenen Reizwörter; diese muß auch immer neu zusammengestellt werden.

Man unterscheidet drei Arten von Reizwörtern: (a) sogenannte *"Komplexreize"*, das sind die relevanten oder kritischen Worte, die auf den zu ermittelnden Komplex bezogen sind; (b) solche, die sich nicht auf die kritischen Ereignisse beziehen, also *irrelevante* und inhaltlich unzusammenhängende Reizwörter und (c) *"postkritische"*, das sind inhaltlich zwar irrelevante, die aber in der Reizreihe unmittelbar auf kritische Wörter folgen und so die anhaltende Wirkung des kritischen Reizes (die "Perseveration") widerspiegeln.

Die Liste der vorgebenen Wörter soll mindestens 20 - 30% kritische Reize enthalten, die in Gruppierungen von drei, vier oder fünf Wörtern angeordnet sein sollen. Zur Adaption an den Versuch erhält der Proband am Beginn ca. 10 - 15 irrelevante Reize. Für einen Unverdächtigen müssen alle Worte der Serie von gleicher Bedeutung sein, so daß zwischen kritischen und unwichtigen Wörtern in keiner der psychologischen Dimensionen Unterschiede auftreten.

Nach Tent (1967, S. 199) gelten als *Symptome:* (1) die inhaltliche Auffälligkeit der Reaktion (die "Komplexreaktion"). Diese äußert sich einerseits als direkter *"inhaltlicher Verrat"*. Der Verdächtige reagiert mit einem Wort oder einer Wortfolge, die direkt dem "Komplex" entstammt. Andererseits können "sinnlose" Reaktionen auftreten, die z.B. gar kein Wort darstellen, oder ein Wort, das keine sinnvolle Beziehung zum Reizwort erkennen läßt oder einfach eine fremdsprachige Übersetzung ist. Auch Versprecher, Wortwiederholungen, Ausflüchte und Versager (sogenannte Nullreaktionen) fallen in diese Gruppe.

(2) Auch die *Reaktionszeiten* sind wichtige Hinweise, insbesondere dann, wenn sie bei den kritischen und postkritischen Reizen verlängert sind. Bei der Interpretation der Befunde kombiniert der Untersucher beide Symptomarten. Die qualitativen Merkmale werden quantifiziert und die Häufigkeit, mit der sie nach den kritischen und postkritischen Reizen auftraten, festgestellt. Aus der Häufigkeit und der Intensität der psychologischen Merkmale bei relevanten und irrelevanten Reizen ergibt sich der interpretierbare Symptomwert. Um die Sicherheit der Entscheidung zu erhöhen, werden die ermittelten Werte noch mit jenen derer verglichen, die nicht beteiligt waren.

In der Praxis verwendet man Varianten des Assoziationsversuchs, die oft auch zusätzlich eingesetzt werden. Dazu gehören nach Tent (1967, S. 200) der (1) *Wiederholungsversuch* in verschiedenen Abwandlungen. So kann die Reizwortliste erneut mit der Instruktion dargeboten werden, das vorhergenannte Reaktionswort zu reproduzieren; oder der Proband soll in beliebiger Reihenfolge möglichst viele Reizwörter oder Reaktionswörter oder überhaupt behaltene Wörter angeben, die in der Versuchsanordnung vorkamen. Gewertet wird dabei die Anzahl der richtigen Nennungen von kritischen und nichtkritischen Elementen. (2) *Aussageversuche:* Der Proband erhält dabei einen sorgfältig ausgearbeiteten, zusammenhängenden Text, der zwar einen irrelevanten Sachverhalt beschreibt, in den aber Einzelheiten des in Frage stehenden Tatbestandes eingestreut sind. Diese sind nur für den unmittelbar Beteiligten erkennbar, während für den Unbeteiligten der Eindruck einer beliebigen, neutralen Schilderung entsteht. (3) *Auffassungsversuche:* Einzelwörter oder Texte können visuell oder auditiv unter erschwerten Auffassungsbedingungen dargeboten werden (schnell, undeutlich, bruchstückhaft). Bei der Auswertung wird die Anzahl, der Inhalt und die Reaktionsszeit der Fehlerauffassungen bestimmt. (4) *Ablenkungsversuche:* In dieser selteneren Versuchsanordnung muß der Proband Durchstreich- oder Rechenaufgaben bearbeiten, wobei die Störanfälligkeit der Tätigkeit durch bestimmte Reizworte registriert wird. Der Proband muß neben seiner Aufgabe kritische bzw. irrelevante Kontrolltexte wahrnehmen und wiedergeben.

Die tatbestandsdiagnostische Assoziationsmethode konnte sich weder rechtlich noch praktisch durchsetzen. Nach den vielversprechenden und optimistischen Anfängen zu Beginn des Jahrhunderts haben sich die in diese Methode gesetzten Hoffnungen nicht erfüllt, und das Interesse an der Weiterentwicklung versiegte. Die theoretisch mögliche Genauigkeit ihrer Befunde ist nur durch einen sehr aufwendigen praktischen Untersuchungsablauf möglich. Auch die äußeren Voraussetzungen für eine praktikable Anwendung sind vielfach nicht gegeben oder nur schwer zu verwirklichen. Im wesentlichen blieb die Assoziationsmethode auf die Untersuchung psycholgischer Fragestellungen beschränkt. In stark vereinfachter Form fand sie jedoch in Kombination mit der Erfassung körperlicher Begleiterscheinungen Eingang in die Tatbestandsdiagnostik. Physiologische Messungen von Gefühlszuständen können gleichzeitig mit den beschriebenen verbalen Methoden durchgeführt werden. Verschiedene physiologische Indikatoren finden dabei Anwendung; die häufigsten, die wir kurz besprechen wollen, sind die Veränderung der Atmung und der psychogalvanische Hautwiderstand (PGR).

2.632 Die Erfassung körperlicher Begleiterscheinungen in der Lügendetektion

Die Verwendung physiologischer Hinweisreize bei der Entdeckung von Lügen hat bei rechtlichen Entscheidungen schon eine lange Geschichte (Lee, 1953). Im alten China wurde von einer Person, die des Lügens verdächtig war, verlangt, einen Mund voll Reispulver zu kauen. Wenn das Pulver trocken blieb, wurde der Befragte der Lüge bezichtigt. Arabische Beduinen verlangten von einem Verdächtigen, bei der Aussage ein heißes Eisen mit der Zunge zu berühren. Wenn die Zunge Brandverletzungen aufwies (wenn sie also trocken war), wurde von der betroffenen Person angenommen, daß sie lügt. In Großbritannien mußten die Angeklagten trockenes Brot schlucken. Die Unfähigkeit, das Brot zu schlucken, wurde ebenfalls als Zeichen eines Täuschungsversuchs interpretiert.

Die Aufzeichnung körperlicher Korrelate psychischer Vorgänge beruht auf der allgemeinen Voraussetzung, daß zwischen dem Erleben und den körperlichen Vorgängen ein Zusammenhang besteht. Für die psychologischen Fragestellungen erhalten die die Gefühle begleitenden körperlichen Abläufe die Funktion von Begleiterscheinungen. Besonders wichtig ist das präzise Herausarbeiten jener meßbarer Körperveränderungen, die den relevanten Faktor darstellen; im Fall der Lügendetektion handelt es sich um einen genau definierten und sehr speziellen Faktor: die wahrheitsgemäße Wiedergabe von Ereignissen bzw. die willentliche Irreführung des Untersuchers.

Dadurch grenzt sich der zu untersuchende Anteil somatischer Reaktionen auf Umgebungsreize, meistens kritische Fragen nach dem Tatbestand, ein. Der

Anwendung dieser Methode liegt eine zweite zentrale Annahme zugrunde: Aufrichtigkeit und Unaufrichtigkeit werden von verschieden hohen subjektiven Erregungsniveaus begleitet, wobei Unaufrichtigkeit bzw. das Fragen nach kritischen Einzelheiten, die nur dem Täter bekannt sein können, stärker erregt. Erregung bedeutet in diesem Zusammenhang das meßbare Gesamtaktivierungsniveau des Organismus.

Die Zusammenhänge zwischen den verschiedenen in Betracht kommenden physiologischen Merkmalen sind noch nicht genügend untersucht. Es gibt auch widersprüchliche Untersuchungsergebnisse. Das kann teilweise an der Vielzahl der schwer kontrollierbaren Störfaktoren liegen. Es war zwar möglich, in Abhängigkeit von unterschiedlichen Reizbedingungen unterschiedliche physiologische Reaktionsmuster sicherzustellen; diese können jedoch interindividuell stark schwanken. Allen registrierten Faktoren ist die Tatsache gemeinsam, daß überwiegend vegetativ gesteuerte Funktionen registriert werden, die in der Regel der willentlichen Kontrolle weniger stark unterliegen. Aus der Vielzahl der untersuchten physiologischen Indikatoren (Atmung, psycho-galvanische Reaktion, Kreislaufmerkmale, Merkmale der Feinmotorik, elektroenzephalographische Ableitungen, Augenbewegungen usw.) wollen wir zur Illustration zwei Indikatoren, die auch in der polygraphischen Methode Anwendung finden, kurz erwähnen.

Die Atmung. Als erster hat Benussi (1914) die Atembewegungen im Zusammenhang mit Fragestellungen der Lügendetektion untersucht. Er registrierte die thoraxalen Atembewegungen auf einer Aufzeichnungstrommel. Die Versuchspersonen mußten sich jeweils entscheiden, ob sie die Fragen über Sachverhalte, die sie auf einer Karte vor sich sahen, wahrheitsgemäß beantworten wollten oder nicht. Benussi verwendetete dabei simulierte Gerichtsverhandlungen. Ein Beobachtergremium sollte aufgrund der mimischen, gestischen und stimmlichen Hinweise feststellen, ob die Versuchspersonen gelogen hatten oder nicht. Diese Ergebnisse verglich Benussi mit den Analysen der Atmungskurven an über 100 Versuchspersonen und kam zu dem Ergebnis, daß die Beobachter kaum Trefferraten erreichten, die über dem Zufall lagen, wohingegen die Analyse der körperlichen Reaktionen zu einer fast 100%igen Treffsicherheit führte. Die verwendeten Indikatoren waren Atemtiefe und Atemfrequenz.

Die psycho-galvanische Reaktion (PGR oder auch "galvanic skin response", GSR; im deutschen Sprachraum manchmal auch "galvanische Hautreaktion", GHR, genannt). Es handelt sich dabei um die Tatsache, daß sich der elektrische Leitwiderstand des menschlichen Körpers bei emotionaler Erregung verändert. Schon der Physiologe Féré (1888) berichtete, daß er über zwei Metallplatten, die irgendwo auf der Haut aufgelegt wurden, einen schwachen Strom durch den Körper leitete und an seinem Meßinstrument feststellte, daß sich der Widerstand beim Auftreten von Gefühlen verminderte, sodaß mehr Strom durch den Körper floß. Heute verwendet man zur Messung der psycho-galvanischen Reaktion meist Aufzeichungsgeräte, die die Widerstands-Schwankungen in Form einer Kurve festhalten. Den Versuchspersonen werden bei solchen Experimenten Elektroden an einem Finger jeder Hand oder anderswo am Körper angeklebt, durch die Gleichstrom mit einer Spannung von 0,5 bis 2 Volt geleitet wird. Die Auswertung des "Psycho-Galvanogramms" ist schwierig, da die elektrischen Verhältnisse der Körpergewebe komplizierter sind, als man ursprünglich annahm.

Es scheint festzustehen, daß die Stromschwankungen durch Änderungen des elektrischen Widerstandes infolge der wechselnden Feuchtigkeit der Hautgewebe durch minimale Änderungen der Schweißsekretion zustandekommen. Bei pathologischem Fehlen der Schweißdrüsen tritt das Phänomen nicht auf, bei Herabsetzung ihrer Tätigkeit durch Psychopharmaka werden die Schwankungen kleiner. Trotz vieler gesicherter Befunde über den Zusammenhang physiologischer Aktivierung und der PGR bleibt ihre Anwendung als Lügendetektor umstritten.

Die *Einwände* beziehen sich auf den Einfluß der Motivation, die Abhängigkeit der Reaktions- und Persönlichkeitsmerkmale und auf eine nichterreichbare Praktikabilität für den Ernstfall. Dennoch wird das Galvanometer als Lügendetektor in den USA weiterhin verwendet, meist jedoch nicht im eigentlich forensischen Bereich. Erst die Kombination verschiedener physiologischer Indikatoren in der polygraphischen Methode ergeben einen brauchbaren Lügendetektor.

2.633 Die polygraphische Methode

Der Anwendung dieser Methode liegt - wie bei der Registrierung der isolierten physiologischen Reaktionen - die Annahme zugrunde, daß die Anstrengung einer Person beim Lügen von emotionalen Erregungen begleitet wird. Diese manifestiert sich in unkontrollierbaren physiologischen Hinweisreizen. Am offensichtlichsten ist die Änderung des Speichelflusses, der Pulsfrequenz, des Blutdrucks, der Atmung, der Hauttemperatur und des Hautwiderstandes. Ein Beobachter, der diese speziellen Meßtechniken benützt, kann die Unterschiede unabhängig von den Bemühungen des Befragten, diese zu kontrollieren, aufdecken.

Der *Polygraph* ist eine apparativ zusammengefaßte Vorrichtung, die die gleichzeitige Registrierung von mindestens zwei Indikatoren gestattet. Den ersten praktikablen, ausschließlich für kriminalistische Zwecke gebauten Polygraphen fertigte Larson (1932) an. Die Aufzeichnung erfolgte auf einer Trommel mit einer langen Rußpapierschleife. Diese Registriervorrichtung wurde bald durch einen horizontal schreibenden Polygraphen ersetzt. Gegenwärtig gibt es in den USA verschiedene Herstellerfirmen für polygraphische Lügendetektoren. Die von ihnen gebauten Apparate beruhen auf dem ursprünglich konzipierten Apparat von Larson. Es werden Koffer- und Tischapparate mit zwei bis sechs Schreibkanälen hergestellt und in verschiedenen Größen angeboten. Die neueren Entwicklungen sind vollelektronische Apparaturen, die den konventionellen Pneumographen durch berührungsfreie Ultraschall- und Lasergeräte ersetzen.

Ähnlich wie bei den verbalen und physiologischen Verfahren hängt die Brauchbarkeit der polygraphischen Befunde entscheidend vom Aufbau der Untersuchung und von der *Vernehmungstechnik* ab. Auch die Polygraphen liefern lediglich Abläufe von Erregungsmustern, die als solche hinsichtlich der Aufrichtigkeit oder Unaufrichtigkeit des Probanden unspezifisch sind. Streng genommen ist erst im Zusammenhang mit dem Gesamtablauf der Vernehmung und Befragung eine Interpretation in diese Richtung möglich (für die dann allerdings von erfahrenen Praktikern eine hohe Treffsicherheit in Anspruch genommen wird). Blinddiagnosen werden in der Praxis abgelehnt.

Der *Untersuchungsverlauf* besteht im wesentlichen aus folgenden Abschnitten: (a) Vortestinterview: Damit versucht der Untersuchungsrichter, sich ein möglichst genaues Bild von dem zu machen, was der Verdächtige vorgibt, über den Tatbestand zu wissen. Der Proband wird über Zweck und Funktionsweise der Untersuchungsanordnung informiert und erhält eine vorläufige Instruktion. Der Untersucher verhält sich freundlich; er betont seine eigene Unvoreingenommenheit sowie die Unfehlbarkeit der Apparatur. Dadurch soll der Unschuldige beruhigt, der Täter sensitiver werden. (b) In dieser Phase werden die Geräte angelegt und adjustiert und eine Ruhekurve ohne Befragung aufgenommen, um das Ausgangsniveau der Messfaktoren (die Ruheaktivität) zu bestimmen. (c) Nach der Hauptinstruktion beginnt die eigentliche Untersuchung an Hand einer vorbereiteten Frageliste, die eine genau strukturierte Liste irrelevanter und kritischer Fragen enthält. Am Beginn stehen zwei oder mehr neutrale Fragen. Alle Fragen sind so formuliert, daß sie eindeutig abgefaßt und mit "ja" oder "nein" beantwortet werden können. Die Fragen werden in einem zeitlichen Intervall von 15 - 20 Sekunden gestellt.

Alle Reaktionen des Probanden (die verbalen aber auch motorische) werden entweder vom Polygraphen aufgezeichnet oder vom Untersucher protokolliert. Der Reaktionsschreiber und Registrierstreifen befindet sich dabei im Blickfeld des Untersuchers. Die Frageliste kann bei Bedarf mehrfach, auch in abgeänderter Form und Fragetechnik und auch an anderen Tagen, wiederholt werden. (d) Ein Kontrollversuch, der der Differentialdiagnose dient, kann in die eigentliche Untersuchung eingeschoben sein, bzw. vorher oder nachher stattfinden. Damit wird überprüft, ob bei ausbleibender Reaktion auf kritische Fragen wahrheitsgemäße Anworten erfolgten oder ob es sich um einen Fall mangelnder bzw. fehlender Reaktionsbereitschaft eines Verdächtigen handelt.

Die *Befragungstechnik* kann direkt oder indirekt sein. Die *direkte Methode* stellt eine Modifikation des klassischen Assoziationsexperiments dar. Die Fragen sind entweder relevant, d.h. unmittelbar tatbestandsbezogen oder irrelevant, neutral. Neutrale Fragen sind jeweils zwischen relevante eingeschoben, um eine emotionale Entspannung herbeizuführen und um eine Absenkung des Erregungsniveaus zu erreichen. Diese direkte Methode wird immer dann eingesetzt, wenn der Verdächtige vorher zugibt, die wichtigen Einzelheiten einer Tat zu kennen. Sie kann auch nachträglich zur Ergänzung herangezogen werden, wenn der Untersucher mit Hilfe indirekter Methoden die Überzeugung gewonnen hat, der Verdächtige sei der Täter. Die stärkere psychologische Wirkung des direkten Verfahrens auf den Probanden fördert dessen Geständnisbereitschaft.

Die *indirekte Methode* verwendet man dann, wenn der Verdächtige vorgibt, keine Einzelheiten des Tatbestands zu wissen. Das Verfahren besteht aus einer

Serie von Fragen, die sich alle auf denselben Sachverhalt beziehen, von denen aber nur eine den Sachverhalt genau anspricht. Die Fragefolge ist so aufgebaut, daß die kritische Bedeutung dieser einen Frage nur dem Täter bekannt sein kann. Vorläufer dieser Methode sind Karten- oder Zahlenexperimente, wie sie schon vor der Jahrhundertwende durchgeführt wurden. Analog dazu kann der Proband z.b. bei einem Gelddiebstahl sukkzessiv nach dem gestohlenen Betrag gefragt werden: ". . . Waren es 3000 S? Waren es 3500 S? Waren es 5000 S?" usw. Man erwartet, daß beim Täter diejenige Frage den stärksten Ausschlag auslöst, die genau dem Tatbestand entspricht. Der zu Unrecht Verdächtigte wird auf alle Fragen gleichartig reagieren. Das indirekte Verfahren produziert bei Wissenden zum kritischen Zeitpunkt einen Erregungshöhepunkt.

Beide Techniken können je nach Fragestellung des Falls variiert werden. Es ist auch möglich, Einzelheiten einer Straftat auf diese Weise zu ermitteln. Wenn etwa gefragt wird: ". . . Wissen Sie, ob der Überfall gegen 9 Uhr stattfand? Wissen Sie, ob der Überfall gegen 10 Uhr stattfand?" usw., können Hinweise auf den Zeitpunkt gewonnen werden. Mit diesem Vorgehen kann man schrittweise auch den Hergang einer Straftat rekonstruieren und damit gleichzeitig den vermutlichen Täter finden. In anderen Fällen kann es um die Identifizierung von Personen (z.B. Opfern) oder tatrelevanten Gegenständen gehen, die dem Verdächtigen in einer Reihe anderer Personen oder Gegenstände vorgeführt werden. Seine Reaktion auf das (ihm vorgeblich nicht bekannte) Opfer bzw. den kritischen Gegenstand überführt den Täter. Es ist auch möglich, die Glaubwürdigkeit der Angaben von Opfern oder Zeugen strafbarer Handlungen zu überprüfen oder den Namen eines Komplizen in Erfahrung zu bringen.

Untypische Reaktionen auf jeden einzelnen der beteiligten Faktoren gelten als *Symptome,* wenn sie eindeutig und konsistent auf kritische Reize erfolgen. Die Interpretierbarkeit wird nicht vom simultanen Auftreten (z.B. PGR, Atmung und Blutdruck gleichzeitig) von Symptomen auf mehrere Faktoren abhängig gemacht. Dennoch werden in der Regel Veränderungen in mehreren Faktoren gleichzeitig ausgewertet. Eine objektive, hinreichend aussagekräftige Symptomatologie im Sinn der geforderten Herausarbeitung einschlägiger Faktoren konnte bisher nicht erfolgen. In den meisten Fällen scheint bei rund der Hälfte aller Fragen, gleich welcher Art, die Bedeutsamkeit der Reaktion zweifelhaft zu bleiben.

Folgendes Reaktionsmuster wird am ehestens als *Standardsyndrom* gewertet: schneller, deutlicher und plötzlicher Blutdruckanstieg bei verkürzter Reaktionszeit und verlängerter Reaktionsdauer, Pulsfrequenzänderung sowie - gleichzeitig mit dem Nachlassen des Blutdruckeffekts - Vergrößerung der Atmungskurve und Rückkehr der Pulsfrequenz auf die Ausgangshöhe. Außerdem bleibt die allmähliche Blutdruckabnahme aus, die normalerweise als Ausdruck der Entlastung im Verlauf bzw. bei der Wiederholung des Versuchs zu erwarten ist.

Auch der ungerecht Verdächtigte zeigt oft eine gewisse Erregungsspannung oder Nervosität, weist aber im allgemeinen ein regelmäßiges Reaktionsmuster auf. Der Proband kann aber unter folgenden Vorraussetzungen die Entdeckung einer Lüge erschweren oder unmöglich machen: (a) wenn er sich (auch als zu unrecht Verdächtigter) in extremer emotionaler Spannung befindet. Dies tritt im

Zusammenhang mit Schuldkomplexen oder bei Furcht vor Entdeckung auf; (b) bei mangelnder organischer Reaktionsbereitschaft (bei Fettleibigkeit), bei Verletzungen, Einfluß von Pharmaka, oder (c) bei physiologischen Auffälligkeiten wie extrem hohem oder niedrigem Blutdruck, Erkrankungen von Kreislauf, Atmung und Motorik; (d) auch bei Schwachsinn, Psychose, Neurose, mangelnder Reaktionsbereitschaft oder bei Mangel an Furcht vor dem Entdecktwerden. In allen genannten Fällen ist diese Methode nicht anwendbar.

(e) Schließlich gibt es zahlreiche *Störmöglichkeiten oder Gegenmaßnahmen*, die der Verdächtige anwenden kann, um den Polygraphen und seinen Prüfer bewußt zu täuschen. Einige davon sind äußerst effektiv (Barland und Raskin, 1973). So kann sich der Proband durch verinnerlichtes Bearbeiten monotoner Aufgaben (z.B. Zählen oder einfache arithmetische Kopfrechnungen) bewußt von der Befragungssituation ablenken. Eine Variante dieser Ablenkung bzw. der Trennung der Reaktion von der Frage ist die, die Antworten auf die Fragen des Prüfers zu "rationalisieren". Auf die Frage des Prüfers: "Haben Sie aus der Brieftasche von L. E. 50 $ genommen?" kann der Proband zu sich selbst sagen: "... nicht genau, es waren 52 $, und sie lagen in der Schublade ..." und dem Untersucher: "Nein!". Eine weitere Technik, die der Prüfer nicht entdecken kann, besteht darin, an erotische, beschämende oder schmerzhafte Ereignisse zu denken, die emotionale Erregung zu jeder beliebigen Frage vom Befrager erzeugen kann. Auch durch das Anspannen von Muskeln in den Zehen, Beinen, Armen, Nacken oder Zunge, dem Drücken auf einen Reißnagel, der im Schuh oder Mund gehalten wird, kann der Polygraph getäuscht werden. Ein gut geschulter Untersucher kann die meisten dieser Störfaktoren auf dem Registrierstreifen oder an der Erscheinung und dem Verhalten des Probanden erkennen und sie bei der Interpretation mitberücksichtigen. Die *praktische Anwendung* des Lügendetektors hat sich in der letzten Zeit in den USA und auch in der BRD für eine Reihe verschiedener Zwecke stark ausgeweitet.

Untersuchungen zur *Genauigkeit der polygraphischen Tatbestandsdiagnostik* haben im allgemeinen erfolgversprechende Ergebnisse geliefert. Geschulte Untersucher erreichen eine Treffergenauigkeit (richtiger Entscheidungen) von 75 - 80% bei 2 - 5% falschen Urteilen. Der Lügendetektor sollte nur eingesetzt werden, wenn die Einwilligung des zu Befragenden vorliegt und wenn er weiß, was das Verfahren erreichen soll. In diesem Zusammenhang ist die ehtische Frage des Eindringens in die Privatsphäre von Bedeutung.

Das typische experimentelle Paradigma für die Untersuchung der Genauigkeit (Zuverlässigkeit) der polygraphischen Methode zur Lügenerkennung verwendet simulierte Kriminalfälle. Der Untersucher muß dabei die Lüge in den Reaktionen von Versuchspersonen erkennen. Die Laboruntersuchungen zeigen unterschiedliche Sicherheitsraten. Diese reichen von 64 - 96% (Horvath, 1977). In den meisten Fällen liegt die Genauigkeit zwischen 70 und 85%, die Zufallserwartung liegt bei 20 - 50 %. Professionelle Anwender behaupten, daß sie eine Trefferrate von 92 - 100% erreichen könnten. Die Literatur zum Polygraphen zeigt auch, daß die geschulten Anwender eine Irrtumsrate von ca. 2% aufweisen (Raskin, 1978).

Viele Psychophysiologen finden diese Schätzungen übertrieben. Die Untersuchungen können auch dahingehend kritisiert werden, daß weder Einzelheiten der Methoden und des Verfahrens, die der Ermittlung dieser Sicherheitsraten zugrundeliegen, noch exakte Definitionen der Trefferrate angegeben werden. Lykken (1974) meint, daß die hohen Trefferraten von 95 - 100% nur dann plausibel sind, wenn die den Daten zugrundeliegenden Experimente klar beschrieben und gut replizierbar sind. Es steht aber außer Zweifel, daß die polygraphische Methode mit einer weit über der Zufallswahrscheinlichkeit liegenden Sicherheitsrate Lügen von wahren Aussagen trennen kann. Lykken (1979) stellte Sicherheitsraten von 64 - 71% fest (bei einer Zufallserwartung von 50%). Er ist bei seinen Schlußfolgerungen etwas vorsichtiger und weist insbesondere auf die Täuschungsmöglichkeiten, die dem Probanden zur Verfügung stehen, hin.

Der *rechtliche Status des Polygraphen* ist in den verschiedenen Rechtssystemen sehr unterschiedlich. In der Bundesrepublik ist er bei der polizeilichen Vernehmung zugelassen, in Österreich weder bei Sachverständigengutachten noch in der polizeilichen Vernehmung. Die größte Verbreitung für rechtlich relevante Fragestellungen findet das Gerät in den USA. Die Gerichte lassen den Polygraphen als Beweismittel jedoch nur selten zu, obwohl die empirischen Arbeiten deutlich belegen, daß geschulte Prüfer sehr valide Ergebnisse erreichen können (Schwitzgebel und Schwitzgebel, 1980). Als Gründe für die Ablehnung werden von den Gerichten der Mangel an wissenschaftlicher Aufmerksamkeit, die das Instrument erhält, der Mangel an qualifizierten Prüfern, die geringe theoretische Fundierung des Zusammenspiels der verschiedenen Variablen, der unangemessene Einfluß auf Geschworne, das Unterminieren der Glaubwürdigkeit des Zeugen, der Mangel an guten Hintergrundtheorien und die Einschränkung gegenüber der Freiheit und der Privatheit des Befragten genannt.

Dennoch erscheint aus psychologischer Sicht die ständige Zurückweisung polygraphischer Beweismittel nicht gerechtfertigt. Das Gerät wird als wissenschaftlich brauchbares und valides Instrument innerhalb der wissenschaftlichen Psychologie akzeptiert. Die Diskriminationsfähigkeit zwischen Wahrheit und Lüge ist außergewöhnlich hoch. Es soll weiters beachtet werden, daß Gerichte oft Beweismittel akzeptieren, die durch wissenschaftlich weniger abgesicherte und weniger valide Methoden erbracht werden. So sind z.B. psychologische Testverfahren, psychiatrische Interviews und Diagnosen, die Analyse von Handschriften und Fingerabdrücken und die Aussage von Augenzeugen als Beweismittel zulässig. In mehreren Untersuchungen wurde belegt, daß der Polygraph diesen Identifikationsmethoden an Genauigkeit überlegen ist (Widacki und Horvath, 1978). Es ist daher naheliegend anzunehmen, daß die Kriterien für die Zulässigkeit nicht die Genauigkeit des Geräts betreffen (Cavoukian und Heslegrave, 1980).

Es ist wahrscheinlicher, daß der Widerstand der Gerichte damit zusammenhängt, daß die Methode gegen die rechtsphilosophischen Grundsätze des Prozesses verstößt. Der Polygraph bringt nicht nur eine Atmosphäre des Absoluten, sondern dringt auch in die Privatsphäre des Verdächtigen ein. Das Gerät kann

Personen auch dazu zwingen, gegen sich selbst auszusagen. Die verborgensten Geheimnisse können damit der Öffentlichkeit zugeführt werden, unabhängig davon, ob sie zur Aufklärung einer Kriminalhandlung beitragen oder nicht. Die Methode kann persönliche Meinungen und Wünsche transparent machen und dadurch die persönliche Autonomie bedrohen, ohne daß die betroffene Person imstande ist, irgendeine Art von Kontrolle über diese Exploration auszuüben. Bei der Anwendung psychologischer Testverfahren oder psychiatrischer Interviews hat die Person immer noch das Gefühl der Kontrolle über die Preisgabe oder Zurückhaltung von Informationen und dadurch auch über die "wissenschaftlichen" Schlußfolgerungen, die von Klinikern aus ihren Antworten gezogen werden. Der psychiatrische Gutachter kann nicht feststellen, ob die Person gelogen hat oder schuldig ist, ungeachtet seines subjektiven Eindrucks, in das Unbewußte vorgedrungen zu sein. Die polygraphische Methode kann einen "Beweis" der Lüge und Unaufrichtigkeit liefern, obwohl er nicht in jedem Fall 100%ig sein wird.

Je zuverlässiger und genauer der Polygraph wird, desto stärker unterminiert er auch den traditionellen Rechtsprozeß und das inquisitorische Vorgehen bei der Wahrheitsermittlung. Dem Anwender des Polygraphen würde ungeahnte Macht bei der Entscheidung über Schuld und Unschuld zukommen, ein Vorrecht, daß traditionsgemäß den Richtern und Geschwornen vorbehalten ist. Die Anwendung des Polygraphen wird von Rechtswissenschaftlern und in der Rechtsprechung tätigen Juristen immer noch als Gefahr wahrgenommen, obwohl eine realistische Einschätzung der Brauchbarkeit durch den Hinweis auf die relative Genauigkeit möglich wäre.

2.634 Intuitive Ausdrucksdeutung

Gestik, Mimik und andere motorische Erscheinungen sind insoweit Ausdruck, als ihnen von einem Beobachter ein solcher Gehalt zugemessen wird, d.h. soweit ein Beobachter an ihnen die psychische Beschaffenheit des Ausdrucksträgers zu erkennen glaubt (Friejda, 1965). Im unmittelbaren zwischenmenschlichen Kontakt ist Ausdrucksdeutung ein universeller Vorgang. Er spielt sich zwangsläufig ab, auch bei der Vernehmung Beschuldigter. Schon sehr früh wurden naive Regeln aufgestellt, nach denen Täter am Ausdrucksverhalten erkannt werden konnten (Trovillo, 1939). Der Jurist Leonhardt (1941) hat ein Begriffssystem zur Beschreibung von Emotionen, die in Ausdruckssymptomen erkennbar sein sollen, vorgeschlagen. Die Gefühle und mit ihnen die Ausdruckssymptome sind durch eine entsprechende Vernehmungstechnik zu provozieren und lassen dann den Schluß auf die Täterschaft oder Unschuld des Vernommenen zu. Dabei geht es insbesondere um die Unterscheidung von "Erlebnisgefühl" und "Lügegefühl".

Gerbert (1954) vertritt die Ansicht, daß in Anbetracht der Unzulässigkeit anderer tatbestandsdiagnostischer Methoden die Ausdrucksdiagnostik die einzige Chance bietet, den Wahrheitswert von Aussagen zu beurteilen. Er lehnt die Einteilung Leonhardts als unbrauchbar ab. Sein eigenes Verfahren zur forensischen Verwertung von Ausdruckserscheinungen ist methodenkritischer angelegt. Dennoch gilt, daß, solange keine rational prüfbaren und eindeutig formalisierbaren Kriterien angegeben werden, sich die Validität intuitiver Ausdrucksdeutung empirisch nicht beurteilen läßt.

Reid und Arther (1953) beschreiben über 800 verifizierte Fälle aus der Praxis der allgemeinen Verhaltenssymptome "Schuldiger" und "Unschuldiger". Inbau und Reid (1953) behaupten z.B.: "Wenn ein Verdächtiger nicht in die Augen des Befragers blickt, wenn er rastlos seine Beine schwingt oder mit dem Fuß wippt oder mit den Fingern oder mit der Hand klopft, die Nägel putzt, mit Gegenständen wie Bleistiften oder Krawatten herumhantiert, können diese Bewegungen vom Untersucher als Manifestation einer Lüge angesehen werden". Auch von anderen nonverbalen Hinweisen wird angenommen, daß sie die Schuld oder die Lüge anzeigen; wie etwa der Pulsschlag der Halsschlagader, eine übertriebene Aktivität des Adamsapfels, Mundtrockenheit, Zupfen am Bart, Kneten am Ohr usw.

In den letzten drei Jahrzehnten wurde die *Beziehung zwischen nonverbalem Verhalten und Unaufrichtigkeit* empirisch untersucht. Dabei verwendet man nonverbale Hinweisreize wie Mimik, Körperhaltung, Bewegung der Arme und Beine. Eine verblüffende Feststellung war die, daß Personen, die lügen wollen, sich der üblichen Volksmeinung über das Lügen bewußt sind und versuchen, die Zeichen der Lüge zu kontrollieren. Mehrabian (1971) stellte fest, daß Personen, die zu lügen versuchen, keinen anderen Blickkontakt zeigen als Personen, die die Wahrheit sagen. Mehrabian und Williams (1969) fanden, daß Personen, die lügen, häufiger lächeln als jene, die die Wahrheit sprechen, und daß sie auch längeren Augenkontakt zeigen. Unter manchen Bedingungen drücken sie auch eine gelassenere Haltung aus (McClintock und Hunt, 1975).

Diese Bemühungen weisen auf den Versuch hin, die *nichtverbalen Kommunikationskanäle* zu kontrollieren. Diese Kanäle (Mimik, Augenkontakt) verwenden wir normalerweise zur Übermittlung von Gefühlen. Der unaufrichtige Teilnehmer einer Kommunikation versucht, diese ständig zu kontrollieren. Die empirischen Untersuchungen zeigen daher, daß sich die Lüge weniger in den Veränderungen des Augenkontakts oder im "ausweichenden" Gesichtsausdruck manifestiert, sondern eher über Kanäle, die man nicht zum Ausdruck innerer Zustände verwendet. Diese verdeckten, nichtverbalen Ausdrucksmöglichkeiten wurden *durchlässige Kanäle* genannt (Ekman und Friesen, 1974), weil sie Informationen durchlassen, die der "Sender" nicht beabsichtigt hat. Beispiele dafür sind der betont gelassene Gesamtausdruck, ein bewußt längerer Augenkontakt und die Neigung zu Lächeln. Das Bemühen, die Kommunikation zu kontrollieren, kann beim unaufrichtigen Sender auch dazu führen, daß er langsamer und weniger spricht, aber mehr Versprecher zeigt (Rosenfeld, 1966). Dabei ist die Körperhaltung oft steif (Mehrabian, 1971) und zeigt wenig zustimmende Bewegungen, wie z.B. Kopfnicken (Rosenfeld, 1966). Die Handgestikulation wird teilweise unterdrückt (Ekman et al., 1976), wobei aber die Bewegung mit Füßen und Beinen zunimmt. Inhaltlich geben unaufrichtige Sprecher extrem wenig Äußerungen mit faktischen Inhalten ab, jedoch mehr ausschweifende (Knapp, 1978).

In der Kommunikation kann die Lüge von vielen Indikatoren begleitet sein. Die selben Indikatoren können aber auch wahre Aussagen begleiten oder überhaupt fehlen. Viele Untersuchungen zeigten, daß instruierte Beobachter *Schwierigkeiten* haben, *Lügen von wahren Aussagen zu unterscheiden*. Die Trefferrate liegt dabei nur geringfügig über der Zufallswahrscheinlichkeit (Ekman und Friesen, 1974). Es ist daher wenig zielführend, den Wahrheitsgehalt von Aussagen durch Hinweise aus der nonverbalen Kommunikation einzuschätzen. Ebenso unbrauchbar sind die einschlägigen vulgärpsychologischen Theorien und der Volksglaube. Richtig daran ist möglicherweise nur die Tatsache, daß die mit der Lüge in Verbindung stehenden nonverbalen Hinweise Streßerlebnisse und Angst anzeigen können - nicht die Lüge.

Die Beurteilung der Glaubwürdigkeit von Zeugenaussagen ist in jeder Gerichtsverhandlung eine kritische Aufgabe. Richter und Geschworne betrachten die vorgebrachten Beweismittel im Gericht nicht nur, sondern sie bewerten auch ihren Wahrheitsgehalt. Unabhängig von der Vollständigkeit und logischen Schlüssigkeit einer Aussage wird ihr Wert durch die Wahrnehmung, daß der Zeuge unaufrichtig ist, stark herabgesetzt. Die Beurteilung der Aufrichtigkeit bei der Aussage im Gerichtssaal stützt sich in erster Linie auf die Art, wie diese abgegeben wird; d.h. sie wird durch die traditionellen Hilfsmittel, die nonverbalen Hinweisreize, eingestuft.

Die Untersuchungen der letzten Jahre versuchten die Frage zu klären, wie genau Laien (und damit auch Geschworne) Lügen von wahren Aussagen unterscheiden können, und welche Informationsquellen dabei für die Diskrimination wahrer von falschen Aussagen herangezogen werden. Weiters wurde untersucht, wie sich die Effekte unterschiedlicher Darbietungsmodalitäten (z.B. direkte Beobachtung, Videoaufzeichnung, nur akustische Darbietung, nur schriftliche Darbietung und - im Fall der Videodarbietung -schwarz-weiß versus farbig) auf die Fähigkeit von Geschwornen, Lügen zu erkennen, auswirkt. Der am häufigsten verwendete experimentelle Versuchsplan besteht darin, daß Versuchspersonen aufgefordert werden, wahre Aussagen oder Lügen über einen emotional sehr belastenden bzw. emotional neutralen Inhalt abzugeben. Die Beschreibungen der Versuchspersonen werden auf einem Videogerät aufgezeichnet. Beobachter müssen an Hand dieser Aufzeichnungen herausfinden, welche Personen gelogen bzw. die Wahrheit gesagt haben. Die Ergebnisse zeigen jedoch, daß die Beobachter keine über der Zufallswahrscheinlichkeit liegenden Trefferraten erreichen (Miller et al., 1981).

In einer abgewandelten Form dieses Versuchsplans mußten die gefilmten Versuchspersonen nicht nur lügen oder die Wahrheit sagen, sondern sie wurden auch über inhaltliche Ereignisse im Film befragt. Mit dieser Ergänzung war es möglich, neben Aussagen über Fakten auch solche über emotionale Inhalte zu erhalten und dadurch die Wahrnehmungsgenauigkeit von Lügen bei unterschiedlichem Aussagematerial zu prüfen. Zur Gegenüberstellung von verbalen und visuellen Hinweisen fertigten die Autoren neben den Video- auch Tonbandaufzeichnungen und Transkripte der Interviews an. Es gab auch Versuchsbedingungen, wo der Videofilm nur in schwarz-weiß bzw. in Farbe (mit und ohne

Ton) gezeigt wurde, um spezielle Hinweise auf die nonverbalen Merkmale der Lüge zu erhalten. Um die Frage zu beantworten, welche körperlichen nonverbalen Hinweise am besten die Lüge signalisieren, sahen die Versuchspersonen auch Bildausschnitte des Kopfes allein und des Körpers ohne Kopf.

Beinahe 1000 Versuchspersonen (größtenteils Studenten) beurteilten die Videoaufzeichnungen. Die wichtigste abhängige Variable war die Genauigkeit beim Erkennen von Lügen bei "Aussagen". Jeder Bobachter mußte 16 Beurteilungen abgeben, acht über den Wahrheitsgehalt der Aussagen über gefühlsbetonte Inhalte und acht über Fakten.

Die Ergebnisse zeigen auch in dieser Untersuchung, daß Personen beim *Erkennen von Lügen nicht über der Zufallswahrscheinlichkeit* liegen. Auch die Art des Materials hatte keinen Einfluß: farbige Aufzeichnungen waren den schwarz-weißen nicht überlegen. Miller et al. (1981) revidierten auch die von Ekman und Friesen (1969) aufgestellte Theorie der "durchlässigen Kanäle". Handelt es sich bei der Aussage um gefühlsbetone Inhalte, dann sind gestische Hinweise den mimischen überlegen. Die Mimik wiederum ist die brauchbarste Hilfe bei der Lügenerkennung in Aussagen über Fakten. Daher hält die Theorie der durchlässigen Kanäle für die Verfälschung gefühlsbetonter Inhalte, nicht jedoch die für Fakten. Ungeachtet dieser Differenzierung waren die Urteile der Versuchspersonen nahe der Zufallswahrscheinlichkeit.

Der Vergleich der Ergebnisse aus der Transkript- und Tonbandbedingung im Vergleich zur visuellen läßt auch Zweifel an der Annahme aufkommen, daß die Lügendetektion durch nonverbale Hinweise verbessert wird. Werden nur Aussagen über Fakten beurteilt, dann zeigt sich kein Unterschied in den Bedingungen Transkript, Tonband und Video ohne Ton. Dies deutet darauf hin, daß die nonverbalen Hinweise bei tatsachenbezogenen Aussagen nicht wichtiger sind als die verbalen.

Die Autoren wiederholen die Untersuchung, wobei sie am Versuchsplan vier Aspekte änderten. Um *maximale Realitätsnähe* zu Bedingungen im Gerichtssaal zu erreichen, konnten die Beobachter einer Versuchsbedingung die Befragungen direkt beobachten. Die Autoren wollten auch die Frage nach geschlechtsspezifischen Unterschieden beim Lügen beantworten und befragten daher gleich viele männliche wie weibliche Zeugen. Die Motivation beim Lügen wurde erhöht, indem man die monetäre Belohung für erfolgreiches Lügen hinaufsetzte. Eine vierte Veränderung betraf ebenfalls die "Zeugen": in der zweiten Untersuchung mußten sie nur in jeweils einer Bedingung (entweder Lüge oder wahre Aussage) auftreten.

Die Beobachter, die die Zeugen bei der Aussage entweder sehen, hören oder nur die Aussagen lesen konnten, mußten beurteilen, ob die Aussage der Wahrheit entsprach oder nicht und auch angeben, aufgrund welcher Hinweise sie ihre Entscheidung getroffen hatten. Die Beurteiler in der Live-Bedingung beobachteten die Befragung durch einen Einwegspiegel und konnten gleichzeitig auch zuhören.

Auch in der Replikation lagen die Ergebnisse nahe der Zufallswahrscheinlichkeit. Personen sind beim Erkennnen von Lügen sehr ungenau; ihre Urteile entsprechen mehr oder weniger einem Raten. Es spielt auch keine Rolle, welche Art und welche Menge an Information die Beurteiler erhalten; auch bei mehr Information erhöht sich die Urteilsgenauigkeit nicht. Auch zwischen der Live-Bedingung und der Videoaufzeichnung gibt es keinen Unterschied. Obwohl noch viele Fragen ungeklärt sind, kann man schließen, daß der durchschnittliche Geschworne nicht in der Lage ist, wahre von falschen Aussagen zu unterscheiden. Es spielt auch keine Rolle, ob sich die Lüge auf Fakten oder sehr gefühlsbetonte Inhalte und erregende Ereignisse bezieht.

2.635 Stimmanalyse

Die menschliche Stimme wurde auch auf ihre Brauchbarkeit als Indikator beim Erkennen von Lügen untersucht. Man nimmt dabei an, daß jede Person einen einzigartigen, persönlichen Sprechstil hat, der durch die anatomischen Gegebenheiten des Sprechapparates, durch die Art, mit der die Zunge die Lippen und die Zähne benützt, bestimmt ist. Die "Stimmabdrücke" sind oszillographische Aufzeichnungen des gesprochenen Tones, die jede der einzigartigen Elemente der Vokalisation identifizieren können.

Die Verwendung dieser Beweismittel ist aber stark eingeschränkt. So werden *Stimmabdrücke* nur als Hilfsbeweise, und nur wenn keine widersprüchlichen Expertenaussagen vorliegen, zugelassen. Die Brauchbarkeit der Stimmabdrücke als Unterscheidungsmerkmal zwischen Lügen und wahren Aussagen wurde bisher weder wissenschaftlich ausreichend untersucht noch von rechtlichen Stellen akzeptiert. Die Befürworter stützen sich auf die Tatsache, daß sich die Stimme einer Person unter emotionaler Belastung verändert, und daß sich diese Veränderungen in Mikrovibrationen oder im Mikrotremor äußern. Wie beim Polygraphen werden die physiologischen Veränderungen aufgezeichnet und für Differentialdiagnosen analysiert.

Verschiedene Firmen bieten Hardware-Erweiterungen für elektronische Rechner an, die durch die Analyse von (live dargebotenen oder aufgezeichneten) Sprachsegmenten Lügen erkennen können. Diese Geräte (Streßevaluator, Stimmfrequenzanalysator, Streßanalysator) sind Instrumente unterschiedlicher Komplexität und Verfeinerung. Das am weitesten verbreitete Forschungsinstrument ist der psychologische Streßevaluator (PSE). Die Erzeugerfirmen werben mit der Behauptung, daß das Gerät eine 95 - 99%ige Genauigkeit bei der Unterscheidung wahrer Aussagen von Lügen aufweist. Diese Behautptung ist in der wissenschaftlichen Literatur bis jetzt noch nicht bestätigt worden. So kam Yarmey (1979) in einem Forschungsprojekt, das den PSE prüfen sollte, zu dem später mehrfach replizierten Ergebnis, daß Lügen mit keiner über der Zufallsrate liegenden Wahrscheinlichkeit identifizierbar sind. Im wissenschaftlichen Labor ist eine für praktische Anwendungen brauchbare Genauigkeitsrate noch nicht erzielt worden.

Die Erzeuger des PSE behaupten, daß ihr Gerät leichte Spannungsschwankungen (Mikrotremor) des Sprechapparates - insbesondere des kleinen Kehlkopfmuskels - registriert. Genaue Untersuchungen zeigten jedoch, daß der Mikrotremor zwar in den großen Muskeln auftritt, insbesondere in den Extremitäten, nicht aber in den kleinen Muskeln des Kehlkopfs (Bachrach, 1979). Miron (1980) meint, daß die Spannungsschwankungen, die der PSE aufzeichnet, wahrscheinlich aus den Aktivitäten der großen Muskeln stammt, die den Kehlkopfmechanismus unterstützen. Wenn man die extrem hohe Empfindlichkeit der Instrumente für die Messung des Mikrotremors der großen Muskeln berücksichtigt (die von sehr verfeinerten Labortechniken eingesetzt werden) scheint es plausibel, daß der PSE andere Stimm-Streßmerkmale mißt, aber nicht den Mikrotremor (Hollien, 1980). Um einen endgültigen Schluß über die Zuverlässigkeit von Geräten zur Stimmanalyse für das Lügenerkennen ziehen zu können, fehlen noch die wissenschaftlichen Befunde. Derzeit kann man den Einsatz solcher Apparaturen für die Anwendung bei rechtlichen Fragen bestenfalls als riskant bezeichnen.

2.636 Hypnose

Die *Anwendung* der Hypnose in Medizin und Psychotherapie sowie als Unterhaltungsmittel ist schon sehr alt. Ihre Verwendung als Mittel zur Verbesserung des Gedächtnisses von Augenzeugen und Opfern im Strafrechtsbereich ist in verschiedenen Rechtssystemen unterschiedlich gelöst. In den USA besitzen mindestens 2000 Polizeibeamte eine Ausbildung, die ihnen die Anwendung der Hypnose bei der Wiedergabe von Ereignissen durch Augenzeugen oder Opfer ermöglicht (Bartol, 1983, S. 211).

Die Hypnose wird als Hilfsmittel bei der Vernehmung abgelehnt, weil sie den Beschuldigten veranlassen kann, Einzelheiten preiszugeben, die er verheimlichen will. Es ist auch unzulässig, einen Beschuldigten gegen seinen Willen zu hypnotisieren - dies ist übrigens in den meisten Fällen auch gar nicht möglich. Es ist in Österreich nach geltendem Recht aber nicht unzulässig, einen Beschuldigten, der dies wünscht, zu hypnotisieren.

Welcher Wahrheitswert kommt einer in hypnotischem Zustand gemachten Aussage zu? Um diese Frage zu beantworten, müssen wir zuerst verstehen, was Hypnose ist, und wie man sie anwendet.

Das Hauptziel der Hypnose ist die Entspannung. Die Versuchspersonen sitzen oder liegen, und der Hypnotiseur wiederholt ständig die Ruheinstruktion, die Entspanntheit und die Müdigkeit. Der Proband muß seine Aufmerksamkeit auf eine einzige Vorstellung oder Wahrnehmung konzentrieren, und die Stimme des Hypnotiseurs ermutigt ihn, in den Schlaf zu gleiten, wobei eine wahrnehmungsmäßige Verbindung zum Hypnotiseur bestehen bleibt. Schrittweise fällt die Person immer tiefer in Trance. Ungefähr 10% der Bevölkerung kann man nicht hypnotisieren, 5 bis 10% sind hochsuggestibel (Hilgard, 1965). Die meisten Personen fallen zwischen diese beiden Extreme. Ungeachtet ihrer langen Geschichte ist die Hypnose wissenschaftlich noch wenig untersucht, und ihre Anwendung überschreitet die wissenschaftlichen Grundlagen weit. Wir wissen bis heute noch nicht genau, was Hypnose ist. Wir wissen auch nicht, warum eine Person für Hypnose sehr empfänglich ist und eine andere nicht. Wir wissen, daß die Hypnose von keinen anderen physiologischen Veränderungen begleitet ist, die nicht auch in der Körperentspannung auftreten. Sie ist auch nicht das gleiche wie der Schlaf und auch nicht ähnlich dem Zustand, wie er während des Schlafwandelns beschrieben wird. Viel weiter reichen die gesicherten Ergebnisse nicht.

Dennoch gibt es zwei theoretische *Erklärungsversuche* für den Hypnoseeffekt. Die am weitesten verbreitete Ansicht, die *Theorie der hypnotischen Trance*, nimmt an, daß die Hypnose ein spezieller Bewußtseinszustand ist, der durch hohe Reaktionsbereitschaft auf Suggestionen und einem Wechsel im Körpergefühl gekennzeichnet ist. In diesem speziellen Bewußtseinszustand (es wird auch behauptet, daß er direkt das Unbewußte anspricht) können sich Personen in die Kindheit zurückversetzen und sich lebhaft an Handlungen erinnern, die lange Zeit unterdrückt oder "verdrängt" waren. Im Trancezustand kann auch die Schmerzempfindung ausbleiben. Die Suggestion kann dazu führen, daß die Probanden Dinge empfinden, fühlen, riechen, sehen oder hören, die im wachbewußten Zustand nicht erfahren werden. Auch das Gedächtnis kann unter bestimmten Bedingungen drastisch verbessert werden. Je tiefer die "hypnotische Trance" ist, desto intensiver, detaillierter und lebendiger kann man sich an Ereignisse erinnern.

Die zweite theoretische Orientierung erklärt Hypnose nicht aufgrund eines speziellen Bewußtseinszustands, sondern mit *Gesetzmäßigkeiten des Verhaltens und Denkens*. Die Hypnose ist demnach das Ergebnis spezieller Einstellungen, Motive und Erwartungen gegenüber dem Hypnosezustand und keine mysteriöse Veränderung im Bewußtsein. Personen, die eine positive Einstellung zur Hypnose haben, sind auch stärker motiviert, hypnotisiert zu werden oder erwarten die Hypnotisierung. Die Probanden spielen die Rolle, die ihnen der Hypnotiseur nahelegt. Wenn er von ihnen erwartet, sich entspannt zu fühlen, versuchen sie sich zu entspannen und fühlen sich auch entspannt. Eine Person ist leicht hypnotisierbar, wenn sie die passenden Einstellungen, Motive und Erwartungen sowie die Fähigkeit, mit dem Hypnotiseur "mitzugehen", mitbringt. Diese Fähigkeit zeigt sich besonders stark bei jenen Personen, die die Emotionen und Erwartungen von beobachteten Personen nachempfinden können.

Demnach wäre das *Rollenspiel* für die meisten der sogenannten hypnotischen Phänomene verantwortlich; d.h. die Personen handeln und denken so, wie eine hypnotisierte Person handeln und denken würde. Besonders interessant ist die Tatsache, daß hypnotisierte Probanden für Veränderungen der gespeicherten Information, für Suggestionen und Suggestivfragen genauso empfänglich sind wie Personen im wachbewußten Zustand. Dabei könnte der Fall eintreten, daß ein Untersucher, der die Hypnose anwendet, unbeabsichtigt Ereignisse und Details einer kriminellen Szene in das Gedächtnis der Versuchsperson einschleust. Hypnotisierte Zeugen (oder Opfer), die oft sehr bemüht sind, den Untersucher zufriedenzustellen, könnten sich Szenen vorstellen, die mit subjektiven Phantasien und Gedanken "dekoriert" sind, die mit den Suggestionen des Vernehmenden übereinstimmen (Orne, 1970).

Wenn man die Hypnose als Hilfsmittel beim Wiedergeben von gedächtnismäßig gespeicherten Ereignissen verwenden will, nimmt man an, daß der menschliche Wahrnehmungs- und Gedächtnisapparat analog einer Videoaufzeichnung abläuft. Alle Ereignisse und Einzelheiten werden genau gespeichert und müssen nur abgefragt und ins Bewußtsein gebracht werden. Wir haben gesehen, daß diese Annahme falsch ist. Die menschliche Wahrnehmung und das Gedächtnis sind sehr unvollkommen, ungenau und werden leicht verzerrt. Es ist auch anzunehmen, daß die Störanfälligkeit der Wahrnehmung und des Gedächtnisses bei einem hochsuggestiblen Medium, das hypnotisiert wird, verstärkt auftritt, und daß dadurch auch Ungenauigkeiten häufiger entstehen.

Wenn man die bisherigen wissenschaftlichen Ergebnisse über die Hypnose und ihre Möglichkeiten, die Genauigkeit von Ereignissen bei der Wiedergabe zu verbessern, betrachtet, erscheint die Skepsis und der Widerstand der Gerichte angebracht. Bevor Aussagen, die im Zustand der Hypnose gemacht worden sind, als Beweismittel gelten, sind noch grundlegende empirische Forschungen notwendig. Beim derzeitigen Wissensstand ist die Empfehlung, derartige Beweismittel für rechtliche Entscheidungen heranzuziehen, nicht möglich.

2.64 Freie Presse - gerechter Prozeß?

Die in der Voruntersuchung gesammelten und für die Verhandlung zulässigen Beweise sind nicht die einzigen, die die Entscheidungsträger wahrnehmen. Der ideale (Laien)Richter soll seine Entscheidung nur auf die in den Akten vorhandenen oder im Beweisverfahren vorgebrachten Aussagen, Gegenstände, Argumente und Rechtsgrundlagen konzentrieren und nicht auf störende Einflüsse aus Quellen außerhalb der Verhandlung. Laienrichter werden genau instruiert, keine schon vor der Verhandlung aufgetauchten Informationen (oder Gefühle) über den Fall in den Entscheidungsprozeß einfließen zu lassen. Sie müssen den Fall nur aufgrund der präsentierten Beweise und in bezug auf die relevanten Gesetze entscheiden.

Welchen Einfluß üben Pressemeldungen, die schon vor der Verhandlung gelesen werden, auf den Entscheidungsprozeß der Laienrichter aus? Bei spektakulären Prozessen sind die Laienrichter schon vor der Verhandlung einer Flut von "Beweisen" ausgesetzt, so daß sie möglicherweise nicht in der Lage sind, eine gerechte Entscheidung zu fällen.

Die Gerichte sind oft selbst mit der Frage konfrontiert, ob die detaillierte Veröffentlichung eines Falls vor dem Prozeß das Ergebnis präjudiziert. Dies ist insbesondere dann der Fall, wenn eine für den Angeklagten nachteilige Berichterstattung erfolgt. Für ein objektives Gerichtsverfahren schädliche Presseberichte sind nicht selten. So werden häufig ausführliche Berichte über den Hintergrund von verdächtigen Personen, Interviews mit Angehörigen und Bekannten, Berichte über Beweismittel und Aussagen, die während der Voruntersuchung gesammelt worden sind, veröffentlicht. Das "freie Presse - gerechter Prozeß?" - Problem ist schwer lösbar, da es einen *Widerspruch zwischen zwei Grund- bzw. Menschenrechten* darstellt, nämlich dem Recht auf freie Meinungsäußerung und dem Recht auf einen fairen Prozeß. Von der Verteidigung wird häufig vorgebracht, daß eine unparteiische Geschworen- oder Schöffengruppe nicht vorhanden ist, wenn die Geschworen vor oder während des Prozesses Zeitungsberichte über den Angeklagten oder den Prozeß selbst lesen. Oft versuchen Richter der Presse nahezulegen, keine Materialien über den Fall vor oder während der Verhandlung zu veröffentlichen - allerdings mit wenig Erfolg. Da das Recht der Pressefreiheit nicht eingeschränkt werden kann (Zensurverbot), müssen die Gerichte andere Wege suchen, um die schädliche Berichterstattung zu vermeiden.

Die psychologisch interessante Frage ist die, ob Vorurteile der Laienrichter tatsächlich einen verzerrenden *Einfluß auf die Urteilstätigkeit* haben. Experimente dazu wurden von unterschiedlichen Disziplinen (Psychologie, Soziologie, Rechtswissenschaft, Kommunikationswissenschaft) durchgeführt, und es wurden auch Lösungsmöglichkeiten vorgeschlagen. Generell zeigen die Untersuchungen, daß Presseberichte Vorurteile wecken können, nicht jedoch, ob diese Vorurteile tatsächlich präjudizierende Konsequenzen haben. Die bisher größte Untersuchung zu dieser Frage stammt von einer Gruppe Soziologen, Psychologen, Juristen und Journalisten (Simon, 1968). Um größtmögliche Realitätsnähe zu erzielen, wurden die Versuchspersonen aus den Geschworenenlisten ausgewählt und die Gerichte und lokalen Medien zur Zusammenarbeit gewonnen. Die "simulierten" Geschworenen hörten die Tonbandaufzeichnung eines tatsächlichen Falls und erhielten zusätzlich in der einen Bedingung entweder "neutrale" Zeitungsberichte oder in einer anderen "schädliche". Die "Geschworenen", die die für den Angeklagten nachteiligen Berichte lasen, verurteilten diesen auch häufiger. Einstimmige "nicht schuldig"-Urteile zeigten nur jene Geschworenen, die keine schädlichen Informationen erhielten. Besonders wirksam waren Zeitungsberichte, die Informationen über eine kriminelle Vergangenheit des Angeklagten enthielten oder Hinweise, daß er ein Geständnis abgelegt hätte. Letztere waren auch wirksam, wenn der Angeklagte das Geständnis widerrief.

Die Frage nach dem schädlichen Einfluß der Presseberichte ist mit dieser Untersuchung noch nicht beantwortet. So kann auch der Fall eintreten, daß Angeklagte einer massiven und unvorteilhaften Presse ausgesetzt sind und dennoch freigesprochen werden. Padawer-Singer und Barton (1975) meinen, daß es möglicherweise verschiedene Arten schädlicher Berichte gibt, die zu unterschiedlichen Ergebnissen führen. Auch die Art des Falls (z.B. politischer oder nichtpolitischer Hintergrund) kann eine Rolle spielen. Ein Gegengewicht wäre eine verbesserte Rechtsbelehrung der Geschworenen. Bevor aber nicht weitere Untersuchungen vorliegen, ist die Annahme, daß Presseberichte den gerechten Prozeß beeinträchtigen können, noch nicht ausreichend bestätigt.

Zusammenfassung und Schlußfolgerungen. Die Tatsache, daß Augenzeugenaussagen relativ ungenau sind, überrascht Psychologen nicht. Jeder, der mit den grundlegenden Gesetzen der Wahrnehmung und des Gedächtnisses vertraut ist, weiß, daß die Aussagen von Augenzeugen durch viele Störmöglichkeiten beim Einprägen, Behalten oder Wiedergeben verzerrt werden können. Merkmale der Reizsituation wie Sichtverhältnisse, Darbietungsdauer, Komplexität und Neuheit des Reizes, der Gehalt an Gewalttätigkeit, die Schwere des Delikts und die ausgelöste Erregung beim Beobachten sind Faktoren, die das Einprägen und später auch die Leistung des Augenzeugen beeinflussen.

Auf ähnliche Weise bestimmen auch die Charakteristika des Augenzeugen die Leistung: die Erwartungen können das Gedächtnis für Ereignisse in vielfacher Hinsicht beeinflussen, auch die Interpretationen, die ein Beobachter einem Ereignis bei seinem Auftreten gibt. Weniger bekannt ist die Tatsache, daß gespeicherte Information ebenfalls im Laufe der Zeit verändert oder "beschädigt" werden kann. Obwohl das Vergessen eine Funktion des zunehmenden Abstands vom Ereignis ist, können neue Informationen, die nach dem Ereignis wahrgenommen und gespeichert werden, die früher gespeicherten Informationen "schädigen". Diese Interferenzeffekte sind insbesondere bei rechtlichen Fragen problematisch, wo ständig neue Informationen wahrgenommen werden, die die Interpretation des vorangegangenen Ereignisses verändern können.

Auch bestimmte Merkmale bei der Wiedergabe von Gedächtnisinhalten können die Leistung des Augenzeugen beeinflussen. So kann z.B. die Form der Frage die Aussage und die Erinnerungsleistung bei einer Gegenüberstellung beeinträchtigen. Auch die mehrfache Wiedergabe kann verzerrende Effekte auf das Gedächtnis ausüben. Hypnotische Hilfen bei der Wiedergabe sind umstritten, da sie nicht nur zu einer Verbesserung der Gedächtnisleistung, sondern auch zur Erhöhung der Fehlerrate führen können. Andererseits zeigt die Forschung zum Lügendetektor, daß dieses Gerät bei sorgfältiger Anwendung und Kontrolle hohe Treffsicherheiten aufweist.

In diesem Kapitel wurde nachdrücklich betont, daß Aussagen von Augenzeugen unzuverlässig sind. Dies ist ein reales Phänomen von weitreichender Bedeutung. Aussagen von Augenzeugen sind nämlich die wichtigsten Beweismittel im Straf- und Zivilrecht. Die Ausführungen sollten aber in keiner Weise empfehlen, den Zeugenbeweis zu beseitigen. Die Forschungen legen nur nahe, daß eine Überprüfung und Neueinschätzung der weitverbreiteten Meinungen über den Wert der Aussage des Augenzeugen notwendig wäre. Zweitens wurde versucht zu zeigen, daß die psychologische Forschung auf systematischem Weg die Ursachen dieser Ungenauigkeiten erklären kann.

Die Forschungsarbeiten über den Augenzeugen kann man je nach den untersuchten Faktoren in zwei Kategorien teilen (Wells, 1978). In die erste fallen Arbeiten, die Variablen der Situation, des Zeugen oder Täters und der kriminellen Handlung untersuchen (z.B. Alter des Zeugen, seine physische Verfassung, Ausmaß der Gewalttätigkeit der kriminellen Handlung, Geschwindigkeit der Ereignisse usw.). Wells nennt diese Gruppe *Einschätzungsvariablen,* die er von den Systemvariablen abgrenzt.

Das Strafrecht und auch die experimentelle Psychologie werden - ungeachtet der verwendeten Verfahren - keinen Einfluß auf diese Variablen ausüben können. Die in diesem Kapitel dargestellten Forschungsergebnisse können (im nachhinein) für die Bestimmung der Genauigkeit der Aussagen herangezogen werden. Auch die Überprüfung relevanter Annahmen und Meinungen von Juristen über die Qualität von Aussagen ist damit möglich. Sie werden aber keinen Einfluß auf die rechtlichen Verfahren haben.

Die *Systemvariablen* stehen hingegen unter der direkten Kontrolle des Rechtssystems und können daher leicht Veränderungen rechtlicher Verfahren bewirken. Beispiele für Systemvariablen sind etwa die Wahlgegenüberstellung und die dazugehörigen Verfahrensregeln und Richtlinien, die Vernehmungstechnik, die Zeit, die zwischen dem anfänglichen Ereignis und der Aussage liegt usw.

Die Aussageforschung kann schon auf eine beinahe hundertjährige Tradition zurückblicken. Auch die verwendeten Methoden sind verfeinert und erbrachten Ergebnisse, die zu einer unabhängigen Beziehung zwischen Recht und Psychologie beigetragen haben; dies ist ein Umstand, der in anderen Bereichen, z.B. der rechtspsychologischen Entscheidungsforschung, noch nicht erreicht ist. Die Aussageforschung ist daher auch das am weitesten entwickelte und von Juristen vollständig akzeptierte Gebiet der Rechtspsychologie. Die Tatsache, daß dieses Wissen zu einer Verbesserung der Qualität rechtlicher Entscheidungen, die sich auf Aussagen von Augenzeugen stützen, beitragen kann, ist auch die Herausforderung für künftige Forschungen.

2.7 Der Richter

2.71 Die Rolle des Richters

Das zentrale Organ im Strafverfahren ist der Richter. Nur er entscheidet, ob eine gerichtliche Strafe verhängt wird. Die richterliche Sonderstellung ist in Art 86ff B-VG abgesichert. Im Gegensatz zum Staatsanwalt und zur Polizei ist der Richter "in der Ausübung des richterlichen Amtes unabhängig" (vgl. Art 87/1 B-VG).

Das heutige Strafverfahren wird vor allem durch die Zweiteilung der staatlichen *Verfolgungs- und Urteilsfunktion* bestimmt; Staatsanwalt und Richter nehmen diese Funktionen in institutioneller Trennung wahr. Diese Funktionsteilung soll eine möglichst weitgehende Neutralität des Richters gewährleisten. Seine Betrauung mit Untersuchungsaufgaben während des Ermittlungsverfahrens und in der Hauptverhandlung sowie die mit der Hauptverhandlung zusammenhängende Aktenkenntnis kann die angestrebte Neutralität gefährden. Oft wird daher der angloamerikanische Strafprozeß als Gegenmodell empfohlen. Dort urteilt der Richter (ähnlich dem österreichischen Zivilrichter) gleich einem Schiedsrichter über den "Kampf der Parteien" (Verteidiger und Staatsanwalt), ohne selbst Ermittlungen vorzunehmen. Diese Annäherung an einen Parteienprozeß hat aber schwerwiegende Nachteile; in Österreich und in der BRD wird nicht an eine Aufgabe des Prinzips der richterlichen Untersuchung gedacht. So ist z.B. der Angeklagte im angloamerikanischen Verfahren von der Qualität seines Verteidigers stark abhängig. Das Aushandeln von Bedingungen zwischen Staatsanwalt und Verteidiger (plea bargaining) und die damit verbundene Bedeutung von Geständnissen tritt im angloamerikanischen System in den Vordergrund.

Im Verlauf einer Fallbearbeitung muß der Richter *verschiedene Entscheidungen* treffen. Jede festgenommene Person muß innerhalb von (längstens) 5 Tagen einem Untersuchungsrichter vorgeführt werden. Während der ersten Vorführung wird der Verdächtige über seine Rechte informiert und die Beschuldigung vorgebracht. Der Untersuchungsrichter entscheidet nach der Prüfung der Haftgründe, ob die Beweismittel für die Verhängung der *Untersuchungshaft* ausreichen oder nicht. Während der ersten Vorführung oder zu einem späteren Zeitpunkt, wird er manchmal auch entscheiden, ob eine Enthaftung erfolgen kann. Die Entlassung aus der Untersuchungshaft (gegen Kaution oder Gelöbnis) ist in Österreich allerdings eine seltene Praxis.

Die erste wichtige Hauptaufgabe des Richters ist die *Ermittlung des Sachverhalts*, den er rechtlich zu beurteilen hat. Die Rechtsnormen geben ihm dabei oft wenig Hilfe. Die Prozeßvorschriften schreiben nur allgemein vor, welche Formalien bei der Ermittlung des Sachverhalts zu beachten sind. Zur Frage, ob eine Behauptung glaubwürdig ist, oder welche Anforderungen der Richter an einen Beweis stellen kann, damit eine Tatsache als erwiesen gilt, bestehen keine spezifischen Rechtsnormen. Richter leiten nicht nur die Voruntersuchung, sie sitzen auch der Hauptverhandlung vor. Nehmen Laienrichter an der Verhandlung teil, so muß ihnen der Richter eine ausführliche Instruktion (Rechtsbelehrung) für ihre Aufgabe erteilen.

Wird ein Schuldspruch gefällt, muß der Richter, die *Art und Höhe der Strafe* bestimmen. In den meisten Rechtssystemen (auch in Österreich) wird die Strafe am Ende des Prozesses ausgesprochen; in anderen erfolgt die Entscheidung über die Strafzumessung erst einige Tage nach dem Prozeß, um dem Richter die Möglichkeit einer wiederholten Durchsicht des Aktenmaterials zu geben.

Dieses Bild eines mächtigen und autonomen Richters ist natürlich eine Vereinfachung und auch irreführend. Das Verhalten des Richters wird durch die Strafprozeßordnung selbst *eingegrenzt.* So ist z.B. der Ablauf der Gerichtsverhandlung genau festgelegt. Es ist auch vorgeschrieben, welche Vernehmungen vorgenommen werden müssen, unter welchen Bedingungen eine Untersuchungshaft ausgesprochen werden kann, wann eine Enthaftung gegen Kaution erfolgt, welche Instruktionen die Geschworenen und Schöffen erhalten; die Unter- und Obergrenzen für die Strafen der verschiedenen Delikte sind ebenfalls definiert. Die Freiräume des Richters sind auch durch seine Beziehungen zu anderen Organen im Strafrechtssystem, insbesondere zum Staatsanwalt und zur Polizei, beschränkt. Auch die *Arbeitsüberlastung* der Richter führt in vielen Gerichten zu einer weiteren Einschränkung; um einen zu großen Arbeitsanfall zu vermeiden, wird der Richter zu kurzen Vernehmungen gedrängt.

Trotz dieser vielfältigen Einschränkungen hat der Richter (neben dem Gesetzgeber) die mächtigste Funktion im Rechtssystem und bei den unterschiedlichen Entscheidungen *weite Spielräume.* Der Hintergrund des Richters und seine persönlichen Einstellungen bestimmen auch, wie er den Fall bearbeitet und beeinflussen dadurch indirekt die Verhandlung.

Im folgenden Abschnitt wollen wir die wichtigsten sozialpsychologischen Forschungsarbeiten über die (rechtlichen und außerrechtlichen) Bestimmungsfaktoren der Strafzumessungsentscheidung im Überblick darstellen. Auch Einflußfaktoren des Urteilers (Persönlichkeit des Richters, seine Sozialisierung und Rollenwahrnehmungen) sowie die unterschiedlichen Versuche zur Reduktion von Urteilsverzerrungen werden diskutiert.

2.72 Strafzumessung

In den letzten Jahren haben Sozialpsychologen ihre Aufmerksamkeit auf Entscheidungsprozesse bei der Strafzumessung gerichtet. Ihr Interesse daran stammt aus verschiedenen Quellen: einerseits stellen diese Entscheidungen ein bedeutsames Phänomen dar, das bisher nicht systematisch untersucht wurde; zum anderen kann eine Vielzahl wichtiger Einflußfaktoren (Vorstrafen, Geschlecht des Angeklagten, Einstellungen des Angeklagten, ethnische Zugehörigkeit usw.) relativ leicht durch Fragebogenuntersuchungen an Versuchspersonen (Studenten) erforscht werden. Neben der leichten Handhabung haben Fragebögen auch den Vorteil, daß die abhängige Variable - die Strafhöhe - von der Versuchsperson gut verstanden wird und leicht quantifizierbar ist. Das Interesse an der Strafzumessungsentscheidung ist auch dadurch begründet, daß der Entscheidungsprozeß selbst viele aktuelle Fragen enthält, die auch von wichtigen sozialpsychologischen Theorien, wie der Attributionstheorie, der Austausch- und Informations-Integrations-Theorie behandelt werden. Auch das Interesse von politischen und juristischen Gruppen an der Strafzumessung hat die sozialpsychologische Forschungsaktivität angeregt. Die Bereitstellung von Forschungsmitteln und die Bereitschaft strafrechtlicher Institutionen, mit psychologischen Forschungsstellen zusammenzuarbeiten, unterstützten diese Bemühungen.

Urteilsdisparität. Urteilsdisparität bezeichnet das (vielfach nachgewiesene) Phänomen, wonach für ähnliche Delikte unter ähnlichen Umständen von verschiedenen Richtern unterschiedliche Strafen ausgesprochen werden. In einer experimentellen Untersuchung konnten Partridge und Eldridge (1974) nachweisen, daß die Höhe der Strafe vom individuellen Richter abhängt. 50 Richter wurden gebeten, für 20 verschiedene Angeklagte, die mit einer Vielzahl von Straftaten belastet waren, die angemessenste Strafe auszusprechen. Es gab keine Übereinstimmung zwischen den Richtern. Die Variation von Strafart und Strafhöhe war außerdem sehr groß. Die Autoren folgerten, daß es nicht nur einige wenige Richter gibt, die große Urteilsdisparität zeigen, sondern daß die Unterschiede in der Strafzumessung die Regel sind; weiters, daß die größten Ungerechtigkeiten bei der Strafbemessung dann entstehen, wenn eine Person für ein und dasselbe Delikt von einem Richter eine Strafe auf Bewährung, von einem anderen eine unbedingte Freiheitsstrafe erhält. 16 von 20 Richtern stimmten in bezug auf die Strafhöhe nicht überein. Die Autoren konnten auch keine Zusammenhänge zwischen Amtsdauer und Urteilsdifferenzen finden. Es gab auch keine Belege dafür, daß erfahrene Richter weniger Disparität zeigen als unerfahrene.

Für österreichische oder deutsche Strafgerichte liegen nur wenige Untersuchungen vor. In einer älteren und möglicherweise heute begrenzt gültigen Untersuchung analysierte Exner (1931) Gerichtsurteile und stellte fest, daß, wenn für bestimmte Delikte vom Gesetz hohe Strafen vorgesehen sind, Richter diese nicht notwendigerweise auch aussprechen. Sind für unterschiedliche Delikte gleich schwere Strafen vorgesehen, dann werden manche (z.B. Sittlichkeitsdelikte) im Vergleich zu anderen Straftaten (wie etwa Delikten im Amt) strenger bestraft. Manche Delikte (z.B. fahrlässige Tötung) wiesen eine große, andere (z.B. Sodomie) eine geringe Urteilsdisparität auf. In einer österreichischen Untersuchung stellten Burgstaller und Császár (1985a, 1985b) große regionale Unterschiede in den Sanktionsmustern bei der Bestrafung erwachsener Ersttäter fest. Die Autoren betonen, daß die Tatschwere und die regional unterschiedliche Kriminalitätssituation, sowie die regional unterschiedliche Einschätzung der einzelnen strafrechtlichen Reaktionen die Strafpraxis bei weitem nicht zur Gänze erklären.

Zum richterlichen Urteilsverhalten gibt es derzeit weder genügend empirische Daten, die Verallgemeinerungen ermöglichen, noch eine Theorie der richterlichen Entscheidungsfindung. Sellin (1928) betont, daß sich Richter dem Einfluß außerrechtlicher Faktoren nur schwer entziehen können. Der Großteil der Forschungen folgt einem einfachen methodischen Versuchsplan. Ein oder mehrere außerrechtliche Faktoren werden isoliert und abgeschlossene Gerichtsakten, in denen der Angeklagte verurteilt wurde, nach diesen Variablen kodiert (Archivanalyse). Mit Hilfe verfeinerter statistischer Techniken kann festgestellt werden, ob außerrechtliche Faktoren mit der Strafart und -höhe in Beziehung stehen. So stellte Sellin z.B. die Hypothese auf, daß für Mitglieder ethnischer Minoritäten im Durchschnitt höhere Strafen ausgesprochen werden. Dieses Vorgehen hat aber einen großen methodologischen Nachteil. Obwohl oft große Fallzahlen untersucht werden, müßte eine überzeugende Analyse nicht nur die Beziehung zwischen den außerrechtlichen Faktoren und der Strafzumessung nachweisen, sondern auch, daß es nicht noch andere (außerrechtliche) Faktoren gibt, die diese Beziehung beeinflussen (z.B. Anzahl der Vorstrafen). Sellin wies nach, daß die Zugehörigkeit zu einer ethnischen Minderheit mit der Strenge der Strafe in Beziehung steht. Er hat aber außer acht gelassen, daß eine mögliche Beziehung zwischen der Zugehörigkeit zu einer Minorität und dem Vorstrafenregister bestehen kann (so weisen Neger in den USA häufiger Vorstrafen auf als Weiße). Hagan (1974) analysierte 30 einschlägige Untersuchungen und kam zu dem Schluß, daß keine der vorgeschlagenen außerrechtlichen Variablen die Strafzumessung beeinflußte. Dies bedeutet selbstverständlich noch nicht, daß außerrechtliche Faktoren vernachlässigt werden können, sondern nur, daß bessere Untersuchungen für deren Nachweis erforderlich sind.

Es kann vorkommen, daß ein Täter von einem Gericht für (leichten) Diebstahl eine Strafe auf Bewährung erhält, von einem anderen (für das gleiche Delikt) eine unbedingte Freiheitsstrafe. Richter haben im allgemeinen nicht die Zeit (oder das Interesse), alle relevanten Umweltgegebenheiten und speziellen Charakteristika eines Angeklagten bei der Strafzumessung zu berücksichtigen. Dies trifft besonders für weniger schwere Delikte zu, wo der Richter routinemäßig eine Strafe für die Deliktkategorie ausspricht. Die Urteile über leichte Delikte werden oft ohne ausführliche Untersuchungen und ohne die Einbeziehung der Umgebungsaspekte gefällt. Die Urteilsdisparität kann sowohl zwischen verschiedenen Richtern *(interpersonelle Disparität)* auftreten oder bei ein und demselben Richter, der ähnliche Delikte inkonsistent aburteilt *(intrapersonelle Disparität)*. Die interpersonelle Disparität könnte ein Ergebnis der unterschiedlichen Handhabung der Judikatur, von Gesetzen und speziellen Richtlinien sein, des Druckes der Öffentlichkeit, unterschiedlicher Wahrnehmungen und Interpretationen. Die intrapersonelle Disparität ist wahrscheinlich mehr auf die sozialen Werte und persönlichen Interpretationen des Falls durch den jeweiligen Richter oder auf präventive Überlegungen zurückzuführen. Auch der leitende Bestrafungsgedanke (Strafphilosophie) kann eine Rolle spielen. Wir wollen die unterschiedlichen Untersuchungen über die Existenz der Urteilsdisparität nicht näher diskutieren, sondern uns einer aus psychologischer Sicht viel interessanteren Frage zuwenden: Warum existiert die Urteilsdisparität?

2.73 Rechtliche und außerrechtliche Einflüsse auf die Strafzumessungsentscheidung

Die Attributionstheorie versucht, die allgemeinen Prinzipien, nach denen man einem Handelnden anhand der beobachteten Handlungen eine Eigenschaft zuschreibt, zu erklären (siehe Abschnitt 2.221). In der Strafzumessungsentscheidung ist die fragliche Handlung das Delikt (oder die Delikte), mit dem (denen) der Angeklagte belastet ist. Der Handelnde ist der Angeklagte, der Beobachter ist der Richter und die fragliche Disposition ist die "kriminelle Neigung" des Angeklagten.

Dem Richter stehen viele Informationen über den Angeklagten zur Verfügung - mehr als er möglicherweise verwerten kann. Will er feststellen, ob dem Handeln des Täters eine kriminelle Neigung zugrundeliegt, wird er sich, aus Gründen der Vereinfachung, auf seine Erfahrungen stützen. Geschieht dies nicht, muß ein Richter viel mehr Zeit für jeden Fall aufwenden. Da Zeit knapp ist, sind Richter von ihren Erfahrungen über die Charakteristika bestimmter Falltypen und Täter, die mit bestimmten Wahrscheinlichkeiten bestimmte Delikte ausführen, abhängig. Diese Erfahrungen, die Kelley (1972b) *kausale Schemata* nannte, erlauben es dem urteilenden Richter, einem Angeklagten an Hand dessen vergangener Handlungen eine Disposition zuzuschreiben. Dies geschieht in Übereinstimmung mit Regeln, die auch in der Vergangenheit wirksam waren. Daher sind die (kriminellen) Dispositionen, die der Richter einem Verdächtigen zuschreibt, von der verfügbaren Information über den Verdächtigen und auch von den richterlichen Attributionsschemata für das fragliche Delikt abhängig.

Der Großteil der Informationen, die der Richter für die Zuschreibung der Dispositionen verwendet, stammt aus dem Akt. Dieser enthält gewöhnlich die Voruntersuchungen, die ursprünglichen Anschuldigungen gegen den Angeklagten, mögliche Geständnisse, Hinweise auf den Hintergrund des Angeklagten (Ausbildung, Arbeitssituation) usw.

2.731 Die Schwere des Delikts

Der zentrale Faktor für die Strafzumessung ist das Delikt selbst, dessen der Verdächtige angeklagt ist. Der brauchbarste Indikator für die Festlegung der "Deliktschwere" ist die vom Gesetz vorgesehene Strafhöhe (Strafintervall): je schwerer das Delikt, desto höher die Strafe.

Aus mehreren Gründen werden schwere Delikte härter bestraft. Das Strafrecht nimmt an, daß härtere Strafen für schwerere Delikte den unterschiedlichen Strafzwecken besser entsprechen: z.B. Spezial- und Generalprävention, Schutz der Gesellschaft, Sühne, Rehabilitation usw. Die Attributionstheorie kann auch erklären, warum für schwerere Delikte schwerere Strafen vorgesehen sind. Je schwerer das Delikt, desto eher wird der Angeklagte als verantwortlich für die

Tat angesehen (Carroll und Payne, 1975). Der wahrgenommene Zusammenhang zwischen Verantwortlichkeit und Schwere resultiert wahrscheinlich aus den "hemmenden Kräften" (wie etwa sozialen Normen), die schwere Delikte begleiten; d.h. je schwerer das Delikt, desto mehr (moralische, psychosoziale) Hindernisse gibt es für seine Ausführung. Eine Person, die angesichts dieser Hindernisse ein schweres Delikt begangen hat, mußte ein starkes Verlangen gehabt haben, die Handlung auszuführen - d.h., daß die Person eine kriminelle Neigung besitzen muß.

Unabhängig von der Schwere des Delikts kann auch die Art der Ausführung die Verantwortlichkeitsattribution beeinflussen. Waren z.B. mehrere Täter an einer kriminellen Handlung beteiligt, ist die Verantwortlichkeitsattribution für jeden einzelnen geringer. Diese Annahme wurde von Feldman und Rosen (1978) mit Versuchspersonen (Studenten) getestet. Die Ergebnisse zeigen, daß, je größer die Anzahl der Beteiligten an einer ungesetzlichen Handlung ist, desto weniger Verantwortung dem einzelnen zugeschrieben wird.

2.732 Charakteristika des Opfers

Auch Informationen über die Art des Opfers beeinflussen Attributionsprozesse. Eine Untersuchung prüfte die von Strafrichtern zugemessene Strafhöhe (in Jahren Freiheitsentzug) für unterschiedliche Delikte als Folge verschiedener Faktoren: (1) individuelles Opfer versus Öffentlichkeit; (2) persönlicher Kontakt zwischen dem Täter und dem Opfer; und (3) Ausmaß körperlicher Schädigung (Green, 1961). Die Ergebnisse zeigen: je *spezifischer* das Opfer ist, desto höher fällt die Strafe aus. Delikte gegen die Öffentlichkeit - d.h. Delikte ohne spezifisches, identifizierbares Opfer (z.B. Verstöße gegen das Glücksspielgesetz) erhielten die geringsten Strafen. In Fällen mit *persönlichem Kontakt* zwischen Angeklagtem und Opfer erhielten Straftäter für Delikte, die körperliche Schädigungen zur Folge hatten, härtere Strafen als für solche ohne körperliche Schädigung. Wie vorhergesagt, wurden auch Delikte, in denen die *Absicht der Körperverletzung* das hervortretende Motiv war (wie vorsätzliche schwere Körperverletzung), strenger bestraft als solche, in denen angenommen wurde, daß die Körperverletzungen eine unbeabsichtigte Folge der kriminellen Handlung waren, wie etwa bei Raub.

Alle drei Faktoren stehen in einer direkten Beziehung zur "erschlossenen" kriminellen Disposition des Angeklagten. Wählt der Täter ein individuelles Opfer aus, hat er Kontakt mit dem Opfer und verletzt er es, wird es für den Beobachter zunehmend schwieriger, eine nichtkriminelle Erklärung für das Verhalten zu finden. Je stärker diese Faktoren ausgeprägt sind, desto eher sind Richter bereit, dem Angeklagten eine kriminelle Disposition zuzuschreiben.

Ein weiteres Merkmal des Opfers, das ebenfalls die Verantwortlichkeitsattribution des Richters beeinflußt, ist seine *Wehrlosigkeit*. Ein Täter, der ein wehrloses Opfer schädigt (z.B. alte Personen, Kinder oder Behinderte) wird als schuldiger wahrgenommen als ein Täter, dessen Opfer sich wehren kann. Ein schwaches Opfer wirkt auch weniger provozierend (und ist daher auch weniger mitschuldig) als ein "starkes" Opfer, das die Tat eventuell provozierte. Weiters glaubt man von einem wehrlosen Opfer, daß es sein Schicksal weniger "verdient" als eines, das sich wehren kann; im ersten Fall gibt es mehr wahrgenommene Ungerechtigkeit als im zweiten. Um Gerechtigkeit wiederherzustellen, muß der Angeklagte im ersten Fall eine härtere Strafe erhalten. Ein weiterer Grund für die Tendenz, einem Anklagten, dessen Opfer wehrlos war, eine stärkere kriminelle Disposition zuzuschreiben, liegt darin, daß stärkere "Hemmungen" gegen den Angriff auf eine wehrlose Person bestehen müßten. Diese Hemmungen entstammen sozialen Normen, die gegenüber sehr jungen, alten oder behinderten Personen ein spezielles Verhalten fordern. Um an einem schwachen Opfer angesichts dieser Normen eine kriminelle Handlung auszuführen, muß der Angeklagte eine sehr starke kriminelle Neigung besitzen.

In einer Untersuchung der Beziehung zwischen Opfercharakteristika und zugemessener Strafe fanden Denno und Cramer (1976), daß Merkmale wie Alter, ethnische Zugehörigkeit, Aussehen, Benehmen und Geschlecht die Strafhöhe nicht beeinflussen. Der *Gesamteindruck* aber, der sich in den Reaktionen des Richters dem Opfer gegenüber widerspiegelt, zeigt einen starken Zusammenhang mit der Strafhöhe. Je vorteilhafter der Eindruck des Opfers beim Richter ist, desto härter wird die Strafe ausfallen. Interessant ist die Tatsache, daß sich in dieser Untersuchung der Faktor der "Provokation durch das Opfer" nur mäßig auf die Strafzumessung auswirkte.

Auch die Fragebogenmethode wurde zur Untersuchung der Einflüsse von Opfercharakteristika auf die Strafzumessung verwendet. Landy und Aronson (1969) zeigten, daß (studentische) Versuchspersonen dazu neigen, einem Angeklagten in einem Verkehrsunfall mit tödlichem Ausgang eine härtere Strafe zu geben, wenn das Opfer eine prominente Persönlichkeit ist (hoher Status), im Vergleich zu einem Angeklagten, dessen Opfer ein mehrfach vorbestrafter Gauner ist (geringer Status). In einer weiteren Untersuchung wurde nachgewiesen, daß Versuchspersonen das Bedürfnis haben, an eine *"gerechte Welt"* zu glauben; sie zeigen die Tendenz, das Opfer für sein Schicksal verantwortlich zu machen (Jones und Aronson, 1973). Die Beurteiler eines Vergewaltigungsdelikts sprachen einer Verheirateten oder einer Jungfrau mehr Schuld zu als einer Geschiedenen. Obwohl die Versuchspersonen ein attraktiveres Opfer stärker für sein Schicksal verantwortlich machten, erhielt der Angeklagte (entgegen den Vorhersagen) für die Vergewaltigung einer verheirateten Frau eine strengere Strafe als für die Vergewaltigung einer geschiedenen. Man hatte erwartet, daß mildere Strafen verhängt werden, wenn das Opfer "schuldiger" ist.

Bei einem schweren Delikt und bei vieldeutigen Ursachen (wenn sowohl der Angeklagte als auch das Opfer "schuld" sind) versuchen sich Beurteiler gegen eine mögliche Viktimisation auf zwei Arten zu "schützen". Erstens machen sie das Opfer für das kriminelle Delikt verantwortlich und belassen sich selbst dadurch in dem Glauben, daß ihnen das nicht passieren kann. Zweitens empfehlen sie eine höhere Strafe, um den Täter vor weiteren Straftaten in der Zukunft abzuschrecken bzw. diese durch den Freiheitsentzug zu verhindern.

Gerbarsi et al. (1977) stellten fest, daß Beurteiler Vergewaltigungsopfer mit hohem Sozialprestige für ihre Viktimisation weniger verantwortlich machten. Ein allen Untersuchungen gemeinsames Ergebnis ist die Tendenz, den Schädiger eines positiv bewerteten Opfer umso härter zu strafen, je positiver der Gesamteindruck vom Opfer ist. Diese Ergebnisse legen auch nahe, daß man einem Täter eine umso stärkere kriminelle Disposition zuschreibt, je attraktiver sein Opfer ist.

Auch das Vorhandensein einer *Beziehung zwischen Täter und Opfer* beeinflußt das Entscheidungsverhalten. Wenn der Täter das Opfer vor der Tat nicht kannte, fallen die Urteile mehr zu seinem Nachteil aus. In einer Archivanalyse von Kriminalfällen in New York wurde festgestellt, daß, wenn sich Opfer und Täter nicht kannten, 65% der Räuber verhaftet worden sind; kannten sie sich, waren es 21%. Auch die Verhaftungsraten bei Einbrüchen sind nur halb so hoch, wenn vor der Tat eine Beziehung zwischen Täter und Opfer bestand (Silberman, 1978). Die Attributionstheorie kann diese Ergebnisse erklären. Wenn sich Täter und Opfer kennen, ist es möglich, daß der Täter die Tat als Reaktion auf eine Handlung des Opfers ausführte. Ist dies der Fall, wird der Täter als weniger verantwortlich und daher als weniger strafwürdig wahrgenommen. Auch wenn das Opfer nicht in allen Fällen mitschuldig ist, kann dennoch eine Mitverursachung bestehen. Allein diese Zweifel können einen Richter dazu veranlassen, mildere Strafen auszusprechen.

2.733 Vorstrafen des Angeklagten

Eine weitere relevante Information über den Angeklagten ist die Anzahl seiner Vorstrafen. Hat der Angeklagte Vorstrafen, ist der Richter eher geneigt, eine stabile kriminelle Neigung anzunehmen; und zwar deshalb, weil er kriminelle Handlungen in unterschiedlichen Situationen und zu unterschiedlichen Zeitpunkten ausgeführt hat. Bleibt das Verhalten unter variierenden Umständen gleich, nimmt die Wahrscheinlichkeit einer internen Attribution zu. Je mehr kriminelle Handlungen der Angeklagte in der Vergangenheit ausführte, desto eher wird ihm eine kriminelle Disposition zugeschrieben. Man kann daher erwarten, daß mit zunehmender Anzahl vorangegangener Verurteilungen die Wahrscheinlichkeit einer Strafe auf Bewährung sinkt; auch die Dauer des Freiheitsentzugs müßte steigen (Ebbesen und Konecni, 1976).

Der Richter wird wahrscheinlich auch prüfen, ob Bewährungsauflagen in der Vergangenheit verletzt wurden. Ein Angeklagter, der gegen die Bewährungsauflagen verstoßen hat, wird wahrscheinlich keine Strafe auf Bewährung mehr erhalten (Dawson, 1969). Die Beobachtung, daß ein Angeklagter ungeachtet einer Bewährungsvereinbahrung eine Straftat begeht, wird die Sicherheit des Richters beim Zuschreiben einer kriminellen Disposition erhöhen.

Auch Informationen über *Drogenkonsum* (oder Drogenmißbrauch) durch den Angeklagten können die Strafzumessung beeinflussen. Alkoholsüchtige Angeklagte erhalten wahrscheinlich seltener eine Bewährungsstrafe als Angeklagte ohne Alkoholabhängigkeit. Man nimmt meist an, daß erstere auch in Zukunft widerrechtlich handeln werden (Dawson, 1969). Richter schätzen die Rehabilitationsmöglichkeiten von Drogenabhängigen auch schlechter ein. Wie Kelley (1972b) betont, führen vergangene Erfahrungen in Form der kausalen Schemata zu einer groben Vereinfachung des Attributionsprozesses. Die Verwendung bestimmter "Etiketten" wie "drogensüchtig" oder "Alkoholiker", in Verbindung mit der Ausführung bestimmter krimineller Handlungen, resultiert oft in der Zuschreibung einer stabilen kriminellen Disposition, dies wiederum führt unweigerlich zu höheren Strafen.

2.734 Die Stellung des Angeklagten vor und während der Verhandlung

Die Entscheidung, den Angeklagten (gegen Kaution oder Gelöbnis) aus der Untersuchunghaft zu entlassen, beeinflußt nicht nur die persönliche Freiheit des Angeklagten vor und während der Verhandlung, sondern - und das ist viel wichtiger - auch die Höhe der Strafe im Fall der Verurteilung. Verschiedene Untersuchungen belegen übereinstimmend, daß ein hoher Zusammenhang zwischen der Tatsache, daß der Angeklagte als freier Mensch den Gerichtssaal betritt (bzw. als Häftling), und der zugemessenen Strafe besteht (Ebbesen und Konecni, 1976). Es könnte sein, daß jene Kriterien, die für die Entscheidung zur Aufhebung der Untersuchungshaft bestimmend sind, auch die Strafhöhe beeinflussen. Für die Entlassung aus der Untersuchungshaft sind u.a. Faktoren wie Vorstrafen, Familienstand und Arbeitssituation verantwortlich. Diese Faktoren beeinflussen auch die Strafzumessung. In einer umfangreichen Archivanalyse von 2000 Akten konnte Dearing (1987) nachweisen, daß der Verbleib in der Untersuchungshaft bis zur Verhandlung den erwähnten ungünstigen Effekt auf die Strafhöhe ausübt.

Ein Erklärungsversuch konzentriert sich auf Hintergrundvariablen des Verdächtigen (Familienbindung, Arbeitssituation, Vorstrafen), von denen angenommen wird, daß sie sowohl die Enthaftung wie auch die Strafzumessung beeinflussen. Verdächtige, die auf Kaution enthaftet werden, sind wahrscheinlich auch jene, die weniger schwere Delikte begehen und daher niedrigere Strafen erhalten. Wenn man jedoch die Deliktschwere statistisch berücksichtigt, zeigen sich dennoch Statuseffekte bei der Strafzumessung (Rankin, 1964).

Eine zweite Erklärung gibt die Attributionstheorie (Greenberg und Ruback,1982, S. 191). Einem Angeklagten, der in Freiheit auf seine Verhandlung wartet, schreibt man mehr Vertrauenswürdigkeit zu als einem, der die Zeit bis zur Verhandlung im Gefängnis verbringt. Strickland (1958) konnte zeigen, daß man einer Person, die nur unter Aufsicht Wohlverhalten zeigt (dies ist analog zur Untersuchungshaft), weniger Vertrauenswürdigkeit zuschreibt als einer Person, die dies auch ohne Aufsicht tut (dies entspricht der Entlassung aus der Untersuchungshaft). In Begriffen der Attributionstheorie heißt das, daß man das Wohlverhalten einer Person unter Aufsicht eher auf Umweltbedingungen attribuiert als jenes einer Person, die nicht unter Aufsicht steht. Im zweiten Fall wird der Beobachter das Verhalten des Angeklagten als Ergebnis einer Änderung in der kriminellen Disposition wahrnehmen. Daher ist der Angeklagte, der vor seiner Verhandlung auf freiem Fuß war, in einer vorteilhafteren Position; es ist ihm leichter möglich zu zeigen, daß die kriminelle Disposition nicht mehr existiert, daß er sich schon "gebessert" hat.

Einen drastischen Nachweis der Effekte, die eine Institution auf ihre Insassen ausüben kann, erbrachte Rosenhan (1973). Er untersuchte "Patienten" in einer psychiarischen Anstalt. Eine Gruppe von Pseudopatienten (die nur vorgeblich an akustischen Halluzinationen litten, tatsächlich aber Mitarbeiter des Versuchsleiters waren) erhielt Zugang zu verschiedenen psychiatrischen Krankenhäusern. Nach der Aufnahme zeigten die "Patienten" jedoch normales Verhalten. Ungeachtet ihres unauffälligen Verhaltens nahm sie die Belegschaft der Anstalt weiterhin als psychiatrische Patienten wahr. Dies ging so weit, daß auch das normale Verhalten in Übereinstimmung mit der Diagnose interpretiert wurde. In einem Beispiel zeigte Rosenhan, daß ein vermeintlicher Patient schriftliche Notizen seiner Erfahrungen in der Institution sammelte. Im Anstaltsbericht hieß es, daß das Tagebuchschreiben des Patienten als zwanghaft und pathologisch angesehen wurde. Überträgt man diese Wahrnehmungsverzerrungen, denen Außenstehende den Insassen von Anstalten gegenüber unterliegen, auf ein Gefängnis, dann wird ein inhaftierter Angeklagter höchstwahrscheinlich negativer eingestuft als einer, der aus seinem normalen Alltagsleben zur Verhandlung kommt.

2.735 Attraktivität des Angeklagten

Die meisten Untersuchungen über den Einfluß des Aussehens und Benehmens des Angeklagten auf die richterliche Strafzumessung wurden (wie nahezu die gesamte Forschung zum Einfluß außerrechtlicher Faktoren) in relativ unrealistischen Laborsituationen durchgeführt. Es wurde schon mehrfach betont, daß dieser Umstand die Forschungen nicht unbrauchbar macht, wir müssen aber bei Verallgemeinerungen vom Labor auf den Gerichtssaal vorsichtig sein.

Die bei diesen Untersuchungen verwendete experimentelle Methode ist eine elegante Technik, verschiedene Variablen des Aussehens und des Charakters des Angeklagten zu isolieren und im Experiment zu manipulieren. Es ist relativ leicht, zwei "Angeklagte" vorzubereiten, die sich nur in einem wesentlichen Aspekt (z.B. dem Beruf) unterscheiden. Einer Gruppe von Versuchspersonen wird etwa ein Angeklagter mit hohem Sozialprestige beschrieben, einer anderen ein Angeklagter mit niedrigem Sozialprestige. Die Ergebnisse dieser Manipulation bei gleichzeitigem Konstanthalten aller anderen Faktoren ermöglichen die sichere Aufklärung der Effekte des Berufs auf die Strafzumessung.

Die Laborforschung über die Bedeutung von Angeklagtenvariablen für die richterliche Urteilsbildung existiert allerdings erst seit einigen Jahren. Viele Experimente variieren unterschiedliche Faktoren gleichzeitig, so daß es oft schwierig ist, genau zu bestimmen, welche Faktoren tatsächlich wirksam sind. Es ist klar, daß die relative Wichtigkeit der persönlichen Charakteristika des Angeklagten individuell stark schwankt. Da bisher nur wenige persönliche Merkmale untersucht wurden, können wir noch keine allgemeinen Schlußfolgerungen ziehen.

Soziale Attraktivität. Es überrascht nicht, daß attraktive und sozial erfolgreiche Personen nicht nur auf der Straße, sondern auch vor Gericht einen Vorteil haben. Die meisten von uns finden diesen Umstand beunruhigend. Gerechtigkeit sollte unparteiisch sein, insbesondere gegenüber dem sozialen Status und dem Aussehen der angeklagten Person. Labor- und Felduntersuchungen vergrößern jedoch unser Unbehagen, weil die Ergebnisse belegen, daß sich diese "außerrechtlichen Faktoren" bei der Beurteilung der Glaubwürdigkeit, Verantwortlichkeit (Schuldhaftigkeit) und bei der Strafzumessung auswirken können.

In einem "Bestrafungsexperiment" zeigten Landy und Aronson (1969) die Auswirkungen der unterschiedlichen sozialen Charakteristika eines Angeklagten auf die Strafzumessung bei einem Verkehrsunfall mit Körperverletzung. Eine Gruppe von Versuchspersonen erhielt die Beschreibung eines relativ attraktiven Angeklagten: Sander ist ein 64jähriger Filialleiter einer Versicherung, der in dieser Anstalt seit 42 Jahren tätig ist. Er ist zu allen Kollegen freundlich und ist als guter und fleißiger Arbeiter bekannt. Er ist Witwer, seine Frau starb im Vorjahr an Krebs, und er verbringt daher Weihnachten mit seinem Sohn und seiner Schwiegertochter. Als der Unfall geschah, erlitt Sander eine Beinverletzung. Diese Verletzung verschlechterte die Folgen einer älteren Verletzung (Schußverletzung aus dem Krieg) und führte zu einer leichten, aber schmerzhaften Gehbehinderung. Sander wurde in den vergangenen fünf Jahren dreimal wegen Verwaltungsübertretungen (Straßenverkehrsordnung) verurteilt.

Eine zweite Gruppe erhielt die Beschreibung eines weniger attraktiven Angeklagten: Sander ist ein 33jähriger Portier. In dem Gebäude, wo er tätig ist, arbeitet er seit zwei Monaten, und es kennen ihn nur wenige Angestellte. Er wurde dennoch zu Parties eingeladen. Er ist zweimal geschieden und hat drei Kinder aus erster Ehe. Er war gerade unterwegs, Weihnachten mit seiner Freundin in deren Wohnung zu verbringen. Die Folgen des Unfalls waren gering: er erlitt einen leichten Schock und eine leichte Körperverletzung. Sander wurde in den vergangenen fünf Jahren zweimal wegen Strafrechtsverletzungen verurteilt (Einbruch). Innerhalb der vergangenen fünf Jahre weist er weiters drei Verurteilungen wegen Verstößen gegen die Straßenverkehrsordnung auf.

Die (studentischen) Versuchspersonen bestraften den unattraktiven Angeklagten strenger als den attraktiven. Diese Ergebnisse bestätigen die schlimmsten Befürchtungen, sind jedoch nicht leicht zu interpretieren, da die Versuchsleiter die Beschreibung ihrer Angeklagten mit so vielen Faktoren "überladen" hatten, daß wir nicht sicher sein können, welche Aspekte der Attraktivitätsmanipulation die Versuchspersonen wirklich beeinflußt haben. Möglicherweise war es das Alter, das Vorstrafenregister oder beides. Wenn es diese Faktoren sind, dann könnten wir beruhigt sein, weil sie auch normalerweise die richterliche Strafzumessung mitbestimmen. Ist es jedoch der Familienstand oder der Beruf des Angeklagten, wäre dies viel beunruhigender.

In einer Reihe von Folgeuntersuchungen versuchte man, den Einfluß der unterschiedlichen Faktoren getrennt zu bestimmen. Reynolds und Sanders (1973) trennten die Einflüsse von Alter, Verletzungsgrad des Angeklagten und "Attraktivität" und fanden, daß Attraktivität allein ebenfalls wirksam war. Sigall und Landy (1972) trennten Verletzung und Attraktivität und konnten ebenfalls einen Effekt der Attraktivität nachweisen. Angeklagte, die als "liebenswert" und "warmherzig" beschrieben wurden, erhielten um drei Jahre kürzere Gefängnisstrafen als "kalte" und "unnahbare".

Der Akt enthält meist auch (direkte oder indirekte) Hinweise auf positive und negative Eigenschaften des Angeklagten. Obwohl es keine Belege dafür gibt, daß derartige Informationen die Strafzumessungsentscheidung der Richter beeinflussen, gibt es experimentelle Ergebnisse, die deutlich deren Effekte auf die Strafzumessung durch Studenten zeigen. In einer Untersuchung von Kaplan und Kemmerick (1974) lasen die Versuchspersonen die Akten von acht Verkehrsdelikten, in denen (1) die Beweise gegen den Angeklagten entweder sehr belastend oder nicht sehr belastend waren und (2) der Angeklagte als mit positiven, negativen oder neutralen Eigenschaften ausgestattet charakterisiert worden war. Ungeachtet der Menge der belastenden Materialien war das Muster der Strafzumessung bei beiden Faktoren das gleiche: negativ beschriebene Angeklagte erhielten höhere Strafen als neutrale, die wiederum mehr Strafe erhielten als die positiv charakterisierten.

Nemeth und Sosis (1973) verwendeten die Materialien von Landy und Aronson in einem Experiment, das auch die ethnische Zugehörigkeit des Angeklagten variierte. Die Autoren untersuchten gleichzeitig zwei Gruppen von Versuchspersonen: Studenten der oberen und der unteren Mittelschicht. Die Ergebnisse von Landy und Aronson zum Einfluß der Attraktivität waren nur bei Studenten der unteren Mittelschicht replizierbar. Weiters beeinflußte die ethnische Zugehörigkeit des Angeklagten die Strafzumessung der Studenten der unteren Mittelschicht: sie bestraften weiße Angeklagte im Vergleich zu Negern strenger. Diese Ergebnisse legen nahe, daß keine einfache Verallgemeinerung von Laborergebnissen auf den Gerichtssaal möglich ist. Das Problem besteht nicht darin, daß diese Ergebnisse unbrauchbar sind oder keine Schlußfolgerungen zulassen, sondern darin, daß wir wesentlich mehr unterschiedliche Charakteristika des Angeklagten im Zusammenhang mit unterschiedlichen Delikten und Gruppen von Versuchspersonen untersuchen müssen.

Physische Attraktivität. Wie bei der "sozialen Attraktivität" ist es nicht überraschend, daß es auch physisch attraktive Personen vor Gericht leichter haben. Berscheid und Walster (1974; auch Dion, 1972) konnten belegen, daß unser Vorurteil "wer schön ist, ist auch gut" auch bei der Strafzumessung wirksam ist. Efran (1974) zeigte dieses Phänomen in einem "Schwindelexperiment" bei einer Prüfung. Studenten beurteilten die unattraktiven Prüflinge (die geschwindelt hatten) häufiger als schuldig als die attraktiven und gaben ihnen auch härtere Strafen. Es gibt auch eine immer größer werdende Forschungsliteratur zum geschlechtsspezifisch unterschiedlichen Urteilsverhalten, das auch als eine Art Attraktivitätseffekt anzusehen ist. Es gibt derzeit jedoch keine übereinstimmenden Ergebnisse in bezug auf die Effekte des Geschlechts des Urteilenden und des Geschlechts des Angeklagten auf Schuldzuschreibung und Strafzumessung. Eine wichtige Determinante solcher Effekte ist zweifelsohne die Art des Delikts.

Sigall und Ostrove (1975) zeigten in einem interessanten Experiment, daß das Geschlecht des Angeklagten nur im Zusammenhang mit der Art des Delikts wirksam ist. Die Autoren meinen, daß die Ergebnisse von Efran (1974) auch mit der Annahme erklärt werden können, daß die Versuchspersonen glaubten, daß attraktive Personen auch im sozialen Feld begabter sind als unattraktive. Daher werden attraktive Personen im Vergleich zu unattraktiven weniger häufig dazu veranlaßt, soziale und rechtliche Regeln zu "brechen". Die Schuldfindung und Strafzumessung spiegeln diese unterschiedlichen Wahrscheinlichkeiten der Gesetzesverletzung wider. Sigall und Ostrove gingen noch einen Schritt weiter und meinten, wenn die kriminelle Handlung durch die Attraktivität des Täters gefördert wurde, müßten attraktive Angeklagte strenger bestraft werden als unattraktive. Die Ergebnisse eines Laborexperimentes der Autoren bestätigten diesen Gedanken. In einem Betrugsdelikt (Hochstapelei), in dem von einem attraktiven Angeklagten erwartet werden konnte, daß er erfolgreicher sein würde als ein unattraktiver, wurde der attraktive strenger bestraft als der unattraktive. Das Gegenteil war der Fall beim Einbruchsdiebstahl, einem Delikt, in dem das "Gelingen" nicht mit der Attraktivität des Angeklagten zusammenhängt.

Die meisten von uns werden mit dieser Entdeckung, daß die soziale und physische Attraktivität auch bei Schuldfindungs- und Strafzumessungsbeurteilungen eine Rolle spielt, sehr unzufrieden sein. Es gibt aber auch Belege (aus Laboruntersuchungen), die zeigen, daß die relative Wichtigkeit dieser außerrechtlichen Faktoren in tatsächlichen Gerichtsverhandlungen geringer sind. Ein Vorschlag in dieser Richtung stammt von Izzett und Leginski (1974). Sie replizierten die Untersuchung von Landy und Aronson, ließen aber die Versuchspersonen (wie in einer Geschwornenberatung) über ihr Urteil beraten und stellten fest, daß die Attraktivitätseffekte verschwanden.

Einstellungsähnlichkeit. Eine dritte Gruppe von Variablen sind Ähnlichkeiten in Einstellungen und persönlichen Merkmalen zwischen Richter und Angeklagten. Griffitt und Jackson (1973) verwendeten den Fall von Landy und Aronson, ersetzten aber die ursprüngliche Attraktivitätsmanipulation durch die folgende Beschreibung der Einstellungen und Interessen des Angeklagten: er wird von einem Psychologen als eine Person mit starkem Glauben an Gott beschrieben, mit starker Bejahung des amerikanischen Lebensstils und als eine Person, die glaubt, daß Männer mit belastenden Situationen und mit Geschäftsinteressen besser zurechtkommen als Frauen. Weiters beschreibt ihn ein Sozialarbeiter als eine Person, die Sport und Tanzen liebt und die sozial engagiert ist. Er weist keine Vorstrafen mit der Ausnahme von Übertretungen der Straßenverkehrsordnung auf.

Die Autoren beobachteten, daß das Ausmaß der Übereinstimmung in diesen Einstellungen ein wichtiger Bestimmungsfaktor bei der Schuldfindung und Strafzumessung war. Mitchell und Byrne (1973) führten ein ähnliches Experiment durch und fügten auch einen Persönlichkeitstest hinzu, der den *Autoritarismus* der Versuchspersonen mißt. Sie fanden, daß autoritäre Versuchspersonen viel weniger geneigt sind, einen Angeklagten mit ähnlichen Einstellungen schuldig zu sprechen als nichtautoritäre. Autoritäre Versuchspersonen bestraften den unähnlichen Angeklagten auch viel strenger. Es gibt aber keine Arbeiten über den Effekt von Gruppenberatung und Einstellungsähnlichkeiten auf die Strafzumessung.

Die persönliche Beobachtung des Angeklagten durch den Richter. Neben den schriftlichen Informationen hat der Richter auch Gelegenheit, durch persönliche Beobachtung während der Verhandlung weitere Informationen über den Angeklagten zu sammeln. Obwohl die meisten Richter annehmen, daß diese einzigartige Gelegenheit für Beobachtungen des Angeklagten unter belastenden Umständen bedeutsame Aufschlüsse über dessen Charakter geben kann, ist die Zuverlässigkeit dieser Informationen stark begrenzt, weil das Verhalten unter extremer Streßbelastung kein zuverlässiges Bild gibt. Durch die Einschränkungen der Gerichtssaalsituation ist der Richter auf Stereotype angewiesen, die mit den allgemein beobachteten Eigenschaften zusammenhängen, wie etwa Geschlecht, Alter, physische Attraktivität, ethnische Zugehörigkeit des Angeklagten usw.

2.736 Geschlecht des Angeklagten

Im allgemeinen erhalten weibliche Angeklagte geringere Geldstrafen, kürzere Freiheitsstrafen und auch häufiger bedingt ausgesprochene Strafen (Moulds, 1980) als männliche. Es besteht jedoch keine Einhelligkeit darüber, ob das Geschlecht einen unabhängigen, direkten Einfluß auf die Strafzumessung hat und nicht in Kombination mit anderen Variablen wirksam ist. Kontrolliert man statistisch diese Variablen, so vermindert sich der Einfluß des Geschlechts. Green (1961) untersuchte nur (männliche und weibliche) Straftäter ohne kriminelle Vorgeschichte, wobei er auch den Delikttyp konstant hielt; er fand, daß es keinen Unterschied zwischen der Bestrafung von Männern und Frauen gab. Judson et al. (1969; auch Hagan, 1974) kamen zu dem Schluß, daß das Geschlecht bei der Strafzumessung nur einen untergeordneten Einfluß hat. In einer jüngeren Untersuchung (Nagel et al., 1980) stellten die Autoren bei der Überprüfung von ungefähr 3000 Strafzumessungsentscheidungen in einem amerikanischen Gerichtsbezirk fest, daß Frauen im Durchschnitt milder bestraft werden als Männer, und daß diese Bevorzugung unabhängig von der Schwere des Delikts ist. Verurteilte Frauen verbringen im Vergleich zu Männern auch eine kürzere Zeit im Gefängnis; auch dieses Ergebnis war unabhängig von der Schwere des Delikts.

Es gibt derzeit jedoch noch zu wenig Belege für den Schluß, daß das Geschlecht einen direkten und unabhängigen Effekt auf die Strafzumessung hat. Insgesamt führen Frauen weniger schwere kriminelle Handlungen aus als Männer und haben wahrscheinlich auch weniger Vorstrafen. Möglicherweise deshalb, weil sie mit mehr Nachsicht und Milde schon in den frühen Stadien der Fallbearbeitung rechnen können. Für eine endgültige Beantwortung dieser Frage fehlen jedoch noch weitere Untersuchungen.

2.737 Das Alter des Angeklagten

Die meisten Untersuchungen von realen Richterurteilen zeigen, daß jugendliche Täter mildere Strafen erhalten als ältere, obwohl - ähnlich wie beim Geschlecht des Angeklagten - nicht geklärt ist, ob diese Effekte unabhängig von anderen Faktoren sind (Hagan, 1974). In Kalifornien werden z.B. 20jährige Täter für dasselbe Delikt zweieinhalbmal so oft ins Gefängnis geschickt als 19jährige (Silberman, 1978). Auch in experimentellen Untersuchungen mit studentischen Versuchspersonen zeigt sich, daß jugendliche Angeklagte geringere "Strafen" zugemessen bekommen als ältere (Smith und Hed, 1979).

Jugendliche Täter erhalten aus mehreren Gründen mildere Strafen. Einerseits haben sie im Durchschnitt weniger Vorstrafen, andererseits zögern viele Richter, jugendliche Täter der destruktiven Umgebung eines Gefängnisses auszusetzen. Weiters glauben viele Richter, daß jüngere Täter bessere Rehabilitationschancen haben als ältere (Dawson, 1969). Dieser Optimismus spiegelt sich auch in dem Glauben wider, daß die kriminelle Disposition der Jüngeren leichter verändert werden kann als die der Älteren. Interessant ist die Beobachtung, daß Richter infolge der günstigeren Rehabilitationserwartungen jüngere Täter milder strafen, daß Rückfallstudien (in den USA) jedoch auf einen gegenteiligen Trend hinweisen. Jugendliche Täter zeigen im allgemeinen höhere Rückfallsraten als ältere (Flanagan et al., 1980).

Das Alter des Angeklagten ist neben anderen Faktoren der wichtigste Indikator für das "Rehabilitationspotential" des Angeklagten (Dawson, 1969). Auch die familiäre Stabilität, die Unterstützung aus der Familie, die Stabilität am Arbeitsplatz, die Arbeitsfähigkeit und Ausbildung beeinflussen die Wahrnehmung der kriminellen Disposition durch den Richter. Je ungünstiger der Richter diese Faktoren einschätzt, desto eher schreibt er dem Angeklagten eine kriminelle Disposition zu und desto strenger fällt die Strafe aus (Greenberg und Ruback, 1982, S. 197).

2.738 Charakteristika des Richters

Wir haben weiter oben betont, daß menschliches Verhalten ein Ergebnis einer *reziproken Interaktion* zwischen der Umgebung und dem Individuum (seiner Persönlichkeit) darstellt. Wir können auch annehmen, daß das Verhalten von Richtern stark durch ihre (juristische) Sozialisation bestimmt wird. Die in diesem Sozialisierungsprozeß vermittelten Erfahrungen beeinflussen ihr Bild von dem, was Gerechtigkeit sein soll. Die rechtliche Sozialisierung des Richters bestimmt auch die Rollenmodelle, denen er nacheifert, und auch die ständige Rückmeldung, die er für diese Rolle aus der Umwelt erhält. Die inter- und intrapersonelle Urteilsdisparität kann auch ein Ergebnis der individuellen Wahrnehmung der eigenen Rolle als Richter sein.

2.7381 Persönlichkeit

Die Versuche, das Richterverhalten aufgrund der Richterpersönlichkeit zu erklären, sind bis heute spärlich und spekulativ geblieben. Dieser Ansatz impliziert, daß das richterliche Entscheidungsverhalten nicht ohne Berücksichtigung der verschiedenen Persönlichkeitsdimensionen verstanden werden kann. Winick et al. (1961) betonen, daß Variablen wie Dominanz, Bedürfnisse, Selbstkonzept, unbewußte Abwehrmechanismen, Projektionen, Rationalisierungen usw. das richterliche Entscheidungsverhalten beeinflussen.

In den wenigen vorhandenen Untersuchungen wurden Richter im Gerichtssaal beobachtet oder öffentliche Berichte ihrer Tätigkeit geprüft. Wir müssen aber zugeben, daß der derzeitige Stand der Persönlichkeitsforschung eine schlechte Basis für differenzierte Untersuchungen des Einflusses der Persönlichkeit auf das Entscheidungsverhalten darstellt. Die meisten Persönlichkeitskonstrukte sind schlecht entwickelt, wenig reliabel oder valide, die Meßinstrumente sind ebenfalls unzureichend. Der Schwerpunkt der Forschung befaßt sich daher mit dem Einfluß individueller sozialer Einstellungs- und Verhaltensstile auf das Richterverhalten.

Einer der ersten Forscher, der in diesem Zusammenhang die Persönlichkeit untersuchte, war Schröder (1918). Er war der Meinung, daß die Psychoanalyse eine fruchtbare Methode für die Untersuchung des Richters darstellt, insbesondere wenn es darum geht, die verdeckten menschlichen Impulse für rechtliche Entscheidungen aufzudecken. Um diese Behauptung zu untermauern, analysierte er die Entscheidungen von Richtern in Sexualdelikten. Auch der Psychoanalytiker Lasswell (1948) untersuchte die Persönlichkeit von Richtern und stellte ebenfalls fest, daß der psychoanalytische Ansatz brauchbare Methoden zur Aufklärung der Beziehung zwischen Charakter, politischem Rollenverhalten und Urteilsverhalten darstellt.

Es gibt auch Bemühungen, "Richtertypologien" aufzustellen (Smith und Blumberg, 1967; Zwingmann, 1966, S. 122). Die bisherigen Ergebnisse gehen - wie die psychoanalytischen Arbeiten zur Richterpersönlichkeit - über vorwissenschaftliche Spekulationen nicht hinaus und besitzen wenig empirische Absicherung.

Mehrere Untersuchungen haben den Zusammenhang zwischen Persönlichkeitsmerkmalen und der Strafzumessungsentscheidung geprüft. Eine interessante Persönlichkeitsvariable ist dabei die Dimension *"Autoritarismus"*. Personen mit hoher Ausprägung dieses Merkmals zeigen im allgemeinen eine Tendenz zu konventionellen Werten, zur Orientierung an Autoritäten und eine Neigung, sich gegen jene zu stellen, die soziale Regeln verletzen. Mitchell und Byrne (1973) haben (an studentischen Versuchspersonen) festgestellt, daß Personen mit hohen Autoritarismuswerten strengere Strafen für Gesetzesverletzungen aussprechen als solche mit niederen Werten (Egalitarismus). Auch eine Wechselbeziehung zwischen Autoritarismus und der Einstellungsähnlichkeit mit dem Angeklagten war nachweisbar. Waren sich Urteiler und Angeklagter in ihren Einstellungen sehr ähnlich, wurde sehr milde bestraft. Ähnliche Ergebnisse wurden auch in anderen Untersuchungen (z.B. Böhm, 1968) nachgewiesen.

Eine weitere, für die Strafzumessung bedeutsame Persönlichkeitsdimension ist Rotters (1966) Konzept des *"locus-of-control"*. Rotter konstruierte eine Skala, um das Ausmaß zu bestimmen, in dem Personen glauben, ihr Geschick beeinflussen zu können. Die "Internalen" glauben, daß sie die "Auszahlungen" aus der Umwelt kontrollieren können ("Jeder ist seines Glückes Schmied"). Die "Externalen" glauben, daß ihre Auszahlungen von der Umwelt kontrolliert werden ("Das Schicksal mischt die Karten und wir spielen"). Mit dieser Skala konnten Carroll und Payne (1976) feststellen, daß Internale eine stärkere Neigung zeigen, die internalen Ursachen des angeklagten Verhaltens zu prüfen - wie etwa vorangegangene Verletzungen von Bewährungsauflagen, Vorstrafen, Ausbildungsniveau des Angeklagten usw. Die Externalen bevorzugten die Prüfung von Informationen, die auf externe Ursachen hinwiesen, wie etwa Alkohol- oder Drogenkonsum. Phares und Wilson (1972) zeigten, daß Internale glauben, Personen seien für ihr eigenes Schicksal verantwortlich. Sie sind daher eher bereit, Strafen für unerwünschtes Verhalten auszusprechen.

In der Forschungsliteratur zum Richterverhalten gibt es vereinzelt Hinweise auf die Bedeutung von Persönlichkeitsvariablen; dieser Ansatz ist aber insgesamt nicht verbreitet und kann nur wenige empirische Arbeiten vorweisen. Auch wenn man ein Gebiet als für die Forschung wichtig erkennt, ist deren Durchführung oft sehr schwer. Erschwert werden die Untersuchungen durch die Abneigung der Richter, ihren Bereich der psychologischen Erforschung zu öffnen. Eine Ursache für die mangelnde Kooperationsbereitschaft liegt möglicherweise auch in der spärlichen bzw. gar nicht vorhandenen psychologischen Ausbildung der Richter. Ein weiterer Grund ist das langsame Fortschreiten dieser Forschung. So kann das Ergebnis auch nach jahrelangem Bemühen nur spekulative Schlußfolgerungen zulassen und die Unterschiede im Richterverhalten kaum erklären.

2.7382 Sozialisierungsprozeß, Einstellungen und Rollenwahrnehmung

Ein Forschungsbereich, der mit der Persönlichkeitsforschung in Beziehung steht, behandelt den *Sozialisierungsprozeß* der Richter, insbesondere die Einflüsse, die ihr Hintergrund auf das Urteilsverhalten hat. Eine grundlegende Annahme ist die, daß der Hintergrund der Richter ihre Entscheidungsprozesse beeinflußt. Entscheidungen werden demnach nicht nur durch Gesetze, sondern auch durch außerrechtliche Faktoren mitbedingt. Der Großteil dieser Arbeiten befaßt sich mit soziologischen und nicht mit psychologischen Variablen und wurde haupsächlich an amerikanischen Richtern durchgeführt. Meist wird durch Korrelationsmethoden der Hintergrund der Richters mit ihren Entscheidungen in Beziehung gesetzt.

Die Unterschiede in den Ansichten über den locus-of-control stehen auch mit *politischen Ideologien* in Zusammenhang. Miller (1973) hat festgestellt, daß sich Personen mit konservativer politischer Orientierung auch stärker auf die internale Verantwortlichkeit bei kriminellen Delikten stützen, während jene mit liberaler politischer Grundhaltung sich mehr auf die externalen Bedingungen (wie soziale Ungerechtigkeit und Diskriminierung) konzentrieren. Für diese Unterschiede gibt es auch empirische Belege. In vielen Untersuchungen versucht man, die Zusammenhänge zwischen demographischen Charakteristika von Richtern und deren Strafzumessungsverhalten aufzuklären.

Die meisten Arbeiten prüfen den Zusammenhang zwischen der ausgesprochenen Strafe mit Faktoren wie Religionszugehörigkeit, ökonomischer Status, Berufskarrierre vor dem Richteramt, Art von Organisationen, denen der Richter angehört usw. Ein konsistentes Ergebnis zeigt, daß Präferenzen für eine konservative (versus liberale) Partei mit der Tendenz, höhere Strafen auszusprechen, zusammenhängen. Protestantische Richter verhängen härtere Strafen als katholische; auch Richter, die vorher Staatsanwälte waren, strafen strenger (Goldman, 1975; Murphy und Tanenhaus, 1972). Nagel (1969) führte eine großangelegte Fragebogenuntersuchung durch, die den Einfluß von Hintergrundmerkmalen der Richter auf deren Urteilsverhalten untersuchte. Nagel setzte für jeden Richter einen Index fest, der seine Tendenz in Richtung Verteidiger bzw. Staatsanwalt beschreibt. Er fand, daß die Zugehörigkeit zu einer politischen Partei, Vereinszugehörigkeit, hohes Einkommen, protestantisches Religionsbekenntnis, niedere Werte in einem Test, der liberale politische Einstellungen mißt, und Erfahrungen als Staatsanwalt in enger Verbindung zu der Tendenz stehen, den Staatsanwalt zu begünstigen.

In einer damit in Beziehung stehenden Untersuchung fand Hagan (1975), daß Richter, die den "Gesetz und Ordnung"-Grundsatz betonen, hauptsächlich auf der Grundlage der rechtlichen Definition der Schwere des Delikts bestrafen. Obwohl jene Richter, die sich weniger um diesen Grundsatz kümmern, auch die Schwere des Delikts betonen, erachten sie auch andere Variablen wie etwa Vorstrafen, ethnische Zugehörigkeit und Anzahl der Anklagepunkte als bedeutsam. Letztere Gruppe verhängt für Mitglieder von Minderheiten mildere Strafen.

Die Sozialisationsforschung steht mit der Untersuchung der richterlichen *Einstellungen* in enger Beziehung; man nimmt an, daß der Sozialisierungsprozeß bestimmte Einstellungen formt. Mehrere Untersuchungen der Urteilsdisparität konzentrierten sich auf die Einstellungsunterschiede zwischen Strafrichtern (Jackson, 1974). Eine einfache und häufig verwendete Untersuchungsmethode ist dabei der Fragebogen.

Opp und Peuckert (1971) legten 500 bayrischen Strafrichtern einen Fragebogen, der eine Reihe von Einstellungsfragen enthielt, vor. Die Richter hatten weiters die Aufgabe, drei Strafrechtsfälle abzuurteilen und einige Fragen über ihre Tätigkeit zu beantworten. In den vorgelegten Fällen variierten die Autoren die soziale Schicht des Opfers und des Täters, so daß sowohl Variablen der Person des Entscheidungsträgers, des Täters und des Opfers als Determinanten postuliert wurden.

Die Ergebnisse zeigen, daß Richter, die eine Deliktart häufiger aburteilen, uneinheitlicher strafen als Richter, die diese Deliktart selten oder nie aburteilen. Es war dies ein unerwartetes Ergebnis, da es plausibler ist, anzunehmen, daß Richter, die eine Spezialisierung auf bestimmte Delikte zeigen, möglicherweise einheitlicher urteilen. Die Dimensionen "Liberalismus" und "Autoritarismus" zeigten keinen allgemeinen Einfluß, jedoch eine Wechselbeziehung zur sozialen Schicht des Täters. Konservative Richter bestraften Täter aus der Unterschicht härter als Täter aus der Oberschicht. Bei liberalen Richtern verhielt es sich umgekehrt. Konservative Richter verurteilen weibliche Täter milder als männliche. Es konnte aber weder ein Einfluß des vorherrschenden Bestrafungsgedankens des Richters (generalpräventiv versus spezialpräventiv) noch eine Beziehung zwischen dem Religionsbekenntnis der Richter und deren Urteil bestätigt werden. Das von Nagel (1969) an amerikanischen Richtern beobachtete Ergebnis, daß protestantische Richter im allgemeinen härter strafen als katholische, trifft demnach für die Bundesrepublik und für Österreich in dieser allgemeinen Formulierung nicht zu. Es ergab sich jedoch eine Beziehung zwischen Religiosität und Urteilshöhe; je religiöser Richter sind, desto härter strafen sie.

2.7382 Sozialisierungsprozeß, Einstellungen und Rollenwahrnehmung

Differenziert man nach dem Geschlecht des Täters, so ergibt sich, daß religiöse Richter weibliche Täter milder bestrafen als männliche.

Derartige Untersuchungen bestimmen den Zusammenhang zwischen Hintergrund- und Umgebungsfaktoren mit den Entscheidungspräferenzen der Richter und leisten dadurch auch einen Beitrag zur Aufklärung der Urteilsdisparität. Es konnten außerrechtliche Faktoren isoliert werden, die mit dem Entscheidungsverhalten der Richter fallweise zusammenhängen. Trotzdem wird der soziologische Ansatz aus folgenden Gründen kritisiert: (1) Der Versuch, die Hintergrundvariablen mit dem Verhalten in Beziehung zu setzen, stellt eine zu grobe Vereinfachung dar. (2) Allgemeine Hintergrundfaktoren können die Reichhaltigkeit des richterlichen Sozialisationsprozesses nicht abdecken. (3) Die Korrelationsuntersuchungen basieren auf der vagen Annahme, daß die Richter einheitliche Hintergrunderfahrungen besitzen und mit einem einheitlichen Verhaltensmuster reagieren.

Kritiker des soziologischen Ansatzes betonen auch, daß die Analyse einer oder mehrerer Hintergrundvariablen die Effekte von Vorurteilen und die Bemühung der Richter, unverzerrte Entscheidungen zu treffen, nicht berücksichtigt. Der soziologische Ansatz sucht zuerst korrelative Zusammenhänge und fügt im zweiten Schritt Erklärungen und Interpretationen an. Da Korrelationen jedoch nur mit großen Einschränkungen Kausalzusammenhänge aufzeigen (siehe Abschnitt 2.4121), sind diese Ergebnisse vorläufig und können bestenfalls Hinweise auf weitere Forschungsarbeiten darstellen.

McFatter (1978) untersuchte den Einfluß der leitenden Strafphilosophie auf die Höhe der Strafzumessung experimentell. Bei 80 (simulierten) Geschwornen wurde die Strafphilosophie durch eine spezielle Instruktion nach jeweils einer von drei Bestrafungstheorien manipuliert: Sühne, Rehabilitation und Abschreckung. Die Versuchspersonen mußten dann für zehn unterschiedliche Delikte mit jeweils physisch attraktiven oder unattraktiven Angeklagten (Manipulation mittels Fotografien) eine angemessen erscheinende Strafe festsetzen. Wenn die Instruktion "Abschreckung" als den vorherrschenden Bestrafungsgedanken vorgab, wurde in allen zehn Delikten die härtesten Strafen verhängt. Milder waren die Strafen bei "Strafe als Sühne" und am mildesten, wenn in der Instruktion der Rehabilitationsgedanke nahegelegt worden war. Die indizierte Strafphilosophie modifizierte den (erwarteten und plausiblen) Zusammenhang zwischen Deliktschwere und Strafhöhe nur leicht. Auch das schon mehrfach bestätigte Ergebnis, daß attraktive Angeklagte von den "Geschwornen" milder bestraft werden als unattraktive, konnte repliziert werden.

Zusammenfassend können wir feststellen, daß die grundlegende Annahme für die meisten dieser Untersuchungen darin besteht, daß ideologische Unterschiede auch zu unterschiedlichem Entscheidungsverhalten führen. Die Arbeiten von Nagel (1969) liefern wahrscheinlich die brauchbarsten Ergebnisse, weil sie die Einstellungen (statistisch) unabhängig von den Entscheidungspräferenzen messen. Die Verbindung zwischen richterlichen Einstellungen und ihrem Entscheidungsverhalten ist aber größtenteils noch ungeklärt.

In enger Beziehung zur Einstellungsforschung steht die Forschung zur *Rollenwahrnehmung* des Richters. Becker (1970) meint, daß die Einstellungsforschung einen wichtigen Filter zwischen Einstellung und Verhalten nicht berücksichtigt. Dieser Filter ist der rechtliche Sozialisierungsprozeß, der die richterliche Rolle formt. Nach Becker betont die richterliche Rolle die Bedeutung von Grundsatzentscheidungen für die Urteile stärker als die von Einstellungen.

Becker (1964) legte Studenten der Rechtswissenschaft und anderen Studenten hypothetische Fälle vor und bat sie, Urteile abzugeben. Er zeigte, daß Rechtsstudenten (im Vergleich zu Studenten anderer Studienrichtungen) stärker von Präjudizien geleitet werden; auch dann, wenn man Fälle gegen das eigene Wertsystem entscheiden muß. Zur Absicherung dieser Ergebnisse führte Becker (1966) eine Untersuchung an Richtern durch. Er fand eine große Variation in der Orientierung an Präjudizien unter Richtern. Der Großteil der Richter stufte persönliche Merkmale bei der Entscheidungsfindung als extrem wichtig ein. Waren die Richter stark von Präjudizien geleitet, entschieden sie hypothetische Fälle auch oft gegen ihre persönlichen Wertvorstellungen und zugunsten der Präjudizien.

Die meisten Arbeiten zur richterlichen Rolle stehen mit Einstellungen in Beziehung. Man könnte erwarten, daß Einstellungen von Richtern mit der Rollenwahrnehmung zusammenhängen, und daß diese Wechselwirkung eine wichtige Determinante von Entscheidungspräferenzen ausmacht. In einer Untersuchung wollte Gibson (1978) diese Beziehung zwischen Einstellung und Rolle prüfen. Er untersuchte die Strafzumessung von 26 Richtern und interviewte diese über ihre Einstellungen und ihre Rollenwahrnehmung; insbesondere zur Frage, inwieweit persönliche Werte in die Entscheidung einfließen sollten. Gibson fand, daß die Einstellungen nur 14% der Urteilsvariabilität erklärten; die Rollenorientierung war für nur 8% verantwortlich. Verwendet man jedoch beide Variablen gleichzeitig als Vorhersagefaktoren (ihre Wechselwirkung), dann erklären sie 64%. Dieser Forschungsansatz scheint auch am vielversprechendsten für künftige Arbeiten zu sein.

2.7383 Kausale Attributionen und Strafzumessung

Wenn man die individuellen Urteilsunterschiede zwischen Richtern überprüft, ist die Annahme einer Verbindung zwischen den kausalen Attributionen für eine kriminelle Handlung und der ausgesprochenen Strafe interessant. Carroll und Payne (1977a) verwendeten eine Abwandlung des Weinerschen Attributionsmodells, (s.a. Abschnitt 2.2213) um systematisch die Konsequenzen bestimmter Kausalattributionen für die Strafzumessung zu untersuchen. Studenten lasen eine kurze Beschreibung eines Delikts, dem eine einfache kausale Attribution angefügt war (z.B.: der Täter war in einer depressiven Stimmung, er hat beträchtlich Alkohol konsumiert, er wurde von Impulsen "getrieben"). Es gab acht Handlungsursachen, jede ergab sich aus einer bestimmten Kombination von drei Attributionsdimensionen: (1) der "Locus-of-control"-Dimension (internal/external), (2) der Stabilitätsdimension (stabil/unstabil) und (3) einer Dimension, die im ursprünglichen Weinerschen Modell nicht enthalten ist - der Intentionsdimension (absichtlich/unabsichtlich). Letztere zeigte jedoch keine Effekte auf die abhängigen Variablen. Die Hypothese von Carroll und Payne besagt, daß die Locus-of-control-Dimension die Strafzumessung und die Stabilitätsdimension die Einschätzung des Rückfälligkeitsrisikos bestimmt. Im großen und ganzen konnten die Daten diese Hypothesen bestätigen. Die Autoren entdeckten, daß die Attribution auf interne Ursachen (z.B. der Täter hat einen aggressiven Charakter) zu einer höheren Einstufung der Deliktschwere und der Verantwortlichkeit für die Tat und in der Folge zu härteren Strafen führte. Die Attributionen auf stabile Ursachen (z.B. der Täter hat sich lange vor der Tat mit der Ausführung des Delikts beschäftigt) führte zu einer höheren Einstufung der kriminellen Disposition (und daher zu einer stärkeren Rückfallserwartung) und höheren Einschätzung der Verantwortlichkeit für die Tat; weiters zu einem größeren Bedürfnis, den Kriminellen aus der Gesellschaft zu entfernen (durch längere Freiheitsstrafen). Bei einer Replikation dieser Untersuchung mit Versuchspersonen, die in der Rechtsprechung tätig sind, verschwand die Beziehung zwischen den Attributionsdimensionen und der Strafzumessung; die Beziehung zu anderen Urteilsaspekten, wie etwa zur wahrgenommenen Kriminalität, Verantwortlichkeit und Deliktschwere, blieb erhalten.

Nimmt der Urteiler internale oder stabile (bzw. internale und stabile) Handlungsursachen an, ist er eher geneigt, härtere Strafen auszusprechen. Richter, die ein Verhalten auf internale Ursachen zurückführen, schließen, daß das Strafrechtssystem die kriminelle Neigung nicht ändern kann, und daß man versuchen sollte, weitere Delikte des Täters zu verhindern. Mit anderen Worten, ein Richter, der internale und/oder stabile Attributionen macht, wird annehmen, daß das Strafrechtssystem seinen vorherrschenden Bestrafungsgedanken von der Rehabilitation des Täters (der Veränderung der stabilen Disposition) auf die Verwahrung des Angeklagten lenken sollte, so daß er keine weiteren Delikte gegen die Öffentlichkeit ausführen kann (die Verhütung der Konsequenzen der Disposition).

Die widersprüchlichen Ergebnisse, die man durch die Verwendung unterschiedlicher Gruppen von Versuchspersonen erzielt (Studenten gegenüber Personen, die in der Rechtsprechung tätig sind - jedoch zumeist keine Richter) weisen auf die Schwierigkeiten bei der Verallgemeinerung hin. Dies bedeutet aber nicht, daß die Ergebnisse mit Versuchspersonen aus der Rechtsprechung zuverlässigere Indikatoren für das tatsächliche Verhalten von Richtern sind. Die wichtige Frage ist eine empirische. Eine Replikation der Untersuchung mit Richtern könnte Klarheit schaffen.

2.739 Die Bedeutung der verwendeten Forschungsmethode

Wie sehr die erzielten Ergebnisse von der verwendeten Methode abhängen, zeigen Untersuchungen von Konecni und Ebbesen (1979), die die determinierenden Faktoren der Strafzumessungsentscheidung aufdecken sollten. Diese Ergebnisse geben gleichzeitig einen wichtigen Rahmen für die Diskussion aller in diesem Kapitel beschriebenen Arbeiten.

Die Autoren setzten in ihrem Forschungsprojekt sechs verschiedene Datenerhebungstechniken ein, die alle die determinierenden Faktoren der Strafzumessung aufdecken sollten. Die Anwendung der unterschiedlichen Methoden brachte auch die interessantesten Ergebnisse. Mit der **Interview-Methode** (auch journalistischer Ansatz genannt) wurden acht Richter von einer Gruppe Studenten gefragt, welche Variablen die Strafzumessungsentscheidung beeinflussen. Die Autoren betonen, daß der Großteil des öffentlichen Wissens über das Strafrecht durch diese Interviewmethode gesammelt wird. Auch in den Informationsmedien wird diese Methode am häufigsten verwendet. Die Untersuchung ergab, daß es viele Faktoren gibt, die die Strafzumessungsentscheidung beeinflussen, daß die Entscheidung sehr komplex ist und daß jeder Fall anders geartet ist. Die Richter gaben an, daß sie jeden Fall je nach Hintergrund und Status des Angeklagten und der Art des Delikts auf eine einzigartige Weise bearbeiten. Erst nach der kritischen Prüfung einer Vielzahl von Faktoren wird die Entscheidung getroffen. Dieses "ideale" Strafzumessungsverfahren ist wahrscheinlich auch jenes, das die Öffentlichkeit von den Richtern erwartet.

Der **Fragebogen** (soziologischer Ansatz) war die zweite Methode. 16 Richtern wurden strukturierte Fragen vorgelegt, die die individuelle Ausprägung in 25 Variablen bestimmten. Von diesen Faktoren nahm man an, daß sie Richter bei der Strafzumessung beeinflussen: Alter, Geschlecht, Religionsbekenntnis, Familienstand, ethnische Zugehörigkeit, politische Einstellung, Ausbildung, sozioökonomischer Status, Vorstrafen, Schwere des Delikts, die Tatsache, daß eine Waffe in der kriminellen Handlung verwendet worden war usw. Die Richter mußten die Faktoren nach ihrer Wichtigkeit ordnen. Fast alle Richter gaben vier verschiedenen Variablen hohe Gewichte: (1) der Schwere des vorliegenden Delikts, (2) der kriminellen Vorgeschichte des Angeklagten, (3) der Familiensituation und (4) der Arbeitssituation (arbeitslos versus beschäftigt). Die Richter gaben an, daß die Forderungen des Staatsanwalts bzw. des Verteidigers keine wichtige Rolle bei ihrer Entscheidung spielten.

In der dritten **(Rating-Scale-)Untersuchung** stuften acht Strafrichter acht Erschwernis- bzw. Milderungsgründe auf einem Kontinuum der Wichtigkeit (von 0: völlig unwichtig bis 10: sehr wichtig) ein. Die Ergebnisse zeigen, daß die Schwere des Delikts, die Vorstrafen und der Familienstand am wichtigsten sind. Diese Daten bestätigten die Fragebogenergebnisse, jedoch mit der Ausnahme, daß die Arbeitssituation des Angeklagten hier als völlig unwichtig bewertet wurde. Die Fragebögen und Skalen wurden auch 32 Verteidigern, die mindestens sieben Jahre Gerichtserfahrung in Strafrechtsangelegenheiten hatten, vorgelegt. Die Antworten der Anwälte waren bis auf zwei Abweichungen jenen der Richter ähnlich: die Schwere des Delikts und die Vorstrafen waren in ihren Augen die wichtigsten Bestimmungsfaktoren der Strafzumessung. Der dritt- und viertwichtigste Faktor war die ethnische Zugehörigkeit des Angeklagten und seine Einkommensverhältnisse.

Die vierte Untersuchung von Konecni und Ebbesen war eine **Simulationsstudie**. 12 Richtern und 22 Bewährungshelfern wurden kurze Beschreibungen von fiktiven Strafrechtsfällen vorgelegt, die sich in relevanten Angeklagtenvariablen unterschieden. Die Richter sollten sich für eine von drei Strafen entscheiden: Freiheitsentzug, Bewährung mit kurzer Verwahrung und nur Bewährung. Die Bewährungshelfer sollten ebenfalls eine Strafempfehlung abgeben, wobei ihnen die gleichen Wahlmöglichkeiten wie den Richtern zur Auswahl standen. Die Richter entschieden sich für die härteren Strafen bei Angeklagten mit schwereren Delikten, längerem Vorstrafenregister und bei Vorliegen einer strengen Strafempfehlung von seiten der Bewährungshelfer. Die Familien- und Arbeitssituation des Angeklagten wurde als unwichtig eingestuft. Eine genauere Analyse der Daten ergab, daß die Entscheidung der Richter von nur zwei Faktoren - der Schwere des Delikts und den Vorstrafen - beeinflußt wurde. Die Bewährungshelfer ließen sich am stärksten von den Vorstrafen des Angeklagten beeinflussen, dann von der Schwere des Delikts, der Familien- und Arbeitssituation und der Reue, die der Angeklagte zeigte. Das Vorliegen eines Geständnisses zeigte keinen Einfluß auf die Entscheidung des Bewährungshelfers.

In der fünften Untersuchung gingen die Forscher **direkt in den Gerichtssaal**. Geschulte Beobachter beurteilten 400 Strafzumessungsberatungen mittels vorgegebener Skalen. Diese Beratungen dauerten im Durchschnitt nur fünf Minuten. Die relevanten Variablen, die man erfassen wollte, wurden mit einem sehr differenzierten Kodiersystem eingestuft. Dies erleichterte die statistischen Analysen nach den Beobachtungen. Die Ergebnisse waren entmutigend, da keiner der vorgeschlagenen Faktoren mit statistisch gesicherter Bedeutung hervortrat.

Die sechste Untersuchung war eine **Archivanalyse** von 1000 abgeschlossenen Gerichtsakten. Ungeachtet der Vielzahl von Faktoren, die kodiert wurden, zeigten sich nur wenige als mögliche Bestimmungsfaktoren der Strafzumessung. Nur bei vier Faktoren gab es einen signifikanten Zusammenhang mit der ausgesprochenen Strafe: (1) bei der Art des Delikts, (2) der Anzahl der Vorstrafen, (3) der Entscheidung, den Verdächtigen in Untersuchungshaft zu belassen bzw. auf freien Fuß zu setzen und (4) der Strafempfehlung des Bewährungshelfers[1]. Eine sorgfältige Datenanalyse ergab, daß die Empfehlung des Bewährungshelfers am bedeutendsten für die Strafzumessung war.

In allen sechs Untersuchungen tauchen die Schwere des Delikts und die Vorstrafen immer wieder auf; möglicherweise deshalb, weil sie der Bewährungshelfer in seinen Empfehlungen berücksichtigte. Das bedeutet, daß sich der Richter in erster Linie an der Empfehlung des Bewährungshelfers orientiert, da er annimmt, daß die Deliktschwere und die Vorstrafen im Bericht bereits berücksichtigt wurden. Es ist daher möglich, daß Richter mit ihrer Behauptung, diese

---

[1] An dieser Stelle sei nochmals auf die Problematik der systemunabhängigen Gültigkeit derartiger Untersuchungsergebnisse hingewiesen. Die im amerikanischen Verfahren vorhandene direkte Einflußnahme auf die Strafzumessungsentscheidung durch die Empfehlungen des Bewährungshelfers hat im österreichischen oder deutschen Strafrecht keine Entsprechung. Eine in Ansätzen ähnliche Einrichtung ist die soziale Gerichtshilfe, die in manchen Gerichtsbezirken der BRD existiert: Ein Sozialhelfer gibt eine Prognose des Wohlverhaltens und einen Bericht über die sozialen Hintergründe, die Wohn-, Familien- und Arbeitsverhältnisse des Angeklagten ab, der als Entscheidungshilfe bei der Strafzumessung dienen kann.

Faktoren zu berücksichtigen, nur darauf hinweisen, daß sie dies indirekt über den Bericht des Bewährungshelfers als Primärquelle tun.

Die Ergebnisse dieser Untersuchungen zeigen auch deutlich, daß die verwendete Methode bestimmt, welche Faktoren als wesentlich aufscheinen. Keine der in den Untersuchungen von Konecni und Ebbesen verwendeten sechs Methoden erbrachte identische Ergebnisse in bezug auf Art, Anzahl und Bedeutung der unterschiedlichen Determinanten der richterlichen Strafzumessung. Faktoren, die in einer Untersuchung als wichtig hervortreten, waren in der anderen bedeutungslos. So sind die Angaben der Richter über ihr Entscheidungsverhalten nicht mit ihrem tatsächlichen Verhalten im Gerichtssaal identisch. Hätten sich die Autoren nur mit den Interview- bzw. Fragebogendaten zufriedengegeben, würde anscheinend nur die Deliktschwere und die kriminelle Vorgeschichte die Strafzumessungsentscheidung bestimmen. Andere Methoden und Versuchspläne weisen auf andere Faktoren mit gleicher oder größerer Bedeutung (z.B. den Bericht des Bewährungshelfers) hin.

Die aufwendige Arbeit der psychologischen Beurteilung von Gerichtsakten zur Analyse der richterlichen Entscheidungsfindung ist wahrscheinlich der brauchbarste Ansatz. Die **Archivanalyse** befaßt sich mit realen Entscheidungen. Die schriftlichen Gerichtsakten enthalten auch eine Vielzahl von potentiellen Faktoren, die mit den anderen Methoden nicht erfaßbar sind. Die Ergebnisse von Archivanalysen können - wegen ihrer "Passivität" - auch nicht durch die persönliche Stellungnahme der Untersuchten oder ihr Bemühen, sich im besten Licht zu zeigen, verzerrt sein. Sie enthalten weiters wertvolle Daten über die sukzessive Bearbeitung des Falls im Strafrechtssystem und weisen daher auch auf Ereignisse, die vor der untersuchten Entscheidung bedeutsam waren, hin.

Wie wir bereits in den Überlegungen zur Zeugenaussage gesehen haben, besitzt der Mensch nur eine begrenzte Kapazität zur Informationsverarbeitung. Er ist auch bestrebt, die Komplexität seiner Umwelt ständig zu vereinfachen. Ungeachtet der verbreiteten Meinung, daß z.B. Kliniker sehr komplexe Entscheidungen treffen, kann es sein, daß ihre Diagnosen oft nur von wenigen Informationen und Bewertungen abhängen. Werte, Lernprozesse, Erfahrungen und sogar Bedürfnisse können ihre Diagnosen und Behandlungspläne beeinflussen. Auch der rechtliche Entscheidungsträger glaubt, daß er sehr komplizierte Entscheidungen trifft und dabei viele Aspekte und Schlußfolgerungen berücksichtigt. Dies zeigte auch die Interviewuntersuchung von Konecni und Ebbesen. Trotz der Komplexität menschlichen Verhaltens verwendet man bei Entscheidungen nur wenig Informationen und einfache Entscheidungsstrategien.

2.74 Reformvorschläge zur Reduktion der Urteilsdisparität von Strafrichtern

Einer der Hauptkritikpunkte an der richterlichen Tätigkeit betrifft die Beobachtung, daß die Strafzumessungsentscheidungen für sehr ähnliche Fälle uneinheitlich sind. Diese "Anklage" wegen "Urteilsdisparität" ist berechtigt. Die richterlichen Urteilsinkonsistenzen erlangen auch in der Öffentlichkeit viel Aufmerksamkeit, Ermessensentscheidungen an anderen Stellen des Strafrechtssystems werden dagegen kaum beachtet oder sogar ignoriert. Dieser Unterschied der Resonanz in der Öffentlichkeit läßt sich wahrscheinlich damit begründen, daß die Urteilsdisparität im Stadium der Strafzumessung leichter nachzuweisen ist (z.B. durch den Prozentsatz von ausgesprochenen Strafen auf Bewährung oder der durchschnittlichen Länge von Freiheitsentzug) als auf anderen Ebenen, wie etwa der polizeilichen Anzeige oder der Anklage durch den Staatsanwalt (Dawson, 1969).

Die Urteilsdisparität ist nicht nur durch Statistiken, sondern auch durch empirische, experimentelle Untersuchungen nachweisbar (siehe die weiter oben beschriebene Untersuchung von Partridge und Eldridge). Diese Arbeit ist nur eines von vielen Beispielen, die zeigen, daß auch einschlägig erfahrene Personen in der gleichen Rolle mit gleicher Information zu unterschiedlichen Schlußfolgerungen und Urteilen kommen.

Es gibt derzeit in verschiedenen Rechtssystemen Bemühungen, richterliches Urteilen durch die *Einengung der Ermessensspielräume* zu vereinheitlichen. In einigen Staaten der USA zeigt sich diese Entwicklung darin, daß für bestimmte Delikte obligatorische Strafen festgesetzt werden. So hat z.B. der Staat Massachusetts ein Gesetz verabschiedet, das eine obligatorische Strafe von einem Jahr Freiheitsentzug für unerlaubten Waffenbesitz vorsieht. Die Befürworter dieses Gesetzes betonen, daß sich die tätlichen Angriffe und Morde mit Feuerwaffen seit dem Inkrafttreten des Gesetzes im Jahre 1975 verringert haben.

Auch das Einsetzen *"präsumtiver Strafen"* für jedes Delikt wird in einigen westeuropäischen Rechtssystemen diskutiert. Die präsumtive Strafe ist jene, die ein Ersttäter für die (typische) Ausführung eines bestimmten Delikts erhält. Für den Wiederholungstäter erhöht sich die präsumtive Strafe auf eine ebenfalls festgelegte Art. Gibt es außerordentliche Umstände, kann der Richter von der präsumtiven Strafe abweichen - er muß sein Vorgehen allerdings schriftlich begründen. Ein anderer Vorschlag zur Verringerung der richterlichen Urteilsdisparität ist die Verwendung von *Richtlinien für die Strafzumessung*. In diesen Richtlinien ist die Ober- und Untergrenze der Strafe für ein bestimmtes Delikt und bei gegebener krimineller Vorgeschichte des Angeklagten genau festgelegt. Ein Richter kann von den Richtlinien abweichen, wenn er die strafmildernden bzw. strafverschärfenden Umstände, die seine Entscheidung bestimmen, genau angibt. Präsumtive Strafen und die Richtlinien der Strafzumessung sind in erster Linie für den typischen (den "durchschnittlichen") Fall vorgesehen, nicht für die Ausnahme. Da eine schriftliche Urteilsbegründung nur bei Ausnahmefällen erforderlich ist, werden Abweichungen von den Richtlinien wahrscheinlich seltener und nur in unüblichen Fällen eintreten (Silberman, 1978).

Obwohl die Fürsprecher einer Strafzumessungsreform viel Unterstützung erhalten, gibt es auch *Kritik*. Die Gegner betonen, daß die Richtlinien der Strafzumessung verfassungsrechtliche Fragen des gerechten Prozesses aufwerfen und zu einer grundlegenden Neuüberlegung strafrechtlicher Verfahren führen würden. Auch könnte das Bemühen, Konsistenz in der Strafzumessung zu erreichen, im allgemeinen zu einer höheren durchschnittlichen Strafe führen, was u.a. zu einer weiteren Überfüllung der schon ausgelasteten Gefängnisse führen kann. Verschiedene Organe des Strafrechts vertreten auch die Ansicht, daß die vorgeschriebenen Strafen und Richtlinien zu streng ausfallen würden (Schulhofer, 1980). Obwohl in verschiedenen Rechtssystemen mit Richtlinien für die Strafzumessung experimentiert wird, garantieren die meisten Systeme dem Richter nach wie vor weite Ermessensspielräume bei der Strafzumessung. Bei gegebenen weiten Ermessensspielräumen werden die Richter erwartungsgemäß auch größere Urteilsdisparität zeigen.

Wie wichtig eine Urteilsberatung für die Reduktion der Disparität ist, konnte Sporer (1982b) in einer experimentellen Studie nachweisen. Jusstudenten mußten in Zwei- und Drei-Personengruppen die angemessenste Strafe zumessen und auch angeben, nach wieviel Jahren Freiheitsentzug eine bedingte Entlassung in Aussicht gestellt werden soll. Die Streubreite der Urteile vor und nach einer kurzen Beratung reduzierte sich in der Drei-Personengruppe für die Gesamtstrafe um 58%, für den Zeitpunkt der bedingten Entlassung um 18%. Die Werte der Zwei-Personengruppe lagen bei 53% bzw. 38%. In einer Folgeuntersuchung prüfte Sporer (1982b) den Effekt unterschiedlicher Verfahrensmerkmale für die Disparitätsreduktion und konnte beobachten, daß das Bekanntgeben der Strafempfehlung vor der Beratung einen nachteiligen Einfluß ausübt. Bevor nicht weitere Ergebnisse (insbesondere von realitätsnahen Studien) vorliegen, kann die Sozialpsychologie noch keine Empfehlungen für Verfahrensänderungen bei der Strafzumessung abgeben.

Welche *Ursachen*, die im System selbst liegen, sind für die Urteilsdisparität verantwortlich? Sie könnte entstehen durch: (1) einen Mangel an Kommmunikation zwischen den Richtern in bezug auf die Strafziele; (2) einen Mangel an Kommunikation zwischen dem bestrafenden Gericht und dem Strafvollzugssystem; (3) den Mangel an Informationen, die Richter über die Praxis der Strafvollzugsinstitutionen haben und (4) den Mangel an Information über verfügbare Strafalternativen. Da das Gesetz dem Richter im allgemeinen wenig Anleitung gibt, welche Ziele durch eine Freiheitsstrafe erreicht werden sollen, haben die Richter selbst verschiedene Ziele (Strafphilosophien) und sprechen daher auch unterschiedliche Strafen aus. Die Kombination von Kommunikationsmangel und Vieldeutigkeit der Strafziele öffnet nun dem Einfluß von außerrechtlichen Faktoren, insbesondere psychologischen, Tür und Tor (Pepitone und DiNubile, 1976).

2.741 Psychologische Trainingsprogramme

Eine andere Bemühung, die Urteilsdisparität der Richter bei der Strafzumessung zu verringern, stammt von Psychologen, die Trainingsprogramme sowohl für die individuelle Richterentscheidung wie auch für die Gruppenentscheidung entwickeln. Die unterschiedlichen Ansätze für Trainingsprogramme lassen sich je nach dem theoretischen Hintergrund in mathematische Entscheidungshilfen, Entscheidungshilfen, denen das Bayes-Modell zugrundeliegt, Modelle der Informations-Integrations-Theorie und der Attributionstheorie ordnen (Haisch, 1983b; Haisch und Grabitz, 1979).

Empfehlungen für eine *Entscheidungstechnik* (für individuelle wie auch für Gruppenentscheidung) lassen sich nur dann wissenschaftlich begründen, wenn Kriterien für die Beurteilung der Qualität existieren und empirisch bestätigte Hypothesen darüber vorliegen, von welchen Bedingungen eine "gute" oder "schlechte" Entscheidung abhängt. Mit den Trainingsprogrammen soll weniger akzeptables Entscheidungsverhalten rechtlicher Entscheidungsträger akzeptabler werden.

Bei der Anwendung des **Bayes-Theorems** (s.a. Abschnitt 1.451) als Kriterium für richterliches Handeln geht man davon aus, daß richterliche Entscheidungen aufgrund unsicherer Informationen zustande kommen. Jeder Richter kann die verschiedenen Beweismittel unterschiedlich gewichten. Eine Urteilshilfe besteht darin, die Entscheidungen in Subentscheidungen aufzugliedern. Der Entscheidungsträger muß den Bedeutungsgehalt der einzelnen Informationen bestimmen, der dann mit Hilfe des Bayes-Theorems verarbeitet wird. Wesentlich dabei ist die "Angemessenheit" der objektiven Informationsverarbeitung. Wenn man das Bayes-Theorem auf Entscheidungen mit "Unsicherheit" anwendet, also auf solche, die auf unterschiedlichen und möglicherweise widersprüchlichen Informationen beruhen, sind Modifikationen erforderlich (Schum, 1975). Vergleicht man die menschliche Informationsverarbeitung mit der "objektiven" des Bayes-Theorems, so zeigt sich, daß der menschliche Urteiler die Bedeutung von Informationen aus den unsicheren Quellen überschätzt. Schum meint, daß ein Trainingsprogramm für rechtliche Entscheidungen eine realistischere Einschätzung der Informationen aus unsicheren Quellen zum Ziel haben soll.

Eine Modifikation des Bayes-Theorems als Modell für richterliche Informationsverarbeitung (siehe Schum und Martin, 1982), die auch die subjektive Einschätzung gegebener Beweismittel und richterlicher Hypothesen einschließt, wurde von Goldsmith (1980) formuliert. Nach dem Bayes-Theorem kann eine Hypothese entweder "wahr" oder "falsch" sein; im modifizierten Modell von Goldsmith existieren drei Kriterien dafür, daß eine Hypothese bestätigt, widerlegt oder weder bestätigt noch widerlegt ist. Der Autor postuliert, daß sein modifiziertes Modell als normative Urteilsgrundlage insbesondere für das Strafverfahren geeignet ist und belegt mit empirischen Untersuchungen, daß (im schwedischen Strafverfahren) Richter und Staatsanwälte hauptsächlich nach seinem Modell entscheiden. Die Untersuchungen ergaben, daß Studenten der Rechtswissenschaft gegenüber Staatsanwälten weniger Übereinstimmung mit dem Modell zeigen. Goldsmith interpretiert diese Ergebnisse damit, daß Entscheidungsträger im Rechtssystem erst durch die praktische Tätigkeit adäquatere (bessere) Entscheidungsstrategien entwickeln. Nach Goldsmith könnte der Erwerb "richtiger" Urteilsstrategien für die praktische Tätigkeit von Entscheidungsträgern abgekürzt werden, wenn man Studenten bereits während ihrer Ausbildungszeit mit derartigen Programmen trainiert.

Eine weitere Möglichkeit, die Angemessenheit von Richterurteilen zu prüfen, ist das Modell der **Informations-Integration** (Anderson, 1983). Das Modell nimmt an, daß ein Richter (Geschworner) mit einem initialen Eindruck, der schon vor jeder Beweisdarbietung vorhanden ist, an den Fall herangeht und der ein bestimmtes Gewicht und einen bestimmten Skalenwert besitzt. Während des Beweisverfahrens werden Informationen unterschiedlicher (rechtlicher) Relevanz dargeboten, denen ebenfalls ein Gewicht und ein Skalenwert zugeschrieben wird. Der anfängliche Eindruck ist die "Urteilstendenz" einer Person. Dieser Eindruck wird nun mit den einströmenden Informationen (durch die Bildung eines Durchschnitts) kombiniert. Bestimmten Beweismitteln gibt man mehr Gewicht als anderen; z.B. wenn ein Zeuge glaubwürdiger erscheint als ein anderer. Aber alle Informationen werden auf diese Art in ein finales Urteil integriert. Nach Kaplan und Miller (1978) ergeben sich daraus zwei unterschiedliche Trainingsmöglichkeiten für Richter im Strafverfahren (bzw. für Geschworne).

Erstens kann sich ein Urteilender durch spezielle Instruktionen bemühen, die eigene Urteilstendenz auszuschalten, zweitens kann man rechtlich bedeutsame Informationen häufiger darbieten und höher gewichten. Kaplan und Miller führten zur Prüfung der Brauchbarkeit der Informations-Integrations-Theorie als Entscheidungstechnik (insbesondere zum zweiten Punkt) verschiedene Experimente durch. In einem Experiment erzeugten die Autoren bei den (simulierten) Geschwornen durch das (manipulierte) Verhalten der Prozeßbeteiligten verschiedene Urteilstendenzen. Den Versuchspersonen wurden vier simulierte Gerichtsverfahren vorgeführt. Im ersten behinderte der Anklagevertreter, im zweiten der Verteidiger und im dritten der Richter den Verfahrensablauf für die Geschwornen auf ärgerliche Weise; im vierten wurde das Verfahren zügig beendet. Die Aufgabe der simulierten Geschwornen bestand darin, das Ausmaß der Schuld des Angeklagten vor und nach der Urteilsberatung anzugeben und ein Gruppenurteil zu fällen.

Die Ergebnisse zeigen, daß die individuellen Urteile vor der Beratung vom Verhalten der Prozeßbeteiligten bestimmt waren. Die höchste Schuldwahrnehmung erreichte der Angeklagte, wenn sein Verteidiger das Verfahren verzögerte. Der Einfluß des Verhaltens der Prozeßbeteiligten auf die Urteile verschwand jedoch nach der Beratung. Nach der Beratung gab es in der Schuldwahrnehmung keinen Unterschied mehr. Die Autoren interpretieren die Ergebnisse als Bestätigung der Vorhersagen des Modells der Informations-Integration. Die individuellen Geschwornen bildeten ihr Urteil sowohl durch ihre persönliche Urteilstendenz wie auch durch die (manipulierten) Informationen aus dem Verfahren. Die Bedeutung der Urteilstendenz nahm jedoch in dem Ausmaß ab, in dem die Relevanz der Information zunahm. Wie stark die persönlichen Urteilstendenzen auf das Gesamturteil durchschlagen, hängt von der Menge und dem Gewicht der dargebotenen (rechtlich relevanten) Informationen ab.

Daraus lassen sich auch Entscheidungstechniken ableiten. Eine verzerrende und daher unerwünschte Urteilstendenz kann durch mehr und gewichtigere Informationen vermindert werden. Es ergeben sich auch Hinweise auf die Gestaltung des Strafverfahrens. Im angloamerikanischen "adversary system", das auf den Konflikt der kontrahierenden Parteien aufgebaut ist, führt die dadurch entstehende Unsicherheit über die Gültigkeit jeder Information dazu, daß die Urteilstendenzen der individuellen Entscheidungsträger stärker wirksam werden. Es wird daher gefordert, daß im Verfahren nicht grundsätzlich jede

Information in Frage gestellt werden darf, sondern daß sichere Informationen dargeboten werden müssen. Dies ist eine Forderung, die tendenziell im kooperativ orientierten österreichischen und deutschen Strafverfahren realisiert ist (Haisch, 1983b).

Haisch (1980) schlägt ein Trainingsprogramm für richterliches Urteilen vor, das auf der **Attributionstheorie** aufbaut. Das Kriterium für die Angemessenheit des Urteils ist durch das Kovariationsprinzip (siehe dazu S. 66) gegeben. Die Grundidee des Kovariationsprinzips besteht darin, die tatsächlichen Ursachen konkreter Verhaltensweisen zu bestimmen, um als Verhaltensursachen nur bestimmte zuzulassen: (1) solche, die immer gegeben sind, wenn das fragliche Verhalten auftritt; (2) solche Bedingungen, die nicht immer gegeben sind, wenn das Verhalten auftritt, können nicht Verhaltensursachen sein; (3) auch solche Bedingungen können nicht Verhaltensursachen sein, die nur gegeben sind, wenn das fragliche Verhalten nicht auftritt. Überträgt man diese Regeln auf die umweltspezifischen und personspezifischen Ursachen, dann muß nach der Attributionstheorie eine rationale Bestimmung von Verhaltensursachen möglich sein.

Empirische Untersuchungen von Haisch und Grabitz (1977) konnten zeigen, daß das Ziel einer möglichst einheitlichen rationalen Bestimmung von Verhaltensursachen bei der Schuldfindung im Strafverfahren nicht erreicht ist. Das vorgeschlagene Trainingsprogramm soll das richterliche Handeln in möglichst weitgehende Übereinstimmung mit diesem Ziel bringen. Im allgemeinen Teil werden Beispiele gegeben, wie mit Hilfe des Kovariationsprinzips Verhaltensursachen genau bestimmbar sind. Der spezielle Teil enthält auf das Strafverfahren zugeschnittene Aufgaben, insbesondere für Schuldfindung und Strafzumessung. Der Richter kann mit Hilfe des Kovariationsprinzips bei vorliegender Täterschaft eines Angeklagten das Ausmaß der Schuld für die kriminelle Handlung festlegen. Liegen täterspezifische Ursachen der devianten Handlungen vor, lernt der Richter, dem Angeklagten mehr persönliche Schuld zuzuschreiben, und das bewirkt wiederum das Festsetzen einer höheren Strafe aus dem gesetzlich bestimmten Strafrahmen. Liegt der Schwerpunkt bei umweltspezifischen Ursachen (d.h. die Umwelt des Täters ist am Zustandekommen der kriminellen Handlung mitschuldig), werden geringere Strafen ausgesprochen.

Das Trainingsprogramm ist als programmierte Unterweisung aufgebaut, so daß der Bearbeiter eine Kombination verschiedener Antworten als seiner Meinung nach korrekt anzugeben hat. Auf der jeweils folgenden Seite erhält er die aus der Sicht der Attributionstheorie zutreffendste Antwort. In einer ersten Überprüfung des Programms konnte Haisch (1980) belegen, daß trainierte Gerichtsreferendare bei täterspezifischen Ursachen härtere Strafen verhängen als bei umweltspezifischen, während die Ursachen krimineller Handlungen bei nichttrainierten Referendaren keine Konsequenzen auf die Strafzumessung hatten. Trainierte verwendeten auch mehr Informationen aus den attributional relevanten Informationsklassen als Nichttrainierte. Weitere empirische Untersuchungen liegen leider noch nicht vor. Eine Kritik am theoretischen Bezugsrahmen des Trainings wird von Schünemann (1984) vorgebracht. Er meint, daß sich das von Haisch als theoretischer Bezugsrahmen vorgeschlagene Falsifikations-Konzept (des kritischen Rationalismus) nicht auf richterliches Entscheidungsverhalten übertragen läßt; u.a. deshalb nicht, weil der Richter im Zweifel für den Angeklagten entscheiden muß, so daß gescheiterte Falsifikationstests noch keine Verurteilung begründen können.

Zusammenfassung und Schlußfolgerungen. Dieses Kapitel begann mit einer Darstellung der Aufgaben und der Rolle des Richters. Für psychologische Untersuchungen ist das individuell unterschiedliche Urteilsverhalten der Richter von besonderem Interesse. Wir haben gezeigt, daß eine Reihe rechtlicher und außerrechtlicher Faktoren (des Urteilers, des Urteilsobjekts und der Situation) die Strafzumessung beeinflussen können. Ein kritischer Vergleich verschiedener Forschungsmethoden sollte die Methodenabhängigkeit der Forschungsergebnisse belegen und eine kritische und skeptische Grundhaltung fördern.

In diesem Kapitel haben wir vielfach versucht, Ergebnisse aus dem psychologischen Labor in die Realität zu übertragen. Dies ist keine leichte Aufgabe, da es noch wenig psychologische Arbeiten gibt, die das Funktionieren des Strafrechtssystems in der Realität untersuchten.

Es wurde klar, daß die psychologische Forschung und Theoriebildung zum Richterverhalten erst am Anfang steht; sie ist noch ein unberührtes Gebiet mit vielversprechenden und faszinierenden Möglichkeiten. Eine Gefahr liegt allerdings in der Neigung einiger Psychologen, die "Wahrheit" durch Forschungen in der künstlichen Umgebung eines Labors zu suchen und die Ergebnisse an rechtswissenschaftliche Stellen zu "verkaufen".

Konecni und Ebbesen (1981) betonen, daß der Großteil der rechtspsychologischen Forschung in drei Kategorien fällt; Entscheidungsfindung beim Laienrichter, Forschungen zur Leistung des Augenzeugen und Forschungen zu rechtlichen Verfahrensfragen, insbesondere zum adversarialen (angloamerikanischen) Verfahren. Der größte Teil der Untersuchungen wurde zur Entscheidungsfindung bei Laienrichtern durchgeführt. Nahezu 90% der Forschungen zu diesen drei Schwerpunkten wurden in sozialpsychologischen Labors durchgeführt. Die Brauchbarkeit der Ergebnisse ist dadurch sehr fraglich. Wenn wir die Verbindung zwischen Psychologie und Recht ausbauen, müssen wir bedenken, daß ein brauchbarer psychologischer Beitrag nur erzielt werden kann, wenn wir die realen Umstände rechtlicher Entscheidungsprozesse im Auge behalten. Die Forschungsergebnisse werden erst dann sinnvoll, wenn sie bedeutsame, direkte Anwendungen im Recht finden können. Vorsicht und Skeptizismus sind nicht nur wegen der Gefahr, daß "schlechte Ware" an das Rechtssystem verkauft wird, angebracht, sondern auch, weil die Realität des Strafrechtssystems dies verlangt. Das Rechtssystem und seine Entscheidungsträger können als ein soziales Netzwerk betrachtet werden, in dem Regeln und Gesetze nur engere oder weitere Handlungsgrenzen vorgeben. Psychologen müssen die Feinheiten des Strafrechtssystems, die oft schwer zu fassenden informellen Regeln und die Feinheiten der Ermessensentscheidung beachten und noch verfeinertere Forschungsmethoden entwickeln.

2.8 Die Psychologie der Freiheitsstrafe und Resozialisierung

2.81 Kurze Geschichte der Freiheitsstrafe

Wir finden freiheitsentziehende Maßnahmen bereits bei den Babyloniern, Ägyptern, Griechen und Römern. Damals diente die Inhaftierung jedoch grundsätzlich nicht dem Vollzug einer normierten zeitlichen Strafe, sondern primär der "Aufbewahrung" des Täters bis zu seiner Aburteilung oder Hinrichtung, sozusagen als Untersuchungs- oder Exekutionshaft. Eine wichtige Rolle in der Entwicklung der Strafhaft spielten die Strafgesetze der christlichen Kirche, die ab dem 4. Jh. Haftstrafen vorsahen. So ordnete z.B. Papst Siricius (384-389) an, "unsittliche Mönche und Nonnen" in die Arbeitshäuser der Klöster zu sperren. Der Strafzweck bestand darin, die Gefangenen durch Buße zu bessern.

Im 13. Jh. wurde die Freiheitsstrafe in das weltliche Recht übernommen (Stadtrechte). Die Gefängnisse lagen im Mittelalter in den Schlössern, in den Mauertürmen der Städte, unter den Rathäusern, in deren Kellern und in den Klosterkellern. Als Beispiel für mittelalterliche Gefängnisse sei auf das "Lochgefängnis" unter dem Nürnberger Rathaus verwiesen, das noch bis zum Anfang des 19. Jh. als Untersuchungsgefängnis diente. In das Reichsrecht wurde die Freiheitsstrafe durch die Carolina (Peinliche Gerichtsordnung Karl V. von 1532) übernommen.

Der Beginn der modernen Freiheitsstrafe fällt in die Mitte des 16. Jh. An die Stelle der Strafzwecke von Vergeltung, Abschreckung und Absonderung rückt der Gedanke der Besserung (Eisenhardt, 1978, S. 29). Anlaß für diese Entwicklung soll die Zunahme des Bettler- und Vagabundenunwesens gewesen sein. Durch die steigende Zahl der Bettler sah man sich in Europa gezwungen, immer härtere Leibesstrafen zur Abschreckung zu erlassen, ohne daß dies das Problem gelöst hätte. Bei Rückfälligkeit wurden diese Delinquenten oft gehängt, nachdem man sie vorher mit Abschneiden der Ohren und - im mildesten Fall - mit Prügel bestraft hatte. Als diese harten Strafen nichts nutzten, begann man mit den ersten Versuchen, Zuchthäuser einzurichten, "in welchen man das zuchtlose Volk einsperrte, um es durch strenge Zucht und harte Arbeit an ein ordentliches Leben zu gewöhnen" (Krohne, 1889). In diesen Zuchthäusern - das erste wurde in England eingerichtet - versuchte man erstmals, den Freiheitsentzug mit "Behandlung" zu rechtfertigen.

Eine weitere Ausbreitung des Erziehungsgedankens im Strafvollzug zeigte die Gründung der ersten Jugendstrafanstalt (das "Böse-Buben-Haus") 1703 durch Papst Klemens IX. in Rom. Das Gefängnis bestand aus 60 Zellen und einem großen Arbeitsraum, in dem die jugendlichen Gefangenen tagsüber gemeinsam arbeiteten. Es gab außerdem schon Schulräume, Krankenzimmer und Disziplinarzellen. Eine Genossenschaft von Geistlichen widmete sich der Betreuung der Jugendlichen. Über dem Tor war die Inschrift angebracht: "Es genügt nicht, Rechtsbrecher durch die Strafe in Schranken zu halten. Man muß sie vielmehr durch Erziehung zu rechtschaffenen Menschen machen."

Einen wichtigen Schritt in der Weiterentwicklung des Strafvollzugs setzten die Quäker in den Vereinigten Staaten. Ihre Grundidee war, die Gefangenen durch Buße mit Gott zu versöhnen. Zu Beginn des 19. Jh. wurden in Pittsburg und Philadelphia zwei große "Penitentiarys" (Bußhäuser) gebaut, wobei das "Pennsylvanische System" Philadelphias zum Vorbild für die meisten Strafanstalten des 19. Jh. wurde. Von einer Zentrale gingen sieben eingeschossige Flügel aus, an deren Mittelgängen 38 Einzelzellen mit einer Grundfläche von 3,6 x 2,3 m lagen. Dieses erste große Zellengefängnis der Welt hatte den Zweck, die Einzelzellen möglichst übersichtlich anzuordnen.

Die Reformbestrebungen fanden jedoch durch die Vertreter des deutschen Idealismus, insbesondere durch Kant und Hegel, ein vorläufiges Ende. Der Gerechtigkeits- und Vergeltungsgedanke wurde gegenüber dem Besserungsgedanken wieder stärker betont. Der Leitsatz des Strafrechts im 19. und bis hinein ins 20. Jh. war: "Strafe als Vergeltung". Dennoch machten sich von Zeit zu Zeit Appelle und Bemühungen um einen humanitären "Behandlungsvollzug" bemerkbar. Der prominenteste Vertreter der neuen Reformbemühungen war Franz von Liszt (der Begründer der soziologischen Strafrechtsschule), der 1905 bemerkte: "Wenn ein Jugendlicher oder auch ein Erwachsener Verbrechen begeht und wir lassen ihn laufen, so ist die Wahrscheinlichkeit, daß er wieder ein Verbrechen begeht geringer, als wenn wir ihn bestrafen." Es wurde immer häufiger betont, daß der praktizierte Vergeltungsstrafvollzug die steigende Kriminalität nicht nur nicht bekämpfen könne, sondern daß seine Auswirkungen auf die Betroffenen die Kriminalität sogar fördere.

Durch den Freiheitsentzug wird der Täter bestraft und von der Gesellschaft isoliert. Man nimmt nach wie vor an, daß diese Institution ihre Insassen bessere, d.h. ihr Verhalten an die gesellschaftlichen Anforderungen anpaßt. Die hohen Rückfallquoten belegen aber, daß das Gefängnis seinem Auftrag nicht gerecht wird. Auch der Behandlungsvollzug, die Therapie hinter Gittern, den das novellierte Strafvollzugsgesetz fordert, ändert nichts daran.

Das Vollzugsziel. Nach § 32/1 StGB ist die Schuld des Täters Grundlage für die Strafzumessung. Nach dem deutschen § 46/1 StGB sind die Auswirkungen der Strafe für das künftige Leben des Täters in der Gesellschaft zu berücksichtigen. Nach dem deutschen Strafvollzugsgesetz (§ 2 StVollzG, BGBl. 1976 I., 581-612) soll der Gefangene im Vollzug der Freiheitsstrafe fähig werden, künftig in sozialer Verantwortung ein Leben ohne Straftaten zu führen (Vollzugsziel). Der Vollzug der Freiheitsstrafe soll auch dem Schutz der Allgemeinheit vor weiteren Straftaten dienen. Nach § 20/1 des österreichischen Strafvollzugsgesetzes (BGBl. 1969/144) soll "der Vollzug der Freiheitsstrafe den Verurteilten zu einer rechtschaffenen und den Erfordernissen des Gemeinschaftslebens angepaßten Lebenseinstellung verhelfen und ihn abhalten, schädlichen Neigungen nachzugehen. Der Vollzug soll außerdem den Unwert des der Verurteilung zugrundeliegenden Verhaltens aufzeigen". Diese Vorschriften ermöglichen eine Vielzahl von Interpretationen. Den gesetzlichen Bestimmungen liegen verschiedene und oft widersprüchliche Strafziele zugrunde: Vergeltung und Sühne, Sicherung und Abschreckung des einzelnen und der Gesellschaft, Erziehung und Resozialisierung des Rechtsbrechers (Kienapfel, 1983).

In diesem Abschnitt werden wir die Auswirkungen des institutionellen Freiheitsentzugs auf das Verhalten des Gefangenen analysieren. Besonderes Augenmerk verdient dabei die Diskussion der Beziehung der wesentlichen Strafziele (Vergeltung, Schutzfunktion, Spezial- und Generalprävention und Erziehung) zum Resozialisierungsauftrag.

2.82 Resozialisierung

Gefängnisse sind brutale und inhumane Institutionen, die Isolation und Hilflosigkeit fördern und Unterwerfung durch Drohung und Machtdemonstration erzwingen. Dies trifft für die meisten Haftanstalten zu. Die Belagszahlen in österreichischen Gefängnissen erreichten nach einer ständigen Zunahme Ende der 60er Jahre ihren Höchststand; dies führte daher zu extremer Überfüllung und untragbaren Haftbedingungen. Die große Strafrechtsreform hat zwar zunächst ein Absinken der Belagszahlen bewirkt, doch wurde bis zum Jahr 1982 die Belagszahlen der frühen 70er Jahre wieder erreicht. Seit 1984 deutet sich neuerlich eine Abnahme an.

2.821 Straffunktionen

Die Schutzfunktion der Strafe. Diese Funktion der Strafe ist wahrscheinlich die wichtigste Rechtfertigung für den Freiheitsentzug. Wenn man annimmt, daß Rechtsbrecher eine Gefahr für die Gesellschaft darstellen, ist es offensichtlich, daß der Rechtsbrecher zur Vermeidung künftiger Schädigungen isoliert werden muß. Man nimmt auch implizit an, daß die vorübergehende Isolation weitere Rechtsverletzungen verhindert. Gerade diese Annahme, daß die Gefängnisstrafe ein wirksames Mittel zur Kriminalitätsbekämpfung darstellt, ist auch einer der umstrittensten Punkte in der Strafvollzugsdiskussion. Aus psychologischer Sicht steht das Konzept der Gefährlichkeit (s.a. Abschnitt 2.39) auf sehr schwachen Beinen; die Anwendung ist sehr ungenau und kann in Übereinstimmung mit fast jeder sozialen oder politischen Orientierung interpretiert werden. Gegen das Konzept der Gefährlichkeit spricht eine Vielzahl von Gründen. Wir müssen eingestehen, daß es noch kein verläßliches Prognoseverfahren gibt, das eine Vorhersage der zukünftigen Gefährlichkeit eines Häftlings für die Gesellschaft angeben kann. Das Konzept der Gefährlichkeit und die daraus resultierende Straffunktion stellen ein zweifelhaftes Prinzip dar, das zu großen Ungerechtigkeiten führt. Die Strafzumessung (und die Entscheidung über die vorzeitige Entlassung bzw. Verlängerung der Haftzeit) stützt sich jedoch auf die Einschätzung der Gefährlichkeit, die empirisch nicht abgesichert ist und keine Vorhersagevalidität besitzt.

Vergeltung. Diese Funktion verlangt, daß eine Rechtsverletzung "zurückgezahlt" werden muß; und zwar durch eine Strafe, die genauso schwer wiegt wie die ungesetzliche Handlung. Demnach sollte der Täter die Strafe erhalten, die er rechtmäßig "verdient" ("die gerechte Strafe erhalten"). Dieser Ansatz trägt jedoch zu keiner Verbesserung der inhumanen Bedingungen in vielen Gefängnissen bei. In den meisten Fällen rechtfertigt die Tat die enorme physische "Vergewaltigung", die in vielen Strafvollzugsanstalten geschieht, nicht.

Die Vergeltungsfunktion birgt andererseits auch ein Reformpotential in sich. Sie kann zu einer Neudefinition der Macht führen, die der Staat über die Bedingungen hat, denen delinquent gewordene Individuen ausgesetzt werden. Eine solche Neudefinition wäre etwa die Herabsetzung der Strafobergrenzen.

Auch wenn sich die Methoden für die Prognose von zukünftigem kriminellen Verhalten verbessern, ist es aus ethischen Gründen immer noch fraglich, ob man - um das Ziel der öffentlichen Sicherheit aufrechtzuerhalten - einen Verurteilten Haftbedingungen aussetzen kann, die schlechter sind als das, was er (oder sie) moralisch "verdient".

Die Straffunktion der Abschreckung und der Resozialisierung ist für unsere Überlegungen interessanter, da die Psychologie durch psychotherapeutische und andere Methoden der Verhaltensänderung dazu einen wesentlichen Beitrag leisten kann. Wir wollen uns die Frage stellen, wie wirksam die angedrohte bzw. angewandte Strafe für eine Verhaltensänderung ist. Wie läßt sich diese präventive Funktion mit dem Grundprinzip der Resozialisierung vereinbaren?

2.822 Die Verwirklichung der Resozialisierung

Die Resozialisierung ist das bedeutsamste Ziel des Strafvollzugs. "Dem Gefangenen sollen Fähigkeit und Willen zu verantwortlicher Lebensführung vermittelt werden, er soll lernen, sich unter den Bedingungen einer freien Gesellschaft ohne Rechtsbruch zu behaupten, ihre Chancen wahrzunehmen und ihre Risiken zu bestehen" (Urteil des Bundesverfassungsgerichtes vom 5.6.73, vgl. JZ 1973, 509-513; zit. nach Schneider, 1981). *Sozialisation* ist der Schlüsselbegriff. Kriminalität ist demnach Mangel an Sozialisation, Straftaten sind infantile Verhaltensweisen. Unter Sozialisation versteht man einen Anpassungsprozeß an die Normen und Werte der Gesellschaft. Personalisation ist die eigenverantwortliche Selbstentfaltung der Persönlichkeit. Schneider (1981) meint: "Angesichts des hohen Dunkelfeldes der verborgenen, unentdeckt gebliebenen, nicht registrierten Kriminalität ist die Sozialisation im Sinn der Anpassung an Normen und Leitbilder der Gesellschaft nicht unproblematisch. Denn man kann die Gesellschaft mit einem hohen Dunkelfeld als . . . kriminell bezeichnen. Eine Sozialisation in einer solchen Gesellschaft müßte notwendigerweise daraufhinauslaufen, zwar Kriminalität zu verüben, sich aber nicht überführen zu lassen. Es erscheint deshalb als überheblich von der Gesellschaft, eine Minderheit offiziell bekanntgewordener Krimineller erziehen zu wollen. Im übrigen ist es recht zweifelhaft, ob die Erziehbarkeit eines Menschen und damit seine Anpaßbarkeit an jede Gesellschaftsordnung stets positive und nicht auch sehr negative Aspekte besitzt."

Resozialisierung ist ein sehr vages Konzept, das von vielen Kontroversen und Mißverständnissen umgeben ist. Bei allen Evaluationsuntersuchungen der Effizienz der Resozialisierungsbemühungen zeigt sich das gleiche Bild: "Die Behandlung in Strafanstalten hat einen kurzfristigen positiven Effekt, aber keine andauernde, langfristig positive Wirkung. Mit der Behandlung in den geschlossenen oder offenen Strafanstalten schiebt man zwar den Rückfall um ein, zwei Jahre hinaus, aber man beseitigt ihn grundsätzlich nicht." (Schneider, 1981).

Martinson (1974) stellt nach genauer Durchsicht aller Untersuchungsergebnisse und Evaluationsstudien fest, "daß nichts funktioniert". Mit wenigen und isolierten Ausnahmen sind die Bemühungen der Resozialisierung bisher ohne die erwartete Wirkung auf die Rückfälligkeit geblieben. Der Versuch der Behandlung hat nicht mehr psychisch oder sozial angepaßte oder integrierte Mitglieder der Gesellschaft "produziert" als der traditionelle Vollzug. Dieser Pessimismus wird aber durch zwei Tatsachen abgeschwächt. Zum einen sind die Forschungsarbeiten, die die Effizienz der Resozialisierungs- und Behandlungsprogramme überprüfen sollten, methodisch unsauber und die Ergebnisse nicht generalisierbar; andererseits muß man feststellen, daß auch die effizienteste Therapie innerhalb der Mauern scheitern muß. Unser gegenwärtiges Strafvollzugssystem ist für das Mißlingen der Resozialisierungsprogramme verantwortlich. Prüfen wir diese Annahmen genauer.

2.823 Die Bewertung der Behandlungsexperimente

Viele Evaluationsstudien sind unbrauchbar, da die Untersucher es verabsäumt haben, die Behandlungsart genau zu beschreiben und sicherzustellen, ob die Therapeuten die beschriebenen Techniken auch wirklich anwenden. Dies ist notwendig, weil die therapeutische Behandlung im Vollzug in vielen Variationen praktiziert werden kann (Quay, 1977). Andere Untersuchungen wiederum verabsäumten es, den Gesamtablauf der Untersuchung zu beschreiben. So ist oft nicht geklärt, ob alle Teilaktivitäten, die vom Programm vorgeschrieben sind, wirklich ausgeführt worden sind. Die schriftlichen Behandlungspläne sind oft nicht mehr als symbolische Gesten zur Beruhigung der Öffentlichkeit. Tatsächlich wird manchmal den Insassen nur ein fragmentarisches Programm angeboten, das wenig Ähnlichkeit mit den geplanten und ausgearbeiteten Programmen aufweist. Ein anderes Problem besteht darin, daß Insassen nicht immer an den Behandlungssitzungen teilnehmen. Solche Fragen werden von den Evaluationsuntersuchungen meist nicht behandelt (Bartol, 1983, S. 294).

Die Beurteilung, ob das Programm vollständig eingesetzt wurde, muß auch berücksichtigen, ob die spezifischen Ziele der Therapie verwirklicht worden sind. War sie dafür konzipiert, bestimmte Verhaltensmuster zu ändern (z.B. Klaustrophobie), oder war sie auf eine Änderung des Lebensstils der Person angelegt? Ein engumschriebenes Ziel wird wahrscheinlich nur minimale Effekte auf die Rückfallquoten haben. Die weitergefaßten und viel schwerer erreichbaren Ziele können sehr wohl bedeutsame Änderungen in der Lebensbewältigung, im Umgang mit verschiedenen Lebenssituationen bewirken. Die Ausbildung und Kontrolle des Behandlungspersonals sind ebenfalls kritische Punkte. Schlecht ausgebildetes und wenig beaufsichtigtes Personal wird wahrscheinlich andere Ergebnisse erzielen als qualifizierte Therapeuten.

Auch andere Aspekte der Therapie sind bedeutsam. So wird sie anders wirken, wenn sie zwei Jahre anstelle von sechs Monaten dauert. Auch die Intensität des täglichen Kontakts zum Therapeuten spielt eine Rolle. Eine therapeutische Gruppensitzung mit nichtdirektiven Gesprächen, Gruppenspielen und anderen Gruppenaktivitäten wird weniger wirksam sein als eine Gruppensitzung mit einer gezielten direktiven Gesprächsführung.

Auch die Erfolgskriterien für die Beurteilung der Effektivität sind problematisch. In vielen Untersuchungen werden Rückfallsquoten als das empfindlichste Maß verwendet. Keine Einigkeit besteht darüber, ob das Verhältnis der Festnahmen vor der Therapie zu den Festnahmen nachher oder ob nur der Umstand einer Festnahme und Verurteilung nach der Therapie geeigneteres Maß darstellt (Bartol, 1983, S. 295).

2.824 Resozialisierung, Behandlung und das Strafvollzugssystem

Ungeachtet der methodologischen Probleme und der negativen Ergebnisse der Evaluationsuntersuchungen bleibt das Problem bestehen, daß in unserem gegenwärtigen Strafvollzug das "Behandlungsmodell" zum Scheitern verurteilt ist. Dies läßt sich (nach Bartol, 1983, S. 295) im wesentlichen auf vier eng zusammenhängende Gründe zurückführen.

2.8241 Zwang

Der Behandlung innerhalb der Mauern fehlt die grundlegende Voraussetzung für psychologische Veränderung: die Freiwilligkeit. Eine psychotherapeutische Behandlung kann nur erfolgreich sein, wenn der Proband freiwillig, aus eigenem Antrieb teilnimmt. Dieses Prinzip ist unabhängig von der Institution - es trifft für Personen außerhalb von Gefängnissen genauso zu. Gefängnisse üben eine überwältigende Macht über das Leben ihrer Insassen aus. Die erzwungene Behandlung kann nur zu einer vorübergehenden Veränderung führen, ausgenommen sind erzwungene Behandlungen, die Veränderungen im Nervensystem bewirken, wie Psychochirurgie, E-Schock-Therapie und spezifische pharmazeutische Therapien. Diese Behandlungsformen zeigen oft massive psychologische Veränderungen. Es ist jedoch nach wie vor ungeklärt, ob die Veränderungen durch die neurologischen Modifikationen oder durch die damit verbundenen Bestrafungserlebnisse erzeugt werden, die kognitive und emotionale Prozesse verändern. Die mit diesen Methoden verbundenen ethischen und verfassungsrechtlichen Probleme machen den Ansatz fragwürdig und undurchführbar.

Die Bemühung, die Therapie mit der Strafzumessung zum Zweck der Modifikation kriminellen Verhaltens zu "verordnen", ist zum Scheitern verurteilt. Auch die Bestimmung, daß die Teilnahme an der Therapie eine notwendige Voraussetzung für eine vorzeitige Entlassung sein kann, zwingt den Insassen dazu, einen Handel mit jenen abzuschließen, die die Tür in die Freiheit vorzeitig öffnen können. Für Insassen ist es ein offenes Geheimnis, daß die Verweigerung der Therapie die Haftstrafe verlängert. Eine Absicht, die hinter dem Prinzip der weiten und veränderbaren Strafintervalle steht, besteht darin, den Häftling zur Kooperation zu zwingen. Eine Strafzumessung auf der Grundlage, daß eine Person so lange angehalten werden soll, bis sie "geheilt" ist, setzt nicht nur die enorme Zwangsmaschinerie der Institution fort, sondern erzeugt auch "beschwichtigende Verhaltensrituale" beim Insassen.

Diese Kritik wendet sich jedoch nicht gegen das Angebot von Behandlungs- und Resozialisierungsprogrammen - im Gegenteil, es sollen mehr Therapieprogramme angeboten und die bestehenden erweitert und verbessert werden; insbesondere für jene Insassen, die sich ihnen freiwillig unterziehen. Die Teilnahme an der Behandlung sollte unabhängig von der vorzeitigen Entlassung und von jeder Zwangsmaßnahme sein.

2.8242 Motivation

Der zweite Grund, warum Behandlung in der Gefängnisumgebung scheitern muß, steht in enger Beziehung zum ersten. Viele Insassen wollen sich gar nicht in Richtung der allgemein akzeptierten sozialen Standards ändern. Sie sind mit der Art, wie sie sind, glücklich und mehr an Entspannungs- und Erholungsmöglichkeiten außerhalb der obligatorischen Gefängnisaktivitäten interessiert, weniger an Gruppentherapiesitzungen. Andererseits streben viele Insassen auch eine gewinnbringende Arbeit nach der Haft an, sie wollen bessere soziale Beziehungen in ihren Familien und mit Freunden und auch störende Eigenarten und emotionale Probleme loswerden. Den therapiewilligen Insassen sollten solche Programme ohne Zusammenhang mit einer eventuellen vorzeitigen Entlassung angeboten werden.

Die Annahme, daß Häftlinge "besserungswillig" sind, stammt aus dem medizinischen Modell kriminellen Verhaltens. Demnach ist kriminelles Verhalten krankes Verhalten, das aus dem Repertoire des Individuums beseitigt werden muß. Wie wir im Kapitel über die Ursachen von Kriminalität gezeigt haben, ist kriminelles Verhalten eher deviantes und adaptiertes als deviantes und krankes Verhalten. Aus der Perspektive des Kriminellen ist sein Verhalten optimal angepaßt, und er fühlt eine gewisse Berechtigung, sein gegenwärtiges Verhalten fortzusetzen. Die Insassen wollen auch die Therapie in der Anstalt nicht, weil sie sie (realistisch) als Farce einschätzen, die nur dazu dient, die Öffentlichkeit zu beschwichtigen. Ungeachtet des oft niedrigen intellektuellen Niveaus und der schlechten Ausbildung (gemessen an den Mittelklassestandards) lernen Insassen sehr rasch, daß die verfügbaren Behandlungsprogramme ziemlich einheitlich Fehlplanungen darstellen.

Dies trifft besonders auf die Berufsausbildung in der Anstalt zu und drückt die Meinung der meisten Insassen gegenüber allen "Behandlungsversuchen" aus. Insassen, die nach der Haft "Ex-Häftlinge" in der Gesellschaft werden, wissen nur zu gut, daß ihnen die berufliche Ausbildung in der Anstalt keinen besseren Start garantiert. Die Arbeitslosigkeit nach der Haft ist einer der Hauptfaktoren, die für die Rückfälligkeit bei erwachsenen männlichen Tätern verantwortlich sind (Glaser, 1964). Man schätzt auch, daß die Arbeitslosenrate unter Ex-Häftlingen dreimal so hoch ist wie die der Gesamtbevölkerung und daß die meisten, die in der Haft eine Berufsausbildung erhalten haben, diese nicht nützen können (Dale, 1976). Die Ausbildung ist nicht marktorientiert und erfolgt meist in aussterbenden Berufen (z.B. Buchbinder). Auch eine Existenzmöglichkeit im normalen, produktiven Leben wird den Häftlingen in den meisten Fällen nach der Entlassung verweigert. Die Gesellschaft schließt die Rehabilitation von vornherein aus, wenn sie es verabsäumt, dem Insassen eine Ausbildung und nach der Entlassung eine Anstellung zu geben. Der Häftling ist nach seiner Entlassung meist völlig verschuldet, seine Familie ist der öffentlichen Fürsorge zur Last gefallen, er muß den von ihm angerichteten Schaden wieder gutmachen, die Kosten für das Strafverfahren tragen, er hat Schwierigkeiten im Familien- und Berufsleben usw.

2.8243 Anstaltsmilieu

Der dritte Grund, warum Resozialisierung mißlingt, ist die ungewöhnliche Atmosphäre im Gefängnis. Das Problem der Kriminalität wird nicht dadurch gelöst, daß man Kriminelle hinter Gefängnismauern verschwinden läßt. Die Öffentlichkeit wird oft durch die Darstellung der Kriminalität in den Massenmedien beschwichtigt, in denen betont wird, daß Kriminelle überführt und die Straftaten aufgeklärt sind. Die Anhaltung Krimineller in Gefängnissen erzeugt die Illusion, das Kriminalitätsproblem "gelöst" zu haben. Schneider (1981) führte in der Hamburger Strafanstalt Wirlande eine empirische Untersuchung des Anstaltsmilieus durch. Selbst in dieser modernen Strafanstalt spielten die Gefangenen eine rein reaktive Rolle: "Sie werden in Unselbständigkeit gehalten. Sie reagieren immer nur. Sie tun nichts selbständig, sie entwickeln keine Eigeninitiative. Sie werden entsozialisiert. Das liegt nicht am Anstaltspersonal, das sich redlich Mühe gibt, sondern an der Organisation der Strafanstalt selbst. Aber in der modernen Industriegesellschaft herrschen hochkomplexe Sozialstrukturen, in Familie, in Aus- und Weiterbildung, in Beruf und Freizeit. Es finden rasante soziale Wandlungen statt. Die Gefangenen verlieren einfach den Anschluß an diese gesellschaftlichen Entwicklungen, wenn man sie hinter den Anstaltsmauern verschwinden läßt."

Die Künstlichkeit und Absonderung des Anstaltsmilieus ist auch für die verhaltenstherapeutischen Bemühungen wichtig, die ja versuchen, durch Lernprinzipien spezifische Verhaltensmuster innerhalb der Restriktionen des Gefängnisses zu erreichen. Das in der Anstalt gezeigte Verhalten kann, muß aber nicht ein Bestimmungsfaktor für das Verhalten in der freien Gesellschaft sein. Die Verhaltenstherapie im Strafvollzug versucht durch die Programme der Verhaltensmodifikation ein für das Anstaltsleben brauchbares oder erwünschtes Verhalten zu schaffen. Da diese Programme in erster Linie darauf abzielen, das reibungslose Funktionieren der Institution aufrechtzuerhalten, ist nicht anzunehmen, daß Langzeiteffekte außerhalb der Anstalt bestehen bleiben. Die Programme konzentrieren sich auf die Beseitigung unkontrollierbarer Verhaltensweisen innerhalb des Systems (Bartol, 1980). Bettenbauen, Zimmerreinigen, Körperhygiene, soziale Anpassung, Augenkontakt beim Sprechen, Händewaschen vor dem Essen usw. sind Verhaltensweisen, die beeindruckend schnell gelernt werden. Ihre Relevanz als Vorbeugemaßnahme ist aber umstritten. Die Programme der Verhaltenstherapie sollten sich eher auf das in der Gesellschaft erwünschte Verhalten konzentrieren. Wir haben auch keine Belege dafür, daß das in der Anstalt gelernte und "erzwungene" Verhalten in der freien Gesellschaft fortgesetzt wird.

2.8244 Das Strafvollzugssystem

Der vierte Grund für die Erfolglosigkeit der Resozialisierungsprogramme ist der riesige Bürokratieapparat des Strafvollzugs selbst. Das dem Apparat innewohnende politische, soziale und wirtschaftliche Kräftespiel ruiniert ständig die Reformbemühungen. Rechtstheoretiker und Praktiker stimmen darin überein, daß das bestehende System für seine Insassen eine schwere soziale Beeinträchtigung (und Schädigung) darstellt, und daß es für das Erreichen der gesteckten Ziele unbrauchbar ist. Es gibt aber keine Einhelligkeit darüber, was geändert werden sollte. Bestrafung ist oft vieldeutig, diskriminierend und ohne klar ausgesprochene Absicht. So entwickelt jeder Richter seine eigene "Strafphilosophie". Es kann trotz der Bemühungen kompetenter Reformer weder eine Veränderung in den Verfahrensweisen des Vollzugs eintreten, noch lassen sich die Zielsetzungen des traditionellen Vollzugs klarer definieren. Unter diesen Bedingungen spielt das "Behandlungsmodell" - was immer dieses Konzept auch bedeuten mag - eine untergeordnete Rolle im alltäglichen Funktionieren der Institutionen. Unter solchen restriktiven Umständen ist ein vernünftiges und humanes Gefängnissystem schwer zu verwirklichen.

Zusammenfassend können wir festhalten, daß unter den gegenwärtigen gesetzlichen und institutionellen Bedingungen eine effektive Resozialisierung und psychologische Behandlung in den bestehenden Gefängnissen zum Scheitern verurteilt ist. Es überrascht daher nicht, daß sämtliche Evaluationsstudien von Behandlungsprogrammen bei Insassen negative Ergebnisse erbrachten.

Bisher haben wir uns auf die Schutzfunktion und ihre Beziehung zur Resozialisierung konzentriert. Wir haben vernachlässigt, daß es verschiedene Abstufungen des Freiheitsentzugs gibt. Der Erfolg der Behandlungsprogramme hängt auch vom Ausmaß des Zwangs und des Engagements ab, die Erfolgsbewertung wiederum von der Genauigkeit der Untersuchung.

2.825 Abschreckung und Resozialisierung
2.8251 Generalprävention

Die Generalprävention bezeichnet den allgemeinen, symbolischen Effekt der Strafe für die Bevölkerung als ganzes. Effektivitätsuntersuchungen analysieren daher die Beziehung vom Verhalten großer Gruppen zu Gesetzesänderungen oder zur Strafrechtspolitik. Solche Gesetzesänderungen sind etwa die Aufhebung der Todesstrafe oder das generelle Herabsetzen der Strafobergrenzen. Veränderungen der Strafrechtspolitik könnten etwa die Verfolgung und Bestrafung bestimmter Delikte erhöhen, was wiederum einen Einfluß auf die Öffentlichkeit ausüben und Individuen von der Ausführung rechtswidriger Handlungen abhalten würde. Die Annahme, daß die Generalprävention einen Effekt auf bestimmte Bevölkerungsgruppen hat, ist plausibel; offen bleibt die Frage, wie groß dieser Effekt ist, und bei welchen Bevölkerungsgruppen er auftritt. Die bisherigen Ergebnisse geben keine klare Antwort (Nagin, 1978). Die genaue Beziehung zwischen Strenge der Strafe und Kriminalitätsrate bleibt noch unaufgeklärt. Die Ergebnisse scheinen darauf hinzudeuten, daß eine Erhöhung des Strafausmaßes die Kriminalitätsrate nicht zu senken vermag. Die für die Frage der Generalprävention interessanten psychologischen Forschungsergebnisse stammen aus zwei unterschiedlichen Bereichen: der Bedeutung der "stellvertretenden Bestrafung" und der Bedeutung der "Androhung von Strafe" für das nachfolgende Verhalten.

2.8252 Stellvertretende Bestrafung

Wenn man Lernen als das Aufstellen von Erwartungen über Verhaltenskonsequenzen auffaßt, wird klar, daß man solche Erwartungen nicht nur aufgrund selbst erlebter, sondern auch aufgrund beobachteter Verhaltenskonsequenzen bildet. Aus der wiederholten Beobachtung, daß jemand anderer mit einem bestimmten Verhalten erfolgreich ist, entsteht die generalisierte Erwartung, daß dieses Verhalten positive Konsequenzen nach sich zieht. Analoge Erwartungen werden bei beobachteter Bestrafung gebildet. Solche bloß gesehene (oder auch gehörte oder gelesene), nicht selbst erlebte "Verstärker" bzw. aversive Reize nennt man stellvertretende Verstärker (auch stellvertretende Belohnung) bzw. stellvertretende Bestrafung.

Eine Untersuchung an sechsjährigen Buben stammt von Walters und Parke (1964). Der Versuchsleiter zeigte jedem Kind Spielsachen, sprach aber gleichzeitig das Verbot aus, diese anzufassen: "Die Spielsachen sind für jemand anderen vorbereitet, du sollst sie nicht anfassen". Jedes Kind wurde zufällig einer von vier Versuchsgruppen zugeteilt. In der ersten sahen die Buben einen drei Minuten langen Film, der eine Frau zeigte (eine "Mutter"), die die Kinder warnte, nicht mit den am Tisch aufgestellten Spielsachen zu spielen. Im Film setzte die Mutter das Kind neben den Tisch, gab ihm ein Buch und verließ den Raum. Dann legte der Bub (die Modellperson) im Film das Buch zur Seite und spielte ungefähr zwei Minuten lang mit den verbotenen Spielsachen. Als die Mutter in den Raum zurückkehrte, nahm sie dem Kind die Spielsachen weg, schüttelte es und setzte es mit dem Buch neben den Tisch in einen kleinen Sessel. Dieser Film war die Bestrafungsbedingung. In einer zweiten Versuchsgruppe sahen die Buben die gleiche Handlungssequenz, wobei der Schluß eine Belohnungsbedingung darstellte. Die Mutter kehrte in den Raum zurück, gab dem Kind einige Spielsachen und spielte zärtlich mit ihm. In der dritten Bedingung sahen die Buben eine gekürzte Fassung des Films (nur zwei Minuten); die Mutter kehrte hier nicht mehr in den Raum zurück - das war die Bedingung "ohne Konsequenzen". Die vierte Gruppe war eine Kontrollgruppe, in der die Kinder keinen Film sahen. In allen vier Versuchsbedingungen gab der erwachsene Versuchsleiter den Buben ein Buch und verließ den Raum. Die Kinder wurden dann 15 Minuten lang durch Einwegfenster beobachtet und ihre Handlungen protokolliert.

In der Bestrafungsbedingung zeigten die Kinder eine kürzere Spieldauer, eine längere Latenz und geringere Häufigkeit, mit den verbotenen Spielsachen zu hantieren, als die Kinder in der Belohnungsbedingung und in der neutralen Bedingung. Ein Vergleich zwischen der Bestrafungsbedingung und der Kontrollgruppe zeigte jedoch diese Unterschiede nicht. Die stellvertretende Bestrafung zeigte (im Vergleich zur Belohnungsbedingung) den Effekt, verbotenes Verhalten zu reduzieren. Die wesentliche Frage war jedoch die, ob die stellvertretende Bestrafung im Vergleich zur Kontrollgruppe (kein Film) andere Wirkungen zeigt. Wenn die stellvertretende Bestrafung ein effektives Verfahren zur Verhaltenskontrolle ist, müßten Kinder, die das bestrafte Modell gesehen haben, später und weniger häufig spielen als Kinder, die keinen Film sahen. In dieser Untersuchung ergab sich jedoch kein Unterschied. Die Schlußfolgerung liegt nahe, daß zwar die stellvertretende Belohnung das nachfolgende Verhalten beeinflußt, nicht aber die stellvertretende Bestrafung.

Die Kinder, die ein belohntes Modell sahen (die Mutter, die liebevolle Aufmerksamkeit zeigte), spielten mit den verbotenen Spielsachen häufiger als in jeder der anderen Bedingungen. In einer ähnlichen Untersuchung zeigten Bandura et al. (1963) Schulkindern einen Film, in dem ein erwachsenes Modell starke *physische und verbale Aggressionen* gegen einen anderen Erwachsenen äußerte. In der Bestrafungsbedingung erhält das Modell für sein Verhalten eine strenge Strafe, in der Belohnungsbedingung wurde es belohnt. In zwei Kontrollbedingungen sahen die Kinder einen Film, in dem die Modelle auf eine nicht aggressive Art miteinander spielten bzw. in dem sie überhaupt kein Modell sahen. In einer nachfolgenden Testphase zeigten die Kinder der Bestrafungsbedingung nicht weniger Aggressionen als die Kinder der beiden Kontrollbedingungen.

Bandura (1965) zeigte Kindern einen Film, in dem eine Modellperson (Kind) eine lebensgroße Plastikpuppe auf verschiedene Weise attackierte (ihr mit einem Hammer ins Gesicht schlug, sie mit dem Fuß herumstieß usw.). In einer Versuchsbedingung (stellvertretende Bestrafung) sah man am Ende des Films einen Erwachsenen das Zimmer betreten, der das aggressive Modell in rauhem Ton tadelte und es mit einer zusammengefalteten Zeitung schlug. In einer zweiten Bedingung (stellvertretende Belohnung) wurde das Modell nach seinen Aggressionen von einem Erwachsenen gelobt und erhielt Süßigkeiten und Getränke. In einer dritten (neutralen) Bedingung zeigte der Film keinerlei Konsequenzen für das aggressive Modell. Nach dem Film wurden die Kinder in einem Raum allein gelassen, in dem sich unter vielen anderen Gegenständen die im Film verwendete Plastikpuppe befand, und wieder beobachtet. Die Kinder der Bedingung "stellvertretende Verstärkung" imitierten nun spontan, ohne Aufforderung oder anderen ersichtlichen Grund die beobachteten Aggressionen in wesentlich höherem Maße als die Versuchspersonen der Bestrafungsgruppe. Auf ähnliche Weise zeigten Walters et al. (1963), daß eine Verbotsübertretung (Hantieren mit einem verbotenen Spielzeug) durch stellvertretende Verhaltenskonsequenzen erleichtert oder gehemmt werden kann.

Eine Verallgemeinerung aus den Ergebnissen dieser Untersuchungen auf die Frage der Abschreckung ist nur mit Einschränkungen möglich, zumal nur wenige empirische Untersuchungen vorliegen. Dennoch kann man den vorsichtigen Schluß ziehen, daß das Beobachten von bestraften Modellen den Beobachter nicht davor abschreckt, das verbotene Verhalten später auszuführen; insbesondere dann nicht, wenn das Verhalten im Verhaltensrepertoire schon vor der Beobachtung der stellvertretenden Bestrafung existierte (Walters und Grusec, 1977). Die bisherigen Untersuchungen legen auch den Schluß nahe, daß die Darbietung von bestraften Modellen in den Medien die Majorität der Bevölkerung nicht abschrecken kann, die kritischen Handlungen zu einem späteren Zeitpunkt dennoch auszuführen.

2.8253 Strafandrohung

Dieser Forschungsschwerpunkt untersucht die Auswirkung der Strafandrohung, ohne den Versuchspersonen ein (bestraftes) Modell zu zeigen. Die Strafandrohung steht in enger Verbindung zur "Strafandrohung durch das Gesetz". Die bisherigen Ergebnisse zeigen, daß die Androhung von Strafe für antisoziales oder illegales Verhalten abschreckend wirkt, jedoch nicht generell, sondern nur unter spezifischen Bedingungen. Die Mehrzahl der Forschungsarbeiten befaßt sich mit Aggressionen oder gewalttätigem Verhalten, und sie werden meist an Kindern durchgeführt.

In einem Sammelreferat der vorhandenen Literatur hat Baron (1977) *vier Faktoren* identifiziert, die für die Effekte der Strafandrohung bei aggressivem Verhalten ausschlaggebend sind. Der erste Faktor ist das *Niveau der emotionalen Erregung* (z.B. Ärger), in dem sich der Aggressor befindet. Bei geringer emotionaler Erregung ist die Strafandrohung in ihrer vollen Stärke wirksam. Das Individuum ist in der Lage, vernünftig die Konsequenzen seiner Handlung vorwegzunehmen. Steigt die Erregung, vermindert sich der Einfluß der Strafandrohung. Eine Person, die provoziert wird und sehr emotional reagiert, verliert die klare Vorstellung und die Antizipation der Handlungskonsequenzen und führt das antisoziale, aggressive und verbotene Verhalten ungeachtet seiner Konsequenzen aus. Der zweite Faktor ist die *subjektiv eingeschätzte Wahrscheinlichkeit*, daß die angedrohte Strafe auch tatsächlich verabreicht wird. Strafandrohungen mit geringer Auftrittswahrscheinlichkeit haben nur minimale Abschreckungseffekte. Wenn die Öffentlichkeit z.B. wahrnimmt, daß ein Gesetz wohl existiert, aber nicht exekutiert wird oder daß bei Verstößen nur selten Strafen verhängt werden, ist die Abschreckungswirkung gering.

Die *Höhe der Strafe* stellt den dritten Faktor dar. Experimente zum Aggressionsverhalten zeigen, daß die Höhe der angedrohten Strafe einen Effekt auf die Handlungshemmung hat. Dabei ergeben sich jedoch Generalisierungsprobleme. Die Übertragung vom Labor auf die reale Welt ist nur mit Einschränkungen möglich. Wir haben schon erwähnt, daß eine Erhöhung der Strafe für bestimme Delikte nicht unbedingt zur Kriminaltitätsreduktion führt. So könnten viele rechtswidrige Handlungen bereits so streng bestraft sein (gemessen in Jahren des Freiheitsentzugs), daß das Hinzufügen einiger Jahre keine Wirkung mehr hat. Der vierte Faktor ist der *Nutzen*, den die verbotene Handlung erwarten läßt. Wir haben diesen Faktor bei der Diskussion des Beitrags der Ökonomie zur Kriminalitätserklärung dargestellt. Steigt der erwartete Nutzen, kann es ungeachtet der Höhe und Sicherheit der angedrohten Strafe zur Ausführung der kriminellen Handlung kommen.

Die Berücksichtigung dieser vier Faktoren der eingeschränkten Wirksamkeit von Strafe birgt ungelöste Fragen für das gegenwärtige Strafrecht. Unter der (derzeit tatsächlich vorhandenen) Bedingung, daß eine Festnahme und Verurteilung relativ ungewiß ist, könnten die möglichen abschreckenden Effekte der Strafandrohung für potentielle Täter vieler Deliktgruppen sehr gering oder gar nicht vorhanden sein.

Beim derzeitigen Forschungsstand ist es uns nicht möglich, eine gesicherte Aussage über die Wirkung der allgemeinen Abschreckung zu machen. Die Strafandrohung zeigt nur unter sehr eingeschränkten Bedingungen eine Wirkung, doch diese werden vom Strafrechtssystem derzeit nicht verwirklicht. Strafandrohungen und die dadurch ausgelösten negativen Emotionen zeigen in den vorhandenen Untersuchungen keinen Effekt; nur unter den oben erwähnten Ausnahmebedingungen. Die bisherigen (und meist im Labor durchgeführten) Untersuchungen und der Stand der Theoriebildung zur Strafandrohung erlauben noch keine Verallgemeinerung auf die realen Bedingungen des strafrechtlichen Sanktionssystems.

2.8254 Spezialprävention

Für die psychologischen Untersuchungen zur speziellen Abschreckungswirkung gilt dieselbe allgemeine Einschränkung wie für die zur Generalprävention. Die meisten Untersuchungen wurden im Labor, mit Kindern oder mit Versuchstieren durchgeführt. Eine Übertragung der gefundenen Gesetzmäßigkeiten auf die Bedingungen in der realen Welt ist nur mit großer Vorsicht möglich. Dennoch haben viele psychologische Untersuchungen zur Wirksamkeit von Strafe allgemeine Grundgesetze entdeckt, die sowohl für Insassen von Gefängnissen als auch für jedes Individuum außerhalb zutreffen. Viele Autoren sprechen sich gegen die Verwendung von Bestrafung aus.

Skinner, ein vehementer Gegner der Bestrafung, stützt seine Abneigung hauptsächlich auf zwei sachlich scheinende Argumente: erstens werden beim Einsatz von Strafreizen starke Emotionen (Angst) nicht nur auf das bestrafte Verhalten, sondern auf die ganze Lernsituation übertragen. Starke Gefühle stören aber den Ablauf von Lernprozessen. Zweitens zeigen Experimente von Estes (1944), daß der Einsatz von Strafreizen das Auftreten des unerwünschten Verhaltens wohl senkt, daß aber nach Ausbleiben der Strafreize die Häufigkeit nicht nur bis zur Basisrate zurückkehrt, sondern darüber hinausgeht. Verhalten wird also durch Bestrafung nur zeitweilig unterdrückt und kehrt nach Ausbleiben der Strafe (als "kompensatorische Aktivität") mit umso größerer Häufigkeit zurück.

Für den Einsatz von Strafe im Sozialisierungsprozeß sind noch weitere Aspekte von Bedeutung: der *Zeitpunkt der Bestrafung*, die Existenz alternativer (nicht bestrafter) Verhaltensweisen, die Person, die die Bestrafung verabreicht und die Konsistenz der Bestrafung. Strafreize sind umso wirksamer, je früher sie einsetzen. Sie sollen nicht erst nach Durchführung einer unerwünschten Handlung, sondern schon zu deren Beginn erfolgen. Aronfreed und Reber (1965) bestraften Kinder entweder gleich am Beginn oder nach einer Verbotsübertretung (Hantieren mit einem verbotenen Spielzeug). Der aversive Satz ("Nein - das ist nur für größere Kinder!") wurde im ersten Fall vom Versuchsleiter ausgesprochen, während das Kind die Hand nach dem begehrten Spielzeug ausstreckte, im zweiten Fall erst, nachdem das Spielzeug vom Kind in die Hand genommen worden war. Nach neun Versuchsdurchgängen in der eben beschriebenen Art ließ man die Kinder allein, beobachtete sie aber durch Einwegspiegel. Kinder, die die Bestrafung schon zu Beginn des verbotenen Verhaltens erhielten, zeigten bedeutend weniger Verbotsübertretungen als jene, die die Bestrafung erst am Ende der Handlungssequenz erhielten. Analoge Ergebnisse erhielt Benton (1967).

Warum ist die am Ende der Handlungssequenz verabreichte Strafe weniger wirksam? Die Effekte einer Bestrafung am Ende einer Handlung vermischen sich mit den Belohnungen, die die Handlung einbringt. Da es sich um ein angenehmes, vom Kind erwünschtes Verhalten handelt, arbeiten deren positive Effekte gewissermaßen gegen die Bestrafung und schwächen diese ab. Tritt die Bestrafung erst nach Vollendung des unerwünschten Verhaltens ein, können die positiven Konsequenzen (Freude über das Spielzeug) stärker sein als die negativen (Tadel). Bei Bestrafung am Beginn eines Verhaltens werden dagegen dessen positve Aspekte weit weniger wirksam als die negativen.

Die Ergebnisse an menschlichen Versuchspersonen sind jedoch nicht einheitlich, da man vermittelnde kognitive Prozesse (zwischen Handlung und der erwarteten Strafe) annehmen muß. Tatsächlich ist die ängstliche Erwartung der Strafe oft schlimmer als die Bestrafung selbst. Die Zeit, die zwischen Untersuchungshaft und der eigentlichen Bestrafung (Verurteilung) liegt, kann unmittelbare Bestrafung selbst sein. Dies ist auch eine massive Kritik an der bisherigen Form des "gerechten" Prozesses. Ein später Freigesprochener "verdient" die Zwischenbestrafung der Untersuchungshaft nicht. Lange Verzögerungen in der Fallbearbeitung sind daher unerwünscht. Von juristischer Seite wird oft betont, daß die Zeit in Unterschungshaft die Wirksamkeit einer eventuellen Bestrafung erhöht. Diese Zeit ist aber selbst schon Strafe, besonders dann, wenn sie nicht gerechtfertigt ist.

Die Wirksamkeit von Strafe wird auch durch das Vorhandensein *nichtbestrafter Verhaltensalternativen* erhöht. Die Häufigkeit eines bestraften Verhaltens sinkt wesentlich schneller, wenn alternative Handlungen möglich sind. Der Bestrafungsprozeß kann drastisch abgekürzt werden, wenn man gleichzeitig mit der Bestrafung der unerwünschten Verhaltensweise eine erwünschte Alternative nahelegt und eventuell belohnt. Schließlich hängt die Wirksamkeit einer Bestrafung auch stark von der *Beziehung zwischen der bestrafenden und der bestraften*

Person ab. Bestrafung durch eine negativ bewertete oder neutrale Person ist weniger wirksam als Bestrafung durch eine geschätzte Person (Parke und Walters, 1967).

Die *Intensität der Strafe* zeigt einen deutlichen Einfluß auf die Auftrittswahrscheinlichkeit bestimmer Verhaltensweisen im Mensch- und Tierversuch. Allgemein kann man sagen: je höher die Strafe, desto größer ist die Handlungshemmung - zumindest im Tierversuch. Am Menschen sind die Ergebnisse - vermutlich durch die Verflechtung mit kognitiven Variablen - unterschiedlich. Möglicherweise liegen diese Unterschiede auch in der Intensität der verwendeten Strafreize; in Humanexperimenten verwendet man im Vergleich zu Tierversuchen relativ milde Strafreize.

Auch die *Konsistenz der Strafe* spielt eine wichtige Rolle. Strafen, die regelmäßig verabreicht werden, üben im Vergleich zu nur gelegentlichen Sanktionen größeren Einfluß auf die Unterdrückung bestimmter Verhaltensweisen aus. Strafen, die etwa in der Kindererziehung nur periodisch oder nach Laune verabreicht werden, sind unwirksam, da die Bestraften nur schwer eine Verbindung zum kritischen Verhalten herstellen können und die Strafe als Zufallsereignis oder Schicksalsschlag interpretiert wird. Wenn man andererseits Personen unmittelbar und konsequent nach jedem unerwünschten Verhalten bestraft, wird die Handlung schnell unterdrückt. Die Verbindung zwischen Handlung und aversiven Konsequenzen ist dann leicht herstellbar.

Im allgemeinen zeigen die Untersuchungen (im Human- und Tierversuch), daß konsequente Verabreichung bedeutsamer ist als die Intensität der Strafreize. Untersuchungen des Erziehungsverhaltens von Eltern delinquenter Jugendlicher weisen auf einen inkonsequenten Erziehungsstil (unregelmäßige Züchtigungen, zufälliger Wechsel von Bestrafung und Gewährenlassen für ein und dasselbe Verhalten) hin (Bartol, 1980). Unser gegenwärtiger Vollzug, in dem erwachsene Delinquente bestraft werden, setzt dieses Muster fort. Eine inkonsequente Gesetzesanwendung und beinahe zufällige Bestrafungsverfahren weisen darauf hin, daß klare Verbindungen zwischen Verhalten und Konsequenzen selten sind.

Die psychologischen Arbeiten zur Effektivität der General- und Spezialprävention geben derzeit noch keine eindeutige Antwort. Wir müssen allerdings berücksichtigen, daß der Großteil der Forschungsergebnisse zur Abschreckungsfrage aus Arbeiten stammt, die primär anderen Fragen galten. Die meisten Untersuchungen sind Bemühungen, eine allgemeine Bestrafungstheorie im Rahmen der Lerntheorie zu entwickeln. Sehr ausgiebig untersucht wurde die stellvertretende Bestrafung bei Kindern; insbesondere ihr Einfluß auf deren Entwicklung. Die meisten der besprochenen Forschungsergebnisse wurden aus diesem Kontext heraus auf die angewandte Fragestellung des strafrechtlichen Sanktionssystems übertragen. Obwohl wir eindeutige Hinweise auf die Beziehung zwischen Strafe und Verhalten besitzen, können wir derzeit noch keine klaren Schlußfolgerungen ableiten.

2.83 Psychologische Effekte der Haft

2.831 Die totale Institution

Wir alle wissen oder glauben zu wissen, daß Gefängnisse die Hölle sind. Gefängnisse sind, ähnlich wie psychiatrische Anstalten, Altersheime und Klöster, in hohem Grad von der sozialen Umwelt abgeschlossen. Die Insassen bzw. Mitglieder dieser Institutionen haben nur selten Kontakt mit ihren Angehörigen; am gleichen Ort, unter der gleichen Leitung arbeiten, wohnen und verbringen sie ihre freie Zeit, meist nach einem strengen Schema; alle ihre wesentlichen Bedürfnisse werden von der Institution getragen. Goffmann (1972) hat solche Umwelten "totale Institutionen" genannt.

Mit einigen anderen totalen Institutionen teilt das Gefängnis die Merkmale, daß die Insassen die Umstellung auf eine ungewohnte Lebensweise, die Einschränkungen und Deprivationen schmerzlich empfinden; daß sie durch eine bürokratische Organisation versorgt und verwaltet werden; daß sie der expliziten Hausordnung mit eigenen Normen entgegenzuwirken trachten und auch ein eigenes Vokabular und typische Verhaltensweisen entwickeln.

Bei der Einlieferung wird der Neuankömmling in die Anstaltsakten aufgenommen und numeriert, durch Foto, Fingerabdruck und Körpermessungen identifiziert und durchsucht. Es muß seinen persönlichen Besitz abgeben, wird entkleidet, und eventuell werden ihm die Haare geschnitten. Danach wird er über die Anstaltsordnung informiert und in sein Quartier gewiesen. Seine Persönlichkeit ist aber bei den wenigsten Vorgängen von Bedeutung, er wird als Objekt behandelt. In den meisten totalen Institutionen findet ein solcher Prozeß der Entpersönlichung und Erniedrigung schon bei der Aufnahme statt. Die Abnahme des Eigentums ist deshalb bedeutend, weil Individuen oft ihr Selbstgefühl mit ihrem Besitz verbinden. Der Verlust von Wertgegenständen und der eigenen Kleider führt zum Erlebnis der Entpersönlichung.

Um diesen Vorgang und die unterschiedlichen Rollen von Insassen und Wärtern sozialpsychologisch zu untersuchen, führten Zimbardo et al. (1973, zit. nach Zimbardo und Ruch, 1978, S. 429) eine spektakuläre Untersuchung in einem experimentellen "Scheingefängnis" durch. Wir wollen sein **Stanford-Gefängnisexperiment** als Beispiel für exakte sozialpsychologische Forschung genau darstellen, vor allem auch deshalb, weil es mit der angewandten Fragestellung bis heute einzigartig geblieben ist. Die Untersuchung sollte die psychischen Auswirkungen der Haft auf freiwillige Versuchspersonen analysieren. Wärter und Gefangene waren durch Anzeigen in einer örtlichen Tageszeitung angeworben worden. Es wurden Studenten gesucht, die sich freiwillig für eine zweiwöchige Untersuchung des Gefängnislebens zur Verfügung stellen sollten. Das Angebot einer Bezahlung von ca. 350 S pro Tag hatte über 100 Freiwillige angelockt, die psychologischen Tests unterzogen wurden; aus diesen 100 wurden dann 24 Studenten als mögliche Teilnehmer ausgewählt. Die Auswahlkriterien waren emotionale Stabilität, physische Gesundheit, "normal-durchschnittliches" Abschneiden in umfangreichen Persönlichkeitstests und Gesetzestreue, eine Vergangenheit ohne Vorstrafen, Gewalttaten oder Drogenmißbrauch.

Sie erhielten die Information, daß ihre spätere (rein zufällige) Zuordnung zur Gruppe der "Wärter" oder der "Gefangenen" durch das Werfen einer Münze entschieden werden würde. Nach ihrer persönlichen Neigung befragt, meinten sie alle, sie zögen es vor, Gefangene zu sein. Zu einem für die Versuchspersonen nicht vorhersehbaren Zeitpunkt wurden sie in einer überraschenden Massenverhaftung festgenommen, eines schweren Verbrechens beschuldigt, über ihre verfassungsmäßigen Rechte in Kenntnis gesetzt und im Streifenwagen in Handschellen in die Polizeistation gebracht. Nachdem von den Gefangenen Fingerabdrücke abgenommen worden waren und die für ihre "Akten" in der zentralen Erfassungsstelle notwendigen Formblätter mit den Angaben zur Person ausgefüllt waren, wurden sie eine Zeitlang voneinander isoliert und dann mit verbundenen Augen zum "Stanford-County-Prison", dem Kreisgefängnis gebracht. Dort mußten sie sich entkleiden, wurden einer Leibesvisitation unterzogen und entlaust. Schließlich wurde jedem die Anstaltskleidung, Bettzeug, Seife und Handtuch ausgehändigt. Die Kleidung für die Gefangenen bestand aus einem locker sitzenden Kittel mit einer Erkennungsnummer auf Rücken und Brust. Eine Kette wurde an einem Fußknöchel befestigt und für die Dauer der Untersuchung nie abgenommen. Anstatt des in (amerikanischen) Gefängnissen sonst üblichen Rasierens des Kopfes mußten die Gefangenen eine Nylonkappe über ihre Haare ziehen. Befehle wurden ausgegeben; wenn die Gefangenen sie nicht schnell genug befolgten, trieb man sie an.

Die Individualität der Wärter war durch Uniformen im militärischen Khaki-Stil eingeschränkt, die ihnen eine "Gruppenidentität" verlieh. Es wurden keine Namen verwendet, und Augenkontakte mit ihnen waren wegen ihrer reflektierenden Sonnenbrillen nicht möglich. Ihre Machtsymbole bestanden aus Gummiknüppeln, Trillerpfeifen, Handschellen und den Schlüsseln zu Zellen und Haupttor. Nachdem die Verhaftungen abgeschlossen und die Gefangenen ordnungsgemäß abgefertigt waren, begrüßte der Gefängnisdirektor seine neuen Insassen und verlas die Grundregeln des Gefangenenverhaltens. Die meisten der neuen jugendlichen Strafgefangenen, von denen keiner vorbestraft war, saßen verwirrt auf den Pritschen in ihren kahlen Zellen, erschüttert durch die unerwarteten Ereignisse, die ihr Leben so plötzlich verändert hatten. Zu Beginn des Experiments zeigten sich keine meßbaren Unterschiede zwischen den Versuchspersonen, denen der Wärterstatus zugeteilt wurde, und denen, die die Gefangenen spielen sollten. Sie waren eine relativ homogene Stichprobe weißer Studenten der Mittelschicht aus amerikanischen Universitäten.

Sie waren jedoch nicht informiert worden, daß das Experiment mit Verhaftungen der städtischen Polizei beginnen sollte. Die "Strafvollzugsbeamten" erhielten kein spezielles Training für ihr Verhalten als Gefängniswärter. Es wurde ihnen nur mitgeteilt, daß sie "Recht und Ordnung" im Gefängnis aufrechterhalten müßten und sich keinen Unsinn von den Gefangenen bieten lassen sollten - die sich auch als gefährlich erweisen könnten, falls sie versuchen sollten, zu entfliehen.

Das "Gefängnis" befand sich im Keller des psychologischen Instituts der Stanford-Universität, das nach Abschluß des Sommersemesters leerstand. Ein langer Flur wurde zum "Gefängnishof" umfunktioniert, indem man beide Enden abtrennte. Drei kleine Laborräume, die auf diesen Flur gingen, wandelte man in Zellen um: ihre Türen wurden durch Gitterstäbe ersetzt und anstelle der vorhandenen Einrichtung wurden jeweils drei Pritschen aufgestellt. Ein kleiner dunkler Lagerraum, der den Zellen direkt gegenüberlag, diente als Einzelhaftzelle, und ein entsprechendes Schild wurde angebracht: "Das Loch".

Die Datenerhebung bestand aus Videoaufzeichnungen von den Gesprächen zwischen Wärtern und Gefangenen, aus der direkten Beobachtung durch das Forscherteam und aus Interviews mit den Versuchspersonen; dazu kamen die Reaktionen, die Wärter und Gefangene in einer Reihe von Fragebögen über ihre persönliche Situation in Tagebüchern, Briefen und Tagesberichten zeigten. Dieses Scheingefängnis diente dem Versuch, auf funktionale Weise einige der für den psychischen Zustand während der Haft bedeutsamen Bedingungen zu simulieren. Es war dabei nicht beabsichtigt, eine naturgetreue Kopie der wirklichen Gefängnissituation herzustellen, sondern es sollten einige ähnliche psychologische Effekte erreicht werden, trotz mancher Unterschiede in den äußeren Details.

Auf verschiedene Weise wurde jedoch versucht, genügend "Realismus" einfließen zu lassen, damit es den Teilnehmern auch möglich werden sollte, über die oberflächlichen Anforderungen der ihnen zugeteilten Rollen hinaus in die tiefere Struktur der Gefangenen- und Wärtermentalität einzudringen. Die Gefangenen erhielten mehrere Besuche, wie etwa von einem früheren Gefängnispfarrer, einem Pflichtverteidiger und von einigen Verwandten und Freunden, außerdem fanden Verhandlungen über Disziplinarverfahren und Haftverschonung vor einer Kommission statt, die aus "erwachsenen Amtspersonen" bestand. Die Scheinwärter arbeiteten in einer Acht-Stunden-Schicht, die Scheingefangenen waren rund um die Uhr in ihren Zellen eingeschlossen und durften diese nur zu den Mahlzeiten, für Leibesübungen, zum Toilettengang, zum Aufstellen und Abzählen in der Reihe und zur Entgegennahme von Arbeitsanweisungen verlassen.

Die *Ergebnisse* zeigen, daß sich in bermerkenswert kurzer Zeit eine pervertierte Beziehung zwischen Gefangenen und Wärtern entwickelte. Nachdem ein anfänglicher Widerstand gebrochen worden war, reagierten die Gefangenen nur noch passiv auf die tägliche Eskalation der Aggressionen von seiten der Wärter; die Selbstbehauptung der Wärter führte zu wachsender Abhängigkeit und Nachgiebigkeit bei den Gefangenen; Wärterautorität wurde mit Selbstabwertung bei den Gefangenen beantwortet, und das Gegenstück zu dem von den Wärtern neu entdeckten Machtgefühlen fand sich bei den Gefangenen in einem depressiven Gefühl der erfahrenen Hilflosigkeit. Nach weniger als 36 Stunden mußte der erste Gefangene entlassen werden, da er Schreikrämpfe, Wutanfälle, Desorganisation im Denken und schwere Depressionen zeigte, drei weitere Gefangene entwickelten ähnliche Symptome und mußen ebenfalls in den folgenden Tagen freigelassen werden. Ein fünfter Gefangener wurde vom Forschungsprojekt freigegeben, als er einen psychosomatischen Hautausschlag am ganzen

Körper entwickelte, der durch die Ablehnung seines Haftentlassungsantrags von der Scheinkommission ausgelöst worden war.

Soziale Macht wurde zur Hauptdimension, über die jeder und alles definiert wurde. Obwohl es zu Beginn keine Unterschiede zwischen den Personen gab, die jeweils die Rolle von Gefangenen und Wärtern übernahmen, führte das Spielen dieser Rolle, das Machtgefälle legitimierte, zu extrem unterschiedlichen Verhaltensweisen und emotionalen Reaktionen in beiden Gruppen. Der Kommunikationsstil von seiten der Wärter bestand, wie aus den Analysen der Videobänder hervorging, aus Befehlen, Beleidigungen, demütigenden Bemerkungen, verbaler und physischer Aggression und Drohungen; bei den Gefangenen aus Widerstand, Fragen beantworten, Informationen geben, Fragen stellen und Ablehnung der Wärter.

Jeder Wärter zeigte zu irgendeiner Zeit mißbräuchliches autoritäres Verhalten. Viele schienen den gehobenen Status zu genießen, der mit dem Tragen der Uniform verbunden war. Sie wurden aus ihrer routinemäßigen, alltäglichen Existenz herausgehoben und in einen Zustand versetzt, in dem sie praktisch totale Macht über andere Menschen hatten. Je klarer diese Unterschiede in Verhalten, Stimmung und Wahrnehmung hervortraten, desto stärkere Rechtfertigungen fanden die nun "von Amts wegen" mächtigen Wärter für ihre Bedürfnisse, die offensichtlich untergeordneten (und machtlosen) Insassen zu beherrschen, und schließlich wurde fast jede Form der Demütigung von Menschen als gerechtfertigt angesehen.

Nach sechs Tagen mußte das Experiment, das für zwei Wochen geplant war, abgebrochen werden, da sich bei den Versuchspersonen, die gerade wegen ihrer Normalität, Gesundheit und emotionalen Stabilität ausgewählt worden waren, pathologische Reaktionen zeigten. Weder die Ergebnisse des Persönlichkeitstests noch andere Variablen aus der Vergangenheit der Versuchspersonen wiesen eine Verbindung zu den extrem unterschiedlichen Reaktionen auf, die man zwischen Wärtern und Gefangenen feststellte. Folglich kann auch die hier beobachtete Pathologie nicht auf schon vorher vorhandene Persönlichkeitsmerkmale zurückgeführt werden - wie etwa auf "psychopathische" oder "sadistische" Wärter oder auf "kriminelle Gefangene mit schwacher Selbstkontrolle". Das sowohl persönlich als auch sozial abnorme Verhalten in beiden Gruppen muß vielmehr als Produkt von Übertragungen einer Umgebung angesehen werden, die solches Verhalten verstärkt.

Da die Personen den Rollen von "Wärtern" und "Gefangenen" zufällig zugeteilt wurden, da sie keine Persönlichkeitspathologie aufwiesen und keinerlei Training für ihre Rollen erhielten, stellt sich die Frage, wie es zu erklären ist, daß sie diese Rollen so leicht und schnell übernehmen konnten. Sie hatten wahrscheinlich - wie wir alle - eine stereotype Vorstellung von der Wärter- und Gefangenenrolle durch die Massenmedien einerseits und durch soziale Modelle der Machtlosigkeit andererseits (Eltern - Kind, Lehrer - Schüler, Unternehmer - Arbeiter, Polizei - Verdächtiger usw.). Tatsächlich wird mit diesem Forschungsprojekt nicht nur verdeutlicht, was eine gefängnisartige Umgebung bei relativ normalen Menschen bewirken kann, sondern auch, wie diese Menschen durch ihre Gesellschaft geprägt sind. Das Experiment demonstriert auch, welches psychische Leiden Bestrafung, die unkontrolliert von Personen mit großer Macht über das Verhalten anderer verabreicht wird, auslösen kann. Im folgenden Abschnitt wollen wir einige der möglichen psychologischen Effekte der Haft für verurteilte Personen genauer betrachten.

2.832 Einzelhaft

Einzelhaft ist die vollständige soziale Isolation von Insassen für einen bestimmten oder unbestimmten Zeitraum, wobei alle anderen Lebensnotwendigkeiten bereitgestellt werden. Die meisten psychologischen Untersuchungen zur Einzelhaft verwenden freiwillige Versuchspersonen, die eine bestimmte Zeit in Zellen mit maximaler Ähnlichkeit zur Umgebung im Gefängnis verbringen.

Man kann bisher nur einige wenige Schlußfolgerungen ziehen. Ein Ergebnis betrifft die individuell unterschiedliche Reaktion auf Isolation. Manche sind froh, dem Lärm und den Alltagsaktivitäten zu entkommen, während andere Streß und Frustrationserlebnisse entwickeln. Die Einzelhaft bis zu einer Woche bleibt ohne schädliche Einflüsse auf Motorik, Wahrnehmung oder auf kognitive Funktionen (Weinberg, 1967). Für die meisten Personen erzeugt die Einzelhaft nicht mehr Streß und Unbehagen als das normale Gefängnisleben (Ecclestone et al., 1974). Die soziale Isolation der Insassen von der Gefängnisgemeinschaft führt (wenn sie nicht länger als eine Woche dauert) zu keinen Beeinträchtigungen.

In diesen Untersuchungen wurde jedoch nur die Auswirkung der sozialen Deprivation über relativ kurze Zeitspannen untersucht; nicht untersucht wurde der Entzug anderer notwendiger Lebenserfordernisse oder die sensorische Deprivation (Ausblenden jeglicher Stimulation der Sinnesorgane). Diese zusätzlichen Deprivationen (z.B. Nahrungsentzug oder Entzug aller Geräusche von außen) erzeugen gravierende Veränderung und stören eine Vielzahl psychologischer Funktionen (Zubek, 1969).

2.833 Überfüllung und Mangel an Privatheit

Diese Probleme existieren in den meisten Haftanstalten, da diese Institutionen gewöhnlich mehr Insassen aufnehmen als ursprünglich vorgesehen. Die Überfüllung und der Mangel an Privatsphäre führen zu negativen Verhaltensweisen der Insassen. Megargee (1976) fand einen negativen Zusammenhang zwischen Wohnfläche und Disziplinarverstößen, d.h. je kleiner die Wohnfläche pro Insasse ist, desto häufiger treten Verstöße gegen die Gefängnisordnung auf. Im psychologischen Labor konnten mit studentischen Versuchspersonen keine schädlichen Effekte nachgewiesen werden. Allerdings wurden keine Untersuchungen über die Langzeiteinwirkungen der Reduktion des persönlichen Raumes durchgeführt. Der chronische Platzmangel wird dann mit negativen Verhaltensweisen in Verbindung gebracht, wenn er unfreiwillig ist, und wenn keine Hoffnung auf eine Änderung besteht. Unter solchen Bedingungen können die Effekte des Platzmangels sich wahrscheinlich noch durch das individuelle Gefühl der Machtlosigkeit verstärken.

D´Atri (1975) berichtet, daß eine Verringerung des persönlichen Freiraums zu einem gefährlichen Anstieg des systolischen und diastolischen Blutdrucks führt. Die Untersuchung zeigt auch, daß der Blutdruck kontinuierlich im Lauf der ersten 30 Hafttage ansteigt, was der Autor als Begleiterscheinung der Anpassungsschwierigkeiten interpretiert. Solche Korrelationsuntersuchungen zeigen auch, daß die Verringerung der Privatsphäre Angst, psychologische Fehlanpassungen und eine Überempfindlichkeit für den Verlust der Privatheit entstehen lassen.

Die Überfüllung reduziert nicht nur den persönlichen Freiraum, sondern führt auch zu einer Reduktion der Arbeits- und Aktivitätsprogramme, die immer weniger Insassen für immer kürzere Zeit angeboten werden. Dadurch wird die Zeit, in der nichts getan wird, immer länger. Die Überfüllung bringt auch zunehmende Belastungen durch Lärm, und sie reduziert die Gelegenheiten, sich der ständigen Beobachtung durch Mithäftlinge zu entziehen. Die Überfüllung wird besonders in den Schlafräumen bemerkbar, da in den meisten Gefängnissen durchschnittlich sechs Insassen in einem Raum zusammengelegt sind. Diese müssen fast den ganzen Tag gemeinsam verbringen. Es ist daher nicht verwunderlich, daß von manchen Häftlingen die Einzelhaft zeitweise als Erholung erlebt wird (Clements, 1979). Die Anzahl der Krankmeldungen in größeren Schlafsälen ist im Vergleich zu denen in kleinen bedeutend höher (McCain et al., 1976). Dies zeigt, daß die Schlafsaalbedingungen streßerzeugend sind. Es konnte auch nachgewiesen werden, daß das gewalttätige Verhalten mit der Abnahme des für jeden Insassen verfügbaren Raums zunimmt (Nacci et al., 1977). Diese Beziehung ist insbesondere in Jugendstrafanstalten eklatant (Megargee, 1976).

Verschiedene Arbeiten zeigen, daß Überfüllung Streß erzeugt, der im weiteren Verlauf Verhaltensweisen bewirkt, die den Streß verringern sollen. Die Überfüllung veranlaßt die Sicherheitsbeamten auch, die Häftlinge aus Sicherheitsgründen möglichst lange in ihren Zellen und Schlafräumen eingeschlossen zu lassen. Dadurch gibt es jedoch wenig konstruktive Aktivitäten, keine sportliche Betätigung und Mangel an therapeutischen Programmen, was zu erhöhter Langeweile und damit auch zu Streß führt. Die erzwungene Inaktivität reduziert auch das Selbstvertrauen und läßt Gefühle der Inkompetenz entstehen, was dem Resozialisierungsgedanken widerspricht.

2.834 Prisonisierung

Der Begriff "Prisonisierung" stammt von Clemmer und bezeichnet den Prozeß, der "stärkeren oder schwächeren Übernahme der Sitten, Gebräuche, Gewohnheiten und der generellen Gefängniskultur" (Clemmer, 1965) durch die Insassen. Dieser Anpassungsprozeß soll einer U-förmigen Kurve folgen, derzufolge zu Beginn und am Ende der Haftdauer die größte Konformität, in der Mittelphase aber die größte Abweichung zwischen den Einstellungen der Häftlinge und den offiziellen Normen der Anstalt und der freien Gesellschaft festzustellen ist (Wheeler, 1961). Allerdings besteht keine Einigkeit darüber, ob der Grad der Prisonisierung mit dem Herannahen des Entlassungszeitpunkts tatsächlich wieder abnimmt. Es erscheint auch zweckmäßig, diesen Sammelbegriff in einzelne, klar messbare Bestandteile, wie "subkulturelle Anpassung, Realitätsverlust, Kontaktverlust, Vereinzelung, neurotische Entwicklung usw." aufzugliedern (Hoppensack, 1969, S. 161).

Man könnte den Anpassungsprozeß, wie vielfach üblich, als Akulturation verstehen, wenn es sich dabei um einen sozialen Prozeß des kulturellen Wandels handelt, in dem Mitglieder eines Kultursystems durch direkten und fortgesetzten Kontakt mit Mitgliedern eines anderen Kultursystems Elemente aus deren Kultur übernehmen und in die eigene integrieren. Daß diese Akulturation asozialisierend wirkt, beruht auf der Vorstellung, daß die Insassenkultur eine reine Kontrakultur ist, und ihre normativen Ge- und Verbote denen der offiziellen Organisation prinzipiell entgegengesetzt sind (Thomas, 1970). Diese Annahme ist jedoch, wenn überhaupt, nur für stark gesicherte Anstalten haltbar, keineswegs für eher behandlungsorientierte, in denen ein weitgehender Wertkonsens zwischen Insassen und Stab möglich ist (Wilson und Snodgras, 1969). Der Begriff Prisonisierung ist somit dahingehend zu präzisieren, daß er den Prozeß der Anpassung an die Insassenkultur bezeichnet, der die Übernahme abweichender Werte, Normen und Einstellungen fördert.

Falls die Gefangenen eine kriminelle Subkultur des Gefängnisses übernehmen, der sie bislang nicht angehört haben, so würde der Strafvollzug nicht zur Sozialisierung oder Resozialisierung, sondern zur Ent-Sozialisierung führen. Dann wäre es kaum möglich, daß die Gefangenen das Gefängnis so verlassen könnten, wie sie es betraten.

Die Diskussion um die verschiedenen *theoretischen Modelle der gefängnissoziologischen Kulturforschung* befaßt sich mit der Frage, welche Faktoren den Grad der subkulturellen Anpassung besonders beeinflussen. Das *Deprivationsmodell* (Goffman, 1972) besagt, daß die Insassenkultur ein geschlossenes System ist, das als kollektive Reaktion auf die Deprivationen der Haft entsteht und sich durch Solidarität und Kohäsion der Insassen untereinander auszeichnet. Auch die Integration in die Insassenkultur ist eine Folge des Zwangscharakters der Anstalt und soll die Belastungen der Haft mildern; sie läuft auch unabhängig von Einflüssen außerhalb der Anstalt ab.

Das zweite Erklärungsmodell ist die *kulturelle Übertragungstheorie* (Irwin und Cressey, 1962). Diese Position kritisiert die enge Perspektive des geschlossenen Systems und die Annahme einer generellen Prisonisierung. Sie sieht in der Anpassung an die abweichende Insassenkultur auch Einflüsse von außerhalb der Institution. Dazu gehört der soziale und kriminelle Hintergrund, den die Insassen in die Anstalt mitbringen, die Art und Dauer der Außenkontakte während der Haft und die Erwartungen an das Leben nach der Haft.

2.8341 Determinanten und Folgen der Prisonisierung

Jeder Insasse wird zu einem gewissen Grad von der Prisonisierung erfaßt. Wie weit dieser Prozeß geht, hängt von mehreren Faktoren ab, die sich in drei Gruppen zusammenfassen lassen. Die **gefängnisspezifischen Faktoren** beschreiben Einflüsse, die von der Institution selbst ausgehen. Inwieweit der Insassencode übernommen wird, hängt in erster Linie von der Dauer des Haftaufenthalts

2.8341 Determinanten und Folgen der Prisonisierung

ab (Clemmer, 1965, Thomas, 1977). Während der Haft zeigt sich der schon erwähnte U-förmige Verlauf (Wheeler, 1961).

Auch die Integration in die *Gefangenenprimärgruppe* spielt für die Übernahme des Insassenkodex eine wichtige Rolle. Der Anschluß an die Primärgruppe ist wiederum ein Effekt der Haftentbehrungen (Street et al., 1966). Die Bedeutung der Gefängnisumgebung für die Prisonisierung ist auch abhängig davon, inwieweit sie mit der *subjektiven Wahrnehmung der Stressoren* variiert (Sykes, 1958). Verschiedene Untersuchungen zeigen, daß die subkulturelle Anpassung mit der Abnahme des subjektiven Gefühls der Kontrolle über das eigene Schicksal zunimmt (Zinngraff, 1980). Auch ein Zusammenhang zwischen Prisonisierungsgrad und *Anstaltstyp* konnte bestätigt werden (Mathiesen, 1971).

Zu den **vorinstitutionellen Faktoren** gehört vor allem der *soziale Hintergrund*, den der Insasse durch seine "kulturelle Identität" von außen "importiert". So konnte gezeigt werden, daß die Anpassung an die Insassenkultur mit dem Geschlecht (Ward und Kassebaum, 1966), dem Alter (Glaser, 1964), der Schichtzugehörigkeit (Thomas, 1973), der emotionalen Stabilität bzw. Instabilität in der Haft (Thomas, 1977) und der ethnischen Zugehörigkeit (Zinngraff, 1980) zusammenhängt. Keinen Einfluß zeigen familiäre, schulische und ökonomische Situationen vor der Haft (Thomas et al., 1978). Auch die *kriminelle Vorerfahrung* hat einen Einfluß auf den Grad der Prisonisierung. Eine früh beginnende und intensive kriminelle Karriere begünstigt Prisonisierung (Thomas, 1973; Akers et al., 1977).

Auch **außerinstitutionelle Faktoren** wie *Außenkontakte* der Insassen während der Haft und der *Zukunftsaspekt* bestimmen den Grad der Prisonisierung mit. Gefangene, die Unterstützung durch Personen außerhalb der Anstalt erhalten, sind für die Prisonisierung weniger anfällig als alleinstehende (Reinert, 1972). Der wichtigste Faktor in dieser Gruppe ist die Erwartung, die dem Leben nach der Entlassung entgegengebracht wird. Je stärker die Zweifel und Ängste in bezug auf die Lebenschancen nach der Entlassung sind, desto stärker wirkt die Prisonisierung. Eine optimistische Zukunftsorientierung zeigt den umgekehrten Effekt (Zinngraff, 1975, 1980).

Der Grad der Integration in die Insassenkultur zeigt nach Clemmer (1965) keine **Auswirkungen** auf die künftige kriminelle Orientierung. Die Gefängniskultur hat keinen direkten Einfluß auf die Zeit nach der Entlassung. Garitty (1961) fand ebenfalls keinen eindeutigen Zusammenhang zwischen Prisonisierung und Verletzung der Bewährungsauflage. Er hat allerdings den Grad der Prisonisierung nicht direkt gemessen, sondern über die Haftdauer im nachhinein eingeschätzt. Jüngere Untersuchungen zeigen jedoch, daß bestimmte Merkmale der Gefängniskultur, wie Leugnen der Legitimität des Rechtssystems, Priorität der Insassenbeziehungen und hohe Bewertung der Insassenloyalität, kriminelle Identifikation (d.h. die Bereitschaft, die Stigmatisierung durch die Gesellschaft anzunehmen und auch außerhalb der Anstalt Kontakt zu Kriminellen zu halten) und Opposition gegenüber der Anstalt und ihren Bediensteten hemmende Wirkungen für Resozialisierungsbemühungen und eine Erhöhung der Rückfallgefahr zeigen (Thomas und Poole, 1975; Zinngraff, 1975).

In dieser Untersuchung zeigte sich auch, daß die Erwartungen an das Leben nach der Haft und das Ausmaß des erlebten Kontrollverlusts während der Haft die negativen Folgen der Prisonisierung beeinflussen. Obwohl die wenigen vorhandenen Arbeiten inkonsistente Ergebnisse zeigen, ist die folgende Schlußfolgerung berechtigt: "prisoners make prisoners make prisoners . . .". Die Annahme, daß Gefängnisse eine "Schule des Verbrechens" sind, wird durch diese Untersuchungen also nicht entkräftet. In der Ganovensprache heißt das Gefängnis die "Hochschule"; im Amerikanischen vielfach "college" (Harbordt, 1972, S. 87).

In diesem Zusammenhang sind drei Merkmale der Prisonisierung zu beachten: Unter den Insassen gibt es immer Spezialisten, die die Theorie und Praxis des Verbrechens "unterrichten". In der Kommunikation unter den Insassen werden ständig Verbrechen erörtert, durchgedacht und geplant. Innerhalb der Gefängnisse gibt es eine relativ hohe Anstaltskriminalität (Raub, Erpressung, Sittlichkeitsdelikte, Diebstähle), die für jedermann beobachtbare Verhaltensweisen darstellen. Ob die "erlernten" kriminellen Verhaltensweisen nach der Haft aktualisiert werden, konnte noch nicht schlüssig nachgewiesen werden.

Die meisten der vorliegenden Untersuchungen stammen aus dem angloamerikanischen Bereich. Auch hier wirft sich wie im vorangegangenen Kapitel die Frage der Übertragbarkeit der Ergebnisse auf. So kann argumentiert werden, daß die in den USA ungleich härtere Kriminalität, das anders geartete Rechtssystem und die unterschiedlichen Anstaltstypen auf mitteleuropäische Verhältnisse schwer übertragbar sind. Die Untersuchung von Akers et al. (1977), die 22 Anstalten in den USA, in Mexiko, Spanien, England und in der BRD einbezieht, zeigt aber, daß die meisten Insassen der Anstalten aller untersuchten Länder ein deutlich oppositionelles Organisationsklima wahrnehmen. Es handelt sich also um ein international typisches Phänomen.

Forschungsarbeiten, die die **Validität des Prisonisierungskonzepts** überprüfen, sind widersprüchlich (Bukstel und Killmann, 1980). Man kann annehmen, daß eine Verbindung von Persönlichkeitsmerkmalen, Erwartungen, Haftbedingungen und Anstaltstypus auftritt. Die Prisonisierung ist also kein einheitliches Konzept, welches auf eine große Gefangenengruppe anwendbar ist. Der Prisonisierungsprozeß ist wahrscheinlich von Institution zu Institution verschieden. Inwieweit ein Insasse den Insassenkodex übernimmt, ist stark von der Art der betreffenden Anstalt und den individuellen Bedürfnissen und Erwartungen abhängig. So zeigen Jugendstrafanstalten, die nicht so streng wie Anstalten für erwachsene Straftäter geführt werden, weniger negative Auswirkungen des Prisonisierungsprozesses. In einer weiteren Untersuchung zur Prüfung der Effekte der Prisonisierung auf das Verhalten von Delinquenten zeigen sich ähnliche Ergebnisse (Buehler et al., 1966). Delinquente Jugendliche verstärken sich gegenseitig in stabsdiskonformem Verhalten (Verstoß gegen Anstaltsregeln, Kritisieren der Erwachsenen, aggressive Handlungen). Dagegen sind Handlungen, die von der Subkultur der Insassen abweichen, unerwünscht und werden bestraft.

Interessante Ergebnisse brachte die Untersuchung von Landau (1978) über Prisonisierungsprozesse bei jugendlichen Straftätern (Alter 17,5 - 21) in einem israelischen Gefängnis. Sie stellte fest, daß die Inhalte der Denkprozesse bei jugendlichen Delinquenten eine ähnliche Funktion zeigen wie die von Wheeler beschriebene U-förmige Kurve für den Prisonisierungsprozeß (siehe weiter oben). Am Beginn der Haftzeit beschäftigt sich der Insasse noch sehr stark mit der Außenwelt, er denkt regelmäßig an die Ereignisse vor der Haft und zeigt wenig Anpassung an die Subkultur der Anstalt. In der Mitte der Haftzeit erhalten die Mithäftlinge die größte Aufmerksamkeit (diese sind auch die wichtigste Gruppe für soziale Unterstützung). Mit näherrückendem Entlassungstermin kehrt die Außenwelt wieder stärker in das Bewußtsein. Der Insasse distanziert sich allmählich von der Subkultur der Anstalt, die keine unterstützende oder schützende Funktion mehr erfüllt wie in der mittleren Phase der Haft. Daß der Beginn und das Ende der Haft bedeutsame Phasen für einen Insassen sind, zeigen übereinstimmend verschiedene Forschungsarbeiten (Bukstel und Killmann, 1980). Die mittlere Phase ist eine Art "kognitiver Existenznebel", der sich durch Hilflosigkeit im Erleben und Verhalten kennzeichnen läßt.

Durch eine geeignete Vollzugspraxis (mehr Möglichkeiten zu selbständigem Handeln für die Insassen, Vermittlung einer günstigen Zukunftsperspektive) kann der Prisonisierungsprozeß gemildert werden. Weitere Forschungen müssen die grundlegende Frage klären, ob es sich bei der Prisonisierung um eine kontinuierliche, auch über die Entlassung hinausreichende subkulturelle Sozialisation handelt oder um eine vorübergehende vollzugsinterne Anpassung, die der Gefangene bei seiner Rückkehr in die Gesellschaft abstreift. Eine klare Antwort auf diese Frage hätte auch weitreichende strafvollzugspolitische Bedeutung.

2.835 Psychologische Effekte der Strafphase

Wir wollen uns noch einmal der Frage zuwenden, welchen Einfluß die Strafphase auf das Befinden und Verhalten (Beginn, Mitte, Ende) ausübt. Der U-förmige Verlauf, der das Verhalten der Insassen kennzeichnet, scheint auch für die Streßreaktionen relevant zu sein. Am Beginn der Haft zeigen die Insassen die größten Streß- und Angsterlebnisse (Jacobs, 1974). In der mittleren Phase verringern sich die Angstgefühle; Resignation und Hilflosigkeitserlebnisse setzen ein. Vor der Entlassung steigt das Angstniveau neuerlich. Die Streß- und Angstreaktionen vor der Entlassung sind Ausdruck eines Inkompetenzgefühls, das durch die zu erwartenden Anpassungsschwierigkeiten an die Außenwelt entsteht.

Es gibt auch Arbeiten, die die psychologischen Effekte des Aufenthalts in Todeszellen untersuchen. Es überrascht nicht, daß deren Insassen verschiedene Merkmale der Auflehnung, Mißtrauen und Frustration sowie stark ausgeprägte Hilflosigkeitsgefühle und Versagenserlebnisse zeigen (Panton, 1976). Der Aufenthalt in der Todeszelle ist ein extremes Streßerlebnis, das auch im Fall einer Entlassung des Insassen Schädigungen erzeugt, die ein Weiterleben in der Gesellschaft erschweren.

Insgesamt ergeben die Untersuchungen zum Verhalten in der Haft, daß jedes Individuum abnorme Reaktionen zeigt. Einige Insassen erleben die Haft und die Struktur eines Gefängnisses als extremen Stressor, während andere (sehr passive und zu Abhängigkeiten neigende Personen) diese weniger negativ erleben können.

Ein wichtiger Aspekt der psychologischen Effekte des Gefängnislebens ist die *Art der Verurteilung* des Häftlings. In vielen Anstalten ist die soziale Hierarchie durch die individuelle Kriminalgeschichte der Insassen, insbesondere durch die Art der verübten Delikte, bestimmt. Besonders niedrigen Status haben Täter mit Sexualdelikten (etwa Vergewaltigung von Kindern oder sexuelle Belästigung). Diese Insassengruppe ist auch Bedrohungen und Angriffen von Mithäftlingen verstärkt ausgesetzt. Delikte gegen das Eigentum (Raub, Betrug) sind Statusdelikte, insbesondere dann, wenn sie "geistreich" ausgeführt werden. Die Deliktart kann somit die Beschwernisse der Haft erhöhen oder erleichtern (Bartol, 1983, S. 308).

Die enorme Streßbelastung, der die Insassen im Anstaltsleben ausgesetzt sind, spiegelt die Suizidrate und die Selbstverstümmelungen wider. In einer amerikanischen Untersuchung (Bartollas, 1981) wurde gezeigt, daß zwischen 1969 und 1972 ca. 200 Insassenselbstmorde begangen worden sind. Besonders selbstmordgefährdet sind junge, unverheiratete männliche Gefangene in der ersten Haftphase. Die übliche Methode ist Erhängen. Auch Verstümmelungsversuche und Selbstbeschädigungen durch das Schlucken von Rasierklingen, Metallstücken, Glas und Löffeln sowie andere Verstümmelungen sind häufig.

Bartollas (1981) versucht eine Kategorisierug des Anstaltsselbstmords. In der ersten Gruppe faßt er jene Insassen zusammen, die durch die Sekundärfolgen der Freiheitsstrafe (die Verschlechterung der wirtschaftlichen und sozialen Situation ihrer Familie) große psychische Belastungen, Schuldgefühle und eine Herabsetzung des Selbstwertgefühls erleben. Eine zweite Gruppe betrifft Insassen, die die Hilflosigkeitserlebnisse in der Haft und den Kontrollverlust über ihr Leben unerträglich finden. Eine dritte Gruppe versucht den Selbstmord(versuch) zur Manipulation anderer einzusetzen; die gewählten Methoden sollen die rechtzeitige Entdeckung sicherstellen, was aber nicht immer passiert.

2.836 Anpassungsstrategien an die Belastungen des Anstaltslebens

Einige Untersuchungen befassen sich mit den Stressoren und den Anpassungsmechanismen in der Anstalt. Eine ältere, aber sehr interessante Arbeit stammt von Sykes (1958). Er beschrieb die Auswirkungen unterschiedlicher Deprivationserlebnisse auf das Befinden und insbesondere auf das Selbstwerterleben. Die Stressoren sind die unterschiedlichen Deprivationen, von denen wir die vier wichtigsten kurz erwähnen wollen.

Der *Freiheitsverlust* bewirkt eine radikale Einschränkung der sozialen Beziehungen des Insassen und den weitgehenden Verlust sozialer Rollen, beispielsweise der Rolle des Vaters oder des Freundes. Diese für den Resozialisierungsprozeß nachteiligen Effekte gelten besonders für die Kontakte zur Familie (Mutter, Ehefrau, Kinder). Bei den meisten länger inhaftierten Verheirateten ist die Ehe gefährdet. Die Auswirkungen der Freiheitsstrafe führen in den meisten Fällen zur Scheidung. Die starke Einschränkung oder Unterbrechung der Kontakte zur Familie ergibt Frustrationen, welche die emotionalen Bindungen abschwächen. Dies gilt besonders für Langzeithäftlinge. Die mit dem Rollenverlust verbundene Verminderung an Aktivitäten führt in Verbindung mit dem schematischen Gefängnistagesablauf zu einer der größten Belastungen: zu Monotonie und Langeweile. Mit dem Freiheitsentzug ist auch eine moralische Zurückweisung verbunden; der Gefangene verliert den Status eines "anständigen Mitglieds der Gesellschaft". Der Prozeß der Rechtsprechung und des Vollzugs der Strafe kann als "Zeremonie der Statusdegradierung" aufgefaßt werden. Dieser führt zu einer gravierenden Herabsetzung des Selbstwertgefühls.

Der Entzug materieller und immaterieller Güter (Rechte) tastet zwar nicht das Existenzminimum an, aber der Verlust fast des gesamten persönlichen Besitzes und der erzwungene Verzicht auf selbstgewählten Konsum rufen das Gefühl der Verarmung hervor. Je mehr in einer Gesellschaft "Armsein" als persönlicher Mißerfolg gilt, "Erfolg haben" aber ein Leitwert ist, umso stärker bewirkt die Verarmung ein Gefühl des Versagens. Dies führt zu einer weiteren Verringerung des Selbstwertgefühls. Eine Konsequenz der Güterdeprivation ist ein ausgedehnter (unerlaubter) Tauschhandel. Außerdem verliert der Strafgefangene einige Grundrechte, z.B. das (aktive und passive) Wahlrecht, die Freiheit der Meinungsäußerung (häufig sind Äußerungen über das Gefängnisleben gegenüber Außenstehenden verboten), das Briefgeheimnis oder das Recht auf Eigentum bzw. dessen Nutzung.

Der Entzug *heterosexueller Beziehungen* ist zwar eines der Hauptprobleme der Haft, wird aber von den meisten Untersuchungen nicht gebührend behandelt. Die sexuelle Not bewirkt eine übermäßige Konzentration des Denkens, Fühlens und der Kommunikation auf diesen Bereich und eine Übersensibilisierung für sexuelle Reize. Eine Begleiterscheinung sind auch die häufig gehegten Befürchtungen der Insassen um den Verlust ihrer "Männlichkeit"; eine wesentliche Komponente des Selbstwertgefühls eines Mannes, seines Status als Mann, wird in Frage gestellt. Impotenzsorgen werden daher viel diskutiert. Latente Homosexualität kommt zum Ausbruch; offene, aber bewußt unterdrückte homosexuelle Neigungen setzen sich durch. Die Beschäftigung mit (rollenspezifisch äquivalenten) sexuellen Inhalten dominiert auch die soziale Welt von Frauengefängnissen.

Für Resozialisierungsbemühungen ebenso bedrohlich ist die *Einschränkung der Autonomie*, der persönlichen Selbstbestimmung der Insassen. Die detaillierten Anstaltsvorschriften und Anordnungen dienen oft dazu, den Insassen "kleinzukriegen". Zum Teil nehmen sie ihm auf gewaltlose Weise eigene Entscheidungen ab, z.B. wenn er täglich auf ein Kommando aufsteht, Kaffee trinkt, zur Arbeit und zum Essen geführt wird usw. Bis zum gleichfalls festgesetzten Beginn der Schlafenszeit unterliegt er ständig Anordnungen. Immer bestimmen andere, was man wann als Gefangener tun darf. Die autoritäre Bevormundung des Insassen ist umfassend. Dazu kommt die ständige Beaufsichtigung, die Beurteilung nach dem Zustand der Kleidung und der Zelle, die Notwendigkeit, auch für Nebensächlichkeiten um Erlaubnis zu bitten. All dies führt nicht nur zu einer ständigen Angst "aufzufallen", sondern infolge der Totalität der Institution - bei hinlänglicher Haftdauer - zu einer Abhängigkeit und Hilflosigkeit. Der Strafgefangene wird nicht als Erwachsener behandelt, sondern auf eine Weise, die am ehesten der Behandlung von Kindern gleicht. Diese "Altersdegradierung" erfaßt Insassen aller sozialen Schichten, Bildungsgrade und Altersstufen. Sie dürfte aber bei heranwachsenden Insassen besonders wirksam werden, wenn ihnen hier selbständiges Entscheiden und Handeln gleichsam aberzogen wird. Der Verlust an Selbständigkeit und Initiative wirkt ebenfalls Resozialisierungsbedingungen entgegen.

Schließlich ist die *Sicherheit vor Mitinsassen* keineswegs immer gegeben. Der Insassenkodex verlangt zwar Solidarität, häufig gibt es jedoch gefährliche Außenseiter und fast immer Gruppenkonflikt. Auch die strenge soziale Hierarchie ist eine typische Erscheinung in Anstalten. Daraus folgt eine beträchtliche Unsicherheit für Besitz und Person des Insassen.

Sykes (1958, S. 58) betont, daß man Insassen Gelegenheiten und Mittel zur Verfügung stellen muß, um die Stressoren und die Belastungen der Haft zu ertragen. Wenn man die Deprivationen der Haft nicht verringern kann, kann man sie zumindest durch die Förderung der sozialen Interaktion der Häftlinge untereinander abschwächen.

"Der wirkliche Mann". Die wichtigste Anpassungstrategie bei männlichen Häftlingen ist die Rolle des "wirklichen Mannes". Er "sitzt seine Zeit ab" und zwar auf eine zähe, unverletzliche und erhabene Art und versucht dadurch, die Stressoren zu neutralisieren. Er bleibt unberührt, kühl und zeigt, daß es der Institution nicht gelungen ist, ihm seine Selbstkontrolle zu nehmen. Der "wirkliche Mann" äußert ein Verhaltensmuster von miteinander in Beziehung stehenden Eigenschaften. Mit Gleichmut erträgt er die quälenden Umstände. Er zeigt keine Gefühle, sondern Überlegenheit, Unerschrockenheit und stoische Ruhe. Er selbst ist jedoch in der Lage, Furcht (oder zumindest Respekt) bei anderen Personen hervorzurufen. Der "wirkliche Mann" geht mit Gefängnissituationen effizient und selbstbewußt um. Er bittet nie um Hilfe und braucht auch nie Hilfe.

Für diejenigen, die die "Macho-Rolle" spielen können, stellt dieses Modell eine sinnvolle Anpassungsstrategie dar. Sie hilft jedoch nur dort, wo der Insasse sich selbst als "wirklichen Mann" sieht und sich auch bemüht, rollengerecht zu handeln. Die Rolle des harten, überlegenen und gefühlskalten Insassen kann aber nicht jeder gleichermaßen erfüllen. Bei der Anpassung an die Gefängnisumwelt sieht sich der Insasse nicht nur mit den Haftbedingungen konfrontiert, sondern auch mit seinen Abweichungen von der "Norm des wirklichen Mannes". Hier spielt auch eine *Sicherheitsfrage* mit: die "harten" Insassen können bei einigen Mitinsassen Furcht erzeugen; ängstliche Insassen haben Schwierigkeiten, mit ihren Erlebnissen der Furcht zurechtzukommen (Furcht ist eine "unmännliche" Eigenschaft) und suchen Hilfe beim Anstaltspersonal (was noch "unmännlicher" ist). Die zur Verfügung stehenden Möglichkeiten sind: eine Fassade der Härte aufrechterhalten, mit Gewalt reagieren, sich in ein Schneckenhaus zurückziehen oder sich auf die Vorschriften der Anstalt berufen. Sie können ihre Angst auch eingestehen, was wiederum "Schwachsein" bedeutet und daher "unmännlich" ist. Es gibt auch extreme Möglichkeiten, wie Panik, paranoide Reaktionen, Selbstverstümmelungen oder Selbstabsonderung. Diese Möglichkeiten zeigen oft das Mißlingen der Anpassung an das Ideal des "Cool-bleibens" (Toch, 1975).

Der Wettstreit um Männlichkeit kann in den Beziehungen der Insassen zu Destruktivität für die Beteiligten und für die gesamte Gruppe führen. Das Selbstbild der "Männlichkeit" könnte seinen Träger dazu anregen, unter "unmännlichen" Mithäftlingen Furcht und Schrecken zu verbreiten. Diese in vielerlei Hinsicht destruktiven Machtkämpfe finden häufig innerhalb derartiger Sozialhierarchien statt.

Die Problematik wird komplizierter, weil die Rolle des "wirklichen Mannes" auch vom Anstaltspersonal gutgeheißen wird (Toch, 1976). Manche Sicherheitsbeamte verachten "schwache" Insassen, die ihre Viktimisation durch "Feigheit" oder mangelndes Durchsetzungsvermögen selbst herbeiführen. Ein Sicherheitsbeamter kann daher eine Auseinandersetzung "übersehen", obwohl das Opfer dafür schlecht gerüstet ist und der Beamte Disziplinarsanktionen gegen die Beteiligten einleiten muß.

Die Rolle des "wirklichen Mannes" ist für Psychologen interessant, weil sie einen starken Zusammenhang zur psychischen Gesundheit zeigt. Der "wirkliche Mann" kann keine Gefühle eingestehen und muß daher ständig versuchen, seine Ängste und Gefühle der Verzweiflung zu unterdrücken. Er muß permanent Abwehrmechanismen gegen das Eingestehen der schwer erträglichen Belastung aufrechterhalten. Männlichkeit fordert stoische Ruhe; der "wirkliche Mann" muß nach außen hin Ruhe zeigen, obwohl er innerlich alles andere als ruhig ist. Ein Insasse in Schwierigkeiten muß eine gleichmütige Fassade aufrechterhalten und sich der lähmenden Depression in seiner Zelle stellen. Die entstehenden psychischen Spannungen können psychosomatische Symptome entwickeln, die weiters zu häufigen Krankmeldungen führen. Derartige Störungen können aber durch rechtzeitige Beratungsgespräche gemildert werden.

Die "wirkliche Frau". Weibliche Insassen sind den gleichen Deprivationen wie männliche ausgesetzt. Unterschiedlich ist nur die Bedeutung der Haftdeprivationen und auch die Strategien, mit diesen umzugehen. Die Hafterfahrung ist für Frauen in mehrerer Hinsicht verschieden. Ein wesentliches Unterscheidungsmerkmal ist die Unterbrechung von wichtigen, intimen Beziehungen, die im vorinstitutionellen Leben der weiblichen Gefangenen eine bedeutsame Rolle spielten. Während ein Mann von der Straße (bzw. vom Arbeitsplatz) ins Gefängnis wandern kann, werden Frauen häufig aus dem häuslichen, familiären Umfeld, das durch wichtige Beziehungen zu Lebensgefährten, Kindern usw. geprägt ist, herausgerissen. Die Unterschiede im Erleben der Außenwelt führen auch zu unterschiedlichem Erleben der Gefängniswelt (Toch 1979, S. 111).

Verschiedene Forscher untersuchten Frauengefängnisse (Ward und Kassebaum, 1966; Giallombardo, 1966; Heffernan, 1972) und kamen zu übereinstimmenden Ergebnissen. Wichtig sind die Beziehungen, die zwischen den

Insassen entstehen, weil sie Erinnerungen an Liebesbeziehungen in der Außenwelt wecken. In Anstalten mit Häftlingen verschiedener Altersgruppen formen die Insassinnen "Möchtegernfamilien" - das sind Gruppen, in denen sie stereotypisierte Rollen spielen wie die Rolle der "Mutter", des "Ehemanns", des "Onkels" und der "Tochter". In solchen Gruppen gibt es Normen, die an die Außenwelt erinnern (wie Respekt gegenüber den Eltern oder die "Häuslichkeit der Frau") und Normen, die materielle und emotionale Unterstützung sicherstellen sollten.

Die Verbindung zwischen dem erlebten Streß der weiblichen Insassen und ihren Bewältigungstrategien ist offensichtlich. Die Haft trennt Frauen von Beziehungen, für die sie lebt, und aus denen sie größtenteils ihr Selbstgefühl definiert. In der Anstalt gibt es niemanden, der zu füttern, zu schützen, zu umsorgen, zu lieben ist, und von dem man geliebt und umsorgt wird. Diese wichtigen "anderen" sind in westlichen Gesellschaften für das Selbstbild der Frau gleich bedeutsam wie die Normen des "wirklichen Mannes" für die Selbstbestimmung des Mannes. Toch meint (1979, S. 112), daß Extrembedingungen wie etwa eine Gefängnisumwelt und die damit verbundenen Belastungen soziale Grundthemen in stärkeren Kontrasten zeigen als das alltägliche Leben. Dies trifft auch für den Mythos des Macho-Mannes im Männer- und dem der fürsorglichen und pflegenden Frau im Frauengefängnis zu.

In allen Vollzugsanstalten gibt es Anpassungsmechanismen, die von Insasse zu Insasse variieren. Genauso wie im Männergefängnis sind auch in Frauengefängnissen einige Insassinnen isoliert, andere gesellig; einige versuchen sich Privilegien zu verschaffen, andere nicht. Es gibt auch bei weiblichen Insassen eine Anstaltskultur; man bemüht sich, zum Personal auf Distanz zu gehen; jene Insassen, die mit dem Stab kollaborieren, werden verachtet. Männliche und weibliche Gefängnisthemen haben aber verschiedene Nuancen. Während junge männliche und weibliche Insassen den mangelnden Respekt des Stabes schwer verkraften, sind ältere eher geneigt, den gefühllosen Stab zu akzeptieren.

Die "wirkliche Frau" drückt Gefühle aus und fühlt sich dazu auch ermächtigt (Fox, 1975). Sie erwartet, daß sie ihre Gefühle zeigen kann, sie will, daß man sie beachtet und beantwortet. Sie ist in diesem Sinn nicht "cool", weil sie annimmt, daß Menschen sich von Natur aus gegenseitig brauchen und voneinander abhängig sind. Wenn die "wirkliche Frau" Probleme hat, teilt sie diese mit den wenigen Frauen, denen sie vertraut. Sie weiß, daß ungelöste Probleme Spannungen erzeugen. Die Illusion der Unverletzlichkeit des "wirklichen Mannes" wird von der Frau nicht geteilt. Weibliche Insassen fühlen sich mißverstanden, zurückgewiesen, ungeliebt oder ignoriert. Diese Offenheit macht sie weniger anfällig für psychische Störungen, die aus der emotionalen Überkontrolle resultieren oder aus der wenig überzeugenden Anstrengung, ein Vorbild an stoischer Ruhe abzugeben, das man in Wirklichkeit nicht ist. Probleme und Konflikte können für Frauen dann entstehen, wenn man die Beziehungen zu wichtigen Personen außerhalb der Anstalt behindert.

Die dargestellten extremen Anpassungsmechanismen des weiblichen und männlichen Häftlings sind jedoch nicht jene des durchschnittlichen. Sie zeigen die Anpassungsbemühungen des "Karriere"-Insassen. Wesentlich für die Bewältigung der extremen Streßbelastung und auch für die Übernahme der Insassenkultur sind auch Faktoren, die der Häfling von außen in die Anstalt importiert (siehe dazu Abschnitt 2.834). Auch die Persönlichkeit spielt eine große Rolle.

2.84 Alternativen zur Haft

Einen Überblick über alternative Vollzugsmodelle geben die Arbeiten von Eidt (1973) und Schneider (1979). Die Autoren geben einen Einblick in die Versuche, die in den USA im Laufe der letzten Jahrzehnte unternommen worden sind, insbesondere in bezug auf die Behandlung von Jugendlichen. Alle bisherigen Behandlungsversuche von jugendlichen Straftätern haben nur partielle Erfolge gezeigt. Es konnte auch kein deutlicher Durchbruch bestimmter Behandlungskonzepte beobachtet werden. Die meisten Untersuchungen schließen den Entstehungsprozeß der Delinquenz nicht ein. Delinquenz entsteht in erster Linie durch die Interaktion des Jugendlichen mit Personen aus seinen Bezugsgruppen (Familie, Schule, Nachbarschaft). Die Wohnbereiche, aus denen die Jugendlichen kommen, werden durch die Behandlungsversuche nicht beeinflußt. Auch die *Sanktionsinstanzen* tragen ihrerseits zur Verfestigung des abweichenden Verhaltens bei. Man kann sich vorstellen, daß eine Behandlung nur wirksam ist, wenn der Kontakt zu den Behörden keinen stabilisierenden Effekt auf das kriminelle Verhalten zeigt und wenn auch versucht wird, das Umfeld, in dem der Jugendliche lebt, mit zu beeinflussen.

Einer dieser Ansätze wird von Schneider (1974, S. 93) beschrieben: "Vor dem rechtsstaatlich strengeren Jugendgerichtsverfahren sind informelle Reaktionen der Jugenddienste und Jugendbüros eingeschaltet... Wenn z.B. die Polizei einen Jugendlichen bei einem Ladendiebstahl ertappt, wird er nicht gleich zur Polizeistation mitgenommen und die offizielle Anzeige sofort erstattet. Ein solches Vorgehen würde den Jugendlichen nur noch tiefer in seine kriminelle Karriere hineintreiben. Die Polizei bringt ihn vielmehr zu einem Jugendbüro, dort sitzt er einem freundlichen Sozialarbeiter gegenüber. Der Sozialarbeiter setzt sich mit den Eltern, der Schule oder der Arbeitsstelle des Jugendlichen in Verbindung. Er versucht, seine Probleme in seinem sozialen Nahraum zu orten und - wenn möglich - zu lösen. Er verständigt eine freiwillige Nachbarschaftsberatungsorganisation, die sich die Verhütung der Jugendkriminalität zum Ziel gesetzt hat. Zwei freiwillige Helfer der Nachbarschaftberatungsorganisation und die Mutter des Jugendlichen holen ihn vom Jugendbüro ab. Die Gemeinschaft wird sich um den Jugendlichen mehr als bisher kümmern, um seinem delinquenten Verhalten verständnisvoll vorzubeugen. Eine Stigmatisierung durch Polizei und Gericht ist nicht eingetreten"... "Wenn ein Jugendlicher eine Straftat begangen hat, sorgen Jugendbüros und Jugenddienste dafür, daß die etwa notwendig werdende Untersuchungshaft durch intensive Überwachung oder in Pflegefamilien vollstreckt werden kann, um die psychischen Schäden des Einzelvollzuges in der Untersuchungshaftanstalt zu vermeiden.".

Schneider meint, daß *Familienprobleme* zu Fehlverhalten bei Jugendlichen führen, welches dann durch die Reaktionen der Behörden verfestigt wird. Es gibt auch Bemühungen, delinquente Jugendliche bei der Delinquenzbekämpfung mithelfen zu lassen. Diese Jugendlichen arbeiten verantwortlich bei den Jugenddiensten mit und helfen anderen. Schneider (1974, S. 98) berichtet von verschiedenen Typen der Behandlung: kleine Gruppenwohnheime (vier bis acht Jugendliche mit einem Sozialarbeiterehepaar zusammen); Tagesbetreuungsstätten (Im Durchschnitt leben dort 25 Jugendliche während des Tages. Sie werden morgens mit dem Bus von zu Hause abgeholt und abends zurückgebracht. Sie erhalten schulischen und handwerklichen Unterricht und nehmen an Gruppensitzungen teil); Gruppenpflegeheime (Pflegefamilien mit einem bis vier Probanden); und Pflegefamilien. Ein Teil dieser Modelle zeigt Auswirkungen auf die Verhältnisse in Österreich und der BRD.

Auch ein intensiver Ausbau der Bewährungshilfe ist zu beobachten. Es kann als gesichert gelten, daß der Großteil der Jugendlichen und Heranwachsenden, die sich heute im stationären Vollzug befinden, besser in Freiheit behandelt werden könnten. Auch eine Änderung der Anstaltsstrukturen wäre notwendig, um die für delinquente Verhaltensweisen stabilisierenden Effekte zu vermindern.

Zusammenfassung. In diesem Abschnitt haben wir uns mit der Abschreckungshypothese im Zusammenhang mit dem Behandlungsauftrag und den psychologischen Effekten der Haft befaßt. Obwohl wir keine einheitliche Methodologie angewandt haben, wurden eine Vielzahl offener Fragen diskutiert. Aus den besprochenen Arbeiten können wir einige vorsichtige Schlüsse ziehen. Die Abschreckung scheint nur unter bestimmten, eingeschränkten Bedingungen wirksam zu sein. Die psychotherapeutische Behandlung, wie sie derzeit im Strafvollzug eingesetzt wird, versagt aus mehreren Gründen. Es gibt große individuelle Unterschiede in der Fähigkeit, den Haftstreß und die Einzelhaft zu bewältigen. Auch Umgebungsfaktoren (z.B. noch zu verbüßende Haftzeit) spielen für das Verhalten der Insassen eine wesentliche Rolle.

Wir zeigten, daß das große Vertrauen, das das Rechtssystem dem medizinischen Menschenbild entgegenbringt, und seine Abhängigkeit von diesem, insbesondere wenn es um Fragen des Verhaltens geht, nicht gerechtfertigt sind. Es gibt neben der Psychiatrie auch andere Disziplinen, die einen profunden Beitrag bei Verhaltensfragen liefern können. Die meisten rechtlichen Fragen zur Diagnose und Prognose menschlichen Verhaltens verlangen nach Sachverständigen aus unterschiedlichen Berufsgruppen; es ist nicht anzunehmen, daß ein Experte alle Fragen beantworten kann. Der wertvollste Beitrag wäre ein multidisziplinärer, der psychiatrische und nichtpsychiatrische Gutachter einschließt. Werden nur Psychiater herangezogen, verlieren die Gerichte die wertvolle Hilfe anderer Bereiche. Diese Beschränkung führte auch zur fälschlichen Ansicht, daß abnormes Verhalten (und seine Konsequenzen) ausschließlich eine medizinische Angelegenheit ist.

Literaturverzeichnis

Abrahamsen, D. (1960): The psychology of crime. Columbia University Press, New York.
Adamovich, L. K., Funk, B. C. (1984): Allgemeines Verwaltungsrecht, 2. Aufl. Springer, Wien.
Adams, J. S. (1963): Toward an understanding of inequity. Journal of Abnormal and Social Psychology, 67: 422-436.
Adams, J. S. (1965): Inequity in social exchange. In: Berkowitz, L. (Ed.): Advances in experimental social psychology, Vol. 2. Academic Press, New York.
Adams, T. F. (1972): Philosophy of police discretion. In: Adams, T. J. (Ed.): Criminal justice readings. Palisades Publishers, Pacific Palisades, Calif.
Aichhorn, A. (1974): Verwahrloste Jugend, 8. Aufl. Huber, Bern (1. Aufl. 1925).
Akers, R. L., Hayner, N. S., Gruninger, W. (1977): Prisonization in five countries. Types of prison and inmate characteristics. Criminology, 14: 527-554.
Alexander, F., Staub, H. (1971): Der Verbrecher und sein Richter. In: Mitscherlich, A. (Hrsg.): Psychoanalyse und Justiz. Suhrkamp, Frankfurt (Erstausgabe 1929).
Allport, G. W., Postman, L. J. (1945): The basic psychology of rumor. Transactions of the New York Academy of Sciences, Series II, 8: 61-81.
American Psychological Association (1973): Ethical principles in the conduct of research with human participants. American Psychological Association, Washington, D. C.
Anderson, N. H. (1983): Methods of information integration theory. Academic Press, London.
Appley, M. H., Trumbull, R. (1967): Psychological stress. Appleton-Century-Crofts, New York.
Arntzen, F. (1970): Psychologie der Zeugenaussage. Hogrefe, Göttingen.
Aronfreed, J., Reber, A. (1965): Internalized behavioral suppression and the timing of social punishment. Journal of Personality and Social Psychology, 1: 3-16.
Austin, W. (1979): The concept of desert and its influence on simulated decision makers' sentencing decisions. Law and Human Behavior, 3: 163-187.
Bachrach, A. J. (1979): Speech and its potential for stress monitoring. In: Lundgren, C. E. G. (Ed.): Proceedings, workshop on monitoring vital signs in the diver. Undersea Medical Society and Office of Naval Research, Bethesda, Md.
Bakal, D. A. (1975): Headache. A biopsychological perspective. Psychological Bulletin, 82: 369-382.
Balbus, I. (1973): The dialectics of legal repression. The Russel Sage Foundation, New York.
Bandura, A. (1965): Influence of model's reinforcement contingencies on the acquisition of imitative responses. Journal of Personality and Social Psychology, 1: 589-595.
Bandura, A. (1973): Aggression. A social learning analysis. Prentice-Hall, Englewood Cliffs, N. J.
Bandura, A. (1977): Social learning theory. Prentice-Hall, Englewood Cliffs, N. J.
Bandura, A. (1978): The self system in reciprocal determinism. American Psychologist, 33: 344-358.
Bandura, A., Ross, D., Ross, S. A. (1963): Vicarious reinforcement and imitative learning. Journal of Abnormal and Social Psychology, 67: 601-607.
Barland, G. H., Raskin, D. C. (1973): Detection of deception. In: Prokasy, W. F., Raskin, D. C. (Eds.): Electrodermal activity in psychological research. Academic Press, New York.
Baron, R. A. (1977): Human aggression. Plenum Press, New York.

Bartlett, F. C. (1957): Remembering. A study in experimental and social psychology. Cambridge University Press, London and New York (Erstveröffentlichung 1932).
Bartol, C. R. (1980): Criminal behavior. A psychosocial approach. Prentice-Hall, New York.
Bartol, C. R. (1983): Psychology and American law. Wadsworth Publishing Company, Belmont, Calif.
Bartol, C. R., Holanchock, H. (1979): A test of Eysenck's theory on an American prison population. Criminal Justice and Behavior, 6: 245-249.
Bartollas, C. (1981): Introduction to corrections. Harper & Row, New York.
Becker, H. (1973): Außenseiter. Fischer, Frankfurt.
Becker, T. (1964): Political behavioralism and modern jurisprudence. Rand McNally, Chicago, Ill.
Becker, T. (1966): A survey study of Hawaiian judges. The effects of judicial role variations. American Political Science Review, 60: 677-680.
Becker, T. (1970): Comparative judicial politics. Rand McNally, Chicago, Ill.
Bedrosian, R. C., Beck, A. J. (1979): Cognitive aspects of suicidal behavior. Suicide and Life-Threatening Behavior, 9: 87-96.
Bem, D. J., Allen, A. (1974): On predicting some of the people some of the time. The search for cross-situational consistencies in behavior. Psychological Review, 81: 506-520.
Benussi, V. (1914): Die Atmungssymptome der Lüge. Archiv für die gesamte Psychologie, 31: 244-273.
Benton, A. A. (1967): Effects of the timing of negative-response consequences on the observational learning of resistance to temptation in children. Diss. Abstracts, 27: 2153-2154.
Berckhauer, F. H. (1976): Forschungsbericht über die bundesweite Erfassung von Wirtschaftsstraftaten nach einheitlichen Gesichtspunkten im Jahr 1974. Eigenverlag des MPI für Strafrecht, Freiburg.
Berscheid, E., Walster, E. (1974): Physical attractiveness. In: Berkowitz, L. (Ed.): Advances in experimental social psychology, Vol. 7. Academic Press, New York.
Bickmann, L. (1975): Bystander intervention in a crime. The effect of a mass media campaign. Journal of Applied Social Psychology, 5: 296-302.
Bickmann, L., Green, S. (1977): Situational cues and crime reporting. Do signs make a difference? Journal of Applied Social Psychology, 7: 1-18.
Bickmann, L., Rosenbaum, D. P. (1977): Crime reporting as a function of bystander encouragement, surveillance, and credibility. Journal of Personality and Social Psychology, 35: 577-586.
Binet, A. (1905): La science du témoignage. L'année psychologique, 11: 128-137.
Blackmore, J. (1978): Are police allowed to have problems of their own? Police Magazine, July: 47-55.
Blau, P. M. (1964): Exchange and power in social life. Wiley, New York.
Blumstein, A., Cohen, J., Nagin, D. (Eds.) (1978): Deterrence and incapacitation. Estimating the effects of criminal sanctions on crime rates. National Academy of Sciences, Washington, D. C.
Böhm, V. (1968): Mr. Prejudice, Miss Sympathy, and the authoritarian personality. An application of psychological measuring techniques to the problem of jury bias. Wisconsin Law Review: 734-750.
Bork, R. H. (1977): Testimony given in hearings before the Subcommitee on Courts, Civil Liberties, and the Administration of Justice of the Committee on the Judiciary, House of Representatives. In State of the judiciary and access to justice. U. S. Government Printing Office, Washington, D. C.
Bower, G. H., Karlin, M. B. (1974): Depth and processing pictures of faces and recognition memory. Journal of Experimental Psychology, 103: 751-757.
Bray, R. M., Kerr, N. L. (1979): Use of the simulation method in the study of jury behavior. Law and Human Behavior, 3: 107-119.
Brown, E., Deffenbacher, K., Sturgill, W. (1977): Memory for faces and the circumstances of encounter. Journal of Applied Psychology, 62: 311-318.
Bruner, J. S., Postman, L. J. (1949): On the perception of incongruity. A paradigm. Journal of Personality, 18: 206-223.

Bruner, J. S., Postman, L. J., Rodrigues, J. (1951): Expectation and the perception of color. American Journal of Psychology, 64: 216-227.
Brusten, M. (1971): Determinanten selektiver Sanktionierung durch die Polizei. In: Feest, J., Lautmann, R. (Hrsg.): Die Polizei. Soziologische Studien und Forschungsberichte. Westdeutscher Verlag, Opladen.
Buckhout, R. (1974): Eyewitness testimony. Scientific American, 231, 6: 23-31.
Buckhout, R. (1975): Nearly 2000 witnesses can be wrong. Social Action and the Law, 2: 7.
Bühler, R. E., Patterson, G. R., Furniss, J. M. (1966): The reinforcement of behavior in institutional settings. Behaviour Research and Therapy, 4: 157-167.
Bukstel, L. H., Killmann, P. R. (1980): Psychological effects of imprisonment on confined individuals. Psychological Bulletin, 88: 469-493.
Burgstaller, M. (1983): Empirische Daten zum neuen Strafrecht. Österreichische Juristen-Zeitung, 38: 617-626.
Burgstaller, M., Császár, F. (1985a): Zur regionalen Strafenpraxis in Österreich. Österreichische Juristen-Zeitung, 40: 1-11 und 43-47.
Burgstaller, M., Császár, F. (1985b): Ergänzungsuntersuchungen zur regionalen Strafenpraxis. Österreichische Juristen-Zeitung, 40: 417-427.
Bydlinski, F. (1982): Juristische Methodenlehre und Rechtsbegriff. Springer, Wien.
Campbell, D. T., Ross, H. L. (1968): The Connecticut crackdown on speeding. Timeseries data in quasi-experimental analysis. Law and Society Review, 3: 33-53.
Campbell, D. T., Stanley, J. C. (1966): Experimental and quasi-experimental designs for research. Rand McNally, Chicago.
Caplan, R. D., Cobb, S., French, J. R. P., Harrison, R. V., Pinneau, S. R. (1975): Job demands and worker health. U. S. Department of Health, Education and Welfare, Washington, D. C.
Carr, T. H., Deffenbacher, K. A., Leu, J. R. (1979): Is there less interference in memory for faces? Paper presented at the meeting of the Psychonomic Society, Phoenix, Arizona.
Carroll, J. S. (1978): A psychological approach to deterrence. The evaluation of crime opportunities. Journal of Personality and Social Psychology, 36: 1512-1520.
Carroll, J. S. (1980): Judgments of recidivism risk. The use of base-rate information in parole decisions. In: Lipsitt, P. D., Sales, B. (Eds.): New directions in psycholegal research. Van Nostrand Reinhold, New York.
Carroll, J. S., Coates, D. (1980): Parole decisions. Social psychological research in applied settings. In: Bickmann, L. (Ed.): Applied Social Psychology Annual, Vol. 1. Sage, Beverly Hills, Calif.
Carroll, J. S., Payne, J. W. (1975): The judgment of criminality. An attributional analysis of the parole decision. Paper presented at the meeting of the American Psychological Association, Chicago.
Carroll, J. S., Payne, J. W. (1976): The psychology of the parole decision process. A joint application of attribution theory and information processing psychology. In: Carroll, J. S., Payne, J. W. (Eds.): Cognition and social behavior. Erlbaum, Hillsdale, N. J.
Carroll, J. S., Payne, J. W. (1977a): Crime seriousness, recidivism risk, and causal attributions in judgments of prison term by students and experts. Journal of Applied Psychology, 62: 595-602.
Carroll, J. S., Payne, J. W. (1977b): Judgments about crime and the criminal: A model and method for investigating parole decisions. In: Sales, B. D. (Ed.): Perspectives in law and psychology, Vol. 1. Plenum, New York.
Cattell, J. M. (1895): Measurements of the accuracy of recollection. Science, 2: 761-766.
Cavoukian, A., Heslegrave, R. J. (1980): The admissibility of polygraph evidence in court. Some empirical findings. Law and Human Behavior, 4: 117-131.
Chandler, E. V., Jones, C. S. (1979): Cynicism. An inevitability of police work? Journal of Police Science and Administration, 7: 65-71.
Chappell, D., Meyer, J. C. (1975): Cross-cultural differences in police attitudes. An exploration in comparative research. Australian and New Zealand Journal of Criminology, 8: 5-13.
Claster, R. (1967): Comparison of risk perceptions between delinquents and non-delinquents. Journal of Criminal Law, Criminology, and Police Science, 58: 80-86.

Clements, C. B. (1979): Crowded prisons. A review of psychological and environmental effects. Law and Human Behavior, 3: 217-225.
Clemmer, D. (1965): The prison community. Holt, Rinehart & Winston, New York.
Clifford, B. (1976): Police as eyewitnesses. New Society, 2: 176-177.
Clifford, B. R., Hollin, C. R. (1981): Effects of the type of incident and the number of perpetrators on eyewitness memory. Journal of Applied Psychology, 66: 365-370.
Clifford, B. R., Scott, J. (1978): Individual and situational factors in eyewitness testimony. Journal of Applied Psychology, 63: 352-359.
Clinard, M. B., Quinney, R. (1973): Criminal behavior systems. A topology, 2nd ed. Holt, Rinehart and Winston, New York.
Cohen, R. L., Harnick, M. A. (1980): The susceptibility of child witnesses to suggestions. An empirical study. Law and Human Behavior, 4: 201-210.
Cohn, A., Udolf, R. (1979): The criminal justice system and its psychology. Van Nostrand Reinhold, New York.
Coleman, J. C. (1976): Abnormal psychology and modern life, 5th ed. Scott, Foresman, Glenview, Ill.
Cook, T. D., Campbell, D. T. (1979): Quasi-experimentation. Design and analysis issues for field settings. Rand McNally, Chicago.
Crano, W. D., Brewer, M. B. (1973): Principles of research in social psychology. McGraw-Hill, New York.
Dale, M. W. (1976): Barriers to the rehabilitation of ex-offenders. Crime and Delinquency, 22: 322-337.
Dallenbach, K. M. (1913): The relation of memory error to time-interval. Psychological Review, 20: 323-337.
D'Atri, D. A. (1975): Psychophysiological responses to crowding. Environment and Behavior, 7: 237-252.
Davis, J., Kerr, N., Atkin, R., Holt, R., Meek, D. (1975): The decision processes of 6- and 12-person mock juries assigned unanimous and two-thirds majority rules. Journal of Personality and Social Psychology, 32: 1-14.
Davis, K. C. (1975): Police discretion. West Publishing Co., St. Paul, Minn.
Dawson, R. O. (1969): Sentencing. The decision as to type, length, and conditions of sentence. Little, Brown, Boston.
Dearing, A. (1987): Das angemessene Verhältnis von Untersuchungshaft und erwarteten Strafen (§ 193 Abs 2 StPO). Strafrechtliche Probleme der Gegenwart, 14.
Denno, D., Cramer, J. A. (1976): The effects of victim characteristics on judicial decision making. In: McDonald, W. F. (Ed.): Criminal justice and the victim. Sage, Beverly Hills, Calif.
Deutsch, M. (1975): Equity, equality, and need. What determines which value will be used as the basis of distributive justice? Journal of Social Issues, 31, 3: 137-149.
Dietel, A. (1969): Ermessensschranken bei Eingriffen in das Versammlungs- und Demonstrationsrecht. Deutsches Verwaltungsblatt, 14: 569-579.
Dion, K. (1972): Physical attractiveness and evaluations of children's transgressions. Journal of Personality and Social Psychology, 24: 207-213.
Döring, M. (1924): Richtlinien für den kinderpsychologischen Sachverständigen in Sexualprozessen. Pädagogisch-psychologische Arbeiten an dem Institut des Leipziger Lehrervereins, 13: 164-214.
Doob, A. N., Kirshenbaum, H. M. (1973): Bias in police lineups - partial remembering. Journal of Police Science and Administration, 1: 287-293.
Dorsch, F. (1963): Geschichte und Probleme der Angewandten Psychologie. Hans Huber, Bern.
Easterbrook, J. A. (1959): The effect of emotion on the utilization and organization of behavior. Psychological Review, 66: 183-201.
Ebbesen, E. B., Konecni, V. J. (1975): Decision making and information integration in the courts. The setting of bail. Journal of Personality and Social Psychology, 32: 805-821.
Ebbesen, E. B., Konecni, V. J. (1976): Fairness in sentencing. Severity of crime and judicial decision making. Paper presented at the meeting of the American Psychological Association, Washington, D. C.

Ebbesen, E. B., Konecni, V. J. (1981): The process of sentencing adult felons. A causal analysis of judicial decisions. In: Sales, B. D. (Ed.): Perspectives in law and psychology, Vol. 2. Plenum, New York.
Ebbesen, E. B., Konecni, V. J. (1982): Social psychology and the law. A decision-making approach to the criminal justice system. In: Konecni, V. J., Ebbesen, E. B. (Eds.): The criminal justice system. A social-psychological analysis. Freeman & Co., San Francisco.
Ebbesen, E. B., Parker, S., Konecni, V. J. (1977): Decisions involving risk. Laboratory and field analysis. Journal of Experimental Psychology: Human Perception and Performance, 3: 576-589.
Ebbinghaus, H. E. (1964): Memory. A contribution to experimental psychology. Dover, New York (Erstveröffentlichung 1885).
Ecclestone, C. E., Gendreau, P., Knox, C. (1974): Solitary confinement of prisoners. An assessment of its effects on inmates' personal constructs and adrenocortical activity. Canadian Journal of Behavioral Science, 6: 178-191.
Eckartshausen, C. (1973): Über die Notwendigkeit psychologischer Kenntnisse bei der Beurteilung der Verbrechen. In: Grimm, D. (Hrsg.): Rechtswissenschaft und ihre Nachbarwissenschaften. Athenäum Fischer, Frankfurt (Erstveröffentlichung 1791).
Efran, M. G. (1974): The effect of physical appearance on the judgment of guilt, interpersonal attraction, and severity of recommended punishment in a simulated jury task. Journal of Research in Personality, 8: 45-54.
Egan, D., Pittner, M., Goldstein, A. (1977): Eyewitness identification. Photographs vs. live models. Law and Human Behavior, 1: 199-206.
Eidt, H. H. (1973): Behandlung jugendlicher Straftäter in Freiheit. Göttingen.
Einhorn, H. J. (1974): Expert judgment. Some necessary conditions and an example. Journal of Applied Psychology, 59: 562-571.
Eisenberg, T. (1975): Labor-management relations and psychological stress. View from the bottom. The Police Chief, 42: 54-58.
Eisenhardt, T. (1978): Strafvollzug. Kohlhammer, Stuttgart.
Ekman, P., Friesen, W. (1969): Nonverbal leakage and clues to deception. Psychiatry, 32: 88-106.
Ekman, P., Friesen, W. (1974): Detecting deception from the body and face. Journal of Personality and Social Psychology, 29: 288-298.
Ekman, P., Friesen, W., Scherer, K. R. (1976): Body movement and voice pitch in deceptive interaction. Semiotica, 16: 23-27.
Ellis, H. D., Davis, G. M., Shepherd, J. W. (1977): Experimental studies of face identification. Journal of Criminal Defense, 3: 219-234.
Ellison, K. W., Buckhout, R. (1981): Psychology and criminal justice. Harper & Row, New York.
Elwork, A., Alfini, J. J., Sales, B. D. (1982): Toward understandable jury instructions. Judicature, 65: 432-443.
Emerson, R. M. (1962): Power-dependence relations. American Sociological Review, 27: 31-41.
Erdelyi, M. H. (1974): A new look at the new look. Perceptual defense and vigilance. Psychological Review, 81: 1-25.
Estes, W. K. (1944): An experimental study of punishment. Psychol. Monogr., 57, Whole No. 263.
Exner, F. (1931): Studien über die Strafzumessungspraxis der deutschen Gerichte. Wiegandt, Leipzig.
Eysenck, H. J. (1967): The biological basis of personality. Thomas, Springfield, Ill.
Eysenck, H. J. (1977): Kriminalität und Persönlichkeit. Europaverlag, Wien.
Fairley, W. B., Mosteller, F. (Eds.) (1977): Statistics and public policy. Addison-Wesley, Reading, Mass.
Feest, J. (1971): Die Situation des Verdachts. In: Feest, J., Lautmann, R. (Hrsg.): Die Polizei. Soziologische Studien und Forschungsberichte. Westdeutscher Verlag, Opladen.
Feest, J., Lautmann, R. (Hrsg.) (1971): Die Polizei. Soziologische Studien und Forschungsberichte. Westdeutscher Verlag, Opladen.

Feldman, M. P. (1966): Decision taking in a hypothetical criminal situation by approved school and secondary modern school boys. Unpublished manuscript, University of Birmingham.
Feldman, M. P. (1977): Criminal behavior. A psychological analysis. John Wiley, London.
Feldman, M. P., Rosen, F. P. (1978): Diffusion of responsibility in crime, punishment, and other adversity. Law and Human Behavior, 2: 313-322.
Féré, C. (1888): Note sur les modifications de la résistance électrique sous l'influence des excitations sensorielles et des émotions. Comptes rendus de la Société de Biologie, 40: 28-33 und 217-219.
Ferri, E. (1896): Das Verbrechen als soziale Erscheinung. Wiegandt, Leipzig.
Festinger, L. (1954): A theory of social comparison processes. Human Relations, 7: 117-140.
Festinger, L., Pepitone, A., Newcomb, T. (1952): Some consequences of deindividuation in a group. Journal of Abnormal and Social Psychology, 47: 382-389.
Feuerbach, A. (1808): Merkwürdige Criminalrechtsfälle, Teil I. Müller, Gießen.
Fischoff, B. (1976): Attribution theory and judgment under uncertainty. In: Harvey, J. H., Ickes, W., Kidd, R. (Eds.): New directions in attribution research. Lawrence Erlbaum, Hillsdale, N. J.
Fisher, R. J. (1982): Social psychology. An applied approach. St. Martin's Press, New York.
Flanagan, T. J., Hindelang, M. J., Gottfredson, M. R. (Eds.) (1980): Sourcebook of criminal justice statistics - 1979. U. S. Government Printing Office, Washington, D. C.
Fox, J. (1975): Women in crisis. In: Toch, H. (Ed.): Men in crisis. Human breakdowns in prison. Aldine, Chicago.
Franken, R. E., Davis, J. (1975): Predicting memory for pictures from rankings of interestingness, pleasingness, complexity, figure-ground and clarity. Perceptual and Motor Skills, 41: 243-247.
Friedman, M., Rosenman, R. H. (1974): Type A behavior and your heart. Knopf, New York.
Friedrich, J. B. (1852): System der gerichtlichen Psychologie. Manz, Regensburg.
Friejda, N. H. (1965): Mimik und Pantomimik. In: Kirchhoff, R. (Hrsg.): Ausdruckspsychologie. Handbuch der Psychologie, Band 5. Göttingen.
Galanter, E. (1962): Contemporary psychophysics. In: Brown, R., Galater, E., Hess, E. H., Mandler, G. (Eds.): New directions in psychology. Holt, New Nork.
Galton, F. (1879): Psychometric experiments. Brain, 2: 149-162.
Gardner, D. S. (1933): The perception and memory of witnesses. Cornell Law Quarterly, 18: 391-409.
Garrity, D. L. (1961): The prison as a rehabilitation agency. In: Cressey, D. R. (Ed.): The prison - studies in institutional organization and change. Holt, Rinehart & Winston, New York.
Gelfand, D. M., Hartman, D. P., Walder, P., Page, B. (1973): Who reports shoplifters? A field-experimental study. Journal of Personality and Social Psychology, 25: 276-285.
Gerbasi, K. C., Zuckerman, M., Reis, H. T. (1977): Justice needs a new blindfold. A review of mock jury research. Psychological Bulletin, 84: 323-345.
Gerbert, K. (1954): Ausdruckspsychologie und Vernehmungtechnik im strafrechtlichen Ermittlungsverfahren. Jahrbuch für Psychologie und Psychotherapie, 2: 85-98.
Gettman, L. R. (1978): Aerobics and police fitness. Police Stress, 1: 22-25.
Giallombardo, R. (1966): Society of women. A study of a womans's prison. Wiley, New York.
Gibson, J. (1978): Judges' role orientations, attitudes and decisions. An interactive model. American Political Science Review, 72, 911-924.
Glaser, D. (1964): The effectiveness of a prison and parole system. Bobbs-Merrill, Indianapolis, Ind.
Glass, D. C. (1977): Behavior patterns, stress, and coronary disease. Lawrence Erlbaum Associates, Hillsdale, N. J.
Göppinger, H. (1973): Kriminologie. Eine Einführung, 2. Aufl. Beck, München.
Goffman, E. (1972): Asyle. Über die soziale Situation psychiatrischer Patienten und anderer Insassen. Suhrkamp, Frankfurt.
Goldberg, L. R. (1968): Simple models or simple processes? Some research on clinical judgments. American Psychologist, 23: 483-496.

Goldberg, L. R. (1970): Man vs. model of man. A rationale, plus some evidence for a method of improving on clinical inferences. Psychological Bulletin, 73: 422-432.
Goldman, S. (1975): Voting behavior on the U.S. courts of appeals revisited. American Political Science Review, 69: 491-506.
Goldsmith, R. W. (1980): Studies of a model for evaluating judicial evidence. Acta Psychologica, 45: 211-221.
Goldstein, A. G., Chance, J. E. (1971): Visual recognition memory for complex configurations. Perception and Psychophysics, 9: 237-241.
Goldstein, B. (1975): Screening for emotional and psychological fitness in correctional officer hiring. American Bar Association, Washington, D. C.
Goldstein, H. (1973): Police policy foundation. A proposal for improving police performance. In: Sweeney, T. J., Ellingsworth, W. (Eds.): Issues in police patrol. Kansas City Police Department, Kansas City.
Gouldner, A. W. (1960): The norm of reciprocity. A preliminary statement. American Sociological Review, 25: 161-178.
Grant, J. D., Grant J., Toch, H. H. (1982): Police-citizen conflict and decisions to arrest. In: Konecni, V. J., Ebbesen, E. B. (Eds.): The criminal justice system. A social-psychological analysis. Freeman & Co., San Franciso.
Green, E. (1961): Judicial attitudes in sentencing. Macmillan, London.
Greenberg, M. S. (1968): A preliminary statement on a theory of indebtedness. In: Greenberg, M. S. (Chair): Justice in social exchange. Symposium presented at the meeting of the Western Psychological Association, March 1968, San Diego.
Greenberg, M. S. (1980): A theory of indebtedness. In: Gergen, K. J., Greenberg, M. S., Willis, R. H. (Eds.): Social exchange. Advances in theory and research. Plenum, New York.
Greenberg, M. S., Ruback, R. B. (1982): Social psychology of the criminal justice system. Brooks/Cole Publishing Co., Monterey, Calif.
Greenberg, M. S., Wilson, C. E., Mills, M. K. (1982): Victim decision-making. An experimental approach. In: Konecni, V. J., Ebbesen, E. B. (Eds.): The criminal justice system. A social-psychological analysis. Freeman & Co., San Franciso.
Greenberg, M. S., Wilson, C. E., Ruback, R. B., Mills, M. K. (1979): Social and emotional determinants of victim crime reporting. Social Psychology Quarterly, 42: 364-372.
Griffitt, W., Jackson, T. (1973): Simulated jury decisions. The influence of jury-defendant attitude similarity-dissimilarity. Social Behavior and Personality, 1: 1-7.
Grohmann, J. C. A. (1818): Ueber krankhafte Affektionen des Willens. Zeitschrift für psychische Ärzte,1: 471.
Grohmann, J. C. A. (1819): Innere krankhafte Affektionen des Willens, welche die Unfreiheit verbrecherischer Handlungen bestimmen. Zeitschrift für psychische Ärzte, 2: 157.
Häfner, H., Böker, W. (1973): Mentally disordered violent offenders. Social Psychology, 8: 220-229.
Hagan, J. (1974): Extra-legal attributes and criminal sentencing. An assessment of a sociological viewpoint. Law and Society Review, 8: 357-383.
Hagan, J. (1975): Law, order, and sentencing. A study of attitude in action. Sociometry, 38: 374-384.
Haisch, J. (1980): Anwendung von Attributionstheorie als normatives Modell für eine rationale Strafzumessung. Experimentelle Überprüfung eines Trainingsprogrammes. Zeitschrift für experimentelle und angewandte Psychologie, 27: 415-427.
Haisch, J. (1983a): Rechtspsychologische Forschung in Deutschland. In: Lüer, G. (Hrsg.): Bericht über den 33. Kongreß der Deutschen Gesellschaft für Psychologie in Mainz 1982, Bd. 2. C. J. Hogrefe, Göttingen.
Haisch, J. (Hrsg.) (1983b): Angewandte Sozialpsychologie. Huber: Bern.
Haisch, J., Grabitz, H.-J. (1977): Verhaltensursachen bei Straftätern und Strafurteile durch Juristen und Laien. Monatsschrift für Kriminologie und Strafrechtsreform, 60: 82-88.
Haisch, J., Grabitz, H.-J. (1979): Das nordamerikanische und das bundesdeutsche Strafprozeßsystem. Theorie und Ergebnisse psychologischer Untersuchungen. Psychologie und Praxis, 23: 23-33.
Haney, C. (1980): Psychology and legal change. On the limits of a factual jurisprudence. Law and Human Behavior, 4: 147-200.

Harbordt, S. (1972): Die Subkultur des Gefängnisses. Eine soziologische Studie zur Resozialisierung. Enke, Stuttgart.
Harvey, J. H., Weary, G. (1981): Perspectives on attributional processes. William C. Brown, Dubuque, Iowa.
Heffernan, E. (1972): Making it in prison. The square, the cool, and the life. Wiley-Interscience, New York.
Heider, F. (1944): Social perception and phenomenal causality. Psychological Review, 51: 358-374.
Heider, F. (1958): The psychology of interpersonal relations. Wiley, New York.
Heinroth, J. C. A. (1825): System der psychisch-gerichtlichen Medizin. Hartmann, Leipzig.
Heinroth, J. C. A. (1833): Grundzüge der Criminal-Psychologie oder: Die Theorie des Bösen in ihrer Anwendung auf die Criminal-Rechtspflege. Dümmler, Berlin.
Henn, F. A., Herjanic, M., Vanderpearl R. H. (1976): Forensic psychiatry. Diagnosis of criminal responsibility. The Journal of Nervous and Mental Disease, 162: 423-429.
Henshel, R. L., Carey, S. H. (1975): Deviance, deterrence, and knowledge of sanctions. In: Henshel, R. L., Silverman, R. A. (Eds.): Perception in criminology. Columbia University Press, New York.
Herren, R. (1973): Freud und die Kriminologie. Enke, Stuttgart.
Hilgard, E. R. (1965): Hypnotic susceptibility. Harcourt Brace Jovanovich, New York.
Hinz, L. (1971): Das Berufs- und Gesellschaftsbild von Polizisten. In: Feest, J., Lautmann, R. (Hrsg.): Die Polizei. Soziologische Studien und Forschungsberichte. Westdeutscher Verlag, Opladen.
Hogarth, J. (1971): Sentencing as a human process. University of Toronto Press, Toronto.
Hogarth, R. M. (1981): Beyond discrete biases. Functional and dysfunctional aspects of judgmental heuristics. Psychological Bulletin, 90: 197-217.
Hollien, H. (1980): Vocal indicators of psychological stress. In: Wright, F., Bahn, C., Reiber, R. W. (Eds.): Forensic psychology and psychiatry. Annals of the New York Academy of Sciences, Vol. 347. New York Academy of Sciences, New York.
Holmes, T. H., Rahe, R. H. (1967): The social readjustment rating scale. Journal of Psychosomatic Research, 11: 213-218.
Holzkamp, K. (1968): Wissenschaft als Handlung. De Gruyter, Berlin.
Homans, G. C. (1961): Social behavior. Its elementary forms, 1st ed. Harcourt Brace & World, New York.
Homans, G. C. (1974): Social behavior. Its elementary forms, 2nd ed. Harcourt Brace Jovanovich, New York.
Hoppensack, H.-C. (1969): Über die Strafanstalt und ihre Wirkung auf Einstellung und Verhalten von Gefangenen, 2. Aufl. Schwartz, Göttingen.
Horowitz, I. A. (1980): Juror selection. A comparison of two methods in several criminal cases. Journal of Applied Social Psychology, 10: 86-99.
Horowitz, I. A., Willging, T. E. (1984): The psychology of law. Integrations and Applications. Little, Brown, Boston, Toronto.
Horvath, F. S. (1977): The effect of selected variables on interpretation of polygraph record. Journal of Applied Psychology, 62: 127-136.
Howells, T. H. (1938): A study of ability to recognize faces. Journal of Abnormal and Social Psychology, 3: 124-127.
Huston, T. H., Ruggiero, M., Conner, R., Geis, G. (1981): Bystander intervention into crime. A study based on naturally-occurring episodes. Social Psychology Quarterly, 44: 14-23.
Inbau, R. E., Reid, J. E. (1953): Lie-detection and criminal interrogation. Baltimore (Erstveröffentlichung 1942).
Inciardi, J. A. (1975): Careers in crime. Rand McNally, Chicago.
Irwin, J., Cressey, D. R. (1962): Thieves, convicts and the inmate culture. Social Problems, 10: 142-155.
Izzett, R. R., Leginski, W. (1974): Group discussion and the influence of defendant characteristics in a simulated jury setting. Journal of Social Psychology, 93: 271-279.
Jackson, D. (1974): Judges. Atheneum, New York.
Jacobi, H. (1975): Reducing police stress. A psychiatrist's point of view. In: Kroes, W. H., Hurrell, J. (Eds.): Job stress and the police officer. U. S. Department of Health, Education and Welfare, Washington, D. C.

Jacobs, J. R. (1974): Psychopathology as a function of time with institutionalized male offenders. Doctoral dissertation, University of Northern Colorado. Dissertation Abstracts International, 34: 5681 B (University Microfilms no. 74-9, 756.)

Janzarik, W. (1972): Forschungsrichtungen und Lehrmeinungen in der Psychiatrie. Geschichte, Gegenwart, forensische Bedeutung. In: Göppinger, H., Witter, H. (Hrsg): Handbuch der forensischen Psychiatrie. Springer, Berlin, Heidelberg, New York.

Jensen, G. F. (1969): Crime doesn't pay. Correlates of a shared misunderstanding. Social Problems, 17: 189-201.

Jirak, M. (1975): Alienation among members of the New York City Police Department of Staten Island. Journal of Police Science and Administration, 3: 149-161.

Johnson, M. K., Foley, M. A. (1984): Differentiating fact from fantasy: The reliability of children's memory. Journal of Social Issues, 2: 33-50.

Johnson, C., Scott, B. (1976): Eyewitness testimony and suspect identification as a function of arousal, sex of witness, and scheduling of interrogation. Paper presented at the meeting of the American Psychological Association, Washington, D. C., September 1976.

Jones, C., Aronson, E. (1973): Attribution of fault to a rape victim as a function of respectability of the victim. Journal of Personality and Social Psychology, 26: 415-419.

Jones, E. E., Davis, K. E. (1965): From acts to dispositions. The attribution process in person perception. In: Berkowitz, L. (Ed.): Advances in experimental social psychology, Vol. 2. Academic Press, New York.

Jones, E. E., McGillis, D. (1976): Correspondent inferences and the attribution cube. A comparative reappraisal. In: Harvey, J. H., Ickes, W. J., Kidd, R. F. (Eds.): New directions in attribution research, Vol. 1. Erlbaum, Hillsdale, N. J.

Jones, E. E., Nisbett, R. E. (1972): The actor and the observer. Divergent perceptions of the causes of behavior. In: Jones, E. E., Kanouse, D. E., Kelley, H. H., Nisbett, R. E., Valins, S., Weiner, B. (Eds.): Attribution. Perceiving the causes of behavior. General Learning Press, Morristown, N. J.

Judson, C. J., Pandell, J. J., Owens, J. B., McIntosh, J. L., Matschullat, D. L. (1969): A study of the California penalty jury in first degree murder cases. Stanford Law Review, 21: 1302-1497.

Jung, C. G. (1905): Die psychologische Diagnose des Tatbestandes. Schweizerische Zeitschrift für Strafrecht, 18: 368-408.

Kageneck, E. (1974): Kriminalpsychologie. Kritische Auswertung und Systematisierung der relevanten Literatur. Unveröffentlichte Diplomarbeit, Freiburg.

Kahneman, D., Tversky, A. (1973): On the psychology of prediction. Psychological Review, 80: 237-351.

Kaiser, G. (1973a): Kriminologie. Eine Einführung in die Grundlagen, 2. Aufl. Müller, Karlsruhe.

Kaiser, G. (1973b): Strafrecht und Psychologie. In: Grimm, D. (Hrsg.): Rechtswissenschaft und ihre Nachbarwissenschaften. Athenäum Fischer, Frankfurt.

Kalven, H., Jr., Zeisel, H. (1966): The American jury. Little, Brown, Boston.

Kaplan, M. F., Kemmerick, G. D. (1974): Juror judgment as information integration. Combining evidential and nonevidential information. Journal of Personality and Social Psychology, 30: 493-499.

Kaplan, M. F., Miller, L. E. (1978): Reducing the effects of juror bias. Journal of Personality and Social Psychology, 36: 1442-1455.

Kelley, H. H. (1967): Attribution theory in social psychology. In: Levine, D. (Ed.): Nebraska Symposium on Motivation, Vol. 15. University of Nebraska Press, Lincoln.

Kelley, H. H. (1972a): Attribution in social interaction. In: Jones, E. E., Kanouse, D. E., Kelley, H. H., Nisbett, R. E., Valins, S., Weiner, B. (Eds.): Attribution. Perceiving the causes of behavior. General Learning Press, Morristown, N. J.

Kelley, H. H. (1972b): Causal schemata and the attribution process. In: Jones, E. E., Kanouse, D. E., Kelley, H. H., Nisbett, R. E., Valins, S., Weiner, B. (Eds.): Attribution. Perceiving the causes of behavior. General Learning Press, Morristown, N. J.

Kenrick, D. T., Stringfield, D. O. (1980): Personality traits and the eye of the beholder. Crossing some traditional philosophical boundaries in the search for consistency in all of the people. Psychological Review, 87: 88-104.

Keyse, R. (1980): Dressed to run ... from the law. Pittsburgh Press, Family Magazine, November 30: 2.
Kienapfel, D. (1983): Strafrecht. Allgemeiner Teil, 3. Aufl. De Gruyter, Berlin, New York.
King, M. (1986): Psychology in and out of court. A critical examination of legal psychology. Pergamon Press, Oxford, New York.
Klatzky, R. L. (1975): Human memory: Structures and processes. Freeman & Co., San Francisco.
Knapp, M. L. (1978): Nonverbal communication in human interaction, 2nd ed. Holt, Rinehart & Winston, New York.
Knudten, R. D., Meade, A. C., Knudten, M. S., Dörner, W. G. (1977): Victims and witnesses. Their experiences with crime and the criminal justice system (Executive summary). U. S. Government Printing Office, Washington, D. C.
Kohlberg, L. (1969): Stage and sequence. The cognitive developmental approach to socialization. Handbook of Socialization. Chicago.
Kohlberg, L. (1977): The child as a moral philosopher. In: CRM, Readings in developmental psychology today. Random House, New York.
Konecni, V. J., Ebbesen, E. B. (1979): External validity of research in legal psychology. Law and Human Behavior, 3: 39-70.
Konecni, V. J., Ebbesen, E. B. (1981): A critique of theory and method in social-psychological approaches to legal issues. In: Sales, B. D. (Ed.): The trial process. Plenum, New York.
Konecni, V. J., Ebbesen, E. B. (Eds.) (1982): The criminal justice system. A social-psychological analysis. Freeman & Co., San Francisco.
Kreuzer, A. (1975): Schülerbefragungen zur Delinquenz. Recht der Jugend und des Bildungswesens: 229-244.
Krös, W. H. (1976): Society's victim - the policeman. An analysis of job stress in policing. Thomas, Springfield, Ill.
Krös, W. H., Hurrel, W. H., Jr., Margolis, B. (1974): Job stress in police administrators. Journal of Police Science and Administration, 2: 381-387.
Krohne, K. (1889): Lehrbuch der Gefängniskunde unter Berücksichtigung der Kriminalstatistik und Kriminalpolitik. Stuttgart.
Kuhn, T. S. (1970): The structure of scientific revolutions, 2nd ed. University of Chicago Press, Chicago.
Labovitz, S., Hagedorn, R. (1971): An analysis of suicide rates among occupational categories. Sociological Inquiry, 41: 67-72.
Landau, S. F. (1978): Throught content of delinquent and nondelinquent young adults. The effect of institutionalization. Criminal Justice and Behavior, 5: 195-210.
Landy, D., Aronson, E. (1969): The influence of the character of the criminal and his victim on the decisions of simulated jurors. Journal of Experimental Social Psychology, 5: 141-152.
Larson, J. A. (1932): Lying and its detection. A study of deception and deception tests. In collaboration with Haney, G. W. and Keeler, L. Chicago.
Lasswell, H. (1948): Power and personality. Norton, New York.
Latané B., Darley, J. M. (1970): The unresponsive bystander: Why doesn't he help? Appleton-Century-Crofts, New York.
Laughery, K. R., Alexander, J. E., Lane, A. B. (1971): Recognition of human faces: Effects of target exposure time, target position, pose position, and type of photograph. Journal of Applied Psychology, 55: 477-483.
Laughery, K. R., Fessler, P. K., Lenorovitz, D. R., Yoblick, D. A. (1974): Time delay and similarity effects in face recognition. Journal of Applied Psychology, 59: 490-496.
Law Enforcement Assistance Administrator's State Court Caseload Statistics (1979): Annual Report. U. S. Government Printing Office, Washington, D. C.
Lee, C. D. (1953): The instrumental detection of deception. Thomas, Springfield, Ill.
Leippe, M. R., Wells, G. L., Ostrom, T. M. (1978): Crime seriousness as a determinant of accuracy in eyewitness identification. Journal of Applied Psychology, 63: 345-351.
Leisner, R. (1974): Forensische und Kriminal-Psychologie. In: Rogge, K. E. (Hrsg.): Steckbrief der Psychologie, 2. Aufl. Quelle und Meyer, Heidelberg.
Leonhardt, C. (1941): Die Auswertung des Nachklangs der durch bedeutsame Erlebnisse ausgelösten Gefühle für die forensische Wahrheitsermittlung. Archiv für die gesamte Psychologie, 109: 297-311.

Lerner, M. J. (1975): The justice motive in social behavior. Introduction. Journal of Social Issues, 31, 3: 1-19.
Lerner, M. J., Miller, D. T. (1978): Just world research and the attribution process. Looking back and ahead. Psychological Bulletin, 85: 1030-1051.
Lerner, M. J., Miller, D. T., Holmes, J. G. (1976): Deserving and the emergence of forms of justice. In: Berkowitz, L. (Ed.): Advances in experimental social psychology, Vol. 9. Academic Press, New York.
Letkemann, P. (1973): Crime as work. Prentice-Hall, Englewood Cliffs, N. J.
Leventhal, G. S. (1976): Fairness in social relationships. In: Thibaut, J. W., Spence, J. T., Carson, R. C. (Eds.): Contemporary topics in social psychology. General Learning Press, Morristown, N. J.
Lewis, M. S. (1975): Determinants of visual attention in real-world scenes. Perceptual and Motor Skills, 41: 411-416.
Liebel, H., Uslar, W. (1975): Forensische Psychologie. Eine Einführung. W. Kohlhammer, Stuttgart.
Lindley, D. A. (1977): Probability and the law. The Statistician, 26: 203-220.
Lindsay, P. H., Norman, D. A. (1977): Human information processing. An introduction to psychology, 2nd ed. Academic Press, New York.
Lipmann, O. (1905): Reformvorschläge zur Zeugenvernehmung vom Standpunkt des Psychologen. Archiv für Kriminologie, 20.
Lipset, S. M. (1969): Why cops hate liberals and vice versa. Atlantic Monthly, March 1969: 76-83.
Lipsky, M. (1969): Toward a theory of street-level bureaucracy. Presented at American Political Science Association, New York.
Lipton, J. P. (1977): On the psychology of eyewitness testimony. Journal of Applied Psychology, 62: 90-93.
Liszt, F. (1905): Strafrechtliche Aufsätze und Vorträge. Berlin.
Lösel, F. (Hrsg.) (1983): Kriminalpsychologie. Grundlagen und Anwendungsgebiete. Beltz Verlag, Weinheim.
Loftus, E. F. (1975): Eyewitness. Puget Soundings, October: 32-37.
Loftus, E. F. (1978): Reconstructive memory processes in eyewitness testimony. In: Sales, B. D. (Ed.): Perspectives in law and psychology. Plenum, New York.
Loftus, E. F. (1979): Eyewitness testimony. Harvard University Press, Cambridge, MA.
Loftus, G. R. (1972): Eye fixations and recognition memory. Cognitive Psychology, 3: 525-557.
Loftus, G. R., Loftus, E. F. (1976): Human memory. The processing of information. Erlbaum Press, Hillsdale, N. J.
Loh, W. D. (1984): Social research in the judicial process. Russell Sage Foundation, New York.
Lombroso, C. (1876): L'Uomo delinquente. Hoepli, Milano.
Lunde, D. T. (1976): Murder and madness, San Francisco Book Co., San Francisco.
Lykken, D. T. (1974): Psychology and the lie detector industry. American Psychologist, 29: 725-739.
Lykken, D. T. (1979): The detection of deception. Psychological Bulletin, 86: 47-53.
McCain, G., Cox, V. C., Paulus, P. B. (1976): The relationship between illness complaints and degree of crowding in a prison environment. Environment and Behavior, 8: 283-290.
McClintock, C. G., Hunt, R. C. (1975): Nonverbal indicators of affect and deception in an interview setting. Journal of Applied Social Psychology, 5: 54-67.
McFatter, R. M. (1978): Sentencing strategies and justice. Effects of punishment philosophy on sentencing decisions. Journal of Personality and Social Psychology, 36: 1490-1500.
McLean, P. D. (1976): Depression as a specific response to stress. In: Sarason, I. G., Spielberger, C. D. (Eds.): Stress and anxiety, Vol. 3. Hemisphere Publishing, Washington, D. C.
McNamara, J. H. (1967): Uncertainties in police work. The relevance of police recruits' backgrounds and training. In: Bordua, D. J. (Hrsg.): The police. John Wiley, New York.
Malpass, R. S., Devine, P. G., Bergen, G. T. (1980): Realism vs. the laboratory. Unpublished manuscript, State University of New York at Plattsburgh.

Malpass, R. S., Lavigueur, H., Weldon, D. E. (1973): Verbal and visual training in face recognition. Perception and Psychophysics, 14: 285-292.
Mandler, G. (1972): Organization and recognition. In: Tulving, E., Donaldson, E. (Eds.): Organization of memory. Academic Press, New York.
Mandler, G. (1980): Recognizing. The judgment of previous occurrence. Psychological Review, 87: 252-271.
Mandler, J. M., Parker, R. E. (1976): Memory for descriptive and spatial information in complex pictures. Journal of Experimental Psychology: Human Learning and Memory, 2: 38-48.
Manski, C. F. (1978): Prospects for inference on deterrence through empirical analysis of individual criminal behavior. In: Blumstein, A., Cohen, J., Nagin, D. (Eds.): Deterrence and incapacitation. Estimating the effects of criminal sanctions on crime rates. National Academy of Sciences, Washington, D. C.
Marbe, K. (1913): Grundzüge der forensischen Psychologie. Beck, München.
Marin, B. V., Holmes, D. L., Guth, M., Kovac, P. (1979): The potential of children as eyewitnesses. A comparison of children and adults on eyewitness tasks. Law and Human Behavior, 3: 295-306.
Marquis, K. H., Marshall, J., Oskamp, S. (1972): Testimony validity as a function of question form, atmosphere, and item difficulty. Journal of Applied Social Psychology, 2: 167-186.
Marshall, J. (1966): Law and psychology in conflict. Bobbs, Indianapolis, Indiana.
Marshall, J. (1969): Law and psychology in conflict. Doubleday-Anchor, New York (Erstveröffentlichung 1966).
Martinson, R. M. (1974): What works - questions and answers about prison reform. Public Interest, 35: 22-54.
Mathiesen, T. (1971): Across the boundaries of organizations. Glendessary, Berkeley.
Mayer, H. (1969): Die Organe der Verbrechensbekämpfung. Entwickung der Kriminalität und des Personalbestandes von Staatsanwaltschaft und Polizei. Kriminalistik Verlag, Hamburg.
Mednick, S. A., Christiansen, K. O. (Eds.) (1977): Biosocial bases of criminal behavior. Gardner Press, New York.
Meehl, P. E. (1965): Seer over sign: The first good example. Journal of Experimental Research in Personality, 1: 27-32.
Meehl, P. E. (1971): Law and the fireside inductions. Some reflections of a clinical psychologist. Journal of Social Issues, 27: 65-100.
Megargee, E. I. (1975): Crime and delinquency. General Learning Press, Morristown, N. J.
Megargee, E. I. (1976): Population density and disruptive behavior in a prison setting. In: Cohen, A. K., Cole, F. G., Bailey, R. G. (Eds.): Prison violence. Lexington Books, Lexington, Mass.
Mehrabian, A. (1971): Nonveral betrayal of feeling. Journal of Experimental Research in Personality, 5: 64-73.
Mehrabian, A., Williams, M. (1969): Nonverbal concomitants of perceived and intended persuasiveness. Journal of Personality and Social Psychology, 13: 37-58.
Mikinovic, S., Stangl, W. (1977): Das Rechtsmittel im Strafprozeß. Eine empirische Studie richterlicher Entscheidungsfindung. Ludwig-Boltzmann-Institut für Kriminalsoziologie, Wien.
Miller, G. R., Bauchner, J. E., Hocking, J. E., Fontes, N. E., Kaminski, E. P., Brandt, D. R. (1981): "... and nothing but the truth." How well can observers detect deceptive testimony? In: Sales, B. D. (Ed.): Perspectives in law and psychology, Vol. 2. Plenum, New York.
Miller, W. (1973): Ideology and criminal justice policy. Some current issues. Journal of Criminal Law and Criminology, 64: 141-162.
Miron, M S. (1980): Issues of psychological evidence. Discussion. In: Wright, F., Bahn, C., Reiber, R. W. (Eds.): Forensic psychology and psychiatry. Annals of the New York Academy of Sciences, Vol. 347. New York Academy of Sciences, New York.
Mitchell, H. E., Byrne, D. (1973): The defendant's dilemma. Effects of jurors' attitudes and authoritarianism. Journal of Personality and Social Psychology, 25: 123-129.
Mittermaier, C. J. A. (1834): Die Lehre vom Beweise im Deutschen Strafprozeß. Heyer, Darmstadt.
Mönkemöller, O. (1930): Psychologie und Psychopathologie der Aussage. Winters, Heidelberg.

Monahan, J. (Ed.) (1980): Who is the client? The ethics of psychological intervention in the criminal justice system. American Psychological Association, Washington, D. C.

Monahan, J., Loftus, G. R. (1982): The Psychology of Law. Annual Review of Psychology, 33: 441-475.

Moriarty, T. (1975): Crime, commitment, and the responsive bystander. Two field experiments. Journal of Personality and Social Psychology, 31: 370-376.

Moser, T. (1971): Repressive Kriminalpsychiatrie. Vom Elend einer Wissenschaft. Suhrkamp, Frankfurt.

Moulds, E. F. (1980): Chivalry and paternalism. Disparities of treatment in the criminal justice system. In: Datesman, S. K., Scarpatti, F. R. (Eds.): Women, crime, and justice. Oxford University Press, New York.

Münsterberg, H. (1908): On the witness stand. Essays on psychology and crime. Clark Boardman, New York.

Murphy, W., Tanenhaus, J. (1972): The study of public law. Random House, New York.

Muscio, B. (1915): The influence of the form of a question. British Journal of Psychology, 8: 351-389.

Myers, C. G. (1913): A study of incidental memory. Archives of Psychology, 26: 1-108.

Nacci, P. L., Prather, J., Teitelbaum, H. E. (1977): Population density and inmate misconduct rates in the federal prison system. Federal Probation, 41: 26-31.

Nagel, S. S. (1963): Off the bench judicial attitudes. In: Schubert, G. (Ed.): Judicial decison making. Collier-Macmillan, London.

Nagel, S. S. (1969): The legal process from a behavioral perspective. Dorsey, Homewood, Ill.

Nagel, S. S., Cardascia, J., Ross, C. E. (1980): Sex differences in the processing of criminal defendants. In: Weisberg, D. K. (Ed.): Women and the law. The social historical perspective. Schenkman, Cambridge, Mass.

Nagel, S. S., Neef, M. (1977): The legal process. Modeling the system. Sage, Beverly Hills, Calif.

Nagin, D. (1978): General deterrence. A review of the empirical evidence. In: Blumstein, A., Cohen, J., Nagin, D. (Eds.): Deterrence and incapacitation. Estimating the effects of criminal sanctions on crime rates. National Academy of Sciences, Washington, D. C.

Nemeth, C., Sosis, R. H. (1973): A simulated jury study. Characteristics of the defendant and the jurors. Journal of Social Psychology, 90: 221-229.

Niederhoffer, A. (1967): Behind the shield. The police in urban society. Doubleday, New York.

Nisbett, R. E., Borgida, E., Crandall, R., Reed, H. (1976): Popular induction. Information is not necessarily informative. In: Carroll, J. S., Payne, J. W. (Eds.): Cognition and social behavior. Erlbaum, Hillsdale, N. J.

Nisbett, R. E., Wilson, T. D. (1977): Telling more than we can know. Verbal reports on mental processes. Psychological Review, 84: 231-259.

Opp, K.-D., Peuckert, R. (1971): Ideologie und Fakten in der Rechtsprechung. Goldmann, München.

Orne, M. T. (1970): Hypnosis, motivation and the ecological validity of the psychological experiment. In: Arnold, W. J., Page, M. M. (Eds.): Nebraska symposium on motivation. University of Nebraska Press, Lincoln.

Ostermeyer, H. (1975): Die bestrafte Gesellschaft. Ursachen und Folgen eines falschen Rechts. Hanser, München.

Padawer-Singer, A. M., Barton, A. H. (1975): The impact of pretrial publicity on juror's verdicts. In: Simon, R. J. (Ed.): The jury system in America. Sage Publishing, Beverly Hills, Calif.

Palmer, J. (1977): Economic analyses of the deterrent effect of punishment. A review. Journal of Research in Crime and Delinquency, 14: 4-21.

Panton, J. H. (1976): Personality characteristics of death row prison inmates. Journal of Clinical Psychology, 32: 306-309.

Parke, R. D., Walters, R. H. (1967): Some factors influencing the efficacy of punishment training for inducing response inhibition. Monographs of the Society for Research in Child Development, 32, no. 1.

Partridge, A., Eldridge, C. (1974): The second circuit sentencing study. A report to the judges of the second circuit. Federal Judicial Center, Washington, D. C.

Payne, J. W. (1975): Relation of perceived risk to preferences among gambles. Journal of Experimental Psychology: Human Perception and Performance, 104: 86-94.
Payne, J. W., Braunstein, M. L., Carroll, J. S. (1978): Exploring predecisional behavior. An alternative approach to decision research. Organizational Behavior and Human Performance, 22: 17-44.
Penrod, S. (1979): A study of attorney and 'scientific' jury selection models. Unpublished doctoral dissertation, Harvard University.
Penrod, S., Loftus, E., Winkler, J. (1982): The reliability of eyewitness testimony. A psychological perspective. In: Kerr, N. L., Bray, R. M. (Eds.): The psychology of the courtroom. Academic Press, New York.
Pepitone, A., DiNubile, M. (1976): Contrast effects in judgments of crime severity and the punishment of criminal violators. Journal of Personality and Social Psychology, 33: 448-459.
Phares, E. J., Wilson, K. G. (1972): Responsibility attribution. Role of outcome severity, situational ambiguity, and internal-external control. Journal of Personality, 40: 392-406.
Piaget, J. (1947): La psychologie de l'intelligence. Colin, Paris.
Pilgram, A. (1976): Kriminalität in Österreich. 1953 - 1974, Teilbericht I. Ein Begriff von Kriminalstatistik. Forschungsbericht des Ludwig Boltzmann-Instituts für Kriminalsoziologie, Wien.
Pilgram, A. (1980): Kriminalität in Österreich. Studie zur Soziologie der Kriminalitätsentwicklung. Verlag für Gesellschaftskritik, Wien.
Piliavin, I., Briar, S. (1964): Police encounters with juveniles. American Journal of Sociology, Vol. LXX (September 1964): 206-214.
Plaut, P. (1929): Zur Zeugenaussage Erwachsener. Zeitschrift für angewandte Psychologie, 32: 321-342.
Popper, K. (1962): Conjectures and refutations. The growth of scientific knowledge. Basic Books, New York.
Quay, H. C. (1977): The three faces of evaluation. What can be expected to work. Criminal Justice and Behavior, 4: 341-354.
Rafky, D. M. (1974): My husband the cop. Police Chief, 41: 62-65.
Rankin, A. (1964): The effect of pretrial detention. New York University Law Review, 39: 641-664.
Raskin, D. C. (1978): Scientific assessment of the accuracy of detection of deception. A reply to Lykken. Psychophysiology, 15: 143-147.
Rawls, J. (1971): A theory of justice. Belknap Press of Harvard University Press, Cambridge, Mass.
Reid, J. E., Arther, R. O. (1953): Behavior symptoms of lie-detector subjects. Journal of Criminal Law and Criminology, 44: 104-108.
Reik, T. (1925): Gedächtniszwang und Strafbedürfnis. In: Mitscherlich, A. (Hrsg.): Psychoanalyse und Justiz. Suhrkamp, Frankfurt.
Reinert, R. (1972): Strafvollzug in einem halboffenen Gefängnis. Das Ziel einer Strafanstalt. Schwartz, Göttingen.
Reiser, M. (1973): Practical psychology for police officers. Thomas, Springfield, Ill.
Reiss, A. J., Jr. (1967): Studies in crime and law enforcement in major metropolitan areas (Field surveys III; The president's commission on law enforcement and administration of justice). U. S. Government Printing Office, Washington, D. C.
Reiss, A. J., Jr. (1973): The police and the public. Yale University Press, New Haven, Conn.
Reiwald, P. (1948): Die Gesellschaft und ihre Verbrecher. Pan-Verlag, Zürich.
Rettig, S. (1964): Ethical risk sensitivity in male prisoners. British Journal of Criminology, 4: 582-590.
Rettig, S., Rawson, H. E. (1963): The risk hypothesis in predictive judgments of unethical behavior. Journal of Abnormal and Social Psychology, 66: 243-248.
Reynolds, D. E., Sanders, M. S. (1973): The effects of defendant attractiveness, age, and injury severity on sentence given by simulated jurors. Paper presented at the Western Psychological Association meeting.
Robinson, E. (1935): Law and the lawyers. Macmillan, New York.

Rosenfeld, H. M. (1966): Approval-seeking and approval-inducing functions of verbal and nonverbal responses in the dyad. Journal of Personality and Social Psychology, 4: 597-605.
Rosenhan, D. L. (1973): On being sane in insane places. Science, 179: 250-258.
Rosenthal, D. (1971): Genetics of psychopathology. McGraw-Hill, New York.
Rosenthal, R. (1966): Experimenter effects in behavioral research. Appleton-Century-Crofts, New York.
Ross, H. C., Campbell, D. T. (1968): The Connecticut speed crackdown. A study of the effects of legal change. In: Ross, H. L. (Ed.): Perspectives on the social order. Readings in sociology. McGraw-Hill, New York.
Ross, L. (1977): The intuitive psychologist and his shortcomings. Distortions in the attribution process. In: Berkowitz, L. (Ed.): Advances in experimental social psychology. Academic Press, New York.
Rotter, J. B. (1954): Social learning and clinical psychology. Prentice-Hall, Englewood Cliffs, N. J.
Rotter, J. B. (1966): Generalized expectancies for internal versus external control of reinforcement. Psychological Monographs, 80 (1, no. 609).
Rotter, J. B. (1967): Beliefs, attitudes and behavior. A social learning analysis. In: Jessor, R., Feshbach, S. (Eds.): Cognitive, personality, and clinical psychology. Jossey-Bass, San Francisco.
Rubinstein, J. (1973): City police. Farrar Straus & Giroux, New York.
Sack, F. (1971): Selektion und Kriminalität. Kritische Justiz: 384-400.
Saks, M., Hastie, R. (1978): Social psychology in court. Van Nostrand Reinhold, New York.
Saks, M., Kidd, R. F. (1981): Human information processing and adjudication. Trial by heuristics. Law and Society Review, 15: 123-160.
San Jose methods test of known crime victims (1972). Statistics technical report no. 1. Law Enforcement Assistance Administration, Washington D. C.
Sanders, G. S., Warnick, D. (1979): Some conditions maximizing eyewitness accuracy. A learning/memory model. Unpublished manuscript, State University of New York at Albany.
Sandy, J. P., Devine, D. A. (1978): Four stress factors unique to rural patrol. Police Chief, 9: 42-44.
Sawyer, J. (1966): Measurement and prediciton, clinical and statistical. Psychological Bulletin, 66: 178-200.
Schaie, K. W., Gribbin, K. (1975): Adult development and aging. Annual Review of Psychology, 26: 65-96.
Schiffman, H. R., Bobko, D. J. (1974): Effects of stimulus complexity of the perception of brief temporal intervals. Journal of Experimental Psychology, 103: 156-159.
Schneider, H.-J. (1971): Psychologie des Verbrechens. In: Sieverts, R., Schneider, H. J. (Hrsg.): Handwörterbuch der Kriminologie. De Gruyter, Berlin.
Schneider, H.-J. (1974): Jugendkriminalität im Sozialprozeß. Göttingen.
Schneider, H.-J. (1979): Behandlung in Freiheit. Alternativen zum Freiheitsentzug in Strafanstalten. In: Haesler, W. T. (Hrsg.): Alternativen zu kurzen Freiheitsstrafen. Rüegger, Dissenhofen.
Schneider, H.-J. (1981): Behandlung des Rechtsbrechers in der Strafanstalt und in Freiheit. In: Schneider, H. J. (Hrsg.): Die Psychologie des 20. Jahrhunderts, Band XIV. Auswirkungen auf die Kriminologie. Kindler, Zürich.
Schröder, T. (1918): The psychologic study of judicial opinions. California Law Review, 6: 89-113.
Schünemann, B. (1984): Fehlerreduktion im richterlichen Handeln durch "Programmierte Unterweisung"? Zeitschrift für Sozialpsychologie, 17: 50-54.
Schulhofer, S. J. (1980): Due process of sentencing. University of Pennsylvania Law Review, 128: 733-828.
Schum, D. A. (1975): The weighing of testimony in judicial proceedings from sources having reduced credibility. Human Factors, 17: 172-182.
Schum, D. A., Martin, A. W. (1982): Formal and empirical research on cascaded inference in jurisprudence. Law and Society Review, 17: 105-151.

Schwartz, L., Jennings, K., Petrillo, J., Kidd, R. F. (1980): Role of commitments in the decision to stop a theft. Journal of Social Psychology, 110: 183-192.
Schwartz, S. H., Gottlieb, A. (1976): Bystander reactions to a violent theft. Crime in Jerusalem. Journal of Personality and Social Psychology, 34: 1188-1199.
Schwind, H.-D. (1981): Dunkelfeldforschung. In: Schneider, H. J. (Hrsg.): Die Psychologie des 20. Jahrhunderts, Band XIV. Auswirkungen auf die Kriminologie. Kindler, Zürich.
Schwind, H.-D., Ahlborn, W., Eger, H.-J., u.a. (1975): Dunkelfeldforschung in Göttingen 1973-74. Wiesbaden.
Schwind, H.-D., Ahlborn, W., Weiss, R., u.a. (1978): Empirische Kriminalgeographie. Kriminalitätsatlas Bochum, Wiesbaden.
Schwitzgebel, R. L., Schwitzgebel, R. K. (1980): Law and psychological practice. Wiley, New York.
Seligman, M. E. P. (1975): Helplessness. Freeman, San Francisco.
Sellin, T. (1928): The Negro criminal. A statistical note. Annals of the American Academy of Political and Social Science, 140: 52-64.
Selye, H. (1976): The stress of life, 2nd ed. McGraw-Hill, New York.
Selye, H. (1978): The stress of police work. Police Stress, 1: 7-8.
Shaffer, D. R., Rogel, M., Hendrick, C. (1975): Intervention in the library. The effect of increased responsibility on bystander willingness to prevent a theft. Journal of Applied Social Psychology, 5: 303-319.
Shepard, R. N. (1967): Recognition memory for words, sentences, and pictures. Journal of Verbal Learning and Verbal Behavior, 6: 156-163.
Shoemaker, D., South, D., Lowe, J. (1973): Facial stereotypes of deviants and judgments of guilt or innocence. Social Forces, 51: 427-433.
Shook, H. C. (1978): Pitfalls in policing. The Police Chief, 5: 8-10.
Short, J. F., Jr., Rivera, R., Tennyson, R. A. (1965): Perceived opportunities, gang membership, and delinquency. American Sociological Review, 30: 56-67.
Shotland, R. L., Straw, M. K. (1976): Bystander response to an assault. When a man attacks a woman. Journal of Personality and Social Psychology, 34: 990-999.
Sigall, H., Landy, D. (1972): Effects of the defendant's character and suffering on juridic judgment. A replication and clarification. Journal of Social Psychology, 88: 149-150.
Sigall, H., Ostrove, N. (1975): Beautiful but dangerous. Effects of offender attractiveness and nature of the crime on juridic judgment. Journal of Personality and Social Psychology, 31: 410-414.
Silberman, C. E. (1978): Criminal violence, criminal justice. Random House, New York.
Simon, H. A. (1957): Models of man. Wiley, New York.
Simon, H. A. (1967): Motivational and emotional controls on cognition. Psychological Review, 74: 29-39.
Simon, R. J. (1968): The effects of newspapers on the verdicts of potential jurors. In: Simon, R. J. (Ed.): The sociology of law. Chandler, San Francisco, Calif.
Skolnick, J. H. (1966): Justice without trial. Law enforcement in democratic society. John Wiley, New York.
Skolnick, J. H. (1967): Justice without trial. John Wiley, New York.
Skolnick, J. H. (1969): Politics of protest. Simon & Schuster, New York.
Slesinger, D., Pilpel, M. E. (1929): Legal psychology. A bibliographiy and a suggestion. Psychological Bulletin, 26: 677-692.
Slovic, P., Lichtenstein, S. (1971): Comparison of Bayesian and regression approaches to the study of information processing in judgment. Organizational Behavior and Human Performance, 6: 649-744.
Smith, A., Blumberg, A. (1967): The problem of objectivity in judicial decision-making. Social Forces, 46: 96-105.
Smith, E. D., Hed, A. (1979): Effects of offenders' age and attractiveness on sentencing by mock juries. Psychological Reports, 44: 691-694.
Snyder, M., Uranowitz, S. W. (1978): Reconstructing the past. Some cognitive consequences of person perception. Journal of Personality and Social Psychology, 36: 941-950.
Somodevilla, S. A. (1978): The role of psychologists in a police department. In: Taylor, W., Braswell, M. (Eds.): Issues in police and criminal psychology. University Press of America, Washington, D. C.

Spence, K. W. (1956): Behavior theory and conditioning. Yale University Press, New Haven, C. T.
Sperlich, P. (1980): And then there were six. The decline of the American jury. Judicature, 63: 262-279.
Spiegelberg, R. (1971): Einige Daten über Rekrutierung und Ausbildung der Polizei. In: Feest, J., Lautmann, R. (Hrsg.): Die Polizei. Soziologische Studien und Forschungsberichte. Westdeutscher Verlag, Opladen.
Sporer, S. L. (1982a): A brief history of the psychology of testimony. Current Psychological Review, 2: 323-340.
Sporer, S. L. (1982b): Reducing disparity in judicial sentencing. A social-psychological approach. Lang, Frankfurt.
Sporer, S. L. (1983a): Auswahlliste wichtiger Bücher und Zeitschriften. In: Seitz, W. (Hrsg.): Kriminal- und Rechtspsychologie. Ein Handbuch in Schlüsselbegriffen. Urban & Schwarzenberg, München.
Sporer, S. L. (1983b): Forschungsmethoden in der Rechtspsychologie. In: Seitz, W. (Hrsg.): Kriminal- und Rechtspsychologie. Ein Handbuch in Schlüsselbegriffen. Urban & Schwarzenberg, München.
Stefanowicz, J. P., Hannum, T. E. (1971): Ethical risk-taking and sociopathy in incarcerated females. Correctional Psychologist, 4: 138-148.
Stegmüller, W. (1976): Hauptströmungen der Gegenwartsphilosophie, 6. Aufl., Band 1. Kröner, Stuttgart.
Stephan, E. (1976): Ergebnisse von Persönlichkeits- und Einstellungsmessung in der Dunkelfeldforschung. In: Kriminologische Gegenwartsfragen, Band XII. Stuttgart.
Stephenson, G. M., Abrams, D., Wagner, W., Wade, G. (1986b): Partners in recall: Collaborative order in the recall of a police interrogation. British Journal of Social Psychology, 25: 341-343.
Stephenson, G. M., Brandstätter, H., Wagner, W. (1983): An experimental study of social performance and delay on the testimonial validity of story recall. European Journal of Social Psychology, 13: 175-191.
Stephenson, G. M., Clark, N. K., Wade, G. S. (1986a): Meetings make evidence? An experimental study of collaborative and individual recall of a simulated police interrogation. Journal of Personality and Social Psychology, 50: 1113-1122.
Sterling, J. W. (1968): Changes in the role concept of police officers. Department of Health, Education and Welfare, Washington D. C.
Stern, W. (1903): Beiträge zur Psychologie der Aussage. Verlag Barth, Leipzig.
Stern, W. (1905): Über Schätzungen, insbesondere Zeit- und Raumschätzungen. In: Stern, W. (Hrsg.): Beiträge zur Psychologie der Aussage, 2. Folge. Barth, Leipzig.
Stern, W. (1926): Jugendliche Zeugen in Sittlichkeitsprozessen. Quelle & Meyer, Leipzig.
Stotland, E. (1975): Self-esteem and stress in police work. In: Kroes, W. H., Hurrel, J. H., Jr. (Eds.): Job stress and the police officer. Department of Health, Education and Welfare, Washington, D. C.
Stotland, E. (1982): The Police Feedback Cycle. In: Konecni, V. J. and Ebbesen, E. B. (Eds.): The criminal justice system. A social-psychological analysis. Freeman & Co., San Francisco.
Stotland, E., Berberich, J. (1979): The psychology of the police. In: Toch, H. (Ed.): Psychology of crime and criminal justice. Holt, Rinehart & Winston, New York.
Stotland, E., Cannon, L. (1972): Social psychology. A cognitive approach. Saunders, Philadelphia.
Stratton, J. G. (1978): Police stress. An overview. The Police Chief, 5: 58-62.
Street, D., Vinter, R. D., Perrow, C. (1966): Organization for treatment. Free Press, New York.
Strickland, L. H. (1958): Surveillance and trust. Journal of Personality, 26: 200-215.
Sutherland, E. H. (1940): White collar criminality. American Sociological Review, 5: 1-12.
Sykes, G. M. (1958): The society of captives. A study of a maximum security prison. Princeton University Press, Princeton.
Tapp, J. L. (1976): Psychology and the law. An overture. Annual Review of Psychology, 27: 359-404.

Tapp, J. L. (1980): Psychological and policy perspectives on the law. Reflections on a decade. Journal of Social Issues, 36: 165-192.
Tedeschi, J. T., Lindskold, S. (1976): Social psychology. Interdependence, interaction, and influence. Wiley, New York.
Tent, L. (1967): Psychologische Tatbestandsdiagnostik (Spurensymptomatologie, Lügendetektion). In: Undeutsch, U. (Hrsg.): Handbuch der Psychologie, Band 11. Hogrefe, Göttingen.
Terris, B. J. (1967): The role of the police. Annals, 374: 58-69.
Thibaut, J. W., Kelley, H. H. (1959): The social psychology of groups. Wiley, New York.
Thomas, C. W. (1970): Toward a more inclusive model of the inmate contraculture. Criminology, 8: 251-261.
Thomas, C. W. (1973): Prisonization or resocialization? A study of external factors associated with the impact of imprisonment. Journal of Research in Crime and Delinquency, 10: 13-21.
Thomas, C. W. (1977): Theoretical perspectives on prisonization. A comparison of the importation and deprivation models. Journal of Criminal Law and Criminology, 68: 135-145.
Thomas, C. W., Petersen, D. M., Zinngraff, R. M. (1978): Structural and social psychological correlates of prisonization. Criminology 16: 383-393.
Thomas, C. W., Poole, E. D. (1975): The consequences of incompatible goal structures in correctional settings. International Journal of Criminology and Penology, 3: 27-42.
Thomas, N. H. (1978): The use of biofeedback training in alleviation of stress in the police officer. In: Taylor, W., Braswell, M. (Eds.): Issues in police and criminal psychology. University Press of America, Washington, D. C.
Tittle, C. R., Rowe, A. R. (1974): Certainty of arrest and crime rates. A further test of the deterrent hypothesis. Social Forces, 52: 455-462.
Toch, H. (1975): Men in crisis. Human breakdowns in prison. Aldine, Chicago.
Toch, H. (1976): Peacekeeping. Police, prisons, and violence. Heath, Lexington, Mass.
Toch, H. (1979): The psychology of imprisonment. In: Toch, H. (Ed.): Psychology of crime and criminal justice. Holt, Rinehart & Winston, New York.
Trankell, A. (1971): Der Realitätsgehalt von Zeugenaussagen. Methodik der Aussagepsychologie. Vandenhoeck und Ruprecht, Göttingen.
Tribe, L. H. (1971): Trial by mathematics. Precision and ritual in the legal process. Harvard Law Review, 84: 1329-1393.
Trovillo, P. V. (1939): A history of lie-detection. Journal of Criminal Law and Criminology, 29: 848-881 und 30: 104-119.
Trum, H. (1981): Polizeipsychologie im Rahmen eines institutionalisierten psychologischen Dienstes. In: Haase, H., Molt, W. (Hrsg.): Handbuch der Angewandten Psychologie, Band 3. Moderne Industrie, Landsberg/Lech.
Tversky, A., Kahneman, D. (1981): The framing of decisions and the psychology of choice. Science, 211: 453-458.
Undeutsch, U. (Hrsg.) (1967): Handbuch der Psychologie, Band 11. Hogrefe, Göttingen.
Unikovic, C. M., Brown, W. R. (1978): The drunken cop. The Police Chief, April: 18-20.
Uslar, W. (1979): Ansätze zu einer sozialwissenschaftlich ausgerichteten Forensischen Psychologie. Unveröffentlichte Dissertation, Albert-Ludwigs-Universität, Freiburg i. Br.
Valenti, A. C., Downing, L. L. (1975): Differential effects of jury size on verdicts following deliberation as a function of apparent guilt of a defendant. Journal of Personality and Social Psychology, 32: 655-663.
Verinis, J. S., Walker, V. (1970): Policemen and the recall of criminal details. Journal of Social Psychology, 81: 217-222.
Vidmar, N. (1979): The other issues in jury simulation research. Law and Human Behavior, 3: 95-106.
Waldo, G. P., Chiricos, T. G. (1972): Perceived penal sanction and self-reported criminality. A neglected approach to deterrence research. Social Problems, 19: 522-540.
Waller, M. (1970): Pragmatismus - oder theoretische Abstinenz als Ausdruck des Selbstverständnisses von "Gehilfen"? Diagnostica, 16: 42-50.
Wallerstein, J. S., Wyle, J. (1947): Our law-abiding law breakers. Probation, 25: 107-112.

Walster, E., Berscheid, E., Walster, G. W. (1973): New directions in equity research. Journal of Personality and Social Psychology, 25: 151-176.
Walster, E., Berscheid, E., Walster, G. W. (1976): New directions in equity research. In: Berkowitz, L. (Ed.): Advances in experimental social psychology, Vol. 9. Academic Press, New York.
Walster, E., Walster, G. W., Berscheid, E. (1978): Equity. Theory and research. Allyn & Bacon, Boston.
Walters, G. C., Grusec, J. E. (1977): Punishment. Freeman, San Francisco.
Walters, R. H., Leat, M., Mezel, L. (1963): Inhibition and disinhibition of responses through empathetic learning. Canadian Journal of Psychology, 17: 235-242.
Walters, R. H., Parke, R. D. (1964) Emotional arousal, isolation, and discrimination learning in children. Journal of Experimental Child Psychology, 1: 269-280.
Ward, D. A., Kassebaum, G. G. (1966): Women's prison. Sex and social structure. Aldine, Chicago.
Watson, N. A., Sterling, J. W. (1969): Police and their opinions. International Association of Chiefs of Police, Washington, D. C.
Waugh, N. C. (1963): Immediate memory as a function of repetition. Journal of Verbal Learning and Verbal Behavior, 2: 107-112.
Weinberg, M. M. (1967): Effects of partial sensory deprivation on involuntary subjects. Doctoral dissertation, Michigan State Universtiy. Dissertation Abstracts International, 28: 2171B (University Microfilms no. 67-14: 558).
Weiner, B. (1972): Theories of motivation. From mechanism to cognition. Markham, Chicago.
Weiner, B., Frieze, I., Kukla, A., Reed, L., Rest, S., Rosenbaum, R. M. (1972): Perceiving the causes of success and failure. In: Jones, E. E., Kanouse, D. E., Kelley, H. H., Nisbett, R. E., Valins, S., Weiner, B. (Eds.): Attribution. Perceiving the causes of behavior. General Learning Press, Morristown, N. J.
Weiten, W., Diamond, S. S. (1979): A critical review of the jury simulation paradigm. The case of defendant characteristics. Law and Human Behavior, 3: 71-94.
Wells, G. L. (1978): Applied eyewitness testimony research. System variables and estimator variables. Journal of Personality and Social Psychology, 36: 1546-1557.
Wertheimer, M. (1906): Experimentelle Untersuchungen zur Tatbestandsdiagnostik. Archiv für die gesamte Psychologie, 6: 59-131.
Wertheimer, M., Klein, J. (1904): Psychologische Tatbestandsdiagnostik. Archiv für Kriminalanthropologie und Kriminalistik, 15: 72-113.
Westley, W. A. (1953): Violence and the police. American Journal of Sociology, Band LIX (Juli 1953): S. 34-41.
Wheeler, S. (1961): Socialization in correctional communities. American Sociological Review, 26: 697-712.
Whipple, G. M. (1918): The obtaining of information. Psychology of observation and report. Psychological Bulletin, 15: 217-248.
Widacki, J., Horvath, F. S. (1978): An experimental investigation of the relative validity and utility of the polygraph technique and three other common methods of criminal investigation. Journal of Forensic Sciences, 23: 596-601.
Wigmore, J. (1909): Professor Münsterberg and the psychology of testimony. Being a report of the case of cokestone v. Münsterberg. Illinois Law Review, 3: 399-445.
Wilkins, L. T. (1962): Criminology. An operational research approach. In: Welford, A. T., Argyle, N., Glass, D. V., Morris, J. N. (Eds.): Society. Problems and methods of study. Routledge & Kegan Paul, London.
Williams, G. (1963): The proof of guilt, 3rd ed. Stevens & Sons, London.
Wilson, J. M., Snodgrass, J. D. (1969): The prison code in a therapeutic community. Journal of Criminal Law, Criminology and Police Science, 60: 472-478.
Winick, C., Gerver, I., Blumberg, A. (1961): The psychology of judges. In: Toch, H. (Ed.): Legal and criminal psychology. Holt, New York.
Wist, R. E. (1976): Dark adaptation and the Hermann grid illusion. Perception and Psychophysics, 20: 10-12.
Witt, K. S. (1980): Arousal, sex of witness, and memory for a filmed crime. Unpublished honors thesis, Harvard College.

Wrightsman, L. S., Deaux, K. (1981): Social psychology in the 80's, 3rd ed. Brooks/Cole, Monterey, Calif.
Wundt, W. (1911): Grundzüge der physiologischen Psychologie, Band 3. Würtenberger, Leipzig.
Yarmey, A. D. (1979): The psychology of eyewitness testimony. The Free Press, New York.
Yarmey, A. D., Kent, J. (1980): Eyewitness identification by elderly and young adults. Law and Human Behavior, 4: 359-371.
Yerkes, R. M., Dodson, J. D. (1908): The relation of strength of stimulus to rapidity of habit-formation. Journal of Comparative and Neurological Psychology, 18: 459-482.
Zadny, J., Gerard, H. B. (1974): Attributed intentions and information selectivity. Journal of Experimental Social Psychology, 10: 34-52.
Zeisel, H., Diamond, S. S. (1976): The jury selection in the Mitchell-Stans conspiracy trial. American Bar Foundation Research Journal, 1: 151-174.
Zimbardo, P. G., Haney, C., Banks, W. C., Jaffe, D. (1973): The mind is a formidable jailer. A Pirandellian prison. The New York Times, April 8: 38-60.
Zimbardo, P. G., Ruch, F. L. (1978): Lehrbuch der Psychologie. Springer, Berlin.
Zimring, R., Hawkins, G. (1973): Deterrence. The legal threat in crime control. University of Chicago Press, Chicago.
Zinngraff, M. T. (1975): Prisonization as an inhibitor of effective resocialization. Criminology, 13: 366-388.
Zinngraff, M. T. (1980): Inmate assimilation. A comparison of male and female delinquents. Criminal Justice and Behavior, 7: 275-292.
Zubek, J. P. (Ed.) (1969): Sensory deprivation. Fifteen years of research. Appleton-Century-Crofts, New York.
Zwingmann, K. (1966): Zur Soziologie des Richters in der Bundesrepublik Deutschland. De Gruyter, Berlin.

Namenverzeichnis

Abrahamsen, D. 82
Abrams, D. 196
Adamovich, L. K. 43, 45, 145f
Adams, J. S. 74
Adams, T. F. 152
Ahlborn, W. 127
Aichhorn, A. 104
Akers, R. L. 269f
Albert, H. 45
Alexander, F. 17
Alexander, J. E. 176
Alfini, J. J. 4
Allen, A. 117
Allport, G. W. 183
Anderson, N. H. 243
Appley, M. H. 163
Arntzen, F. 15
Aronfreed, J. 260
Aronson, E. 223, 227, 229
Arther, R. O. 207
Atkin, R. 54
Austin, W. 140

Bachrach, A. J. 211
Bakal, D. A. 169
Balbus, I. 63
Bandura, A. 97f, 116, 118, 257
Banks, W. C. 262
Barland, G. H. 204
Baron, R. A. 258
Bartlett, F. C. 195f
Bartol, C. R. 91, 94, 118, 149f, 173, 211, 251f, 255, 261, 272
Bartollas, C. 272
Barton, A. H. 214
Bauchner, J. E. 208f
Beck, A. J. 167
Becker, H. 84
Becker, T. 236
Bedrosian, R. C. 167
Bem, D. J. 117
Benton, A. A. 260
Benussi, V. 200
Berberich, J. 150
Berckhauer, F. H. 84

Bergen, G. T. 181
Berscheid, E. 74, 228
Bickmann, L. 136, 139, 141
Binet, A. 13
Blackmore, J. 163, 167, 169f
Blau, P. M. 72
Blumberg, A. 231f
Blumstein, A. 100, 102f
Bobko, D. J. 175, 177
Böhm, V. 232
Böker, W. 119
Borgida, E. 38, 109
Bork, R. H. 122
Bower, G. H. 178
Brandstätter, H. 196
Brandt, D. R. 208f
Braunstein, M. L. 34, 108
Bray, R. M. 35f
Brewer, M. B. 32
Briar, S. 155
Brown, E. 193
Brown, W. R. 164
Bruner, J. S. 184
Brusten, M. 53, 147, 157, 162
Buckhout, R. 19, 175, 178, 194
Bühler, R. E. 270
Bukstel, L. H. 270f
Burgstaller, M. 53, 219
Byrne, D. 229, 232

Campbell, D. T. 30, 32, 132
Cannon, L. 155
Caplan, R. D. 162
Cardascia, J. 230
Carey, S. H. 103
Carr, T. H. 177
Carroll, J. S. 34, 38, 86, 105-109, 222, 232, 236f
Cattell, J. M. 174, 178
Cavoukian, A. 205
Chance, J. E. 177
Chandler, E. V. 166
Chappell, D. 162
Chiricos, T. G. 104
Christiansen, K. O. 91

Clark, N. K. 196
Claster, R. 104
Clements, C. B. 267
Clemmer, D. 267, 269
Clifford, B. 196
Clifford, B. R. 180, 182
Clinard, M. B. 85
Coates, D. 34
Cobb, S. 162
Cohen, J. 100, 102f
Cohen, R. L. 185
Cohn, A. 19
Coleman, J. C. 169
Conner, R. 140
Cook, T. D. 30
Cox, V. C. 267
Cramer, J. A. 223
Crandall, R. 38, 109
Crano, W. D. 32
Cressey, D. R. 268
Császár, F. 53, 219

Dale, M. W. 254
Dallenbach, K. M. 187
Darley, J. M. 138, 141
D'Atri, D. A. 267
Davis, G. M. 194
Davis, J. 54, 177
Davis, K. C. 149, 152, 154
Davis, K. E. 66
Dawson, R. O. 224, 231, 241
Dearing, A. 225
Deaux, K. 115
Deffenbacher, K. 177, 193
Denno, D. 223
Deutsch, M. 75
Devine, D. A. 162, 181
Diamond, S. S. 33, 35
Dietel, A. 147
DiNubile, M. 242
Dion, K. 228
Dodson, J. D. 179-181
Döring, M. 13f
Dörner, W. G. 140
Doob, A. N. 193
Dorsch, F. 17
Downing, L. L. 29

Easterbrook, J. A. 181
Ebbesen, E. B. 33, 52, 56, 61, 85, 106, 124, 224f, 237-240, 246
Ebbinghaus, H. E. 176, 186
Ecclestone, C. E. 266
Eckartshausen, C. 12
Efran, M. G. 228
Egan, D. 187
Eger, H.-J. 127

Eidt, H. H. 277
Einhorn, H. J. 57
Eisenberg, T. 162
Eisenhardt, T. 247
Ekman, P. 207f
Eldridge, C. 219, 241
Ellis, H. D. 194
Ellison, K. W. 19
Elwork, A. 4
Emerson, R. M. 72
Erdelyi, M. H. 138
Estes, W. K. 259
Exner, F. 219
Eysenck, H. J. 90-95

Fairley, W. B. 30
Feest, J. 151f
Feldman, M. P. 94, 105, 222
Féré, C. 200
Ferri, E. 12
Fessler, P. K. 195
Festinger, L. 99, 134, 138, 154
Feuerbach, A. 12
Fischoff, B. 109
Fisher, R. J. 32
Flanagan, T. J. 231
Foley, M. A. 185
Fontes, N. E. 208f
Fox, J. 276
Franken, R. E. 177
French, J. R. P. 162
Friedman, M. 169
Friedrich, J. B. 12
Friejda, N. H. 206
Friesen, W. 207f
Frieze, I. 68
Funk, B. C. 43, 45, 145f
Furniss, J. M. 270

Galanter, E. 174
Galton, F. 197
Gardner, D. S. 174, 176
Garrity, D. L. 269
Geis, G. 140
Gelfand, D. M. 140
Gendreau, P. 266
Gerard, H. B. 184
Gerbasi, K. C. 223
Gerbert, K. 206
Gerver, I. 231
Gettman, L. R. 169
Giallombardo, R. 275
Gibson, J. 236
Glaser, D. 254, 269
Glass, D. C. 169
Göppinger, H. 7
Goffman, E. 262, 268

Goldberg, L. R.   38
Goldman, S.   233
Goldsmith, R. W.   243
Goldstein, A.   187
Goldstein, A. G.   177
Goldstein, B.   118
Goldstein, H.   155
Gottfredson, M. R.   231
Gottlieb, A.   138, 141
Gouldner, A. W.   75
Grabitz, H.-J.   242, 244
Grant J.   53
Grant, J. D.   53
Green, E.   222, 230
Green, S.   139
Greenberg, M. S.   19, 52, 63, 75-77, 132f, 180, 225, 231
Gribbin, K.   185
Griffitt, W.   229
Grohmann, J. C. A.   12
Gruninger, W.   269f
Grusec, J. E.   258
Guth, M.   185

Häfner, H.   119
Hagan, J.   220, 230, 234
Hagedorn, R.   167
Haisch, J.   5, 242, 245
Haney, C.   5, 262
Hannum, T. E.   105
Harbordt, S.   270
Harnick, M. A.   185
Harrison, R. V.   162
Hartman, D. P.   140
Harvey, J. H.   63
Hastie, R.   19
Hawkins, G.   102
Hayner, N. S.   269f
Hed, A.   231
Heffernan, E.   275
Heider, F.   64f, 67
Heinroth, J. C. A.   12
Hendrick, C.   137, 140
Henn, F. A.   119f
Henshel, R. L.   103
Herjanic, M.   119
Herren, R.   17
Heslegrave, R. J.   205
Hilgard, E. R.   211
Hindelang, M. J.   231
Hinz, L.   148, 150
Hocking, J. E.   208f
Hogarth, J.   41, 52f, 63
Holanchock, H.   94
Hollien, H.   211
Hollin, C. R.   182

Holmes, D. L.   185
Holmes, J. G.   142
Holmes, T. H.   161
Holt, R.   54
Homans, G. C.   71, 74
Hoppensack, H.-C.   268
Horowitz, I. A.   34, 41
Horvath, F. S.   204f
Howells, T. H.   195
Hunt, R. C.   207
Hurrell, J.   163
Huston, T. H.   140

Inbau, R. E.   207
Inciardi, J. A.   104, 108
Irwin, J.   268
Izzett, R. R.   229

Jackson, D.   234
Jackson, T.   229
Jacobi, H.   168
Jacobs, J. R.   271
Jaffe, D.   262
Janzarik, W.   12
Jennings, K.   140
Jensen, G. F.   104
Jirak, M.   162
Johnson, C.   175, 179
Johnson, M. K.   185
Jones, C.   223
Jones, C. S.   166
Jones, E. E.   66, 69
Judson, C. J.   230
Jung, C. G.   16

Kahneman, D.   38, 41
Kaiser, G.   7, 9, 12
Kalven, H.   34
Kaminski, E. P.   208f
Kaplan, M. F.   228, 244
Karlin, M. B.   178
Kassebaum, G. G.   269, 275
Kelley, H. H.   65-67, 69, 71-73, 221, 224
Kemmerick, G. D.   228
Kenrick, D. T.   118
Kent, J.   185
Kerr, N. L.   35f, 54
Keyse, R.   136
Kidd, R. F.   40, 42, 140
Kienapfel, D.   249
Killmann, P. R.   270f
King, M.   76
Kirshenbaum, H. M.   193
Klatzky, R. L.   176, 195
Klein, J.   16
Knapp, M. L.   207
Knox, C.   266

Knudten, M. S. 140
Knudten, R. D. 140
Kohlberg, L. 112, 115f
Konecni, V. J. 33, 52, 56, 61, 85, 106, 124, 224f, 237-240, 246
Kovac, P. 185
Kreuzer, A. 87
Krös, W. H. 163, 169f
Krohne, K. 247
Kuhn, T. S. 10
Kukla, A. 68

Labovitz, S. 167
Landau, S. F. 271
Landy, D. 223, 227, 229
Lane, A. B. 176
Larson, J. A. 201
Lasswell, H. 232
Latané, B. 138, 141
Laughery, K. R. 176, 195
Lautmann, R. 151
Lavigueur, H. 195
Leat, M. 257
Lee, C. D. 199
Leginski, W. 229
Leippe, M. R. 181
Leisner, R. 9
Lenorovitz, D. R. 195
Leonhardt, C. 206
Lerner, M. J. 69, 75, 142
Letkemann, P. 104, 107-109
Leu, J. R. 177
Leventhal, G. S. 75
Lewis, M. S. 178
Lichtenstein, S. 109
Liebel, H. 7
Lindley, D. A. 40f
Lindsay, P. H. 174
Lindskold, S. 21, 183
Lipmann, O. 13
Lipset, S. M. 150
Lipsky, M. 156
Lipton, J. P. 187
Liszt, F. 13, 248
Lösel, F. 7
Loftus, E. F. 172, 176, 180f, 187f, 194
Loftus, G. R. 11, 176
Loh, W. D. 18, 149
Lombroso, C. 12, 90
Lowe, J. 183
Lunde, D. T. 119
Lykken, D. T. 205

McCain, G. 267
McClintock, C. G. 207
McFatter, R. M. 235
McGillis, D. 66

McIntosh, J. L. 230
McLean, P. D. 166f
McNamara, J. H. 157
Malpass, R. S. 181, 195
Mandler, G. 177
Mandler, J. M. 196
Manski, C. F. 103
Marbe, K. 13
Margolis, B. 163
Marin, B. V. 185
Martin, A. W. 243
Marquis, K. H. 189f
Marshall, J. 175, 185, 189f
Martinson, R. M. 251
Mathiesen, T. 269
Matschullat, D. L. 230
Mayer, H. 148
Meade, A. C. 140
Mednick, S. A. 91
Meehl, P. E. 29, 38
Meek, D. 54
Megargee, E. I. 86, 266f
Mehrabian, A. 207
Meyer, J. C. 162
Mezel, L. 257
Mikinovic, S. 53
Miller, G. R. 208f
Miller, D. T. 69, 142
Miller, L. E. 244
Miller, W. 233
Mills, M. K. 132f, 180
Miron, M S. 211
Mitchell, H. E. 229, 232
Mittermaier, C. J. A. 13
Mönkemöller, O. 14
Monahan, J. 11, 49
Moriarty, T. 136
Moser, T. 17
Mosteller, F. 30
Moulds, E. F. 230
Münsterberg, H. 13, 15, 18f
Murphy, W. 233
Muscio, B. 190
Myers, C. G. 178

Nacci, P. L. 267
Nagel, S. S. 54, 62, 230, 233-235
Nagin, D. 100, 102f, 256
Neef, M. 62
Nemeth, C. 228
Newcomb, T. 99
Niederhoffer, A. 162
Nisbett, R. E. 38, 69, 108f, 130
Norman, D. A. 174

Opp, K.-D. 234
Orne, M. T. 212

Oskamp, S. 189f
Ostermeyer, H. 17
Ostrom, T. M. 181
Ostrove, N. 228f
Owens, J. B. 230

Padawer-Singer, A. M. 214
Page, B. 140
Palmer, J. 101
Pandell, J. J. 230
Panton, J. H. 271
Parke, R. D. 256, 261
Parker, R. E. 196
Parker, S. 106
Partridge, A. 219, 241
Patterson, G. R. 270
Paulus, P. B. 267
Payne, J. W. 34, 86, 106, 108f, 222, 232, 236f
Penrod, S. 20, 176, 180f
Pepitone, A. 99, 242
Perrow, C. 269
Petersen, D. M. 269
Petrillo, J. 140
Peuckert, R. 234
Phares, E. J. 233
Piaget, J. 110-112
Pilgram, A. 126f
Piliavin, I. 155
Pilpel, M. E. 18
Pinneau, S. R. 162
Pittner, M. 187
Plaut, P. 14
Poole, E. D. 269
Popper, K. 10, 45
Postman, L. J. 183f
Prather, J. 267

Quay, H. C. 251
Quinney, R. 85

Rafky, D. M. 163
Rahe, R. H. 161
Rankin, A. 225
Raskin, D. C. 204
Rawls, J. 115
Rawson, H. E. 105
Reber, A. 260
Reed, H. 38, 109
Reed, L. 68
Reid, J. E. 207
Reik, T. 17
Reinert, R. 269
Reis, H. T. 223
Reiser, M. 166
Reiss, A. J. 124, 152
Reiwald, P. 17

Rest, S. 68
Rettig, S. 105
Reynolds, D. E. 227
Rivera, R. 107
Robinson, E. 18
Rodrigues, J. 184
Rogel, M. 137, 140
Rosen, F. P. 222
Rosenbaum, D. P. 139, 141
Rosenbaum, R. M. 68
Rosenfeld, H. M. 207
Rosenhan, D. L. 225
Rosenman, R. H. 169
Rosenthal, D. 91
Rosenthal, R. 193
Ross, C. E. 230
Ross, D. 257
Ross, H. C. 32
Ross, H. L. 32
Ross, L. 109
Ross, S. A. 257
Rotter, J. B. 96, 232
Rowe, A. R. 102
Ruback, R. B. 20, 52, 63, 76f, 180, 225, 231
Rubinstein, J. 157
Ruch, F. L. 262
Ruggiero, M. 140

Sack, F. 84
Saks, M. 19, 40, 42
Sales, B. D. 4
Sanders, G. S. 176
Sanders, M. S. 227
Sandy, J. P. 162
Sawyer, J. 38
Schaie, K. W. 185
Scherer, K. R. 207
Schiffman, H. R. 175, 177
Schneider, H.-J. 7f, 250f, 254, 277f
Schröder, T. 232
Schünemann, B. 245
Schulhofer, S. J. 242
Schum, D. A. 243
Schwartz, S. H. 138, 141
Schwartz, L. 140
Schwind, H.-D. 84, 87, 127f
Schwitzgebel, R. K. 205
Schwitzgebel, R. L. 205
Scott, B. 175, 179
Scott, J. 180
Seligman, M. E. P. 165
Sellin, T. 220
Selye, H. 151, 159f, 168-170
Shaffer, D. R. 137, 140
Shepard, R. N. 187
Shepherd, J. W. 194

Shoemaker, D. 183
Shook, H. C. 164
Short, J. F. 107
Shotland, R. L. 140
Sigall, H. 228f
Silberman, C. E. 224, 230, 241
Simon, H. A. 109f
Simon, R. J. 214
Skolnick, J. H. 149, 153f
Slesinger, D. 18
Slovic, P. 109
Smith, A. 232
Smith, E. D. 231
Snodgrass, J. D. 268
Snyder, M. 192
Somodevilla, S. A. 164
Sosis, R. H. 228
South, D. 183
Spence, K. W. 109
Sperlich, P. 41
Spiegelberg, R. 148
Sporer, S. L. 7, 11, 242
Stangl, W. 53
Stanley, J. C. 132
Staub, H. 17
Stefanowicz, J. P. 105
Stegmüller, W. 45
Stephan, E. 102
Stephenson, G. M. 196
Sterling, J. W. 157
Stern, W. 13f, 19, 174, 178
Stotland, E. 150f, 154f, 158
Stratton, J. G. 167
Straw, M. K. 140
Street, D. 269
Strickland, L. H. 225
Stringfield, D. O. 118
Sturgill, W. 193
Sutherland, E. H. 137
Sykes, G. M. 269, 272, 274

Tanenhaus, J. 233
Tapp, J. L. 20, 58, 63
Tedeschi, J. T. 21, 183
Teitelbaum, H. E. 267
Tennyson, R. A. 107
Tent, L. 16, 198
Terris, B. J. 150
Thibaut, J. W. 71-73
Thomas, C. W. 268f
Thomas, N. H. 168
Tittle, C. R. 102
Toch, H. H. 19, 275f
Trankell, A. 15
Tribe, L. H. 41
Trovillo, P. V. 206
Trum, H. 143

Trumbull, R. 163
Tversky, A. 38, 41

Udolf, R. 19
Undeutsch, U. 8, 14f, 17
Unikovic, C. M. 164
Uranowitz, S. W. 192
Uslar, W. 7-9, 12, 14, 17

Valenti, A. C. 29
Vanderpearl, R.H. 119
Verinis, J. S. 196
Vidmar, N. 36
Vinter, R. D. 269

Wade, G. A. 196
Wagner, W. 196
Walder, P. 140
Waldo, G. P. 104
Walker, V. 196
Waller, M. 8f
Wallerstein, J. S. 84
Walster, E. 74, 228
Walster, G. W. 74
Walters, G. C. 258
Walters, R. H. 256f, 261
Ward, D. A. 269, 275
Warnick, D. 176
Watson, N. A. 157
Waugh, N. C. 176
Weary, G. 63
Weinberg, M. M. 266
Weiner, B. 68f
Weiss, R. 127
Weiten, W. 35
Weldon, D. E. 195
Wells, G. L. 181, 215
Wertheimer, M. 16f
Westley, W. A. 155
Wheeler, S. 267, 269
Whipple, G. M. 182
Widacki, J. 205
Wigmore, J. 15
Wilkins, L. T. 52
Williams, G. 194
Williams, M. 207
Willging, T. E. 41
Wilson, C. E 132f, 180
Wilson, K. G. 233
Wilson, J. M. 268
Wilson, T. D. 108, 130
Winick, C. 231
Winkler, J. 176, 180f
Wist, R. E. 174
Witt, K. S. 180
Wrightsman, L. S. 132
Wundt, W. 197

Wyle, J. 84

Yarmey, A. D. 185, 195f, 210
Yerkes, R. M. 179-181
Yoblick, D. A. 195

Zadny, J. 184
Zeisel, H. 33f

Zimbardo, P. G. 262
Zimring, R. 102
Zinngraff, M. T. 269
Zinngraff, R. M. 269
Zubek, J. P. 266
Zuckerman, M. 223
Zwingmann, K. 232

Sachverzeichnis

Abschreckung 2, 249f
—, empirische Forschungen zur 100ff
— —, Ansatz der klinischen Psychologie 104
— —, ökonomischer Ansatz 101f
— —, sozialpsychologischer Ansatz 105ff
— —, soziologischer Ansatz 102
—, Generalprävention 255f
—, Spezialprävention 259ff
—, Strafandrohung
— —, Determinanten der Effektivität 258f
— und Bewertung von Gelegenheiten 100, 105f
— und Resozialisierung 255ff
— und stellvertretende Bestrafung 256ff
Aggression 118f, 257f
—, kognitiv-soziale Lerntheorie 118
—, physische und verbale 257f
— und Abschreckung 256ff
Alkoholismus 164
Analyseeinheiten (im Rechtssystem) 59, 62
Angeklagter 226
—, physische Attraktivität 228f
—, soziale Attraktivität 226ff
— und Strafzumessung (s.a. Richter) 221ff
—, Untersuchungshaft und Strafzumessung 225
Annahmen, psychologische (im Recht) 2ff
Anstaltsmilieu (und Resozialisierung) 254f
Anzeige(bereitschaft) (Anzeigeverhalten) 89, 123ff
— bei unterschiedlichen Deliktgruppen 129
— der Polizei 103
— in der Bevölkerung 126f
— vom Beobachter 102, 135ff
— —, Charakteristika des Beobachters 138
— —, Determinanten der Entdeckung des Ereignisses 135f
— —, direkte Intervention 140
— —, (non)verbale Einflußfaktoren 139
— —, soziale Einflüsse auf 138, 141
— — und Art der Umgebung 138
— — und Attributionsprozesse 137f
— — und Bewertung des Ereignisses 137

— — und Entdeckung des Ereignisses 135f
— — und Entscheidung zu handeln 139f
— —, Verständigung der Behörden 140f
— vom Opfer 127ff
— —, experimentelle Untersuchung 132ff
— —, Forschungsansätze 124ff, 132
— —, forschungsethische Probleme 134
Archivanalyse 34, 239
Assoziationsversuch 15
—, Methode des 16
Attraktivität (des Angeklagten) 27
Attributions-Austausch-Modell 76
Attributionsdimensionen
—, intern - extern 68
—, stabil - instabil 68
—, Umwelt - Person 65, 68
Attributionsmodell (s.a. Attributionstheorie)
Attribution(stheorie) 137f, 184, 222, 224f, 245
—, Heiders 64f
—, Kelleys 66f
— —, Abschwächungsprinzip 66
— —, kausale Schemata 67
— —, Kovariationsprinzip 66
— —, Verstärkungsprinzip 66f
—, Trainingsprogramme (zur Reduktion der Urteilsdisparität) 245f
— und Anzeigebereitschaft des Beobachters 137f
— und kriminelle Disposition 68f
— und Strafzumessung 236f
— und Tatschwere 221
—, Weiners 67f
Attributionsverzerrungen 69f
—, Bedürfnis nach einer gerechten Welt 69f
—, Bedürfnis nach Kontrolle und Vorhersage 70
— und Leistung des Augenzeugen 184f
— und Strafzumessung 221, 225
Augenzeuge s. Zeuge
Aussage (s.a. Zeuge)
—, Genauigkeit der 4, 15
— von Kindern 13
Aussageforschung 13

Aussagepsychologie 14
—, Auswirkungen der 14
—, Entwicklung (in den USA) 15
—, Forschung in der 14
Aussagetest 14, 174f
Austauschtheorie (soziale) 70ff
—, Auszahlungsniveau 72
—, Bewertung von Auszahlungen 72f
—, Equity-Theorie 74ff
— —, Bedürfnisregel 75
— —, Equality-Regel 75f
— —, Equity-Norm 75
— —, Norm der Reziprozität 75
— —, Verteilungsregel 75
— —, Wiederherstellung der Ausgewogenheit 74f, 137
—, Vergleichsniveau (der Alternativen) 72
Autoritarismus 229, 232ff
— und Schuldfindung 229
— und Strafzumessung 232f
— von Polizeibeamten 149

Bayes-Theorem 41, 243
Behandlungsmodell s. Resozialisierung
Bestrafung (stellvertretende) und Abschreckung 256ff
Beweis, Psychologie des 172ff

Deindividuation (und krimin. Verhalten) 99
Delinquenz, selbstberichtete (s.a. Dunkelfeld) 84
Depression 164ff
Determinismus (reziproker) 98ff
Dunkelfeld
—, Definition 86
— und Anzeigebereitschaft 89, 128f
— und Resozialisierung 250
— und selbstberichtete Delinquenz 84, 86f
— und Viktimisationsrate 88f
Dunkelfeldforschung (Methoden) 86ff
Dunkelziffer (s.a. Dunkelfeld) 86

Empirismus (logischer) 10
Entscheidungsdisparität 61
Entscheidungsregeln
—, rechtliche 42
— und Wahrnehmungsfehler 43
—, wissenschaftliche 42
Entscheidungsstrategien (im Strafrechtssystem) 59ff
—, empirisch abgeleitete 61
Ermessensentscheidungen 6
— der Polizei 144
— und Rechtsvorschriften 52f
Eskalation 99f
Experiment
—, Alternativen zum 28ff

—, Generalisierbarkeit der Ergebnisse im 27f
— im Feld 28f
— im Labor 28
— —, Kritik am 36
—, quasi-experimentelle Versuchspläne 30f
—, Signifikanztest im 26f
—, Simulationsexperiment 29, 33
—, Störvariablen im 25f
—, (un)abhängige Variable im 25
— und Kausalbeziehungen 25, 32
— und Korrelationsmethoden 27
—, Zufallszuordnung im 25f
Eysencks Theorie der Kriminalität 92ff

Feldforschung 30
Firmenkriminalität (s.a. Kriminalität) 86
Forschung
—, (rechts)psychologische s. Rechtspsychologie, Psychologie
—, rechtswissenschaftliche 43ff
— —, Ausfüllen der Freiräume 44
— —, Auslegungsregeln 44
— —, dogmatische Aufgabenstellung 43
— —, dogmatische Textbearbeitung 44
— —, Gegenstand, Ziel und Methode 43f
— —, Hermeneutik 45
— —, Lückenschließen 44
— —, Normhypothesen 43
— —, Normtext 44
Forschungsansätze im Rechtssystem (theoretische) 54ff
—, differentialpsychologischer Ansatz 54f
—, entscheidungstheoretischer Ansatz 52, 55ff
— —, Analyseeinheiten 59
— —, Entscheidungsknoten 56f
— —, Entscheidungsstrategien 59f
— —, Merkmale und Zielsetzung 55
— —, Prognose der Funktionsweise des Strafrechtssystems 57f
— —, Verbindung zwischen den Entscheidungsknoten 57
— —, zeitlicher Ablauf der Fallbearbeitung 60
—, sozialpsychologischer Ansatz 62ff
— —, Attributionstheorie 63ff
— —, Kritik am 76
— —, Merkmale des 63
— —, soziale Austauschtheorie 70ff
—, soziologischer Ansatz 62
Forschungsergebnisse, Bewertung psychologischer 24
Forschungsethik 49f
—, Problem der Geheimhaltung 49
—, Problem der Täuschung 49
—, Richtlinien 49f

Sachverzeichnis

Forschungsinhalte im Rechtssystem 40ff
Freiheitsstrafe (s.a. Resozialisierung, Haft) 247ff
—, Geschichte der 247ff
—, Psychologie der 247ff
—, Vollzugsziele 248f

Gedächtnis
— für Gesichter 178f
— —, Verarbeitungstiefe und Wiedererkennen 178
—, Interferenztheorie 186ff
—, Stadien im Gedächtnisprozeß 175ff
— —, Behalten 186ff
— —, Einprägen 175ff
— —, Wiedergabe 189ff
—, Störanfälligkeit des 173ff
— und Befragungsatmosphäre 189
— und Frageform 189f
— und Leistung des Augenzeugen 173ff
— und Suggestivfrage 190ff
— und unbewußte Übertragung 194f
—, Vergessenskurve 186
—, zeitlicher Abstand zwischen Lernen und Wiedergabe 186f
Gefährlichkeit 3, 249f
Gefängnis s. Haft, Resozialisierung
Gefängniskultur s. Prisonisierung
Gelegenheitskriminalität (s.a. Kriminalität) 85
Generalprävention (s.a. Abschreckung) 2, 101f
Gerechtigkeitsideal 78ff
— und entscheidungstheoretischer Ansatz 79
— und Strafzumessung 78f
Gerichtsmedizin 11f
Gerichtspsychiatrie s. Psychiatrie
Geschwindigkeitsschätzung 191f
Geschworne s. Laienrichter
Gewaltverbrechen (s.a. Kriminalität) 85, 118
Gewohnheitskriminalität (s.a. Kriminalität) 85f

Haft (s.a. Freiheitsstrafe, Untersuchungshaft, Resozialisierung)
—, Alternativen zur 277f
—, Anpassungsstrategien 272ff
—, Auswirkungen der Strafphase 271f
—, Deprivationen der 262, 266ff, 272ff
—, Einzelhaft (psychologische Auswirkungen) 266
—, psychologische Effekte der 262ff
— —, die totale Institution 262ff
— —, Stanford-Gefängnisexperiment 262ff

—, Überfüllung und Mangel an Privatheit 266f
Häftlingszahlen (Österreich) 249
Hermeneutik 45
Hypnose 211ff
— als Gedächtnishilfe 212
—, Erklärungsversuche der 211f

Informations-Integrations-Theorie 243ff
Inquisitionsmaxime 16
In-situ-Forschung 30, 33
Introspektion 130

Kognition (soziale) 42, 96
Konkordanz s. Zwillings- und Adoptivuntersuchungen
Kontrolle von Verhalten 2
Korrelationsmethode 31
Kriminalistik 11f
Kriminalität
—, Anlage-Umwelt-Kontroverse 12, 82ff
—, Beobachtungslernen 96ff
—, Definition von 83ff
—, Eysencks Theorie der 92ff
—, kognitiv-soziale Perspektiven 116f
—, Lerntheorie (kognitiv-soziale) der 96, 116
—, medizinisches Modell der 120
—, physiologische Einflüsse auf 89ff
—, politische 86
—, professionelle 86
—, Prophylaxe der 121f, 136
— — und Resozialisierung 250
— — und Schutzfunktion der Strafe 249
—, Psychologie der 81ff
—, Typologie von 85f
— und Diagnose von Persönlichkeitsstörungen 119f
— und Geisteskrankheit 119ff
— und Moralentwicklung 110ff
—, Weiße-Kragen-Kriminalität 84, 137
—, Zwillings- und Adoptivuntersuchungen 90f
Kriminalpsychologie 7, 12
Kriminalstatistik, Wert der 86ff
Kriminologie (s.a. Verhalten, kriminelles) 7
—, psychiatrische 82
— —, Kritik an der 82f
—, psychologische 81ff
—, soziologische 81
—, wissenschaftliche 12

Laborexperimente 13
Laienrichter (s.a. Richter) 4, 20
Legalitätsprinzip 147
Lernen (s.a. Theorien)
—, Beobachtungslernen 96f

Lernen von Kriminalität 95ff
Lügendetektion 197ff
—, Assoziationsversuche 197f
— —, Versuchsanordnung 197
—, Hypnose 211ff
—, intuitive Ausdrucksdeutung 206ff
— —, Genauigkeit der 208f
— — und nonverbales Verhalten 207
—, Lügendetektor (Polygraph) 17, 197, 199
— —, Befragungsmethoden 202f
— —, Genauigkeit des 204
— —, praktische Anwendung 204
— —, rechtlicher Status 205
— —, Störmöglichkeiten 203f
— —, Täuschung des 199
— — und Vernehmungstechnik 201
— —, Untersuchungsverlauf 201f
—, Messung physiologischer Begleiterscheinungen 199ff
—, Stimmanalyse 210f
— —, PSE (psychologischer Streßevaluator) 210f

Moralentwicklung 110ff
—, kognitive Perspektiven 110ff
—, soziale Perspektive 112ff
—, Stufen des moralischen Urteilens 112f
Motivation (und Behandlungserfolg) 252

Norm(en)
—, Equity- 73f
— —, distributive Ungerechtigkeit 74
—, soziale 73
— und persönliche Macht 73
— und sozialer Austausch 73ff

Opfer (s.a. Anzeigebereitschaft)
—, Befragung des 89, 125f
— —, Nachteile der Befragungsmethode 129f
—, Viktimisation
— —, Erinnerungsvermögen an 130f
— — und Erinnerungsfehler 131
—, Viktimisationshäufigkeit 125f
— —, deliktspezifische Schwankungen 125
Opportunitätsprinzip 146

Polizei(beamten) 4, 143ff
—, Alltagsvorstellungen über 143, 150, 156
— als Zeugen 196
—, Anzeigeverhalten s. Anzeigebereitschaft
—, Aufgaben der 145f
—, Ausbildung von 150
—, Auswahl von 149f
—, Autonomie des Beamten 151ff
—, Befehlshierarchie 151f
—, Beziehung zu Zivilisten 156
—, Ermessensentscheidungen der 144
—, Ermessensspielräume der 146f, 151, 153
— —, juristische Definition 147
— —, sozialpsychologische Definition 147f
—, Forschungen über die 158f
—, Geschichte der 144f
—, Handeln (rechtliche Beschränkungen) 145f
—, Herkunft von 148
—, Kontrollmöglichkeiten der 152f
—, Leistungsoptimierung 150, 158
—, Motivationsprobleme 158
—, Persönlichkeit von 144, 148ff, 159
— —, Autoritarismus 149f, 159
— —, Mißtrauen 148f
— —, Selbstvertrauen 155ff
— —, soziale Isolation 148, 150f
—, polizeipsychologischer Dienst 163
—, Rollenbild der 143
—, Sanktionsverhalten
— —, Determinanten des 147
— —, Selbstvertrauen 155ff
— —, selektives 151ff
— —, Spindkultur 154f
— —, Sozialisation der 154f
— und Streß (s.a. Streß) 159ff
Polizeibefugnisrecht 145
Polizeiberuf (Fremd-, Selbsteinschätzung) 157
Pressemeldungen
— und ihr Einfluß auf die Urteilstätigkeit 213f
— und ihr Einfluß auf die Verhandlung 19, 213
Prisonisierung
—, Determinanten und Folgen 268ff
—, Erklärungsmodelle der 268
—, Validität des Prisonisierungskonzeptes 270f
Prognose
— kriminellen Verhaltens 117f, 250
— —, situationsunabhängige (zeitliche) Konsistenz 117f
— von Verhalten 2
— —, klinische 37f
— —, statistische 37f
Psychiatrie 38, 82f
—, forensische 12
— und klinische Psychologie 38f
Psychologie
— des Rechts 6
—, forensische 8ff
— im Recht 5, 18
—, klinische 38f

—, klinische und experimentelle 39
—, Prüfverfahren in der 25
—, Psychiatrie und klinische 38f
— und Recht 5
— —, Integration von 18

Rationalismus, kritischer 45
Rationalitätsstandards (von Richtern) 42
REDOK 48
Recht s. Psychologie
Rechtsanwendung
—, Hilfsmittel bei der 48ff
— —, Rechtsdokumentationssystem 48
—, Methoden der 45ff
— —, Beweisaufnahme 47
— —, Fallösung 46f
— —, Sachverhaltsfeststellung 46
— —, Subsumtion 46
— —, Wahrheitsfindung 48
Rechtspsychologie
—, amerikanische 17
—, Definition der 7f
—, empirische 9f
—, Forschungsmethoden in der 21ff
—, Hauptinteresse der 5
—, Problemgeschichte der 11ff
—, unterscheidbare Ansätze der 5
Reformvorschläge 6
Resozialisierung (s.a. Freiheitsstrafe, Haft) 247ff
—, Effizienz der 251
—, Psychologie der 247ff
— und Behandlung 252f
— —, Ursachen des Mißerfolgs 252ff
— und Behandlungsexperimente (Bewertung) 251
— und das Strafvollzugssystem 252f
— und stellvertretende Bestrafung 256ff
—, Verwirklichung der 250f
Richter (Laienrichter)
—, Aufgaben des 217f
—, Entscheidungsverhalten des 33
— —, außerrechtliche Einflüsse 220ff
— — und Pressemeldungen 213f
—, Ermessensspielräume 218
—, Rolle des 217f
—, Strafzumessung 218ff
— —, außerrechtliche Einflüsse 221ff
— — bei Vergewaltigung 223f
— —, Charakteristika des Opfers 222ff
— — und Alter des Angeklagten 230f
— — und Attributionsverzerrungen 221
— — und Beziehung zwischen Täter und Opfer 224
— — und Einstellungsähnlichkeit mit dem Angeklagten 229
— — und ethnische Zugehörigkeit des Angeklagten 228
— — und Forschungsmethode 237ff
— — und Geschlecht des Angeklagten 230
— — und kausale Attributionen 236f
— — und leitende Strafphilosophie 235
— — und Religionsbekenntnis des Richters 234f
— — und Richterpersönlichkeit 231ff
— — und (soziale, physische) Attraktivität des Angeklagten 226
— — und Sozialisierung (Einstellungen) des Richters 233ff
— — und Stellung des Angeklagten 225
— — und Vorstrafen des Angeklagten 224f
— — und Wehrlosigkeit des Opfers 222f
—, Urteilsdisparität 219ff, 240ff
— —, interpersonelle 220
— —, intrapersonelle 220
— —, Reformvorschläge zur Reduktion der 240ff
— —, Trainingsprogramme zur Reduktion der 242ff

Sachbeschädigung (s.a. Kriminalität) 86
Sanktionsverhalten
— der Polizei 147
—, Determinanten des 147
Schöffen s. Laienrichter
Selbstvertrauen (und polizeiliches Entscheidungsverhalten) 155f
Simulation 35f
—, Qualität der 35
— und Validität 35f
Sonderanstalt (für geistig abnorme Rechtsbrecher) 3
Spezialprävention (s.a. Abschreckung)
Stanford-Gefängnisexperiment 262ff
Stimmanalyse s. Lügendetektion
Strafe
— und nichtbestrafte Verhaltensalternativen 260
—, Wirksamkeit der 259f
— — und Intensität der Strafe 261
— — und Konsistenz der Strafe 261
— —, Zeitpunkt der Bestrafung 260
Strafanstalten 247f
Straffunktionen 249f
—, Resozialisierung 249
—, Schutzfunktion 249f
—, Vergeltung 248, 250
Strafphilosophie s. Richter
Strafrecht
— als Filtersystem 60
—, Divergenz zwischen Ideal und Realität 63
—, Entscheidungen im 52
—, psychologische Analyse des 51ff
Straftäter s. Täter

Strafvollzugsgesetz 248f
Strafzumessung s. Richter
Streß
—, Definition von 160f
— im Gesetzesvollzug 162ff
— —, Alkoholismus 164
— —, Depression 164ff
— —, psychosomatische Erkrankungen 168
— —, Selbstmord 167
— in der Haft 266ff, 271
—, Messung von 160f
— —, LCU (life-change-unit) 161
— —, SRRS (Social Readjustment Rating Scale) 161
— und Stimmanalyse (s.a. Lügendetektion) 210
— und Zeugenaussage 159, 179
Suggestivfrage 190ff

Täter
—, Alltagsvorstellungen über 84
—, Einschätzung des Tatrisikos (Tatertrags) 108f
—, Tatentscheidung 106f
— —, Determinanten der 108ff
Tatbestandsdiagnostik, Forschungen zur 16f
Tatschwere
— und Anzeigebereitschaft 127f
— und Leistung des Augenzeugen 181
— und Strafzumessung 221
Theorie(n)
—, Attributionstheorie 63ff
—, Austauschtheorie (soziale) 70ff
— des instrumentellen Lernens 95f
—, Determinismus (reziproker) 98f
—, Equity-Theorie 64ff
—, Eysencks Theorie der Kriminalität 92ff
— —, empirische Überprüfung 94f
— —, Extraversion 92f
— —, Konditionierbarkeit 93
— —, kortikale Erregbarkeit 92
— —, Triebe 94
— — und Sozialisierungsprozeß 93f
—, Informations-Integrations-Theorie 243ff
—, Interferenztheorie 186ff
—, kognitive Theorien moralischen Urteilens (s.a. Moralentwicklung) 110ff
—, Labeling-approach bzw. Stigmatisierungs-Ansatz 84
—, Lerntheorie (kognitiv-soziale) 96, 116
— —, Erwartung und Wert 96
— —, Kognition 96
—, psychologische 10
— —, Aufbau von 10

—, sozialer Vergleichsprozesse (und Anzeigebereitschaft) 134

Umfragemethode 34
Unfallstatistik 32
Untersuchungshaft und Strafzumessung 225
Urteilsdisparität s. Richter

Validität (internale und externale) von experimentellen Ergebnissen 27
Verbrechen (organisiertes) 86
Vereinigungstheorie 13
Vergeltung (s.a. Resozialisierung) 250
Verhalten
—, Kontrolle von 2
—, kriminelles (s.a. Kriminalität) 83
— —, Deindividuation und 99
— —, psychosoziale Determinanten des 95ff
— —, Typologie des 85f
—, nonverbales (und Unaufrichtigkeit) 207
Verhandlungsmaxime 16

Wahrnehmung
— und Anzeigebereitschaft 135f
— und Leistung des Augenzeugen 173ff
Wahrscheinlichkeitsstatistik
— als Entscheidungshilfe 40ff
—, Gebrauch und Grenzen der 40ff
—, Gegner der 41f
—, Kontroverse über den Gebrauch der 41
Wirklichkeitsversuche s. Aussagetest
Wirtschaftskriminalität (s.a. Kriminalität) 86

Yerkes-Dodson-Gesetz (und Zeugenaussage) 179

Zeuge(n)
— —, Aussage des Augenzeugen 4
— —, Aufmerksamkeit und 13
— —, Ermüdung und 13
— —, Gedächtnis für Gesichter 178f
— —, Suggestibilität der 13
— — und Gedächtnisleistung 173ff
— — und Wahrnehmung 173ff
— —, Zuverlässigkeit der 11, 215
—, der ideale 172f
—, Leistung des Augenzeugen 176ff
— —, Bestimmungsfaktoren der 176ff
— —, individuelle Unterschiede 185f
— —, mehrmaliges Wiedergeben 195
— —, unbewußte Übertragung 194
— — und Alter 185f
— — und Attributionsverzerrungen 184f
— — und Befragungsatmosphäre 189
— — und Frageform 189f

— — und persönliche Charakteristika 182ff
— — und soziale Erwartungen 182f
— — und Stereotype 183f
— — und Suggestivfrage 190ff
—, Vernehmung des 14
Zeugenaussage s. Zeuge

Zurechnungsunfähigkeit 3, 9, 12, 19
Zwillings- und Adoptivuntersuchungen 90ff
—, Adoptionsparadigma 91
—, Konkordanz 90f
—, Kritik an 91
—, Zwillingsparadigma 90

Druck: Novographic, Ing. Wolfgang Schmid, A-1230 Wien.

Springers Kurzlehrbücher der Rechtswissenschaft

L. K. Adamovich / B.-Chr. Funk
Österreichisches Verfassungsrecht
Verfassungsrechtslehre unter Berücksichtigung von Staatslehre
und Politikwissenschaft
Dritte, neubearbeitete Auflage
1985. XIX, 462 Seiten. Geheftet DM 74,—, öS 520,—. ISBN 3-211-81862-6

H. Dolinar
Österreichisches Außerstreitverfahrensrecht
Allgemeiner Teil
1982. XVIII, 191 Seiten. Geheftet DM 41,—, öS 282,—. ISBN 3-211-81661-5

U. Floßmann
Österreichische Privatrechtsgeschichte
1983. XV, 369 Seiten. Geheftet DM 69,—, öS 480,—. ISBN 3-211-81765-4

F. Gschnitzer
Österreichisches Erbrecht
Zweite, neubearbeitete Auflage von **Chr. Faistenberger**
1984. XVI, 144 Seiten. Geheftet DM 35,—, öS 248,—. ISBN 3-211-81781-6

F. Gschnitzer
Österreichisches Familienrecht
Zweite, neubearbeitete Auflage von **Chr. Faistenberger**
1979. XIX, 176 Seiten. Geheftet DM 33,—, öS 225,—. ISBN 3-211-81525-2

F. Gschnitzer
Österreichisches Sachenrecht
Zweite, neubearbeitete Auflage von **Chr. Faistenberger, H. Barta, G. Call**
und **B. Eccher**
1985. XXIV, 274 Seiten. Geheftet DM 53,—, öS 370,—. ISBN 3-211-81831-6

Springers Kurzlehrbücher der Rechtswissenschaft

F. Gschnitzer
Österreichisches Schuldrecht — Allgemeiner Teil
Zweite, neubearbeitete Auflage von **Chr. Faistenberger, H. Barta** und **B. Eccher**
1986. XXV, 331 Seiten. Geheftet DM 69,—, öS 480,—. ISBN 3-211-81895-2

H. Heimerl / H. Pree
Kirchenrecht
Allgemeine Normen und Eherecht
1983. XVIII, 301 Seiten. Geheftet DM 57,—, öS 398,—. ISBN 3-211-81758-1

R. Holzhammer
Österreichisches Insolvenzrecht
Konkurs und Ausgleich
Zweite, überarbeitete Auflage
1983. XIV, 215 Seiten. Geheftet DM 51,—, öS 352,—. ISBN 3-211-81753-0

R. Holzhammer
Österreichisches Zivilprozeßrecht
Zweite, neubearbeitete Auflage
1976. XVIII, 414 Seiten. Geheftet DM 60,—, öS 404,—. ISBN 3-211-81356-X

R. Holzhammer / M. Roth
Einführung in die Rechtswissenschaft I
Grundbegriffe, Bürgerliches Recht und Methodenlehre
Dritte, erweiterte Auflage
1986. XV, 282 Seiten. Geheftet DM 64,—, öS 450,—. ISBN 3-211-81926-6

H. Pree
Einführung in die Rechtswissenschaft II
Österreichisches Verfassungs- und Verwaltungsrecht
1986. XVI, 221 Seiten. Geheftet DM 53,—, öS 370,—. ISBN 3-211-81940-1

Springers Kurzlehrbücher der Rechtswissenschaft

R. Holzhammer
Österreichisches Handelsrecht I
Allgemeines Handelsrecht und Wertpapierrecht
Zweite, erweiterte Auflage
1982. XVI, 295 Seiten. Geheftet DM 52,—, öS 357,—. ISBN 3-211-81716-6

R. Holzhammer
Österreichisches Handelsrecht III
Gesellschaftsrecht
1986. XV, 210 Seiten. Geheftet DM 50,—, öS 350,—. ISBN 3-211-81869-3

P. Pernthaler
Allgemeine Staatslehre und Verfassungslehre
1986. 3 Abb., XXVII, 477 Seiten.
Geheftet DM 98,—, öS 690,—. ISBN 3-211-81913-4

W. Platzgummer
Grundzüge des österreichischen Strafverfahrens
1984. XV, 218 Seiten. Geheftet DM 49,—, öS 340,—. ISBN 3-211-81828-6

H. Pree
Österreichisches Staatskirchenrecht
1984. XII, 152 Seiten. Geheftet DM 40,—, öS 280,—. ISBN 3-211-81829-4

O. Triffterer
Österreichisches Strafrecht — Allgemeiner Teil
Unter Mitarbeit von K. Schmoller
1985. 37 Schaubilder, XXXVIII, 545 Seiten.
Geheftet DM 89,—, öS 620,—. ISBN 3-211-81856-1

Preisänderungen vorbehalten

L. K. Adamovich/B.-Chr. Funk

Allgemeines Verwaltungsrecht

Dritte, neubearbeitete Auflage
1987. XX, 486 Seiten.
Geheftet DM 74,—, öS 520,—. ISBN 3-211-81999-1

(Springers Kurzlehrbücher der Rechtswissenschaft)

Mit der dritten Auflage des Lehrbuches werden Änderungen der Rechtslage und Entwicklungen in Rechtsprechung und Lehre im wesentlichen bis Ende 1986 berücksichtigt. Die Neuauflage geht jedoch über eine bloße „Fortschreibung" der vorigen Auflage hinaus. Sie verarbeitet u. a. auch Tendenzen einer Öffnung der Verwaltungsrechtslehre für neue Fragestellungen und Perspektiven. Vor allem die Verbindungen des Verwaltungsrechts mit anderen Rechtsgebieten gewinnen dabei in zunehmendem Maße an Bedeutung. Im besonderen werden auch privatrechtliche Institutionen und Denkmuster an das Verwaltungsrecht herangetragen. Die Neuauflage des Lehrbuches ist bemüht, diesen Entwicklungen durch entsprechende Akzente und konzeptive Änderungen Rechnung zu tragen. Fortgeführt und ausgebaut werden auch Aspekte der Verwaltungslehre und der Verwaltungspolitik. Hinweise auf Schrifttum zum Verwaltungsrecht der Bundesrepublik Deutschland und der Schweiz sollen rechtsvergleichende Arbeiten, nicht zuletzt auch in Form von Diplomarbeiten und Dissertationen, erleichtern.

Th. Mayer-Maly/F. Marhold
Österreichisches Arbeitsrecht I
Th. Mayer-Maly
Individualarbeitsrecht

1987. XVIII, 215 Seiten.
Geheftet DM 53,—, öS 370,—. ISBN 3-211-81988-6
(Springers Kurzlehrbücher der Rechtswissenschaft)

Nachdem Mayer-Maly 1970 die erste umfassende Darstellung des österreichischen Arbeitrechts mit wissenschaftlichem Anspruch vorgelegt hat, behandelt er nun in diesem Band das Individualarbeitsrecht nach seinem heutigen Stand. Die Rechtsstellung des Einzelnen in dem von kollektiven Mächten stark beherrschten Arbeitsleben aufzuzeigen, ist ein besonderes Anliegen des Buches.
Methodologisch nähert es sich noch stärker als das 1970 veröffentlichte Werk dem beweglichen Rechtsdenken von Wilburg. Mit Rechtsprechung und herrschender Lehre setzt es sich kritisch, aber doch mit integrativem Bemühen auseinander. Besonders bemüht hat sich der Verfasser um leichte Verständlichkeit im sprachlichen Ausdruck und exakten Nachweis der wichtigeren Gerichtsentscheidungen sowie der hauptsächlichen Stimmen aus dem Schrifttum. Das Buch will dem österreichischen Studenten der Rechtswissenschaft eine Hilfe bei der Vorbereitung für die Prüfung aus Arbeitsrecht sein, es will aber auch dem Praktiker des Arbeitsrechts eine Information über Rechtslage und Diskussionsstand bieten.
Als Band 2 erscheint 1988 von Franz Marhold das „Kollektivarbeitsrecht".